伊斯蘭文明

中卷 中期伊斯蘭的擴張

第 3 冊
建立國際文明

MARSHALL G.S.HODGSON

馬歇爾・哈濟生 著

THE VENTURE OF ISLAM
THE EXPANSION OF ISLAM IN THE MIDDLE PERIODS

THE ESTABLISHMENT OF AN INTERNATIONAL CIVILIZATION

目次

LIST OF MAPS

BOOK THREE
建立國際文明
THE ESTABLISHMENT OF AN
INTERNATIONAL CIVILIZATION

在最後、唯一的真理面前，其餘所有的真理都是其追隨者，雖然每項真理在其所屬的領域中，本身皆蘊涵真實的要義；但在最後、最終真理的底下，它只是一名追隨者。——伊薩克·潘寧頓（Isaac Pennington）

伊斯蘭歷史（Islamicate History）中期

在西元945年以後，古典阿巴斯朝（'Abbâsî）時代最獨特的特徵，連同其宏偉的哈里發帝國及阿拉伯語言文化都逐漸改變，其變化的幅度之大，讓我們因此必須把它區分為另一個全新的大時代。在穆各塔迪爾（al-Muqtadir）的時代（西元908～932年）裡，仍然能夠輕易察覺曼蘇爾（al-Manṣûr）、哈倫・拉胥德（Hârûn al-Rashîd）、瑪蒙（al-Ma'mûn）時代的輪廓，但是在五、六個世代之後，這個世界的輪廓已經逐漸模糊。巴格達（Baghdad）漸漸淪為地方上的城鎮，而「哈里發政權」（caliphate）這樣的名稱最後也消失無蹤。西元945年之後的五個世紀裡，那持續擴張、由許多獨立政權統治，而且在語言與文化上都充分國際化的社會，取代了先前的哈里發政權。這個社會並非由單一政治秩序或文化語言維繫，但它依然自覺地共同經歷其獨特的歷史進程。在當時，這個國際化的伊斯蘭社會（Islamicate society）的確在世界上的分佈最廣且影響最大。（在後面的說明中，我們會把大約西元1250年之前的時期稱為中前期，而之後至西元1500年左右的時期，則稱為中後期）。

現存的伊斯蘭文化（Islamicate culture）共同形象大都成形於中期年代——也就是在尼羅河至烏滸河之間的地區，伊斯蘭以前的傳統消失之後的時期（隨著受保護者〔dhimmî〕人口跌落為顯著的少數群體身分）、其中一個西方（Occident）地區因為基本的社會變遷而使得歐亞非舊世界（Oikoumene）脈絡（伊斯蘭文化〔Islamicate culture〕於焉成形）開始瓦解之前的時期；狹義地說，這個時期所指的時代介於古典哈里發帝國崩解的十世紀中期和十五世紀末之間。這段時間在哈

里發帝國的庇廕下，伊斯蘭文化（Islamicate culture）逐漸成形，而到了十五世紀末，並隨著西方航海時代開始，也首次宣告著新世界的地域平衡局面已經來臨。透過歷史中期成形的哈里發政權形象，可以一窺哈里發政權的極盛面貌；這些哈里發帝國文化中的元素通常被視為後代作家據以為實的基準。值得注意的是，我們長久以來所關注的伊斯蘭文化（Islamicate culture）獨特議題，其實都只著重在歷史中期，其中包括政治上的合法性、美學創造力、宗教理解中的超越性（transcendence）與內在性（immanence），以及自然科學和哲學的社會角色等問題。

這種檢視伊斯蘭文化（Islamicate culture）的方式並非全然合理。到了哈里發盛期末年，伊斯蘭文化（Islamicate culture）仍在成形階段，一方面希望更多人能皈依伊斯蘭，一方面也將伊朗—閃族傳統（Irano-Semetic tradition）轉變成新的形式，而這種形式一直到了西元945年之後才足以傳播到廣大的西半球區域。到了十六世紀，撇開初次瞥見西方時代即將來臨的事實，伊斯蘭世界（Islamdom）的一些全新趨勢早已多方進展到某個階段——至少在當時形成的三個主要帝國——而在這個階段的許多方面，我們在歷史中期開始時所看到的問題，至少也已改頭換面；甚至在隨後的十八世紀來臨之前，早已被歐亞非舊世界的全新激進情勢所取代。中期所形成的統一性，包含徹底經歷伊斯蘭（Islamicate）生活的各個不同時代。但務必了解：十三世紀中葉之前的中前期與中期後歷史形勢，已經因為蒙古人征服後推行新政治資源，而有相當顯著的差異；之前正逐步擴張的中國經濟突如其來的崩壞，則造成——或者說反映出——乾旱地帶中部（mid-Arid Zone）繁榮貿易日漸式微了。中後期已經具備十六世紀嶄新局勢的完

整雛形。

中前期是相對繁榮的時期。中國的經濟形態到了宋朝（大約始於哈里發盛期結束之際），已經從早期注重拓展商業逐漸轉變至全面性工業革命初期階段，其中某些地區的工業投資更快速且急遽地增加，北方地區尤其如此，而新的技術在南方更促使農業生產力呈倍數成長。隨著開採新礦，中國的黃金供給大幅增長，它在南部海域（印度洋及其東鄰近海域）的貿易自然在質與量上都增長了；可以想見在某種程度上，對黃金供應量上升的反應可歸因於中國的緣故，而在其他地方，商業與都市活動的步調也不斷加快，其中最特別的是歐洲西方世界，藉由使用板犁（mould-board plogh），不斷在寒冷且泥濘的北方加速開發農業。在這種情形下，仍位於西半球商業路線交錯之處的伊斯蘭地區（Islamicate land），他們必須確立比農耕還要更加強韌的商業取向；就商業本身來說，這種結果最後未必最為有利，但最終將使穆斯林得以展現其強大又廣闊的社會秩序。

不穩定的農業（agrarianate）繁榮

具備多樣性、差異性且個人能表現自我的社會制度，才能提升社會中的文化表現。而制度上的差異化則需要依靠高度的投資，這不只是指一般經濟意義上的投資，還須包括人工時間的投資——專業分工與對專業的關注——例如，進行科學上的長期研究等。但高度投資更須以繁榮為前提，所謂繁榮不只是農民吃飽喝足而已（儘管這終究是關鍵），還必須包括可供其他階層使用的可觀盈餘，讓他們能同時擁有資金與閒暇，以滿足其個別需求。如此一來，儘管繁榮並不能確保

文化創造力，但終究是保證文化創造力的前提。

　　歐亞非舊世界局勢所營造的繁榮和創新，讓穆斯林有機會因此能充分蒙受其益，但是與任何農耕型態的社會一樣，總有一些限制存在：也就是說，任何榮景都有不穩定的時候，而且，以永續繁榮為目標的制度本身就錯綜複雜，所以，若高出最基本的制度需求，繁榮就會變得不穩定。一旦在最基本的生活水平上維持都市與農村的共生關係，通常農業的運作也就幾乎無法避開都市產品、甚至是都市管理活動的干預，而除了普遍性的自然災害以外，幾乎沒有任何歷史變遷會使社會衰退到更加簡陋的層次上。然而，許多事件都可能摧毀這種超出層次的複合性，也就是社會中形成的任何無形或有形的複雜制度；還可能迫使社會（至少在局部性上）衰退到更接近都市農村共生關係的基本經濟水準上。

　　來自經濟落後地區（其主人並不打算維持複雜制度所依賴的微妙期望模式）的大規模入侵，可能會降低知識及經濟方面的投資水準，而且，如果這個地區尚未進步到具有足以超越落後地區人民的強大力量，也會使高度開發地區在制度層面上的複雜程度隨之降低。吉朋（Gibbon）以農業來比較羅馬帝國的困境和他那個時代的西方世界時，就指出了這一點，而且，除非具備西方世界的技術水準，否則無法征服吉朋當時所處的西方世界。吉朋還指出，內在壓力可能也會減低制度層面的複雜程度。精神、社會或政治上的失衡，都可能以各種不同的方式削弱統治階級菁英及其優勢文化：它們可能在沒有特權的階級中公開招致不滿，而這種不滿的情緒可能表現在人們遵從大眾標準的社會或精神趨勢上，以及表現在人們直接反抗這些趨勢上；他們也可能會導致統治菁英階層內部的癱瘓，進而加速政治上的崩解及軍

事上的破壞。接下來就可能會出現軍事政體，在軍事勢力所及之處實施專制統治，而且處於無政府的邊緣狀態，這些全都無法維護制度間的微妙平衡。

歷經多次征服以及相當嚴重的國內緊張氣氛，複雜的制度仍可能存續，而且戰爭的蹂躪或施政失當所造成的損害並非長期持續不斷，相反地，這些損害多半得以復原。但長期而言，這類復原能力必須仰賴高度的繁榮，而繁榮又取決於本身未必能永續的諸多有利情況之間的平衡。過多的政策失敗就可能足以抵銷一般性施政失當的相關資源。以任何方式干擾這種平衡狀態，都會降低社會的複雜程度，或者至少在局部情況下，也可能會使其衰退到農業（agrarianate）秩序社會中的最低經濟基準。

在某種程度上，在中期伊斯蘭世界的某些期間與地區，人們確實察覺到這種農業層次（agrarianate-level）繁榮的不穩定性。整體而言，尤其是在中期的後段年代，伊斯蘭世界許多地區的繁榮明顯衰退，因此要進一步發展複雜的制度時，就會受到限制。雖然確實出現某些衰退情況，也許，歷史學家對「整個中期持續存在的普遍性衰退」印象並不正確，但我們目前握有的證據還太少，並不足以精確界定這段歷史。無論如何，中期前半段在絕大多數的穆斯林領域內，顯然並沒有任何經濟擴張能夠與西歐或中國所出現的經濟規模相比擬。這個事實讓研究這個社會的學者必須面臨兩個問題。首先，在許多情形下，重大的政治問題必定是：如何面對政治崩壞的固有威脅？其次，如果我們要探索半球經濟活動是否出現過任何普遍性的成果，則通常必須探討在中部乾旱地帶所推動的社會取向，而非探討投資與制度上等整體或更高層次的差異性。

儘管這類問題必定會被反覆提及，但經濟上的不穩定畢竟迥異於普遍性的經濟衰退。能記載下來的經濟衰退通常是局部性，而非普遍性的衰退。而且，任何經濟衰退對文化活動和複雜制度所產生的影響，都可能只是暫時性的；如果新的（較低層次的）資源基準已經穩定，那麼以此為基準的經濟繁榮又能再次成為有效的文化活動基礎。毋庸置疑的是，至少在伊斯蘭世界的某些地區，經常都能有效發展出高度的繁榮。即使在最不昌盛的時期和地區，也都幾乎未曾完全退回到農業經濟（agrarianate economy）的基準上，甚至還出現一定程度的經濟發展。同時，在中期的某些時代，伊斯蘭世界裡的某些地區確實非常繁榮，即使這樣的繁榮有時是建立在不如以往的基礎上。這種繁榮帶來高度創造力，其程度或許至少相當於：在現代技術時代（Modern Technical Age）之前的舊世界絕大多數時期和地區。

論文化一體性

　　西元950年到1100年之間，中期的新社會逐漸成形。就中期各年代本身而言，古典阿巴斯朝模式崩解的時期可以說是制度化的創造時期。到了十二世紀初期，就已經奠定了新秩序的主要基礎，而在西元1100年到1250年間則更加成熟發展，逐漸在其最獨特的活動領域中臻至顛峰。

　　這個社會既單一又多元。哈里發政權衰微以後，隨著伊斯蘭世界迅速擴張，包括巴格達在內，沒有任何城市能夠保有文化上的核心角色。伊斯蘭正是在此一時期開始擴張到整個西半球：進入印度與歐洲，沿著南方海域的海岸到整個北方草原。不同穆斯林地區之間的差

異性相當大，每個地區都有其本身的伊斯蘭思想（Islamicate thought）學派和藝術派別等等。而遠西地區、西班牙與北非（Maghrib）[1]，則通常是由分裂自北非（Maghrib）內陸的柏柏部族朝代所統治；這些政體具有共同的歷史，並發展出以源自格拉納達（Granada）阿罕布拉宮（Alhambra）聞名的藝術，以及伊本—圖非勒（Ibn-Ṭufayl）、伊本—魯胥德（Ibn-Rushd，即阿威羅伊〔Averroës〕）的哲學學派。埃及、敘利亞以及其他阿拉伯東部的地區，則是由開羅的強大朝廷加以統一；當伊拉克隨著蒙古人的征服而沒落之後（十三世紀中葉），這個區域終於成為獨具一格的阿拉伯文學聖地。伊朗人的政體發展出波斯語，作為其主要文化媒介，該政體更與哈里發盛期的標準斷然分離，從它華麗的詩歌即可見一斑。西元1000年之後不久，對伊斯蘭文化（Islamicate culture）抱持開放態度的印度穆斯林，也開始使用波斯語，但他們也旋即在政府、宗教及社會階層方面，發展出他們本身的傳統、朝聖活動和文學中心。分布在歐亞草原上、更北邊的穆斯林，與活躍在印度洋周圍的南方穆斯林商業國家一樣，也幾乎塑造出屬於他們自己的世界。

但不能就此視為文明斷裂成眾多個別文化。因為這個文明透過共同的伊斯蘭社會（Islamicate society）模式而彼此連結，並且藉由讓社會任何部門的成員能接納其他地區的成員，以確保理念與禮俗能流通於整個地區，穆斯林總是認為自己就是整個伊斯蘭境域（Dâr al-Islam）的公民，是各類藝術與科學的代表性人物。他們隨著寬宏大量或刻薄

---

* 1　編註：「Maghrib」意為「西方」，指的是西伊斯蘭世界，也就是今日埃及以西的北非地區，包括利比亞、突尼西亞、阿爾及利亞、摩洛哥等國。在翻譯時為求文意通順，視情況改譯為「北非」，並標註（Maghrib）。

統治者的召喚或壓迫，在穆斯林領土上隨意遊移，而且，在某個地區具有一定身分地位的人物，在其他地方也就會很快獲得認同。如此一來，地方性的文化潮流就會持續在全穆斯林世界下的事理概念中，受到限制及啟發。因此，藉由整個伊斯蘭世界的共同交流，就能持續發展出單一文化體，而這個文化體是由具有相互關聯性的傳統所構成。甚至當人們不只使用一種語言，而且在伊斯蘭世界的大部分地區，阿拉伯語文也被限縮在專業化的學術用途上；不僅是作為文化對話的伊斯蘭本身，而且在它的庇蔭下，大部分對話更重新集中在阿拉伯語文中，持續發揮作用。

但這個擴張的中期伊斯蘭世界在許多文化的面向上，並不像以往哈里發盛期所統治的大部分伊斯蘭世界那樣，保有其一致性。整個伊斯蘭社會（Islamicate society）最初曾經歷伊朗 閃族社會的階段（位於尼羅河與烏滸河之間），當時的日常文化模式以村莊和城鎮生活為基礎。相較於這個地區大多數的日常生活傳統，我們在伊斯蘭文學傳統（Islamicate lettered tradition）或其他上層文化傳統中，更可以察覺到其掙脫了過去的束縛；然而，伊朗—閃族上層文化傳統中伊斯蘭文化（Islamicate culture）所形塑的延續部分，總是受到較次級、且地區性日常生活傳統的滋養。但隨著伊斯蘭世界全面擴張到尼羅河和烏滸河間以外的地區，便出現更全面性的文化斷裂。新穆斯林地區與原來的伊朗—閃族土地之間日常文化的共通性愈來愈少。不僅語言和料理或建造房屋等家庭生活模式迥異，而且連農業技術等結構性特徵，甚至是行政與法律實務也都各不相同。

這時，整個伊斯蘭世界並非承載了整個伊朗—閃族社會複合體，而是伊斯蘭化的伊朗—閃族上層文化傳統；或許在承載了其兩種主要

語言之後，即可稱之為「波斯—阿拉伯」（Perso-Arabic）傳統，因為每位具備伊斯蘭（Islamicate）嚴謹文化素養的人都至少能精通其中一種語言。這麼多地區的民族所加入的國際性統一群體，都能保有其獨立的日常文化，但卻同處於波斯—阿拉伯的上層文化層次上；其標準會影響、甚至也會逐漸修正日常生活文化，雖因地區而異，此一文化基本上仍是印度文化，或是歐洲文化、南方文化、北方文化。

　　事實上，即使在尼羅河至烏滸河之間的地區，各種地方文化模式之間也有極大的差異，而且，伊斯蘭單一性（Islamicare unity）的優勢也僅限於地方性的日常生活層次。無論在阿拉伯半島本身，或在這個半球最遙遠的角落裡，禮俗慣例和書本上伊斯蘭法（Sharî'ah）之間的距離，可能一樣遙遠。不過，在更廣大的伊斯蘭世界中，伊朗—閃族中土仍然清晰可辨。相較於波斯—阿拉伯傳統區域與過往上層文化的斷裂，且和日常生活層次的文化也幾乎沒有因緣關聯，伊朗—閃族中土的伊斯蘭社會（Islamicate society）及其特有的高階文化，由於和當地環境以及模式之間的原初關係，因此能根深柢固存在於地方上。我們可以將這個中土稱為「舊伊斯蘭地區」，儘管重點不是伊斯蘭在當地的優先性，而是它與更早期傳統之間的連續性；北非（Maghrib）的伊斯蘭幾乎與尼羅河至烏滸河間地區的伊斯蘭一樣古老，然而，比伊斯蘭文化（Islamicate culture）更早出現在當地的拉丁文化並無太多的伊斯蘭文化（Islamicate culture）的痕跡，因此，北非（Maghrib）並不能視為其核心領域中的一部分。一般都認為在整個中期時代，尼羅河至烏滸河之間的領土在伊斯蘭世界一直主導其文化優勢。來自更外圍地區的穆斯林以自己曾在那裡遊學為榮，而且，來自這些領土的移民畢竟至少以某種波斯語或阿拉伯方言為母語，所以在別處享有聲

譽。即使居民並不遵循中土的社會模式和文化創新，但仍具有舉足輕重的地位。

　　這時，充分徵顯伊斯蘭文化（Islamicate culture）的中期年代，則經歷了文化上的兩種衝擊：儘管有著相當程度的繁榮，但其上層文化屢受威脅，主要是社經投資逐漸朝向最低層次的農業（agrarianate）社會衰退，而在尼羅河至烏滸河之間的地區以外，日益遼闊的伊斯蘭世界裡，伊斯蘭上層文化（Islamicate high culture）總是帶有幾分外來元素。這些事實顯露出潛在問題，或許對研究歷史中期的學者而言，這並非不是最重要的歷史課題，但卻始終無法迴避：究竟為何文明會出現這種缺陷？而且，儘管存在這些缺陷，但這些時期伊斯蘭出色的文化活力、勢力，以及無所不在的伊斯蘭文明（Islamicate civilization），又為何能以伊斯蘭豐饒的創新文化之名，廣佈整個東半球呢？

	歐洲地區	尼羅河至烏滸河間地區	遠東地區
西元900年	西元900年之後，城鎮開始在歐洲西北部成長；波羅的海國家、匈牙利改信基督教	阿勒坡（Aleppo）的什葉派（Shî'î）哈姆丹朝（Ḥamdânids）、在河中地區（Transoxania）實質上獨立的薩曼朝（Sâmânids）	
西元945年		在巴格達的什葉派布伊朝（Bûyids），直到西元1055年	
西元960或961年		西元960年是傳統上所認定錫爾河（Syr，也就是賈喀沙爾德斯河〔Jaxartes〕）邊的突厥（Turk）改信的日期	中國的宋朝；西北部與北部的草原民族仍然強盛
	安那托利亞的拜占庭政權強盛，並推進到敘利亞（直到西元1025年）		

	歐洲地區	尼羅河至烏滸河間地區	遠東地區
西元969年		埃及的什葉派法蒂瑪朝（Fâṭimids，直到西元1171年），建立開羅	公務員考試體制；實績制圍繞著古典文學知識建立
西元989年	基輔大公改信基督教		
西元997~1030年	諾曼人（Normans）入侵義大利南部	嘎茲納的瑪赫穆德（Maḥmûd of Ghaznah）擴張到印度、呼羅珊（Khurâsân）與河中地區（Transoxania）	宋朝鼓勵海上貿易，使用羅盤，也使用活字印刷印製古典文本
西元1000年以後	哈姆丹朝（Ḥamdânids）垮台	薩曼朝垮台，它們的疆域被瑪赫穆德與喀喇汗國（Ḳara-khanids）瓜分。喀喇契丹人（Ḳara-Khiṭay）從東邊壓迫突厥人	城市繁衍並昌盛，商人變得更重要
西元1017或1018年	義大利都市躍升國際性的重要地位，展望地中海東部與黑海的貿易	哥多華（Córdova）的哈里發政權垮台	同時使用紙錢與硬幣。宋朝將其西北部與東北部的土地輸給草原民族（？）

	歐洲地區	尼羅河至烏滸河間地區	遠東地區
西元 1055 年		順尼派（Sunnî）塞爾柱人（Seljuḳ）進入巴格達以及北部與西部地區	
西元 1060 年	穆拉比特朝（Almoravids）建立馬拉喀什城（Marrâkash）		
西元 1066 年	諾曼人入侵英格蘭（與西西里，西元1060年）		
	塞爾柱人開始推進到安那托利亞		
西元 1085 年	托雷多（Toledo）落入收復失地運動（Reconquista）的基督教勢力手中		契丹人（與蒙古人有關聯）以遼國的名義統治著中國北方
西元 1090 年	聖馬克教堂在威尼斯建造	尼查里（Nizârî）暗殺團體建立	
西元 1099 年		十字軍進入敘利亞（直到西元1291年），拿下耶路撒冷（直到西元1187年）	

	歐洲地區	尼羅河至 烏滸河間地區	遠東地區
西元1122年			來自東北的女真（Juchên）進入並統治中國北部，取代往西方遷徙並建立喀喇契丹帝國的契丹人
西元1130年		喀喇契丹（直到西元1211年）開始統治突厥斯坦（Turkestan）東部	
西元1154年	伊斯蘭學問的贊助者，西西里的羅傑二世（Roger II of Sicily）逝世		
西元1187年		薩拉丁（Saladin）從十字軍手上拿下耶路撒冷與其餘大部分的敘利亞地區	
西元1190年（？）		花剌子模的統治者們擴張勢力；古爾朝（Ghûrîs）在西元1190年拿下德里	
西元1204年	拉丁十字軍拿下君士坦丁堡		

	歐洲地區	尼羅河至烏滸河間地區	遠東地區
西元 1211 年		蒙古人的分遣隊出現在河中地區東北部，花剌子模統治者與草原游牧民族眼見喀喇契丹倒台	
西元 1215 年	頒布大憲章（Magna Carta）		成吉思汗（Chingiz Khân）從女真手上拿下燕京（Yenching）
西元 1220 年代		蒙古人破壞河中地區及呼羅珊	
西元 1244 年	十字軍最後一次失掉耶路撒冷		
西元 1249 ～1250 年	聖路易（Saint Louis）在埃及		
西元 1258 年		蒙古人洗劫巴格達，殺害哈里發	
西元 1261 年		傭兵（mamlûk）軍隊在敘利亞擊退蒙古軍隊，並取代艾尤布朝（Ayyûbid）統治者。旭烈兀（Hülegü）因為與別兒哥（Berke）的紛爭，而從敘利亞的遠征中撤退	

第一章

國際政治秩序的形成

945 – 1118 CE

中前期面臨全面重建伊斯蘭世界政治生活的問題。這個時期見證了政治上的偉大創新能力，也就是運用穆斯林理想主義的多樣元素為基礎，藉以建立政體。事實證明某些例子確實成效卓著，卻沒有為整體伊斯蘭社會（Islamicate society）提供共同的政治模式；但當時仍然維持了社會的統一性，而其統一性則是藉由在社會及軍事方面都採取著重地方層次的政治模式，也因此，儘管存在個別政體，但仍能將伊斯蘭世界聯結在一起。順尼哈里發政權在當時便承擔了象徵團結所有地方政權的全新角色。如此所形成的政治秩序確實具備強勁的韌性、復原力以及擴張的實力。

政治及文化的多元發展

就歷史觀點而言，十世紀的政治發展可視為哈里發帝國的崩解過程。例如，在敵對什葉派運動未能全面開疆闢土之際，行省總督劃地自立並建立世襲朝代，另外，地方上的游牧者戰士也爭權奪利，只是名義上效忠哈里發。總而言之，此一普世認同的權威體制逐漸一蹶不振，而在西元945年之後，他所帶領的政府遭傭兵從內部開始瓦解，進而喪失控制權，甚至連祖地轄區也無法倖免。當篡位者競相瓜分帝國之際，哈里發成為了微不足道的小人物。

當然，被摧毀的正是支持哈里發權力的政治理念，也正是所謂的「政治理念」使個人和團體能擁有歷史基礎，並據以期待：無論目前發生任何特定危機，國家都能存續下去，任何人也都應該嚴正看待這股勢力。這不僅代表合法性的主觀聲響（儘管這件事的確很重要），也蘊含具體的地理、經濟、軍事及社會文化要素，這些要素有效集結

既存的團體利益，並足以讓絕大多數相關團體有確實的理由去期望國家繼續存在，或至少期待別人會抱持國家存續的希望。一旦短期利益與國家權力的長期利益發生衝突，人民就會據此樂意或審慎地放棄眼前的利益。

　　一般都認為，接二連三的重大災禍反倒有助於穆斯林團結，進而將哈里發政體緊密聯結在一起，其中包括阿里（'Alî）時代的第一次內戰（fitnah）、阿布杜—瑪立克（'Abd-al-Malik）時代的第二次內戰，接著是推翻瑪爾萬朝（Marwânî）勢力的革命，最後則是瑪蒙與阿敏（al-Amîn）瓜分帝國。從尼羅河至烏滸河之間的乾旱地帶，每個部分都與其他部分存在相對密切的關係；這個地區裡任何角落的居民，都有可能前往別處旅行，或至少跟那些地方有些關聯，而且也熱切期盼政治能夠普遍穩定。由薩瓦德地區（Sawâd）[1] 集中的資源所支持的中央官僚體制大致上還能維護整體地區的和平，並壓制地方上的不均衡，進而確保貿易的自由流通和維持大型集中市場的存續。整個帝國到處充斥著政治活躍分子之間所盛傳的一種概念：透過實踐統一，才能攫取最高的道德聲望，以及最大的物質利益，也就是說，必須接受中央集權者足以掌握最大支持的事實。必要時，如果事實證明次要利益和統一目標相互牴觸，則通常也都會選擇統一以確保其勝利。因此，出現政權危機時，中央政權針對政體內某個部門的政治叛離，都能充分掌握其他部門的支持，將各種阻抗逐一擊破。

　　但是，到了穆塔瓦基勒（al-Mutawakkil）的時代，中央內政當局

---

* 1　編註：薩瓦德地區為伊斯蘭初期使用的地名，指美索不達米亞、伊拉克南部一帶，「薩瓦德」意為「黑色地區」。

漸失民心。儘管人民還是對統一穆斯林的理念滿懷期待，但其實已經無法再繼續實現理想。朝廷因財政管理失當而無法發揮有效的領導作為，在這些狀況之下，絕對效忠其個別指揮官的軍隊並未強烈認同穆斯林社群，也不再尊重朝廷；他們的指揮官因而採取漠視內政當局的立場；而且更重要的是，一旦軍隊群起抗爭，那些認同其利益與哈里發中央政權存在著共生關係，而且具有足夠武力的人們，再也無法與軍隊相抗衡。隨著中央權力如此在本地癱瘓，也不再獲得行省的尊重；於是當地略有政治地位的人士便發覺到以當前的情況，選擇支持總督，將收益留在自己手裡而不送往巴格達，既有利可圖也頗為可行。隨著朝廷的收益縮減，其凝聚力也隨之減弱，叛變事件也就順勢擴增。

在十世紀，依然是由地方上竄起的勢力或原已募集的軍隊，來接收已不再具備領導地位的巴格達朝廷。但個別的總督與將軍本身並不支持嚴謹的政治理念；他們頂多是代表了舊哈里發政體的斷垣殘片。到了十一世紀，如排山倒海的政治崩解，終於導致四處流浪的外來突厥游牧民族具備了所向無敵的強大武力，因為他們本身一向對部族的軍隊絕對忠誠，因此能購奪取伊朗核心地帶的政權，並對哈里發政權耀武揚威。

從哈里發政體的觀點來看，這整個過程幾乎是無可救藥的政治瓦解。但也可以從隨之而來的國際社會觀點來檢視這個過程。就此觀點而言，我們可以將其視為伊斯蘭世界的社會正以嶄新又更富彈性的方式開始凝聚。一旦確認哈里發政權的偉大政治理念窒礙難行之後，便逐漸發展出全新的政治理念。這些理念通常出自於偶然：譬如說，其中有些新創的理念純粹只是想以不同方式來復興穆斯林的統一狀態，

而他們終究創建了真實國家，其實這正代表他們無法實現更遠大的理想。事實上，毋庸置疑的是不論堅持的動機如何，接二連三成立的政體皆以全新的政治理念為基礎。而其中最偉大的成就之一，就是突厥游牧部族所創建的政體。

法蒂瑪朝：立足在尼羅河和船隊的什葉派政體

在各方部族嶄露頭角之前，為恢復穆斯林統一狀態而付出的最偉大努力，已經有了成果。埃及法蒂瑪朝的統治者以及所有伊斯蘭地區上對其充分支持的伊斯瑪儀里（Ismâʿîlî）什葉派的共同理念，就是讓穆斯林重新團結在全新的阿里後裔（ʿAlid）的哈里發政權之下，並在全世界獲得最終勝利。但他們未能如願以償地成功。然而，卻順利將埃及與新首都開羅塑造成商業、藝術和科學的樞紐，並使法蒂瑪朝在十一世紀時足與巴格達匹敵。而且在克服削弱專制政權和無政府狀態的威脅方面，法蒂瑪政權算是最成功的實例之一；這個政權奉行三重式的政治理念，政治綜合體中的首要部分是埃及的農耕財富。法蒂瑪朝致力於維護尼羅河谷官僚體制的完整性。其次，使法蒂瑪朝埃及人繁榮富足的更獨特基礎，就是海上貿易。開羅以這種貿易方式（結合尼羅河滋養下的埃及農牧產品）流入大量財富，並自此進行分配。因此，開羅政府便能擁有巴格達所喪失的各方效忠，進而在其勢力範圍內樹立規範。最後，這套政治理念中的第三個而且算是比較矛盾的要素，就是開羅政權對其遍佈伊斯蘭世界的敵對伊斯瑪儀里派──臣民的堅實吸引力。

埃及基本上是個二合一的社會：其中包括土地和海上貿易。富含

淤泥的尼羅河水每年定期氾濫，所以埃及千年以來一直都擁有富饒農地，而且顯然不像伊拉克那樣會受制於大自然的變化無常。儘管某些時期的農業規模會比其他時期遼闊，但埃及的統治者從來不曾希冀農耕財富。農民和仕紳階級往往會形成封閉社會，置身於瞬息萬變的國際化商業階級社會之外，也因此通常具有不同性質的動機與志趣。（這或許能說明，為何埃及在孕育超越極限的偉大人物方面，顯然相對貧乏。）這些商業階級的支配力有時較高，有時則較低，由於埃及所處的地理位置，相較於農業而言，埃及在商業上更具備變化多端的運作方式，而且一直都能密切影響埃及的繁榮。或許，特別是在托勒密朝、法蒂瑪朝，以及後來黎凡特人（Levantine）統治下的埃及，正是「外來」商業階級為埃及政體確立了基調。

藉由印度（以及整個南部海域）與地中海地區之間的貿易，埃及統治者和希臘羅馬時代的商人大幅累積他們的財富，而貿易活動的兩條最佳路線之一，就是近乎全水路的路線——跨越阿拉伯海，上行至紅海，然後跨過短距離的陸路（有時開鑿為運河）進入尼羅河，接著抵達地中海地區。印度（India）與印度文化地區（Indies）生產各式各樣的奢侈品，例如香料、香水、華服、鋼鐵產品等等，並在敘利亞、安那托利亞、烏克蘭、希臘以及其他地中海地區擁有現成的市場；這些商品是以高級玻璃製品、衣服和其他手工藝品進行交易，或是用南方、北方內陸未經加工的產品，像是皮草和黃金等來支付。其中大部分貿易途經亞歷山卓港（Alexandria），而埃及的掮客則從中獲取暴利。但總是會出現至少同樣有利可圖的路線，特別是從約莫三世紀起，薩珊帝國（Sâsânian empire）草創之初，埃及的貿易路線便已經開始式微；因為更大量的貿易額是沿著主要的競爭路線（就自然環境而

言，是最佳路線）流通：穿過薩珊境內的波斯灣與底格里斯—幼發拉底河，接著走陸路穿越敘利亞到地中海地區。隨著阿巴斯政權崩解後，以及巴格達本身的購買力萎縮，還有許多經常交戰的小國家出現在肥沃月彎（Fertile Crescent），相較於取道長期富裕的尼羅河三角洲路線，幼發拉底路線更顯得比較無利可圖。

在接二連三實質獨立的總督統治之下，埃及人利用這種情勢，把更大量的貿易額引進紅海與埃及港口。而在法蒂瑪朝的統治之下，這項策略成果豐碩，得以讓許多具有貿易重要性的遙遠省份保持獨立，以符合埃及特權階級的利益。西元909年，伊斯瑪儀里什葉派成員在北非起義，並在現今的突尼西亞扶植他們的伊瑪目（imâm），取代阿格拉布朝（Aghlabid）的統治者，倚仗著阿格拉布朝強大的優勢地位，他們在地中海西部進行擴張，影響力甚至延伸到今日的摩洛哥一帶。西元969年，經過多次努力之後，終於藉由地方上的一些什葉派支持者、許多埃及的不滿分子以及北非（Maghrib）柏柏部族軍隊的協助，併吞了埃及。在埃及，他們繼續堅持著海權思維，而且在舊首都夫斯塔特（Fustât）旁建立了一座新城市；這就是刻意媲美巴格達的開羅；他們也以哈里發的身分統治當地。但開羅不只是戰略中心，更是向上通往尼羅河繁忙航運的內陸港口；開羅很快就成為地中海地區和南部海域之間的主要轉運站。穆儀茲（al-Mu'izz）是開羅的首任哈里發，自然樂衷致力於促進其全新權位下的繁榮。[2]

2　S. D. Gotein, 'From the Mediterranean to India: Documents on the Trade to India, South Arabia, and East Africa from the Eleventh and Twelfth Century', *Speculum*, 29 (1954), 181－297，關於這個時代貿易模式的討論，必須由Gotein後來的書籍加以修正。他的經驗具有啟示性：他最初認為印度最主要是出口原料，而且將地中

為了實現伊斯蘭成為全世界領導者的理想，伊斯瑪儀里派希望能運用強大的法蒂瑪朝海軍，藉以征服君士坦丁堡及基督教帝國。同時，這也有助於確保埃及的繁榮。早在十世紀末葉，穆儀茲的大臣伊本—奇里斯（Ibn-Killis，西元991年逝世），就已經奮力拓展貿易。法蒂瑪朝憑著強烈的宗教理由去掌控麥加與麥地那，因為法蒂瑪朝能藉此向整個穆斯林世界宣揚他們哈里發政權的合法性。這種作法與維持紅海沿岸政治監督的必要性一致，甚至可遠至在南方的葉門，如此便能避免當地捎客過度干預貿易。法蒂瑪海軍同時控制紅海及地中海東部的海路；從歸屬法蒂瑪朝的西西里封建領主，到已建置伊斯瑪儀里派宣教士（dâ‘î）的信地（Sind）[3]，法蒂瑪勢力都受到尊崇。儘管在伊拉克和伊朗內陸地區，伊斯瑪儀里派勢力非常強大，但法蒂瑪朝在當地時運不濟；最後，則是要由法蒂瑪朝海軍的勢力範圍，來確立法蒂瑪朝控制埃及境外地區的實力。

　　然而，伊斯瑪儀里派的忠誠同時有助於塑造法蒂瑪朝的內政及外交政策。到了法蒂瑪朝統治埃及時，其實際計畫中的革命性格早已所剩無幾，但是，他們強化自己的激進理論，而這種理論訴求的結果是伊斯瑪儀里派的地下化運動，而這種運動在穆斯林中土心生不滿的人當中，一直都很盛行。巴林（Baḥrayn）的嘎爾瑪提派（Qarmatians）在阿拉伯半島東部獨立，並無意承認已登基即位的伊瑪目。但在伊拉

海地區視為比較活躍的經濟樞紐；直到後來，他才理解這種想法並不正確，而且會對整體貿易關係（以及其與社會群體之間的關係）產生誤解——事實上，印度製成品的出口才是貿易最主要的決定因素。

* 3　編註：信地位於今日巴基斯坦的東南部地區，屬於印度河流域的一部分。西元712年伍麥亞朝將領征服信地，伊斯蘭因此傳播至此。

克及伊朗境內，這股新勢力旋即榮耀了一般的伊斯瑪儀里派宣教士以及他們的想法，所以這些宣教士大多數都決意承認這股新勢力；藉由生氣蓬勃的活動力，他們重新開始致力於達成伊斯瑪儀里宗教運動的目標，並期望這項運動遍佈整個伊斯蘭世界。

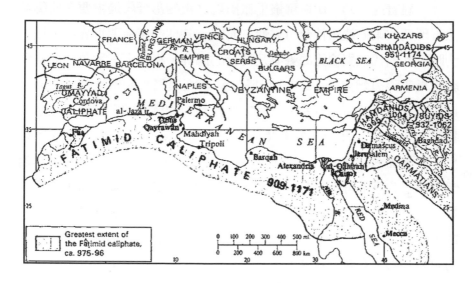

圖 1－1：法蒂瑪朝的時代

　　生活在法蒂瑪政體之外的伊斯瑪儀里派成員，同時具備了現成的外交政策以及內部領導地位的基礎。除非與他們完全斷絕關係，否則埃及政府就必須為尼羅河到烏滸河之間的革命勢力，扮演超乎尋常的關鍵角色，也必定會致力對抗那佔據前阿巴斯朝領土的伊朗政權，不論他們之間存在著何種關係。但這些外國人當中，有為數不少的人擔任埃及的行政領導者，這些領導者不僅嚴守紀律而且富有才智。宗教階層體制與正規的政權體制平行，負責教導新入教者伊斯瑪儀里派的

教義，並且組織、訓練法蒂瑪朝疆界內外的運動。這套伊斯瑪儀里派的階層體制幾乎和政府的階層體制一樣聲譽卓著，為首的總宣教士與大臣位階並駕齊驅；事實上，有時候是由一個人同時出任這兩個職位。

　　一般普遍認為，伊斯瑪儀里派出現之後的影響，最主要在於彰顯法蒂瑪朝政策的連續性及可靠性，而在該時期的伊斯蘭世界中，這一切賦予此朝代無與倫比的聲譽及長存的國祚。事實上，埃及內部社會結構幾乎沒有轉變──或許，僅限於針對商業階級和貿易階級的需求進行系統性考量時才有些許改變。但此時的知識氛圍則是值得注意的騷動之一（儘管有許多較獨特的活動被限縮在伊斯瑪儀里派的脈絡中，而且直到伊斯蘭世界後期，幾乎已經沒有顯著效果）。舊伊斯瑪儀里派至此已不再箝制知識分子對哲學（Falsafah）的研究旨趣，但事實上，這只是那些負擔得起的人們才能沉溺的另一種奢侈品；只有伊斯瑪儀里派上層階級的思想家才能夠回應他們的內在信念，並以廣泛的思考為樂。在某種程度上，這其實純粹是伊斯瑪儀里派的寓意和象徵作用：他們建立起優美的體系，而《古蘭經》與什葉派傳說中所提到的人物，則預示了宇宙的精神結構。

　　但他們對於探索自然和哲學的各種領域也同樣感到興趣。伊斯瑪儀里派使開羅成為知識樞紐。愛智哈爾（Azhar）清真寺是這座城市最主要的清真寺，且曾經是首要的研究中心（即使到了現在，在順尼社群的贊助下，其研究中心的地位依然不變），好幾任法蒂瑪朝的哈里發都為此盡心盡力，特別是阿濟茲（al-'Azîz，在位於西元976～996年）、哈基姆（al-Ḥâkim，在位於西元996～1021年），他們都是穆儀茲的繼任者。這座清真寺裡有一間圖書館，並且也提供教師和學生們

薪俸。

　　法蒂瑪上層社會的卓越才華充分展現在藝術作品中。埃及商業的繁榮不僅依靠轉口貿易，除了一般製品以外，也生產製精緻的織品，特別是在沿岸內陸或靠岸而常年潮濕的某些城鎮。這些工藝都傳承自伊斯蘭之前的科普特（Coptic）時代。這些工藝品皆受到政府控制，政府管收了其中大部分的作品，其餘的工藝品則流入遍及尼羅河至烏潟河間的奢侈品市場，以及其他更遙遠的地區。

　　不論從經濟或藝術的方面來看，這些奢華的工藝品都具有重要意義。透過生產活動直接增進埃及統治階級的富麗堂皇，另外也藉由提供作品交易來做出貢獻。因此，這些工藝品確保繁華城鎮的人口也能分擔埃及農業產能。同時，這些手工藝品也具有美學價值，其中包括表現在衣著的色彩設計、陶器、水晶器皿、青銅器具，和各類珠寶的形式和裝飾，以及製作精美的一般實用物品等。我們的博物館裡貼上「法蒂瑪朝」標籤的美麗珍藏品，讓我們得以遙想古代工匠所營造的這份奢華。

　　法蒂瑪朝時期以出色優美的彩釉或水晶製品聞名，其設計經常會運用某些較為古老的科普特傳統，其中伊朗風格更加明顯，但一切都是為了法蒂瑪朝的品味而重新製作。埃及日漸獨樹一幟的藝術樞紐地位，在建築學上則表現得特別明顯。在法蒂瑪朝統治下，建築形式持續沿襲伊朗——例如穹頂墓室——但在過程中也形塑了獨特的傳統，而馬木魯克（Mamlûk）清真寺的建築則臻至極致：例如，在方形基地與穹形屋頂銜接的角落上，採用「鐘乳石」形式的早期嘗試。還有，壁龕的溝槽式處理方法，讓壁龕朝向麥加，如此可讓禮拜隨時產生極佳的專注效果。透過這種方式，法蒂瑪朝的美學生活充滿顯著的一致風

格，襯托出政體在這方面的特色，並使其政治及社會生活更臻完善。

法蒂瑪朝勢力的衰微

　　埃及的地位一經確立，其於文化和經濟方面獨立自主的繁榮就比獨具伊斯瑪儀里派的形式維持得更加長久，而這些形式在法蒂瑪時代早期就與埃及關係密切。只要紅海貿易路線依然蓬勃發展，埃及政體的主要政經方針還是可以充分落實。另一方面，伊斯瑪儀里派的思想甚至在法蒂瑪朝滅亡以前就已經開始式微，然而，由於在海軍權限所及範圍內，伊斯瑪儀里派一直是法蒂瑪朝的關鍵因素；其本身具備文化和政治上的獨特機緣，但也有其特殊的難題和弱點。隨著伊斯瑪儀里派的推動力日漸減緩，埃及勢力也變得更趨向在地化，不再具有從前廣闊的影響力，而伊斯瑪儀里派特有的知識和政治試驗，也並未維持更長久的時間。

　　法蒂瑪朝勢力衰微與其本身特有的難題具有密切的關係。這在十世紀結束之前已見端倪，當時在北非大陸的法蒂瑪朝軍官——伊本－基里（Ibn-Zîrî），靠著他與柏柏部族的關係，拒絕繼續承認伊瑪目，並另外建立一個獨立的朝代。不過，法蒂瑪朝的政權則是到了十一世紀前半葉時，才逐漸在西伊斯蘭世界和西西里境內徹底消失。就更嚴謹的伊斯瑪儀里派的觀點而言——也就是從朝代穩定性的訴求來看——這都是內部的分裂。

　　第一次內部分裂發生在古怪的哈基姆統治期間。哈基姆顯然曾經是一位有效率的統治者，他無視於先前朝代的慣例，一上任就立刻任命一位順尼派的主要法官（qâdî）；因為他是所有人選中最公正也是最

精明的法官（就法律見解而言，法官必須接受伊斯瑪儀里大法官〔muftî〕的指導）。在他統治的時期，伊斯瑪儀里派在敘利亞境內達到最廣大的勢力範圍，並普遍維持在聲譽的顛峰。但哈基姆受制於個人的古怪情緒和偶發的殘暴行為，因此，他曾在某段時期內堅持開羅的船隻必須徹夜點燈，一如他當時執意要表現出活躍積極的樣子；人民必須延長午睡時間。據說他還舉辦某種抽獎活動，其中某些獎品超乎意料之外，而且是令人難以置信的獎賞，但他卻規定其他某些人必須暴斃而死──所以，人民只能聽天由命。有些傳說還提及他個人極端殘暴的行為。

　　然而，即使是他最古怪的念頭，似乎也會觸及嚴肅的宗教意旨。因此，他下令執行夜間事務時，似乎在一定程度上是企圖顯示他的警察有效執行權力，而且他的法官十分嚴厲，所以夜晚像白天一樣安全，而且，他的這些作為確實也曾被充分證實有效。哈基姆個人對宗教極富興趣，而身為伊瑪目，他確實有權為所欲為；但他未必總是以伊瑪目身分為前提並謹守伊斯瑪儀里派一般原則的規範。他的某些措施主要是為了表達清教徒式的嚴苛，畢竟，他希望成為完美的統治者；寬厚慷慨、嚴格遵守紀律，而且絕對公平對待所有人民。就他個人而言，他避開所有奢華，並且在短程旅遊時騎乘不加裝飾的驢子。對於那些濫用權勢、圖牟私利的所有重要人物，他都一概絕不寬貸（他通常都以此流露出其殘酷性格）。他的清教徒精神使他下令摧毀埃及的葡萄園，以便從源頭消滅酒品，強制規定受保護者必須遵守某些限制，並禁止開羅的婦女離家活動。

　　但哈基姆的施政逐漸展現出他對宗教教義的興趣。由於他對學習深感興趣，所以很早就在他指定建造的清真寺裡，為伊斯瑪儀里派成

員建立一座設備完善的圖書館和學校；在那裡，不只進行伊斯瑪儀里派教義的研究，還研究各式各樣的學科。但他後來逐漸轉而支持順尼派（他的大多數臣民都是順尼派穆斯林），甚至使伊斯瑪儀里派的領導階級陷入困境。然而到了最後，他進而完全支持全新的天啟理念。他任由自己的軍隊和開羅資產階級之間爆發激烈衝突（他漫步在失序的混亂中，在沒有個人護衛的情況下卻毫髮無傷），還鼓動那些尋求千禧年最終毀滅的狂熱者。接著，在某個夜晚，他身邊沒有任何侍從的情況下，他騎向沙漠，從此以後，人們就遍尋不著他的蹤跡。

　　他消失無蹤之後，法蒂瑪朝恢復了原狀；富人重新拾起他們的奢侈和歡愉，而他所沒收並和散發的那些財產，也都一併歸還給合法的所有權人。但是，就伊斯瑪儀里派的觀點而言，這位王室實驗者的壯舉反而使朝內部充滿非比尋常的動力和一致性，也就是關心人民社會的公平正義，而不是全面實施傳統伊斯蘭法普遍的不平等。哈基姆獨特的人格使某些伊斯瑪儀里派狂熱分子相信：應該以他人生不同階段的起伏，去比擬全人類的歷史，並將哈基姆本身視為神的化身。他們運用伊斯瑪儀里派教義的寓意慣例，提出全新的「內隱」（inward）真理，以取代傳統的伊斯瑪儀里思想。儘管他們在各地的伊斯瑪儀里派成員中獲得相當程度的迴響，但始終無法說服伊斯瑪儀里派的官方階層體制，官方的回應則是更加嚴格地界定正統教義。但他們確實贏得當時敘利亞農民起義的擁戴，後來更在睿智的伊斯瑪儀里派領導人之下，異於尋常地擴散和存續。殘存的反叛者最後集結到毫無外援的山區避難營，他們在此成為德魯茲派（Druzes）長久存在的派系之一，

持續期待哈基姆重新歸來、為整個世界帶來正義。[4]

在哈基姆的孫子——穆斯坦席爾（al-Mustanṣir）的長期統治下（西元1036～1094年），伊斯瑪儀里派式微的動力終於出現決定性的轉變。他在位期間的前半段輕易撐過哈基姆的誇張行徑、甚至是哈基姆留下來的分裂性煽動，所以政體還算大致健全。在西元1058年，巴格達與伊拉克部分地區曾暫時效忠法蒂瑪朝——然而，主要並不是借助埃及或伊拉克的伊斯瑪儀里派勢力，而是透過一位勢力雄厚將軍的政策，因為他一直想號召埃及人協助對抗其敵人。但到了西元1062年，埃及政府本身捲入內部危機，傭兵軍團[5]——一如阿巴斯朝衰頹時期——擺脫了中央控制，而軍隊中不同派系也對上層階級的腐敗意見相左，因此，開羅在隨後的十年間一直都處於兵荒馬亂。西元1074年，自敘利亞省徵召一名稱職的將軍巴德爾・賈瑪里（Badr al-Jamâlî），藉以進行平亂，他終於毫不費力地在短期間內就重建法蒂瑪政體。

西西里在西元1071年時落入法蘭克人手中，而法蒂瑪朝當時卻無能為力，幾年之後，巴德爾身在埃及時，當時以阿巴斯朝哈里發名義

4　Silvestre de Sacy 的 *Exposé de la religion des Dreuzes*, 2 vols, (Paris, 1838)，在寫作上立基於恐懼異端的觀念，但煞費苦心且內容完整，這本書仍是唯一嚴謹討論的成果。僅著墨處理這個教派的初始階段，其內容須由 Marshall Hodgson, 'Al-Dazasî and Ḥamza in the Origin of the Druze Religion', *Journal of the Druze People and Religion* (New York, 1962), 5－20 加以更正。Philip Hitti, *The Origins of the Druze People and Religion* (New York, 1928) 並未增加更具價值的內容，還充滿了誤導的錯誤；最好不要參考這本書。

* 5　編註：傭兵的阿拉伯文為「mamlûk」，意為「被擁有的人」，大約從九世紀開始，阿巴斯政權開始雇用遊牧民族作為補充兵力，後來這些傭兵勢力逐漸壯大為軍勢統治集團，西元1250年在埃及建立傭兵政權，也音譯為「馬木魯克朝」。

統治伊朗的塞爾柱人，拿下敘利亞的許多地區。儘管伊斯瑪儀里派宣教士仍然擁有葉門的部分地區，但並不考慮其他偏遠地區。巴德爾與繼承他之後、擔任大臣的兒子們，在控制埃及本身與敘利亞南部以外的地區方面，幾乎未曾盡力。在穆斯坦席爾過世時（西元1094年），絕大多數本身不是埃及人的伊斯瑪儀里派成員，特別是伊朗的那些成員，便拒絕承認法蒂瑪朝的領導地位（他們成為伊斯瑪儀里派尼查爾分支（Nizârî Ismâ'îlîs），接著絕大多數都追隨印度和卓〔Khoja〕的領導者阿嘎汗〔Âghâ Khân〕）。在最後一位強盛的法蒂瑪朝哈里發——埃米爾（al-Âmir，在位於西元1101～1130年）過世之際，阿拉伯半島與印度洋沿海地區的伊斯瑪儀里派成員也同樣拒絕承認他們的領導地位（他們成為塔亦比派〔Ṭayyibîs〕，主要是以博赫拉〔Bohras〕的印度商人社群為代表）。至於那些仍然對埃及政權效忠的小部分伊斯瑪儀里派，則不再扮演政權中的重要角色，並且在西元1171年時，法蒂瑪朝遭到順尼派的薩拉丁（Saladin）滅絕之後，不久就消失了。這個政體接著便以順尼社群為基礎進行重建，但在強盛時仍繼續以海軍控制敘利亞與漢志（Ḥijâz），且在印度洋—地中海地區拓展其港口的貿易，一直持續到十五世紀末。

西班牙的地方派系王國：西班牙獨立政權的瓦解

　　埃及可以藉由其獨特的商業地位，發展出獨立政體與文化自主性。而西班牙或許就是藉由其全然孤立的地理位置發展出自主性。伊斯蘭上層文化（Islamicate high culture）長期以來在西班牙（具有迥異於伊朗—閃族的拉丁上層文化生活型態，而且顯然較不活躍）算是相

對弱勢；西班牙借助來自其核心地帶的動力，才足以維繫其政權的獨立性。在西元九世紀時，來自巴格達的吉爾亞卜（Ziryâb）為音樂與禮節潮流制定規範，而法學家瑪立克・賓・阿納斯（Mâlik b. Anas）的一位門徒，則忠誠地從他的家鄉引進最新的伊斯蘭法學（fiqh）[6]。但早在十世紀的西元929年穆各塔迪爾統治末期，當西班牙伍麥亞政權的統領採用「哈里發」的頭銜，西班牙勢力已經廣佈大部分的北非（Maghrib）地區時，西班牙穆斯林就開始展現其獨立性了。這個稱謂代表他確實取得該地區穆斯林政體的中央政權。他同時在通常幾乎自治的南方穆斯林城市，以及托雷多（Toledo）北方的穆斯林邊界地區，建立其控制勢力。這算是比較可行的作法，因為到了十世紀，西班牙穆斯林人口的成長率已經可以比擬尼羅河至烏滸河間地區，而且，相較於阿拉伯人與柏柏部族間的世仇，讓社會能日漸繁榮的普遍渴望，才是真正重要的事情。

新任哈里發阿布杜─拉赫曼三世（'Abd-al-Raḥmân III, 912─961 CE），順利擺脫有名無實的統治型態；他建立起西班牙式的阿巴斯朝專制統治。他的朝廷也倡導讓哈里發盛期增色不少的研修、文學、與哲學。他的專制統治甚至同樣借助外族軍隊，包括來自南方的柏柏族

---

* 6　譯註：在阿拉伯文中，「al-Fiqh」通稱為「法學」，「Sharî'ah」則指「法」，前者指具體體現於社會生活中的法律，特別是，藉由公權力機關的權力行使（如成文法、行政命令、裁判），或社會生活中的交易行為（如契約、婚姻）所體現，後者則指抽象的法律原則、法價值及法理念，它們超越實證法、卻又為實證法所據以存立、運作。這樣的區分不是伊斯蘭法所特有，fiqh其實對應著法文的loi、德文的Gesetz，Sharî'ah則對應著法文的droit、德文的Recht。

不過，本書作者一貫地在「法學」的意義上使用fiqh一詞，翻譯從之，唯須特別指出，在阿拉伯文中，通常以uṣûl al-fiqh指稱法學。

人，以及來自北方的東西歐奴隸（後者稱為「斯拉夫人〔Slavs〕」），而這些軍隊最後產生內鬨，並瓜分勢力範圍。伊本—阿布—埃米爾‧曼蘇爾（Ibn-abî-'Âmir al-Manṣûr）後來成為實際掌權者（西元976～1002年）的有力大臣（隸屬傀儡伍麥亞），終於恢復了阿布杜—拉赫曼的權威。在北非（Maghrib），除了有名無實的權力之外，他拋棄一切；法蒂瑪朝在當時更具權勢，即使移往埃及之後也如此，而柏柏部族陣營則是最強大的勢力。但在鎮壓半島北方邊界獨立西班牙基督教徒的行動中，他還能協調所有穆斯林資源。他最偉大的成就就屬摧毀西班牙西北偏遠地區聖詹姆士（St. James，即聖地牙哥〔Santiago〕）的偉大聖壇，這是所有西方國家最珍視的一座聖壇。

但這過渡性的西班牙政治勢力並沒有長久維持下去。西元1010年之後，當曼蘇爾兒子們的勢力在外來軍隊之間的爭執中瓦解時，並沒有軍事派系能承接整個西班牙。西班牙幾乎每座城市都紛紛各自建立獨立的宮廷。這些個別統治者被稱為為割據國王（mulûk al-ṭawâ'if）、「派系國王」（西班牙文稱為塔伊法斯政權〔reyes de taifas〕）：因為，他們需要依靠地方派系追隨者的支持，所以並不能算是專制統治者，而比較類似派系首領。大約在十年間，西班牙境內充斥著這類朝廷，而伍麥亞哈里發政權早已消逝。在這些朝廷當中，有些是代表斯拉夫人的派系勢力，有些則是代表柏柏人的勢力，但也有一些是代表地方公民的忠誠，並在當地有限資源的情況下，持續推動蓬勃的政治生活型態。值得注意的是，塞維爾（Seville）境內的某個法官家族（隸屬阿巴斯朝廷）領導有方地結合當地貴族，進而讓塞維爾逐漸控制了西班牙西南方大部分地區。雖然西班牙伍麥亞哈里發政權能維持其內部和平，但缺乏政治整合而迫使（並允許）最強大的伍麥亞朝必須依賴外族

軍隊，更直接導致派系國王間的長期交戰，而西班牙的穆斯林也只能無奈忍受。就像其他地方的穆斯林，西班牙穆斯林從來都無法在領土內建立根深柢固的全國性政治結構；他們也沒有透過結合特定的利益團體，進而發展全新的政治理念來彌補這種缺憾。

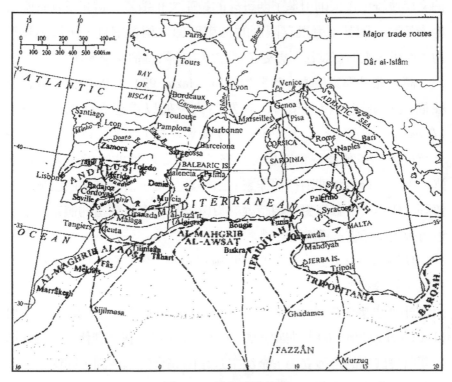

圖1－2：西地中海地區

不過，西班牙哈里發所引進的上層文化，卻在這些小國當中開花結果。這些朝廷特別以其廣受薰陶的獨特詩歌聞名。即使是套用標準的韻文形式，也展現出它對自然的清新之愛；後來並發展出全新的詩

體——也就是詩節體，這在當時的阿拉伯文詩歌中仍屬陌生；其中甚至還有限度地穿插了方言、通俗阿拉伯文及羅曼文（Romance）。而在其核心地帶，碩果僅存的巴勒維（Pahlavî）及亞蘭（Aramaic）文化遺產則融合了成形階段中的阿拉伯新文學，另外，已經形制完備的阿拉伯文學傳統，後來則引進了西班牙的拉丁文化遺產。這賦予其特殊的地方情調，因其不受既存限制的拘束而顯得相對率真，所以別具魅力；西班牙人的嘗試甚至影響了遠在東方的阿拉伯文學。

詩人兼神學家伊本—哈茲姆（Ibn-Ḥazm, 994—1064 CE）就曾詳細描述西班牙的特有情境。身為詩人，他以自己在《鴿之頸環》（*Dove's Neck Ring*，已有大多數西方語言譯本）中的詩歌，描述了騎士羅曼史的各種樣貌和場景，後來並由普羅旺斯的吟遊詩人加以闡述。部分沿襲自早期阿拉伯作家的這類羅曼史，當時曾在西巴牙競相傳誦；伊本—哈茲姆對這類詩歌的貢獻若稱不上是豐富的體系，至少也可說是賦予它一種嚴格的體系。

作為思想家，他幾乎就像每個獨立的西班牙心靈一樣，堅決反對一些不知變通的瑪立基（Mâlikî）伊斯蘭法學家。他採取了其他某些西班牙人也接受的神學立場：也就是巴格達法學家達伍德·查希里（Dâ'ûd al-Ẓâhirî）的「外顯學派」（externalist）。在聖訓傳述數量倍增晚期所發展出的這種立場，堅決主張藉由完全倚賴聖訓，即使是比較未經確切證實的聖訓，來將法學思維限縮到最小程度；其優點是得以避開瑪立基派法學者所研究的各式學說，大幅援引基本上每個人都能運用的論述。研究結果曾指出，查希里的立場對伊本—哈茲姆的吸引力，部分在於其容許個人有更寬廣的選擇，並將無法找出適當聖訓傳

述的行動，列入中性的「允許」[7]範疇；因此，其晚期的發展與瑪爾萬朝阿拉伯傳統的相對自由一致，而且更關注都市文化的需求，也就是在符合基本紀律的情況下要能接受最大的彈性。[8]

伊本—哈茲姆也從基本上屬於常識的論點，發展出對穆斯林與非穆斯林神學立場的詳細批判，也就是反對所有支持一神論主張和道德論述的微妙靈性學說或形上學。他雖然極度反對辯證神學（kalâm）爭論，但他在反對它時依然熱烈爭辯。他的論點總是一刀見血，即使當他極簡要地向對他不感興趣的派別解說時，也同樣如此。（因此，在討論罕見於西班牙什葉派的各種分支時，他會採取迥異於教派現實上對人性所持立場的標準化架構，系統性地說明，讓每個團體都能認定其伊瑪目是先知或神；不過，不同於其他作者，他確實因為對體系的渴求，而讓柴迪什葉派〔Zaydî Shî'î〕與其他更激進的派別形成最具關鍵性的差異——也就是對指定繼承〔naṣṣ〕的伊瑪目地位〔imâmate〕所持的態度。）他甚至在指出猶太人與基督教徒的自相矛盾時，不畏艱難地分析聖經文本。

---

* 7　譯註：在伊斯蘭法學中，一般認為，一個行為在法律上有五種可能的分類：「義務」（wâjib 該行為之履行招致獎賞、其不履行則招致懲罰）、「建議」（mandûb，該行為之履行招致獎賞、其不履行則不招致懲罰）、「允許」（mubâḥ，該行為之履行並不招致獎賞、其不履行亦不招致懲罰）、「禁止」（ḥarâm，該行為之履行並招致懲罰、其不履行則招致獎賞）、「嫌惡」（makrûh，該行為之履行並不招致懲罰、其不履行則招致獎賞）。

8　Ignaz Goldziher, *Die Ẓâhiriten* (Leipzig, 1884) 一書是對於這個學派的傑出研究，其前段部分同時詳細附帶說明聖訓主義者（Ahl al-Ḥadîth）以及各法學派的歷史，極具參考價值。

一生活力充沛的伊本─哈茲姆，晚年卻在最後幾任伍麥亞朝哈里發的統治下黯然度過，他年輕時曾擔任他們的大臣，而從政壇隱退之後，則是經歷多變又好辯的學者生涯。西班牙的詩人及學者就像他一樣，感情豐富卻又生性好辯──而在事關忠誠的最後關頭，則大都了無新意，甚至倔強頑固。

幾乎一個世紀以來，西班牙宮廷都過著輝煌燦爛的文化生活，而無懼於北方同樣地分裂的基督教徒，或海峽對岸的摩洛哥城市裡，統治鬆弛的柏柏部族。他們的地中海港埠隨著地中海西部貿易的復甦而致富，接著就如義大利、高盧（Gaul）與日耳曼，進入經濟快速發展時期。在西元1050年代，取代幾個較小的城市朝代之後，塞維爾的阿巴迪朝（'Abbâdid）同樣因為其歡樂的詩歌與音樂生活而特別聞名；西班牙在這個時代的生活長存人心。然而，這些小宮廷實在無法自立生存，西班牙北部的基督教徒終於集結軍力，並威脅要征服穆斯林。托雷多終在西元1085年淪陷。

穆斯林西班牙人必須引進新興柏柏人勢力 ── 穆拉比特朝（Murâbiṭ，即 Almoravids），這部分我們接下來會更詳細討論；基於在伊斯蘭化邊境居民所激起的熱忱，某些柏柏部族才得以支持在摩洛哥接手統治的更強勢政府。這時穆拉比特朝便進入西班牙，為其防禦基督教徒的攻勢。穆拉比特朝擊退了基督教徒，但也在西班牙進行統治，並實施道德規範最嚴格的律法。文明的西班牙式生活依然不變，卻瀰漫著柏柏族軍事領導所造成的幽暗氛圍。最後，柏柏人在陌生疏離的西班牙終於無以為繼；派系王國失敗的最後結果便是放棄西班牙，攻守讓給北邊較不講究奢華的基督教徒，而事實證明，基督教徒

能在不仰賴外力介入的情況下，延續自己的統治。[9]

波斯行省繼承者的國家

在中央地區，也就是肥沃月彎與伊朗高地——還有烏滸河流域——哈里發政權的傳統並未像在埃及那樣，長期被地方勢力全面取代，或像北非（Maghrib）、阿拉伯半島與信地等更遙遠的地區那樣，被地方上另一種成功的政治理念取代。起初，這些新興勢力大都只是延續著哈里發政府遺留下來的行政與社會模式。

在東方，繼承塔希爾朝（Tâhirids）的一些薩曼朝（Sâmânids）總督，早在哈里發政權崩解之前，就已經建立其完備的自主性。在整個十世紀，他們在布哈拉（Bukhârâ）一直都維持對烏滸河流域及呼羅珊的有效官僚行政體系；只要忠誠仍具效益，他們就會保持效忠哈里發，而巴格達獨立勢力的消失，對他們的身分或活動也都不造成影響。

不過，在納斯爾二世（Nasr II）在位期間（西元913～942年）之後，薩曼朝的勢力便逐漸式微。就領土而言，它必須將伊朗西部的土地交給布伊朝（Bûyids）。更重要的是，其本身無法長期維繫集權式官僚體系。薩曼朝也面臨薩珊帝國與阿巴斯朝遭遇過的問題，但其規模較小且範圍也沒那麼大，另外，也不像伊拉克的薩瓦德地區那樣，具

---

9 W. Montgomey Watt, *A History of Islamic Spain* (University of Edinbugh Press, 1965)，是非常有用的文化史與政治史摘要，而且還附帶將故事帶到 E. Lévi-Provençal, *Histoire de l'Espagne musulmane*, 3 vols, (Paris, 1950－1953)所聚焦的時代之外。它同時還包含了參考書目與許多值得深入研究的問題。

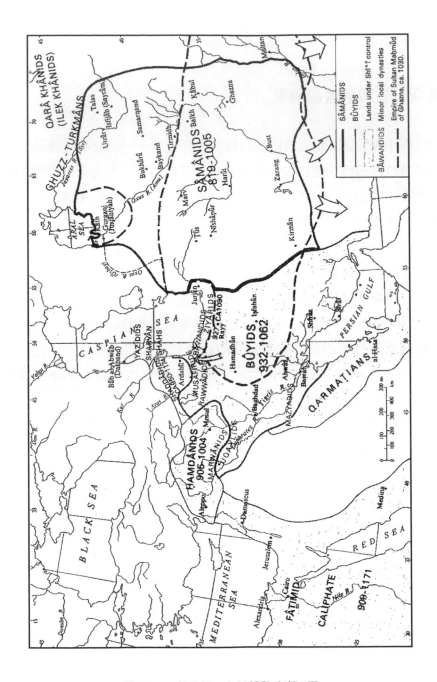

圖 1－3：薩曼朝、布伊朝與喀喇汗國

備相當的條件（儘管某些地區具備極高度發展的灌溉工程）足供中央做為資金。薩曼朝為了維持中央權力當局的充分獨立性，一如過去的阿巴斯朝一樣，必須求助於突厥傭兵。但這些士兵與其他反對伊朗舊貴族的派系結盟，並順利暗中破壞這個政體所倚賴的理念架構——保衛政體，與保衛伊朗意識（Iranianism，舊伊朗貴族所主張）及伊斯蘭及其城市之間的均衡。

　　相較於薩曼人的措施，薩曼朝的某些突厥軍隊，似乎比較偏好東方的新興穆斯林突厥新朝代的措施。十世紀時，上烏滸河及錫爾河的山區，也就是以往哈里發帝國的邊陲地區，突厥游牧民族中的葛邏祿部族（Karluḳ）興起新的朝代，並控制其勢力範圍內的城市，最後更接納伊斯蘭，但它採行部族式的精巧權力結構，這種結構極少受到哈里發政權的行政管控，至少未直接受其影響。葛邏祿部族完全以游牧軍事勢力為基礎，甚至並未試圖建立嚴密的中央集權體制；而統治朝的眾多成員，即喀喇汗國（Kara-khanids，或稱為「Ileg-khâns」），則以相對於主要統治者的相當自主性，各自統治其不同地區。隨後幾任的薩曼朝統治者，其本身的突厥邊境總督日益干預首都，並在其與舊貴族的紛爭中協助薩曼朝。在十世紀末，情感上與薩曼朝突厥人結盟的葛邏祿突厥，已經隨時準備要借助境內眾多派系，接收薩曼朝的領土。他們在西元999年佔領了烏滸河與錫爾河流域絕大部分的薩曼朝領土（但不包括呼羅珊），而幾乎獨立統治的嘎茲納（最強盛的薩曼朝突厥邊境總督），以他自己的名義介入並守住呼羅珊。葛邏祿人從來沒有發展出成為伊斯蘭（Islamicate）文學焦點的輝煌中央宮廷，但他們透過許多行政中心，以其獨立勢力統治錫爾河與烏滸河流域長達兩個世紀，其間並不包括後來塞爾柱人得以在短時間內迫使他們臣服。

同時，薩曼朝在伊朗西部的敵手，布伊朝（也拼作「Buwayhid」）及其代蘭姆軍隊，則並不像薩曼朝那樣，為了維持哈里發政權的行政模式而長期付出努力，因為相較於薩曼朝，他們能更直接獲取軍事資源以維持其勢力。到了西元945年，分別在須拉子（Shîrâz）、伊斯法罕與巴格達擁有朝廷的三個布伊朝統治者兄弟，共同瓜分了一直由哈里發政府統治的最重要領土。他們把哈里發留在巴格達當傀儡，在他的家庭生活之外幾乎毫無權威可言；大臣的行政事務大都維持不變，但是對布伊朝的各軍閥負責，並分別在其行省行使職權。從西元932年奪權起，直到西元977年他們當中最後一個過世為止，三兄弟一生皆合作無間；接著，下個世代最強盛的阿杜德—道拉（'Aḍud-al-dawlah），維持家族秩序並統一了大部分地區，一直到西元983年都由他親自統治。布伊朝曾短時間控制過可能威脅波斯灣貿易的歐曼（'Umân）沿岸地區，甚至還遠至伊朗東南部地區伊斯蘭化的勢力範圍。這段期間仍保有高度繁榮，而且，哈里發政權最後幾年遭受破壞的灌溉工事，在相當程度上也得以修復。

　　布伊朝統治者與其大臣，同樣承接哈里發的文化贊助任務，但這類贊助職權，不只由三個布伊朝首都分擔，當然，也由伊斯蘭世界其他政權的首都共同分擔。什葉派政權的布伊朝鼓勵公開的什葉派節慶，以及什葉派神學作家，因此，十二伊瑪目什葉派（Twelver Shî‘ah）在其統治下，奠定了最堅實的知識基礎；他們贊助一所特別的什葉派學校，後來成為巴格達的第一所獨立穆斯林學院。他們的態度特別有利於十二伊瑪目派，但偶爾也會鼓勵各種不同的什葉派。為了解決財產與世系的紛爭，他們將塔立卜支系（Ṭâlibids，包括阿里後

裔〔'Alids〕）[10]的組織與阿巴斯朝的組織分離，並賦予前者特殊的官方認可地位。他們的政策似乎是鼓勵什葉派的知識，並讓仍然享有相當收入的哈里發也能鼓勵順尼社群的知識（對此，哈里發的朝廷很快就以武斷的狹隘方式進行）。但布伊朝除了支持什葉派之外，還普遍鼓勵觀想：理性主義學派（Mu'tazilî）的辯證神學，還有哲學；但他們並不贊助什葉派聖訓主義的迫害者（Ḥadîthî persecutors）。

不過，布伊朝政權並未完整保留其官僚體制傳統，甚至也未保留地方分治的形式。某些早期的哈里發，甚至會在失職時期，將國家土地賜予私人；而在財政窘迫時，後來的哈里發甚至基於直接支付士兵薪餉，而將各地區的稅捐分交私人收取。這種分配稱為墾地制（iqtâ'）。布伊朝就此發展出這類比較寬鬆的分配方式：一如與其同一時代，位於肥沃月彎北部的哈姆丹朝，他們甚至將整個地區都分配出去，而且還未依阿巴斯朝所要求的，必須將土地稅（kharâj）抽出十分之一付給穆斯林；公庫完全喪失對這類土地的控制。（當然，這些受分配的土地並非封地，而是被視為支付薪餉的方法，而若所分配的土地無法產出適當的數額，就拿別筆土地來交換；原則上，居民除其財政管轄權受支配之外，並不從屬於受分配人。）對於財政官僚體系來說，這種作法具有毀滅性，對於所涉及的土地而言也通常如此，它們在「交換」之前早就被榨乾了；然而，一般的士兵們，仍然能從還沒拋棄所有資源的中央財庫，領到他們的薪餉。

在十世紀後半葉與此一經濟威脅出現的同時，印度洋與地中海地

---

* 10　編註：塔立卜支系指的是穆罕默德的叔父阿布—塔立卜（Abû-Ṭâlib）的後代，阿布—塔立卜也就是阿里的父親。

區之間的許多貿易，都從波斯灣與肥沃月彎轉移到紅海與埃及。肥沃月彎長期的政經紊亂，特別是在先後由哈姆丹朝和更微不足道的朝代所統治的加濟拉地區（Jazîrah）[11]，使這種情況更加惡化，一如法蒂瑪朝的審慎政策對埃及所造成的影響。西元983年之後，布伊朝的領土被四、五個世仇政權瓜分。同時，在代蘭姆與庫德山區，以及加濟拉地區，好幾個由山區居民所建立，或起源於貝都因部族的小型朝代，在地方上自立，某些朝代的控制力還曾在短期間擴張甚廣。同時，布伊朝本身也日益依賴突厥傭兵，與以往的薩曼朝相當類似。布伊朝諸國比薩曼朝還多存續半個世紀，但同時，它們也協助建立伊斯蘭中土的突厥軍事優勢傳統。他們對非阿拉伯的伊拉克地區（'Irâq 'Ajamî）的控制，在薩曼朝的一些嘎茲納朝前突厥邊境總督接管呼羅珊之後，就受到限制；布伊朝的遺族終於在西元1055年臣服於塞爾柱勢力。

什葉派的世紀

法蒂瑪朝與布伊朝在伊斯蘭世界某些核心地帶領土佔優勢地位的時代，由於什葉派成員當時在眾多專業能力上的傑出表現，因此將其稱之為「什葉派的世紀」。所謂什葉派的世紀，並非意指什葉派支配了政治生活或社會及知性生活。但這項稱呼，確實能合理凸顯出令人矚目的現象——特別是，相較於緊隨其後鮮有聽聞什葉派的時代。

---

* 11　編註：加濟拉為伊斯蘭時期起使用的地名，約為美索不達米亞、伊拉克西北部地區。阿拉伯文「Jazîrah」意為島嶼，因為被幼發拉底河與底格里斯河圍繞，而形成封閉的地理環境，有如島嶼一般。

在什葉派的歷史上，這個世紀凸顯出一個為後世奠基的宗教創新書寫年代。在十二伊瑪目派的小隱遁期（lesser Ghaybah，隱遁伊瑪目仍由他在社群中的代理人〔wakîl〕代理的期間），除了十二伊瑪目派以外，就連賈俄法（Ja'far）什葉派的伊斯瑪儀里派分支，都早已確立了宗派形式（而柴迪派則是藉由建立地方性政體來形塑其宗派形態）。在小隱遁期結束至塞爾柱人佔領巴格達之間（西元945～1055年），教義中出現了眾多早期的偉大名字，其中包括十二伊瑪目派與伊斯瑪儀里派的人物。例如，在十二伊瑪目派四本聖訓正統典籍當中，庫利尼（al-Kulînî，西元941年逝世）的著作屬於小隱遁期，而分別由伊本—巴布亞·剎杜各·古敏米（Ibn-Bâbûyah al-Shaykh al-Ṣadûq al-Qummî，西元991年逝世）、塔伊法·圖西（Shaykh al-Ṭâ'ifah al-Ṭûsî，西元1067逝世）所寫的其他三本，則屬於「什葉派的世紀」；詩人也是如此，夏里夫·拉第（al-Sharîf al-Radî，西元1016年逝世）則是搜集人們認為由阿里傳下的詩歌與佈道，並編輯成《修辭藝術》（*Nahj al-Balâghah*）這本備受喜愛的信仰作品集。與他同時代的哈密德丁·奇爾曼尼（Ḥamîd-al-dîn al-Kirmânî），在哈基姆統治時擔任首席傳教士，則是最偉大的伊斯瑪儀里派哲學家。

即使就一般的穆斯林歷史而言，仍有相當理由，可將這個時代標記為什葉派的輝煌時代。這個時代的學者與文學家中，屬於什葉派成員者相當不成比例，即使在明確派別以外的領域，亦復如此。但此一事實幾乎與政治毫不相干，在什葉派所效忠而當時統治其的朝代之中，只有法蒂瑪朝與一些以什葉派名義統治的柴迪派小型政權。而法蒂瑪朝的贊助，確實有助於說明當時伊斯瑪儀里思想的精進，而布伊朝或哈姆丹朝的贊助，對促進十二伊瑪目派的發展，其重要性可說僅

屬次要。這個時代的什葉派成員在知識上的傑出表現，或許源自前一時期的發展。伊拉克在哈里發勢力終結後的最初幾個世代，仍然扮演具有影響力的角色，而伊拉克許多古老家族都傳承了庫法（Kûfah）的什葉派。或許資產階級上層，特別繼承了庫法的非阿拉伯人附庸者（mawâlî）──他們屬於什葉派──的同理心，而更晚近才改信的人民，則接受了具主導地位的順尼伊斯蘭。正如我們曾提過的，巴格達的卡爾赫區（Karkh）曾是貿易與什葉派的中心。這個地區的所有文化，在當時的伊斯蘭脈絡下無可匹敵地流通，但伊斯蘭文化（Islamicate culture）開始在許多中心散佈之前，伊拉克較古老的商人階級會特別願意扮演文化的承載者；考量到這些人確實都是什葉派成員，發現在文化景象中，什葉派人物政治上雖不受任何贊助卻仍表現傑出，並不會令人感到驚訝。

但是，既然構成「什葉派的世紀」這種印象的什葉派成員傑出表現，其起源各異，而在接下來約一個世代左右，什葉派的傑出表現很快就消失，我們當然也不會感到驚訝。這不僅是在知識層面上的消逝而已，連同不同政權的政治聲望也是如此，匯流到什葉派手上的政治勢力本 身，基本上也是偶然的。我們可以將哈姆丹朝的勢力追溯到敘利亞沙 漠的阿拉伯人，在出走派（Khârijîsm）失去它的吸引力後，改信什葉派的時刻──貝都因人顯然認為有必要與安定的統治勢力保持某種對立關係。法蒂瑪朝的伊斯瑪儀里宗教運動也間接具有相同起源，但實際上，事實證明，讓他們掌握權勢的並不是敘利亞沙漠的嘎爾瑪提派，而是北非（Maghrib）的柏柏人。布伊朝的什葉派，則可以追溯到裡海邊境什葉派分子的改信。要說這些情況之間有什麼共通點，那就是在此之前的世紀，主要勢力結構之外的人們往往會接納什

葉派，而非出走派；而此時，隨著中央權力的崩解而奪取權力的，正是這些圈外人。但隨著中央權力的嬗遞，圈外人就沒有繼續作為什葉派的重大理由，事實上，更新近出現的圈外人則並非如此。一如什葉派分子在知識上的傑出表現，他們在政治上的傑出表現，也並不普遍；而什葉派未在他們顯具優勢的時期，順利讓群眾改信，因此他們的傑出表現也就只是曇花一現罷了。

不過，什葉派與這個時代許多知識及思想著作之間的關連，有助於什葉派運動的推展，或者說（更廣義地說），什葉效忠阿里後裔的意識（'Alid-loyalism）在順尼社群圈子裡的後續幾個世紀，運用了它已經具備的廣泛影響力。賈比爾（Jâbir）的著作全集奠定了伊斯蘭世界的化學或煉金術基礎，而這套著作的內容大半出自這個時期，而且具有明顯的伊斯瑪儀里派風格。事實上，穆斯林對一般科學史的詮釋，反映了古代先知身為祕密知識傳達者的角色，而這倒與什葉派意氣相投。但即使在個人虔信的領域，什葉派的影響力也不只對阿里的一般性推崇，還有更具體地極廣泛運用夏里夫‧拉第所編纂的《修辭藝術》，甚至有很多順尼派的成員，將此典籍視為繼《古蘭經》與聖訓之後的第二聖典。什葉派不再居領導地位之後，他們的著作仍然是不朽的遺產。

這方面似乎值得我們思考，為什麼什葉派不同於這個時期的其他好運動──像是漢巴里法學派（Ḥanbalîs）或卡拉密派（Karrâmîs）──無法讓大多數的順尼伊斯蘭完全同化。事實上，這是因為，感情上效忠阿里及其後裔的意識普遍已經代代相傳。我們必須承認，效忠阿里的意識不像某些運動，例如理性主義學派（它主要屬於辯證神學學派，其成員可能接受法學或類似事務方面的多種立場）、漢巴里法學

派或卡拉密派，而比較類似十二伊瑪目派及柴迪派，它是多面向的宗教運動，本身具有潛在的整體性：他們有自己的虔信形式、自己的律法、自己對辯證神學爭論的觀點。但不論這些派別與其擁戴群眾的敵對程度，最後也都未與大多數的社群脫離。似乎只有一點，深遠到足以容許妥協，那些堅持偏離大多數社群而擁戴特定伊瑪目的什葉派成員，必定會形成獨立教派，即使僅限於一般民眾的層次；這種獨立教派所堅持的整套具宗派色彩的宗教立場，其實與其他雷同的宗派有相當微妙的差異性。（因此，十二伊瑪目派在這個時期就採納了本質上屬於理性主義學派的神學學說；但拒絕承認其對理性主義學派有任何認同）。若想同時完全涉入兩種傳統，就會出現信仰衝突，因此，能自外於順尼派的只有出走派（即伊巴迪派〔Ibâdîs〕）與派別眾多的什葉派（柴迪派、伊斯瑪儀里派、十二伊瑪目派）。

　　此時，讓穆斯林之間產生對立的不同觀點，最主要並不是抽象的教義甚或法律，而是在歷史及政治方面；此一事實，其實符合《古蘭經》對社群歷史責任的啟示。據說，在布伊朝時代，就已經有人付出努力，要使十二伊瑪目派就曾致力在巴格達尋求認同，作為非阿拉伯人改宗伊斯蘭者的法學派，並與其他法學派並駕齊驅。但這種努力的結果，當然早就註定：什葉派與順尼派之間的顯著差異，並不在法學理論，重點在於無論有多少個別什葉派作者或學說對伊斯蘭造成普遍影響。但就伊斯蘭潛在的革命性挑戰而言，什葉派仍然是拒絕妥協的守護者。特別是，對於較富裕的商人而言，什葉派的對抗性意涵已經撤退到主觀個人立場中，或說只能期待出現奇蹟般更公義的未來（就像順尼社群的對抗性意涵僅侷限在既定的階級層次）。儘管如此，什葉派仍然是千年至福的永續希望所在，這在後來的時期，終究如期出現。

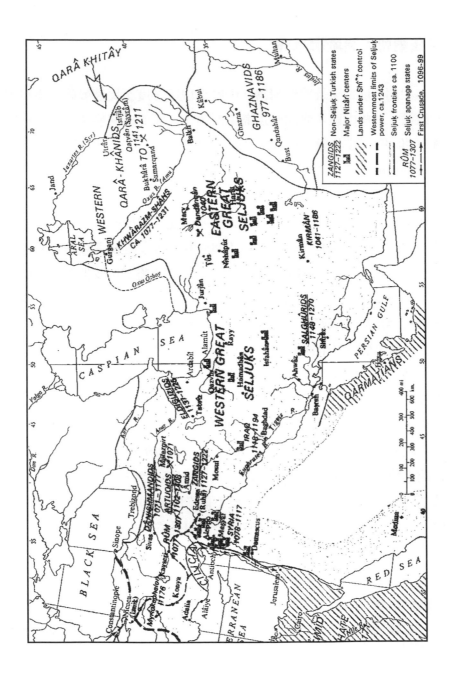

圖 1－4：嘎茲納朝與塞爾柱帝國

嘎茲納朝：突厥繼承國

伊朗高地遠東邊緣的阿富汗山區出現了一度至比薩曼朝還更輝煌的政權。這些山區才剛開始逐漸伊斯蘭化，並促成薩曼朝勢力在呼羅珊的推進。隨著薩曼朝勢力的式微，十世紀末以塞布克特勤（Sebüktegin，在位於西元976～997年）為首佔領嘎茲納的突厥傭兵駐軍，其實已算是一股獨立的勢力；塞布克特勤以總督的名義在西邊控制呼羅珊，而在東邊，則是征服並掌握了進入印度的隘口。他的兒子瑪赫穆德（Maḥmûd，在位於西元998～1030年）在薩曼朝垮台時（西元999年），即與葛邏祿突厥瓜分其領土，甚至將其帝國擴張到伊朗西部，消滅當地的布伊朝並迫害什葉派成員。他盡其所能地防堵葛邏祿突厥在烏滸河流域擴張，並在其西北邊駐防花剌子模（Khwârazm）。但他不斷遠征掠奪來累積其財富，過程中他摧毀了（作為偶像崇拜的）藝術品，並在橫跨整個印度西北部地區時，掠奪所有可能的戰利品。他在絕大多數地方都是短暫的掠奪，但卻在旁遮普建立永久性的統治政權。

瑪赫穆德因此建立了領土廣大但仍不穩固的帝國。他大都是靠努力建立聲望，以彌補這種不穩定狀態。而且，儘管他因征戰印度而累積了財富與榮譽，並使其成為對抗不信者的信仰戰士（ghâzî）穆斯林傳說，但是他最直接的威望，其實是來自他在伊朗的勢力；因為，那是「舊伊斯蘭」（old Islam）的領土，所以在當地的權勢運作——贊助致力效忠統治者的學者和詩人——能符合國際穆斯林社群的標準。瑪赫穆德自覺只不過是個暴發戶（而且是奴隸之子），因此希望藉由在印度的戰利品來攏絡哈里發，以獲得其賜予的榮銜（超過他敵人布伊

朝的首領）。他的成就之一包括，位居財富與權力中心的嘎茲納政體，同時也是文化樞紐；特別是，瑪赫穆德統治下的嘎茲納，成為（部分藉由對作家限制住居）復興伊朗傳統及對薩珊光輝之記憶的中心。菲爾道西（Firdawsî）的《列王記》（Shâh-Nâmah），這部細說伊朗舊王故事的史詩，正是獻給瑪赫穆德的宮廷。儘管像比魯尼（al-Bîrûnî）那種緊抓著阿拉伯語不放的學者多方反對，但波斯語依然成為主流語言（即使統治者本身還是使用突厥語）；正因為要遵循嘎茲納朝傳統，所以後來在印度，除了伊斯蘭法式的宗教性學術領域之外，波斯語幾乎讓阿拉伯語相形失色。

但瑪赫穆德的建樹大半出於偶然，也就是他個人軍事天分與伊朗政治順境結合的結果。他個人似乎特別偏好建立無上的權勢。他的行政措施通常都必須嚴格執行，包括無所不用其極的苛捐雜稅，但他仍竭盡所能不斷修正薩曼朝的傳統。他或許認為狂熱的宗教社群主義，比公平的統治方式還重要：凡是具有聖訓傾向的順尼社群成員認定為異端的人們，他就會加以血腥迫害，特別是他父親塞布克特勤偏愛的什葉派，甚至卡拉密派。（另一方面，他對宗教並不愛吹毛求疵：他利用在印度招募而仍未改信的印度教徒軍隊，來對抗反抗他的穆斯林，甚至還任命印度教徒將軍。）

早在瑪赫穆德時代就已證明，呼羅珊的游牧塞爾柱突厥難以駕馭。他的兒子瑪斯伍德（Mas'ûd，在位於西元1030～1041年）就完全無法掌控他們。已經被重稅壓榨殆盡的呼羅珊城市顯赫人士，對游牧民族破壞其農地的掠奪行為，無法視而不見。他們不再擁戴嘎茲納，並與塞爾柱領導人達成協議。在漫長又悲慘的丹旦坎之役（battel of Dandânqân，西元1040年）後，瑪斯伍德其實已認知瑪赫穆德帝國的

毀滅，便毅然決然離棄呼羅珊，開始流亡印度。

他的繼承人陸續放棄阿富汗山區以西的所有省份；但在易卜拉欣（Ibrâhîm，在位於西元1059～1199年）的統治之下，崩頹似乎出現復興的局面，而且還形成足以支撐殘破嘎茲納朝的可行政治理念。失去呼羅珊之後的嘎茲納政體唯有仰賴結合穆斯林山區居民的軍事實力，以及旁遮普印度教徒平地居民的豐富稅收。到了十二世紀中葉，位處高地的嘎茲納朝勢力，受到游牧烏古斯突厥（Ghuzz Turks）和偏遠蠻荒林區伊朗古爾（Ghûr）的蘇里朝（Sûrids）的折損。在這種壓力下，便定都拉合爾（Lahore），這是旁遮普的天然集稅中心，居民普遍都是印度教徒。但古爾人在西元1173年接收了嘎茲納朝，接著並在西元1187年佔領拉合爾，並以其本身方式恢復了嘎茲納政權的運作模式。

後期嘎茲納政權及其繼承人，也就是古爾人，當然都有強烈動機認為應該繼續征戰印度，甚至統治印度各行省，而且能形成聖戰（jihâd），也就是對抗印度教異教徒的神聖戰爭；而穆斯林士兵就是信仰戰士，也就是此一戰役中的宗教英雄。他們在必要時還能招募遙遠穆斯林領土的志願者。雖然法蒂瑪朝已經建立新政體，但恢復伊斯蘭世界的固有統一性只是附帶的嘗試，而嘎茲納朝則是透過擴張穆斯林的現有領土，來建立他們的國家。後來，當穆斯林統治了絕大部分的印度領土之後，就無法再重複這種特殊模式。[12]

12　Clifford E. Bosworth, *The Ghaznavids: Their Empire in Afghanistan and Eastern Iran, 994－1040* (Edinburgh University Press, 1963) 是一部運用許多社會情況資料的深入研究，但如標題所示，有其斷代限制。

塞爾柱人：突厥帝國與穆斯林的一致性

恢復穆斯林一統的嘗試之中，最接近成功的，則算是在塞爾柱朝蘇丹統治下所做的嘗試，這是因為單一伊斯蘭政體的理想，在緊臨巴格達的塞爾柱自治區，仍然最具影響響力。但他們努力的最大成果卻正好相反，他們的事工最具成效的產物，也就是勾勒出用以取代先前穆斯林統一性的國際社會秩序。

在西元999年之後，呼羅珊的薩曼朝權力垮台之際，事實證明，即使擁有突厥奴隸部隊，甚至又有印度戰利品，嘎茲納朝還是無法順利復興薩曼帝國。他們所面對的突厥人，是泛稱烏古斯（Oghuz）地區難以馴服的游牧部族，而烏古斯一詞曾指稱鹹海北邊的突厥部族，後來（當該地區的部族掌控更遙遠的南方時）還曾指稱錫爾河—烏滸河流域的游牧突厥。而當時跨越烏滸河南邊的團體，則是依其最成功的望族之名——塞爾柱家族（Seljukid），統稱「塞爾柱人」（Seljuk）。他們企圖從他們遊蕩之處的邊緣地區獲取最大收益，並且只願意暫時臣服。從西元1037年起，塞爾柱朝領導人，特別是突勒—別克（Ṭoghrıl-beg）與他的兄弟查熱—別克（Chaghrı-beg），便佔領了呼羅珊的各主要城市，並宣稱自己是統治者，進而名正言順地課徵稅收。在他們打敗嘎茲納朝的瑪斯伍德後（西元1040年），才在呼羅珊普遍被確立為統治者。他們努力想超越其祖先的表現。

塞爾柱部隊晚近才從乾旱的北方草原（那裡曾滿佈毫無農耕的更廣大領土，以及賴以維生的城市，而且游牧民族通常都不具農耕文明，無拘無束）往南調動到呼羅珊。但其中很多部隊都曾是突厥統治者在烏滸河流域以外地區的附庸，特別是喀喇汗國的葛邏祿突厥統

領，因此並不像某些不受穆斯林政體直接控制的突厥部族，這些塞爾柱部隊大半都成為穆斯林。他們身為順尼穆斯林而奪取權力，而且他們所到之處，對具有任何重要性的蘇非導師（Sûfî pîr）都相當遵從。塞爾柱統治者似乎同時具備獨立精神和與城市化社會調和的能力。在幾年之內，他們就藉由把部族人民整編到常備部隊，而將其統治勢力延伸到伊朗許多行省；塞爾柱朝的家族成員便成為行省的領主。

後來被公認為塞爾柱最高統治者的突勒─別克，佔領了伊朗西部的主要省份，並與哈里發嘎伊姆（al-Qâʻim，在位於西元1031～1075年）達成協議，隨即以順尼派成員的身分，取代了布伊朝在巴格達的勢力（西元1055年）；布伊朝其餘領土幾乎立刻落到他手上。他任命一位學識淵博的順尼穆斯林，昆都理（al-Kundurî）擔任大臣，他本來是哈里發的親信。塞爾柱各個頭目都被賦予整個伊斯蘭世界哈里發軍官的至高無上榮耀。哈里發藉由這種方式，確立其無上的權勢與威嚴，雖然其軍權也同時獲得承認，但人民更期待有制衡力量能限制其專斷獨行。事實上，塞爾柱人很強調他們與哈里發及與順尼社群體制之間的特殊關係。嘎伊姆很快就有理由質疑，透過掌權者的更迭，他實際上又有何得失，因為，昆都理自己就強調，他應該持續服從新的軍事權威。但這項解決方案決定了新帝國的政治調性。基本上，這個新政體代表了穆斯林在核心地帶政治統一性的壓力，並在游牧軍事力量沆瀣一氣的盆槽中，營造另一種可行性。

一如烏滸河流域的葛邏祿突厥，相較於起初以傭兵部隊為基礎的政體，塞爾柱人則更具優勢，其優勢在於，他們的突厥軍事基地自有其本身自立更生、團結一致的自然生活方式，也就是靠羊群賴以為生的馬上游牧民族。這種軍隊完全不需由英勇的將軍重新招募或訓練，

但他們還是有自由意志過強的缺點。當游牧者的領主變成農耕地區至高無上的 統治者兼收稅者時，游牧者就會開始將其畜群遷移到任何牧草最豐盛的地區；他們的領主並不敢阻止這些遊牧者，但還是會盡量開導他們。

　　由游牧者組成的大型部隊從呼羅珊（與烏滸河流域）向西及向西北方移動。他們刻意進入高加索南邊水草相對豐盛的山區，並接收任何閒置土地；有時，若耕作者從中作梗，他們還會將耕作者驅離；尤其是，邊陲地區的耕作者經常會因此而離鄉背井。突勒—別克若想繼續獲得他們的擁戴，就會被迫放任他們。他盡量避免對（支付稅賦的）農耕經濟採取更多非必要干擾，甚至因為對穆斯林的偏愛，而鼓勵游牧者（儘管某些突厥人本身算不上是穆斯林）攻擊高加索地區的非穆斯林民族，因為一旦其他既成政權消失，這些非穆斯林民族就會輕易歸順。他們開始朝向亞美尼亞高原的安那托利亞逼近，一路滲透防禦鬆弛的拜占庭邊界。軍事上的最後結果強化了這波運動，並證實拜占庭政府無力控制游牧民族新浪潮。當塞爾柱人（在突勒—別克的繼承者，阿爾普—阿斯蘭〔Alp-Arslân〕的統治下）將其注意力轉向佔領敘利亞時，他們發現本身的右翼受到拜占庭威脅，因此必須對抗拜占庭勢力。西元1071年，拜占庭軍隊在凡湖（Lake Van）北邊的馬拉茲吉爾特（Malzgirt）嚴重受挫，造成邊境門戶大開。該地區的塞爾柱主要軍力，繼續佔領穆斯林敘利亞，消滅法蒂瑪朝勢力，並取代它收取稅金；同時，突厥部族的部隊輕鬆地佔領毫不設防的安那托利亞，尋找最好的牧場，並藉由對抗敵人來維持其本身的地位。許多地區的農業都受到重創；農民逃到城鎮，只耕作接近城牆邊的田地，或試著從日益減少的都市收入分一杯羹。塞爾柱首領指派一位表親來代表穆斯林

的官方權威，其餘方面則束手無策；他所採行的伊斯蘭行政運作模式，在這片異國領土毫無用武之地。

承繼昆都理擔任塞爾柱大臣的是偉大的尼查姆—穆魯克（Nizâmulmulk），他也是突勒—別克之實質繼承人阿爾普—阿斯蘭（西元1063～1072年）與瑪立克夏（Malikshâh，西元1072～1092年）所轄帝國的統治者。他是一位虔誠的順尼波斯裔穆斯林，出身於嘎茲納朝的呼羅珊行政組織，而呼羅珊所擁有來自薩曼朝和哈里發盛期（因此也來自薩珊帝國時期）的官僚體制遺緒，比其他西方地區都還要完整。他將突厥上位者可能會賞識的精神融入其行政體系，但他們或許無法完全理解：透過無知但極力贊同的部族人民，讓整個帝國都恢復他理想中古伊朗既穩定又賦稅公平的政治制度。因為只有至少能認同其理念的波斯人才有資格擔任行政官員，所以並未出現突厥社群的明顯反抗，而且，不論突厥人是否能理解，都還是得讓他三分。他專心投入好幾項社會—政治組織再造的新措施，其中有些失敗了，但其他有幾項則是以始料未及的方式成功了。

尼查姆—穆魯克的主要目標之一，似乎是重建薩珊朝晚期和哈里發政權興盛時期的完整官僚組織體系，以代表嘎茲納朝的施政風格。這種作法，是由地方顯貴承擔代價，而帝國則在行政上採取中央集權。他在這方面似乎多半失敗了。或許有人會主張，這是無可避免的，因為薩瓦德地區的灌溉系統已經無法修復。我們可以了解，薩瓦德地區的產出銳減，某部分是地理與生態環境因素所造成的。然而，即使這件事沒有發生，但農業（agrarianate）都市生活的本質是一旦達到高峰，要恢復到像薩瓦德地區的經濟那樣細緻的結構有一定的難度：一旦農業組織如此全面依賴都市的安排，這些安排所受到的干

擾，甚至會使農業衰退到它本來的基準之下，因此，甚至是早期為了使帝國繁榮所挹注的投資，也都會消失無蹤。接著，一旦整個地區現存的農業，再過度依賴日益偏重的游牧經濟，那麼，若要取代薩瓦德地區而成為財政資源，就會更加困難。但是，振興中央集權的新措施，還是有其本身的效果。

　　缺乏中央財政資源的結果之一，就是官僚體系喪失對軍隊的控制力。尼查姆—穆魯克的關鍵計畫之一，即在恢復郵政（barîd），這種中央情報服務能讓行政中心不須依賴地方的總督即可監控每個地方的事件，進而能逐日控制各類事務。雖然建立了郵政，但新突厥體制過度軍事掛帥的特性，使這整套計畫遭到挫敗；最後並未維持適切的情報服務措施。反之，塞爾柱蘇丹仗著其龐大的兵力與機動性，任何叛變都隨即遭到鎮壓，因此，中央的權力，除了直接鎮壓的最低限度權威之外，幾乎所剩無幾。使部族的指揮官受到文官的監視（在情報服務中暗示），似乎是塞爾柱首領不能堅持執行而且令人難以忍受的侮辱。而且，除了突厥軍隊以外，仍然沒有任何夠強大的政治因素能推翻至關重要的部族榮譽感——事實上，這項榮譽感，就是塞爾柱勢力的基礎。

　　儘管有這些缺失，但在尼查姆—穆魯克的帶領下，帝國還是繼續擴張其勢力，而且在其影響力方面，和對叛變及其地區內其他軍事侵擾的相對壓制力而言，都更接近他夢想中的包容性絕對君主政體。阿爾普—阿斯蘭與尼查姆—穆魯克或許曾經共享政治行動，但尼查姆—穆魯克從一開始就支配了阿爾普—阿斯蘭的年輕兒子瑪立克・夏（Malikshâh，在位於西元1072～1092年），並設法確保瑪立克・夏的君權能更輝煌，甚至絕對穩定，他在位期間，儘管法蒂瑪朝繼續統治

埃及，但塞爾柱人還是從他們手中奪下在漢志之聖城（麥加與麥地那）的霸主地位，甚至還將他們的勢力往南擴張，遠及葉門。在另一個方向，他們也將其霸主地位擴及在錫爾河與烏滸河流域喀喇汗國的葛邏祿突厥統治者，而瑪立克‧夏最遠還讓他的規範穿過塔里木盆地西端，帶到喀什噶爾（Kashghar）。

但帝國擴張的範圍愈大，就愈無法依賴部族軍隊。塞爾柱人與其祖先一樣，很早就開始併用突厥傭兵。到了瑪立克‧夏的時代，儘管尼查姆—穆魯克曾警告他維持游牧民族忠誠的重要性，但他將尼查姆—穆魯克的擔憂棄之不顧，還是把這類非游牧者士兵組成的部隊，當成帝國的主力。君主政體的本質使古老的游牧共生關係日益薄弱。尼查姆—穆魯克本身已體認到此一事實。不同於塞爾柱人以外的部族人民，尼查姆—穆魯克得以在帝國勢力擴張的過程中，將他許多兒子與孫子安置帝國各處官僚體系的重要職位，以便藉由他個人的特殊關係，使其家族在行政體制中與塞爾柱家族的軍事統一性，形成某種互補作用。突厥人和波斯人都對尼查姆—穆魯克與其家族相當嫉妒，而且心懷戒備，而年輕蘇丹對大臣的掌控也日益躁動不安；但這位大臣直到遭刺身亡之前還是掌握實權（在垂垂老矣之際）——某些人將這項行動算在他朝廷的敵人頭上，但反抗塞爾柱帝國的伊斯瑪儀里反對派，也宣稱是他們下的手。瑪立克‧夏本身則在幾星期之後崩殂，塞爾柱帝國也隨之分崩離析。

國際政治中的宗教學者與統領

儘管尼查姆—穆魯克想藉助古老的伊朗政治理念，將塞爾柱的勢

力根植於普世絕對君主政權的嘗試並未成功，但他的政策推動了兩個重要社會階級的演變，讓他們在中期的新興國際秩序中，突顯自身角色。這些階級，就是宗教學者（'ulamâ'）與軍人，特別是軍事統領（amîr）；因為對官方政治結構的依存度極小，所以宗教學者與統領便成為新社會的威權核心。[13]

尼查姆—穆魯克的主要目標是重建中央絕對君主政權，而用以輔助其主要目標的第二項目標，似乎是為他期望中的中央化集權式官僚體系，發展出忠誠的順尼行政官員團隊。哈里發盛期統治下的行政官員，也就是風雅人士（adîb），代表一種宮廷的觀點，這種觀點往往與宗教學者的觀點出現基本歧異，即使當這位公僕在信仰上採取順尼伊斯蘭的立場時，也是一樣。更常見的情形是這些文人是什葉穆斯林，於是相當明確地拒絕既定的宗教協議。在某些城市裡，順尼派與伊斯蘭法主義（Sharî'ah-minded）的觀點都普遍獲得群眾的熱情支持，而且在統治者圈子裡總是受到尊重；但在知識分子圈子當中，則絕對無法受到極大關注。宗教學者各自的專長訓練各不相同：其門徒會成為法官，而醫師則是從哲學家（Faylasûf）的門徒當中挑選，而優美國書的寫作者則都是行政官員出身。以伊斯蘭之名，宗教學者代表其位居知識上的卓越且難以強求的地位。但這時，招募與訓練的新機制興起，得以協助宗教學者們建立這種卓越地位，並將其觀點加諸於行政官員。

13　「amîr」一詞意指「指揮官」，最初指的是武裝團體或戍守駐軍的隊長，後來則指稱賴其駐軍以獲取權位的城鎮或行省統治者。它成為對穆斯林統治者的最普遍稱呼，無論其他是否獨立統治（而蘇丹則基本上算是獨立的）。這個詞用以尊稱其他許多人，包括統治者的兒子；但現代英語中的舊譯名「親王」（prince）幾乎總是會產生嚴重的誤導。（編註：本書統一將「amîr」一字譯為「統領」。）

早在十世紀，呼羅珊的卡拉密派宗教學者，就帶著他們一應俱全的宗教體系和宣傳者的熱情，而夏菲儀法學派（Shâfi‘î）也一樣，對於在公共清真寺安排講道的作法，已經感到不滿，因此已經建立特殊機構，專供備受尊崇的學者們講課之用。這些機構就是「經學院」（madrasah）——學校——因為（作為宗教機構）它們以禮拜大廳為其中心，所以也是一種清真寺，其特殊的設施可供容納教師、學生以及其書籍。往往還會附設供學生住宿的單人小室，以及教師們的房間。這些經學院能夠開設一系列系統性的課程，以順尼的法律知識為主，但或許不限定於此。經學院的成立，起初或許是用來鼓吹某個派系或某個教派，作為對抗其他派系或教派的手段——比方說，夏菲儀法學派想要提供某種訓練，使其學派能贏過卡拉密派、哈那菲法學派，或許還有（本身有其有效密傳宣教體系〔da‘wah〕的）伊斯瑪儀里派。但其整體的加乘效果，都能提升所有伊斯蘭法宗教學者的地位。

　　身為大臣的尼查姆—穆魯克（他屬於夏菲儀法學派，本身也曾在擔任公職之前受過伊斯蘭法的訓練）能在整個塞爾柱勢力範圍內，散佈經學院的理念；他個人所建立（西元1067年）的最重要經學院，就屬位於巴格達的尼查姆經學院（Niẓamiyyah），而且接下來幾個世代的重要學者都在此講授。經學院因為收受大量捐贈，所以能確保其學生與教師都處於關鍵優勢；尼查姆—穆魯克會給予學生獎學金，也會發放教師薪俸。因為有國家的獎助，所以經學院的畢業生相對能保障職位，學生們至少也都能在伊斯蘭律法領域中，擔任法官或類似工作。每所經學院都有對應的特定法學派（後來形成的慣例，則是在共同的經學院講授各種獲得承認的順尼法學派）；但較大的經學院逐漸引進各式各樣的訓練，使在校內受訓的宗教學者，能在政府官僚體系勝任

順尼公職人員。大多數地區的公職人員，多半都是在職受訓；但經學院畢業生在知識論述方面的卓著聲譽，其實遠非其法學細部領域的成就可及。

　　一如事實所示，經學院並沒有為大型中央集權官僚體系提供領導人物；但它們確實以不同方式推動穆斯林的統一運動。因為經學院遍及整個伊斯蘭世界，相對標準化的共同訓練，使其可不受地方政治情勢影響，而能培養順尼社群宗教學者的團隊精神。因此，經學院成為重要媒介之一，藉由更堅實的制度化形式，延續最初麥地那社群所擁有的穆斯林社群同質性。在瑪爾萬朝的時代，保持這種同質性，就代表統治階級少數人的團結，而在古典阿巴斯朝時代，則是由清真寺裡的宗教學者們，藉由其聖訓傳承者的複性關係，由老師傳給門徒，進而代代傳承。這時，隨著哈里發政體政治架構與巴格達核心角色的消失，必須有更深層的事物來因應分崩離析的舊有威脅。經學院相對制式化的模式，便承擔起延續穆罕默德社群文化遺緒實質一致性的任務，及他所代表的，在生活各方面與神直接面對關係的實質一致性。

　　在既存社會秩序中，這類受捐助的新機構有舉足輕重的地位，而宗教學者在政治生活中所扮演的反對者角色，或許會受到進一步淡化。但此同時，宗教學者以及整個法律體系，獨立於統領之外的自主性，已確立其形式。聖訓主義者認為，對抗不公義統治者的任務沒有那麼重要，其他順尼社群成員也未明確重申其重要性。一般普遍認為，若有統領，法官就必須由統領指派。但法官必須是經學院出身，並獲得經學院宗教學者的承認；而默許擺脫統領干預的作法，背後傳遞出「所有穆斯林的剩餘社會責任」這個一般化概念（在社群義務〔farḍ kifâyah〕概念中有正確表述）。無論宗教學者與統領如何相互配

合，但毫無疑問的是，在先知的時代早已預示，而瑪爾萬朝的統治者也明確表示、並經阿巴斯朝確認的，穆斯林理想主義傳統與穆斯林政治責任傳統之間的差別，如今已被視為理所當然，而從穆斯林機構在伊斯蘭法制度與統領體制之間的兩極化，更可一窺端倪。

由於經學院及其相對寬泛的取向，所以最後還是宗教學者學派脫穎而出，因其願意詳細討論範圍廣泛的知識性問題，不侷限於單純傳播聖訓傳述與法律。儘管漢巴里法學派表示反對，但辯證神學的辯論，特別是以阿胥阿里學派（al-Ash'arî）與瑪圖立迪派（Mâturîdî）形式（分別對應於夏菲儀法學派及哈那菲法學派）存在者，最後則成為宗教學者標準訓練的一部分。一旦受到認同，順尼辯證神學就逐漸發展成為一般知性生活的主要分支，也就是說，在同一本書就能同時找到哲學與蘇非主義（Ṣûfism）的要素，還有儀禮文化（adab）多樣的歷史及文學傳統。這一切，尼查姆—穆魯克都僅看到甚或只預知最起碼的開端，而這整個過程（在某些地區）卻耗費了兩個世紀才得以展現。但他確實促成了知識（'ilm）訓練系統化的關鍵過程。

最後，尼查姆—穆魯克的第三項政策，則是協助軍事統領建立其政府模式，這類軍事領袖包括，後來篡奪其中央行政權並成為經學院宗教學者贊助者的地區指揮官。他是透過使他們更常態性地獨立於文官體制之外來達成此一措施，但這其實跟他原來的想法正好相反。

徹底軍事統治的基本特徵，就是將特定土地的收益直接分配給個別軍官，而不受文官行政的干預。當國庫財政愈來愈沒效率時，這種措施就會愈來愈直接，也愈來愈盛行，特別是在布伊朝領土與肥沃月彎，尤為如此。（這種過程在某種程度上是惡性循環，因為以土地分配作為克服緊急狀況的手段，會使緊急狀況更難以克服。）軍事性土

地分配（墾地〔iqtâ'〕）的運用，在尼查姆—穆魯克統治下成為常態化。

　　墾地（代表土地或其他收益資源的分配或給予）一詞，以及其他具體指稱墾地的各種語詞通常譯為「封地」（fief），而整個墾地體制則稱為「封建制度」（feudalism）。偶爾會有一些特殊情形，例如，特別是像黎巴嫩等偏僻山區，某些比較具自主性的時期，確實曾經盛行類似某種西方封建制度的軍事性土地佔有關係；上述情形若有負擔保證金，即可適用「封建制度」一詞。其中某些情況，穆斯林使用「墾地」一詞，則是為了至少能以伊斯蘭（Islamicate）的慣用說法來涵蓋某些非典型情況。但將「墾地」一詞運用到這類半封建狀況，則是濫用術語。就墾地制更常見的形式而言，其實絲毫沒有包含理當稱為「封建制度」的相互義務體系，因為在這種相互義務體系中，領主與諸侯之間各有其同時根植於土地與兵役，並且不可剝奪的固有權利。另外，其基本上是衍生自官僚體制的措施，帶有都市導向，而且根植於君權專制政體的概念中，我們可以從這個觀念推衍出受墾地分配者所享有的任何權利，而且絕無法擺脫其與都市的共生關係。像是「收益分配」（revenue assignment），或有時像是「土地授予」（land grant）之類的語詞，在許多脈絡下，都最能解釋墾地一詞，並有助於謹記這個制度應有的功能，及其腐敗過程中眾多軌跡所具有的絃外之音。[14]

14　除非「封建制度」用以模糊地指稱，任何由大地主扮演支配角色的社會秩序（這種用法，常見於許多基本上受到劣化的馬克思主義啟發的著作），否則，就不能只因為與中世紀歐洲體系具有某些表象的類比，就誤用封建制度來指稱墾地體制。Ann Lambton 在 *Landlord and Peasant in Persia* (Oxford University Press, 1953) 一書，特別是在討論塞爾柱人的章節，早就提出這個論點，而對於研究尼查姆—

尼查姆—穆魯克的主要意圖，似乎是維持官僚體制對軍事土地分配制度的控制。他必須將它們整併到官僚體系中，使體系不致於因為僅在沒分配出去而日漸減少的土地上繁衍而萎縮，進而在全新的基礎上都還能重新控制所有收益。但他努力的成果，卻似乎助長了墾地制的實施，而且幾乎全面性成為常態。強勢的官僚體制其實足以掌控墾地制；例如，在塞爾柱時期的呼羅珊，其墾地實際上就受官僚體制嚴密控制：根據其出產數額進行評估，已確定是否能符合軍餉分配所需。但即使在塞爾柱人的統治下，也不是每個地方都能貫徹這樣的理想。靠土地分配支應軍餉的模式，往往會使建立強盛官僚體制更形困難。這種模式將所有地方勢力集中在一個人手上，而分得特定地區之土地收益者又是當地最具權勢者，因此他能同時支配或資助單純的農民以及握有其土地支配權的地主們。

或許，透過墾地制似乎藉以成為常態的諸多重要方法之一，才足以造成這樣的權力集中：透過已成形的多種墾地分配制之間的相互同化，如此官僚體制就能以類似方式加以掌握。政府所進行而稱為「墾地」的某些分配，已經純粹成為個人的賜地，得以繼承（而且，根據伊斯蘭法的繼承法，這些墾地還可以分割），因此幾乎形同私人財

穆魯克的政策而言，此篇章有其重要性。Claude Cahen 在 'L'évolution sociale du monde musulman jusqn'au XII siècle face á celle du monde Chrétien', *Cahiers de civilisation medievale: Xe－XIIe siècles*, 1 (1958), 451－63, and 2 (1959), 37－351 甚而從更根本的方面提出這點，他指出，對於我們可以預期具有公共功能之事物，私人的「篡奪」——另一項有時用在「封建制度」上的要素——以多種不同的社會模式發生。對於伊斯蘭世界中的整體社會發展，特別是，對於墾地制度更廣泛的言外之意來說，Cahen 的文章具有根本的重要性。

產。但我們要探討的，最主要是不可繼承的墾地類型。第一類就是所謂的軍事分配——其中特定土地的收益落入特定軍官手中（不論是由中央稅務機關，或如一般極常見地，由軍官及其親信收取）；第二類則是所謂的行政分配——這是指分配給管轄或控制某個地區甚或整個省份的某位人士，通常是軍事首領，他會管理並控制墾地，以土地收益支付自己的報酬（無論他是要用來維持軍隊的地方性用途，或支援中央政府的軍隊）。純粹軍事分配除了收益之外，並不附帶其他任何權利；但他能輕易聲稱具其他職權而收取稅捐，進而造成濫用。尼查姆—穆魯克似乎是將兩種墾地制當成同一類的不同情況來處理，這或許是想讓所有受分配者，都能在未被剝奪突厥人難得的獨立軍事尊嚴情況下，同樣對國家財政當局負責。他為達此目的所採取的主要手段，就是堅持由中央加以監管，以避免為所欲為，特別是避免對農民強取豪奪；他也經常變換每個受分配者的土地分配，從而竭盡其所能，以便能盡量避免因酬庸和慣例而造成受分配者形成地方勢力。但因為整套政策都是由中央嚴密監管受分配者，所以，也必定會使墾地制受分配者的常態化身分更具正當性；因此會使「行政監管性的」受分配者更凸顯其所有權人的立場，並使「軍用」受分配者違法干預其分配土地的地方行政。

結果似乎是，除了極明確屬於私有收益之外，其餘都被視為墾地，並由國王隨意重新分配給私人受分配者。甚至留作常備軍隊軍餉用途的土地收益，也普遍都稱為墾地，宛如它們是被「分配」給軍隊的指揮單位；據說，尼查姆—穆魯克甚至提出要求：中央收益淨利的十分之一必須作為他擔任大臣的收入，而不是由國庫支付固定薪水。如果術語值得信賴，則似乎在某些情況下，純粹屬於私有財產的土

地，也就是通常公認比任何墾地都還更不可變更者，還是由王室隨意處置。[15] 舊地主家族的土地所有權，從此更難以掌控。

塞爾柱時期逐漸普遍的慣例，就是將土地持有的性質視為某種福利事業（waqf），也就是宗教捐贈（pious endowment），不得轉讓也不受政府扣押的限制。捐贈財產成立福利事業的作法，尤其是城市的租用財產，特別有助於支持新的經學院，但自然也能支持清真寺、醫院、商隊客棧，以及所有提供公共服務的機構。後來也逐漸用於純粹家族用途——藉由對後代親屬的福利捐贈，《古蘭經》中也曾鼓勵這類福利捐獻。（從技術上來說，福利產業不能繼承，也不能分割；卻通常是由創立者家族的一名成員，在法官管轄權之下擔任其管理者。）不動產主要藉由福利事業的名義，來有效逃避墾地體制。當宗教學者們愈來愈依賴福利事業的捐助時，他們就發現本身大致上是獨立於統領，但身為土地收益的另一種受益人，自己的地位卻又與其互補，因此，普遍都能贊同這整套體制。

或許尼查姆—穆魯克的努力，有助於避免士兵毫無限制地掠奪國

15　比起絕大多數這類問題，關於墾地模式在「大塞爾柱」統治下的發展，這整套討論甚至更具階段性。西方最可靠的作者是Claude Cahen (cf. 'Evolution de l'Iqtâ,' *Annates: Economies, Socieies, Civilisations*, 8 [1953], 25－52)，但是W. Barthold的 *Turkestan down to the Mongol Invasion*（2nd ed, with corrs., E. J. W. Gibb Mem. N.S. vol. 5〔London, 1958〕），還有前面引用過的Lambton, *Landlord and Peasant in Persia*，也仍是一部良好著作。舉例來說，困難之處的一種表現是，Lambton也有必要在未能總是清楚確保這些詞彙在技術性意義上使用的情形下，從 mâlik, milkiyyah 之類用語——技術上，它們都直接意謂著所有權——使用上的偶然指涉，演繹出對土地所有權所抱持的態度(e.g., pp. 60－65)；同時參見她在 *Cambridge History of Iran*, vol. 5 (Cambridge University Press, r 968), chap. 2的論文。

家預定賴以長期收益的土地，而且若運作順利讓農民能心滿意足，他們也不會遷離。但他並未依其最初構想創造擁有土地的仕紳階級，這種階級是在薩珊帝國的模式之下，靠著土地累積其福祉；它也不像西歐那種封建制度，擁有封地、次封地以及地方莊園，共同結合而形成世襲權利與義務的複雜堅實體系。他全神貫注的官僚體制管控措施，使他從未賜予墾地受分配人仕紳階級身分。從尼羅河至烏滸河間地區，生活脈動自古以來即蓬勃發展的所有城市通常也是軍官們較愛聚集的地方。他們訪視本身的分配土地，只是為了收取收益——他們在只有幾年期限的情況下，更是如此：也就是村莊直接需求之外的所有產出。此外，傭兵和後來代之而起的突厥游牧民族，也都沒得到什麼好處。

塞爾柱勢力的分裂

尼查姆—穆魯克逝世之後，當塞爾柱帝國隨著其華而無實的大中央官僚君權瓦解時，尼查姆—穆魯克政策的地方分治色彩隨即自成一格。塞爾柱帝國的鞏固團結，在某種程度上，是因為由尼查姆—穆魯克所代表復興穆斯林社會活力的企圖，在知識分子階級間激發出期望；但毫無疑問，更重要的因素還包括塞爾柱氏族間部族的團結精神。如果因為現實讓最偉大明確的夢想落空，而使前者無法存續，那麼後者，也就是塞爾柱的團結精神，隨著幾世紀的殊榮及其奢侈而造成競逐強勢派系的個人利益，加上喪失與游牧民族的直接連結，也就更無法續存了。在尼查姆—穆魯克逝世之際，年輕的瑪立克·夏已被勾心鬥角的女人與她們所喜好的將軍們圍繞；他僅基於責任所在，而

遵從年邁大臣的智慧。一旦尼查姆—穆魯克的精神蕩然無存，闊說諂媚隨即橫行無阻。當中央政權喪失了塞爾柱人的團結精神之後，也就再也無法全面掌控統領們的離心叛道。

十一世紀末——瑪立克・夏於西元1092年過世之後——各路塞爾柱軍隊，隨著其眾多領袖（通常是塞爾柱宗室的後裔），開始為了爭取主導權，或至少為了在帝國裡求得更廣闊的活動空間，而相互征戰。好一陣子，會有某位塞爾柱親王取得高於其他親王但卻日益脆弱的主導權。瑪立克・夏的兒子與親戚之間，為求繼承塞爾柱朝的最高權位，往往會進行各種醜陋不堪的鬥爭，其間，他的兒子穆罕默德・塔帕爾（Muḥammad Tapar）還曾有一段期間（西元1104～1118年）以英雄人物的姿態嶄露頭角，但他無法確實控制塞爾柱的全部領土，只能站在眾望所歸的一方對抗異議分子，並資助學者與詩人。事實上，他還曾藉由與他在呼羅珊的兄弟山加爾（Sanjar）達成協議，而稍微恢復了塞爾柱人的輝宏氣勢。他的兄弟在他死後即繼任成為地位最高的蘇丹，但卻未能直接統治呼羅珊以外的地區；他與他的軍官們甚至還跟當地的烏古斯突厥部族決裂，而他們本來應該是他最優秀的兵源，因此只能任由其城市慘遭蹂躪。由於呼羅珊以西的塞爾柱朝兵員日益短缺，因此數量倍增的塞爾柱軍官便在各行省甚至個別城市中爭權奪利，進而永無止境地相互征戰。

因此，一如伊斯蘭世界好幾世紀以來的典型景況，一組流動性的純粹軍事政府興起，其中絕大多數主要都是憑藉著統領本人或其父親的個人聲譽；這類統領，通常都直接獲得哈里發的承認，而且，除非有旁支勢力足以使大眾接受其優勢地位，否則每個地方權力當局也都會以所有穆斯林的同意做為擔保。穆斯林領土中大多數較為繁榮的地

帶所盛行的這類為數眾多又局勢多變的政府，其勢力並非靠長治久安的政治理念維繫，因此無法形成完整的政體。像法爾斯地區（Fârs）[16]這類由單一官僚體制權力中心所統治的廣闊行省，確實是可以集體運作；也能達到某種最低限度的政治連續性。但穆斯林都認為其本身是整個伊斯蘭世界的公民，而不論是大型省份或小型城鎮的統領政權當局，一如地方上顯赫宗教學者的權威，幾乎一概被視為屬於具短暫又個人性質。

在這類情況下，將土地分配給士兵形成常態的最重要效果就是，讓士兵能比較不受一般民法以及伊斯蘭律法的規範。因此，穆斯林領土的核心地帶至少一直到十五世紀末，穆斯林的政治運作都還保留一種分歧現象：分歧的雙方，一邊是握有決定性政治權勢的統領所遂行的軍事統治，另一邊則是民間生活的其他所有制度，包括經濟、法律或宗教制度。宗教學者與朝臣之間，以及他們在某個程度上併行於現實、卻又極為岐異的社會秩序體系之間，在古典阿巴斯朝生活中所浮現的差異，早已預示這種分歧。只有多方扭曲宮廷社會接著所掌握的政治權力，才能符合宗教學者的理念。就某種意義而言，同時存在於伊斯蘭社會理念與政治現實之間的那種緊張關係，開始尋求全新卻更鋌而走險的形式。但就許多方面來說，中期的這種文武分裂，其實是有其特性的全新現象。

在許多地區，藉其本身的政治權勢而具有關鍵重要性的社會特定群體，與民間社會的其他所有制度之間，也出現分歧。第一個實例

---

* 16　編註：薩珊波斯帝國起源於法爾斯城，因此現代所稱的「Fârs」多指波斯地區（Persian），但最初「Fârsî」與「Persian」兩字並不相同，請參見《伊斯蘭文明》上卷第一冊註18。

第一章　69

是，在塞爾柱帝國，以及其他許多情況當中所出現的種族和文化分岐：以阿拉伯文和波斯文為文化語言的阿拉伯人、波斯人和印度人等，其軍事統治者大都是突厥人（或者，例如，在地中海西部對應的狀況下，則是柏柏人）。儘管突厥人接受波斯文（或阿拉伯文）作為文化語言，甚至基於統治目的而接受，他們卻通常都以軍事專家自居而採取比較超然的立場，並鄙視任何族裔出身較低的暴發戶。但這種分歧最顯著的面向，則是軍事勢力脫離了完整的公民責任。不論是效忠或叛離的軍隊，其身為政治勢力仲裁者的角色，幾乎從來不會受到質疑。但這類勢力並沒有太大的影響力。即使在哈里發盛期，「統治者主要是軍事指揮官」這種概念，也都助長政府把其責任限縮在抵禦外敵、維持內部安全和伸張正義等最低限度之內。如果伊斯蘭法把純粹的必要性視為唯一合法性，那麼，會將政府應有的功能限縮到這類程度，就再自然不過了；而且（不像哈里發盛期的巴格達朝廷秩序），再也沒有其他民間傳統能將其合法化。身為依附於戰爭勝敗的外族，突厥人幾乎沒有機會參與或理解地方制度。事實上，他們最確切的角色，通常就是扮演朝廷的依靠。

這時，若要發展具備相當程度耐久性及可預測穩定性的完整政體，則需要有能反制軍事分裂及變遷傾向的特殊原則。塞爾柱政體短暫的偉大成就，在某種程度上，其實就是即將消亡的哈里發政權理念的迴響，也就是整個伊斯蘭世界的統一，以及偉大君主政體的專制政治。但是，塞爾柱政權與其所有繼任者，歷經整個十五世紀都還是無法在伊斯蘭世界的核心地帶、肥沃月彎與伊朗高地上，建立起龐大而穩定的政體。反而是在更外圍地區的特殊情況下，才形成了存續更久的政體。事實上，埃及是藉助尼羅河的自然環境，才建立其中央集權

政體。而在其他地區，則是有兩項特殊原則的介入，其一出現在晚近伊斯蘭化的領土，也就是大部分人口都還是受保護者的地區，穆斯林發現有必要建立結構更緊密的政體，且除了士兵之外，還應該包括商人、學者與地主。因此，正如我們將看到的，事實證明，在突厥統治下的歐洲及印度，有可能建立起相對具整合性的政體：例如，位於柏斯普魯斯（Bosporus）的歐斯曼帝國，以及古嘉拉特（Gujarât）王國。但是，若出現比較多的短暫性結構：也就是宗教改革運動，則即使在相對長期伊斯蘭化的地區，第二項原則也足以促成強大的發展。如果再結合部族團體必要的團結精神，在依賴宗教精神訴求以維持其內部平衡的城市，改革還是可以獲得實質支持；這類支持可以稍微緩和軍民之間的撕裂，並有助於軍事政府的一貫性。[17]

哈里發政權後期與統領的合法性

甚至早在塞爾柱人興起之前，隨著其布伊朝主宰勢力的衰退，巴

17　阿布杜─拉赫曼・伊本─哈勒頓（'Abd-al Raḥmân Ibn-Khaldûn）的《歷史導論》（*Muqaddimah*，這是他世界通史著作的前言），無疑是有史以來對於伊斯蘭文明（Islamicate civilization）最佳的概論性簡介，書中強調，在政治結構中，內聚意識（'aṣabiyyah）下，同儕情誼與團結一致的重要性。他的論據非常有效地點明了他最為熟知的、中期伊斯蘭世界的政治情況（他逝世於西元1406年）；他無法理解公民政治勢力在更好的環境下所能扮演、且確實在更早之前或更晚近的伊斯蘭時代所扮演的角色。很遺憾，法文及英文的翻譯版本都不完善，但每當進入系統性或哲學性的思考時，英文版就會極端扭曲伊本─哈勒頓的原意，法文版則較無嚴重誤導的情況。參見第四冊，〈知識傳統中的保守與謙遜〉一章中，關於翻譯的描述。

格達的哈里發變得更肆無忌憚；他們不是以專制君主的立場，而是以伊斯蘭法維護者的身分自居，並往往以此身分直接與順尼宗教學者接觸，並透過他們再與更遙遠行省的統治者們往來。隨時準備以全新方式發揮其權勢的哈里發，則頗能接受塞爾柱人這種身為順尼派布伊朝敵人的表現；就像之前提過的，隨後的解決方案確立了塞爾柱帝國的政治形勢。當哈里發確定塞爾柱人並非理想的主宰之後，他們便以伊斯蘭領導者而非君主的身分，繼續利用他們之前與伊斯蘭社群所建立的直接關係去發展機會。

這種涉入伊斯蘭律法制度的角色為哈里發政權開啟了全新面向。從此，順尼派中的伊斯蘭法學者就不再苟同界定明確的伊斯蘭律法領域，以及將剩餘政治領域的一般合法性，交由哈里發們裁量。在專制統領所統治的世界，哈里發政權的存在本身就是個問題，而事實證明，哈里發政權願意在身陷危機時訴諸伊斯蘭法的原則。因此，學者們便著手發展謹守伊斯蘭法治（siyâsah shar'iyyah），這是一種伊斯蘭律法政治秩序理論，它應該確實兼容並蓄、（原則上）為政治組織的所有層面都留有一席之地。早在塞爾柱人來臨之前就率先這麼做的，是夏菲儀派法學者瑪瓦爾迪（al-Mâwardî，西元1058年逝世）；他藉由阿巴斯朝的經驗重新思考哈里發政權的運作（並盡可能堅持先前的法學家所持立場的意涵，然而，由於那些法學家沒有清楚表明立場，他通常只能抽象地引述他們的意見）。他特別關切的部分，包括透過伊斯蘭法來建構哈里發權威授權其部屬的條件，並盡量將秩序與法律上的正當性整併到這種授權關係中——這似乎確實有其長期存續的必要。其他法學派的學者們追隨瑪瓦爾迪（但在從來未曾進行這種研究的什葉派當中，並沒有追隨的學者）。在宗教學者之間，這種思想開

啟了哈里發觀念的全新面向，那項觀念遠離了原始麥地那應負個人責任的領導者，卻確實是直接從那種理念發展出來的。

瑪瓦爾迪這套前景看好的理論，事實上並沒有付諸實踐，但是「哈里發授權」這種理念，卻充分賦予後來興起的制度正當性。那套制度就是對雙重權威的接受——或稱權威的分割——一方是哈里發，另一方則是蘇丹與統領。這種制度，就是從哈里發與自治總督直接面對面的地位直接發展而來，也就是哈里發只應關切屬於全體穆斯林的事務。

畢竟，哈里發被視為伊斯蘭法終極正當性的守護者，而每位獨立的地方統治者都應該得到他的認證，以證明其他於特定領土的合法性。順尼統治者通常會將哈里發的名字烙在硬幣上——主權的象徵——上，並獲得哈里發的正式授權。當然，最先身處這種地位的，是塞爾柱朝的統治者；然而，後來隨著塞爾柱朝的中央統治消失，許多過渡的穆斯統治者，只要發現自己獨立於任何更強大的領主之外，就會著手安排，讓自己從哈里發手上親自掌權，藉以彰顯此一事實。哈里發實際上已成為評鑑官，其職責就是代表廣大的穆斯林社群來認定競逐的地方統治者當中，哪一位才是實際上的首領。哈里發很少運用他的地位干預地方上的鬥爭；他只認證鬥爭結果。

此外，很多穆斯林也都期待哈里發能在其他任何涉及整體伊斯蘭社群的事務上，扮演領導地位。大多數的穆斯林們都認為他的角色包括對宗教體制方面的關切；其他一些人則會覺得他的責任應該要相當廣泛。例如，他應該集結宗教學者，以打擊具破壞性的異端；還應該提供道德上的支持，至少針對任何參與防守伊斯蘭世界邊界的人（但不是任何特定統治者領土的邊界，這純粹屬於地方利益問題）。事實

上，最常見的情況是，哈里發根本無法具備這種領導者風範。其地位的實際弱點，使他很難發揮有效作為。在塞爾柱政權失去其壓倒性的勢力之後，哈里發以作為伊拉克地方政體統治者的姿態現身，而他為了自身利益，通常也都會小心翼翼地避免過度擴張他原已具備的權威（因此，當時的哈里發，納席爾〔al-Nâṣir〕對薩拉丁來說，就對抗十字軍而言，並沒有多大幫助。）不過，哈里發的存在承擔了穆斯林政治良知的核心標準訴求。

統領或蘇丹實際上有權統治的，是與整體宗教社群（ummah）觀點下的最終合法性相對立的政府，他們理應充分尊重哈里發，並接受其於道德層次上的領導地位，並直接充分掌握軍隊的忠誠，以確保於其領土的實權。基本上，蘇丹也理應代表某種穆斯林普世性。最早的塞爾柱朝都認為，基本上，它們本身是獨立建立實際上的順尼社群政府，而對他們來說，蘇丹（sulṭân）一詞，則意指某種近乎全體穆斯林勢力的事物（儘管他們領土的東邊受到同屬順尼派的嘎茲納朝所限，而在西邊則受到什葉派法蒂瑪朝牽制。）到頭來，任何自命不凡或統治廣大政體的統領，都可以自稱為蘇丹。

所謂的蘇丹政權（suldanate），嚴格說來根本只不過是相當短暫的個人事務。在絕大多數地區，一直有其重要性的，其實完全屬於行省或地方的統領。早在第一位「偉大的塞爾柱人」統治下，一般的軍事指揮官——統領——就已經具備某種獨立自主的重要性。在西元1092年之後，隨著塞爾柱朝整體統一性的終結，這類統領在其戍守的主要城鎮地方領土上，變得愈來愈獨立（正如先前提過的）；實際上，指揮本身戍守部隊的那些人，對於哈里發以外的任何統治者，沒有絲毫忠誠可言，除非在其成員中，有人能憑藉其追隨者的臣服而建造帝國的時候。

統領的治理，從整體伊斯蘭世界的觀點來看，即使在其擴張成為重要的獨立政體之際，基本上仍然是地方事務，而且，某位統領與另一位之間的領土邊界是地方政治問題，而不是社會的基本差異問題。一般都公認以哈里發為首的單一社會具有優先地位，而不論敵對統領之間在領土上的短暫區分。其間陸續出現，而且通常都長期具重要性的各式政體結構——以嘎茲納朝政體結構秩序為基礎——都未能獲得充分且獨特的忠誠，進而推翻伊斯蘭世界理想中的終極一致性。凡是穆斯林，不論出身如何，基於其在伊斯蘭律法上的既定地位，在伊斯蘭世界的任何地方，都佔有一席之地，而且不論其地方政軍實力如何，皆有其優勢，此外，眾多政體隨時變動的邊界也會相對變得不太重要。

由於這種政治秩序是從塞爾柱人的經驗萌發成型，所以後來在中期的穆斯林社會，幾乎成為每個地方的基準，並以各種不同的形式運作。到了大約西元1100年，其模糊的界線已不再存在；從此，在主要由宗教學者與蘇非導師，而非由統領維繫的各個地方中心，其自主生活的文化蓬勃發展的氛圍中，政治干預的角色相對薄弱。接著這種文化便進入興盛時期，就某方面來說，在快速成長但過於龐大而無法以一般政治組織維繫的社會中，這類政治運作模式代表一種有效的國際秩序。不過，在已出現的各種政體結構中，政治理想立場搖擺不定的任何個別政府，都可能導致無法維持長期穩定的制度，在無法控制的戰事中，這種不穩定會造成社會的大規模崩潰。

伊斯瑪儀里派的起義

　　並非每個人在追求合法的哈里發政府時，都願意接受突厥統領這種無法避免的禍害。還有各式各樣的什葉派及出走派團體可供選擇。但是，一場企圖推翻整個塞爾柱帝國的叛亂，擊中這整套體系的心臟。它就是伊斯瑪儀里什葉派的尼查爾分支，十字軍歷史上所知的「暗殺派」起義。他們希望引進與整個順尼統領及宗教學者模式背道而馳的宗教改革。他們所傳承的伊斯瑪儀里派教士政治是一種另類政治理想，而這正是一旦哈里發政體崩解之後，順尼派所無法具備的。

　　瑪立克・夏統治的最後幾年，也是塞爾柱帝國開始崩解之前，這些伊斯瑪儀里派成員開始全力奪取在伊朗的勢力。西元1090年，他們在西元1090年拿下後來成為其總部的阿拉穆特（Alamût）山區碉堡和嘎茲文（Qazvin）北邊的代蘭姆（Daylam）山區，還有呼羅珊南方山區古希斯坦（Quhistân）的許多城鎮。他們更在瑪立克・夏死後展開全面起義，橫掃整個伊朗和伊拉克，後來並進入敘利亞。起義的進行並非以主力軍隊直接推翻中央政府（一如法蒂瑪朝或阿巴斯朝的起義），而是以對付個別統領政權的方式，透過慢慢奪取各種要塞，並在適當時機逐一近身暗殺統領（或具政治傾向的宗教學者）。伊斯瑪儀里宗教運動的各種陰謀活動和其祕密的基層組織，使其能掌握地方上的各種機會進而建立伊斯瑪儀的根據地。在地方上累積的這些成果性的努力，幾乎使整個社會都隨時願意接受法蒂瑪朝的伊瑪目作為期待中的救世主，讓原先不公不義的世界充滿正義。

　　一開始，反抗突厥統治的情緒似乎高漲。伊斯瑪儀里派開始從某些鄉村地區、大多數城鎮，甚至是低階士兵當中，到處招募游擊隊

員，特別是一些什葉派成員。所有成員都滿懷熱忱。伊斯瑪儀里派反抗軍隨即發現一個機會，讓他們能完全擺脫戒備森嚴埃及政府的控制：法蒂瑪朝大臣巴德爾・賈瑪里（Badr al-Jamâlî）的兒子兼繼位者取代了比較聽話的的弟弟而成為法蒂瑪朝哈里發穆斯坦席爾的繼承人，排除了指定繼承人尼查爾（Nizâr）；塞爾柱領土上的伊斯瑪儀里派成員堅決主張尼查爾具備擔任伊瑪目的權利，以及此後（在他死後）其某位子裔——但並未公開指名哪一位——的權利。因此，他們成為獨立的為「尼查爾派」（Nizârîs）。但他們早就已經是獨立的運動，有其本身的伊斯法罕（Iṣfahân）宣教士領導中心，以及他們自己版本的伊斯瑪儀里派教義，他們透過其中在那個時代幾乎無法反駁的辯證法，強調伊瑪目及其所體現運動無可取代的權威。（我們在討論嘎扎里的著作時，將會提到其更多教義。）他們的正式獨立，讓革命運動更具備其神聖精神。[18]

18　Silvestre de Sacy 與 Hammer- Purgstall 是首先嚴肅進行關於尼查爾派之研究的西方學者，他們都立論反對他們那個時代的歐洲革命，並蓄意地相信對於尼查爾派領導者最糟糕的指控，而使這兩位學者令人憎惡。按照他們的理解，這整個運動只不過是無賴對愚人的操弄，而且是超出常人地聰明且邪惡的無賴。這種評價現在甚至仍存在於某群人之中，他們將所有的異議者，或至少所有「東方的」異議者視為虛偽與盲信的結合。以一位受人尊重的大師所做的這種研究為較新的例子，見 *Wiener Zeitschrift für die Kunde des Morgenlandes*, 1961 一書中對暗殺派的評論，那些段落中細節的錯誤（例如毫無證據地推測哈珊・薩巴赫〔Ḥasan-e Ṣabbâḥ〕的主張與行動）沒有那前述的觀點那麼顯著，前述那種觀念會將尼查爾與穆斯塔俄里（al-Mustaʻlî）之間的競爭，貶為僅僅是典型的「東方式」繼位爭議——這種觀點忽略了，就法蒂瑪朝或尼查爾派的朝代而言，這是多麼反常的競爭。很可惜，這種前提預設以較不明顯的形式，仍然可以帶來廣大影響。

在當時地方分治的政治氛圍中，中央官僚逐漸無法對墾地分配具有任何控制力，伊斯瑪儀里派通常都能透過協助某個統領對抗另一個統領，來取得暫時的優勢，而友善的統領似乎很難理解，他們怎麼會因為個人的宗教立場，重要性就高於在地的民兵團體；許多人對利害攸關的塞爾柱政體幾乎沒什麼概念。某些時候，當伊斯瑪儀里派成員想鞏固其已佔領的根據地時，會在未有立即分裂的情況下，委派一些塞爾柱人當統領，一如他們只是一般的統領。

其中最重要的根據地，就在塞爾柱朝主要首都伊斯法罕的外圍。佔領該地的就是伊斯法罕傳教團的首席宣教士，而他在伊斯瑪儀里反對派宣教士當中，幾乎佔有最高領導地位。他認為自己是穆斯林，他的伊斯瑪儀里派群眾應該遵守伊斯蘭法，他並主張自己應該合法享有身為塞爾柱統領的墾地，但他會以自己掌控地區所收取的稅捐向蘇丹朝貢，並奉其命令出兵。而這位蘇丹就是殷厚的順尼派穆罕默德·塔帕爾；不過，在他的陣營裡還是有人支持這種協定。但某些比較無法妥協的順尼派宗教學者則帶頭反對，譴責伊斯瑪儀里派逾越了伊斯蘭的界限，因為他們堅持內在意義（bâṭin）具高度價值，也就是《古蘭經》、聖訓以及伊斯蘭法本身的內在意涵——因此他們認為外在的法律毫無意義，或至少自相矛盾（事實上，一如其陰謀的祕密本質，使得任何效忠蘇丹的誓言同樣自相矛盾）。因此，便有人主張伊斯瑪儀里派成員不得持有墾地分配，而且必須視為叛教者加以消滅。這種立場佔了上風。伊斯瑪儀里派駐軍賣命堅守最後堡壘，但還是被集中在其僅存首都的塞爾柱功勢殲滅（西元1107年）。

宗教學者不僅影響軍事決策，還能左右民心。很少人會在乎塞爾柱政體，但穆斯林的統一性還是具有決定性的政治價值。當起義蔓延

開來的時期，絕大多數人都背棄伊斯瑪儀里派。在他們各個擊破的過程中，不同城鎮隨時都可能選擇支持或反對新希望，並非期待興高采烈的勝利，而是純粹想表達其對伊瑪目夢想的忠誠。因此，伊斯瑪儀里派通常都會確實要求每個人都要表態支持或反對，這終於讓社群造成一發不可收拾的分裂。不承認自己成員身分的、伊斯瑪儀里派基層祕密組織的出現，因為其成員都無法知道其他成員的派別，所以即使像意圖以伊斯瑪儀里派首領自居，擔任塞爾柱統領進而鞏固其根據地，都會升高心理上的緊張關係：也就是，儘管區分敵我絕對重要，但沒有人知道誰會站在哪一邊。

伊斯瑪儀里派成員所採取的暗殺策略，或許是局勢的關鍵因素。在個人聲望舉足輕重，而非官僚職位掛帥的社會中，早就有人普遍使用暗殺手段；但伊斯瑪儀里派成員對此制定了明確的政策，甚至會事先將其人馬滲透到潛在敵人的奴僕當中，以防止他製造麻煩。暗殺最主要是針對能造成嚴重損害的單一敵方重要人物（或是變節者），而且似乎還經過精算，以免誤殺無辜，而伊斯瑪儀里派成員則自認為，這些武士是以正義之名——及時剷除某個人物以避免一場血腥戰役。為求達到警告作用，伊斯瑪儀里派的暗殺都會盡量公開又戲劇化，而且，狂熱的伊斯瑪儀里派青年還樂於因這類行動而犧牲生命。（必定不像現代傳說中提到的，求助於使人衰弱的大麻〔ḥashîsh〕！）但在每個人都認為只有靠某些少數個人才能保持局勢穩定的社會中，暗殺確實能達到殺一儆百的效果。伊斯瑪儀里派的敵對陣營則是散播惡毒的流言蜚語，聲稱伊斯瑪儀里派的真正目的其實是顛覆伊斯蘭本身，並消滅所有穆斯林，這或許是用來報復穆斯林曾經征服古伊朗，而一般人也信以為真。暗殺手段沒多久便遭到反制，也就是屠殺城鎮中所

有疑似——或被私敵指控為——伊斯瑪儀里派成員者;在伊斯法罕,嫌疑犯被丟進城鎮鬧街的火堆活活燒死。接著,屠殺挑起暗殺主要教唆者的行動,而這更招致進一步的屠殺。伊斯瑪儀里派終於在這種惡性循環中,喪失了其終究必須仰賴的普遍民意支持。

由穆罕默德・塔帕爾所領導對抗伊斯瑪儀里派根據地的全面戰役,大幅恢復了塞爾柱的勢力。許多部隊堅守裡海南邊的厄爾布爾士山脈(Elburz range),另外也包括札格羅斯山脈(Zagros range)。伊斯瑪儀里派成員順利使其訴求能在兩個省份,與當地獨立於外來干預的訴求結合:也就是代蘭姆,以及古希斯坦;這兩個省份的絕大部分地區都還在伊斯瑪儀里派的嚴密控制下。在接下來幾年內,起初打算在阿勒坡等城鎮自立為強勢派系的敘利亞伊斯瑪儀里派,則同樣奪取了黎巴嫩北部山區的一些根據地。這些分佈廣闊卻又似乎毫無防衛能力的小地區,儘管不斷承受強烈敵對統領的軍事壓力,但並未單獨與順尼社群的伊斯蘭世界和解;他們反而是在阿拉穆特地區建立了單一政體,雖然在接下來的一個半世紀歷經最多變的興衰時期,但都因其堅強的團結與穩定,還有獨立的地方精神而備受矚目,並忠心服從代蘭姆宣教士的領導(後來代蘭姆的宣教士即自稱為伊瑪目)。相對於後來造成政權衰敗的埃及法蒂瑪朝傭兵(以及相對於其周圍的突厥統領),能建立這個伊斯瑪儀里派政權是因為擁有本身的地方民兵,而且似乎始終鬥志高昂。

伊斯瑪儀里派起義的最主要政治效應,除了其獨立政體(性質迥異於伊斯蘭世界的絕大多數政體)以外,或許就是使什葉反對派徹底聲名狼藉,以及確保溫和派人士,甚至包括十二伊瑪目派成員,能效忠統領並擁護他們所維持的順尼社群。但是,伊斯瑪儀里派的起義也

對知識與思想造成影響。他們的教義有助於偉大的順尼穆斯林嘎扎里形成知識體系，進而藉此協助順尼伊斯蘭在新世紀的自我定位。在思想方面，他們激發出普遍充滿傳奇人物獻身者形象的許多傳說，也就是不受社會的傳統限制，甚至不受個人拘謹的束縛；其中還提到，一些整夜群聚縱情性愛狂歡的人，隔天則因為一位無所不知又神祕莫測人物的一席話，而跳樓身亡。事實上，雖然有些傳說原來只是在順尼穆斯林之間流傳，但伊斯瑪儀里派成員會加以傳播，然而，伊斯瑪儀里派成員所強調的重點應該是：遭受這個世界不義對待並決心獲得自由的人，所具備無可匹敵的寬宏、驕傲及勇氣。[19]

19　關於伊斯瑪儀里派尼查爾分支的標準參考資料是馬歇爾・哈濟生的著作：*The Order of Assassins*: *The Struggle of the Nizârî Ismâ'îlîs against the Islamic World* (The Hague, 1955)，但這本書是依據哈濟生的另一部著作：*Cambridge History of Iran* (Cambridge University Press, 1968) 一書中的第五章——哈濟生討論伊斯瑪儀里派政權的細節，加以修正。在西方，伊斯瑪儀里派起源最著名的傳說（但披上了順尼派的形式），是費茲傑羅（Fitzgerald）在他的《魯拜集》（*Rubaiyat of Omar Khayyam*）譯本裡所寫的序，序的內容講述三名同學的故事。而最著名的反伊斯瑪儀里派傳說，是遭到下藥的年輕人被帶往栽種甜美果實的天堂花園，花園裡還有美麗的少女，這個年輕人被告知，如果他們因為替主人殺戮而身亡，就能回到那座花園。

表 1 - 1　對照年表：進入中期時的轉變，西元 945～1118 年
The Transition into the Middle Periods, 945－1118 CE

年分 （西元）	地區	歷史概況
944～ 967年	伊拉克、高加索、伊朗西部	哈姆丹朝的賽夫—道勒（Sayf-al-dawlah）試圖阻止拜占庭對阿勒坡的侵略，哈姆丹朝在那裡以某種形式支撐到西元1015年。 受贊助的詩人穆塔納比（Mutanabbi', 915－965 CE）、先鋒哲學家法拉比（al-Farâbi，西元950年逝世）的活躍時期。
945～ 1055年	北非（Maghrib）與西班牙	什葉派勢力佔優勢，但未能建立什葉派哈里發政權。
949～ 982年	伊拉克、高加索、伊朗西部	阿杜德—道拉將布伊朝勢力範圍維持在伊朗與伊拉克中部，從西元945年起，成為布伊朝統治下的魁儡哈里發。
952～ 975年	埃及與敘利亞	哈里發穆儀茲統治期間：西元972年，開羅建城並成為法蒂瑪朝首都。
961～ 976年	北非（Maghrib）與西班牙	西班牙（與摩洛哥）的哈坎二世（al-Ḥakam II），在哥多華鼓勵科學與文學發展，整修哥多華清真寺。
968年	伊拉克、高加索、伊朗西部	安提阿（Antioch）失給拜占庭政權。
* 969～ 1171年	埃及與敘利亞	建立在伊斯瑪儀里什葉派（不被其他什葉派成員承認）基礎上的埃及法蒂瑪朝，打造海軍帝國。

*　更詳細的細節，請參見「表1-2」關於個別政權編年史的圖表。

年分 （西元）	地區	歷史概況
973～ 1048年	伊朗東部與 河中區	比魯尼在世期間，他世歷史學家兼數學家，精細地研究印度文化。
973～ 1058年	埃及與敘利亞	阿布—阿拉俄‧瑪阿爾里（Abû-l-'Alâ' al-Ma'arrî）在世期間，他是世故的敘利亞苦行詩人、古典阿拉伯傳統最後一位偉大人物。
976～ 997年	伊朗東部與 河中區	努赫二世（Nûḥ II）統治期間，他是最後一位維護哈里發行政傳統的強大薩珊帝國統治者，他的圖書館教育出被公認為最偉大哲學家的醫師——伊本—西那（980—1037 CE）。
978～ 1008年	北非（Maghrib） 與西班牙	曼蘇爾在位期間（以及他兒子的任期，西元1002～1008年），他是在西班牙掌有實權的統治者，這段時期也是伊斯蘭勢力的顛峰。
996～ 1021年	埃及與敘利亞	哈基姆統治期間：他古怪的生活是德魯茲教派建立的背景，他同時也是光學家伊本—海什姆（Ibn-al-Haytham, 965—1039 CE）的贊助者。
998～ 1030年	伊朗東部與 河中區	嘎茲納的瑪赫穆德破壞印度西北部，並吸引學者們從原來的薩珊帝國領土前往嘎茲納。
998～ （1161）年	伊朗東部與 河中區	呼羅珊落入阿富汗山區的嘎茲納朝手中（從西元976年起，這個地區就在薩珊帝國的庇護下，新近伊斯蘭化）；在西元1001年後，嘎茲納朝也控制了旁遮普（Panjâb）。

年分 （西元）	地區	歷史概況
999～ 1165年	伊朗東部與 河中區	眾喀喇汗自西元932年起即成為突厥部族首領，形成位與喀什嘉（Kâshgha）的小型穆斯林勢力，從薩珊帝國手中取得河中地區。
1010年	北非（Maghrib） 與西班牙	一位國王在尼日河（Niger）畔的加奧（Gao）改信伊斯蘭。
1010年	伊朗東部與 河中區	菲爾道西寫作《列王記》，是一部伊斯蘭以前的伊朗諸王史詩。
1031～ 1090年	北非（Maghrib） 與西班牙	數個小朝代統治西班牙南部的眾多地區（稱為塔伊法斯政權）；這時期也是西班牙阿拉伯文詩歌的顛峰。
1034～ 1067年	阿拉伯半島與 東非	阿里・達儀（'Alî al-Dâ'î）在位，他是第一位蘇雷希朝（Ṣulayḥîd）統治者，統治葉門眾多地區以及漢志地區；法蒂瑪朝伊斯瑪儀里派思想在阿拉伯半島的顛峰。
*1036～ 1094年	埃及與敘利亞	埃及的穆斯坦席爾統治期間，西元1062～1074年遭遇開羅的危機，西元1074～1094年，巴德爾・賈麥里擔任軍事大臣，直到西元1121年，他的兒子阿夫達勒〔Afḍal〕接任，埃及擴張於此中止。
1050年	埃及與敘利亞	法蒂瑪朝將阿拉伯貝都因希拉勒部族（Banû Hilâl）遣送北非，以懲戒伊斯瑪儀里宗教運動的叛逃者，他們摧毀了廣大區域。
1054～ 1122年	伊拉克、高加索、伊朗西部	哈利里（al-Ḥarîrî）在世期間，精通瑪嘎姆體（maqamât）的複雜散文及韻文

年分 （西元）	地區	歷史概況
* 1055～ 1092年	伊拉克、高加索、伊朗西部	突勒—別克、阿爾普—阿斯蘭與瑪立克．夏三位偉大塞爾柱朝蘇丹（身為突厥部族領導人，首先在呼羅珊獲取權力，1037年）作為順尼派成員而接連統治河中地區、伊朗、肥沃月彎、還有阿拉伯半島的許多地區，取代布伊朝作為哈里發們的主人。
1055～ 1220年	北非（Maghrib）與西班牙	順尼主義在國際基礎上復興，哈里發則擔任政治上的認可者。軍事領導人成為統領（amîr）：受經學院訓練的宗教學者，設定文官行政的智性基調，蘇非導師領導精神性生活，所有人（統領、宗教學者與蘇非導師）往往都同時藉由個人聲譽以及世襲地位，或藉由對權威的臣服進而掌有地位，且身分不變的情形下，能夠在伊斯蘭地區間相對自由地移動。
* 1056～ 1147年	北非（Maghrib）與西班牙	穆拉比特朝在塞內加爾、摩洛哥，西元1090年之後在西班牙，堅持嚴格的順尼正統，抑制除了法學之外的研究，並中止基督教徒勢力在西班牙推進。
1059～ 1106年	北非（Maghrib）與西班牙	穆拉比特朝的主要領導人優素夫．塔胥芬（Yûsuf Tâshfîn）統治期間，西元1062年建立馬拉喀什城，西元1068年拿下非斯（Fâs）。

年分（西元）	地區	歷史概況
1063～1092年	伊拉克、高加索、伊朗西部	大臣尼查姆—穆魯克在位期間，試圖以塞爾柱軍事突厥體制，與配置順尼宗教學者的薩珊帝國哈里發文官行政傳統，兩者之間的妥協為基礎，組織帝國。
1065年	伊拉克、高加索、伊朗西部	巴格達的尼查米經學院（Niẓamiyyah madrasah）成立，這是尼查姆—穆魯克為宗教學者所設的學院中最重要的一所。
1071年	伊拉克、高加索、伊朗西部	馬拉茲吉爾特（Malazgirt）之役，塞爾柱人擊敗拜占庭人；安那托利亞門戶大開，突厥遷徙。（蘇萊曼〔Süleymân〕在西元1072～1107年間統治安那托利亞。）
1074年	伊拉克、高加索、伊朗西部	古薛里（al-Qushayrî）逝世，他曾領導調和順尼宗教學者與蘇非主義。
1077～1166年	伊拉克、高加索、伊朗西部	阿布杜—嘎迪爾・吉蘭尼（'Abdulqâdir Gîlânî）在世期間，他是巴格達的順尼蘇非導師，與眾追隨者建立嘎迪里道團（Qâdiriyyah ṭariqah）
1085年	北非（Maghrib）與西班牙	基督教徒拿下托雷多，西元1086年基督教勢力在薩拉卡斯（Sagrajas）遭到穆拉比特朝擊敗。
1090～1118年	伊拉克、高加索、伊朗西部	伊斯瑪儀里派的尼查爾分支起義，以阿拉穆特為中心；這個地區持續作為伊斯瑪儀里派政體的中心，直到西元1256年。

年分 （西元）	地區	歷史概況
* 1092～ 1117年	伊拉克、高加索、伊朗西部	塞爾柱帝國分裂（西元1104年之後，蘇丹穆罕默德恢復了部分地區的統一），在每個地區都有不同的塞爾柱家族統治者或他們的將軍。
1096～ 1187年	埃及與敘利亞	在敘利亞的十字軍（以及在安那托利亞的拜占庭人）使地方統治者居於守勢。（西元1099年，十字軍攻下耶路撒冷，勢力在海岸地區延續至西元1291年。）
1111年	伊拉克、高加索、伊朗西部	嘎扎里逝世。
1132年 （？）	伊拉克、高加索、伊朗西部	歐瑪爾・海亞姆（'Umar Khayyâm）逝世，他是數學家，也是生性懷疑的詩人。

表1−2　個別政權年表，西元945～1118年
Chronology of the Individual States, 945 −1118 CE

埃及與敘利亞

伊赫胥德朝（Ikhshîdids，西元935～969年）

突厥穆罕默德・賓・圖各（Muḥammad b. Ṭugh）建立的獨立朝代，承認阿巴斯朝哈里發的權威，也控制敘利亞與漢志地區。

哈姆丹朝（位於摩蘇爾〔Mosul，西元929～991年〕、阿勒坡〔西元944～1003年〕，由什葉派阿拉伯部族組成）

阿勒坡的賽夫─道拉（Sayf-al-dawlaf，在位於西元944～967年）從伊赫胥德朝手中拿下阿勒坡與希姆城（Ḥim），與拜占庭人作戰。他的繼承者與拜占庭人及阿勒坡的戰爭持續。朝廷贊助詩人穆塔納比（西元965年逝世）、文學歷史學家伊斯法罕尼（al-Iṣfahânî，西元967年逝世）與法拉比（西元950年逝世）。

法蒂瑪朝（西元969～1171年）

西元909年在突尼斯，由傳說中阿里後裔的伊斯瑪儀・賓・賈俄法・剎迪各（Ismâ'îl b. Ja'far al-Ṣâdiq）建立（推翻阿格拉布朝）。在最早的年代，就已經出現政治宣傳家兼宣教士所組織的傳教活動。西元909年之後的數十年，法蒂瑪朝將勢力延伸到北非（Maghrib）與海域。西元969年，拿下埃及。開羅與愛智哈爾清真寺在這個時期奠基，不久後成為什葉派的學術中心，也因為智慧宮（Dâr al-Ḥikmah）成為傳教活動的中心。法蒂瑪朝的軍事力量建立在奴隸軍隊與柏柏傭兵之上。

西元969～1021年	哈基姆在位，德魯茲派在敘利亞興起。
西元1036～1094年	穆斯坦席爾在位，伊斯瑪儀里派動力減弱。
西元1039年	天文學家伊本─海什姆逝世，他曾在哈基姆的天文台工作。
西元1043年	敘利亞脫離法蒂瑪朝的控制。

西元1050年	什葉派作家納席爾・胡斯洛（Nâṣir-e Khusraw）造訪開羅。
西元1062年	阿拉伯希拉勒部族與蘇萊姆（Sulaym）從上埃及被向西送往北非；他們在那裡掠劫及踐躪，毀壞了部分的西伊斯蘭世界。
約西元1060～1091年	西元1071年，諾曼人征服西西里，並拿下巴勒摩（Palermo）。
約西元1070年	塞爾柱人控制敘利亞。
西元1090年	哈珊・薩巴赫（Ḥasan-e Ṣabbâḥ）拿下在伊朗的阿拉穆特要塞。伊斯瑪儀里派的暗殺者開始活動。
西元1094年	法蒂瑪朝中央政治控制力進一步衰弱，宮廷陰謀與分化幾乎接連不斷。
西元1101～1130年	阿米爾（al-Amîr）在位，他是最後一位強大的法蒂瑪朝哈里發。
在西班牙與北非（Maghrib）	
西元912～961年	阿布杜—拉赫曼三世在位，他是專制統治者，在西元929年自稱哈里發，在西班牙行使強大的中央控制力，並在北非（Maghrib）與法蒂瑪朝、柏柏人開戰。
西元969～1027年	（伍麥亞朝的）「哥多華哈里發政權」，城市成為學問中心。
西元1010年	中央權力減弱，小公國時期的開端（割據國王＝塔伊法斯政權）。 十一世紀前半葉，西班牙北部的基督教徒勢力集結，開始向南推進。

西元 1062 年	柏柏人穆拉比特朝崛起，嚴格注重字面意義，建立馬拉喀什。
西元 1064 年	伊本—哈茲姆逝世，他是詩人、大臣與神學家。
西元 1085 年	托雷多落入基督教徒收復失土運動的勢力手中。
西元 1090～1147 年	穆拉比特朝在西班牙的統治期間，擊退基督教徒。
西元 1099 年	傭兵熙德（Cid）逝世。
西元 1130 年	穆罕默德・賓・圖瑪特（Muḥammad b. Tûmart）逝世，他曾宣稱自己是末世引導者，對建立穆瓦希朝（al-Muwaḥḥid, Almohads）的柏柏人傳道。
西元 1138 年	哲學家伊本—巴賈（Ibn-Bajjah）逝世。

在伊朗的土地上

薩曼朝（Samânids）：順尼派的「河中地區伊朗」朝代。

西元 913～942 年	納斯爾二世（Naṣr II）在位期間，支持什葉派與伊斯瑪儀里派的學問。薩曼朝最大的統治範圍集中在呼羅珊與河中地區，也包括西邊到拉伊（Rayy）與奇爾曼（Kirmân），定都布哈拉，撒馬爾干則是重要的中心。這個時期出現許多學術與波斯文藝復興的薩曼朝贊助者（受贊助者有拉齊〔al-Râzî〕，西元 925 年過世；伊本—西那〔Ibn-Sînâ〕，1037 年逝世；魯達基〔Rûdaqî〕約在 930 年代逝世；菲爾道西在 1020 年逝世。朝代維持地主貴族（dihqan）與突厥傭兵軍隊支持的中央集權官僚組織，在北邊與東邊的信仰戰士也同樣重要。

西元940年代	西方的據點落入什葉派（一般而言屬於十二伊瑪目派）的布伊朝手中。
西元942年	中央薩曼家族與王室控制力衰弱，宮廷陰謀甚囂塵上，革命開始。
約西元950年代	錫爾河東邊（可能主要是葛邏祿部族）突厥改信伊斯蘭，包括喀喇汗國（Ḳara-khanids，又名為Ileg-khâns），他們自稱葛邏祿統治家族。
西元962年	阿爾普特勤（Alptigîn）佔領嘎茲納，他是薩曼朝統治下的突厥軍事首領，可能屬於葛邏祿部族，他的奴隸指揮官兼女婿塞布克特勤建立了嘎茲納朝。
西元990年代	喀喇汗國與嘎茲納朝佔領並瓜分薩曼朝，喀喇汗國掌有烏滸河東邊，除了花剌子模（Khwârazm）以外的土地，嘎茲納朝則掌控其他土地。突厥團體現在對這些土地有堅實的政治及軍事控制力。

布伊朝

他們是來自代蘭姆的（十二）伊瑪目什葉派山區居民，其中三個創立朝代的兄弟在西元930年代躍居大權，拿下伊朗西部，西元945年時拿下巴格達、伊拉克西部，不久之後拿下歐曼地區，並與西北邊的哈姆丹朝、東邊的薩曼朝作戰。巴格達開始失去獨一的傑出地位，須拉子的重要性躍升，哥多華與開羅亦然。

西元983年	布伊朝的統一開始分崩離析，地方省份的自主性開始出現。精誠社（Ikhwân al-Ṣafâ'）昌盛，詩人瑪阿爾里也相當活躍。

西元 1030 年	嘎茲納的瑪赫穆德拿下拉伊，嘎茲納朝在伊朗西部高原地區勢力強盛。
西元 1031～1075 年	哈里發嘎伊姆在位期間，擁護什葉派的復興及（在伊拉克）對個人權力設限。
嘎茲納朝	
西元 976～997 年	塞布克特勒從印度西北部的白夏瓦（Peshawar），透過呼羅珊拓展他的勢力
西元 999～1030 年	嘎茲納的瑪赫穆德在位期間，他是虔誠的順尼穆斯林，在印度西北部活動，並在那裡永久確立穆斯林的勢力及其擴張。瑪赫穆德被稱為「信仰戰士」，承認哈里發的宗主權。他拿下花剌子模、拉伊、伊斯法罕、吉巴勒（Jibâl），得利於在印度遠征搜括的戰利品所帶來的巨大財富，建立華麗的宮廷（菲爾道西，約西元 1010 年），但也維持龐大的軍隊與重稅。
西元 1040 年	塞爾柱朝打敗嘎茲納朝，他們在呼羅珊與伊朗西部被擊潰，接著被限制在嘎茲納地區與印度西北部，他們在那裡繼續掌權，並在印度北部擴張。
西元 1118 年	嘎茲納朝成為塞爾柱人的附庸。
塞爾柱朝	
西元 990 年代	塞爾柱突厥家族成為穆斯林，沿著錫爾河下游居住，他們是烏古斯突厥游牧民族的領導者。 十一世紀初，塞爾柱人及追隨者進入河中地區與花剌子模，聯合及對抗喀喇汗國諸派系的戰爭。

西元 1030 年代	在呼羅珊的塞爾柱人及追隨者進入伊朗西部，與嘎茲納朝作戰，掠劫城鎮；對於農業生活而言，作戰是毀滅性的，對放牧突厥（Türkmen）的生活亦然。西元 1040 年，在伊朗西部決定性地打敗嘎茲納朝；放牧突厥幾乎沒有為了適應依賴定居農業的官僚體系，而有所改變。塞爾柱領導者開始認知到帝國控制力的必要性，但將主要地區分封給家族成員。
西元 1040 年代	放牧突厥推進到亞塞拜然與加濟拉地區；成功地從呼羅珊與河中地區吸引更多放牧突厥；突勒─別克（在位於西元 1038～1063 年）在伊朗西部展現塞爾柱朝的權威，試著控制這些放牧突厥，或將他們遷往內地。
西元 1055 年	突勒─別克與塞爾柱人進入巴格達。
西元 1063～1092 年	阿爾普─阿斯蘭統治十年，接著是他的兒子瑪立克‧夏、大臣尼查姆─穆魯克。放牧突厥被向西遣到敘利亞與安那托利亞，企圖將農業與城鎮的行政與防衛中央化，並建造道路與清真寺。
西元 1065～1067 年	尼查姆經學院在巴格達成立。
西元 1071 年	拜占庭在馬拉茲吉爾特（Malazgirt，或稱曼齊克特〔Manzikert〕）之役慘敗，確保安那托利亞對放牧突厥開放，他們在一個世紀內就滲透到愛琴海，與主張自己有權獲得拜占庭王位者來往。
西元 1070 年代	塞爾柱朝對抗法蒂瑪朝與敘利亞的地方統治者。
西元 1091 年	塞爾柱朝定都巴格達。

西元 1094 年	拜占庭皇帝向教宗求援。
西元 1099 年	十字軍拿下耶路撒冷，巴格達與塞爾柱朝毫無作為。十二世紀初，地方上的放牧突厥朝代開始興起。
西元 1111 年	嘎扎里逝世。
西元 1118 年	隨著穆罕默德過世，塞爾柱領土開始永久分裂為獨立公國，值得一提的是在羅馬地區（安那托利亞——傳統上認定的日期是西元 1077～1307 年）、呼羅珊（有名無實的蘇丹山加爾——西元 1097～1157 年）的塞爾柱朝。包括塞爾柱朝權位主張者在內的地方行省統治者統治伊拉克與敘利亞。

喀喇汗國

在錫爾河東部地區有其重要性的穆斯林突厥團體，包括色米里奇耶（Semirichye）與喀什噶爾（Kâshghar），在西元 950 年代改信伊斯蘭。

西元 990 年代	拿下烏滸河北邊與東邊的薩曼朝疆域（河中地區）；後來分裂為以撒馬爾干與布哈拉為中心的西線，還有以八剌沙袞（Balasaghun）與喀什噶爾為中心的東線。在十一世紀早期，他們從哈里發那裡取得權威特權（就像嘎茲納朝）；在 1020 年代，塞爾柱與放牧突厥部族居民們，在他們的土地上自成一派。
	十一世紀，喀喇汗國等團體相互征戰，許多領地的行省首府具有影響力，包括色米里奇耶、喀什噶爾、河中地區等。

西元 1069 年	八剌沙袞的優素夫（Yûsuf）以突厥文撰寫寓言詩，是純文學文獻的首例。 十一世紀晚期，塞爾柱朝對抗喀喇汗國作戰，在河中地區的部分地方掌有名義上的宗主權。

第二章

社會秩序：
商業利益、軍事勢力與自由

隨著塞爾柱的體制建立，伊斯蘭終於開始進入中期時代；由於軍用墾地的分配體制、統領自治，以及它在伊斯蘭世界核心地帶主要城市的駐防部隊，全部都趨於成熟，因而確立了專制帝國的終結。中期時代，尤其是在尼羅河和烏滸河之間核心地帶的社會，（就先前提過的那些意義而言）基本上最能符合「伊斯蘭社會」（Islamicate society）此一用語。如今已有大批人口成為穆斯林，而這種宗教信仰仍持續發揮其限制、界定整體社會秩序的作用。那麼此時，我們就必須更加詳細探討用以建構伊斯蘭社會秩序的永續特性，也就是：更快速變遷的上層文化通常都必須具備的特性。

伊斯蘭社會（Islamicate society）生活裡持續存在的這些特徵當中，許多並非是伊斯蘭世界所特有。在伊斯蘭世界裡，特權階級以下人民的日常生活，也就是常民文化，幾乎如同眾多農業層次（agrarianate-level）社會一樣，變化多端。當我們觀察常民文化生活的細節時——觀察其烹飪、建造房屋、縫紉的方法；觀察其農耕、手工藝或運輸的技術；觀察其教養子女的方式，甚至觀察民俗節慶——我們就會發現，即使在尼羅河至烏滸河間地區，也都因為差異過於龐雜，而無法概括全部常民文化生活細節；例外的情況，或許也只有可想而知的氣候條件，以及普遍的貧窮罷了，因為整個乾旱帶中部也幾乎都是如此。反之，當我們觀察一般城市農業生活（agrarianate life）最普遍的特徵時，就會發現，所有這類社會也都具備伊斯蘭世界最基本的一些具體特徵。那麼，當我們只考量這種文化層次時，「伊斯蘭」文明（'Islamicate' civilization）與過去千年來尼羅河至烏滸河間地區一直存在的農業層次（agrarianate-level）模式，甚至與歐亞非舊世界的農業

層次（agrarianate-level）模式沒有多大的區別。[1]

　　不過，在伊斯蘭世界中期賴以形成伊斯蘭化文明（Islamicate civilization）的農業層次（agrarianate-level）社會，有其特殊形態的共同問題。地方性常民文化元素，特別是「舊伊斯蘭地區」（lands of old Islam）核心地帶的那些常民文化，持續重塑上層文化。同時，就日常文化的形塑而言，「上層文化」具有其穩定的影響力，特別是在核心地帶，但也包括伊斯蘭被接納的地區。伊斯蘭法的慣例、辯證神學爭議的教義，甚或是詩歌或繪畫作的正典等等，當它們被那些比作者還低階的人們接納成基準時，總會經歷不可思議的重大變化。有時候，新的形式會反而反映在上層文化本身。那麼，要研究這個文明的形成與其影響，我們就必須討論日常文化層次的許多面向，但是（很可惜），我們並無法徹底討論。因此，我們必須集中在中期伊斯蘭（Islamicate）社會秩序中，持續最長久的獨特性，並研究其形成因素的特徵。我必須補充指出，本章所討論的各個主題，幾乎都尚未經過任何充分研究。因此，我所有的推斷幾乎均屬於高度的暫定性質，有時甚至純屬推測。

穆斯林的自由及社會秩序的開放性結構

　　隨著城市農業層次（agrarianate level）社會中漸增的都市氣息與

1　Carleton S. Coon, *Caravan, the Story of the Middle East* (New York, 1951)，Carleton 在史學觀點上的論述非常不成熟，但作為這個地區大多數地方的民間文化總覽，則有其價值。

國際交流，個人對以世襲身分或權威來主導其生活方式的依賴性，便不斷限縮。個人基於其自身利益，似乎必須面對幾乎每件事都是似是而非、又無所不在的社會，而且，他隨時都憑其智慧和藉助其個人可取得的資源，自行重新調整腳步而前進。在農業時代（Agrarian Age），並未出現這種造成限制的社會條件，部分原因在於儘管種族混雜，但地方上的習俗確實還保有一定程度的力量；另外，每個大型的地區性社會都會發展出一套補償性的地區性制度，以確保合法性的規範，進而即使人們離開家鄉時，也能相當程度地墨守成規。印度的種姓制度就是這種結構的骨幹，當印度社會與西半球的商業及文化關係更密切時，它也就更加蓬勃發展，而西歐的封建階級制度的情況也是如此。

　　一如前述，在乾旱帶中部地區，地方上的法律制度因國際交流而崩解的壓力，可能異常強烈。或許正因為如此，該地區的補償性制度的結構確實最為鬆散。就農業時期而言，這種制度算是具有高度彈性，但相較於印度或西方，通常也確實使個人的身分比較不穩定，而且大都必須直接面對整個社會——如同個人的宗教使其直接面對至高無上的神——而且其間的緩衝地帶極小。不知名的個人並不像存在於現代社會中的無名之輩；只有在跟其他農業層次（agrarianate level）社會比較之下，才會顯得比較強烈；但在現代以前的伊斯蘭世界與現代世界社會的這些面向之間，或許有幾個得以比較之處。總之，伊斯蘭（Islamicate）社會秩序特有的一切現象，特別是在中期及其後，其實都可以藉由社會結構的相對開放性，以及個人在其中的流動性或不安定性來加以解釋。當農耕基礎不再繼續擴張時，將社會的複雜性維持在最低限度的農業（agrarianate）基礎之上所出現的問題，儘管一開

始只是乾旱土地的資源問題，卻會因為社會秩序的開放性結構形塑，而變得更複雜。

　　我們將特別集中在這個問題的政治面向，因為這些就是關鍵所在。在政治領域中較為鬆散的結構形塑，通常代表中央的權力較為薄弱，因此通常會對必須透過中央集權來執行的各類制度，構成威脅。因而迫使伊斯蘭（Islamicate）政治組織著手籌畫全面性的對策，來面對錯綜複雜的政治活動合法化所造成的難題。

　　採取限縮中央政治權威的方式，相較於農業時代的其他時期與地區，或許是伊斯蘭中期普遍最為獨特的特徵：也就是其軍事化。這不是整個社會的軍事化，而是最高權力決策圈的軍事化。對於乾旱帶中部地區世界主義（cosmopolitanism）的某些面向，如何會導致那最後造成軍事化、結構更開放的社會形式，我們可以在此大膽提出比較簡化的概要。同時，這樣的概要將有助於解釋貫穿本章的重要主題。這點可以歸結為社會勢力層面上「權貴—統領體制」（a'yân-amîr）的出現與作用：其中，權力通常由「權貴」（a'yân）瓜分，包括城鎮與村莊裡的各種權貴，還有「統領」，也就是相當於地方性的駐軍指揮官，而大型政治組織對其的干預則極小。

　　我們可以概略比較穆斯林的權貴—統領體制，與中國人、印度教徒和西方人對應的體制。當時中國體制，其運作方式所涵蓋的要素包括：全面的禮儀（li properties），以及權力結構底層支配農民的平民仕紳；官僚階級的聲望、開放的科舉制度，還有位居權力核心的絕對皇權，這一切全都呈現互依關係。這個時代印度教體制，其運作方式所涵蓋的要素包括：達摩法則（dharma rules）；在權力底層，則是種姓責任；各種姓當中的賈吉曼尼制度（jajmânî）義務；潘查亞特

（panchâyat）議會；以及，位居中央的世襲「拉者」（râjâ）統治者。這個時代的西方體制，其運作方式所涵蓋的要素包括：封建、教會及盟約的法律；在權力的底層，則是農莊上成為農奴的農民階級；自治市與法人團體；透過長子繼承權或同儕投票而繼承職位；騎士的家眷；以及，位居中央的封建地權階層。而這個時代對應的權貴—統領體制，其運作方式所涵蓋的要素則包括：伊斯蘭法；在權力底層，則是軍用墾地制度下的自由農民階級；城鎮權貴的贊助關係；透過任命或競爭的繼承；奴隸的家眷；以及位居權力中央的統領駐軍宮廷；而這所有一切都互為前提並且相互支持。（我將於下一章更加廣泛比較伊斯蘭世界和西方兩者之間的異同。）

我們可以將伊斯蘭世界裡的歷史發展簡要敘述如下（我會在本章其餘篇幅盡量說明這個概要所具有的基本可信度）：伊斯蘭的出現，打破了尼羅河至烏滸河間地區的農耕勢力；也就是，打破了主要是透過薩珊政權（某種程度上仍然代表農業利益而非其他利益）所表現的——農耕仕紳階級的支配權。有一段時間，原屬商業階級的阿拉伯人利益，在新興的哈里發政體中，具有與任何利益平起平坐的主導性；但農業利益沒多久後，就在君主政體重構過程中變成最主要的角色。但在這個重新建構的社會結構中，從新的阿拉伯與伊斯蘭形式內重構其合法性的假設，相對鼓勵了某種程度的社會流動性，但由較古老的貴族模式去承擔代價。接著，伊斯蘭法就融入平等主義對於較高社會流動性的期待，並維繫著相對於農業帝國的自主性，而帝國卻從未實現官僚體制的全面控制——例如，它無法控制貿易商人與他們的聯盟。到了十世紀，結果就是伊斯蘭以前文化傳統的磨耗以及帝國和整個社會的重構，而這樣的重構，是在結構上更開放、更具平等主

義、也更帶有契約屬性的基礎上進行，以呈現伊斯蘭的正當性。

　　這項結果之所以可能，或許部分原因在於：穆斯林地區在擴張中的歐亞非舊世界裡具有核心地位，部分原因也在於長時間擴張之後，產生的作用。很多地區的區域間貿易都日益重要，也因此（潛在地）對任何特定區域的前途都逐漸具有決定性；但其特定作用，則同時取決於其對區域的參與程度，以及區域內社會勢力的內部平衡。

　　乾旱帶中部地區農耕特權階級的權勢，至少一直都是不夠穩固（因為土地集中持有的稀少狀況，也因為游牧民族的競爭）。同時，商業階級的地位（無論參與長途或地方性的貿易）至少有好一陣子，因為當時日漸巨幅增加的歐亞非舊世界長途貿易，而更居優勢。因此，地主家族（相對於絕大多數農業〔agrarianate〕地區）無法在城市中建立無可挑戰的農業優勢。但是，農業時代裡擁地自重的軍隊得以進入的地區，商人也無法建立其足以全面控制的政治秩序；即使只是在地方上。結果便出現農耕勢力與商人勢力之間的僵持狀態。

　　因此，到了伊斯蘭中期，不論仕紳階級或資產階級都無法一意孤行，除了沙漠地帶或偏遠沿海地區的商人共和政體（其並未建立整體伊斯蘭世界的文化模式，而是跟隨伊斯蘭世界其他地區的領導）之外，因為這類城市通常無法掌控其周圍領土。尼羅河至烏滸河間地區附近，整個開闊地區所建立的某種地域性農業優勢相當穩固，所以，才剛崛起的都市寡頭政權對它無可奈何。在具有普世效力及自主性的伊斯蘭法擔保之下，城市中的權貴只關切能透過契約與個人協商確保的事物。絕大多數地區的仕紳階級雖然對其土地還保持強烈的社會認同，但還是會受到吸引而居住在城市裡；這類仕紳階級難免必須遵守他們所無法主導的都市規範。

當城市與鄉間因此融合在同一種權威之下時，就很難建立一種普遍有效的法制，既可以確保地主家族享有於其土地的權力，又能讓商業城市延續其地方自主性。因此，發展出的這類法制型態——最著名的就是伊斯蘭法與行政先例——依其必要性，未必以強勢的全面性組織或緊密的地方性組織為其前提。但這種僵持狀態，最後反而（一如哈里發權威起初的動彈不得）必須承擔軍事化政府的代價。

　　因此，社會內部如果缺乏能有效行使權力的穩固政體，結果就只有訴諸軍事一途。由於缺乏法制化的持有條件，仕紳階級的世襲家族通常都會逐漸喪失其土地，而土地起初是其權勢基礎，但後來軍人又必須承擔其身兼仕紳階級的部分責任。土地一次又一次分配給一開始只是軍人的那些人，而且持有土地的唯一結果就是——只要還是當地最優秀的軍人，就能夠繼續持有。（當然，這類軍人往往會建立地主家族，但這種過程很少能延續幾個世代。）同時，城市也擺脫不了軍事化的現象。由於缺乏地方自治的自主性，城市更會凸顯其國際化趨勢。就內部而言，城市的社會化並不完整；不過，不同城市間不同人口變得更具密切的關聯，而且其城市生活都必須依賴整個伊斯蘭世界的共同規範。這種朝向內在多元與外在團結的雙向拉力，更進一步損傷可能正處於發展過程中的地方公民勢力；尤其是那想靠著都市民兵來支持地方權貴的失敗策略。在城鎮生活中養尊處優的軍用土地持有者，最後也就能輕易奪取那掌控整座城市的權力。

　　但這類軍人並無法維持高度複雜或中央集權式的政府結構。地方社會結構所能做的，頂多就是限制其毀滅性的作用。

　　然而，伊斯蘭（Islamicate）生活的品質至少還是得取決於這種政治情勢的另一個面向，以及直接的軍事化。但是，當其他社會制度的

介入能普遍維持秩序的情況下，弱勢政權反而能增進個人自由。乾旱帶中部地區的某些社會條件一直都存在相對自由的現象，並且受到當地出現的制度所強化；這種趨勢持續發展的結果，便是造成集權式政權的衰弱，而這種衰弱更進一步鞏固了相對自由的趨勢。在中期的伊斯蘭世界，若以農業（agrarianate）社會的標準來看，個人的自由度相當高。不願屈從於本應該遵守的社會制度，或者不願配合伊斯蘭律法最低限度之外的其他標準，這種相對的個人自由確實產生出許多輝煌成就，但也限制了某些需要持續協力才能達成的成就。

一般穆斯林的這種個人自由，無疑強化了一般通稱為權貴─統領的體制。這套體系能以伊斯蘭（Islamicate）的形式，代表整個西半球的伊朗─閃族文化；但它也容易不斷遭受到軍事征服的傷害，而且，除了過度活躍的商業生活之外，幾乎無法出現永續的工業發展。我們在研討接下來的年代時，會從這類缺點開始著手。（因此，每個時期所探討的內容，大都取決於該時期的整體問題以及當時的解決方案。）兩個世紀之後，蒙古人在其中土，將他們軍權贊助朝代（patron dynasty）的概念加到脆弱的權貴─統領體制上──因此最後（隨著火藥技術的興起）才逐漸發展出嶄新而持久的君主專制，而權貴─統領體制也才會因為整個過程被西方那致命的轉型所打斷，而得以改頭換面。[2]

2　仍然有太多作者會誤舉事例，他們藉由一、兩項沒有關聯性的成因，去解釋伊斯蘭文化（Islamicate culture）的某些特徵，經過概述這個複雜的過程之後，再去思考那些總是被嚴謹學者所認可的事物，這或許是個明智的作法：由於大多數重要的歷史發展會在同時間發生許多情況，在另一個脈絡下，每種情況都會產生不同的效果。學者 Gunnar Myrdal 曾經在 'Appendix 3: A Methodological Note on the Principle

這方面我必須再次提醒。強調中期政府因軍事化所造成的後果可能會導致誤解。或許有人認為，中央政治權威及制度複雜性的衰退，只是代表社會的失敗。但是，姑且不論這個時代超凡的文化成就，光是權貴─統領體制所產生的龐大政治權勢，就足以證明這種單純的說法並不可信。但我們還是必須精確指出複雜性削弱的問題所在。我們或許可以認為，伊斯蘭社會（Islamicate society）的權貴─統領體制，呈現了農業層次（agrarianate-level）生活的特例：這類生活型態因為消除了某些政治箝制，所以出現的趨勢特別明顯。但必須謹記我曾經提過「權貴─統領體制」是理想的型態，這只是約略性質，頂多也只是就事論事；每當重要政體出現時，總是會支配這套體制，並阻礙其自主性的運作。

　　中期時代或許可以界定為：該時期伊斯蘭世界大半地區並未普遍存在任何穩定統治的官僚體制帝國──也就是哈里發盛期至十六世紀眾多大帝國時期之間的年代。這個時期的伊斯蘭（Islamicate）政治運作，其政治結構通常只具備足以讓農業社會（agrarianate society）存續的基本複雜性：亦即，其通常並未發展出任何嚴密的官僚體制政府，或與其相當的體系。因此，所有大規模的專門性投資也都相對萎縮，特別是在工業方面。在這種政治環境下，地方制度的資源以及政治色彩沒有那麼明顯、規模也較大的制度，全都被用來盡量發揮其社會功能，以便能在某種程度上取代較具政治色彩的制度。因此，地方權貴與統領潛在的權力便更顯得舉足輕重。

---

of Cumulation'（*An American Dilemma*, New York, 1944, pp. 1065－1070）一文中談到「累積原則」（principle of cumulation），他非常清楚地指出這個論點。

但即使在權貴—統領體制最不受限制的情形下，也只有某些方面才具備最基本的政治運作模式；除了非得靠中央集權的部分之外，其他社會生活與政治生活都可以系統性地有效運作。開放性結構是可以杜絕強勢的中央政權及其權力所具備的影響力，但主要的結構性問題仍然存在。因此，中央政治權力的衰弱，通常並不會導致一般社會複合體削弱到農業社會（agrarianate society）理論上的最低經濟層次。即使就中央集權而言，也未曾完全萎縮至真正的最低層次，至少未曾持續很長時間。不過，在哈里發盛期衰弱之後，確實持續瀕臨這類政治層面上的最低層次。而在接近這種最低層次的時候，除非有其他替代性處置足以抵銷，否則經濟關係確實可能出現普遍性的單純化。

中期被視為代表偉大文化脈動的衰頹，也就是因阿拉伯人的征服及伊斯蘭的降臨所產生的文化脈動。但如果我們將伊斯蘭文明（Islamicate civilization）視為伊斯蘭以前的傾向在伊朗—閃族社會中的體現，則局面就會完全改觀，就根本不用去在意經濟資源是否確實有過任何限制。伊斯蘭到來之前，在尼羅河至烏滸河間地區，先知一神論的傳統早就較為支持具世界主義色彩的平等主義，而排斥農耕貴族特質性格；文化發展的主要動力，早已在都市人口所主導的宗教社群架構內部遂行其道，至少在王宮或世襲祭司階級的神殿中情形如此；以社群形式組構的伊朗—閃族文化，在印度—地中海地區更廣為流傳。隨著融入兼容並蓄的單一宗教社群之內的祝福，這種文化動力，在中期遍佈整個西半球的廣大伊斯蘭社會（Islamicate society）中最能感受得到。從長期觀點來看，我們幾乎可以將哈里發盛期政體，視為西半球大半地區千年以來各種勢力在這個地區所形成的一段插曲，一種從薩珊帝國時代的農耕貴族王權，到更都市化又更具地方分權社會

秩序的過渡手段。這種社會秩序，與伊朗—閃族社會特有的創造力及其廣闊性一致。伊斯蘭中期年代在這段長期的文化發展過程中所展現的並非斷裂，而是顛峰。

一、地區生態

我們在本章必須說明採行最低層次政治運作的的社會模式。《一千零一夜》（*Thousand and One Nights*）的故事展現出社會秩序兼容並蓄的形象，特別是都市私人生活層次方面。確實出現於中期的各式中央集權政治結構，其運作即是以某種方式來調整這種趨勢。但是，一旦接近最低限度的政治情勢，人們並訴諸地方上的資源，就不容易扭轉這種過程了。事實上，發展出來的模式正表達著一種持久的生態環境。政府修正地方模式的努力，只在於它們回應這種環境並考量其需求時，才能達到成效。

乾旱帶中部地區及其核心地帶的世界主義

伊朗—閃族上層文化傳統是立基於肥沃月彎和伊朗高地特定地區的生活：以目前的政治地圖而言，此一地區約略代表敘利亞、伊拉克、伊朗與阿富汗諸國。即使在哈里發政體衰敗，伊斯蘭接著大舉擴張之後，這個地區仍繼續不成比例地增進整個伊斯蘭文明（Islamicate civilization）的發展。它可以視為伊斯蘭（Islamicate）核心地帶的核心。

如果我們檢視對整體伊斯蘭文化（Islamicate culture）發展（*而不*

只是它的某些地區性形式）發揮影響力的重要人物的名字，就會發現他們主要來自肥沃月彎、伊朗高地，還有錫爾河─烏滸河流域。在起初幾個世代之後，很少人是來自阿拉伯半島，來自埃及的人更少；來自安那托利亞與巴爾幹地區的相對又更少，來自印度的人或許還多一些；但幾乎沒有人來自北方的大草原或南方的沿海地區。一群重要人物來自北非（Maghrib），他們普遍前往東方去討生活，但如果我們單獨觀察北非（Maghrib）本身的影響力，則人數似乎言過其實，並不足以代表整體伊斯蘭（Islamicate）的發展。基本形式與制度都相類似，沒有必要列出能溯源到伊朗的東西，像是法學、文法學與韻文學（prosody）等。但有多少能溯源到呼羅珊：經學院、道團（ṭarîqah）形式的蘇非主義組織，還有接納伊斯蘭不可或缺的辯證神學；或許還要再加上阿巴斯帝國與塞爾柱帝國據以建立的社會薈萃，而這兩個帝國，都有其跨越疆界的影響力。

必須補充的是，這整個地區大部分或多或少具有民族色彩的伊朗人──如果將錫爾河─烏滸河流域、伊朗高地本身涵蓋在內，這會是最強烈引人注目的一點。只有肥沃月彎顯著具有閃族色彩。學者慣於爭論伊斯蘭文化（Islamicate culture）的蓬勃發展，在什麼程度上導因於某種不成比例的「波斯」（甚或是「亞利安」〔Aryan〕）天賦；似乎大多數的一般穆斯林就是閃族人，卻把文化領導權交到波斯少數族群手上。如果我們在腦海深處想像「中東」（Middle East）時，認為「波斯」是十幾個國家當中的一個，而其中大都是阿拉伯人，這樣就難免產生誤解。嚴謹的學者通常都必須懂得重新檢視其資料，並且審慎選擇更有意義的類目；認清尼羅河至烏滸河間地區的主要城市地帶都使

用某種伊朗語（其中最主要的當然只有波斯語）。[3]

　　一開始，開化程度較低階級的生活模式，也就是這個地區的常民傳統，是伊朗—閃族文化高等博學傳統的直接來源，而這套傳統幾乎無法與那些常民傳統區分。但逐漸地，特別具有都市性格的學問與組織傳統，變得更加複雜，且更獨立於村莊生活之外。在傳統的對話過程中，內在的複雜化不可避免地使許多傳統脫離其原來的形式。而且，隨著歐亞非舊世界都市地區的擴張，上層文化傳統從這類中土被帶到廣大世界去，而這類地區本身，也受到與其他地區廣泛接觸的影響。上層文化傳統融合了其起源遙遠的許多元素，特別是源自地中海北岸地區；而且，地方性迥異的民族，可以共享這些傳統——例如，由埃及人與葉門人，還有來自烏滸河口的花剌子模人所共享；這些民族對這些傳統的更進一步發展全都有其貢獻。因此，伊朗—閃族上層文化傳統就比較難與肥沃月彎和高原的農民生活模式立即區分。

3　伊斯蘭世界中土與阿拉伯地區之間的相似性雖未經檢視，而且兩者間存在著一切對比的經驗，卻仍然持續留存。例如，即使是 Noel J, Coulson，也都在其卓著的伊斯蘭律法史 *Islamic Surveys 2: A History of Islamic Law* (Edinburgh University Press, 1964) 指出（第135頁），阿拉伯人得以藉由「與生俱來的本質」，而使伊斯蘭成為一種「生活方式」，並將法律當成他們的生活，而對其他人只將其視為一種「宗教」，並反對伊斯蘭律法中的許多內容。不過（除了他對種族與「宗教」構成成分的不成熟觀點之外），他其實還算是理解較為深刻的學者。他所引用背離伊斯蘭法的「非阿拉伯」例子，來自距離整個中土遙遠的土地——那些案例不只是因為「非阿拉伯」才遠離伊斯蘭法。而他自己也知道，伊斯蘭法與更早的貝都因模式之間，有著重大的對比，而且，許多現代貝都因人仍然極不遵從伊斯蘭法，但譬如波斯人那樣的民族，卻像任何久居的阿拉伯人一樣，緊密地依附著伊斯蘭法。要從我們的心態移除那些造成誤導和種族主義的窠臼，將會需要意識清楚且毫不間斷的專注力。

不過，即使遲至伊斯蘭的時代，肥沃月彎與伊朗高地的土地仍然是上層文化發展最豐富的重要地區。從一開始，伊斯蘭傳統（Islamicate tradition）中舉足輕重的人物，大多數就都在那裡出生或居住。接著，這個身居「舊伊斯蘭地區」的特定地區，不論伊斯蘭世界跨越西半球而延伸多遠，都持續具有作為其餘地區標竿的重要性。它在伊斯蘭（Islamicate）文化形式更進一步的發展中，展現了特別具開創性的文化活力，而這些發展，更證明它始終實至名歸。

　　這些地區屹立不搖的關鍵角色，確實有部分是因為其位處中央地區內部的特殊地理位置，也就是通稱的「乾旱帶中部地區」。乾旱帶從地中海南岸的大西洋沿海地區，橫跨歐亞非地塊而延伸到靠中國北方的大草原與沙漠，形成劃分歐亞非舊世界兩大水源豐沛地區的寬闊中央陸帶：西北邊的歐洲地區，以及東南邊的季風地區。整個乾旱帶因此無可避免地身處歐亞非舊世界的歷史當中。但乾旱帶中間的第三個部分，也就是尼羅河至烏滸河間（還有往南方）的地區，卻特別是歐亞非舊世界歷史結構的核心。一如我在伊斯蘭以前的那一章所指出的，伊朗—閃族文化傳統的獨特特徵，至少在某個程度上，可以普遍追溯到這個乾旱帶中部地區的在地理特性，也就是說：其乾旱性與其便利性。這些特點在關鍵核心地帶的土地最為顯著。因此，我們必須先更精確深入討論其影響作用。

　　這種解釋自有其限制，但或許極為接近實際情況。在市場導向與世界主義等基本特徵方面，要區分地中海地區的歐洲與尼羅河至烏滸河間地區的特徵，並不容易。相較於文明的其他重要地區，地中海地區與尼羅河至烏滸河間地區的關聯性總是比較密切。即使在上層文化方面，它們也同時共享一神論的宗教傳統，以及科學與哲學方面的共

同遺產。這樣的關係並不只是因為「這兩個地區之間缺乏任何顯著地理藩籬所產生的直接結果」。儘管肥沃月彎和伊朗高地的乾旱內陸地帶與環海的南歐半島之間，有著明顯的對比，但其居民的種族其實極為相近；即使到了現在，其民俗特徵毫無疑問的連續性都還是可以從阿富汗經過土耳其與希臘，進而追溯到西班牙。而到這些地區與鄰近的印度、北歐或蘇丹旅行時，就能發現某些特徵間的強烈對比。就某種意義而言，「伊朗—地中海」文化帶的說法，並不過份。[4] 特別的是，我們可以發現從伊朗高地到地中海西部的土地，長期以來一直都具有相對同質的城市文化模式，而它們的制度與社會價值觀也都相類似，而且這類同質性，在伊斯蘭到來之後，仍然延續很久。

從古希臘人與腓尼基人的時代起，地中海地區與乾旱帶中部地區無疑就一直都具有比較商業化、甚至是世界主義的氛圍。或許，只要乾旱帶中部地區仍是地中海地區在經濟上最重要的夥伴，這種世界主義就會一直產生文化模式的同化作用。伊朗—地中海同質性的斷裂，大約發生在十二或十三世紀，也就是當西歐出現自治公社、尼羅河至烏滸河間地區出現突厥人，以及特別是蒙古人軍事統治的時期。但地中海地區所出現的斷裂——也就是當時逐漸成為主要農耕地區的歐洲

4　對於伊斯蘭時代早期，這項上層文化層次上的伊朗—地中海同質性，最具洞察力的分析，是 Gustave von Grunebaum 在 *Mediaeval Islam*, 2nd ed. (University of Chicago Press, 1953) 當中所做的分析；他的文化分析後來在經濟方面由 Claude Cahen、S. D. Goitein 與 M. Lombard 補充：例如，Cahen 在以下的註 5 所引用的著作；Goitein, 'The Unity of the Mediterranean World in the "Middle" Middle Ages', *Studia Islamica*, vol. 11 (1960); Lombard, 'Arsenaux et bris de marine dans la Méditerranée musulmane (VIIe-XIe siècle)', *Le Navire* (1957)。

北部，特別是它的西邊成為經濟實力的主要來源，最後甚至是對南方人造成某種文化魅力的成因。或許當時主要是地中海地區西部及其腹地的城鎮，引進一些基本上的創新，進而破壞了同質性，而不是伊斯蘭（〔Islamicate〕，與東歐的）城鎮；因而使西方從此與具此連續性的其餘地區分離，進而朝不同方向發展。[5]

但即使在伊朗—地中海的連續性出現任何斷裂之前，乾旱帶中部地區（特別是在伊朗—閃族領土）當然也具有其獨特的特徵，而其中某些特徵最後也確實反映出這兩個地區之間的地理對比性。在此強調四點：「農業土地的貧瘠、長途貿易的交匯、經由陸路加以征服的可能性、還有農業與帝國本身的年代久遠」。或許除了最後一點以外，其餘全都源自於乾旱帶中部地區及其中最具影響力土地的特殊地理環境；總之，我認為，其不受農業或公民黨派意識限制的相對自由，其實是造成其社會的市場導向——或者至少是其世界主義的主要因素。

上述四種特性之中的任何一種情況，對於乾旱帶中部地區所產生的長期作用，或許在任何時期都難以察覺，但幾世紀與上千年以來，卻對發展中傳統交互作用的無數細微決定，產生了密切影響。例如，不論長途貿易所扮演的角色為何，衡量其重要性時，都不可能只觀察某個世紀某一城市中進行長途貿易的那些人。儘管長途貿易商在某些地方戶外市集（qaysariyyah）的絲綢與香料之類奢侈品方面，頗負眾望，但或許其賺錢的方式通常都沒那麼浪漫。不過，整體商業社群及

---

5   Claude Cahen, 'L'evolution sociate du monde musulman jusqu'au XIIe siècle face à celle du monde Chrétien', *Cahiers de civilisation médiévaie*: X^e~XIIe siècle, 1 (1958), 451－63，以及 2 (1959), 37－51，不只對於這個問題，而是對本章許多其他問題，包括青年團（futuwwah）的問題，都有著極具啟發性的研究。

其相關成員在地方上發生緊急情況時，確實具有更多樣性的選擇；其成員有從事長途貿易的家族能運用各式各樣的資源，以及與西半球偏遠地區直接接觸時，他們觀念上受到的影響等，這些都對其身分的價值判斷模式，具有某種累積性的效果。[6] 基本上，城市所在地區的整體農業產值，未必會影響往返歐亞非舊世界遙遠地區的貿易；事實上，因為乾旱帶中部地區與歐亞非舊世界很多不同地區都具有貿易關係，因此，並沒有哪個地區對其具關鍵的重要性。相關的統計資料其實相當少。即使有了這些資料，我們也無法確定會產生什麼樣的作用：它可能代表對各式各樣新技術及新概念的開放，進而造成繁榮；或是任何既存法制的騷動不安，甚至是經濟的癱瘓；或者其他許多事件，依其同時存在的各種不同情況而異。但也不能不考慮長途貿易長期的累積作用，而高度發展的世界貿易，其影響作用更是深遠。

　　這種推論同樣適用於農業的分散與貧瘠，以及陸路武裝遠征所產生的作用。至於穆斯林典型的態度，比方說，不管他們對自己居住的城市如何效忠，他們還是會最忠於全世界性的伊斯蘭社群，這樣的態度不能只歸因於伊斯蘭的某種特質，甚或是歸因於伊斯蘭最初成形當時，時間與地點方面的偶然狀況。必須從足以長期影響其傳統的持續情境加以考量，儘管這類情境所產生的作用很難以追溯。

　　我認為頗具意義的推論就是：乾旱帶中部地區跨區域貿易的特殊便利性，以及其貧瘠、陸路遠征與帝國建立對其所造成的開放性，這

6　Jean Aubin, 'La mine de Sîrâf et les routes du Golfc Persique aux XIe et XIIe siècles', *Cahiers de civilisation médiévale: X^e~XIIe siècles*, 2 (1959), 295－301 提醒我們，一個地方的繁榮衰退，可能意謂著另一個地方的興盛開端；在這個區域的大多數地區仍然以某種方式繼續進行著貿易活動。

些千年來與日俱增的影響作用，全都對這整個地區（而不只是在地方上）文化導向市場的法制化程度，造成相當密切的影響，並以有利於世界主義機動性而非公民團結精神的形式，呈現出來。因此，這種文化性的法制，正足以說明社群傳統普遍存在的道德意識及普羅大眾主義傾向，並不受制於地方土地情感。最後，在中期的各種條件下，權貴一統領體制的獨特規範性習俗或階級體系權威，便更進一步確立了其相對開放的社會結構，以及相對的個人自由。

肥沃月彎、伊朗西部和伊朗東北部地區這三個重要地區的大部分世界貿易，都深受海洋阻隔的影響（或相當程度上受到河流阻礙），而且又位居核心地帶，因此成為西半球貿易最活絡的樞紐。例如，我們可以對照北非地區（Maghrib）：其確實具備地中海地區貿易的中繼站，並且是橫跨撒哈拉沙漠貿易路線的終點站，但這些都相對僅限於少數（以及較晚近時期的）落後地區。但我們還可以更精確著重在幾個部分。即使在獨特的乾旱帶中部地區，其本身幾個不同地帶的特徵就呈現極大差異。未必所有乾旱帶中部地區的土地都具備足以維持大量人口的充分資源，而即使在某些因商業基礎比較穩定而具備這種資源的地區，也僅限於一些較具影響力的城市；也就是構成乾旱帶中部地區核心地帶的肥沃月彎與伊朗高地。只要歐亞非舊世界歷史的一般性結構組保有相同的整體型態，這些非比尋常土地的命運至少在某個程度上，都會因這類特徵而異；或許在伊斯蘭中期更是如此。（在十六世紀之後，當世界貿易路線隨著世界歷史的條件，包括像是乾旱、距離、自然資源等先前就存在的近因普遍改變，而發生變遷時，這些土地的角色也就改變了。）

我們在說明乾旱帶中部地區的最活躍部分時，可將其區分為三個

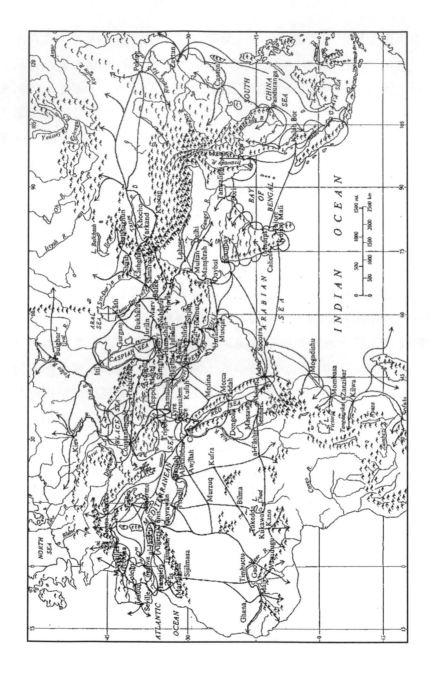

圖 2－1：歐亞非乾旱帶到南部海域的貿易路線

主要區域；雖然其本質各異，卻都具有某種程度的地理和文化統一性。（至少在早期的幾個世紀裡）最重要的是肥沃月彎，它從波斯灣灘頭往上延伸到底格里斯河與幼發拉底河，直到地中海東部沿岸地區。肥沃月彎包括南海諸洋與地中海地區之間最具經濟價值的水道——至少就防禦性的政治條件而言：上方的幼發拉底河，跨過阿勒坡，通往像是安提阿等敘利亞的北部港口，而連接簡便的陸運路線。由於對沉重的物品來說，水運是最便宜的運送方式，這賦予巴斯拉（Baṣrah）與安提阿之間每座城鎮龐大的商業潛力。替代的水路——也就是紅海，既危險又缺乏效益，而通往尼羅河的陸運路線則是空曠荒涼，除非有運河可舒緩情況——而在大部分的伊斯蘭時期，運河都市淤積難行。這兩條成對的河流也構成向東通往中國與印度，以及北向主要陸運路線的終點站。而且，就其潛在情形而言，肥沃月彎本身富有且多樣化：伊拉克與呼濟斯坦（Khûzistân）形成相對豐饒的沖積平原，它生產椰棗與穀物，就算當薩瓦德地區的大規模灌溉看起來不再有利可圖之際，情形也是如此；在這條貿易路線更遠端的終點，敘利亞海岸的土地略為多山脈，並生產地中海地區的標準農作物，也就是水果、橄欖與穀物，甚至還有某些金屬。肥沃月彎隔著易於跨越的藩籬，而在陸地上鄰接相對水源豐盛的安那托利亞、次高加索（sub-Caucasian）還有伊朗高地西部，並緊鄰生產力驚人的尼羅河土地。

第二部分關鍵的範圍則是伊朗高地西部，它從高加索山區與裡海南邊橫跨到波斯灣。灣區的港口或許本來就沒有比往下前進到伊拉克北部終端、到巴格達鄰近相對容易通過的關口，還來得重要。穿過這塊領土北部，向南同時連結伊拉克關口，且直接連結波斯灣，則是從窩瓦河流域到歐洲灌溉地帶的現成路線——在高加索東邊的終點附近

（或跨越裡海）——通往波斯灣，通常也會進而通往南部海域。而向東，則是在次裡海（sub-Caspian）的厄爾布爾士山與伊朗中央沙漠之間的狹窄路線，通往從整個歐亞非陸塊的西半部，跨越歐亞中央地區而到達中國（採行陸路運輸時也能通往印度），是長久以來唯一的現成陸路；即使在發現從東歐出發而在更北邊的道路之後，它也仍然是從地中海地區出發向南最為簡便的路線（早在伊斯蘭時代之前，也是如此）。此一範圍土地的西緣，則是保留給結合放牧與地方性農業部族人民的原始山區（庫德族語〔Kurdish〕是主要語言），東緣緊接沙漠，但兩者之間是由北邊的亞塞拜然、中央非阿拉伯的伊拉克地區，還有南方的法爾斯地區而組成的高原，則具備豐富的農田灌溉資源。特別在北方，甚至會出現許多季節性降雨（沿著裡海南緣，是水源豐沛的林木與農業地區），比美索不達米亞平原還要更加寒冷，這些土地利用平原文化及經濟資源，聚集了相當多具備征服者或買家身分的人口。

相形之下，伊朗高地東北部的貿易路線比較不重要，至少在較早的時期；就平衡性而言，這或許是伊朗—閃族歷史上這三部分範圍土地之中，最不重要的一塊土地。但在許多方面，它也是西半球的交通隘口。當然，地中海地區與中國之間的重要貿易路線，還有從所有印度國家（透過旁遮普）通往中國、地中海地區或北方的陸運路線——其重要性僅次於海路的路線——都穿過這個範圍。其中通往高而險峻多山（且富含礦物）地區的路線，正是高原東邊的邊緣（一部分由說普什圖語〔Pashtô〕的阿富汗〔Afghân〕部族居住），而西邊則連接伊朗中央的沙漠。呼羅珊與周圍的土地得以仰賴灌溉，並且因此物產豐富。

結合了城市的長途貿易與零星分散、但農業資源富饒的特徵，在乾旱帶中部地區的其他部分，就都沒有那麼具關鍵性。人口眾多的埃及，在其富裕又密集、自成一格的農業區塊，與其僅一度因為提供兩海之間的路線，而能媲美肥沃月彎的商業區塊之間，總是具有明顯差異；它也只是進入次撒哈拉非洲的數條路線之一。考量到它在財富和政治上的重要性，值得注意的是：出身埃及的人除了在嚴格意義的政治層面上，能夠在埃及的疆界之外出人頭地的人，其實極為稀少；直到相對較晚近時期，在開羅具有燦爛文化色彩特質的人，往往都是外國人。葉門與阿拉伯西部具有重要性較低的貿易樞紐，而且物產種類稀少（絕大多數是葉門高原的農業）。尼羅河蘇丹地區（Nile Sûdân）甚至更加不重要，其貿易往西延伸進入黑色人種地區（Sûdânic lands）[7]，但往南則接觸幾乎不能通行的沼澤，而往東南則是阿比西尼亞山脈。人口稀少的阿拉伯半島東南部與伊朗東南部，具有南部海域沿岸的中繼站，它本身卻只是不毛的內陸腹地。

　　另外有其他兩塊土地也能與這三塊關鍵土地相提並論。印度河流域人口眾多，在商業上也相對重要。事實上，信地對印度河來說，就等於尼羅河的埃及，但它在農業上就沒這麼先進，而且（被塔爾沙漠〔Thar desert〕切斷）相較於東邊沿岸的古嘉拉特，它經由海路通往印度的方式更少。然而，印度政體與其餘內陸地區之間所有比較重要的陸路貿易，都要穿越旁遮普；這些貿易是穿越伊朗東北部貿易的一部分。然而，旁遮普的文化模式必然跟享有季風水源的印度地區關係密切，而不是跟乾旱帶中部的其餘地區。直到相當晚期，它對伊斯蘭文

---

*7　編註：黑色人種地區為撒哈拉沙漠以南的西非與中非北部地區。

化（Islamicate culture）的貢獻都是相對較低的。

最後，錫爾河─烏滸河流域，一如印度河流域，在貿易方面的重要性，緊跟在三個範圍的標竿土地之後；兩者作為鄰居，都有助於位處其間伊朗東北部的重要性。就像旁遮普，在更進一步穿過伊朗東北部的長途貿易中，錫爾河─烏滸河流域只具備其中一部分重要性──主要是中國與印度─地中海地區之間的繁忙陸路貿易。它在烏滸河河口的花刺子模擁有自己的小埃及；它在上烏滸河河谷與扎拉夫尚山谷（Zarafshân valley），也就是烏滸河的支流，具有富裕但乾旱的灌溉地區，甚至還有北向貿易出發點的上錫爾河河谷。但就許多方面來說，錫爾河─烏滸河流域位置的重要性，都遠不如伊朗東北部。不過，它在伊斯蘭文化（Islamicate culture）中所扮演的角色，重要性僅略低於那三塊關鍵土地。

我們已經強調過這些土地的商業資源：如果長途商業能強化商人的利益，或使世界主義的導向更加茁壯，則這些土地應該算是最可能出現上述情形的地方。生活在這類城市，人們通常對於地方習俗有不加批判、最低限度的忠誠；貿易商則有最大限度的算計與足智多謀，以及他們對實用性創新的開放心態。但具跨區域貿易價值的這些路線，同樣具有軍事價值。相較於地中海地區北邊的半島，這些關鍵範圍內的貿易路線，即使有些是沿著河流行進，但絕大多數都還是內陸路線。

不像雅典或迦太基（Carthage），自從泰爾（Tyre）發現其本身極容易遭到來自廣大農耕內陸地區的大軍入侵，這個地區的城市就發展出適應帝國政權、或至少適應地方性政權的傳統；除非促成這種傳統完全衰退至足以容許不同模式成熟狀態，否則無法輕易更動這種傳

統。這項傳統強化了市場經濟足以促成的任何世界主義——個人可以慣於在帝國勢力所及範圍內，覺得自己適得其所，並調整自己以適應變動中的環境；同時，相較於能鼓勵各別城市協同運作，而在區域性權威崩解之際掌握權力的地方公民團結精神，這種傳統甚至必然更有利於可能結成帝國的眾多城鎮、甚或政體之間的社會可替換性（social interchangeability）。對於個人資源與適應能力所造成的壓力，連同對市場公開議價行為的依賴，更能讓我們發現中期時代，民眾個人自由與軍事權威是兼容並包的。

因此，相較於整個乾旱帶的其他任何地方，在肥沃月灣與伊朗高地的西部及東北部的這些土地，就是城市最能從事有利可圖長途貿易的地區。而整個乾旱帶中部地區也都至少比較能遵守這些地區所形成的模式。它們的商業活動本身就具影響力：例如，住在貿易路線沿途的人們聲望卓著，比起他們在人跡罕至之處的對手，可能更容易為其他地方的人們所熟知。但或許生活在這些地區的人們也發現其本身與伊斯蘭傳統（Islamicate tradition）特別意氣相投。儘管這些特定土地的社會習俗不再能夠等同於伊斯蘭（Islamicate）形式的伊朗—閃族上層文化傳統，而其他土地對於形成該文化也具有特殊影響力；而且，儘管事實也證明了「伊斯蘭文化模式」（Islamicate cultural pattern）適合廣泛多樣的氣候帶，但似乎在這些當初形成各種伊斯蘭（Islamicate）模式的土地上，才有適當條件能讓其進一步長期發展。

乾旱帶中部地區農業勢力的不穩定

但是，不論我們認為「城市特定商業人口相對廣泛且一貫獨立的

資源」有多麼重要，其本身都還是無法確保這個地區的商人階級在文化上普遍扮演的關鍵角色。我認為，他們的資源之所以能夠變得重要，只因為在同一時期，農業仕紳階級相對不安定，也無法讓整個社會心甘情願地遵循其本身的文化規範。

暫時控制土地的階級，未必具有（明顯）最強大的權力，甚至並不具有關鍵性的權力；就算是伊斯蘭世界大部分地區的城市，也無法讓仕紳階級有效遵循其規範，甚至也無法形成得以逃避地主勢力的獨立聚落。以農耕為基礎的貴族文化模式總是能夠成長茁壯，而且總是能支配比其他任何文化模式都還要多的財富。農耕仕紳階級僅呈現相對的弱點，而且我們可以具體指出這些弱點，諸如：對於跟市場及商人階級比較意氣相投的文化模式，宮廷與農耕文化模式總是嘴上說得好聽，並承認其最高的合法性，但其實這種文化模式只在商人階級間流行。伊斯蘭上層文化（Islamicate high culture）甚至不只是比絕大多數的城市農耕文化都還要更都市化，而且城市農耕文化中的仕紳階級，他們與土地緊密相連的程度，通常都更甚於伊斯蘭世界；就其都市性格而言，伊斯蘭文化（Islamicate culture）也強烈受到獨佔文化正當性的都市普羅大眾主義制約。

我們可以在農耕勢力的不安定性當中，至少追溯出導致這種結果的三項要素：它相對貧瘠的特性，特別是相較於商業城市的相對集中；土地耕作與對農民階級控制力的不安定性；最後，則是游牧民族與日俱增的競爭關係。隨著時間經過，每個要素的嚴重性都與日俱增。

目前還無法計算乾旱帶中部地區人口中都市人口的比例，以及這個比例是否高過印度或歐洲的各個不同地區；但情況似乎可能是肯定

的，幾乎在任何特定的重要都市附近，從土地獲取收入的有錢人，相較於沒那麼乾旱的地區的一般情形（如果不是位於特殊的商業匯合處），則人數可能沒有大幅高過從貿易（包括長途貿易在內）獲取收入的人們。但無論如何，農耕勢力的資源往往廣泛散佈，農業土地集中的某個地方，有時還被荒蕪的長條地塊隔開，而從其他農業土地分離；例如，必須從分散廣泛的地區招集一大股農民武裝勢力。相對地，城市資產階級、還有出身游牧者的上層階級（事實證明，他們往往透過交易其產品，而成為都市階級的盟友），都比其他許多地區還擁有相對更多的有效資源。相較於其他地方，透過共同貿易網絡與常態性的旅行，城市彼此之間更能有效聯繫：通常還不到軍事合作的程度，但還是會提供道義上的相互支持，還有避難場所。（畜牧者的領主藉由其機動性，可以相對快速地召集大量游牧者，去充當士兵。）確實，對於游牧者與農人當中的特權人士，城市在文化上都具有壓倒性的吸引力；他們往往不只奪走鄉間的上層文化物質資源，更奪走擁有這些資源的人口，程度上勝過同一時期歐洲的許多地方，或許還勝過印度。隨著長途貿易規模更大，並隨著游牧生活臻至完善及遍佈，農業勢力的相對弱點也更加明顯了。

在乾旱帶的某些地方，農業土地分散的情形，顯然已經讓部分農民陷於無助困境，在某種程度上，單純是因為距離問題以及缺乏可供發展的現有土地，讓他們無法自由移動。例如，在享有季風水源的印度，許多地方常見的應變作法是：農民開墾新的森林土地去加以耕作，並在舊有土地沒那麼肥沃時棄耕；但住在狹窄綠洲上的農民，就沒辦法這麼做。不過事實證明，在乾旱帶中部地區的許多地區，農民具有充分機動性；因為他們發現「從一個地方移動到另一個地方去」

的其他方法。這進而形成農業勢力弱點的第二個要素。

　　許多農業土地總是輕易脫離了農耕用途，而其他許多土地則投入這個用途。每當在施行灌溉之處，鹽化作用就會產生這樣的後果：過度灌溉而沒有適當的排水，就會使地下水鹽化，並使其水位升高到足以影響植物的根部。接著，農耕者就必須遷徙到其他地方去。同時，其他地點的新的灌溉設施（往往只是由小團體輕易備足）可能讓沙漠適於耕作。地主或統治者從農民身上榨取過多剩餘價值的企圖，也會帶來相同的效果。因此在許多位處邊陲地區的土地上，只有當租金與稅賦都很輕的情形下，栽種這些土地才會有利可圖；為了開墾新的邊緣土地而棄置負擔繁重的土地，這種作法可以使額外的努力得到報償。而且，就像我們先前提到過的，特別是在飢荒或瘟疫之後，即使在先前耕作者早被弒殺殆盡的較肥沃地區，也可能有閒置的土地。而且，在某些狀況下，農民甚至可能為了逃避壓迫而轉變成游牧者。

　　在這種情形之下，不論仕紳階級多麼希望將農奴的身分強加在農人身上，肥沃月彎與伊朗高地絕大多數地區的仕紳階級幾乎都不可能這麼做。不論農民天生有多麼喜愛他們的家鄉，他們總是能前往其他地方，並且受到歡迎。上述這種作法的危險性，是所有討論「土地管理與政府」的論文一再出現的主題。這麼說的意思並不是指「有時候農民家族不會在一個村莊裡住上許多世代」，而且農民也沒有受到惡劣的壓迫，特別是當他們群居在城鎮附近時。確實有時候，即使是身為佃戶耕作者的生活，也會得到應有的報償；因此，如果交出個人一半的收成，實際上等同於耕作兩倍大的土地，多出來的土地對於牲畜與燃料，可能就有著關鍵助益。但倘若遇到令人極度惱怒的情形、災難或其他生死存亡的關頭，農民可以且往往會找到方法，藉以堅持其

獨立性。

　　因此，相較於商業城市中的密集人口，地主仕紳階級相對來說較為分散；這個階級的狀態往往不穩定，而且在許多地區，它無法依賴永久性的農民階級，甚或是無法依賴永久性的農業。由於農村本身的不安定性，強化了城市在文化上支配鄉間的傾向。

維持均勢的游牧者

　　然而，或許削弱農業勢力，進而促成能與重商因素連結的伊朗—閃族文化特徵，其最具決定性的要素，就是自主游牧者大規模地出現具備農業仕紳階級潛在權力競爭者的身分。從很早的時候開始，種類繁多的游牧生活似乎就已經在尼羅河至烏滸河間地區，扮演非比尋常的重要角色；接著，隨著完整的畜馬游牧、接著是駱駝游牧的發展，該地區進而成為重要都市文化核心地帶的一個角落，而其中的游牧生活扮演穩定且主要的政治角色。

　　特別在大幅依賴最低限度雨水量的地區，游牧化是對於農業的持續威脅。乾旱帶的大量空間使比較大膽的游牧者發展出社會自主性，游牧者者與農人進而形成不同的社會團體。一旦這種情形出現，他們就立刻成為對手，他們所爭奪的地區，有降雨不穩定的情形，足以造成作物在幾年之內產出最多收穫，在其他幾年卻歉收，而游牧則可能收穫比較豐盛。游牧民族可能輕易逃避農民無法抵抗的租稅負擔，這點也可能影響勢力的平衡。一旦游牧者確立他們至高無上的地位——或者也可能出現的情形，一旦農人會轉變成為游牧者——就很難應付他們破壞性的抵抗，進而使地區重回農耕模式；鄰近村莊還可能遭受

其掠奪的災害，接著更可能被迫棄作。每當缺乏以強大農耕為基礎的政體在不足以主動干預的情形下，肥沃月彎的大片地區就一再受制於游牧化。

另一方面，即使沒有政府的干預，如果社會條件有利，游牧化的過程也可能會自行恢復。即使沒有某些統治者逼迫其定居的壓力，一旦不再受到外部收益需求的阻礙，游牧民族自己還是會發現：在他們土地上的農業是有利可圖的。但這種出身游牧者的農民很容易輕易地回復到畜牧生活方式；我們已經知道，在加濟拉地區的一群「定居貝都因」農民，在幾個世紀之後退出農業，並加入他們在阿拉伯內陸的遙遠部族人民。因此，除了更直接對減少農業資源造成影響之外，游牧者在土地上還提供了更多流動遷徙的機會。

但出現游牧生活後所造成的結果，不僅僅在於游牧民族生活上的自由，而是甚至當他們成為農民時，他們還是無法改變自由自在又豪放不羈的習性。或許在某種程度上，當他們還保有游牧民族的根源時，農民階級與統治階級兩方面都同時助長了這類習性。當農民階級以他們前身為游牧者的姿態，透過部族的方式組織起來的時候，就會對仕紳階級產生制衡作用；然而當軍隊基於某些理由，以部族方式組織起來的時候，則對任何中央官僚體制都會產生制衡作用。但游牧民族的這種自由是極端受限的，它主要是集團的自由，而不是個人的自由；在這種消極的制衡之外，它並不會造成制度性的極強烈影響。而一旦游牧民族離開他們狹小的專有領域，並嘗試處理農耕生活更多變的模式時，在許多方面上，這些模式就預設了比絕大多數游牧民族來得更寬廣的視野，他們通常會很快就被定居生活同化。（當然，某些觀察者在「流浪」的「游牧」習慣上，與許多巡迴商人、學者及蘇非

行者之間形成連結，只是在游牧部族長途但反覆的巡迴、自由的個人在商業社會裡名符其實的流動之間，所犯下的奇怪混淆。）

　　游牧者除了我行我素之外，也以其隨時備戰的特質聞名。但游牧者與農業統治階級之間所形成的競爭關係，並不單純只是在軍事能力方面。游牧者確實是難以捉摸的軍事勢力來源，但以農耕為基礎而組織完備、並具有農民士兵的勢力，卻可能透過農耕基礎就足以將其擊敗。

　　一旦農耕勢力以及它所代表的任何中央政府暴露出任何弱點時，游牧勢力才會代之而起，形成穩固的勢力。相對於農耕經濟中人口，游牧經濟（特別是畜馬游牧生活）本身擁有他們的特權人口，而他們有時也會支配許多一般游牧者的勞力與時間，可以從他們的牲口課徵稅捐，也可以基於軍事目的動員其人力，就像仕紳利用農民步兵一樣。此外，畜牧經濟本身和城市之間存在著關係，同樣相對於農業經濟與城市的關係。事實上就某方面來說，城市依靠著農業興盛的程度，通常比依賴游牧興盛的程度還要高出許多。農產品對游牧者與城市居民而言，都是必需品；但除此之外，游牧者提供的皮革、皮毯或毛毯、肉類與奶類或乳酪，基本上就與額外的農產品同樣是促進繁榮的要素。我認為，與都市繁榮關係特別密切的應該是農業而非放牧，而且是基於行政而非經濟上的理由：對於立基於城市的勢力而言，遊牧通常是實效較差的稅基，因此對財富集中，以及仰賴集中財富的上層文化而言，也是一樣。

　　那麼，這種普遍存在的游牧經濟，一旦在任何地方建立起來，往往趨向於擴張，而由更純粹的農業經濟承擔著代價。在少有農業綠洲，而農產品多半微不足道的廣大沙漠或草原，這套體系發展得最為

複雜。在農業比較密集，而游牧移動範圍也比較小的地區——會干擾部族首領累積大規模勢力的山區或農業河谷，而且其中大多數區域的農業都比游牧更加有利可圖，獨立的游牧勢力就不太可能自行興起。但它還是可以從草原擴散到形勢較為不利的領地上，特別是游牧比村落式放牧較有利的邊陲地區。當然，在這些次要地區過著游牧生活的一群人，是早就在更開闊原始地區發展的民族群落——即阿拉伯人或突厥，他們藉由這種方式形成本身權力結構的游牧經濟，甚至還能在農業相對有利的地區，成為農業經濟的競爭對手。

即使農業經濟與控制它的那些人仍然佔有優勢，但控制游牧經濟的人手中握有的權勢還是可以強大到——足以決定任何權力鬥爭議題。在這類鬥爭當中，游牧者的首領們天生就是任何地主仕紳的敵人，隨時都可能成為都市商業人口的盟友；經常會重演麥加的古萊須族（Quraysh）商人與貝都因部族之間「因互利而形成的結盟」，但在這類組合中佔盡上風的通常是部族首領，而非商人。有時候，游牧者的首領到最後會同時足以直接控制農業經濟，類似塞爾柱人統治下的伊朗曾經發生過的那種情形。但如此一來，他們的到來未必能鞏固他們取而代之的農業理想，因為這將使高等農業傳統的維繫變得更加複雜。從仕紳階級的觀點來看，他們不只是必須面對農民的起義，還包括游牧者的入侵，而且，特權階級在騷亂時代不只是必須吸收農業社會內部的新核心人口，還有那些對其農業根基一無所知的外來游牧者核心人口。

總之，不論出現何種利益上的政治結合，只要游牧者存在，就會直接或間接產生重大差異：游牧者的首領會以各種不同方式掌握權力的平衡。可以看得出來，如果在我們所追溯的其他方面，農業勢力的

文化吸引力並未減弱，農業體制可能早就吸收了好幾波游牧者浪潮，卻沒有招致任何嚴重的結構性影響。但是，存在於農業相對衰弱且商業強盛脈絡下的游牧式游牧者，可能使文化分量的平衡關係，朝向都市那一方傾斜——情況可能只是某種抑制作用；但有時卻極具毀滅性（在黑色人種地區出現的情況，顯然就是如此）。[8]

我們已經相當詳細探討過乾旱帶中部地區裡，受長途貿易與帝國世界主義（imperial cosmopolitanism）而滋養的「商業文化觀的相對力量」；同樣還有遭受農民的機動能力與游游牧者民競爭能力的威脅，農耕文化概況的相對弱點。因此，顯然我們已經更能理解：為什麼在伊斯蘭世界的中土上，對於在農業（agrarianate）條件下規範出大規模社會秩序的問題，會發展出獨特的解決方案。但是如今，在這些狀況下，隨著時間推移而產生的影響，我要另外指出這類情況所造成的長期作用。這類情況僅因部分正好代表中期時所發生的事件，所以才會具有其最充分的作用。那麼因此，在某種程度上，其作用其實是長期區域性發展過程中，所產生的累積性結果。

伊斯蘭世界每個時期的游牧生活都各自具有重要性，但它只在中期時代扮演首要角色，特別是在與塞爾柱人聯合的烏古斯突厥，從烏滸河南邊與西邊入侵之後（還有幾乎處於同時代的「駱駝上的貝都因人」、希拉勒〔Hilâl〕與相關部族對於北非〔Maghrib〕的入侵）。這

---

8 Fredrik Barth, *Nomads of South Persia: The Basseti Tribe of the Khamseh Confederacy* (London, 1961)。這本書出色地分析典型游牧生活，儘管就現代以前的時期而言，它的某些結論必須加以修正；例如，關於人口學的結論。但是，關於我們將在本章討論的人口地區梯度、個人與種族的社會流動性，還有透過名譽競爭的繼承等事項，它確實附帶告訴我們一些資訊，而這些資訊都具有啟發性。

個時機或許某部分與游牧生活的長期演進相關，特別是我們將在第四冊更仔細觀察的「歐亞草原上的畜馬游牧生活」。同樣，還有影響我們已經討論過的「農耕與商業在權威與勢力平衡」的其他情況，而其年代大致都能確定：這些情況就是乾旱帶農業資源的長期惡化（我們也將在第四冊略加檢視），當然，還有歐亞非跨區貿易漸增的發展。但這些情況產生的作用，與其年代確實可考的明顯相關事件，像是烏古斯突厥的入侵等，未必有直接的相互關聯性。影響伊斯蘭文化（Islamicate culture）特質本身的事物，是整個累積的過程，也就是我們所解釋過──會因此而存在的一些普遍狀況。

　　社會在政治與文化方面的最低限度需求，最後還是取決於其生態：換句話說，取決於在特定技術與組織的層次上，自然資源與社會資源能用以滿足多種不可或缺的社會利益。好幾個世紀以來，在文化上，這些社會制度的運作多半得以證明：它們能夠在我們所描述的生態狀況下存活，並合乎其要求。因此，從中造就出來的伊朗─閃族文化組織，在社會生態基礎的短暫變動後，能夠不管農業、游牧或商業人口相對的強弱變動，仍然繼續存在，維持社會模式的連續性。即使當長途貿易路線從一個地點遷往另一個地點，或長途貿易一時變得較不活躍；這個地區的總體文化傾向，在相當程度上已經根植於社會制度和普遍的習性之中。只要其基本先決條件在絕大多數時期、在絕大多數地區，都佔有優勢，那麼，我們所描述的過程都是長期以來的日積月累；它在伊斯蘭中期發揮了最大作用。

　　特別是伊斯蘭傳統本身，大半是尼羅河至烏滸河間地區社會中，世界主義與商人成見的產物。隨著伊斯蘭法，以及正如我們將會討論的──當蘇非道團短暫嘗試去建立更具階層性或地方性結構，更加強

化了它本身所回應的那種自由、開放性社會結構的壓力。不過,即使是伊斯蘭,如果它變得夠強大,也可以助長不同的傾向。

因為,儘管制度上的連續性有其重要性,然而一旦生態結構長期受到重大改變而產生動搖,則不論在自然面向或是其社會面向,整個過程本身都會開始翻轉。接著,就可能藉由與建立第一種模式的個人利益的相同力量,於是新的模式開始成形。這三種造成農業勢力不安定的因素當中,任何一項的翻轉甚或是重大變更,都可能開啟文化進程,進而翻轉我所謂的農耕勢力與商業勢力之間的「僵局」;這會進而導致伊斯蘭中期獨特的政治遭到翻轉——也就是瓦解與軍事化。這種變動似乎在進入火藥戰事之後,才開始發生:火藥武器的發展,最後取代了薩瓦德地區消失許久的灌溉農業,成為強大中央權威的支柱,而且,與既存農業勢力敵對的游牧勢力,其威脅性相形之下也削弱了。接著,在十六世紀,伊朗—閃族社會模式長期發展的某些關鍵特徵,便確實開始翻轉了。

人口變遷與族群變動

關於造成中期尼羅河至烏滸河間地區特有事物的總體先決情況,我的討論到此為止。然而,在我們繼續研究社會幾個部分的內在結構之前,必須先了解關於這個地區人口遷徙的某些論據,這有助於判斷不同人口區塊之間的關係。

在某些狀況下,游牧化(nomadization)的過程形式上可能表現為:從一種民族構成朝向另一種民族構成的變遷;或者更精確地說,從不同語言或其他文化遺產族群之間的一種平衡關係,到他們之間另

一種平衡關係的變遷（因為，整體人口在語言或民俗文化遺產上均屬於同質的情況，幾乎從來就不存在）。這樣的民族變動會對文化產生各種不同作用。同時出現民族變動情形的游牧化生活可能最為持久。而在變動迅速發生的情形下，可能會在保有雙語及「雙文化」（bi-cultural）社會的地區，造成文化上的矛盾；這可能使人們更能接受非傳統的創新（在遭到突厥人征服之後，安那托利亞在一段時間內，似乎就是這種情形），或者抑制更密集的文化發展。民族的變遷進一步促使由多樣民族組成的小型人口群體盛行，這些群體之間幾乎沒有交流，更不會產生城市的團結精神；並且，它們同時助長廣為流行的通用語，而這種語言使人們得以普遍運用幾種高度發展的文學語言。更廣泛地說，民族分化的速度與方向，都可能有損經濟過程與上層文化中的傳統連續性，或造成其斷裂，而傳統的連續性是一種能增進繁榮或任何高度投資的重社會資源。基於這些理由，「民族變異如何發生」可能會是關鍵所在。要了解這一點，我們必須引述某些影響深遠的人口學原則，而事實將會證明，要理解鄉間與城鎮中的社會流動，這些原則也是息息相關的。

我們不能採用現代普遍盛行的馬爾薩斯（Malthusian）人口模式，其中假設只要沒有限制人口成長的特殊手段，人口往往就會成長到地方生計所能承受的限度。無人佔領而可供人口移入的地區，通常是存在的。但我們也不能採用可能具有種族主義色彩的人口模式，因為這種模式似乎都大致會以最常見的人口因果特徵為基礎：具有眾多後裔的「強健」血統色彩，與僅有稀少後裔的「衰弱」血統色彩、迫於貧窮或戰爭而移民的「活躍」民族色彩，以及顯然僅能在統治者的容忍

之下生存的被征服民族色彩。[9] 其前提通常是：如果無法證明相反的情形，那麼，除了偶爾見於最上層社會層級的情形外，任何地區的任何特定時期，血緣成分的連續性都大於不連續性。但幾乎連續的人口變遷過程也同樣存在，無論是否存在重要的新民族團體，這項過程都會發生。這個過程或許是最為重要，而且應該隨時謹記住；然而我認為比較重大的改變可以解釋為：隨時存在事件所出現的變異。

在「本質」上，人口成長的差異，似乎取決於胎兒與嬰兒的死亡率（實際生育率的差異，或許頂多扮演次要角色）、成人一般情況的早夭率，還有災難時的異常死亡率（在農業時代的所有地區，災難經常會嚴重降低地方人口數）；其次，人口因出現所謂「社會」控制手段的影響而變動——停止發生性關係的女性數量，受孕、墮胎與殺嬰的頻率。似乎，當人口成長的「自然」限制因普遍良好的健康或富裕，而允許人口增加超出地方社會的預期時，在相對穩定的社會中，人們就會訴諸於「社會」控制手段：晚婚或節育；但在乾旱帶，總體而言，人們往往不贊同後面這些手段，而且，至少在一神教傳統中的道德原則的目標，就是盡量提高生育率。那麼，我們可以推定，通常都會存在充分的人口「自然」限制——無論是因為長久以來所形成的

9　「活躍」血統指的應該是繁殖能力旺盛，而「衰弱」的民族幾乎不會產出後裔，這樣的想法相當自然——有活力的男性預期會養育許多子女。無論如何，將出生率當成健康徵兆的先入為主觀念，而不是一般來說都是更重要變項的死亡率，已經相當普遍。即使是 Henri Pirenne 在解釋十一世紀歐洲西北部的人口增加時，也如此主張。精確地說，即使是出生率，也已經受到導致高死亡率的那些條件修正；因為飢餓、疾病甚至是更微妙的條件，都可能會在受孕到出生之間發揮作用，從懷胎到斷奶的整個期間，總是承受逐漸消瘦之苦。在新生兒時期中途採用的、一般的衡量尺度，頂多只具有受限的相關性。

社會開發程度，已經使絕大多數人習慣相對較低的健康水準，與因此而造成的高死亡率，或者因為區域性的世事變遷，而出現重大災難。（更不用說未在此處提及的「維持生計手段的稀疏特性和貧瘠」：不論自然資源的質量程度如何，都還是會存在可能超越或無法達到的適當人口水準。）[10]

　　儘管伊斯蘭世界的「近代人口學」缺乏任何嚴謹的研究（對於其他地區的研究，甚至也非常稀少），但我還是認為，我能夠分辨出現代以前乾旱帶的兩種人口變遷模式。不論就抑制人口過剩而言，災禍頻仍扮演了什麼樣的角色；或許就在這個地區內部「人口重新分配」方面，「災難造成死亡率上的差異」扮演著重要角色。有三種重大災禍特別足以造成一般死亡率發生異常：戰爭、瘟疫與饑荒。但這些災禍對不同地區會造成不同影響，幾乎在任何以農耕為基礎的城市社會中，都可以將人口區分為三個區塊：城市人口、城市鄉間的人口，還有偏遠鄉間的人口；然而就平衡程度來說，這類災禍蹂躪這三個區塊的嚴重程度依序遞減，於是產生了地區間的人口分佈梯度曲線。

　　另一方面，造成兩個社會階級之間差異的因素，主要是正常死亡率的差異，而不是承受災禍的多寡。愈是屬於特權階級，其營養水準

10　Marcel R. Reinhard and André Armengaud, *Histoire générate de la population mondiale* (Paris, 1961)。他們的忽略顯示一項事實：對於前現代時期，我們幾乎缺乏任何有用的人口學機制。這本著作論證清晰且小心謹慎，但是在前現代素材的內容，不只稀少且往往不成熟。儘管它的書名如此，但它討論西方以外地區的章節，不只因為毫無洞見地運用統計資料，而使這部分的事實遭到曲解，更不可靠的內容是：它甚至沒有提供最基本的敘述脈絡，所以他們的觀點只限於討論西方人口史——附帶一提，「西方人口史」會是更誠實的書名。

就愈好；整體而言，其嬰兒與成年女性的死亡率就愈低，所以（只要社會期望、要求最高的出生率）其存活的後裔數量也就愈多，於是就產生了人口分佈上的階級梯度（class gradient）。因此，著名的統治者家族或征服者部族，以及祭司或學者家族，都可能繁衍出數量上不成比例的眾多後裔；不只就特權人士而言，在整體人口上也是如此。因此，舉例來說，征服與軍事殖民會在超越實際移民人數的程度上（也在某個層面上），造成民族成員的改變。然而，如果我們相信後來某些人物的說法，認為他們是早期阿拉伯開拓者（特別是來自哈珊〔Hasan〕或胡笙〔Husayn〕）、薩珊貴族或突厥英雄（男系）的後裔，改變的程度或許遠低於一般的想像。

因此，存在著兩種人口變動的趨勢：在空間方面，從較遠的鄉間遷往城市；在階級方面，從較上層的社會階級移到較低層階級。兩者在民族層面上都各有意義，這些意義有時互補，有時相互衝突。

在此，我們必須詳細說明在空間、地區上，人口梯度曲線的變動；因為，或許其產生的作用最為複雜。三種災禍劇烈影響都市人口的變化，城市反覆遭到滅絕，其中，戰爭踐踏城市的程度最為嚴重。事實上，城牆在某種程度上能避免人們遭受輕微的盜匪侵害，甚或避免掠劫附近鄉間，並且迫使農民逃避躲藏的武裝掠劫。但通常在征服行動真的到來時，城牆可能就會形同監獄；在城市遭到佔領之後，這些城牆阻擋人們逃離隨之而來的火災與屠殺。瘟疫的情況也相類似，它在群集的城鎮人口中，找到現成的被害人。只有飢荒會在補給品充裕儲備的城鎮中，相對受到限制，而且外來的補給也會先送往那裡。長期而言（基於這些理由，或許還有其他理由），城市似乎不只是透過繁殖城市人口，來維持其本身的人口數量。

城鎮附近鄉間的戰爭和瘟疫災禍，其嚴重性大致上略低。傳染病在當地的影響無疑受到限制，但是，即使一般而言，戰爭直接的殺傷力沒那麼強烈，入侵的軍隊卻也會摧毀作物並霸佔畜群，進而讓農民賴以對抗飢荒的存糧減少。作物歉收之際的鄉間，飢荒的影響力最為直接；因為，農民所能生產的任何剩餘物產，往往都被當成收益，全數送往城鎮，城鎮的人口則可以優先借助這些物產。只有官僚體制高度發展的政府才能保留用以防止飢荒的穀倉存糧，那麼，農村人口就不會倍增到使用所有土地資源的程度。而且，整體來說，除了緊鄰城市的地區之外，農業仍然是粗放的耕作，而非精耕細作。不過，農民通常都不只是維持原有的人口而已（有可能我們並不真的知道，比起城市裡中的窮人，絕大多數的農民飲食更為均衡）。總之，常見的趨勢就是：從人口多餘的鄉間募集人口，補充遭到滅絕的城市人口。

　　但是，受到這三種災禍影響力最微小的地方，要算是偏遠的鄉間。在城市稅捐或租金收取者相對難以到達的山區、在不受羈束的游牧者逐漸移動的草原與沙漠上，會發生層出不窮的零星戰事，但發生類似在人口稠密地區的大規模屠殺，卻極為罕見；我也認為，瘟疫發生的情況相對而言，更不嚴重。當地的特權階級人口因為普遍缺乏多采多姿的城市生活，所以形成多樣又特殊的品味，因此只有極少數人能得到（無疑更少的）剩餘物資的供應；但無論如何，他們還是與一般人民息息相關，因此能在飢荒之際，感受到個人對於他們的責任。總之，除了將地方資源壓榨到極限的情形之外，大規模死亡必然早就沒有那麼常見。儘管人力或獸力短缺會在某些時候，將生產力限縮到低於生態上限制的程度；但我認為長期而言，相較於其他地方，它更

適用於馬爾薩斯所描述的情況：鼓勵移民。[11]

　　相較之下，早在城市的鄉間未能完全利用土地資源之前，飢荒可能就已經來襲；當地可能有更多的空間能容納額外的生產者，而靠近都市，又可能會用更多收穫去回報特定勞力數量的土地，所以在有人急於收取該地收益的某些時期，鄰近城市之地似乎更具吸引力。山區居民比較勤奮，游牧民族則比較具機動性，不拘泥於保衛他們在農場及牧地的既定投資，這些事實都強化了他們遷徙的傾向；也就是說，在因遷徙產生的競爭中，讓入侵者具備初期優勢的這種傾向。（事實上，偏遠地區人口進入城市社會最常見的方式之一，就是擔任士兵。）在全球某些農業人口稠密且組織完善的地區，這些地區很少能夠相對免於受到城市的支配，而來自偏遠地帶人口的滲入，可能比較輕微，或者，這類地區的人口反而會滲透到偏遠地區。乾旱帶的「遙遠」地區都位在每個較稠密農業地區腹地附近，所以來自這些地區的人口遷徙，就變得相當重要。因此，當城市附近比較具冒險性或鋌而走險的農民進入城市，以補充那裡持續遭受到的人口損失時，鄉間的農民階級本身也會逐漸從更偏遠的地區補充人力。

　　對於整體人口的文化、民族構成的變遷而言，地區人口梯度往往作用有限。當新來者在任何特定時期進入城市鄉間，數量都會少到足以受其文化模式、技藝以及語言所同化；從鄉間遷徙到城市的移民，也必定如此。在某種程度上，乾旱地區具有某種傾向，會使早就存在

11　有時候人們會聽說：由於山區土地「太貧瘠而不足以支撐他們的人口」，所以這些人口必須移民。當然這個說法並不是重點；無論富裕或貧瘠，如果人口不是因為遭到殺害而減少，或在其他方面遭受到限制，都必然會因為任何地區的資源而造成人口過剩。

於偏遠地區的這些因素，在遺傳學上具有優勢。新來者往往藉由他們突如其來的衝勁，而在權威與財富方面獲取優勢的情況下，這種傾向會逐漸增強；因為這將有助於人口趨勢從養尊處優的較上層階級，朝向較下層的階級移動——特別是當比較富裕的男性可以擁有好幾位伴侶，並且控制他們後裔的文化認同時。但這種遺傳學的作用本身，未必具有文化上的效果。（基本上，我們必須指出，遺傳學上的天資在團體之間確實各有變異，而且這種變異在文化上確實會產生影響。但是，既然目前我們並不知道這些變異究竟為何，我們就無法在歷史分析中將其有效引用。）

但人口區域梯度（area gradient）有時會變得陡峭——定居人口變得非常稀少，而同時新來的團體過於密集，難以快速同化。接著便會發生重大的民族變遷。因此，在伊斯蘭中期，錫爾河—烏滸河流域、亞塞拜然與安那托利亞高原的農民階級轉而使用突厥語，而不像以前一樣使用波斯語及希臘語。定居的游牧者因此獲得相對性優勢（至少在關鍵之處如此），而其餘說波斯語及希臘語的人口，就會逐漸被同化而改說突厥語（大概是透過能夠使用兩種語言的能力），而不是反過來同化他們。一旦雙語能力變得稀鬆平常，兩種語言當中的哪一種會佔上優勢，主要不是取決於整體人口對於其中一種語言的偏好，而是市場或城鎮政府人口對於語言的偏好比例之類的關鍵點。同樣，上層階級養育出更多下一代人口的傾向，也會有其效果。因此，如果某個少數群體人口夠密集，並且發展夠良好，那個少數群體的語言就有可能具有優勢。

這種語言上的改變，通常必定隨之帶來風俗與文化傳統的變遷，因為主要民俗傳統的固有期待更具優勢，這或許也會導致工匠技藝的

改變，或者偶爾甚至還會造成技藝失傳，更可以確定的是（就游牧者而言），這甚至能強化農民階級中部族的連結，進而帶來相對的獨立性，並造成在惡劣農耕條件下回歸游牧生活的意願。（如果新的民族結構來到城鎮，它會藉由挑戰較古老的上層文化認同，進而在文化連續性上產生更為尖銳的斷裂。）

在乾旱帶，區域人口梯度通常略顯陡峭，而山間要塞與游牧草原本身比較缺乏都市化的大片土地，因此經常會出現人口從這類地區前往城市地區的移動情形。既然都市地區的人口通常都維持在完全利用農業資源的水準之下，因此總是會有閒置空間能讓新團體進駐。即使當大塊地區並不接納新的民族依附，但好幾個村莊卻還是可以構成一座民族聚落。在尼羅河至烏滸河間地區，進而散居著好幾個起源自各山區或草原、具有不同民族背景的聚落，它們只能逐漸被同化。

與此相反：在城市鄉間大片地區，共同通用語言擴散開來。這反映出人口交流與混雜的穩定傾向，因此，在埃及到烏滸河上游的廣大地帶，存在阿拉伯語及波斯語這兩種優勢語言，唯有方言才出現微幅變化。當時北邊的突厥語取代波斯語，而在整個北非西邊偏遠地區，則是阿拉伯語取代柏柏人的語言。除了在人口梯度異常陡峭地區之外，某個地區的最後共通語言，就是在城鎮中長存的語言，因為那就是任何活躍村民在他們本身所通曉各種方言之外，必須熟悉的第二種語言；於是，當不同背景的村民並肩定居，這就會變成共同的語言。正是在一致性擴散語言的背景下，許多存在多樣性語言的地區，在屈服於更具世界主義媒介的吸引力之前，總會被孤立一段時間（並且反過來被新的語言孤立地區所取代）。

二、權貴—統領體制

我們現在將更具體地觀察：權貴—統領體制的社會勢力如何首先在鄉間、接著在城市中發展並運作。我希望，這種描述運作社會的方式，能夠使我對可以追溯到乾旱帶中部地區核心地帶的特殊狀況，具有城市教養的態度與世界主義的觀點，並且在理論形成的過程中，我的分析更能言之成理。我們從土地開始說起，當然，任何農業層次（agrarianate-level）社會的基礎，都是持有土地的農耕關係。正是村莊生活的條件，使自由農民階級與土地的軍事掌有者能在伊斯蘭世界中結合，並且與這種結合所造成的影響作用，產生密切的關係。

村莊

尼羅河至烏滸河間地區，幾乎一如農耕時期的每個地方，眾多人口居住在村莊裡，甚至在偏遠的山區也是一樣，村莊可以廣大到容納幾千人；他們有些是全部直接在周圍的土地上耕作，有些則是靠著對農耕者直接提供服務而生活。或者也可能是很小的村莊，只在水源足供最起碼的耕作區域之處，居住著少量家庭。居住在自己的土地上，而孤立於他人之外的個別耕種者及其家人，通常並不是能存活的單位，因為這類家族甚至連最弱小的強盜團體都無法對抗，根本無法保護其本身的作物。而且，它也必須與某些較大的團體持續維持某種關係，來為現場需要的工匠勞作提供主要的分工。營造、工具修繕、磨麵粉（在尼羅河至烏滸河間地區，通常不是在家中完成），即使像是浴場清洗這樣的工作，還有包括某些外科手術和「理髮師」等工作，也都需要專家。村莊裡也可能有宗教專家——或伊斯蘭法學家（Shar'î faqîh，他可能在學校教書），或蘇非主義的虔誠信徒，或兩者都有。每個村莊本身都可能有富裕家族，並行使政治上的領導權；在富有的村莊裡（它們沒有旅外地主），這些人也可能也會是地方上主要的地主或放貸者。

村莊的人民可能合作清除灌溉渠道，或者是合力協助他們當中較貧困的人收成。許多村莊更透過村莊首領來安排他們本身的內部事務，首領通常是獲得一、兩個主要家族的終身任命，並得到比較富有又兼具影響力的人士同意。每個耕作者在收穫時期都會抽出一定比例的作物，用來支付首領的報酬（在某些村莊，也可以利用相同的方式去預付理髮師或木匠等其他專業人士的費用。）

各個村莊會聚集在某種市場：通常是在附近的小城鎮（這不是必然的模式，卻具備成熟市場經濟的雛型。例如，北非〔Maghrib〕的流動市場反而是在開放地點之間移動。）城鎮可以發揮三種作用，其中有一項是：可以製作某種工藝品；因為，相較於每座村莊分別供應生產品，集中供應的作法更為經濟。同時也能以物易物，在此用村莊的多餘產品去交換從遠處帶來的異國物產。村民通常利用好幾種金屬工具、麻醉藥品、甜食與首飾、醫藥與符咒，甚至還有一些不是用來當作居家縫製衣服與毯子的一些布料。（然而，可能是由流動小攤販把這類物品帶到村莊去。）最後，當收益是以剩餘物品的形式收取的情形之下，村民就會在城鎮賣掉剩餘物品，藉以換取現金。接著，城鎮當中會出現可作為更大貿易集散地的較大型城鎮，或許可以稱之為城市——通常就是總督或統領的宮廷所在地點。城市工匠會生產極少流通到村莊的奢侈品。城鎮連同城市，只佔總體人口中的少數，而只要經濟主要還是依賴農業生產，總體人口必然主要是農村人口。

即使是在村莊內，某些人還是比其他人更加富裕。在某些村莊內──特別是由單一地主控制的村莊──可能會透過定期重新分配土地，來維持村民本身大致上的平等（以便藉由下一次分配的全新機會，能將某次分配時任何財富不均衡的情況，加以平等化）；只有在村莊或其地主的容許下，才能持有這種土地。但更常見的情況是：個人事業得以為所欲為地持有土地。某些人獲取的土地甚至超過他們個人所能耕種的面積，因此便將多出來的土地出租給經濟較不寬裕的人們；很多村民的土地也因此全部或部分依靠承租而來。

　　這種環境上的差異還可能變得更加嚴峻。那些處境更優渥的人們不只是取得土地，還取得了由金錢所構成的信用資本，讓他們能夠因此在耕種者急需預付款項時，用高額利息貸給需要的人們（例如，為了購買種子，或者為了支應租金或稅捐的稽徵）。一旦人們求助於這類貸款，通常都會因為累計的利息而難以清償債務。幾個世代下來，除非僥倖，否則他們的後代可能會發現：自己竟然還是放貸者的債務繼承人。許多人最後落得喪失土地的下場，甚至連承租的土地也沒有，還必須替坐擁土地的那些人做散工。但是，特別是在外來地主的干預極低的地區內，儘管大部分的村民並不富有，他們卻既不是散工，也不是承租人，而是擁有一部分賴以維生的土地。

　　這種村莊的結構相對來說較為開放，村民的身分地位完全直接取決於透過市場操作所取得、或持有的財產。這類村莊裡的事務全都由村莊裡的顯要人士（權貴）控制；有時候，倘若爭議並未能先藉由協商，或藉由敵對權貴所支持的村民──各方結夥當場打架解決，那麼地主（通常是軍人）就會充當爭議的擔任最後仲裁者。這就是權貴一統領體制的縮影。而這種情形在城市中多半會透過令狀解決。

富人的稅收資源

　　社會權威的權貴—統領體制，連同其所屬的分配農業收益等各種措施，基本上都涵蓋在馬克思・韋伯（Max Weber）對權威形式所做的偉大分析之中。[12] 我似乎應該運用他所發展的類目，去分析一般類似「以傳統為基礎」（tradition-based）的理念型（ideal-type）所指稱的權威（相較於他簡單使用「傳統上的」〔traditional〕一詞，應該使用較不易引起混淆的用語；因為，以傳統、或以習性為基礎的權威，有時並無法確實合乎傳統；例如，這有時會變成合乎傳統上的權威，而非以官僚體制的法律為基礎）；並特別以「世襲」權威及「蘇丹制」（sultanism）的概念，來分析農業收益的分配。但很可惜，我無法採用他的用詞，首先是因為他的類目未能反映伊斯蘭世界的實際情形；但更重要的是因為他處理現代以前環境的基本概要時，出現系統性謬誤。（我已於第一冊前言指出與此相關的深遠問題，在「傳統的恆定性」標題下討論歷史學方法的章節中。[13] 在此，我所提到的則是更急切的問題。）

　　傳統習俗與隨機應變，其於日常決策方面的輔助功能，在所有現代以前的社會秩序中所扮演的角色，比在現代社會秩序所扮演的角色還更加重要；相較於先前或之後更官僚體制化的時期，這種組合在伊

12　Max Weber, *The Theory of Social and Economic Organization*, ed. Talcott Parsons (Oxford University Press, 1947)，是 *Wirtschaft und Gesellschaft* 一書的部分翻譯，這本著作在作者西元1920年過世時還尚未完成。

* 13　編註：參見《伊斯蘭文明》上卷第一冊導論的第315頁。

斯蘭世界的中期時，相當值得注意。但（一如我希望在第六冊說明的）若認為對傳統習慣的依賴，是農業（agrarianate）社會運作上（以及沒那麼複雜的社會運作）特有的差異化特徵，藉以與現代技術社會相互對照，則會造成誤導。在社會複合體的每個層次上，合法性的主要基礎並不是傳統等相對簡單的層次，而是建立在精於計算的理性法律程序基礎上。相較於農業層次（agrarianate-level）社會中的情形，現代技術社會中的合法性更不是以傳統為基礎；但比起更早期的農業（agrarianate）社會秩序，軸心時代以後（post-Axial Period）的農業（agrarianate）社會秩序更不是以傳統為基礎，而比起前文字與前農業社會，它又更不是以傳統為基礎。（事實上，在每個主要的文化全盛期，至少暫時、普遍而且殘餘地，都更加依賴計算理性，而不是傳統習慣）。因此，相較於現代技術社會，任何更早期的社會都可以說是相對「以傳統為基礎的社會」；但相較於更早期、現代以前的社會，後軸心時代的社會（特別是伊斯蘭社會〔Islamicate society〕），同樣也可以說是以理性法律權威為基礎。對於中期時代，也就是似乎幾近制度上最低層次複雜性的時代──如果達到這個層次，將引發對傳統性（traditionality）的最大依賴程度（在農業〔agrarianate〕社會層次的限制之內），對伊斯蘭世界而言，這點甚至更為真確。農業（agrarianate）層次社會秩序的獨特差異性，既不在於它是以傳統為基礎（相較於現代技術社會），也不在於它是以理性法律為基礎（相較於前城市社會），而是因為它直接或間接地，以城市對農業手工產品的利用為基礎。

　　韋伯是以傳統性的概念為出發點，進而建構出主要適用於所有前現代社會的「理念型」；在那樣的社會中，人們強調年代久遠的習慣

和個人隨機應變的效果。在伊斯蘭世界，估算及徵收農業稅收的模式，在地方層次上，往往是由人們認為年代久遠的習慣（或者由無論如何可以納入這種標準當中的習慣）來決定；因此，在地方性的細節上，往往相當吻合韋伯的要素。（有部分是因為這項理由，主要在地方層次上發現現代以前的模式遺跡的現代作家們，往往將所有農業社會〔agrarianate society〕納入「以傳統為基礎」的類型當中。）習慣與隨機應變也在權貴─統領體制的某些其他方面，扮演主要角色。但舉例來說，就形成那套體系、那個時代類似的體系而言，市場及個人自由所扮演角色的差異性，就沒那麼關鍵。我認為，如果我們就收益從耕作者轉到其他階級手上的角度，來切入研究，後者的這些差異性就會更清楚浮現出來。

外來地主（且通常是旅外地主）對於村莊的干預，其實極為常見，有時候地主本身就是游牧者的首領；他們通常是都市居民。由於城市最主要不是作為村莊的服務中心，城鎮、特別還有城市用以維繫的服務，只有一部分是依靠工匠，以及城市用以供養村莊人口的貿易，而且其中只有一部分是長途商務；其中的關鍵點在於：他們靠著向鄉間徵收非互惠性的稅收過生活。大多數的城市人口都必須仰賴收取收益的特權家族，直接擔任其奴僕或合夥人，或者間接擔任其承辦人來過日子。無論這些特權家族的財富是藉由租稅而來，並且藉由掌權者分配給身為廷臣的他們，或是透過租金而直接進到城市地主手中（或作為慈善捐贈），絕大多數的社會財富都透過這些家庭，進行流通。

一般村民與城市特權人士之間，在財富與地位上的差距非常懸殊；即使是村莊的大家族，除非他們在城市中具有特殊關係，否則也

可能無足輕重。這種差距具有關鍵性：從村莊中收取農耕收益，並且在城市裡分配的方式，決定每個地區與期間的地方社會結構。因此，必須將徵取視為一種特殊的過程，並將其抽離整體經濟運作現象，來加以分析，而且不能跟個人或社會使用村莊內部財產的運作方式相互混淆，但有時候，他們之間還是會糾纏不清。[14]

　　根據伊斯蘭律法，收取稅金的程序落入兩種極端。法律承認個人的所有權，不論任何規模，也幾乎不論與土地的實際使用效益差距多大，並將所有權人與承租人之間的約定視為契約問題，基本上締約者之間具平等地位，並僅在次要層面加以管制。同時，法律並認定擁有具生產力土地的人，應該支付由統領所代表的穆斯林社群（Ummah）公庫款項；這種應付款項將被用於救濟窮人、社群的防衛、支持宗教研究、公共建築的建設，還有警察等行政用途。這種看待收益的觀點，得以強制推行。它頂多回應貿易商可能藉以涉及這套過程的管道。當然，事實上，收取稅捐的數額並不以伊斯蘭法授權的程度為限，階級之間的整體關係也並不遵守伊斯蘭法的規範。換句話說，伊斯蘭法承認眾多利害相關的個別關係，並盡量從契約的觀點衡量；但整體而言（舉例來說，就像馬茲達教〔Mazdean〕教義與其社會階級

14　在這一整章，以及在接下來的幾章中，我大量運用 Ann Lambton, *Landlord and Peasant in Persia* (Oxford University Press, 1953)，但我特別不能接受她的兩項觀點。我並不認為，假設村莊組織的「原始」條件（若是伊朗，在前提假定上，就是在伊朗部族人民佔領時所建立的條件）是有用的做法，因為在歷史現實中，沒有什麼文化傳統是從頭開始，也沒有來自先前已經歷過的──可觀的失衡與多樣性。我也並不認為在已經發生衰退的程度上，農民經濟生活的衰退只是錯誤管理的結果。在某種程度上，錯誤的管理總會發生；但關鍵在於要找出某個時期，比起其他情況，什麼樣的情況提高了錯誤發生的機會。

概念所造成的情形），它並未面對將農村剩餘產品轉送到城鎮的整體過程——也就是農耕關係本身。

　　穆斯林的傳統宗教思想並沒有進一步發展。它鼓勵擁有特權者的寬宏慷慨，並強調所有人在神面前的平等；但它無法預見整體農業狀態所面臨的挑戰，正如它也無法預見宗教思想的合法化。然而，某些比較虔誠的蘇非行者，確實拒絕經手來自統領的資金，他們的立論基礎在於統領資金代表了不正當的利益。

　　專制體制及其繼任統治階級的行政傳統，全都公然直接認同整個收益過程。寫給特權階級的手冊，則將被統治者（ra'iyyah）應供養這類特權階級視為理所當然——這個觀念特別指稱實際耕作者，但也概括包含所有村民，或許只有宗教人士除外；有時甚至擴大指稱城鎮與城市中較低層的階級。特權階級成員甚至通常都認定，整個農民階級都有義務在其土地上持續生產，以便提供收益（特別是公庫的收益）。因此，他們往往認為公庫應由統領個人（幾乎是以專制君主政體的代表）處分，或認為頂多只能用於維持其權勢的軍隊與軍官們。因此，相對於農民與地主等特權階級之間的契約所收取的款項（租金），以及財政權威的課徵（稅捐）之間，則並不加以明確區分。因此，舉例來說，法學者或中央行政官員，對於墾地分配地的實際土地所有權，以及墾地分配地應歸屬公庫的收益權之間的差別，都很難獲得確實認同。在這兩種情形之中的收受者，其心態往往都極為相近。

　　徵集收益的整套過程，藉由大致參酌理性上可接受的規範，而在這些圈子裡取得正當性。獲取收益的正當化理由之一，在形式上是經濟性的：作物當中的某個分額應該分給提供種子的人、某個份額應該分給提供水牛的人、某個份額應該分給提供水源的人（也就是，安排

灌溉的人）、某個份額應該分給提供土地的人（其前提是地主的貢獻跟別人一樣多），最後的份額則應給與提供勞力的人。而既然除了勞力以外，一切都需要資金才能提供，因此掌有資本者就有充分理由收取絕大多數作物。另一方面，能存下一點作物的農民，就還有一絲希望。但這樣的模式其實只是理論，而非法律甚或是實務。

除了這類模式之外，人們還發現更多一般性的正當理由。人們認為，特權階級應照顧到整個社會，而且一定要包含農民階級，一如軍隊應確保村民免受掠奪者或入侵者之害，以及代表正義的行政官員；此外，還包括扮演宗教贊助者的角色（這些也都是專制體制應該具備的最基本功用）。但情況通常是，農民階級除了足以苟延殘喘之外，其餘則什麼都不剩；他們只是沒教養又無知的人，幾乎跟畜生沒多大差別，天生就是應該為比他們還要尊貴的人做牛做馬。

最後這點其實是綿延上千年的傳統心態，但其中暗指的正當化理由，主要就是強者的權利，而不是習慣性義務，也幾乎沒有同時認知基於習慣而對強者的限制。在這類圈子裡，通常都只是找出耕種者所剩餘的資源（對此，習俗可能會是指標），並取之分配給整個軍事階級或其中某些成員，毫不考慮所有權或固定稅率。而我則認為，墾地分配者流動率越高，這種心態就越可能出現。針對這點，農民也會盡其所能訴諸可能作為地方習慣、又有其正當性的限制。

但是，收益只應作為提供勞務的對價而支付，或強者應可全數拿走，這兩種心態在實務上都無法完全實現。按實際負責登載的行政官員所記載的內容，對伊斯蘭法的尊重，本身就有助於確保契約方式以及政府授權收取稅捐——即使有權勢者常干擾之，也不會受到影響。但是，還應該經過考慮的是：在徵取收益時，周詳考量個人義務與法

律上的枝微末節，像是軍事統治階級可能慣於漠視的事項等。事實上，儘管某些簡介著作提出了貴族政治理論，而且極端的收益支付者與收益收取者之間，實際上存在巨大差異，在任何地方都無法將某個階級與其他階級明確劃分界線。即使在村莊裡，也存在一些足以被視為「享有相對特權又具有多人脈」的人；因此，為城市徵取收益的過程，不能與村莊本身內部的財富分配完全脫節。而在村莊、城鎮以及城市中，收益的徵取方式與各類人士都有著利害關係；徵收不同種類的款項，都有其各自不同的人因此獲利。這些人全都輕忽不得。

法律只承認契約本身，而非隱含的身分地位，而且統治者的良知也要能支持法律一方，如此才有機會彰顯這類利益。在一些野史軼事中經常會出現：貧窮農婦對抗某個篡奪顯貴，藉此來爭取自己的權利，最後終於獲得統領的平反確認；然而，有時候，這種事確實會在現實中發生。因此收益的徵取，如果完全不遵循伊斯蘭律法規則，就是根據明文頒布的法令與正式的契約，或者依照農民所聲稱的「特定土地實際耕作者的慣例」，並且仔細考慮：如果任何人拿走的收益超出他應得的份額，就可能產生法律爭議。這種以靈活的方式去認定義務的情況，兼顧各方權益之間的平衡，就是權貴—統領體制的特徵。

估定稅收

那麼，一旦中央官僚體制的控制力瓦解，則收益徵收行為的實際形式可想而知，在農業（agrarianate）條件的情境之下無奇不有，依地方的政治及經濟情況而異。如果情況改變，收益課徵的形式也可能同樣會改變。我們可以列出這種徵收行為的主要變化，每種變化大致上

都獨立於其他變化。從村莊來到城市特權階級的收益，或者可能落到特權階級特定的個別成員手上——掌有土地的富商或宗教學者，或者，特別是掌握在士兵手中；又或者，這些收益可能進入統治者的公庫（或者透過支薪的稅吏，或者稅款承包人），並由公庫基於薪餉或賞賜用途，而加以分配（同樣地，大半分配給士兵，有時分配給宗教學者——甚或是分配給詩人之類的附庸者）。這方面的變化，基本上是獨立於第二類變項：收益將基於個人契約中的租金（或其他費用）收取，或基於統治者公庫的權威，用稅金的名目稽徵；但強勢的統治者一般都偏好此道：至少應該直接由公庫支用士兵的薪餉。從耕作者的收成獲取收入的個人，無論是以稅捐或租金名目，是否應依一定比例，將一部分收入交還給公庫，則依照個人被授予的特定特權而異；同樣地，強勢的統治者通常都會偏好確保公庫應得的份額，分文不差全數繳庫。第三，無論基於個人契約或財庫的權威——稅收可能根據事先特定的估價；或者，按照收成的某個比例（分成制〔sharing-cropping〕）從作物徵收（收益也可能會因為各式各樣的小額應付款項而提高）。第四，它可能以現金或實物支付——或者甚至以勞務時間支付；某些農民會依照公庫或者租約上的要求，根據事先載明的用途，提供特定日數的勞務。

第五項主要的差異點在於：收取收益的人對其他收益來源，可能具有各種不同的權利。（當然，這只發生在收益直接流入個人手上時——主要是財政當局規定之下的應付款項，但是地方上的租賃慣例，甚或是長期租賃契約，也都可能會影響那些基於個人約定而收取應付款項的人，特別是當地主本身即為部族首領時。）收受者可能以單純收取金錢為限，他可能對於土地的使用掌有全面的權威——進而

能夠在耕種者之間，年復一年輪換土地的分配，等同於地方上的所有權人。（事實上有些時候，或者更確切地說，地主所僱用的代表通常還擔任土地的一般性管理工作，並將某些收益當成資本，投資在灌溉設施之類的改良上。當然，村莊地方的大地主也可能會這麼做。）他的權利，依法或許可以、也或許不得繼承；然而，如果不得繼承，則還是可能可以（也或許可能不得）留給其兒子。最後，對於他獲取收益的地區，他可能享有各種行政上的不同權利；這些權利有時候還能延伸得更廣泛，甚至擴大到財政當局所授權的任何地區，進而包含了公庫對較小地主的收益「可請求的份額」。當然，在理論上，行政權不應與享有收益的權利混淆，但是讓它們落入同一人手中，有時候是權宜作法，或者是無法避免的情況。

　　關於伊斯蘭世界中的土地所有權，已經有許多以歐洲土地收益概念為基礎的討論，而建立那種土地收益概念的社會，其個人身分比較固定，而法定權利也能根據固定的身分而普遍系統化：在何種狀況下，應認定特定的顯貴人士「擁有」特定的土地範圍，還是，只有統治者本身才是「所有權人」，因為他可以輕易變更其他顯貴對土地收益的權利？問題在於，收益雖然常常直接歸於特定個人所有，但它卻是按照公庫當局的要求，以稅捐名目加以徵收；然而這類收益的徵收者，他們對於收益來源——土地上所發生的事務，隨時都可能有各種不同的權利。這類狀況不論是在西方或伊斯蘭律法的所有權範疇中，都無法妥善處理。但根本不需要提出這些問題，因為在個別村莊的層次上，所有權其實算是常識，誰具備出售或出租使用土地的權利，一般人都很清楚；但這類情形並無法確實說明農民與統治者之間，在收益方面的整體關係。

比較理想的收益徵收者，會囿於其土地的傳統性租稅（且在出現新的當事人時，也通常都會表明這一點），並在歉收時期免除部分或全部的租稅。但即使是傳統的租稅，留給農民的部分也所剩無幾。而且，肆無忌憚的收益徵收者太多了。在沒有長期固定的身分，而每個人也都希望本身能力爭上游的社會中，地方慣例就會有所忽略，沒有對提高收益的方法加以限制。無論是地方上的地主、墾地受分配者或是稅吏，都用盡一切欺騙的方法和特別徵取，以便盡量從農民身上搾取最大收益。特別是旅外地主──無論依照契約或財政當局權威規定，去徵收稅金──他們都不太覺得自己應該受到這種慣例的約束。即使當他們遵守慣例的宗旨，也可能會違反其中的細節：因此，地主可能會違反慣例，透過威脅農民「不預先供應種子」，或不提供農民後續耕作的需要物品，來逼迫有急需的耕種者「以低價將其（耕種者）應得農作份額」賣給地主。在極依賴自由契約的地區，必定會出現這類難纏的交涉。

　　好心的統治者偶爾還會下令：廢止財務性強索行為當中，特別令人惱怒的作法，也就是最明顯牴觸伊斯蘭律法的作法。但是，縱使人們的確認真看待廢止這些作法的命令，這樣的強索通常很快就會透過地方上的法令，或者甚至會因為強索者的武斷作為，而故態復萌。儘管存在伊斯蘭法，很多統治者都還是會罔顧伊斯蘭法，無所不用其極地強行把耕種土地納入他們本身的領土內，而且，正是同樣這一批最鐵石心腸的統治者，想盡各種藉口來奪取最大收益，從來都不考慮農民依賴剩下來的收入是否能夠維生。當然，這種極端的行為很快就會把統治者自己給拖垮了；儘管不夠明智，也未必絕對守法，但居於統治地位的人總是認為：只要勢力夠強大，就享有這種權利。

但地方上這種能容許某種約定的方式，卻又不容許另一種其他約定方式的慣例，還似乎能在租稅徵收者的要求、生產土地收益的耕作者需求之間，維持可行的平衡關係。同時，比較能隨時考量長遠性的統領的財政首長，其政策則有助於總體發展的某種連續性；因此，也就不可能用任何名目去任意增加租稅。某些廣泛的增加租稅模式，從一個世紀延續到另一個世紀：在中期時代發展過程中，這類模式就相當於日益軍事化的過程。

特別鄰近城市的村莊或商旅路線沿途，富有的城市居民可能會成為旅外地主，或者以其他方式控制收益。這類村莊的收益最常被視為應該任由政府自行斟酌處置——也就是說，在不得已的情況下，全部任由統領以及其軍隊自行處置。統領，特別是還有控制許多城市駐軍的強大蘇丹，每當其領軍經過附近時，就必定會為所欲為的強行徵收稅金。因此，這類村莊也比較可能會長期被當作墾地來分配給個別軍事首領及其軍官；換句話說，士兵就能根據財政上的權利，由政府分配，直接從村莊財務資源中支領薪餉。在這種發展過程中，都市租金受領者——墾地持有者，以及任何持有土地的農民——收取稅捐的權利就可能遭受侵害。接著，重要的收益徵收者就會逐漸成為墾地的接收者。到頭來，公民上層階級與地方農民階級的獨立性，都會蒙受其害。

墾地體制早在（正如之前已提過）哈里發統治時期，就已經以官僚體制的特殊措施開始設置，當時的總督有權運用其行省轄內的公有土地收益；另外，稅收承包商則有權使用約定金額之內的預付款項，以便能在受僱的專業團隊收取稅賦時，索取更多回扣。在這兩種情形下，有權勢的個人透過某種方式，將技術上仍屬於直接支付公庫或其

分支的款項，把財政權利轉為己用。在哈里發政體瓦解之後，官僚體制的失敗，使中央集權式的稅賦徵收更加令人不滿意，這套體系就日漸朝向軍事化方向發展；隨著中期時代演進，它甚至比尼查姆─穆魯克本來想制定的範圍還更加氾濫：它成為「以財產來犒賞士兵」的常見手段，也就是：那些雖然可以撤銷卻也能留給兒子的財產，而這種犒賞可能與任何中央政策無關。如果官僚體制仍然功能完備，即使特定地點的收益事先已經分配，但也仍然能管理稅捐稽徵。然而，持有墾地的軍官往往有權利收取「按人數計算的稅捐」，並且能為所欲為地收取稅捐，其主張在於：他本來可以分得給付更豐饒的分配地，但卻必須遷就於他所能尋覓到的收益。除了這種分配之外，統領還繼續把未受分配的區域徵收稅捐，直接納入公庫。

　　如果某個政府的狀態相對穩定，經濟也相對富有生產力，就能徵收一定比例的土地資源，作為稅捐（由於地方上物流的便利，常常一部分以實物支付，但絕大多數都以現金支付）；在墾地體制之下，這表示墾地受到官僚體制的嚴密控制。同時，墾地可能會因為官僚體制或不滿的軍官提議，而經常變動；但無論如何，墾地的收益都不得繼承。

　　當權力運作的相對不夠完善，稅捐就只能是實際生產量的一小部分──不論就種類或市值而言。後面這種體系會產生出某種粗陋的公平性，但同時也會造成財政上的不可預測性，更會嚴重降低耕種者或地方上地主規劃時的彈性；它大幅減損農民任何附加投資的價值，而這當中的許多收穫量，都會被取走。但是，墾地體制通常都會同時存在這種分享體系，因此自然也是後期最常見的體系。當然，相較於實施在穆斯林土地上的伊斯蘭律法（大致上）──規定的十分之一，這

種分享體系制定的比例還超出前者很多。隨著官僚體制控制力的減弱，特定分配的期限就更可能變成無限期或終身，或許（在那些確實不喜歡自己配額的軍官眼裡）更是無法避免的；它們接著或許能傳給繼承人——不是作為可分割的可繼承財產，而是基於希望某個兒子或其他親戚能繼任官職及其特權。但分配地仍然可以廢止，這取決於該官員在宮廷中派系成員的命運，甚至取決於統領朝代的命運。

以分享份額為基礎的租稅體系，會阻礙村莊本身累積剩餘物資的機會，這是因為同時存在的墾地體制通常都會把土地分配給那些——本身可能不知道自己能持有這塊土地多久的士兵，所以會很快就把土地上所能獲取的任何東西，全部都一網打盡。在收獲豐盛的年頭，這意謂著城市的繁榮，然而在歉收的年歲裡，則代表村莊會鬧飢荒。這也可能意謂著，個人在村莊內的處境差異縮小，以及權貴無須顧慮外人自行運作的權力。此一事實進而凸顯軍事力量，並破壞隱含在權貴一統領體制中的平衡狀態，甚至在都市裡也是如此。

窮人的庇護所

因此，儘管農村的繁榮和平民的獨立性日益承擔著代價，但特權階級還是不斷透過某種方式，索取其中的收益。但對農民而言，問題在於：如何逃避日漸猖狂的課徵所造成的災難。當農業經濟已經蓬勃發展，開墾了新的土地，而且，更大規模的灌溉計畫也促使益加富饒的土地上，種植出豐盛的物產，就像在過去一千年間長期以來的情形一樣（以及如同歐洲、印度與中國那些水源更豐沛的地區，持續存在的情形）。逃避這種僵局的方法之一，就是前往通常會受到強大政府

保護，而且能免於最惡劣剝削的新土地。乾旱帶中部地區的農業範圍不再擴張，卻（整體而言）相對縮減了。因此，就長期而言，並不適合作為窮人的避難所。然而，村民在當下的情況，還算是得到了能夠自保的可行辦法。

首先，村民通常運用直接抵抗的手段。農民長久以來習慣的做法就是向收稅人隱瞞自己的物產，有時還會自豪：即使遭到刑求，仍能堅持自己既不幸又貧困的說詞。偶爾，當某種無法無天的壓迫或看似可信的預言，導致絕望或前途未卜時，農民就會直接揭竿起義——通常都是一場血腥行動，但也算是對其他地主的一種警告。逃避稅收徵取者，也有比較間接的手段；許多位處偏遠地區的村莊，本來往往就沒那麼富裕，卻也遠離大城市駐軍勢力所涉及的範圍，或遠離軍隊的行軍路線，而得以將他們的許多物產保存在家裡，無論當地的收益分配有多不公平。事實上，某些具地理優勢的村莊還能建立防禦工事，因此，即使對於農民發動襲擊，有可行的因應措施，但考量到村莊能夠帶來的少量回報，就不值得軍隊花費時間去應付了。在官僚體制控制力崩潰的時期，容易遭受過度課稅的村莊中，有許多小農會將自己的土地託付給地方上更富有的土地持有者，以求有限的租金收入，並保有這塊土地的實際控制力；持有較大土地者，則往往能有效抵抗糾纏不休的索求。

另外，正如我們已經提到過的，農民的最後手段——逃跑——則相對容易。儘管乾旱帶的整體農業經濟不再繼續擴張，但其邊緣地帶的土地則相對容易開墾耕作或棄耕。即使人口成長到相當程度，這類土地還是能帶來餘裕。沒有土地的勞工或承租人、或者是擁有自己土地的農民，可能都會認為值得放棄他們生長的村莊，並前往可能具備更

理想條件的土地──或者相對比較容易取得的土地。特別是，就獨立游牧生活的高度發展而言，許多農民跟游牧生活的關係相距不遠，而這種獨立游牧生活，藉由地區人口梯度的作用，而提供數量上高於以往的大量農民人口。正如我們先前提過，有時候他們可以回歸農業，或者，還是跟仍是游牧者的人們建立可行的關係。但更常見的情形是由於重大災禍所造成的人口折損，即使在相對豐饒土地上的農民，也會供給短缺；接著，還有其他地主或統領，也隨時能藉由農民的遷徙而獲利，或者甚至為了爭取他們而相互敵對。在這種情形之下，只要能以實力威脅敵對的的統領，就能順利阻止這種人口移動。

這類流動性有助於限制掌權者在鄉間的壓搾行為，但是，通常都無法將農民約束在他們自己的土地上，或在他們逃亡之際，將其帶回（除非在像埃及那樣的土地上）──其原因有部分相同於那些造成政府組織紊亂的因素，而那樣的紊亂通常都會使稅捐苛重，令人難以喘息。人口的流動性有時候確實可以說是非自願的。極為強勢的統治者，有時還可以強制將大量農民（甚至是城鎮居民）從一塊領土，遷移到他想要發展的另一塊領土上──而且通常是以懲罰叛亂當作藉口。

然而有時候，農民將會被迫清空那些不能再供給資源、維持日常生活需求的土地。在逃離地主、債主或士兵時，原先的耕作者可以轉而從富人那裡，收回他再也不能從土地獲取的東西。他本身可以轉而投入軍旅；士兵不太可能繁衍數量相等的下一代，因此總是有兵源的需求，另外，他可以參與掠奪，而如果他能讓人誤認他是突厥，或如果他屬於同樣建立軍團的其他幾個民族，或許他本身也能當上統領。如果他不喜歡從軍，或當時退役的士兵人數比被僱用的人數還多，那麼，他隨時都有可能會成為遊民。聰明的年輕人可以進入組織沒那麼

嚴密、又不需靠交情才能進入的各種貿易行業,成為一名學徒——因此,他可以從事像是雜耍或運水之類的交易,或者他可以加入強盜團體,或乾脆留在城裡當乞丐,從那些有理由想靠著微薄施捨、求得上帝恩惠的人們那兒,尋求救濟。

倘若不是因為自然災害,那麼逃避權威的苛捐雜稅的方式,就是去過畜牧生活;但除非天生以此維生,否則通常很難適應放牧生活。每個村莊都有大量牲口,因為很多動物——水牛、驢子、駱駝或(更迅速的)騾子,甚至馬匹等——都是犁田所需,還能應用於運輸,以及收取奶水跟毛皮;有些村莊可能會有游牧者在相當距離之外,放牧大群的綿羊與山羊。但農村基本上是依靠耕作的土地,所以牧群至少還是偶爾會回到家裡來,但游牧式畜牧社群凝聚的基礎則是牧群(綿羊或駱駝);但許多游牧式畜牧者也會耕作土地,特別是在山區,他們在必要時,也可以棄耕。如此一來,游牧者就不容易再被徵收額外的稅金。

相對地難以利用極廣闊牧場移動的部族式游牧者,可能會受到遠征軍隊的懲罰,而且能讓城鎮或是村莊免於遭受軍隊騷擾,但在他們自己的牧場上,可以無拘無束。這些游牧者所採取的耕作方式,使他們不至於輕易受到侵害(因此,任何懲罰性的措施,只隨著懲罰者的權力運作而持續;在這種權力運作的間歇期間,部族往往可以迫使缺乏機動性的鄰近村莊人民付錢打發他們;因此,部族甚至還能從城市的 戰利品分一杯羹。)隨著整個地區裡的畜牧活動比農耕還活絡,而在本身工作產能極為有限的人口當中,免於支付收益的人口比例就相對增加了。然而,游牧者的自由通常屬於團體的自由:個人難免要受制於嚴謹的慣例,終其一生,思想和行為模式都極為受限。而且很可

惜，某些地區部族首領的作為還會愈來愈像地主。

農民是自由人，且往往得以行使其自由。但除非天賦異稟，否則，這類自由並不能保證他獲得多大好處。農民既不愚蠢，也不會對自己的命運漫不經心，他們嚴謹地尊重習俗，卻不會淪為其中的奴隸。仔細審視農民階級對於異常危難或異常機會的反應，我們就會發現農民們——如同其他不同階層的人口——通常都能在他們習得的知識範圍內，表現得機靈又幹練。舉例來說，對於確實會影響其生計的農產市場變動，農民都能欣然看待。但農民對於可預期的結果，幾乎束手無策。在不受約束的開放社會，能夠透過軍事職涯或其他晉升之途，而過優渥生活的人，跟單純靠著出身而獲取這種地位的人一樣，都具有足以靈活運用的籌碼；然而，他們運用這類籌碼的方式也通常會讓他們在追求幸福時徒勞無功。農民栽種作物需要投入更多時間和風險，但通常都會在迎接豐收時，眼睜睜看著其收益遭到權勢的那一方盡數強徵橫斂。無法確保土地佔有權的軍事統治團體，自然難免會殺雞取卵，畢竟他們的土地可能會隨時不保。

我們稍後將會討論這類社會上短視近利現象的結果：自然資源長期累積性的浪費。另一種結果則是人力資源在貧困又不安定的情形下卻嚴重浪費，而最嚴重的慘況，或許就是經濟發展已步入顛峰但出現系統性的剝削。比方說，相較於長期以來普遍商業化的北歐，尼羅河至烏滸河間地區不只是農民通常比較貧困，而且在尼羅河至烏滸河間地區內的每個不同區域，也存在類似的差異。至少就某些情形來說，相較於具有少量市場作物的「較貧窮」地區，在農業最富饒——也就是，最具商業化也最有利可圖的地區——其農民本身更是營養不良、身體孱弱；特別是，安那托利亞偏遠地區農民的強勢，與富饒肥沃月

彎平原農民的弱勢，兩者之間的這種對比似乎主要是經濟問題，而不是種族世系的問題。[15]

城鎮：組織的發展

我們現在從土地轉而探討城鎮中的社會秩序。在城鎮裡，最能強烈感受乾旱帶中部核心地帶的特殊景況。商人階級藉由商業優勢，建立本身特有的文化自主性，同時，他們傾向於具機動性的世界主義，而非地方公民團結精神，長久以來促使城市成為追求宗教自主性的中心；中期社會條件下的這類城鎮，長期以來都具有相同處境，使它們同樣都具具備開放性的社會結構、個人自由——還有政治勢力的軍事化。

城鎮儘管在收益方面有些落差，但就某些方面而言，卻也是村莊社會模式的延伸：村莊中的望族會與城鎮家族結盟，而村莊所形成的這類家族之間、或工匠之間的日常關係，通常在城鎮中會相形複雜（某些城鎮居民其實只是在城牆附近耕作的農民）。許多世仇的家族情感，或是城鎮對禮節與正義的概念，全部都根植於村莊生活。我們已經提過，在比較繁榮的村莊裡，可以發現權貴—統領體制的要素。不過，由於城鎮中不同族群間普遍存在著經濟與社會功能的差異性，因此，城鎮社會生活具有較強烈的複雜性、村莊生活並不熟悉的許多制

---

15 H. A. R. Gibb and Harold Bowen，在他們關於歐斯曼帝國的社會研究，*Islamic Society and the West*, 3 vols. (New York, 1950－57)中，比起迄今為止任何更早期的研究，都以較佳的方式，呈現其中的幾項觀點。

度與問題。只有城鎮居民才能全盤接觸到真正的權貴—統領體制——是城鎮的最主要社會模式。雖然有時候會出現稍微不同的模式，但權貴與軍事統領之間的權力分配仍是城鎮的穩定背景，並據此營造穩固政體的各種可能性。[16]

相較於鄉間，城鎮具備更有彈性的社會資源——而且墾地體制下的軍事統治者，其主要經濟來源也不在城鎮；因此，比較有機會能形成健全的自治制度，來保障城鎮人民的權利。但在倚靠土地壯大的當前軍事勢力之下，村莊通常不可能形成資產階級式的自主性，然而，農耕階級還是普遍無法與城鎮相提並論。社會的都市化對這類城鎮的自主性會造成不利的影響：由於土地的統治階層與城鎮關係極為緊密，因此鄉村會在都市社會的政治化過程中被同化，進而城市與鄉村便成為政治上的命運共同體。不具有固定社會地位的人，終其一生都很難融入強而有力的團體組織；這和詳細劃分其內部身分的歐洲自治市或公社，以及印度的種姓制度，都大不相同。不過，城鎮確實是以自己的方式，建立維護社會規範及達成社會目標的方法：也就是說，協調個人與整體社會各種相關環境的方法。

城市生活的演進，與哈里發政體的演進息息相關。農業時代可能存在好幾種類型的城市生活。尼羅河至烏滸河間地區最早的城市，由於具備組織化祭司團的神廟為中心，他們控制財政、學術知識，還有

16　Claude Cahen已有一篇討論城市自主性的重要文章，'Mouvements populaires et autonomisme urbain dans l'Asie musulmane du moyen âge', *Arabica*, 5 (1958), 225－50; 6 (rg59), 25－56, 233－65。在這個領域中，他的著作具備根本的重要性。Paul Wittek與Vasily Bartold甚至在他們的政治研究中，同樣一致關注某些地方上的社會問題，他們所有的著作都值得一讀。

一切大型組織；就連本身不是高等祭司的任何國王，都必須與他們合作；這是一種城市發展的極端形式。而遠在有部分地區被希臘化城市取代之前，就已經發展成更複雜的模式，包含商人和地主的希臘語系居民（或者，在「民主政體」的情況下，則是包含某些工匠的更大群體；在某種程度上，他們運用時間的模式與商人相類似）主要並非以神廟為中心，而是以其劇場、浴場，還有群眾聚集的一般民間機構為中心；劇場是公民精神的象徵，一如美國的校園足球場就是大學的精神象徵。如同在祭司主導的城市，城市人口直接、間接地依賴來自附庸鄉間的收入；在尼羅河至烏滸河間地區，除了城市居民之外，鄉間人口中只有地主，才能在希臘化城市裡享有公民參與權。但同時，該地區的希臘化城市，並不像希臘山區及島嶼上經濟較落後城市，也不像伊拉克最早的祭司城市那樣，頂多只有最起碼的團體獨立性；它們被整併到領地王國。這些城市仍然享有強大的自主性，可以選擇自己的公職人員，並規劃本身的公共事務。

在晚期羅馬帝國統治下，這類城市多半被取代。城市成為官僚體制的行政中心，無論是否為帝國或教會的官僚體系，也不論是否由總督或主教統治；後者在地方上的司法運作與公民需求的處置方面，都具有充分權勢，前者則掌握關鍵權力。因為如今城市不再自治，更別說獨立了，全都由中央所指派的人選管理。羅馬帝國式微之後，城鎮在整個伊朗—地中海地帶——繼續由官僚體制管理，但似乎比較鬆散。一般都認為，哈里發與拜占庭時代的政府所容許（實際上）的個人創新活動（至少像義大利的外圍城鎮的情況）範圍相當寬廣。但是，相較於伊斯蘭世界所發展出的特別狀態——無疑算是政府鬆綁的狀態，還是可以區分出兩者之間的差別。

祭司主導的城市、商業化城市以及官僚體制城市，只是三種最重要的類型；其中每一種類型在尼羅河至烏滸河間地區都不只出現過一次，依其個別情況而異。在瑪爾萬朝時代，至少就出現過兩種類型的城市。還是有一些依賴外部官僚體制的城市，例如前羅馬省份的官僚體制組織多半就由主教所主導，然後，還有從穆斯林軍營發展而成的城市。這些城市以清真寺——也就是體現伊斯蘭法的處所為中心；它們秉持（與公民精神併存繼續前進）對遷徙（Hijrah）的理想：隨著第一批穆斯林從麥加北遷到麥地那，穆斯林便脫離道德立場游移不決的游牧流浪生活，進而形成奉神賜命具備共同理想的公民社群，並追求神的律令普行人間。每座城鎮身為追求獨特任務的信仰團體，都各自具備重要性，但是它並不獨立，甚至也不以生活的自主性發展其本身為訴求；因為，就整個伊斯蘭共同生活的「四海之內皆兄弟」的信念而言，這只不過是一個特例。城鎮內部按照居民的部族來源（或者，就非阿拉伯血統的穆斯林而言，則依照他們的附庸關係）而運作，這只是貪圖方便，而不是任何基本原則的問題。城鎮之間會為了實現共同理想的功績，來博得名聲而相互較勁：成為聖戰、闡明律法、教導聖訓傳述的中心；城鎮最值得吹噓的事，就是將其主要清真寺的禮拜方向（qiblah）修正成朝向麥加。

　　專制君主政權的哈里發政權，它的都市政策當然會認為：它所治理的城鎮最符合它的需求。而另一方面，虔誠主義者（piety-minded）的政權，則會將遷徙境域（dâr al-hijrah）的城市，當成穆斯林實踐伊斯蘭生活理念的出發點。這兩種城市觀點，跟相對應的兩種哈里發政權觀點一樣，並不容易融合。隨著阿拉伯部族結盟社會瓦解，由中央治理的城市可能也會變得更具代表性；但哈里發政權的官僚體制也終

於因此崩解。中前期發展出一種獨特的伊斯蘭（Islamicate）城鎮類型，與先前的任何形式都不相同。

　　歐洲許多地區，政權所治理的官僚體制城市組織在失去地區性政府的支持之後，都會被某種自主的自治市政府所取代，這種政府的穩固條件往往立基於更具權勢的民選公社。而這類地方性的共同組織在穆斯林的土地上並不普及，它們根據階級與地區性的身分來劃分各種不同的權利。換句話說，公社或自治市成員所享有的權利與責任，外人並不具備，而這些責任通常又取決於行業或其他公民組織的會員資格。基於伊斯蘭的世界主義觀點，這類侷限於地方的權利與責任，並未被明確承認。人們並不是某個特定城鎮的公民，僅享有依照當地公民資格所認定的地方性權利及責任；身為整個伊斯蘭世界「公民」的自由穆斯林，其負擔的責任僅取決於他在神面前所屬的存在。就法律上而言，不同城鎮的領土之間並沒有真正的邊界，城鎮與其周圍的鄉間地區，也是如此；人們得以自由遷徙。反之，除了特權階級以外的居民的自發性組織，根據各種不同權貴贊助關係所建立起來的長期性社會結構，也會以次要角色的姿態，來促成整個都市組織的基本完整性。[17]

17　Ira M. Lapidus, 'The Muslim City in Mamluk Times,'是西元1964年哈佛大學博士論文，是對城市生活（尤其是權貴角色）研究的基礎貢獻（後來以 *Muslim Cities in the Later Middle Ages*〔Harvard University, 1967〕的書名出版，但仍然主要處理敘利亞與埃及的研究）。

自由人的社會結構

　　從任何農業勢力的觀點來看，特別是統領的朝廷的觀點，城市是花費土地收益的地方。因此，偉大統領的依附者居住在他的住所內，統領的居處基本上可算是一座城市；即使有其必要，商業區也只算是偶然存在的區域，附屬於那些收入仰賴城外人所居住的地區。新城市往往就是以這種精神建立起來。由強大統治者建立新的城市，是稀鬆平常的事，就像哈里發曼蘇爾建立了巴格達，還有法蒂瑪朝的哈里發穆儀茲建立開羅一樣（相較於中後期，這類情形在中前期並不常見，但每個時期偶爾都會發生）。這種城市可能是依照強制命令而建立，比較偏重軍事或氣候上的優勢，而非該地區的任何經濟需求；但是，這種城市並非為居民考量而建立，因為，就某個程度上而言，城市確實需要穩定扎實的農業收益，才足以生存。

　　但是，一座城市在建立之初時，毫不在乎經濟考量，則不可能長久存續下去；一般而言，許多新的基礎會有助於其經濟發展。任何城鎮的建築通常都以泥磚建造，因此難以維持良好狀態，總是會有為數眾多的建築，大致上都處於廢棄狀態。有時比較簡單的做法就是：放棄破瓦頹垣，並遷至新址；王室的投資也有助於這類遷移。倘若河流改道或港口淤積時，就必須找個具備原有功能的新地點，因此，新城市未必代表都市化生活的擴張，很可能只是取代陳舊和崩壞的城市（但舊城市往往與仍然具備不同功能的新城市相距不遠，因此，開羅附近的夫斯塔特就具有獨特的文化特性，並且賴以存續下去）。總之，城市有它自己的生命，城市商人甚至是工匠都無須認為自己僅依賴地方農業收益的恩澤。從商業觀點來看，農業因素本身似乎可能無

異於整座城市的附屬品。

　　能使公眾生活本身具備自主權的意識，是宗教社群的團結精神所促成：認為城鎮終究屬於它的創建者全體，而非國王一人，而且，國王或其他任何人在那裡有權做些什麼事，應該都要有明確限制。但身為主導社群的穆斯林社群，並無法僅代表其所屬人口的利益；因為統治者本身也是穆斯林。而且，穆斯林——往往還有受保護者的參與——整合成更堅實的團體群集，是為了最廣大的穆斯林利益。當然，非穆斯林的受保護者社群，更直接透過社群的運作，豁免了最終的政治責任。

　　我們可以把典型的穆斯林城市人口區分為三大部分。統領和他的軍隊，以及從屬人員（包括其餘的財政官僚），成為任何城鎮最主要又富裕的部分。有時候，由於統領對農村經濟具有控制權，因此可能會直接干預城市的經濟，例如充當穀物貿易商。但通常他們的角色似乎大致上都僅限於軍事戍守部隊，而與城鎮裡的其他人不同。參與貿易或製造，或服務這類事業的一般城市人口，其生活方式則完全與駐軍及其從屬人員不同；他們的組織愈來愈能依賴其本身的各種經濟職能。最後，在物質層面同時受到統領與一般城鎮人民認可、支持的，則是宗教階級，其中大多是宗教學者。穆斯林法官與次級的伊斯蘭法執行官，基本上都是由統領指揮官任命，但接受任命者通常來自城鎮所承認的有限範圍人選，其行使職權時偶爾也會不依據統領的權威。非穆斯林的受保護者社群同樣也是集結成一般的城鎮居民與宗教階級，其首領至少都必須經過統領的認可。

　　正如前述，統領與宗教學者集團本質上相互獨立，具有權威的替代性功能。相較於統領，宗教學者基本上大都是代表城鎮一般居民的

公民利益，或至少代表了穆斯林，但他們在這方面的作為極為有限：一部分是因為他們從統領那兒接受許多財政支援，一部分則是因為他們的普世地位：他們代表廣大的穆斯林社群，且不能等同於地方上的任何特定利益——他們所背書的伊斯蘭法不予承認的利益。因此，穆斯林城鎮居民的特定公民利益，是透過第三組權威功能來表達（至少往往如此）。儘管城鎮人民並未形成自治市組織，以協調他們對抗仕紳或駐軍的共同努力，但他們透過比較有限又非正式的共同利益團體相互連結，有時候也會任命個人代表。這類團體立基於功能性、契約性或是自然的聯繫上，而這些聯繫使團體中個人的特別法律身分不再必要，因此，無須藉助伊斯蘭法之外的其他方式來認可其本身的合法性。當哈里發政體的官僚體制失去權力時，這類團體在政治上就更具關鍵性，但這類團體的影響力並非正式的組織領導；個人的行動力對他們而言舉足輕重。

尼羅河至烏滸河間地區幾個世紀以來，一直普遍存在一些專門性質的都市團體（羅馬行省較常出現，但顯然也存在其他地方）。經營同樣商業性質的居民，他們的商店通常會聚集在同一個市集商圈（在強大官僚組織建立之處），並共同受到政府監督；政府能使人們具備最起碼的共同生活所需；他們可能會形成某種共同組織來回應這類監督，有時會以常態性的行會運作方式存在。一個城市內的各個不同分區，有時候代表著不同行會團體，或者更常見的情況是不同種族背景或宗教信仰間僅有部分與行會相關聯，或甚至只是政治史上偶然發生的事件，這些分區似乎都認為自己是不同的市鎮區域，並為了名聲或權勢而相互競爭。男性團體組織的目的，可能是為了運動或其他社會利益，或者作為社會上孤立人口的團結與自衛手段。關於現存的社會

組織的確實資料，極為有限。但至此我們已經能重新建構場景，了解到所有這類團體，在城鎮的政治生活結構中，都扮演著日益重要的角色。

這些團體主要是透過兩種方式聯結：藉由既定的習俗，以及藉由為了相互利益而自由接納的慣例（但並未明確具體的契約形式）。聯結的重點可能在於男系家族，就治理而言，普世性習慣具有壓倒性的力量。在農業（agrarianate）環境下，一切事物都鼓勵著文化觀點、父與子之間在社會地位上的密切連續性：父親的宗教信仰就是兒子的宗教信仰，而父親朋友的兒子，就是兒子的朋友；但有時卻未必絕對如此，兒子有時候還是會反叛父親。但在某類家族中極為常見的情況則是：從父親到兒子，或從伯叔到姪子，同一種生意上的名聲、同一種知識上的專業，同一種道德奉獻，同一種公民角色──通常都一直極富眾望──會延續好幾個世代。上層階級家族比較會出現這類現象，因為這類家族的男性往往有好幾個性伴侶，他的性伴侶生下來的兒子，則全部都會受到同等程度的養育──因此其中就比較可能至少會有一個人，具有維持家族傳統的必要氣質與能力。這類家族都具有極強烈的團結精神，整個家族都會參與個人的成就──如果一個人在生意上有成就，隨之受益的不只是他的妻子與孩子，還有他的兄弟及其孩子，或許甚至還有堂兄弟或表兄弟。同樣，他們也會一起承擔災難──倘若因為戰爭的緣故，或宮廷生活的機運遭受挫敗，總是還能求助於處境比較幸運的堂親或表親。

這類家族通常都是可靠的單位，所以其周圍（我們可以從一些情況去推測）便會形成各式各樣的城市團體。有些可靠的重要家族能確保工匠團體的連續性，而在城市區塊或教派團體中，也存在類似的情

形。在身為權貴等較為富裕的人們（及其家族）的周圍，聚集著食客，這些食客以各種不同的方式去服務權貴、富裕的人，或與這類人有關聯的人；或者，更一般的說法是「依賴他們的保護與資助」，以取得其經濟或社會層面上的支持者。對於贊助者應承擔義務的習慣性期待，也成為這種關係的要素之一，正如同家庭關係的要素之一也是建立在這種期待之上；但是，在我們能夠追溯的情況中——大人物對詩人的贊助關係，傑出蘇非導師（pîr）對鄰人的保護，男性團體與富商之間的聯繫——這類關係建立在算計過的（否則就是明講的）互利期望上；所以，一旦當利益似乎不太可能繼續存在時，這種關係就會立刻消失。維繫都市社群的贊助關係，其基礎並非傳統的習慣，而是相互合意的慣例；但若無家庭生活的團結精神作為核心，就無法在公共層次上存在這種自發性與利己主義。因此，一旦能夠充分展現個人的能力，用某種供給去交換資助，外來者就能輕而易舉進入贊助關係的核心。

開放式的城市間交流——基於對個體的自發性、個體的素質以及當下環境所形成的依賴性——實為權貴一統領體制的特色，並成為其社會上韌性與適應能力的決定性因素。這種實用主義精神反映在各類職位的繼承模式上。

公民的決定：職位繼任與共同政策

繼承關係通常是限於特定家族內部：家族態度的延續性，甚至適任性的推薦等都有助於這類過程；當該職位是由統領任命時更是如此，而且，因為其屬終身職，當然家族的核心效忠精神就更加顯得重

要。統領通常從自己家族內部指定繼任人，而且大多是由兒子繼位。至於法官或首領，則都由法官與村莊首領家族中選派。即使是由門徒指定繼位者的蘇非道團首領，倘若首領的兒子也成為門徒，通常也鼓勵道團首領指定某個兒子來繼位。但這種家族忠誠精神實事求是，而不受規範限制。一般普遍認為，官職是個人終身的責任，通常也是其他各類人際關係的焦點所在，無論這類關係屬贊助關係或契約性質。通常都期待，兒子會比外人還更能全心全意堅持這類關係，因為圈外人總會從他自己的家族帶來既有關係，並且因此破壞了繼任關係的延續性。

　　但在家族延續性的這類限制中——以及家族延續性不合時宜時——還是普遍存在兩項繼承原則：藉由任命而繼任，以及藉由競爭而繼任（我在這裡所做的抽象論述，或許參與者本身未必認同），而這些原則決定哪個兒子或哪位親戚可以繼位。無論是任命或競爭，通常都限於少數候選人——假如候選人不是由於對家族的忠誠精神而符合資格，就是由合格者當中，挑選公認能脫穎而出者。當哈里發瑪蒙試圖指定里達（al-Riḍà）這個圈外人作為繼位者時，阿巴斯家族與忠於他們的人則背棄哈里發瑪蒙的決定，而他最終也屈服了。當蘇非導師賈拉盧丁・陸彌（Jalâluddîn Rûmî）任命自己喜愛的門徒為繼承人，但這個人在門徒當中並非佔有舉足輕重的地位，所以陸彌過世之後，眾人漠視這位被任命的人；後來，在公認擁有繼承權的陸彌兒子堅持之下，這位門徒才得以復職。但指定或競逐方面的轉圜空間，則相當具決定性：可能繼位的候選人當中，或許有強有弱、或大膽或謹慎，有些在政策上傾向前瞻，有些則趨於守成。在每次的繼任過程中，人們也可能會提出影響深遠的政策問題。

除了哈里發本身的特殊情況以外，任命原則是伊斯蘭法唯一承認的原則。伊斯蘭法上的所有公共責任，都將依哈里發的個人命令（如果可能）加以實現——其實是由他本身的代理人實現，他則為代理人的行為負責；但是假如不屬於哈里發職權範圍時，則應該由統領予以任命。當然，這類由上而下的任命得以隨意撤銷，或許這種概念起初是社會組織上的道德和軍事概念；但是在農業（agrarianate）君權的脈絡下，它只能在強大的官僚體制中實現，它從未能完全實現。在中期年代，除了統領朝廷裡的職位以外，地方上最重要的職位都是自治的，就像統領本身的職位一樣。職位出缺時，則由統領領導的團體內部遴選，而且通常是終身職（透過由下而上的選擇，而非由上而下的任命，而以這種方式持有職位的人，通常被稱為「shaykh」〔意為長者、元老〕，特別是在宗教脈絡下。）在這類情況下，職位競爭原則至少潛在地影響了繼承任命。

統領的兒子們可能為了繼承父親的職位而競爭，而蘇非導師的門徒們（與兒子們），也可能為了繼承蘇非道團的領導權而競爭；法學派的地方學者之間，可能也會為了讓人們極力承認他為領導人而競爭；或者，在行會元老之間，為了讓人們認可自己在整個行會中的大師（shaykh）地位，而彼此競逐。前任者通常都會先發制人，藉由指定繼任者來干預這類競爭過程。如果職位之已故持有者的提名普遍被接受，則即具效力。藉由指定而繼承的效力，其實就類似由上而下任命的自主式繼任（事實上，伊斯蘭法學家所接受的哈里發地位繼承關係，就是這種規則）。有時候，藉由指定而繼承的模式，看起來像是標準模式，但其實在很多情況下，除非現任者具有極鮮明的個人特質，否則就無法任意指定他的繼位者；他所能做的，頂多就是在即將

到來的競爭中，給予他最偏愛的候選人各種優勢。在位者通常都會堅持由自己選擇繼位者的特權，在這種情形下──還有，在並未事先指定的其他情況下（但這是允許的）──必定會上演赤裸裸的競爭。

通常，這是一種聲望的競逐。對於在一旁觀察的局外人來說，這種競賽似乎格外神秘，但它的主要機制也就是帶動「風向」，則幾乎是普世存在。任何獲勝者必定會給他的支持者一些好處，而心懷疑慮的人們，則會急著投靠似乎比較握有勝算的候選人。因此，當伊本—魯赫（Ibn-Rûḥ）繼任（藉由先前的指定）第二任代理人（wakîl），也就是十二伊瑪目派隱遁伊瑪目的財政代表時，至少就有一位十二伊瑪目派的重要成員率先拒絕承認他；他與他的手下則跟新任代理人不相往來。但伊本—魯赫在正式就任時，已經能在團體中拉攏足夠多的人支持他，所以能說服異議者接受他。但有時候，這種過程會持續很多年，而在決定的過程中，除非有促成立場一致的強大壓力，否則最後必定造成分裂的結果。

伊斯蘭法或古老傳統都僅就一般的期待，做純粹是原則性的規範，而且通常都需要務實的個人行動與交涉，才能確立個人的獨特角色；因此，任何繼任過程都會充滿不確定性。聲望競賽的結果往往不具說服力：可能會產生內鬨，雙方都互不相讓。因此，若該職位確實無法分割，則聲望競賽就會惡化成軍事競賽──除非身居武裝仲裁人的統領出手干預（無論是否基於競賽者的要求），才能事先遏止競賽惡化。在後面這種情形中，由上而下任命的原則可能會再次登場。（此時代之後的某些帝國，特別是歐斯曼朝與蒙兀兒朝〔Indo-Timuri〕。在某些期間，蘇丹權位的繼承顯然是經由軍事競賽決定，而且，在位的蘇丹不得指定權位由某個兒子繼承。這時，特殊情況之下所造成的競

爭繼承原則，進而定型為異常的形式。）

　　權貴對於公民在城鎮內部的自我表現，具關鍵性作用，許多人藉由我們所提到的那種競爭，而在地方上晉升顯赫。這類權貴包括任何因為財富或個人成就、資歷，甚至是出身──或者某種程度上，也因為擔任特定職位，而在相關社會團體中為人所知並受人尊重。當然，他們還包括深獲統領重用的人們，但他們絕大多數都獨立於任何統領的控制之外（我們必須透過已經研究過的幾個例子，來加以概括）。考量可能影響即將做成的決定時，凡是得以藉由財富或名聲，得到相當數量大致上獨立自主者之尊重的人們，顯然都應考量在內。這些人並非任意被揀擇出來，其中每位候選人都得到人們相當實在的支持。如果我們就整座城鎮來看，權貴可能會形成相當侷限性的團體：法官、蘇非導師與其他學者，以及富有的商人，還有受保護者社群的首領。若僅就某個城鎮區塊來看，必須納入考量的候選人範圍則更廣，還包括最富裕的貿易商人。

　　任何特定層次上的決定都有賴實質的共識，這樣才不會造成嚴重分歧。但通常都能達成某種共識。若高層的共識較晚達成，則次一層或更次一層的平民百姓，就會形成在較低層次上更行得通的共識。至少在這類層次有時能訴諸中立的仲裁。在包含更大量團體利益也更多樣化的層次上，共同行動更加困難，而且只有當在較低層次的推動之下才得以進行。如果無法達成共識，則議題將懸而不決，或者將派系爭議交由統領解決。（當然，城鎮整合出兩個主要派系的常見情形是次要的結果；通常，任何派系都缺乏充分的內在團結精神，不足以企求其宰制或驅除另一個派系時，獨力統治城鎮。）不過，由於得以求助於這種仲裁者，因此，社會團體往往也會尋求各種達成共識的方

法，以呈現其一致立場。

拉伊地區（位於非阿拉伯的伊拉克）最後才對嘎茲納地區的瑪赫穆德政府展現熱忱，顯然就是靠著這樣的共識，憑恃本身的民兵，抵抗布伊朝重新佔領它的企圖。而同樣也對瑪赫穆德的控制感到滿意的巴爾赫（Balkh，就在烏滸河流域中段南邊），在未經瑪赫穆德協助的情形下，就擊退了從北方入侵的喀喇汗國。瑪赫穆德承認，這種行動意謂著：在他自己的社會權力之外，還有另一股作為替代選項的社會力量；並且由於巴爾赫人自以為是的抗敵行動（他們僅僅是「臣民」）而嚴厲譴責他們。瑪赫穆德比較希望看到他們毫不冒險戰鬥就向喀喇汗國投降，好讓他稍後能前來收復城市。事實上，同一種公民力量讓奇爾曼得以透過自己的行動，任用一名布伊朝家族成員，來取代瑪赫穆德的兒子瑪斯伍德；並使同樣對瑪斯伍德不滿的尼夏普爾地區（Nîshâpûr），得以在最終接受塞爾柱人之前，邀請喀喇汗國前來（最後並未不成功）。然而，這些城市當中，沒有任何一座城市想活在完全沒有統領的世界；問題只在於，他們想要哪一位統領。儘管偶有反例，像是敘利亞的的黎波里（Tripoli）（有一段時間是由某個法官家族統治），但權貴還是得依靠統領與其駐軍來維持最終的秩序。

因此，權貴體制以及其中的諮詢與共識模式，是建立在社會團體內部的多重層次上。在最低的層次，它代表有著直接利害關係的團體；在最高的層次，則同時代表「非伊斯蘭法」的下層階級權貴當中最傑出的人們，以及伊斯蘭法的詮釋者。在每一層次上，這個體制為利害關係團體提供某種非正式、但易於理解的地位，似乎使工匠團體（無論是否認真地組織為行會）、商人同業、城鎮各區塊，甚至是整體城鎮，都能在確實有必要時，共同採取果斷的行動。因為權貴─統領

體制既沒有官僚體制的命令鏈，也沒有習慣法身分上的古老定位（無論就個人或群體而言），所以縱使日益擴張的伊斯蘭社會（Islamicate society）存在著世界主義與個人流動性，權貴─統領體制還是能夠做出那些利害相關者實質上可接受的決定。

都市生活的流動性

這種結構鬆散的社會權力體系，是各式各樣的社會流動性的前提，並且能夠加以促進社會流動。個人與全體家族成員及城鎮中利害相關團體之間，關聯性的強度，比城鎮的任何整體結構或利益都更加重要。因此，城鎮中才會存在各式各樣的利益關注屬性；也因此，個人才相對有其獨立性，進而能在這種利益相左的人際關係中尋求本身的定位。這同時也會助長城鎮本身社會的分裂，以及數個城鎮之間社會的連帶關係與團結精神。

甚至在城鎮發展過程中的佈局，就能感受到公民生活的分裂。這個佈局通常起初都是統一，甚至具系統性。新城市的創建未必主要基於經濟上的遠見，它最直接的需求是要為統治者的行政團隊與軍事部隊提供無拘無束的區域，並同時展現權力與富麗堂皇。因此，一個新城市，或至少就主要居住與公務的部分，都會盡量使空間變得寬敞又奢華。新城市通常呈現格狀寬廣街道的佈局。

但是，任何組織都無法堅持這類計畫，即使是強大的君主也無法堅持，因為必須面對下列情況所帶來的壓力：個人根據契約上不受拘束的權利而自由買賣。這些效應很快在城市中展現出來。城鎮很快就會分裂成相互封閉的區塊，而且每個區塊中，絕大多數的直通街道都

會變窄甚至被切斷，出入口也只剩下迂迴的小巷弄。少數主要街道都連通到從一大群建築群延伸出來的死胡同，其中每一條街道都拐進建築本身的庭院去，還跟死胡同一樣繞過條條街道。（當然，通常會基於特定功能而保留某些開放空間——能操練士兵的廣場〔maydan〕；或至少保留一個禮拜處〔muṣallà〕，也就是為了供應節慶（‘îd）的特別禮拜，而在牆外保留的空間。）

　　在某種程度上，是由於未經協調的個別行動而導致了上述情形；在這些行動當中，相較於沒有任何特定公民團體支持的共同公共利益，私人的利益便取得更高的優先性。因此，我們會發現，伊斯蘭法重視個人權利更甚於集體權利的傾向，這種傾向造成了：只要沒有阻礙路人，個人的住宅就會逐漸侵入路面，但伊斯蘭法本身已明確規定路面的最小寬度。身為權威的中心，顯赫人物的豪宅大院，比起任何較非屬個人專有的空間，甚至比起公共廣場，都更形重要。但城鎮的佈局也受到更大團體群集的利益影響。因此，中期時代都市組織的積極因素，強化了那些在更具官僚色彩統治下已經存在的傾向。城鎮區塊則在物質上大致都能自給自足，每個區塊都有滿足其本身日常需求的簡易市場，還有將其與其他城鎮區塊分隔的牆。在夜晚，各個不同區塊之間的門會關閉起來，以策安全。這麼做的目的不只是要限縮竊賊橫行或逃避偵查的空間，其實更能減少產生摩擦的機會，特別是在不同宗教信仰的區塊之間。在屬於順尼派的城鎮裡，可能會有一個屬於什葉派的特殊區塊，而在屬於哈那菲法學派的城鎮，則可能會有一個屬於夏菲儀法學派的區塊；因此，公共領域的暴動就會因為物質來往，或者是接觸的限制而減少。

　　與城鎮分區相對應的則是：個人從社會上某個角落轉移到另一個

角落的相對能動性。許多城鎮居民非常樂於旅行，當然，商人所享有的聲望，會使一般人認為旅行是高貴的行徑。但是，從一個城鎮前往另一個城鎮的人，除了從事貿易的商人之外，還有具備寶貴技術的工匠——他們可以到欠缺技術的地方掙取報償。幾乎沒有人會絕對侷限於地方體制的關係上。（不過，某些特殊工藝的卻只會在一兩個城鎮中施作，以免其成員將機密外流。）其實，任何頗負聲望的穆斯林都不只居住在一個城市：士兵因其軍事傾向而在征途中行軍；學者為了找到新老師、新圖書館，還有找到更懂得欣賞的聽眾而旅行；甚至是詩人，也會為了找到最慷慨的贊助者而旅行。因此，特定城鎮中隨時都存在各類不同人士——甚至包括貴族人士。但因為城鎮之間都具有類似模式，既然這個城鎮跟下個城鎮之間有著相似的模式，所以外來者也能輕易憑藉一己之力而佔有一席之地。種種跡象顯示：這類移動並未侷限於以語言或政治界定的地區內，其實還更充分地延伸到整個伊斯蘭世界。

隨著地理上的能動性出現，自然會產生社會的能動性。這種地區性的特徵，對伊斯蘭文化（Islamicate culture）造成深遠的影響。社會能動性對農民的意義更為重大；精明且活力充沛的農民通常並不需要離開土地，而有些人即使在村莊內，通常也都能改善自己的地位，譬如說，運用工藝或小販身分來迎合村莊的需求，甚至還能聚集相當規模的土地。但社會機動性最為強大之處，即是與城市生活的連結方面。富有農人的兒子們可能在城裡有人脈，因此也可能會搬遷到城市去。但即使是很窮苦的人，或至少是窮苦人家的兒子們，一旦到了城市就會有很多機會。

即使在城鎮中，機動性也有其侷限。就像在其他地方，在他們父

親的工作行業及社會圈子中，兒子們如果確實適任，就能享有優先機會。由於某種趨勢——較富裕的人們能夠享有的，多過於他們在世後裔所享有的份額，進而使某些兒子能夠證明其本身能力。在伊斯蘭社會（Islamicate society）中，這樣的優先機會總是有助益的優勢，即便不是針對個別成員，至少對於整個家族而言確實是如此。但另一方面，貧窮的家族則大多會滅絕殆盡。換句話說，有利於延續上層階級家族的人口階級梯度，在此處即可見其影響作用。更有甚者，對於被視為低人一等的商人，通常都存在相當大的偏見，而這類偏見必定會阻礙他們。就像士兵鄙視所有老百姓，書吏官僚鄙視所有貿易商，商人也鄙視工匠，而處理昂貴商品（像是金匠）或相對免於苦工或塵泥的其他工匠，則鄙視像編織工等從事較不吸引人的行業——如果可以這些人一定會想從事更理想的工作。（這種差異甚至在伊斯蘭律法中引起迴響——儘管在很晚之後，而且不是在夏菲儀派法學者當中引起迴響。某些法學者還將工匠的尊嚴等級區分成三個層次，他們不允許金匠的女兒嫁給單純的裁縫，或裁縫的女兒嫁給單純的編織工；偶爾，行業層級較低者的證詞甚至不具證據力，無法獲得法律認可。）在這個世界裡，凡夫俗子根本無法出人頭地。

不過，特權家族的每個世代其實還是必須重新贏得他們的地位。一旦有為數眾多的兒子，那麼每個兒子就都只能繼承到父親的一小部分財產，而最有錢的人則面臨另一種特殊的災難——不只是因為他們太仰仗宮廷的恩澤，而且還會由於戰爭來臨，所以住在最優渥的豪宅大院，就會遭到劫掠。新人總是擁有機會，窮人如果受到高於平均水準以上的資助，也有機會扳回一城。

對於天賦較高的人來說，要出人頭地至少有四種主要方式。靠著

特別的好運與機敏的天賦才能，就能透過貿易賺取財富：豪門商人家族通常無法幾個世代都一直維持著身分，而是將他們的地位拱手讓給新人。我們曾經提到，即使是農民也可以成為士兵，而素質優秀的士兵則最能快速竄升。但其他脫穎而出的途徑則與宗教有關，在某種程度上也與教育相關聯。某個限度上，在各式各樣職涯中前途受到限制的年輕人，則可能藉由成為蘇非行者，並且終究獲取蘇非導師的權利，晉升到社會上具有影響力的社會顯要地位；雖然（精確地說）未必是坐擁財富的地位。宗教學者的前景則更加燦爛、多元。宗教教育不只能使天賦異稟的人晉升到法官或大法官的地位，甚至還能讓他投入行政工作中，或從事較不需要專精學識的職業。

依照農業（agrarianate）時期的常態而言，教育其實非常普遍。任何具有天賦的男孩都能略通讀寫，而且村莊裡也設置了古蘭經學校，任何男孩都有機會在慈善產業的支持下，熟練使他得以進精深造的基礎入門。

在最基礎的層次上，教育意謂著識字，但是普遍的識字能力可能會被誇大，因為代表人口中識字比率的數字，無法精確指出具備書寫能力的人口比例。文字的使用一旦跳脫廟宇內，並擴散到市集，就能大致看得出社會的觀點──也就是說，閱讀與書寫的服務極為普遍，甚至本身無法閱讀的人，也可以藉由口語來接收佈告文書，甚至於流行書籍的內容。當識字能力達到家族層次時，文字甚至還能形塑整個居民的觀點：更確切地說，在絕大多數的家族裡，至少有一個成員能夠閱讀的情形。即使在村莊中，還是存在相當程度的識字能力。在城鎮中，至少在某些階級，家族層次上的識字能力或許相當普遍。（值得注意的是，家族層次上的一般都市識字能力，可能以現代統計學方

式顯示為百分之十的「國民」識字程度，也就是所有男性的百分之二十。）

伊斯蘭法的公民力量

城鎮生活中涵蓋的所有穆斯林群體，不論這些他們進入特定城鎮的晚近程度，全都在凝聚力下共同結合，並且在相當程度上，藉由所有人都能參與、並且經過宗教認可的三種制度，跨越了區隔其間的界線。第一種就是已充分標準化的伊斯蘭法，這使得即使是彼此具差異性的哈那菲法學派、夏菲儀法學派與賈俄法什葉派（Ja'farîs）之間，也不至於在可以藉由法律裁定的事務上，對一般的共同期待出現基本上的差異，也不會在國家背景的差異上出現歧異。其他兩種整合性制度，也就是慈善產業基金與蘇非道團，就他們在社會上的可行性而言，最後他們本身還是依賴伊斯蘭法的規範。

伊斯蘭律法受到根深柢固的公共情感支持。伊斯蘭（Islamicate）社會秩序本來就普遍對伊斯蘭、穆斯林社群忠誠──因而也對伊斯蘭法所課予的義務忠誠。這種忠誠不只是精神上的美德，更是社會層面的美德，在某種意義上也是政治美德；或許比起征服時代的阿拉伯人，對中期時代具有主宰地位的穆斯林百姓而言，甚至更是如此；對他們來說，忠誠於阿拉伯的理想，曾經是至高無上的，而基督教徒阿拉伯部族與穆斯林部族之間也是平等的。穆斯林族群之間的團結精神，帶給人們非常個人化的感受──例如，在傳述自然災害時，編年史學家可能會以被殺死的「穆斯林」，而不只是「人」或「靈魂」等等辭彙來描述死亡人數。有個笑話說道，某個禿頭男人從公共澡堂出

來時，發現自己的帽子弄丟了，侍者聲稱此人進來時就沒戴帽子，但這個禿頭的男人對旁觀者討公道：「你們這些穆斯林，這和那沒戴帽子的頭是同一個頭嗎？」因為，穆斯林通常都會為穆斯林同胞所犯的錯誤辯解。

　　對於穆斯林公共團結精神的情感，並沒有用制度化或實際形式，來規範對統治者權力或任期的直接限制。在某種程度上，那些創建伊斯蘭律法的人別有用意：就是要稀釋哈里發的權力，以便有利於維持權力分散於整個社會的狀態。然而，順尼派的目標或許延續了伊斯蘭法創建者的立意；後來的順尼派反對任何建構在罷黜哈里發的伊斯蘭律法秩序──或理解為哈里發代理人的統領──因為他的地位超越了伊斯蘭法；甚至當人們認為（像是十一世紀的阿胥阿里‧阿布杜─嘎希爾‧巴格達迪〔Ash‘arî ‘Abd-al-Qâhir Baghdâdî〕所斷定）「宗教學者基本上有義務罷黜不正當的哈里發」時，也是如此。因為這樣的罷黜，充其量只是個危險的動作，最好的做法應該是使人們的注意力集中在強化伊斯蘭法，進而使統治者的武斷干預盡量不造成影響，而不是去鼓勵叛亂；因為無論如何都不可能會出現大公無私的統治者（而且，如果判斷成功了，將由宗教學者承擔代價，卻會提升新統治者作為伊瑪目的名聲）。因此，在中期時代，即使回過頭來賦予哈里發職位在伊斯蘭法上的更強大角色時，理論家並未駁斥那些聖訓主義者與伊斯蘭律法專家的態度，這種態度就是：將每個穆斯林「隱惡揚善」的責任，縮減到毫無惡意的個人告誡。

　　但其他兩條表達穆斯林政治團結精神的規則，仍然保有完整效力：有絕對義務去保衛伊斯蘭境域的邊界、對抗異教徒的聖戰，並將叛教視作處以死刑的叛亂罪。早在穆罕默德時代，這些義務就已經讓

掙扎求生的新政府獲得忠誠，如今則標誌著社會實體得以堅持其族群身分認同的界線——並在必要時，得跨越這條界線，拒絕服從統領政府的最終裁量權。穆斯林堅持認同這種社會團體的同一種精神，表現在對非穆斯林受保護者的普遍敵意上，只要非穆斯林的比例明顯降到極少數，就隨時可能會造成致命的暴動。（必須補充的是，地方自治主義的嚴峻，僅僅緩慢延伸到禁止異教徒利用穆斯林神聖地點的作法；最晚到十四世紀，在圖斯〔Ṭûs〕附近的馬什哈德〔Mashhad，這是現在因為公眾情緒而對異教徒關閉的主要聖壇〕，可以接受外國基督教徒的到訪，而不至於激起公憤。）

這種伊斯蘭社會忠誠的「政治美德」特性，使穆斯林得以在範圍比較有限的問題上形成社會輿論（像是對抗非穆斯林侵略者這類問題）；這種民意，不是單純主張多種特殊利益間的均衡關係。每個人都會認為這種社會輿論是理所當然，並且預期它將發揮作用，所以往往會基於這樣的期待而行動。正是這種社會輿論賦予法官職位的正當性，並且賦予法官相當程度上的自主性，與統領形成鮮明的對照；正是這種社會輿論，也就是唯一確實可依賴的社會輿論，賦予伊斯蘭法及其宗教學者們，他們在法律和道德正當性方面幾乎獨占的地位，即使在蘇非密契主義者（具有另一種虔信情感形式）最廣受尊敬的時代，也是一樣。這種社會輿論的力量，以及否認非伊斯蘭法權威之終極合法性的立場，往往可以用穆斯林政治去說明。最著名的情形，或許就是薩曼朝的衰頹——當時，宗教學者用「穆斯林之間的戰鬥比政府的垮台還要嚴重」為理由，說服布哈拉人民不要抵抗挺進的喀喇汗國軍隊。

伊斯蘭法只是權威的來源之一，卻是最無懈可擊。它只在比較一

般性的社會活動層次上，由穆斯林社會輿論執行。在限制伊斯蘭法的適用範圍時，伊斯蘭法規則的普世性指涉無視於地方性運作，於是伊斯蘭法高度理想化且形式化的過程，才有可能存在：並非只有統領的軍事法庭審理行政與刑事案件，這種法庭跟以往的哈里發法庭一樣，忽略伊斯蘭法的程序，有時甚至忽視伊斯蘭法的實際規則；至少同等重要的是，城鎮（還有鄉間）族群內部的許多地方性紛爭，總是能透過贊助者的裁決或交涉，達成妥協並加以解決。事實上，伊斯蘭法的正義，作為個人的正義，對於強調地方族群融合的人來說，往往不符合胃口；他們通常從法庭撤回爭議，並交由家族會議與行會或村莊仲裁者裁量。當他們必須對簿公堂的情形下，如果能在伊斯蘭法的名義及其幌子下，再次確認地方團體特權（或縱容團體的敵對關係）的那種「腐敗」可以行得通，他們往往會感到高興。

　　我們可以列出好幾種可視為伊斯蘭律法替代選項的權威來源。試圖維持中央集權行政形式的書記（kâtib），盡其所能，實踐官僚體制的規章與慣例，而且，基於同樣的精神，他們也執行所謂的朝代法──蘇丹或統領所制定，以及其繼位者必須遵循的一般性典章。地方團體（像是男性團體或行會）有自己的規章，有時編纂的內容非常明確。這種正面表列的規範，必須與另一種更加無所不在、卻總是會改變的權威來源區分開來：那就是地方性慣例。最後則是統領的命令，這種命令通常必須視為「統領身為軍事指揮官的權威」，並通常施行於朝廷本身、適用於被公認為受他指揮的人身上，至少代表了某種軍事法。（最後這兩種權威來源，特別代表了這個時代對於習俗和個人隨機應變，相對強烈的依賴性，反而沒有那麼依賴客觀的精確規定。）當然，除此之外，我們必須謹記某種具領袖氣質的開創精神也

是權威來源之一；這種開創精神純粹由創見型人物的個人聲望而獲得，而且，在伊斯蘭世界相對流動的社會中，經常會出現採取這種積極行動的機會。

這些權威來源全都透過傳統而達成效力：明文規章與慣例的實踐，甚至是統領的命令，都受到遵從，而他

們之所以受人服從，都是因為特定傳統的傳承者對於最初規範、綿延不絕的生命力，有共同的投入。（即使是具有領袖魅力的領導者，通常也只是在某種傳統所開啟的對話中，扮演某種別具生命力的角色。）不過，這些權威來源，都不像伊斯蘭法那樣，得以容忍人們暫時性的屈辱或輕蔑態度，甚至連地方性的慣例也是如此。在信奉印度教的印度地區，村莊團體可能會擬定內部的盟約，並向能夠執行這項盟約的國王登記；但在穆斯林當中，不太可能存在這種機制——部分是因為相較之下，任何統領的權威都很短暫，一部分則是因為訴諸普世伊斯蘭法的作法，可能會使任何地方性團體的慣例失效。為了因應地方上的迫切需要性，而將任何非伊斯蘭法的制度合法化，這個問題可以舉曆法為例；每個在某方面依賴土地及其自然季節的社會，都必須以至少近似於季節年的方式來計算時間，如果沒有其他考量，稅收的清償期必須是在每年收成之後，在農夫有辦法支付之際，而不是在不相干的時間週期當中隨意指定某個時刻。同樣，基於實用目的，穆斯林必須使用陽曆，每個政府都基於財政目的而制定陽曆，這通常用以符合實用上的需求；但是伊斯蘭法唯一許可的曆法，卻是純粹的陰曆，它是以十二個月而非真實的季節年計算。因此，人們只不過是基於一時方便，才接受政府的這些陽曆——而它們全都陷入混亂，因為它們缺乏閏年之類的必要機制，以維持季節之間的固定關係。所有陽

曆都必須偶爾加以修正，而沒有哪一套曆法可以贏得永續或普世的地位。像是在歷史或外交之類的廣泛脈絡中，所使用的曆法全都只有伊斯蘭陰曆，造成這種結果的不只是虔信，還有對可靠度與一致性的需求。

　　不過，伊斯蘭法不只禁止其他形式的法律；雖然面臨種種限制，在其本身專屬的領域中，伊斯蘭法仍然具有重要的正面功能。儘管朝廷與農民多半對其視而不見，卻無論就文義或精神而言，在商人之間保持它一貫的實際效力（然而，即使是商人們，也使用不屬於伊斯蘭法的各種商事法）；這或許是因為商人無論如何都必須反映世界主義觀點。無論是哪個社會階級，凡是超越家族或村莊的層次之外，都有尚未建立社會延續性的地方，這也是人們訴諸的標準。由於伊斯蘭法是合法的普世標準，因此不論何時何地，務必保持盡量減少伊斯蘭法的變化。

　　想達到這個目的並不容易，而且，從來無法完全實現。有時所謂的穆斯林法的「嚴苛」，其實最初制定時的原則並非如此。事實上，夏菲儀（al-Shâfi‘î）所教導的原則，不僅忽略地方傳統，更質疑任何憑藉單純慣例而來的延續性。這種原則，可能會使法律不可預測，而由每個有能力訴諸《古蘭經》與聖訓、並且自行重新進行評價的法學者們重新詮釋。藉由期待每個穆斯林遵從某個特定的伊斯蘭法學派，就得以避免這類結果，也確保了其可預測性。順尼社群的共識是：幾個法學派的學者能追溯到夏菲儀或阿布—哈尼法（Abû-Ḥanîfah）之類的偉大伊瑪目，每一位都可以平起平坐。但人們應投入其中一派，而不是便宜行事、在其間猶豫不定。因此，即使是法學者，通常也都應該在他所屬的法學派，遵從普遍受到內部承認的決議，並只在仍有爭

議或有新的問題出現時，著手他自己對「理性思考判斷」（ijtihâd）的探討。

因此，伊斯蘭法能充分保持它的一致性，以滿足廣大穆斯林社群的需求，跨越所有可能存在的政治邊界：凡是穆斯林所到之處，他就能依賴大致相同的法律立場，並且知道他在某個地方勝訴的權利，會在別的地方受到尊重。即使當法官採用明確屬於地方性的法律（'âdah，即「習慣法」）時（正如依照數個法學派所發展出的原則，而且確實曾經發生過這種情形），它也都還是普遍適用的法律，適用於剛好身處在這個地區的每一位穆斯林，而不是僅僅管轄像是地方公民等具備特定身分的特殊法律。

但無論法律多麼具有普世性，如果要維持確實適用的法律，幾個世紀以來當然會有所變動。藉由特定時代中最卓越的法學家們的認可，完成了這種變動；不只是限於一個地區的認同，而是非常廣泛地的認同，至少在有人傳授其所屬的法學派之處，飭令（fatwà），也就是這些法學家們所做成的裁定，在緩慢變動的農業時代裡，藉由幾乎無法察覺的增長，而在無損法律普世適用的情形下，使法律能夠跟得上時代。受到這種飭令指引的法律，約略類似於盎格魯—薩克遜判例法及先例約束規則（stare decisis）；但往往在提出問題時，卻只是默認這些爭論（對於問題的「答案」，僅有是或否）；人們更不受約束地忽視這類判例，每位法官獨立負責判例而且不代表持續運作的「法庭」。Gibb 已經指出，穆斯林法的歷史應該依循這種飭令選集加以追溯，而不是以變動較少又與實際上的偶發事件較無關聯性的基礎教科書為基礎。（我們將在第四冊討論維持伊斯蘭法可行性的更明確做法。）

地方模式持續面臨一種壓力：遭受理想化的伊斯蘭律法性的規範

同化。這種壓力造成某種程度上的社會一致性，特別是在穆斯林生活最長久的土地。但多樣性必然持續存在，而即使是支持伊斯蘭法規範的壓力，也可能在地方上產生獨特的結果。當伊斯蘭法取代了慣例，也就是取代了公認的地方習俗的特定規範時，就可能會在不同脈絡下引發不同結果。

例如，在某些地區，對於強調核心家庭的父系家族關係規範而言，伊斯蘭法的家庭法仍是不變的壓力——特別是在母系群體當中。這種壓力會導致特定群體開始從母系排行轉變為父系排行，這在心理及社會層面都可能非常重要；因此，有親戚關係的人們藉由相互稱呼、歸類親屬之間彼此的親近程度，於是稱呼的用語本身也就改變了。但藉由這種轉變，又會出現其他無法讓這種轉變產生預期作用的壓力。在絕大多數農業脈絡中，不可能不顧更寬廣的家族團結力，又同時不會出現造成社會與經濟錯位的風險。

特別是每當有人死亡時，作為財產的土地由眾多繼承人分割，這種情形可能會造成災難；尤其，如果土地也分給女孩們，她們則會隨著婚姻而將它帶離家族。因此，伊斯蘭法的規定便造成兩種協議，在不可避免的情形下，它們往往導致堂表親通婚；人們預期男人會迎娶父親兄弟的女兒，這樣一來，她的份額就能留在家族裡。（或許正是因為經常有這種同族婚姻形式，所以阿拉伯人是最早出現女性享有繼承權的地方。）[18] 這種婚姻不一定會發生，但在某些地區，如果沒有

18　Gerinaine Tillion, *Le Harem et les cousins* (Paris, 1966)，是地中海家族與榮譽模式理論基礎的絕佳研究，這本書指出：堂表親之間的婚姻深植於農業的前提，至少是整個伊朗—地中海地區的假設。但很可惜，作者在論證上並不嚴謹，她的歷史重構也相當支離破碎，更受到西方的世界形象所迷惑。

締結這類婚姻，就會發生嚴重的衝突，人們會覺得自己的權利遭到侵害。在並未採行這類婚姻的地方，通常就會將土地一概排除在繼承規則適用的範圍之外。墾地體制的好處之一就在於：它使人們得以採行這種作法；遺產可能就這樣只將不可分割的墾地分配給兒子。家族慈善產業的建立，也具有相同效果。

法官也比較間接地管轄另一種次要的制度，這種制度發揮維繫各類不同社會族群的功能：那就是慈善產業制度。這種最具公共性的制度，從水井與泉水，到經學院與清真寺，愈來愈常是由宗教捐贈與遺產維持（通常是收取租金的土地），它們既由私人建立，也由私人管理。公法所稽徵的天課（zakât），曾是整個伊斯蘭社會籌措資金的原始機制；天課是對於穆斯林政府多種都市稅捐的正當化理由，而且是儀式化的個人慈善活動，因此得以繼續存在，但不再作為支持伊斯蘭專有之絕大多數慈善關懷的物質基礎，以私人的慈善產業基金大幅取代它所扮演的這種角色。伊斯蘭法規定列入慈善產業裡的財產不得讓與，穆斯林統治者也極少出手干預。慈善產業一度得以涵蓋都市生活裡的各式偶發事件。一位身在大馬士革的穆斯林旅行家就曾經描述，他看到奴隸男孩跌倒並摔壞隨身攜帶的貴重花瓶；由於這個小伙子害怕他的主人，所以路過的人安撫他：結果，有個慈善產業建立了，這個機業的目的就是為了這類惹上麻煩的僕人提供資金──這個小伙子得到替換的花瓶，最後也平安回家了。透過慈善產業，在私人但可靠的基礎上，得以提供公民多種必需品，或者甚至是提供便利設施，而不必要求或擔心政治權力的干預。

最後，早在哈里發盛期就已經發展的蘇非信仰，提供一種廣大的靈性預設與認可，由下而上地支持這整個模式。正如我們將進一步看

到的，蘇非主義成為所有穆斯林虔信盛行的主流架構；蘇非主義的聖人，無論逝去或活著，都成為社會生活及溫和、合作方面的保衛者。行會往往因而跟蘇非主義有關。男性團體聲稱自己本身得到蘇非聖人的庇護；地方聖人的墳墓成了聖壇，所有派系在虔信之中重新團結起來。或許，假如沒有蘇非道團潛移默化的微妙力量，激發伊斯蘭內心的個人動力，並在任何人的外在力量之外，給予穆斯林社群某種能擺脫任何外力的共同靈性事業參與感，那麼，伊斯蘭律法的機械性約束可能就無法維持──對它本身效力相當重要的忠誠度。

伊斯蘭律法、慈善產業與蘇非道團的存在，使權貴─統領體制得以成為可行的普遍模式，而不只是因城鎮而異、地方上的暫時約定。但權貴─統領體制進而（連同其在自由農民階級與軍事墾地中的農村基礎）特別使伊斯蘭律法成為至高無上、不受任何政體官僚法律條文的限制，並且因此能維持它在整個社會的普世性。有了這種相互強化的結果，城鎮中就未必存在明確的公民一致性，不論這種一致性屬於內在（像在蘇美人的祭司城市，或是希臘式的商人城市中）或外在性質（像在用官僚體制管理的城市中）。即使是依附於城市的領土，其統治基礎也可以是藉由贊助關係，而維繫於都市家族的村莊組織。唯一顯而易見的一致性，就是伊斯蘭境域本身的一致性，而它確實具有實際效用。

不過，城鎮中某種殘餘的中央權威還是有其必要性：如果族群的敵對關係以及對虔信理解的任何取捨，進而崩壞成為無法修復的內部鬥爭，它就是維護和平的仲裁者；它供應常備軍隊，尤其是似乎當面臨重大外來侵略之際，需要騎兵軍力時，並在正常的運作關係斷裂時，能確保從村莊獲取收益。

青年團、城鎮民兵與駐軍政府

即使是這樣的需求，似乎在某一段時間內，也要以都市內部結構加以滿足。在哈里發盛期的末期，所謂的「民兵自治」（militia-autonomy）模式，就已透過許多都市運作關係開始發展。在敘利亞、加濟拉地區、非阿拉伯的伊拉克地區、呼羅珊，還有其他地方，有好一陣子，各式各樣的城鎮居民群體，都是以大致上屬於永久性的民兵為基礎，而組織起來。這些團體，有時候是教派團體（例如伊斯瑪儀里派，而與其敵對的順尼派，有時也會組織民兵團體）；它們有時候代表城鎮的下層階級人口，但大致上都與既存的權威有關。總之，如果可以有效動員，它們就會形成正式的權力中心。

其中某些最重要的團體，顯然就是下層階級的團體。許多城鎮居民進而組成具有社會意識的團體，這些團體在阿拉伯文中，最常被稱為「青年團」（futuwwah），也就是男性社團，他們在儀式上致力於合乎男性氣質的美德。「futuwwah」這個詞，字面上指「年輕男性」，它表達了夥伴間忠誠與雅量的男性理念（這個詞源自貝都因傳統，但用於指稱都市的概念時，人們賦予它特殊意義；這確實是在阿拉伯人征服之前，就已經存在的概念）。在波斯文中，對應的詞彙（javânmardî）在字面上也含有年輕男性的意思（突厥語稱呼青年團成員的詞彙則是「akhi」）。意為男性社團的「futuwwah」一詞，最早是適用於上層階級的組織──當上層階級首先開始說阿拉伯語，並使用阿拉伯語詞彙的情形下，這種用法一如預期。但到了哈里發政權盛期結束時，當時普遍使用阿拉伯文，這個詞就比較常用於指稱都市下層階級的男性團體。

曾經證實在拜占庭城鎮，包括位於敘利亞的城鎮中，「馬戲團」（circus factions）就是我們在伊斯蘭世界見到的那種下層階級男性運動團體；它們同樣具有民兵的基本特性，影響穿著的特質，且有時候也同樣泛稱「年輕男性」。或許這種組織的特殊之處，可以追溯到由中央集權「管理」的城市出現之際（至於在薩珊帝國中的這種結構，我們沒有任何正面或負面的資訊）；因為在阿拉伯人征服的時代，這種男性團體仍然活躍，所以我們可以認定其與青年團之間有著普遍的連續性，就像穆斯林生活大多數的其他面向一樣，儘管關於早期伊斯蘭世紀的下層階級生活，我們所知有限，而無法追溯它們在民眾轉變為穆斯林時的演進。[19]

這類男性社團分為幾種類型，某些似乎完全投入體育運動，其他則致力於互助。偶爾，成員們會在共同的團體會館中生活，或者至少可能在那兒用餐。這些團體在幾個不同的社會階層裡成形，或許某些主要是年輕人的幫派，這些青少年與年輕男性團體均聲稱各自的個人獨立性，而某些（至少在後來）則是一般性的貿易商人協會。以同一種性質來看待所有這類團體，看起來幾乎是不可能的，但對我來說，在一個極端與另一個極端之間，這種組織必定有其連續不間斷的光譜；而且，儘管有各式各樣的組織，但其中絕大多數組織都一定具有

19　Spiros Vryonis 在 'Byzantine Circus Factions and Islamic Futuwwa Organizations (neaniai, fityân, ahdâth)', *Byzantinische Zeitschrijt* 58 (1965), p.46 － 59 中，討論了拜占庭的派系，它也提出關於青年團的晚近參考書目。Vryonis 似乎主張，儘管可能性不高，但拜占庭馬戲團或許曾經被引進薩珊帝國。但是，既然某些派系的矯揉造作（例如長髮）可能與薩珊帝國文化有關，是否某種跨越邊界的延續性，可能早就存在了呢？

某種共同理念與願景。而且在歷史上，我們可以明顯看出這類組織在中期年代所扮演的特殊角色——無論好壞，幾乎每種青年團，都可能會扮演這種角色。因為，建立都市民兵的可能性如果確實存在，似乎就在男性團體內，不論這些團體是如何組成。

　　所有社團都有共同的理想主義調性，強調成員彼此之間無條件的忠誠，還有某種私人儀式。它們的儀式長期下來變得更為繁複，而且至少到了中前期時代，所有青年團的儀式都變得非常相似。最值得一提的特徵，是以特殊的青年團長褲與其他獨特的衣著元素，授與新入會者，還有飲用鹽水的儀式。每個城鎮可能都會有許多獨立的青年團，每個元素、儀式都刻意與其他青年團區隔，並各自主張自己才能代表真正的青年團。因此，這類個別的青年團就會緊密結合成較小的組織，儀式性的生活主要發生在這些單元之內，而且通常每個青年團成員都必須無條件服從他所屬單元的領導者。（如果一個人與他所屬單元的領袖不能和諧相處，甚至還有讓他轉到另一個單元的規定。）

　　由於青年團十分強調會員之間相互忠誠的運作關係，因此可能會漠視其他社會的運作關係，某些青年團甚至還堅持要成員切斷與家庭的互動關係，並且只接受單身漢；對於足可稱之為年輕人幫派的團體而言，特別是如此。同時，他們為自己的倫理標準感到自豪，尤其是他們非常好客；以富裕貿易商為成員的團體，可能會率先對城鎮中的陌生人表示友善。或許他們的力量，某個程度上而言，就來自於克服個體（無論居民或外來者）孤立處境的需求，這種需求往往伴隨著自由而來。

　　青年團自然傾向於以某種程度的軍事紀律，來補強對於運動的興趣，而這種紀律通常至少都會隱約對抗既有權力。青年團通常會接納

非穆斯林受保護者，他們可能也會接納奴隸甚至閹人，但不會接納懦夫或稅吏，也不會接納暴君的忠實追隨者——統領的追隨者。據稱，青年團成員隨時願意拿起武器，在必要時保衛他們的青年團弟兄。偶爾，青年團還會為其理想而進行軍事遠征，而在其他時候，他們則會發起暴動，威脅城鎮裡的有錢人。在暴動發生之際，會有人強調只能掠奪有錢人的房子，但是離窮人的房子遠遠的，也不碰房子裡的東西。即使是他們的敵人，也會讚賞他們在這類行動中的嚴格榮譽規範。某些團體會「收取保護費」：有錢人必須付錢以換取保護，讓團體本身不至於盯上他們；團體也會進而保護他們，使其免受其他敵對團體的騷擾。（因此，他們在統領未能善盡保護的方面，扮演了某種角色，就像是沙漠商旅路線中的某些貝都因部族。）在編年史裡，往往是以暗指盜匪的詞彙指稱青年團，青年團成員也不見得會拒絕接受別人這樣稱呼他們。呼羅珊早期一位受人景仰的蘇非行者，就因為他與青年團的關係，而被稱為歹徒（'ayyâr）。

青年團所代表的那一方，似乎往往就是權貴所不能代表的民眾——比較窮困又較年輕的男性，以及沒有良好家族人脈的人，這些人儘管對於比較顯赫的大人物具有某種依附關係，但他們還是覺得自己與富裕者及既得利益者的利害關係不同。青年團的紀律強調人生而平等的權利，而不是書記極為珍視的、文化特權者的權利。有時候，青年團甚至還會吸收城鎮中的罪犯或乞丐加入組織，事實上，相較於規模比較健全的團體，這些人口可能在組織上更加緊密。儘管具有平等主義的傾向，但青年團未必與社會疏離；當青年團扛起武器時，有時顯然就會與招募成員來源更廣泛的城鎮志願民兵團體——青年兵團「ahdâth」——保持關係；至少在敘利亞，它們還曾參與突厥軍隊的戰

役，跟著那些軍隊一起作戰。青年團往往代表特定的城鎮區塊，或跟城鎮區塊有所關聯，因此具有強烈的影響力；另外，他們的首領本身也可能變成權貴。但青年團與權貴所控制的既定秩序，總是有著潛在的扞格。

對整體都市生活而言，像青年團這樣的團體通常位處邊緣，但偶爾還是具有影響力。即使是窮人，也並非總是以在政治上有實際效用的行動來支持它們；窮人即使不遵守特權階級的社會信條，也總是傾向不信任平等主義訴求能實現，以免淪為替較不完善（也因此更嚴苛）的新特權團體鋪路。但以青年團為基礎的民兵團體，行動上則能發揮其團結精神與獨立性。在政治上充滿不確定性的年代，青年團可以扮演重要、甚至是決定性的政治角色。

在中前期時代，這個角色似乎愈來愈常見。早在九世紀，錫斯坦（Sîstân）的剎法爾朝（Ṣaffârids），似乎最初就是男性民兵團體的領導者，這支民兵隊伍是為了對抗正在掠奪這個地區的出走派團體，而組織起來的。接著，當剎法爾朝邁出錫斯坦，橫掃伊朗，進而從阿巴斯朝總督手上奪走權勢時，其他伊朗城市的地方男性團體似乎也曾大力支持剎法爾朝。在西元950年至1150年間，青年團之類的百姓民兵團體，在許多事件上往往舉足輕重。城鎮民兵的領袖（ra'îs），有時甚至還扮演城鎮本身的領導人角色。這些團體在巴格達似乎受到享有更高特權的階級抑制，但是在許多省份的城鎮，它們則構成維持良好秩序的主要官方勢力；它們不只要求會員間的團結與紀律，有時更長期為城鎮建立地方上的公民秩序。

但到了西元1150年，這種政治勢力似乎已經消失了，唯一的例外則似乎是伊斯瑪儀里派尼查爾分支的政權，或許在某種有限的程度

上，錫斯坦的城鎮也是例外。遙遠的伊斯瑪儀里派政權，如此違悖常理地團結，且長期與統領們的體制對立，從一開始到最後，全都是以地方上的伊斯瑪儀里派民兵為其基礎。而在錫斯坦北部的古希斯坦，則是從未接受外來駐軍、為數龐大的城鎮民兵。毫無疑問地，事實證明伊斯瑪儀里派的起義，利用鋌而走險的戰術分裂城市社群，並因而促使絕大多數人轉而對抗那些社群，這是決定性的因素；這場反叛行動不只敗壞伊斯瑪儀里派的名聲，還有其他建立在青年團之上的民兵自治團體的名聲。

然而，在任何情形下，以民兵自治團體為基礎進而普遍解決政治問題，或許並無可能。在阿拉伯半島周圍的某些島嶼或偏遠的沿海地區，確實還曾出現過獨立城市政體——例如，在波斯灣蓋斯部族的島（island of Qays）上（人們也指控他們是海盜）。但是，這個地區絕大多數的城市在穩定之前，並沒有固有的手段保護其內部組織，使其免受以陸地為基礎的農業勢力侵擾。因此（我假設），這個地區未能發展出公民自治團體的一般性模式（即使是孤立的城鎮，也能得利於這種模式）。城市社會結構的分裂，與超越任何特定城鎮的世界性環節（此世界主義源自乾旱帶中部領地政體及帝國之間的古老對峙關係），在未能驟然大幅更新社會力量的情形下，都會阻礙地方性公民團結精神的充分實現。事實上，伊斯瑪儀里派思想確實正好在尼查爾分支起義時提供了這種模式。但事實證明，除了在非常偏僻又根本不是非常富有的地方之外，它與伊斯蘭普世模式之間必然存在著斷裂——對於公民在地方上的孤立地位的需求，都相當顯著。

就像在伊斯瑪儀里派的情況所顯示的，就整個民兵運動而言，所有人最終都必須依賴其合作的優勢都市階級，他們所珍視的事物有太

多受到威脅了。至少，除了這種說法，我找不到更好的方式能夠重新建構所發生的事情。他們發現，由特權階級以外的年輕人組織起來，並且（基於伊斯蘭法與青年團本身的精神）抗拒強行施加權威的民兵團體，通常必定會站在窮人那邊對抗有錢人，而且或許就他們自己的區隔性與世界主義而言，權貴無法期待這項運動能提供其他任何替代導向。確實，在自由流動的伊斯蘭社會（Islamicate society）中，他們不能以固定的身分地位關係，來確保其對任何受擁戴民兵組織的控制力。因此，比起仕紳對農民所能享有的依賴，他們甚至更沒辦法依賴身為士兵的城鎮居民（正如我們即將看到的，哈里發納席爾就是在更晚的時代，在另一種基礎上，努力使青年團有著不同導向；但他的方法無法幫助城市權貴獲取獨立性）。無論如何，權貴們似乎更喜歡我行我素、由令人討厭的突厥戍守部隊，來發揮其最終政治仲裁者的功能。

在這種社會中，如果沒有中央政府，必要的駐軍還能從何而來呢？首先，在正當的法律基礎上，駐軍的組織方式無法代表著整體城市；也就是說，以非個人性質也不具地方性的伊斯蘭法為基礎，因為它並不承認兼具專屬性與地方性的社會團體，像是實際上構成城市的那些團體。（只有伊斯瑪儀里什葉派在他們的伊瑪目身上，發現這項伊斯蘭法僵局的替代選項；但在這個層次上，他們的替代選項不只威脅都市的既存利益，還威脅到既存的宗教學者。）駐軍可能以更受侷限的利益為基礎，從遭到派系撕裂的城市興起，而未能享有在伊斯蘭法上獲得普世承認的合法性；但是，從青年團的經驗來看，只有讓少數人承擔代價、進而圖利多數人，才能夠建立起這樣的駐軍。那麼，駐軍就必須以都市社會之外的社會要素而組成，統領與他的突厥士兵

正具備這類要件。事實上，偶爾也會出現本身並無統領的城鎮，這時就可能會找出一位統領來上任；就像在敘利亞的荷姆斯（Hums），當統領被暗殺，人們對伊斯瑪儀里派的興起感到驚恐之際一度發生的情形。（在某個層次上，統領填補了義大利傭兵隊長〔condottiere〕在某些時代扮演的那種角色；但不同城市結構會產生不同的結果。）

隨著駐軍統治的模式穩固之後，未能以自己的駐軍取而代之的自主都市團體族群，則會在其他方面鞏固自己的地位，以便隨時能對抗統治軍隊的侵擾。都市所發展出的最重要組織類型，就屬貿易行會，它在早中期時代，或者甚至是更晚近的時期，在許多地區都具有相當的勢力。在哈里發盛期統治下，在更早期結構的衰弱與行政的變遷（還有其成員陸續伊斯蘭化）之後，至少在許多地區，各種行業間的關係仍然非常疏遠，而政府的市場監督者往往直接對個人行使控制力，對於團體責任則沒有太多要求。當時的這類協會因而得以強化，或者在中後期末年時，由伊斯蘭世界中幾乎普遍存在的更強大新組織所取代。

但是，即使青年團這種男性團體未能為城市提供獨立的民兵組織，它們確實也仍有助於維持都市組織的自主性，以對抗當時根基穩固的駐軍。許多行會似乎以青年團的方式組織起來，而且，它們一直維持相當程度的獨立精神。伊斯蘭行會（Ismaicate guild）不像其表面上那樣只是政府控制力運作的管道，而比較像是偶爾見於晚期羅馬帝國的情形那樣，能擁有完全的自主權，去代表成員的利益，因而往往更會密切合作來對抗官方勢力。[20]

20　然而，我們並不清楚行會是否像Louis Massignon（在 *Encyclopaedia of Islam*, 1st

青年團式的行會，透過它與蘇非主義的緊密聯繫而得到精神上的安定，藉以維持它自己的地位。即使在哈里發政權盛期，許多蘇非行者就已經採行青年團式的語言，來表達忠誠與寬宏，而且他們還將這些美德轉化為對神的忠誠、以及對神所創造的萬物表現出寬宏胸懷。因此，當青年團必須號召「在精神上支持新的行會」時，青年團理念的這種詮釋便已深植人心。某些作家將青年團詮釋為：由那些無法達成完整密契之道的人們，所設立的次級蘇非主義之道。青年團有時會有專屬於自己的蘇非主義儀式，這種作法是追隨社會蘇非主義的立場，而正如我們即將看到的，這種立場是從比較早期的中期年代發展而來，他們可能會以蘇非大師為庇護者。到了中期的末期時代，至少在某些地方，青年團基本上已經在行會組織中轉向蘇非主義立場了。

軍事專制主義與有隙可乘的無政府狀態

由於缺乏廣泛又能自行存續的官僚體制，也缺乏農業階級或資產階級的任何替代選項，當權者就會以嚴密的軍事基礎來掌握權力。這種情形便導致後來的普遍專制與殘暴。殘暴未見緩和，也不受節制，

---

ed.，還有在其他出處討論Sinf的條目中）所主張的那樣，是從伊斯瑪儀里派革命運動發展出來的。在哈里發盛期與中前期時代，它們似乎延續了羅馬與拜占庭時代受國家贊助的行會組織，卻因為伊斯蘭時代的社會流動而削弱。Gerald Salinger, 'Was Futuwa an Oriental Form of Chivalry?' *Proceedings of the American Philosophical Society*, 94 (1950), 481 ff.，是一篇內容有關於自主都市組織的絕妙討論。這些前所未見的材料，大部分見於Franz Taeschner 與 Claude Cahen（見前註16）的文章，這些文章列在J. D. Pearson, *Index Islamicus* (London, 1958 －)。

而且還是這個社會永久的特徵。

我已經指出，統領（也就是指駐軍指揮官，無論獨立與否）。相較於法官，法庭的正義實際上就是軍事法；統領運用他身為軍事首領的職權——並且主要適用於公認受他指揮的人。每當統領發現有干預的必要，他就會這麼做，而且，這項事務的優先性，等同於軍事權威的安定性；軍事權威的安定性在任何軍事法當中都具優先權。只有在安穩滿足安全性的表面需求時，才能考量個人權利。同時，統領全都仰賴於軍事勢力的逼迫，去對任何特定地方行使權力；換句話說，他的權利、他跟該地區的實際遠近關係，互成比例。

因此，在跟統領最鄰近的地方，統領的勢力通常都是最專制而且不受限制：城市中任何稱得上顯赫的人士（且因此有能見度），都可能會感受到他的反覆無常，因為他不需要依照自己判斷正確與否的標準，來面對官場上的拖延與覆核。這就是赤裸裸的專制統治，這種統治制度下的君主對於仲裁小人物繼承而來的穩固地位，極度漠不關心，而且君主基於其命令、地位的永久警惕作用，可以施加他個人的巨大力量；除此之外，就社會地位而言，他現存的巨大力量與其他任何類型的軍事領導人，並無太大差異。即使是藉由軍事法統治好幾個行省的偉大蘇丹（或者說，特別是當他們與任何相互一致的社會輿論相去甚遠時），也往往極其專制；在他們慷慨寬宏的時期光彩輝煌，當他們憤怒或恐懼時，則慘無人道。

另一方面，由於與統領保持一定的距離，所以不報償（採用回報收益的方法）他所派遣的軍隊，以確保軍隊持續服從，在這種情況下就不會有真正的政府。這是無政府狀態，或者更精確地說，是由嚴格意義的地方單位、在特定村莊與特定部族中受到眾人認可的領導者，

所進行的自我統治。而且，越過村莊的界線，或在部族區域之外，個人就只能依靠他自己。

　　但無政府狀態甚至也會週期性地，以戰事的型態滲透到駐軍最為嚴密的地區。在軍事政府之間，戰事幾乎接連不斷。較強大的蘇丹會想對他勢力範圍下所有城市的統領，行使權威。但在許多情況下，這種權威其實最主要只是分享統帥們的收益，不過還是允許他們干預其他方面的事情，特別就有利可圖的肥缺而言；換句話說，這往往只是某個駐軍指揮官對另一個駐軍指揮官的干預而已。要保持住這樣的權威，蘇丹就必須不斷展現實際的勢力，一旦出現任何衰弱的跡象，其中某個統帥可能就會率眾起義——拒絕交出任何收益，並藉由干犯蘇丹的忿怒，來試試運氣。蘇丹則會派出更龐大的軍隊前去剿除統領。但統領甚至也可能憑藉其運氣，去對抗相當強大的蘇丹，直到蘇丹因為其他人的叛變而過於分心，才必須做出有利的讓步；或者，直到蘇丹死亡而趕他下臺（他的繼承者可能更加孱弱）。事實上，極為常見的情況是：統治者的死亡就是信號，不只是新的叛變如此，對於為了繼承而進行的鬥爭而言，也是一樣的；因為，權力歸屬於掌握最強大軍隊的軍官，而他通常就是逝者的兒子之一，但不同的兒子會樹立支持自己的不同派系，他們最終將會透過戰鬥解決這件事。最後，獲取相當權力的統治者，可能就懂得把它當成某種測驗，用來測試其軍事才能、甚至是男子氣概，進而擴張那項權力——還有隨之而來的財富。偉大的蘇丹可能會想征服新的領土，而讓鄰近的蘇丹承擔代價；甚至於，如果當地方上的統領與較弱小的蘇丹結盟，或者並未與任何人結盟，也都可能採取相同的行動，而讓同儕統領承擔代價。

　　就發動戰爭而言，比統治者的貪婪或虛榮更具決定性的因素，就

是軍事生活的經濟學。統治者必須竭盡所能去保有許多軍隊，而如果他可以藉由掠奪的機會來補償軍隊的收入，他就能養得起更多軍隊，比起土地收益所能負擔的軍隊還要更多。想要有大規模掠奪的統治者甚至還能從其對手那裡吸引士兵前來投靠。因此，統領所進行的小型戰事，不僅會將無政府狀態帶往戰場上，也會影響到所有鄉間與城鎮。軍隊行旅途中的任何東西，都可能被當成掠奪活動所能奪取的目標，而在敵對統領領土上的任何東西，除了可能遭到掠奪之外，當所有能移動的物品悉數遭到掠奪時，還可能被任意摧毀，藉此減少敵人的資源；或者，甚至是藉由人類激情的乖僻，懲罰未能舉村叛離並將村莊獻予攻擊者的敵對臣民。戰爭通常伴隨著掠奪與縱火，比起由於宮廷鞭長莫及所造成的無政府狀態，這種無政府的狀態更為嚴重，但是也較為短暫。

在統治者的時代，某些統治者的讚頌詩人會吹噓如下：某個老婦人可能會把裝有金幣的錢包遺落在遙遠的公路上，到了隔天，丟失的錢包會原封不動、分毫未損地重新歸還到那個老婦人的手中。這種說法略微誇大，但警覺心強且殘忍的統領，在某種程度上可以滿足這樣的期望，至少在他勢力所及的最鄰近地區內。如果統領下令強大又不受賄賂的派遣隊，前去對抗任何可能呈報上來的獨立強盜團體，就有可能壓制主要的危險來源。如此一來，在某些穆斯林地區，人們會要求鄰近村莊集體為附近旅行者所遭受到的所有損失負起責任；因為村莊通常可以對抗——或者是通報——任何在地方上活動、又不遵守規矩（並且因此而眾所周知）的個人。然而，這還仰賴於統領的強大力量；由於他在意自己的聲望，能夠穩固地控制住自己的軍隊，並且像人們對於警察的期待那樣，希望統領做好萬全的準備與監督，進而派遣軍

隊。無論是奴隸出身的士兵，或是受僱到軍隊的冒險者，如果統領的控制力略有衰退，士兵便有可能擅自侵擾滋事；因為，統領本身就是必須依賴軍隊的忠誠度，來維繫他的權位。

每當出現軍事專制統治時，就可能發展出系統性的殘暴行為。一如大型的君權體制，小規模軍事朝廷的統治者也會需要驟然實施懲罰與武斷專制——事實上，他們盡可能想以前者為藍本，藉以形塑其本身。至於較弱小的統治者，則可能會因為統治者本身與士兵們的關係十分密切，而受到限制；但是，當遠方的權威無法箝制，統治者又更加專制地對待大部分人民的做法，則能彌補宮廷內部的這類侷限。軍事「法律」對輕微的違犯處以死刑，且刑罰通常立刻執行，沒有機會冷卻激情或發現新證據。（然而，較大的蘇丹可能把關於死刑的最後發言權保留給自己，而要求其附屬的統領停手。）至少與驟然處決一樣糟糕的，就是刑求。這種作法不是被用來當作刑罰，就是從首腦或證人那裡搾取情報的手段，而在這兩種情形中，都可能採取極激烈的方式。總是會有人死於刑求或因此終身殘廢。

伊斯蘭法主義者仍然反對這類行動；他們的反對聲浪同時反映了伊斯蘭的人性啟發，以及——更具體地說——許多更具獨立性的團體所理解的個人尊嚴，特別是定期為政權供獻人力的阿拉伯、突厥部族。但若要以尊重所有穆斯林的方式，去實踐他們的觀點，卻幾乎沒有得以實踐的基礎。要減少農業層次（agrarianate-level）社會中的殘暴行徑，有兩種主要的實踐基礎，但是這兩者都沒有得到伊斯蘭法太大的支持。

在清楚界定的階級之內，可以在相互關係的基礎上，維持對個人尊嚴的尊重。當一個城市階級的出身是直接出自社會地位更為明確、

生活更相似的更簡單的社會，那麼，那種比較單純的生活規範，就會在那個階級內部保留一段時間（因此，更高層次的個人尊重，相較於更古老的城市生活中心，往往在新近都市化的地區較為強勢）。於是，某些貴族階級的成員甚至還會將他們對彼此強烈的人身尊重，帶進城市生活的不明的複雜性，而且，無論他們彼此之間如何猛烈戰鬥，都會尊重彼此的個人身分。這是某種更普遍現象的顯著特例：在整個農業層次（agrarianate-level）的社會，甚至當其前身並非部族時，稀鬆平常的是，在任何特定的社會階層中──例如，在行會成員或村莊居民當中──在悉心維持風俗習慣之下，殘暴行為會受到箝制。（這類考量無疑都有所貢獻，比方說，古典雅典公民之間的相互尊重。）當然，伊斯蘭法並不鼓勵這類派系分立。

但在不同階級之間，例如在主人與奴隸之間、在富人與乞丐之間，以及在地主與佃農之間，這類團結精神並不存在。在這些關係當中，只有當優勢者一方感受到高貴人物應盡的義務、或弱勢一方形成有效的團結精神時，個人的暴力行為才會受到節制（幾乎在整個農業社會〔agrarianate society〕裡）。即使曾經發生極其罕見的情況──某個時期的中國可能是個例外──能直接普遍適用普世性、非個人性質的法律，並能控制所有上對下的關係，消滅絕大多數的殘酷行徑，並且使人們能充分享受餘裕的生活。

一如別處，伊斯蘭世界直接適用於不同階級之間的一般日常生活，並且沒有那麼正式的限制。一般的百姓有時候可以藉由騷亂，而實現其情感上的認同，這對權勢階級來說，代價極高。貿易者與商人們擁有更尊貴的武器，得以對抗任何嚴重的踰矩──像是新的財稅課徵，甚或是對於成員的苛求：他們可以集體關閉店鋪，使城鎮生活與

士兵的糧草全部停擺。只有相當強大的統治者才能實行武力，有效地加以反制（在許多時期，商人實質上可能免於專制的干預）。但同樣地，伊斯蘭法的平等主義學說，既不支持享有特權的特殊權貴，也不支持人民共同一致的抵抗行為。

　　但在軍事朝廷，就算只是小宮廷，要確保階級內部的成員能夠受到尊重的團結精神，或者是介於階級之間的壓力，都是靠不住的。在軍事朝廷中，除了君主的人格義務承擔的部分之外，可以完全確定他的殘酷行為沒有存在任何限制。除非君主喜怒無常的程度到了迫使臣民絕望、進而發動革命的地步，否則統領的憤怒與復仇可以表現在任何你能想像得到、又最慘無人道的野蠻行為上：將一個人綁在火刑柱上並在周圍生火，直到他遭到大火吞沒，或用磚塊在他身上砌牆，使他窒息而死，並且在當他還有一口氣的情況下，剝掉他全身皮膚。君主面臨的主要限制在於：面對強大的軍官，統治者必須出其不意地制伏他的受害者，以免受害者的家臣在叛亂中助他一臂之力。相較其他現代以前的地區，或許在許多穆斯林宮廷裡更常見上述這種情形，尤其是權勢更盛的宮廷，這種懲罰幾乎司空見慣。

　　隨著哈里發帝國的衰亡，軍事專制主義的問題進而浮現，而且，只要一般的官僚體制還能發揮作用，這些問題就會一直潛藏下去。譬如像是布伊朝的軍事統治者，就是從軍官晉升為國王，就運作殘存於統治地區的官僚體制而言，已經表現出某些不適任的意味。一如往常地受到軍隊的士氣所牽制。而在這個時期裡所有更加嚴謹的政體結構，所能表現出來的嘗試大致上如願以償：超越地方軍事專制統治與有隙可乘的無政府狀態。但到了這個時期末的中央地區，這個目標變得愈來愈困難。帝國的結構一旦喪失，就很難再次重新建立起來；因

為軍事條件往往會使他們把持自己的權位，只要他們還能滿足社群的主要政治需求。隨著事實證明：任何不夠強大的控制原則都不具實際效力，人們對於能夠箝制弱小專制統治的強大絕對君權，也就更加強烈期待。兩者擇一，比較缺乏耐心的人可能就會傾向於——在中後期時代變得特別常見的千年至福觀點（chiliastic visions）。

三、日常生活

我希望自己已經強調過根本的生態環境：在現代以前的伊朗—閃族文化中，持續造成商業與農業利益之間的異常平衡狀態，包括自然及文化上的情況。而且我曾經指出在中期時代，這種平衡狀態如何出現在代表社會權力的權貴—統領體制，以及其所造成的政府軍事化。現在我們必須察看，這種體制如何在城市的日常生活中產生作用。從與這套體制相關、也對這套體制有所助益的經濟投資模式中，最容易發現這套體制的長處與弱點。但很可惜，對於這個時期的生產性經濟，我們知之甚少，但似乎有足夠跡象可以證實一般性的暫定輪廓。

國際貿易與經濟投資

當乾旱帶的農業經濟不再擴張、中央官僚體制政體崩解，政治勢力進而軍事化時，那麼，投資模式的永續傾向就會更加明顯。我們可以將農業時期區分成三種經濟投資類型。打算利用已經獲取的額外資金來為自己賺取更多的人們，可以在土地、貿易或工業上投資。投資往往不受硬性規定的結構形態約束，投入凡是能將收益最大化的地

方；但是，在令人難以忍受的軍事統治當中，因為缺乏同一種結構形態，因此早就對投資設下實質的限制。

就統領以外的其他人而言，投資土地的額度直接受到墾地體制的限制（但絕對沒有遭到排除）。那些確實在土地上投資的人們，他們的目的往往限於收取耕作完成的一切收益；換句話說，「投資」只不過是購置收益權而已，而不是實際在土地上運用聚積的資金，讓它更具生產力。但伊斯蘭法與國家政策都鼓勵投入資金，促使原先無法耕作的土地得以用於耕作。而這類更具生產力的投資，通常與一般的土地所有制同時進行，至少是以儲存種子或維持灌溉工事的形式進行，相互結合幾項考量，而使土地上的投資維持在最小限度。正如我們稍早之前曾經提到過的，墾地體制往往會阻撓墾地土地的投資—尤其是，當起義反抗的行動強大到足以使墾地持有者無法確保其佔有權的情況下。但是，即使是由於墾地體制的緣故，而使許多土地放置於相對安全的慈善產業，所有權普遍存在的不確定性，也會進一步嚇阻投資。家族慈善產業可能得以妥善保存，但至少在非屬個人專有的組織——像是清真寺或醫院手中的慈善產業，往往會因為缺乏某個具有直接利害關係的負責人，重新將資金投入營運中——進而導致衰退的命運。

工業投資所受到的限制則比較間接。即使在在哈里發盛期，繁榮的尼羅河至烏滸河間地區，對大規模製造業的投資也並未普及。正如我們已經提過的，工匠偏好單獨操作或加入小型合夥作業，運用金額有限的資金，去嘗試任何投資；這表示專案投資的機會極為有限，它在中期時代甚至更不受鼓勵。

當然，這個地區無法脫離工業，而且其中某些工業，或許長期都

以相當龐大的規模進行。伊朗高地的某些地區，特別是東北部，擁有豐富的煤、鐵與其他金屬礦藏；即使是肥沃月彎北邊的高地以及敘利亞，其礦床規模也足以供應農業時代所需。大馬士革鋼則因為品質的緣故，而廣為人知。此外，也持續產生一些以全新投資為前提，相當程度的技術創新。我們已經提到好幾種新產業，像是煉糖、造紙與製瓷，它們在哈里發盛期就已經相當重要。對於中期時代的這類發展，我們獲得的資料仍極為有限，但是舉例來說，似乎就是在這個時期，風車向尼羅河至烏滸河間地區的西部傳播；確實，與火藥相關的製造業，在這個時期逐漸成長；顯然也引進了汽油蒸餾，還有精細的鐘錶機械裝置（多半是展示用途）。（在其中某些案例，有些作者認為，既然證實西方創造特定發明的時間，比尼羅河至烏滸河間地區還要早上好幾年，這種特定的發明就必定是從前者傳到後者——這種說法，是預設穆斯林迅速採用外國發明；當然，也有可能會發生這種情形，但就一切狀況而言，都有證據得以證明：從原始到成熟、完整的發明順序，在伊斯蘭世界內部，自有發展的連續性，而且關於伊斯蘭世界的文獻紀錄極少，因此，即使要認定歐洲人在發明的時間點上搶先一步，也都必須小心翼翼。）

但有跡象顯示：工業確實帶有缺陷。人們同時從歐洲及印度進口許多製造業成品，包括相當常見的金屬器具；甚至也從中國進口。（當然，進口的目的或許主要不是為了供給核心地帶使用，而是供給周圍土地的需求。當我們聽說，葉門的人們將黃銅屑收集起來，並且送往印度的喀拉拉〔Keralam〕，進行重新加工；我們就能夠了解，相較於葉門與呼羅珊、甚或是敘利亞的關係，葉門與喀拉拉在商業上的關係更是密切。）在尼羅河至烏滸河間地區，身為工匠的中國人、印度人

甚至歐洲人，他們所享有的聲望或許確實含有正當的經濟因素。或許特別在乾旱帶，擁有動產投資的商人可能容忍、或者甚至是贊同這些政治條件，這種情形可能會阻礙工業投資。我們偶爾會聽說商人家族屈服於軍事統治者，忍受統治者對他們索求金錢，進而傾家盪產（這也可能發生在西半球中政治更穩定的地區）。但是，相較於著手對抗無法藏匿或移動資產的製造業者，這種短視的勒索要容易得多。

正如我們已經提過，政府在一些地區設立許多製造業：除了造幣廠（製造硬幣）與軍用製造業以外，還有華服製造業，它所需要的多種原料，不是單一工匠能夠輕易取收集的，或者還有製造其他專業奢侈品的行業。除了宮廷能夠直接認可的藝術風格物品之外，製造業通常缺乏具有遠見的創新。但若要長期經營私人的工業投資，就有賴於大規模的市場，以及有形財富的安全性。但是在乾旱帶，除了強大農業帝國得以在聚集財富的地區，建立首都城市以外，很難找到集中在工業鄰近地區又規模極大的市場。雖然都市財產的安全性從來就不會像受制於收益徵收者的村莊財產，那樣充滿不確定性，但顯然還是隨著軍事統治的進展而衰退。即使撇開士兵的貪慾，戰爭反覆摧毀了城市財產，甚至當征服者把技藝精良的工匠移送他處，都可能會打斷任何正在建立中的傳統。因此，工業投資自然並非乾旱帶中部地區最偏愛的形式，而且，由此引發了倚重商業投資的情形，也會對公民環境不利；即使乾旱地帶的人口圖表顯示出：工業投資受到了這樣的鼓勵，情形也是如此。正是由於缺乏工業技術與專業工具的適當基礎，所以當穆斯林發現中國正在發展的印刷術，並且通曉了印刷術及其優點時，卻只能透過微不足道的方式，將它引進伊斯蘭世界（例如，應用於印刷卡片）。

由於農業與工業投資受到大幅限制，城市富人投資貿易的景況更盛以往，至少在家族根基穩固時，能盡量在土地收益的分享上冒險嘗試以前。地方貿易則盛行於城鎮鄰近地區，以及兩座相鄰的城市之間。正如我們先前提到的，即使是尼羅河至烏滸河間地區的村莊，整體來說，相較於印度或歐洲許多地區的村莊，或許較不自給自足。還有，穀物貿易就是能賺取許多財富。但是用字面上的意思加以判斷，至少在最自由的尺度上同時享有財富與名聲的貿易，是一國與他國之間的貿易，還有跨越歐亞非舊世界諸多地區的長途貿易。一般通常將貿易區分為兩種類型：日常用品的大宗貿易，還有奢侈商品的貿易；在這種貿易中，少許貨品就可以帶來很大獲益。商業手冊都會建議商人：若侷限於穀物之類等日常必需品的貿易，而不是跨足可能吸引強盜或統治者注意的奢侈品貿易，會比較安全。基本日常必需品可能會根據需求，而經過長途運送，特別是如果地方上收成不佳，致使價格上漲並吸引進口商前來交易。但交易奢侈品的商人，則享有最令人欽羨的聲譽（而且，貿易範圍所涵蓋的距離越長，往往就越會專營於奢侈商品）。於是，隨著中期時代的演進，當城市內最富有的商人扮演著重要角色時，如果地方結構中發生了任何變化，就會更緊密地與長途貿易連結；除了地方條件不利於這類發展的地區。

　　在整個伊朗—地中海地區為長途貿易所設的設施，基本上大致相似。在中期時代，尼羅河至烏滸河間地區都維持著良好的發展狀態，但或許未必像在哈里發盛期統治之下，那樣的壯麗輝煌。我們已經提過，私人郵政服務有助於通信。我們在哈里發盛期也曾提過的金融結構，是為了商業目的而組織，並不是為了工業投資而存在；它使得長途貨幣融通比地方上投資型的長期借貸，更為便利。至少在印度，金

融企業家也運作某種形式的保險，藉以對抗商業風險；或許在尼羅河至烏滸河間地區也是如此。駱駝商隊的組織專業，而且即使在軍事無政府狀態中，一般而言還算有效率；卻未必總是如此。

我們可以忽略公路維護的問題，它無關緊要。較早時期的公路主要具備兩種用途，兩者大多是軍事用途。當紀律良好的步兵確實能決定性地對抗尚未使用馬鐙的騎士，在這個時代裡，公路建設能夠滿足步兵的需求。在那個時期，像是阿契美尼德波斯（Achaemenid Persian）或羅馬那樣長久存在的農業帝國，需要迅速地長途輸送步兵。更重要的是，公路能滿足附輪載具的需求，這種載具需要鋪設好的路面，以便迅速長途移動。上述那兩個帝國也將軍需品放在輪車上運輸，至於平民的陸上貿易，也同樣使用附輪子的載具。但隨著安息帝國（Arsacid Parthian）時代，騎著良駒的騎士取得優勢，步兵的速度就不再具有決定性的影響力。不久之後，甚至在尼羅河至烏滸河間地區，附輪載具在長程運輸的用途方面，遭到了取代。

一般來說，推車以及其他裝設輪子的載具，就絕大多數用途而言，在阿拉伯人的土地上（低地——野就是地中海地區周圍，還有阿拉伯半島本身）則是被駱駝而取代。而且乾旱帶的其他地方（例如伊朗），推車在長途貿易的用途上，甚至也被取而代之。因為事實證明：駱駝能夠勝任任何更笨拙、或嚴苛的陸上運輸模式。所以，這個地區的早期帝國曾經施工維護過的堅實公路，就被相對堅固的道路所取代；因為除了商業運輸以外，就連軍事運輸也都不再需要維護完備的公路，但正是由於有這種需求，才值得他們在公路建設上投入可觀的花費。（換句話說，與許多人的說法不同，公路建設的衰退不是由於疏於管理，而是經濟學上的計算，這種結果可以斷定是由於技術進步

的緣故。）[21] 在駱駝運輸的時代，需要每個旅程階段中能供應飲水、貨物又可安全貯存過夜的合格旅舍。它們沿著主要道路妥善設置，而任何城鎮裡最重要的建築之一，就屬商人所需設備一應俱全的客棧。

除了在社會上持續有關鍵地位的商業領域之外，整體經濟模式還是維持鄉間的地方生計、城鎮裡的個人手工藝，再加上日漸軍事化的上層階級及其附庸，為了利益而從農業中搾取的收益。隨著中期時代的演進，這種模式因為農業或工業普遍投資的複雜性，而變得更加難以運作，但還是能充分展現出蓬勃的發展。

性、奴隸制度與後宮體系：男性榮耀的崇拜

乾旱帶中部地區的權貴一統領體制，或者普遍而論，其世界主義的傾向全都間接反映在較享有特權階級的私生活上，而這種趨勢進而有助於強化公共生活的獨特特徵。伊斯蘭世界上層階級特有的奴隸家眷（或稱「後宮體系」〔harem system〕），預設了這個社會的社會機動性、階級間的結合，以及權貴之間開放又多變的贊助關係的界線。相對於西方或信奉印度教的印度，那種由固定社會身分所擔保的上層

21　Gaston Wiet, Vadime Elisséeff, and Philippe Wolff, 'L'Evolution des techniques dans le monde musulman an moyen âge', in *Cahiers d'histoire mondiale* 6 (1960), 15－44，至少在某個程度上承認這點；這本書對於阿拉伯土地上的農業、都市、運輸、工業、財政與軍事技術等，有簡明的概述（儘管它的標題更為廣泛）；然而，這篇論文沒有著眼於發展的觀點，它的缺失也在於明顯不夠成熟精細，並造成嚴重的錯誤詮釋。它通常以現代的西方為比較對象。對於像敘利亞之類的土地並未使用專門為北方厚重土壤所設計的鏵式犁，它膚淺地表達出西北歐洲式的驚訝。

社會家眷，穆斯林家眷可能僅藉由奴隸身分或女性與世隔絕的特性，而保有相當固定的角色。藉由壓抑奴隸家眷人力的需求，可能需要更固定的公共領域結構，才能使權貴一統領體制得以運作。然而，就奴隸家眷的興起而言，至少同等重要的事，或許就是它所預設並體現的雄性榮譽觀念。

就伊朗一地中海民俗文化同質性的表現來說，其中最突出的部分，就屬個人名譽的面向；特別是當男人對於他自己在社會制度中所感受到的男性身分。用來描述這類男性名譽表現方式的詞彙，首先必須同樣能適用於其他不同民族，而不限於穆斯林；然而，當時還是能辨別出伊斯蘭世界特有的條件，特別是中期時代的特有條件似乎已產生出特殊作用——它還進一步影響伊斯蘭（Islamicate）上層文化生活。

把自己的私生活視作「維持男性名譽的奮鬥」，這種想法是許多社會的普遍傾向。除了十足的男子氣概以外，在幾乎沒有其他方式能彰顯男性身分地位的地方，這種情況更是明顯。或許以階級為基礎建立社會身分的社會比較不穩定，所以對於身為男性的榮譽，也更加敏感。在整個伊朗一地中海地帶，男性個人榮譽感的表達模式通常有兩種特徵：家庭或派系之間的正式報復與世仇，還有高度慣例性的（並且是激烈的）性別嫉妒（sexual jealousy）；無論不同階級對理想男性的形象有什麼任何差異，通常都還是會包括：理想的男性應該會以暴力訴諸上述兩點，來維護他的名譽。

即使是在街頭隨處可見的暴力行徑，像是某人侵犯另一個人的情形，相較於印度或歐洲北部之類的地方，在伊朗一地中海地區，似乎更輕易爆發這種街頭角力。但在許多地區的地方上，慣例性地堅持遵守先例，要求對他人的侵犯加以復仇，並以世仇的模式發表上述聲

明，變得非常重要。舉例來說，相對於歐洲騎士的決鬥，導致世仇的基礎並不在於「要求認同其在階層體制內，身為騎士或階級成員之類的既定身分」，而是要求認同一個人身為人的個人價值；團體成員間的團結一心，能讓他們有直接下達命令的權限。世仇不一定跟世界主義觀點有關，它在貝都因人當中極為高度地發展，且具有不可或缺的社會功能，這類功能也可能出現在沒有貝都因背景而相對孤立的農莊中（像是西西里的村莊）。但在一般城鎮中普遍盛行，甚至在具有世界主義色彩的城市中——有時候是運用貝都因或其他游牧民族的方式（由於文學對於游牧生活的讚頌，這種情形受到助長，特別是在阿拉伯語文中）。有時候，世仇原是兩個家族或兩個家族陣營之間的氏族世仇；而且，在定居的貝都因人、以及基於各種不同理由而受到前者同化的農民當中，「世仇」自然就成為典型的狀況。更常見的是城鎮中世仇行為的模式，就是將城鎮人口（正如前述已經提過）分裂成敵對的派系，其託辭可能是政治性或者特別是宗教方面的歧見，一如哈那菲法學派與夏菲儀法學派之間常見的紛歧。

當統領或統治者產生男性的復仇期待時，就會用人們所認為的嚴刑峻罰，稍有輕微過錯就施加報復，凸顯專制獨裁的朝廷。當城鎮權貴展開男性復仇的期待時，則會加強一種趨勢——城鎮不由自主地劃分為各種派系，並阻礙任何共同組織的發展。人們對於任何市民責任感看重的程度，其實都遠不如男人的「榮譽」。同時，它充分強化了確實出現在城鎮、青年團、城鎮區塊、分享權貴贊助的侍從們之間——內部團結精神各種管道的內在凝聚力。報復世仇的精神透過這類方法，藉由在伊朗—閃族生活中，取得極崇高的社會地位，強化了中期時代特有的社會傾向。

但更為普遍的現象，則是約定俗成的性別嫉妒作用。約定俗成的性別嫉妒，甚至比單純的復仇精神更加嚴重；舉例來說，《一千零一夜》裡的通俗故事就非常普遍。人們有時候會產生一種印象，似乎一位男性個人的慰藉，就是他對於女性家屬的絕對控制力；在決定其男人的名譽時，女性的「名譽」、羞恥心是最重要的構成要件。事實上，或許對於男人最嚴重的侮辱，極強烈地侵害其優先地位，而促使他進行復仇的行徑，就是抨擊任何屬於他的女性家眷的名譽。而捍衛自己男性名譽的模式中，其實都包含了各種性別嫉妒。[22]

有一種眾所周知的制度化性別嫉妒模式，幾乎所有城市農業社會（agrarianate society）都接受了這種模式：與「貞潔」女性的性接觸，極為嚴格地專屬於丈夫，因此女性所能擁有的最重要美德，就是她對丈夫的性忠誠（並且在結婚之前避免任何性行為）；男性直到結婚之前，只能與「不貞潔」的女性（娼妓）這類特殊階級發生性行為——如果確實可以找得到這種女性。這種模式在任何地方，都沒有像在伊斯蘭世界的核心地帶那樣，推展到如此極致的地步；這種強化的模式是從伊斯蘭世界的中心，逐漸引進伊斯蘭世界的其他地方。一般普遍認為「貞潔」的女性除了她的丈夫之外，都不能與任何可能成為性伴侶的人有任何類型的接觸；整個家庭生活與社交模式（特別在上層階級中）都應符合這種禁制狀態。

人們似乎特別從兩種互補的方面來設想性關係，它是男性勝利的

22　J. G. Peristiany, ed., *Honour and Shame : The Values of Mediterranean Society* (Univ. of Chicago Press, 1966)（價值上參差不齊）指出，在地中海地區中，男性與女性的「榮譽」如何普遍與性別嫉妒相關。它談到地中海地區，但是當然，它的論點適用於整個伊朗—地中海集體。

一種形式：將性行為視為男性對女性的支配。這種傾向有時誇大為男性對從屬女性，也就是對其佔有物的勝利。可以確定的是，一般都認為女性也同樣會感到愉悅；但是，她母親悉心教導她在進行性行為時，取悅男主人並留住他情感的技巧，更確立了她居於從屬的角色。同時，性隱私的必要性也遭到誇大——因而對於所有與性相關的事物，都感到羞恥。男性不敢把性器官曝露在其他男人面前，而且既然女性基本上是被視為性歡愉的對象，因此即使只是提到別人的妻子，通常還是被視為不得體。女人只被視為佔有與羞恥的對象，所以在許多圈子裡，就會出現兄弟們殺害那些跟不適當的男性發生性關係的姊妹——省得她的丈夫（如果她已經結婚）親自動手，並避免引起她家族的敵意。我們發現青年團遭到指控的行徑，在於這類男性團體只因為純粹懷疑女性行為舉止不檢點，就在毫無證據的情況下，加以殺害她們。

須拉子的一位聖人的故事中也出現類似的看法，據說這位聖人娶了好幾位老婆，她們之中的每一個人都認為自己不受寵愛，因為他從不碰觸她們——直到她們當中有人大膽地問他這件事情，然而他讓妻子看自己皺皺的肚皮，他說這是節食與禁慾的結果（為求準確起見，必須補充指出：那個男人確實有小孩）。這位（男性）敘事者講述這個故事時，是把它當成克己的案例，但並未顯示出他確實意識到——從女性觀點看來，這個故事等於說明了男性自私的殘酷。

因此，婚姻中獨立男性的自由與榮譽，似乎是要求女性順服，以及子女的順服；以及任何處於依附地位男性的順服。因此（正如上述所說），伊斯蘭法鼓勵的性隔離模式，大致上是透過一種制度而達成，但就最為完整的形式而言，伊斯蘭法並不能完全贊同這種制

度——即後宮體系。農業時期普遍存在類似後宮體系的這種現象，特別在最後幾個世紀；當都會生活變得更複雜也更具流動性時，似乎自然而然就會產生類似農業層次（agrarianate-level）社會中常見的性別嫉妒模式。特別是地中海地區一些半島上的上層階級拜占庭女性，甚至可以回溯到古典希臘時代的傳統，女性被隔絕在外界男性無法接觸的房間裡，這種處置方式跟許多穆斯林之間盛行的現象相同。但穆斯林的處置方式最為嚴重。

富有的男人不只擁有三妻四妾，她們還被他隔絕在男性夥伴之外；他們都有一整群女性家眷、僕人，她們當中還有奴隸情婦；每個妻子都必須由她自己的隨從服侍，而在家眷集團的日子開始之前，都需要眾多人手來維持龐大的家庭。在這些人當中，還包括他的子女（男孩及女孩），全都住在房舍中某個稱為「後宮」（harem）的部分（房舍的最大部分，比起其他部分都要大上許多），它不對男賓開放（相關女性的近親除外）。因此，依附於富有男性的女性為數特別眾多，她們自有「由女性支配女性」的世界，而孤獨的成年男性往往扮演著相當邊緣的仲裁者角色；或者，相當常見這些男性自願淪為——當時最吸引他的女性的利用工具。（如果是由男性主導這種性行為，那麼他在家裡的主宰地位，有時候就幾乎只限於此。）儘管不准男性來訪，但來訪的女性不論社會地位如何，都能夠自由進出；因為每個男人的後宮建築，都與女性生活的廣大網絡緊密相連，所以男性很快就被嚴格排除在大部分的網絡之外，甚至連他自己所能參與的部分，也必然是相當疏遠的一部分。

在這些情形當中，女性的公寓往往成為陰謀的集散地：陰謀，有時是為了追求主人的寵愛——這往往多半是年輕的奴隸情婦——或尋求

他的尊重（還有金錢上的利益），或者是為了讓他喜愛某個女人的子女，勝過另外一個女人的子女（因為，儘管所有孩子都是他的孩子，但他們幾乎全都是依照各自的母親，而分屬於不同的家族）。我們已經提過，這種「後宮陰謀」在某些情況下會主宰統治者的政策。

確實，其中一種情形就是，受到冷落的悠閒女士（指沒有經濟負擔的女性），有時會渴望找尋外在世界男性的仰慕者，這也是一種陰謀。因此，男性為了維持他身為家中主人的地位，往往會採取絕不含糊的手段，嚴格維護核心區域的隱私──因此便能運用某種方式，消除他在控制女人社交生活上的無能為力。甚至房舍建造的方式也是基於這個理由，接待外來男性的房間與私人區域、「後宮」等區域並不相通；或者，女人的房間可能會上鎖並有人看守。這種護衛的目的，技術上是要維持所有女性家屬的貞潔，或者更精確地說，藉由排除所有的對手，以維護男性的性優越感。這種護衛者可能會是健壯的女性或非常年老的男性；但基於非常相似的目的，拜占庭人當時就已經懂得使用閹人奴隸（儘管在技術上，即使是最富有的人，也只能擁有一個合法的妻子）；這種人的力氣跟男性差不多，而且據說他們都有著高人一等的機敏，但在性關係上，想必不會成為競爭者。

伊斯蘭法可以接受（儘管並不鼓勵）把奴隸當作情婦，但還是有某些限制。採用閹人奴隸更值得懷疑。最後，在伊斯蘭法的觀念裡，自由的女人（原則上）幾乎就像男人一樣自由，但還是有某些依賴關係。採用奴隸護衛所造成的奴性與祕密等整體氣氛，與伊斯蘭法所理解的人性尊嚴，極度不相容。對於統治階級而言，這也會有災難性的後果。身處隔絕狀態的女性所提出的建議，在任何情形下，都不是要寬宏大量地啟發她們的男人，甚至也不是以現實的好感來箝制他。只

有傑出的女性能超越其身分，進而成為她丈夫的重要助力。最糟糕的情況是（正如許多人已經指出）典型受到隔絕的女性，無法在她們兒子早期成長的過程中給予經驗與導引——這種指引能使他們在後來幾年，從男性之間的見習中，得到最完整的收穫。那個天之驕子，除了必然得到僕人的溺愛之外，往往還有來自母親細瑣且不負責任的教導。但後宮體系本身讓一切糟糕透頂，被刻意侷限於無知狀態的女性，或許能偶然讓這位女性在個人有所感觸的政策問題上，打動她們的丈夫，但在編年史提及後宮陰謀的篇章中，這種後宮邪惡的形象只不過是冰山一角。

只有在最富有的家庭中，隔離婦女的後宮體系才能完全發展，下層社會階級只能盡其所能地模仿它。然而，在並不寬裕的階層裡，人們不太可能擁有一位以上的妻子，僕人的數量也極為有限。這種狀況最常見的發展，可能在好幾方面都能明確反映在：詩人陸彌所講述的一件典型奇聞軼事。這件軼事是關於某個男人擁有罕見美貌的女奴，他的妻子（當然，也就是這個女孩的直屬女主人）決定，絕對不要讓這兩個人單獨相處。但是某天，這個妻子在女性公共澡堂沐浴——從社會及衛生的層面來看，這都是人們在意的場合——她忘記帶來洗澡用的器皿，於是她派遣這個女孩回家去拿。她太晚才想到自己的丈夫獨自在家。這個女孩飛奔回家，這對男女也立刻投入性愛；但是，身陷渴望的他們，卻忘記將門栓上（在家業龐大，通常也有人在裡面應門解栓的宅院，這是最常見的一種門鎖）。妻子連忙趕路去追這個女孩，當他們聽到妻子回來的腳步聲，丈夫回過神來開始進行禮拜。但心生懷疑的妻子拉開他寬鬆的大衣，並看到證據——就是精液，證明他前一刻正在從事某種很不尋常的活動（就禮拜而言，在他淨身之前，

這種活動確實讓他不合乎儀式所要求的清潔）；她賞給他一巴掌，並且給他一頓懲戒性的斥責。我必須補充指出，陸彌講述這個故事時，他的重點既不在男性的懼內，也不在他對性生活的概念極為粗淺（後宮體系確實鼓勵這類事情），重點在於，他恰好在徒勞的欺瞞中被妻子逮到。

與後宮體系互補的模式就是一般的同性戀關係，特別是男性之間的同性戀關係，這種模式有時會變得非常正式。性別嫉妒的過度美化，還有體現它的性禁忌體系，引發了嚴重的性壓抑，特別是在年輕人身上，這種情形不分男女。壓抑本身就可能使很多人轉而尋求各種替代形式，藉以滿足性需求。毫無疑問，從男性證明其男性特質的社會需求衍生而來的不安全感，會造成更大的壓力，這可能會使年輕人無意識地避免接觸女性特質，並樂於接觸男性。無論如何，絕大多數的男人，特別是青少年，在無法接觸女性的情形下，在性關係方面偶爾出現回應其他男性的自然傾向，被誇大成一種常態性的期待，甚至有時被誇大為一種偏好。或許最高社會階級的軍事化，藉由它對男性社會施加的壓力，而助長了這件事；特別在中期時代，在與統領軍事朝廷的關聯中，男性之間的性關係普遍進入上層階級的倫理與美學之中。

在許多情形之下，除了無法接觸自由的女性，也養不起女奴的年輕男性之外，就連享有大量資源的已婚男性，也可能藉由與男性（或許是比較勇猛的男性？），特別是青少年發生性關係，進而達到迥異於跟女性（或許是過於卑屈的女性？）發生性關係的感受。正如在某些典型的雅典人圈子裡，一般都認為青春期（「還沒長鬍子」）的俊美年輕人，甚至是更年輕的男孩，自然會吸引任何完全成熟的男人，倘

若時機恰當（例如，如果這個年輕人是他的奴隸），在他跟自己女人的性關係之外，這個男人會就跟他發生性關係。甚至迷戀女孩的方式大致相同，男人也會愛慕年輕人——甚至，年輕人也會回應他的情感；嫉妒的關係也會出現在這樣的基礎上，這些都變得司空見慣。一般的穆斯林對於這種性關係的刻板模式，回應了性行為作為一種支配行為的觀點。作為愛人，成年男性享用年輕人的身體（或許藉由肛交），後者基本上是被動的；就愛人來說，這種不當的關係頂多只是放蕩的行為，而對於讓人享用身體、並允許自己扮演女性角色的年輕人來說，這是非常不光采的行為。（可以把這種態度對照於斯巴達人的看法；斯巴達人認為，與年長男性的親密關係，能增加年輕人的男子氣概。）即使是青春期男孩之間的關係，也可能出現這種形式——某些男孩允許別人享用自己的身體，並且損壞自己的名聲，而那些享用他們身體的人們，則認為自己具有男子氣概。

某些人會說這是「墮落」，而在同性戀傾向得以公開承認、不會因此招致懲罰的地方，其他人則會提及「寬容」。我們必須牢記，大多數跟隨潮流、偶爾與年輕人發生關係的男人，主要仍然對女人感興趣，並且生育出眾多子女。由於人格偏好，而與男性發生性關係的這些男人，在任何社會裡都是少數，他們擁有更開放的機會來滿足性慾，甚至是超過陳規舊習所允許的範圍，建立更能相互滿足的關係；他們無法輕易利用這種機會，卻又不招致嚴重的恥辱。[23]

23　未經檢驗的、關於性的設想，已經如此尋常地進入（通常是相當不明確地），關於穆斯林習俗的東方印象中，因此充斥於西方文獻那些拐彎抹角的評論，必須盡可能加以釐清。或許今日，已經不太需要指出與男性發生性關係的喜好——即使相較於與女性之間的性關係，這種性關係實際上更受偏好。而且再也不需要指出

儘管伊斯蘭法強烈不贊同這種行為，成熟男性與依附他的年輕人之間的性關係，在上層階級的圈子裡輕易受到人們接受，因此，往往幾乎沒有、或根本沒有人會費盡心思去隱藏它們的存在。有時候，談到男人對年輕人的愛慕，比起談到那些應該不會在內廷中看到的女人，似乎更能在社會上廣為接受。這些潮流進入詩歌，特別是在波斯文的作品中。事實上，敘事詩習慣性地談到男人與女人之間的愛情故事；然而，按照慣例而且幾乎毫無例外，男性詩人書寫的抒情詩，題獻的對象明顯為男性。

私人的恐懼與愉悅

　　性不是唯一遭到壓抑與扭曲的範圍。從村民到統領，每個人的生活中都傳承了根深柢固的偏私與殘酷、醜陋與謬誤。這些通常深植於個人仁慈無法漠視的慣常制度當中。許多奇聞軼事顯示，如果不會造成自己太嚴重的麻煩，許多人通常樂於溫柔對待與他們共同生活的動物，甚至遭人鄙視的狗。但狗在村莊裡扮演的角色，就是擔任看門狗（發出警報，讓人知道有陌生人出現）與清道夫（食腐動物），而且人們堅持讓牠扮演那項角色：狗沒有變成寵物，街上的孩子認為，朝牠們丟石頭很有趣，而且幾乎不會有大人制止他們。結果，狗長大後成為野狗，幾乎沒有引起人高度尊重、惹人喜愛的特質，但在牠們主要

這些男人的陰柔之氣（儘管在某些特別的案例中，特別是在變裝癖，確實仍有需要）。在某些圈子裡，仍然有必要指出男性間公開表示的情感，像是手牽手地走路，不必有任何性暗示。

扮演打獵或游牧助手的土地上，牠們具有上述特質。有太多人的成長過程都很類似這種情形。

人們往往會挨餓，身體也經常會罹患各式各樣的傳染性疫疾。在這些引人注目的地區，許多人的眼睛往往在孩提時就已經染病，目盲稀鬆平常；各種身體上的殘疾通常就是年老的徵兆，佝僂的背是其中最輕微的一種。即使就他們勇於為自己設定的微小目標而言，人們還是會長期反覆遭受挫折，更會對飢荒或瘟疫所帶來的更具破壞性的災禍，深感不安。有人曾經發現，在現代農村的地區裡會表現出一種獨特形象，而按照目前的檢驗方法，我們會稱之為神經質特徵，而從早期流傳到我們這個時代的奇聞軼事，則暗指嚴重的跛行與人身殘廢。

村莊居民為了突破絕望的困境，就會求助於他們所能捏造的各種想像手段。他們大量運用我們稱之為迷信的小把戲，也就是說，無法客觀地指出效果，但出於偶然的經驗或類比，或因為誤解真實的危險所產生的恐懼，人們可能因為更需要任何其他東西而訴諸於迷信。例如，人們會在別人的生活中無意識地扮演微妙角色，藉由「邪惡之眼」[24] 的概念而具體化——嫉妒者的眼神會傷害他所嫉妒之人，而且特別容易傷害孩童；因此，孩童必須刻意穿著醜陋，或在人群中被輕蔑地討論，以免引起妒嫉。而訪客也會小心翼翼，不要讓自己太過引人注目。一應俱全的護身符無所不在，包括被視為法力無邊的《古蘭經》經文；人們特別認為，用藍色（一種通常容易取得的顏色）來對抗邪惡之眼特別靈驗。任何由於擁有魔力而聲名大噪的人，確實會受

---

* 24　編註：人們認為忌妒者帶有邪惡之眼，會帶來厄運、疾病和死亡。土耳其及其鄰近地區衍生出一種常見的護身符，外觀是藍白相間的眼睛，帶上邪惡之眼，對抗邪惡的注視，以毒攻毒。

到人們敬畏——還有獻殷勤。既然人們知道，堆疊在謹慎之上、出於迷信的謹慎，有時仍顯得不足，而且即使是正規的魔術也可能會顯得無能為力，他們隨時都想嘗試新的把戲，或相信任何遠道而來的新魔術師。城鎮居民經常會全心投入村民的迷信，而且願意孤注一擲；即使是有錢人的妻子與侍女——她們往往是從最低下的階級而來——絕大多數在養育子女的過程中，也都相信同一套多采多姿又令人期待的傳說。或許，唯一能在某個程度上，不受根植於這種卑劣魔法氛圍拘束的階級，就是商人；而且，伊斯蘭法也堅決反對這類把戲。

　　早就有人認為，穆斯林主張「宿命論」（fatalism）；但這種一般性的論斷卻容易造成誤導，因為通常會把不同情況混為一談。如果「宿命論」意謂著：因為「一個人身上所發生的一切都是命中註定的」，所以就不必再付出努力以求自助，這種情形也是罕見的：沒有人會不想主動吃東西，進而自生自滅。那麼，「宿命論」的意思應該是大多數人都相信，實際留待個人選擇的，只有相對有限的可能選項。確實，儘管求助於他們所知道的一切把戲，絕大多數的穆斯林還是對自己的命運感到悲觀。但就「宿命論」本身而言，也只不過是仔細盤算現實的問題，與神學無關。但「宿命論」最適合指「在探索事物上，人們對於人力所不能企及的任何事物，所採取的態度」。人們可能對這類事實無可奈何，也可能接受並依照所知的方法，而做出有利或勇敢的詮釋。

　　就最終意義而言，伊斯蘭信仰就像其他任何宗教一樣，透過隻字片語提醒人們勿忘初衷，並彰顯他們能夠面對當下的處境，甚至有時候可以因為虔誠的宗教意涵而對他們自身的自制力或專注力做調整。（因此，蘇非行者特別喜愛「宿命論」格言。）實際上，在穆斯林之

間，對命運的指涉特別集中在兩件事情上。一個人死亡的時間是「天命」，而且再怎麼謹慎都無法改變——這種「宿命論」在每個地方都極為普遍，特別是在士兵之間，確實有利於合理化解釋戰場上的勇氣，但從不阻止任何人在可能躲避的情形下，避開刺過來的劍。（特別是，死亡會在指定的時間、在那個人所在的任何地方找上他，這種想法有時被用來合理化解釋無法逃離災害的事實；但大多數的人還是會在可能逃離的情形下躲避災害。）一個人的食糧份量也同樣是註定的，這個概念的好處是：即使一個人在資源有限的情況下，還是可以將殷勤好客與慷慨合理化。如果一個賴需要一份工作養家活口，基本上「宿命論」並不會限制任何人去接受一份工作。

無數宗教故事諄諄教誨著：接受自己的命運而不要抱怨，特別針對以下這兩點——包括先知的聖訓傳述。有一則故事就提到，死亡天使某日造訪身在耶路撒冷的（身為先知之一）所羅門（Solomon），並專注凝視坐在他身旁的人。當天使離去，這個人問道剛才離去的人是誰；當人們告訴他事實，他確定天使的注視令人不悅，並立刻動身前往巴格達，以避免天使更進一步的凝視。隔天，所羅門因為天使嚇到那個人而斥責他。天使解釋，在耶路撒冷看到的那個人，讓他感到非常驚訝，因為就在幾天之後的巴格達，天使將與他碰面。必須附帶指出一件事，這裡反覆灌輸的「宿命論」，與順尼派進而接受——或大致上 ——什葉派成員所拒絕的、人類意志的神之前定（divine predestination）毫無關係。什葉派成員與順尼派成員之間也普遍流傳著這類虔誠故事。[25]

25　常常有人提到，一神論者（他們不停地在面對神的全能、人類自由意志之間的難

總之，穆斯林總會根據他們的需求，訴諸看似最有希望的助力；而這往往是由於與——在每方面都聲譽卓著的——其他城市的上層文化具關聯性，而普遍受到肯定的作法。隨著城市菁英之道向外散播到鄉間，地方上的迷信更增添了幾分微妙傳說的色彩，但這往往是對農民經濟及社會生活方式的扭曲及貶抑。哲學家的專長一度只照料有錢人，卻也在村莊中受到青睞；村莊的地方智者們（ḥakîm），也就是假裝略懂蓋倫（Galen）、亞里斯多德（Aristotle）的醫師兼占星家，他們的表現補充了早期的教士及民俗療法，更準確地說是把這些知識歸納在一起。在印度教村莊裡也有類似的同行，也就是可能認得幾個字就一昧引用高等梵文傳統的草藥醫生（vaid），地方智者有時比較像魔術師，而不是哲學家；他多半傳播符咒而非科學。但村莊的作法，與拉齊以及伊本－西那最完善的思想之間，也確實存在某種程度的連續性；但這些內涵中有多少能夠傳播到更為幸運的村莊，則沒有上限。

　　正如常在慣於貧窮的人們身上所見到的情形一樣，很少有任何人會對於盡力去讓生命變得可以忍受，做出任何讓步。人們寧願降低他們的目標，而不是自殺了事。在並未遭受苦難的平常日，人們還是會想辦法自得其樂，最重要的是，不是每個人隨時都能順心如意。村莊

題）的立場著重在「神之前定」，且通常與道德上的嚴謹態度作聯想（這個觀念似乎意謂著人們相信：只要肯去嘗試，就能夠自主地支配自身意志）。重點在於，若與不屬於道德範疇的天性運作方式相比，這些人比較著重於道德責任以及神至高無上的層面。一如以往，涉及真正重要觀點的終極問題點並非（假定上）是以不同觀點來闡釋其它最終問題的方式演繹而來，而是從人類的經驗中獨立衍生出的產物。因此，至少就個人在自我成長上所投注的心力而言，神之前定在很多情況下都可聯想成是實際「宿命論」的另一面。

甚至是城鎮的團體活動，最能凸顯生活上的許多歡樂，連最貧窮的人也能跟最富有的人一起參與這類活動，就連目盲的乞丐也不例外。因此，婚禮不是新娘與新郎生活上的私事，甚至也不專屬他們的家族；個別的新娘與新郎當然是儀式的主角，但所有親友顯然也是這類場合的重要角色。一如其他任何慶典活動，整個村莊或城鎮鄰近地區，隨著地方上絕妙的音樂而歡欣起舞，玩一些可以考驗男人技能的遊戲，並向小販買些新奇物品來取悅女人，而且當然還有歡宴暢飲。如果家族確實家境更為優渥，甚至還會慷慨分贈錢幣，他們往往會一大把地丟擲錢幣，給街上最需要或最不怕丟臉的人們去撿拾。因此，像這類慇勤款待的場合，凡是不虞匱乏的人，都會想奉獻犧牲他所有的財產——因為村莊的愉悅氣氛不但是他的愉悅，更是他的驕傲。輕率、敷衍這類活動的人將來一定會因此饔飧不濟，這就證明了亙古不變的事實——人類活著並不只是為了溫飽。不論他的日常生活有多麼窮困，但他還是會參與其他人安排的下一場節慶活動。

更富有的階級有他們自己的消遣——特別是在無戰事的時候，主要就是打獵（兩者通常都讓窮人承擔代價）。雖然這些人也會共享社群的節慶場合，而他們本身的節慶活動，也具有類似農民節慶的特徵，但規模更盛大，而且也會發送少量財物給在場的一般百姓。

就像地方智者的醫藥，這類團體性的場合也會逐漸瀰漫著上層文化元素，而這種文化元素在某方面來說，即使是村中最富有的人也能接觸得到。史詩文學朗誦者以文學傳統為原型，將資產階級早就耳熟能詳的英雄名字，傳頌到最遙遠的角落——有時候，若不是將他們與格外勇於冒險的農村居民所創作出來的口述傳統結合在一起，就是與貝都因人或部族突厥人創作的口述傳統融合。穆斯林宗教節慶似乎全

都透過相同方式傳播到每座村莊；換句話說，它們同樣都代表超越村民自己本身的無止盡嘗試，也就是上層文化所帶來的貢獻；但一般人還是不會輕易拋棄更為古老又與自然界循環有關的節慶，像是春天到來時的伊朗新年（Nawrûz）。

宗教節慶的禮俗，即使主要仍是伊斯蘭法的規定，但也因為穆斯林的生活中都已經融入這類節慶，所以具有一定的重要性。一般會認為宗教儀式當中最重要的義務就屬齋戒月（Ramaḍân）的禁食，但這並不是因為《古蘭經》裡所寫的任何一句話，而是因為它在社會行事曆上的重要地位：在十二個月當中，依照月球運行而測定的一個月份（有時會出現在陽曆年的不同季節），信徒（除了生病或正在旅行的人）從日出直到日落，絕對不能進食，甚至不能喝水；在這個月份，整個社群的生活據此重獲秩序，在這段期間人們所能做的事，則以最急迫又絕對必要的事項為限。往往可以在這些享有口腹之慾的慶典；當然也有些比較虔誠的人會點亮清真寺裡的油燈，藉由每晚朗讀特定章節來將整本《古蘭經》唸過一遍。到了這個月底時，則有家族慶祝活動，也就是「小」節慶（'îd 或 bayrâm）。至於「大」節慶，則在前往麥加的年度朝聖時刻到來，大多也有家族慶祝活動；但是，正因為齋戒月的禁食與興奮，「小」節慶逐漸炒熱活動的氣氛，所以「小」節慶實際上往往更為重要。

但除了這些節日，在先知誕辰紀念（mawlid），也就是先知的生日時（同時 也是忌日），人們幾乎也同樣興高彩烈慶祝。而且，地方上重要聖人的生日（正如我們即將提到，在社會上活躍的蘇非密契主義，很快就幾乎在每個地方都具備這種角色），廣大地區的所有人為了接受祝福，也為了短途旅遊與集會，就會聚集在聖人墳前。這些次要

的場合，就是朝聖的焦點所在，它們發揮著更具地方特性的功能，就像前往麥加的朝聖（ḥajj）一度在漢志地區所發揮的功能。每個富有的穆斯林都會將朝聖計畫當成人生的重大旅程而參與其中，不只是出於虔誠，更是為了冒險，或許也為了學習或個人靜修；甚至偶而還會被當成政治上的權宜之計。

生活寬裕的穆斯林，應該將他一部分的食物分送給窮人。天課，也就是法律所規定的年度奉獻，根據伊斯蘭法，基本上有其一定的最低額度；但這種虔信的行為與穆斯林政府平時任意收取依法給付的數額無關，卻按私人意願而定，特別是在節日（依照《古蘭經》的權威，也特別交給有需要的親戚），也因此成為歡度節慶時連結在地情感的一部分。

最後，人們前往朝聖的偉大聖壇，那些——因為犯罪或有犯罪嫌疑的人，或是躲避侵犯他的強人——必須逃離家庭的人們，則將聖壇當作庇護所。社會可能殘酷至極，但聖壇為有幸找上門來的那些人，提供處所，讓他們得以逃避最險惡殘酷的遭遇。在宗教的庇護下，人們可以保持自己身為穆斯林的尊嚴；即使當他身陷絕望處境，而必須在蘇非近神者的墓前尋求他們的庇護。[26]

26　我們應當比較同一個時期的拜占庭，當時帝國對其官僚體制及其法律的堅持，在大致上相似的環境中有其著普遍的效應；Walter Kaegi 的立論則與我相反。其他有助於釐清本章內容的學者，還有 Donald Levine 與 Lloyd Fallers，特別是 Reuben Smith，他的經驗與評論對這整本書都很有幫助。

第三章
知識傳統之間的成熟與對話

c. 945 – 1111 CE

伊斯蘭中期的新社會秩序，不只在政治上不同於哈里發盛期的社會，在文化、宗教、文學、藝術與科學，還有經濟生活與社會階級的形成模式等所有方面，都不相同。哈里發盛期的文化逐漸成為古典文化，一種可以回顧的傳承模式。一般都認為它所發展的各個偉大法學派，都只是某些可能被接受的選項；伊斯蘭法不再是令人激昂的思想冒險活動，卻成為了遺產。庫法、巴斯拉與巴格達的學者們所爭論的阿拉伯文學批評及文法正典，成為半神聖化的遺產，等著人們學習與信仰；一般都認為那個古老時代的頂級文學，在其所屬的類型中，沒有人能夠超越它，特別是在持續以阿拉伯文作為主要文化語言的那些國家。正式的政治理論從未放棄去依附哈里發，不只在當時哈里發政權結束之後，甚至到了再也沒有「巴格達的哈里發」這類職銜之後，也是一樣。因此，這種遺產理所當然能夠融入嶄新的創造力，並且適應全新條件下的不同生活，更容許這份文化遺產進入新的活動領域。

穆斯林之間追求整體知性遵從（intellectual conformity）的壓力，顯然隨著伊斯蘭（Islamicate）文化的成熟，以及眾多領域內似已建立的規範而日趨成長；並且，也隨著位居優勢地位的菁英階級內部，追求更具體的社會從眾性（social conformity）的壓力，而不再與現實上的穆斯林生活相關。聖訓主義者（Ḥadîth folk）對於知識方面的公共禮儀（public propriety），有他們自己的想法；其他許多團體也是如此，而且，這些團體之間的紛歧未必有誰能佔上風。即使是哲學家，也鼓勵顯然尚未成熟到足以自己提出批評的門徒，尊重偉大的大師們——讓那些門徒在本身足夠成熟時，就能養成在知性方面兼容並蓄的習慣。但是在什葉派的世紀，要求這種從眾（conformity）的任何外部的社會

壓力，在某程度上都被消除了。當然，很多什葉派統治者都不願意執行多半和順尼宗教學者（'ulamâ）相關的標準；對於強迫大多為順尼派成員的臣民，去採行什葉派宗教學者的觀點，他們也不感興趣。透過什葉派統治者的中立態度，以及各式各樣迥異的個人贊助關係，滋養著追尋知識的活動。順尼派統治者多半也保有普遍寬容的舊習慣，因此絕大多數地區仍然維持著尚屬和平、持續行政管理的情況；所以知性生活的外在條件，與哈里發盛期並無太大差異。

在什葉派的世紀及其剛結束之後不久，必然造成知識上的各種嚴重對立關係。在哈里發盛期，伊斯蘭（Islamicate）的學問與科學在許多學派間流通，它們大多各自分離。伊斯蘭法學者、風雅人士與哲學家們，絕對不是生活在各自的世界裡；他們之間在知性層面上有過重要的接觸，長期下來，他們的重要性更是與日俱增。但每個團體思維發展的故事，就主要內容而言，可以說彼此之間各不相同。然而，中期時代的情況並非如此。在十、十一世紀，所有不同的知識傳統都相當成熟——風雅人士的傳統、伊斯蘭法宗教學家的傳統，還有後來不再依賴翻譯、改編等活動的希臘—敘利亞哲學與科學傳統。每個傳統都準備好要去超越既有的基礎。尤其是如今希臘學者與宗教學者完全相互對峙，結果在知識領域中帶來了激勵的作用，如同風雅人士的專制主義及宗教學者在社會領域上的對立關係所造成的挫折。

出於成熟的傳統之間的這些對話，連同它們設想伊斯蘭法存在既定的最低限度模式，相對而言，由於地方分權及普遍不受約束的社會脈絡，便從中發展出具備知識上的獨立性的兩種形式，儘管在其他時代並非獨一無二，卻具有時代特色。在想像文學的層次上，我們可以發現敘述得比較通俗的人物形象，在文學作品中，作者並未把所有精

神放在處理伊斯蘭的挑戰上。於是在直言不諱的推測之中，即使伊斯蘭法的強制性更高，我們也可以發覺不受約束、密契地描真理的方式，逐漸發展出成熟的文學模式。

　　什葉派到了十一世紀末已經不再是政治核心（屬於古老什葉派家族的知識分子也愈來愈少），而且，在順尼派的基礎上要求服從的壓力，漸漸獲得政府的支持。但這種對立關係衍生出某種作用，就像在社會及政治生活中，都市社會各式各樣的元素已經形成一種模式，既能與墾地—統領（iqtâ-amîr）們至高無上的地位相容，又具有實際效用，所以當時的知性生活裡已經出現某種方法，幾乎所有思想領域都能認同經學院被賦予至高無上的知性地位。中期時代的知性生活便依循此種模式發展，相對來說，各種知識傳統相互依賴。經學院的畢業生最終也傾向於：不在宗教學者的辯證神學、哲學家的各種學科、甚至是舊朝臣的儀禮（adab）之間，劃分出明確的界線。至少在次要的方面，哲學家轉而調整其思想，以符合實際伊斯蘭法的最高地位。觀想性的蘇非主義則滲透到每個地方。

　　新的知識最多只能展現出成熟的深度，相較於早期所熱衷的嘗試，有時會看來似乎是偏頗或不純熟。最優秀的思想家不只一如往常能想得出來他們自己獨有的傳統洞見，如今還更坦率、誠實地著手就他們所觸及的任何傳統，盡力提出最理想的深刻見解。人們已經完全汲取了各種伊斯蘭之前的傳統所提供的知識資源，而在哈里發盛期所開啟的幾項研究領域，人們也開始探索其成果。

波斯英雄傳統：菲爾道西（Firdawsî）

　　長久以來，舊伊朗歷史傳統就以阿拉伯文為形式，而揉合成為伊斯蘭歷史（Islamicate history）的一部分。人們變得日漸無法用原來的巴勒維語（Pahlavî）形式去理解舊伊朗歷史傳統。但如今，隨著主要首都城市周圍的單一統治階級釋放出「促使穆斯林文化緊密整合」的壓力，伊朗傳統所呈現出來的歷史意識，得以在大批穆斯林的人物形象中，波斯文成為主要成分，並且逐漸成為他們主要的文化語言；就這個時期而言，這一批穆斯林指的是伊朗高地與錫爾河─烏滸河流域的穆斯林，最後，則是代表每個地方的絕大多數穆斯林。將巴勒維文翻譯為新穆斯林波斯文，是復興傳統時所採取的形式；特別是菲爾道西所寫的偉大史詩著作──《列王記》（*Shâh-Nâmah*）的大部分篇章。

　　每種社會環境通常大致上都會都會各自存在某種理想形象，這種形象就是男人應該有的樣子（一般而言，某種理想的女性形象也與之相關）。某些歷史學家會運用這種形象來廣泛分析各種文化，在某些情形下，這樣的作法就會產生不錯的效果；在舊阿拉伯文詩歌中，騎著駱駝的貝都因人就呈現出這種非常明確的人物形象：理想的貝都因男性應該毫不妥協地忠於自己的部族與賓客──無畏、節制、機智，而且不論明天如何，都會依照他當時的財產而表現得慷慨大方。就《古蘭經》裡所能看到的敘述而言，穆罕默德的小社群則另有一種理想形象──它強調莊重與責任。

　　在一般日常生活中，除了貝都因人之類的孤立團體，或像穆罕默德那樣活力充沛的新運動之外，理想人物形象很少如此明確地成為焦點。不可否認，偉大宗教傳統中的每一種虔信形式，都必然或多或少

採用普遍的方式，為它的虔信者呈現出一種理想的人物形象——例如，在伊斯蘭法主義者當中，嚴謹的法律僕役就是理想形象；在蘇非行者之間，則是自我超越的愛神之人。每個社會階級若越是呈現出這種形象，其生活模式就的類型就越是相似，同樣也呈現出一種理想的人物形象，有些時候闡述得非常詳盡；因此，哈里發盛期的儀禮文獻（adab literature）勾勒出理想書記官員與朝臣的清晰形象。他們應該出身良好，當然也有好的教養，他們還應該具備多才多藝的文化素養，以便隨時被召喚，而且還必須精明圓滑地適應宮廷生活可能面臨的各項要求。但是，舉例來說，因為很少人不僅只是有伊斯蘭法學思想，同時也有志於能獲得書記、貿易商或地主士紳等地位；或者相對來說，也很少人因為自己只是個書記，就排斥伊斯蘭法學、蘇非主義或效忠阿里後裔等志趣。這種理想人物形象實際上的效果就可能遭到削弱或分散；每個人都會毫無理由地運用那些任何屬於自己出身背景中的光榮形象，選擇絕佳的形象去匹配他本身的性情特質。因此，嘗試將這類人物形象描述為不只是小型孤立文化的特徵，更是遼闊多樣的民族、某個歷史年代、或甚至是一整套文明的特徵，就只具有含糊的吸引力。

不過，理想的人物形象可能會在原來適當的環境之外，扮演某種角色，而這樣的角色在某些時代可能活力充沛，足以影響整體社會發展。由特權階級所培養出來的形象，如果這個階級的生活顯而易見，就可能在其他階級成員的自我概念（self-conception）中，扮演某種輔助角色，甚至可能在形塑傑出人物或具創造力的個人時，證明自己在這過程中具有決定性的關鍵作用。或者，這種形象不適用於當時的特權階級，卻適用於理想的過去，或是符合強大的宗教潮流，而那些未

受直接影響的人甚至還能捕捉這類想像。這樣的人物形象可能會由廣為人知的傳說、或具藝術品味的文學所承載；就像騎著駱駝的貝都因人形象，儘管代表的是特權宮廷階級的人物形象，但在哈里發盛期都市居民的印象中，卻明顯相反。透過文學的形式，它可以產生微妙的廣泛影響力；即使幾乎沒有人會抱持這種形象，或認為它足以決定他們應該成為什麼樣的人。

在伊斯蘭中期，尼羅河至烏滸河間地區的整體人口都有共同的文化，其中的宗教面向只是共同因素之一，在這種情形之下，作為理想人物中「富有冒險精神的英雄形象」，就會扮演這樣的角色。它特別在統治階級的圈子裡廣受青睞，政治的不安定性及個人的軍事行動在這個圈子裡盛行，所以必定跟這類英雄形象意氣相投；但同樣在其他圈子裡，甚至中產階級也是有一樣的情形。它的影響力甚至可以追溯到其他人物形象的塑造，譬如蘇非行者的形象，甚至是伊斯蘭法學形象。這類冒險精神的英雄形象最具影響力的形式，保存在伊朗英雄的傳統中，但它同時也以其他形式出現，無論是傳承而來、或是直到晚近才出現的形式。

對阿拉伯人、以及接受某種阿拉伯語言的人們而言，英雄世紀就是蒙昧時期（Jâhiliyyah）的伊斯蘭前貝都因時期。一般並不認為，對於英雄的憧憬可能另有來源。在某種程度上，伊斯蘭前葉門傳說中的國王們也被包含在阿拉伯觀點中，但他們並沒有變成民間故事中的英雄，這些國王聲稱的遠征功績也沒有為阿拉伯人自己的形象定調。據說古老的葉門國王最遠曾征服印度或烏滸河流域，但阿拉伯人並沒有自視為這些功績的繼承人；因為早期穆斯林本身的英勇事蹟，便足以讓 其 他 這 類 功 績 全 都 相 形 失 色。 至 於 肥 沃 月 彎 的 亞 蘭 人

（Aramaean）——在阿拉伯地區最具影響力的阿拉伯人，實際上幾乎都是他們的後裔（依人口梯度的作用而異）——嚴格說來，這些英雄並未賦予任何英雄傳統。在羅馬與薩珊帝國的統治之下，亞蘭人早已不再具有獨立的支配性元素、足以採取作為英雄崇拜素材的那種積極行動。像吉爾伽美什（Gilgamesh）那種古代英雄，早就遭人遺忘——至少在形式上已經完全無法辨認；亞蘭人的英雄們是宗教人物：偉大的先知與聖人，譬如像是屠龍的聖喬治（Saint George）。定居人口的這些英雄們，仍然在想像上不太令人滿意。

當然，在伊斯蘭統治下，還是不乏宗教人物持續存在；但就嚴格意義上、具有人性的英雄主義而言，肥沃月彎與埃及的人們則樂於成為貝都因人，對他們來說，貝都因人代表一種明顯不受農業地區權威約拘束的獨立性，它的英雄形象也從一開始就深深烙印在阿拉伯語言本身。身兼異教詩人與戰士的安塔拉（'Antarah），是這些貝都因英雄中的典型，也是鄉村及城市裡阿拉伯人夢想中的人物。身為黑人女奴生下的貝都因首領之子，他不但不被自己的父親承認，還淪為奴隸。在某一次危機中，他的父親命令他對敵人發動攻擊；但安塔拉以奴隸不適合戰鬥為由，進而拒絕了這道命令，一直到他的父親釋放他的奴隸身分，並且承認他的血統。他進而解救了世界。

反之，薩珊朝人的英雄傳統生動鮮明活躍在伊朗人民身上，儘管這些英雄被打敗了，也不需要用阿拉伯或突厥游牧民族的故事加以增補。巴勒維文學包含豐富的英雄人物故事，這些英雄人物在王室威權的庇佑之下，圍繞著絕妙的奇跡，他們參與打獵、戰爭、屠魔，以及彬彬有禮的騎士風範與愛情故事等超凡功績。不論最終是否依據歷史事件或神秘故事的原型，或者甚至是建立在純粹創作的虛構故事之

上，這些主題是取材自伊朗牧牛人的古老騎士文化；主要的英雄——魯斯塔姆（Rustam）是個牛仔，他最基本的武器就是套索。游牧者主題再加上取材自偉大君主宮廷生活的主題，在後面這個主題中，睥睨天下的王室光輝佔據優先地位；統領時代的波斯文學所賦予的王室元素是哈里發盛期阿拉伯文學一直以來所欠缺的。但是都市與商人的主題則受到嚴格限制，雖然至少在伊斯蘭的時代，大部分受到良好教育的聽眾們都過著都市生活。

在巴勒維文中，這類主題採取歷史敘事及傳奇故事的形式；在新波斯語中，這類主題則全都採用二行詩體（maŝnavî）形式（一種雙行長詩體）。在穆斯林當中，最致力於將文學地位賦予給英雄傳統的詩人，就屬阿布嘎希姆‧菲爾道西（Abûlqâsim Firdawsî，約在世於西元920～1020年），他住在呼羅珊的圖斯，先是受到薩曼朝統治，最後則受到嘎茲納的瑪赫穆德統治，他還為此獻上史詩的最終版本。《列王記》就是他最偉大的作品；這是一部不朽的漫長史詩，涵蓋數千年的神話、傳說與歷史，從伊朗文明的開端到穆斯林的征服。它表現出最忠於巴勒維編年史（菲爾道西的寫作材料來源）的所有著名事件（無論真實或傳說），而這些事件的記憶可以賦予伊朗人民族認同感；就連它的語言，也藉由盡量排除不屬於伊朗文，也就是來自於阿拉伯文的字彙，來提升伊朗人的認同感；儘管波斯語的口語早就包含大量的這類詞彙。低地的阿拉伯人則認同伊斯蘭前的貝都因英雄，高地的波斯人也認同菲爾道西著作裡所呈現的古代人物。其著作在使用波斯語的地區，成為古代伊朗遺產最正統的表現，進而在波斯文成為文化語言的地區，作為真正的英雄典型而受到人們尊重。

橫跨如此漫長的時代，《列王記》的結構必然用章節來區分，書

中各不相同的故事一個接著一個串聯起來。當眾多身居王位的君主濫用王權，藉由關注尊嚴與王權命運（在傳說中，開始於第一個人物本身），史詩的故事聯結在一起；它停留在伊斯蘭問世之際、伊朗王權終止的時間點上。史詩在描述這項主題時，僅專注於幾個主要時代，對這些時代之間的間隔則輕描淡寫。在這些時代裡，因為有幾位長壽人物登場，故事才不至於斷斷續續：故事中幾位國王活上好幾百年，尤其是魯斯塔姆比許多國王還更加長壽，並反覆出現在故事的主要橋段。

　　魯斯塔姆是書中最偉大的英雄；他不屈不撓地奮戰，並適時充分表現他的忠誠——最先是對於他的父親扎爾（Zâl，身為英雄，他並不像魯斯塔姆那麼偉大，也沒有魯斯塔姆本人那麼長壽），他是阿富汗山區札布爾（Zâbul）的英雄統治者，也一直是偉大國王的忠誠附庸。魯斯塔姆與其他大英雄們都有家族關係；英雄吉輔（Gîv）是魯斯塔姆的妹夫兼女婿。魯斯塔姆最偉大的功蹟之一，就是單槍匹馬征服「dîvs」——以馬贊達蘭（Mâzandarân，裡海南邊）的要塞為根據地的惡魔們（具有邪惡力量的超凡存在）。他的事蹟如下：愚蠢的國王凱卡烏斯（Kay-Kâ'ûs）遭到他們俘虜，他和他的人馬全都被惡魔弄瞎雙眼；魯斯塔姆前來救援，解放伊朗的軍隊及其國王，殺死惡魔的首領，並且用惡魔首領的血恢復了他們的視力。但魯斯塔姆其實並非孤身奮戰，他的忠誠馬匹拉赫胥（Rakhsh）一直陪伴在他身邊，牠創下堪稱可擔當英雄坐騎的功績。有一次，魯斯塔姆露宿在外，拉赫胥被拴在附近，惡魔化身為獅子出現，前來攻擊他，拉赫胥便鳴叫警告；然而只要魯斯塔姆一醒過來，惡魔就消失不見了；當一再發生這種情形，魯斯塔姆因為被打擾了睡眠而心生憤怒，並且（以衝動英雄的姿

態）威脅說如果再有這種事，他就會殺掉自己的駿馬。於是，拉赫胥必須自己對抗、克服惡魔獅子。

這本著作最重要的主題之一，就是伊朗與圖蘭（Tûrân）之間的紛爭，後者代表伊朗北部烏滸河對岸的土地（圖蘭人最後終於認同了突厥）。凱卡烏斯是卡亞南朝（Kayanân dynasty，約略相當於阿契美尼德朝、前阿契美尼德朝的年代）的君主之一，他縱容自己的許多愚行——包括試圖讓老鷹拉著籃子載他飛上天堂；因為出於嫉妒，他迫使英俊的兒子希亞夫旭（Siyâvush）被放逐到圖蘭；他說服在位多年的圖蘭君主阿夫拉希亞伯（Afrâsiyâb）將他兒子殺死。希亞夫旭的兒子凱—胡斯洛（Kay-Khusraw）後來繼任他祖父的王位，並成為卡亞南朝最受愛戴的君主。但他最主要的目的之一，就是為他父親的死復仇。伊朗與圖蘭之間無止盡的爭端，大都是因他執著於復仇而起。對於他的勢力而言，魯斯塔姆同樣也是重要的支柱；但凱—胡斯洛最終疏遠了魯斯塔姆，並下令他的兒子伊斯范達伊（Isfandây）逮捕魯斯塔姆，並將他帶往宮廷來。伊斯范達伊與魯斯塔姆是朋友，但由於他們各自的責任與尊嚴，迫使他們相互戰鬥，結果，魯斯塔姆殺死了國王的繼承人。魯斯塔姆還面臨其他悲劇時刻，他與他拒絕承認的兒子之間進行生死決鬥，被收錄在《蘇赫拉伯與魯斯塔姆》（*Sohrab and Rustam*）中，由馬修・阿諾德（Mathew Arnold）帶進英文詩歌裡。

馬茲達教確實在《列王記》中扮演著重要角色。史詩中，奧爾穆茲德（Ormazd）以造物神的姿態出現，阿里曼（Ahriman）則以惡魔的身分現身。《列王記》引用馬茲達曆法的月份來紀年，它也提到馬茲達教的天使。但這種宗教用語似乎並未讓人聯想到任何瑣羅亞斯德傳統所帶有的宗教價值；它其實令人聯想到異國場景般的遙遠距離

感，以及它與現世生活裡日常責任之間的疏離感：這麼多英雄傳統都有「異教徒」元素出現，它讓故事更具人性，幾乎就像是解除了神聖誡律或道德標準的約束，因而使榮耀英雄本身的熱情與動機，都更能契合於人類，雖然魔幻和奇蹟不時穿梭在其間。當菲爾道西希望將讀者帶回到日常責任的層次，並在神統治下的宇宙，回到人類意志所居的從屬地位時，他都能靈活引用伊斯蘭的語言，就像在畢贊（Bîzhan）與瑪尼贊（Manîzhah）的故事開頭那樣，故事中的素樸氣氛凸顯了自由浪漫的組詩：一位圖蘭公主綁架了她的伊朗愛人，並將他帶回宮殿，他在那裡被人發現，並且被人遺棄在地窖裡；魯斯塔姆必須從那裡將他拯救出來。

阿拉伯文學日趨成熟

在中前期時代，儘管也有著波斯韻文與伊朗傳統的教養，但在書寫嚴謹散文時，阿拉伯文仍然是人們偏好的載體。絕大多數的作者仍然在尋求整個伊斯蘭世界的認可，而且唯有使用阿拉伯文，才有可能獲得這種認可。此外，到了現在，阿拉伯文學可以將既定的古典規範以及已經在哈里發盛期發展的多種文類，當成是理所當然的；它也可以將體制伊斯蘭視為理所當然。特別是在第一個世紀前後，基於有把握運用世人所熟悉的語言格式，頂尖的作者可以憑空喚起人類生活的壯麗歷史劇場，這些場景瞬間栩栩如生，並獨立於過度矜持的道德或社群預先投入之外。

對照之下，這個時代晚近發展的波斯散文擺脫了古典批判性規範的約束，還可能會令人驚覺此時的散文極不正式；無疑在某種程度

上，這是因為書寫者不像那些使用阿拉伯文寫作的人們——針對讀者，以普世且不過時的書寫為目標；而是往往由於侷限、實際的目的。就像這個時代的波斯詩，比起阿拉伯詩歌，它更加被公認為宮廷的裝飾品；宮廷內洋溢著大量的詩賦（qaṣîdah），包括贊頌特定統領的詩賦，以及宮廷傳奇故事，還有以宮廷為中心的散文創作。最受喜愛的文學體裁是「君主寶鑑」（mirror for princes），也就是以格言或富有教育意義等奇聞軼事的形式，對統治者提出賢明忠告。傑出的大臣尼查姆—穆魯克就曾為塞爾柱蘇丹瑪立克夏，編寫了王室政策綱領，並以直率且具說服力的文字，列舉出許多例子，說明王室的智慧與愚蠢行為，所以長久以來一直是最受歡迎的著作。而比較專屬個人的著作，則是凱卡烏斯的《君主寶鑑》（*Qâbûs-Nâmah*，在西元1082～1083年間寫成），他本身是裡海南方塔巴里斯坦（Ṭabaristân）的舊伊朗世襲統治者。凱卡烏斯似乎曾是喜愛冒險的人，據說他年輕時曾接受招募，參加遠征印度的聖戰（jihâd）。他那本廣受大眾閱讀的著作，是為了講給他兒子聽而創作；書中內容涉及顯貴人物的私生活，而跟實際的統治較無關聯，但它確實也觸及國家政策。他認為，既然沒辦法勸阻他的兒子不要飲酒，所以只好建議他喝上乘的酒、只聽最優美的音樂，因此，飲酒也自有雅道，而且，還要避免在早晨或禮拜五傍晚喝酒（基於尊重社群的禮拜日），這樣清醒的時間就會多一點，同時也能讓人們堅定虔信的信仰。他在購買奴隸、馬匹，還有土地方面，也同樣提出了實用的建議；因為，人們甚至也期待偉大的領主及國王將他們自己的資金投入土地上，以確保他們的個人收入，因而在領土內的每座城鎮裡，統治者可能擁有建築、甚至是好幾個街區的商店。（我將在後面關於波斯詩歌的章節時，談論更多內容；但我必須指出

一點：這個時代已經界定了它的主要文學類型，並且也臻於輝煌的境界。）

　　相比之下，正式的阿拉伯文學（當然，波斯與阿拉伯的創作者在數量上不相上下）創作方向，絕大多數仍是特意遠離王室與貴族主題。即使當它呈現英雄人物的形象時，它也不是波斯文學中深受喜愛又富騎士精神的領主形象；詩歌中還是會出現冷酷但多愁善感的貝都因戰士和戀人形象。在散文裡，不常出現人類英雄的形象。不過，到了十一世紀末，創造出新的文學類型──代表奇異都市英雄人物；像是瑪嘎姆體（maqâmât）[1] 這一類韻文（saj‘）的文學體裁，就在一系列的篇章裡描繪出雄辯且所向披靡的惡棍，英雄人物也都詭計多端。瑪嘎姆體文學體裁反映了風雅人士感興趣的各種面向。在非阿拉伯的伊拉克地區，哈瑪丹（Hamadhân）的巴迪俄・扎曼（Badî‘-al-Zamân，西元 1007 年，四十歲時英年早逝）被譽為這類文學體裁的創造者；據說，他將這種文體當作表現自己靈敏口才的媒介，他喜歡運用滔滔不絕的雄辯和機智等才能，擊潰敵手。

　　在一系列的世界圖像裡，塵世中英雄的生命場景，古典的瑪嘎姆體韻文描繪著聰明人享受惡作劇的行為，特別是如果這些把戲能幫他賺進大筆金錢。本身為求口語效果而非常仔細鋪陳的韻文，雜糅了根據評論家最嚴厲的規則而創作的詩節（shi’r）。文法與辭典編纂學問的所有技巧，都在激盪人心的文字描寫中展現出來，而它們就像故事情節本身一樣饒富趣味。讓讀者同樣深感興趣的，往往是詼諧描述令人費解、或深奧的片段知識，而且古典的英雄冒險題材，與我們的心理

---

*1　編註：瑪嘎姆體是一種穿插詩歌的敘事韻文體裁，慣於使用華麗的修辭。

小說形成了鮮明對比，進一步確認其裝飾性的內涵。瑪嘎姆體不觸及個人內心的發展，卻從人物自己呈現給世人的多種面向，加以著墨；瑪嘎姆體詩最關切文字及學識的掌握上的雅緻、精湛技藝。相比之下，我們的小說經常在文字上炫技，因而降低了文字的精準度，也不訴諸於讀者既有的知識寶庫。

不過，瑪嘎姆體文學體裁本身具有的引人入勝的魅力，跟它那作為人格典型的英雄角色無關。當巴迪俄・扎曼・哈瑪丹尼（Badî'-al-Zamân Hamadhânî）將它發展出來之後，這種文學體裁就一直千遍一律地以一對角色為特徵——主角是勇於冒險、絕頂聰明的冒名頂替者，無論處境多麼驚險，他總是能利用計謀僥倖逃離險境；另一個人物則是敘事者（narrator），身為缺乏真實性的人物角色（lay figure），他往往遭受主角愚弄，有時還會受到驚嚇，卻也欽佩主角的天賦與膽識。最偉大的瑪嘎姆體著作就是阿布—穆罕默德・嘎希姆・哈利里（Abû-Muḥammad al-Qâsim al-Ḥarîrî，西元1122年過世）的作品，他是來自伊拉克、謙遜的語法學家，朋友說服他著手創作他的傑出功績之一，就是用最深奧的意義阿拉伯文，構思出優美的詞句。這是精湛技藝的長篇炫耀；例如，某些篇章完全用沒有點的阿拉伯字母書寫——也就是省略一半的字母（類似的效果，就像寫作英文十四行詩，卻不使用彎曲的字母；僅僅使用A、E、F、H、I、K等等）。不過，即使是對於語法學家以外的人而言，這種著作也未曾稍減其魅力；事實上，當它被翻譯成異國語言時，絕大多數的技法也隨之消失了，但人們還是能愉悅地閱讀。[2]

2　Friedrich Rückert以德文模仿哈利里的作法，暗示了這樣的可能性，參見下列著

其中的惡棍英雄阿布—柴德（Abû-Zayd），在一段單調而乏人問津的篇章中，表現出他最典型的模樣：由於他健談、善於應酬的天賦，而獲邀加入一群伙伴，一起度過一個夜晚（因為這些人是擅言詞的行家），他用動聽的話說：自己剛剛找到失散多年的兒子，卻不敢告訴他真相，因為自己未能將他扶養成人。於是，他們為了這個故事而募得一大筆錢；但後來阿布—柴德要求敘事者（他是這群人的其中一位伙伴）跟他一起去兌現剛剛拿到的票據；當敘事者發現這個兒子是虛構的時候，已經來不及了，而且募到的錢還會被花在飲酒作樂上。在另外一篇故事裡，希望能增加縮水的財富而踏上旅程的敘事者，在客棧裡遇見阿布—柴德；阿布—柴德說服他跟住在同一間旅舍的富有家族的女兒結婚。阿布—柴德的辯才大獲全勝，但在婚宴上，他分送摻有安眠藥的甜食，並在前往沙漠之前，冷靜搜括所有賓客的財物——將敘事者（唯一沒被下藥者）留在現場，害他必須使出渾身解數才能從醜聞中脫身。另一次，敘事者則在兩個無恥乞丐的婚禮上遇見阿布—柴德在一群乞丐與竊盜賓客之中，拙劣地模仿婚禮上的慣用誓詞。同時，阿布—柴德往往表現出幾分崇高的虔信，從他描述麥加朝聖之表現的場景，就可以證明這一點；當時，人們發現他一如以往動人地講道，卻又發誓在朝聖途中拒絕任何錢財上的贈予。在每個環節上，敘事者（還有在一旁的讀者）都不由自主地受到阿布—柴德的吸引，並且成為他的同夥——表面上是由於他的語言具有不可抗拒的美感，但也確實因為他漂泊的生活自由無比。偶爾，阿布—柴德確

作：Friedrich Rüchert, ed., *Die Verwandlungen des Abu Seid von Serug; oder Die Mahamen des Harin* (Stuttgart, 1864).

實還會用「驍勇善戰的貝都因英雄」這個詞來稱呼他自己——然而，他是一位精明老練的英雄，順從於書記官員或商人的習性及品味。

　　瑪嘎姆體更優美的一面，即語言的精湛，在當時的書信體藝術達到顛峰。巴迪俄・扎曼・哈瑪丹尼也以他出色的書信文筆聞名。很多業餘人士都收藏韻文格式的國書，而這些國書的作者都是人人稱羨的對象，不只因為他們獲取了高等文官職位，還包括他們在藝術方面的名聲。位於拉伊（接近現在非阿拉伯的伊拉克地區的德黑蘭）的布伊朝，其大臣剎希卜・賓・阿巴德（al-Ṣâḥib b. 'Abbâd，西元995年逝世），是許多作家的贊助人，也是許多心存感激或期望的頌詞所讚美的對象；在他的時代裡，他是書信藝術最慷慨的贊助人，除了為自己的書信體感到驕傲，他也對於自己資助的作家引以為傲（更別說他在財政與軍事方面的可觀功績了），而在這兩方面，他與拉伊前任大臣伊本—阿密德（Ibn-al-'Amîd）之間，為追求名聲而相互較勁的關係，在很久以後仍為評論家及人們的流言蜚語所津津樂道。

　　但精緻語言的美好還滲入每個領域。當人們探討阿拉伯語文特質時，會被帶往遠遠超越一般文法學的境界，幾乎進入了形上學。伊本—金尼（Ibn-Jinnî，西元1002年逝世）精心製作一套更高等的字源學體系，不只試著說明每個阿拉伯字彙如何從它的三字母「字根」的基本意義推衍而出，甚至也試著說明：幾個字根本身可能以共同字母為基礎，而有著字義上的關聯。[3] 他的著作後來被運用於發展一種哲學上的嘗試，這種哲學試著去理解所有個別的阿拉伯字母，以及這些字母

3　這個概念顯然透過希伯來學術，以及其在十九世紀法語的隱晦發展，成為受人議論、現代語言學家Benjamin Lee Whorf著作的主要靈感。

結合之後所能形成的字根，其中具有的隱含意義──並認定這些字母與字根共享了人類語言可以構成的意義中，所有的必要元素。這種概念當時被運用於眾多宗教脈絡中，甚至是科學脈絡，同時也運用於「占卜」（jafr）這類書籍（包含多種用途的神秘警句）中各種深奧難解的預言中。

　　阿布—阿里・塔努希（Abû-'Alî al-Tanukhî, 939─994 CE）還曾舉例說明這個時期進行說教、訓誡的傾向，以及它純粹從智慧所得到的愉悅。（知名作家數量龐大，我在此必然只能隨機提到幾位作家，而塔努希的部分作品已經翻譯為英文，他的軼事也生動、清楚地描繪出這個時代的生活輪廓。）他與古老的阿拉伯部族之間有密切關係，並於布伊朝統治時期，在伊拉克擔任法官；他為這個時代的墮落而感到遺憾。他的作品解釋了伊斯蘭法與文學傳統之間的匯集：他在引述奇聞軼事時，運用了傳述鏈（isnâd）的機制，說明他的敘述依據（當然，僅只回溯見證人本身，而見證人通常屬於同一時代，或是約略更早的世代），而且他堅持在講述這些軼事時，他的寫作含有審慎的道德目的；不過，他在寫作時，同時也關注於消遣與陶冶。就像賈希茲〔al-Jâhiz〕，他藉由經常變動節奏甚至是主題，在毫不混淆的情況下，避免作品枯燥乏味，而且也相當清楚自己在文學上的造詣。他批評含有相似特徵（甚至是相同篇名）的早期著作，他自己的著作大部分以這些著作為模型；後來的評價用許多仿作支持他的作法。當他重新敘述印度某位篡位君主的長篇軼事時，展露出清晰的文學領悟力。在這則故事裡，這位篡位的君主要求反對者依序指出被廢黜國王的王室祖先，一直提到建立舊世系的篡位征服者；於是，新國王強調：就他自己的世系而言，他本身就居於那位舊世系建立者的地位，藉此將自己

的君王地位正統化。對此，塔努希精闢舉出一位類似的阿拉伯角色，來反駁他；有個貝都因人對他的敵人吹牛說：我的世系從我開始，而你的世系則到你為止。

　　雖然哲學傳統全神貫注於風格上，但顯然在文學方面發揮了影響力。對風雅人士而言，屬於主要學科的地理學與歷史學的著作，仍然經過精心編纂。而繼塔巴里（al-Ṭabarî）之後，波斯人阿布—阿里·阿赫瑪德·伊本—米斯卡維希（Abû-'Alî Aḥmad Ibn-Miskawayhi，西元1030年逝世）可說是最重要的歷史學家，他更像是哲學家，而非伊斯蘭法學家。伊本—米斯卡維希有醫藥與化學方面的著作，他以擔任巴格達大臣的圖書館員維生，之後也在拉伊（在伊本—阿密德統治之下）擔任圖書館員。但他最知名的著作則是倫理學及歷史學方面的作品。他（以阿拉伯文）寫了好幾本倫理學著作，這些著作依照亞里斯多德的風格而構思，探索了黃金比例（golden mean），卻幾乎很少參照伊斯蘭法；他的其中一本著作後來成為大部分波斯倫理學知名專著的基礎。身為歷史學家，他是位倫理學家。然而，他主要是以君主統治時期來寫作歷史，完全不考量薩珊傳統中的浮誇風俗習慣，但對於從中衍生而來的實務教訓，則又帶著獨到且高明的眼光。他就像塔巴里一樣，帶著哲學家的熱忱關注整體社會，然而卻在阿巴斯朝、布伊朝時代的穩定農業管理衰退時，並未花太多功夫去探究穆斯林社群及其良知的演進過程。

　　哲學知識與思想進入一般知識分子認知的過程，主要是透過愜意的風格爭取大眾讀者的一般作家，而不是透過像伊本—米斯卡維希之類的專家。阿布—亥揚·陶希迪（Abû-Ḥayyân al-Tawḥîdî，西元1018年逝世）在伊斯蘭法學領域屬於夏菲儀法學派，在辯證神學中則屬於

理性主義學派（Mu'tazilî）（他追隨賈希茲的教導）；就風格而言，他謹守賈希茲的範例——雖然未必簡單扼要，但卻清晰鮮明。然而，相較於他在法學甚或是辯證神學方面的研究，對他而言更加寶貴的是對於哲學的興趣。他把所學的各類知識連同某些蘇非主義的元素，全都通俗化，而在他五花八門的通俗化著作中，通常可見哲學家們的哲學。他的主要著作之一就是一份報導——或許並非逐字記載，但可能也不是（像他的某些報導那樣）純粹編造出來的；根據實錄，他記載了一場對話，這場對話發生在少數幾位他尊敬的伊斯蘭哲學導師之一——阿布─蘇萊曼・希吉斯塔尼（Abû-Sulaymân al-Sijistânî）的家中。（希吉斯坦尼與陶希迪自己的老師之一，就是伊本─阿迪〔Ibn-'Adî〕，他是法拉比〔al-Farâbî〕的偉大基督教徒門生。）陶希迪對邏輯相當感興趣，他還曾傳述兩位學者對於哲學與文法學間對應關係的一場討論：一位傑出哲學邏輯學家，及另一位同樣卓越的阿拉伯語法學家（這個時代的語法學者急切想建立新的體系；陶希迪的一位老師在語法學研究裡嚴重混淆邏輯規則，讓它變得根本無法理解，但陶希迪解釋：這不是由於邏輯的運用方式所造成，而是因為那位老師使用他自己發明、迥異於亞里斯多德的邏輯體系。）

陶希迪的生涯有啟發性。身為椰棗商人的兒子，顯然生活一直都不太寬裕，他很想用本身的文學天分贏得顯赫的地位與財富；但是，儘管已經與大臣們同桌而坐，但似乎一直無法滿足他的企圖心。陶希迪並不像伊本─米斯卡維希或其他人，一旦找到相對安穩的職位，就能專心投入其研究，他還是一直憤憤不平而且一生顛簸不斷。他大半人生都跟許多學者一樣，靠著擔任私人抄寫員維生（這些人受僱撰寫手稿，他們通常比書商的集體聽寫成果還要好，但陶希迪抱怨，繁忙

的工作毀了他的眼睛）。有些人將他貶抑為一知半解者，因為他雖然寫作許多主題，卻未能精通其中任何一項；有些人則指控他出於自由思索的看法——他一度因為寫了一本似乎有損伊斯蘭律法權威的書，而被驅逐出巴格達（與哈拉吉〔al-Ḥallâj〕不同，他建議：無法動身前往麥加的人可以進行內在的靈性朝聖，而這樣的靈性朝聖則等同於朝聖）。即使是寬宏的拉伊大臣剎希卜・賓・阿巴德，在三年的寬宏接納之後，也開始反對他；或許主要不是因為陶希迪對於什葉派直言不諱的反對立場（這位大臣是什葉派的支持者），而是因為他的放肆與自恃——因為，儘管陶希迪有時候會撰寫明顯言不由衷、過度諂媚之詞，但他其實已清楚表明，他自己跟大臣之間平起平坐。後來，他還撰寫了一本著作，並嚴詞譴責剎希卜沒有給付他充分的酬勞，還有他的前任伊本—阿密德；他在書中揭露這兩個人的缺點，甚至誇大渲染——就像他親口承認過，因為他們不仁不義在先，所以他便把這當作藉口。這本書由於華麗詞藻而受到讚揚，但故事情節太過惡毒，以致於擁有這本書的任何人都會因此而遭蒙厄運。陶希迪一生追尋富有又慷慨贊助人的過程，似乎僅在巴格達短暫獲得滿足。他還曾絕望地燒掉自己所有著作。他晚年退隱於法爾斯地區的須拉子，人們對於他能在當地安穩教書，似乎感到相當滿意。[4]

　　這個時代最怪異、對許多現代人而言也最有吸引力的角色，就屬阿布—阿拉俄・瑪阿爾里（Abû-l-'Alâ' al-Ma'arrî, 973—1058 CE）。他在阿勒坡接受教育之後，就在敘利亞北部的瑪阿爾拉（Ma'arrah）

4　Ibrahim Keilani, *Abû Ḥayyân at-Tawḥîdî: introduction à son oeuvre* (Beirut, 1950)，是一份以特定人物為對象的小規模研究，透過建立他與同時代其他人的關聯，並同時注意到他們的興趣與所屬團體，使其得以約略檢視整個時代。

小鎮，也就是他出生的地方，度過他大半的人生。他在三十五歲時長期造訪巴格達，並在那裡探討各種文學與哲學的生命，回到家時卻發現他深愛的母親過世了。他此後便隱居度日，從未結婚，且晚年一直都過著獨居生活。他晚年失明但仍生活無虞，在他所居住的城鎮裡，他是最受人尊崇的顯赫權貴，身邊一直圍繞著從遠方前來聽他講課的學生們。

他的散文書信顯然不受好評，只得到一派不真誠的讚揚（沒有人會誤解它，因為人們認可並加以讚揚之處，只在於它優美的概念展演——除非有事實證明它帶有些許諷刺），有時還混雜著個人資料，修辭上的華麗更勝於教育意義。但每件書信都是藝術作品。想要閱讀它，首先必須擺脫乍看之下含糊不清的思維順序。接著，就能夠欣賞其修詞與明喻之間的平衡關係，其中，形象賦予其補語強烈對比；因此他有時會在標準的靜態明喻上，輔以似乎更加細膩的隱喻，使其更鮮明或生動，確實也為其推論畫龍點睛：「只要山岳依舊穩固，蒲桃樹（salam-tree）仍然枝葉茂密。」或「像池塘中的水泡或山中小湖的雨滴」。人們可以細細品味阿拉伯文學蘊含的豐富寶藏，博學的讀者或許可以鑑賞一些難以辨認的罕用字；這讓讀者絞盡腦汁，而或許還滿足了讀者的虛榮心。當然要感受文字的韻律，必須大聲唸出阿拉伯字母。接著就像美好的對話，它完全契合富裕家庭中一般具備的教養。[5] 他的詩歌作品比書信更加有名：他是穆塔納比之後少數傑出的阿拉伯文詩人之一（當時在伊斯蘭世界比較具伊朗色彩的地方，詩人

5　David S. Margoliouth 曾翻譯瑪阿爾里的 *Letters*（Oxford, 1898），而相較於他的韻文，非阿拉伯語系的人必然比較難接觸到這本書。很可惜，有時候當 Margoliouth 以一般的英文格言取代罕見的阿拉伯諺語時，就會糟蹋了整個意象。

們反而偏好波斯文）。它的結構大致雷同，充滿了情思和精雕細琢的文字，充滿了講究或複雜精巧的轉折。他以自己後半段人生的寫照《內心境地》（*Luzûmiyyât*），來為自己的偉大韻文選集命名，而這本著作在格律及韻腳上的自我要求，甚至比評論者所要求的還要嚴謹。

　　瑪阿爾里對於生命的觀點，也同樣採行幾乎無人能及的標準。他嚴厲譴責一切與他有關的不義與虛偽，詳細數落任何不合標準的人，無論是宗教學者、統治者或一般民眾。事實上，他看過太多的人性缺陷，因而他基本上認為活著本身就是一種不幸，因此還因為自己沒有把任何人帶到世上來受苦，而引以為傲。他嘲弄絕大多數正式宗教的教義。他將所有正式的宗教信仰都歸納於同一個層次，並認為無論其信仰為何，都要能幫助他的同儕，才稱得上是真正的虔誠者。但他小心翼翼包裝自己的說詞，以便能在必要時，去辯駁任何指控他過於不虔誠的說法。他因為主張「人與萬物之間應相互協助」這項道德原則，所以教導人們不要加害他者，即使對於動物也是如此，他本身就是素食主義者。對於這項主題，他與法蒂瑪朝統治下埃及的一位伊斯瑪儀里派大宣教士之間，有相當密切的書信往來。這位宣教士沉著理性也相當關注這項主題，但當他顯然未能理解倫理問題時，瑪阿爾里便會重新陷入典型的似是而非的立場，並加以操弄，直到宣教士不再想努力去理解他。

科學臻至成熟：比魯尼

　　文學變得成熟，會帶來使用既定形式以追求各種目的之自由。相對之下，在科學與哲學研究的領域中，完全同化了各種古老傳統之

後，學者們就能更自由地探討相當新穎的類型問題，或重新反思基本問題，並在傳統之中保持絕佳優勢。

　　並非所有伊斯蘭前的伊朗—閃族知識遺產的思潮，都能像伊朗的英雄傳統那樣，普遍開放並且得到大眾接受。但自然科學比較側重實用性的面向，則幾乎同樣普遍受到認同。隨著大批人口接受伊斯蘭，醫院與天文台也從受保護者手中轉移到穆斯林手上，自然科學家通常也都是穆斯林；且隨著醫院與圖書館日漸獲得慈善產業的捐贈（這類慈善產業往往獨立於當權統治者之外），穆斯林科學家們進而發現，他們自己也是整體順尼體制的一部分，仍然普遍受到法官與伊斯蘭法學家的監督。但到了這個時代，自然科學的傳統已經極為精巧，因此能夠找出非常適合的方法，來順應它與這種體制之間的關係。科學研究普遍仍然具有影響力，但有一項限制：中前期時代的統領體制幾乎未投入任何心力，來鼓勵對大型天文台及類似機構的大筆投資，宗教學者也沒有鼓勵人們以慈善產業的金錢奉獻來挹注這類用途。除了在瑪立克夏統治時財源豐沛的民（陽）曆改革之外，科學工作一直默默進展，在蒙古人征服前後，幾乎沒有任何引人注目的時期值得一提。（當時許多卓越的成就顯示，制度性複合體所出現的任何衰退，都絲毫未曾造成知識層面的災難。）

　　或許除了醫學領域以外，科學往往仍得以某種方式表現出高層次活動的精神：解出新的方程式，就是贏得一場遊戲。人們對於模稜兩可的難題深感興趣——包括那看似進退兩難處境的解決之道，以及達成似乎不可能的成就。[6] 發明自動裝置的古希臘傳統，也就是會出乎

6　Rosalie Colie 曾在她對於十六、十七世紀西方自然科學的研究：*Paradoxia*

意料、產生幻象或模仿或雜耍的裝置，得以傳承延續及充實古希臘傳統。水力、鏡子、槓桿、齒輪、發條或其他任何機具，只要能夠精巧使用，進而發揮似乎不成比例的力量，它們的操作方式就都會藏在有著藝術裝飾的小櫃子裡。伊斯瑪儀・加扎里（Ismâ'îl al-Jazârî）創作出一本傳閱頗廣的自動機概論（西元1205年），其中詳細舉例說明：他呈現出來的內容，主要目的在於娛樂，而不是勞作，這本著作預設讀者具有高等數學的文化素養，而無論如何，都無法期待普通工匠具備這類素養。

不過，確實曾出現過重大發展，而且，某些學者也能從哲學方面認真看待他們理解真相的任務。這項發展通常沒有像哈里發盛期的科學知識重組，那麼的戲劇化，但在科學所需的長期積累方面，其成果或許更為豐碩。學者仍然認為他們的首要任務就是盡可能理解自己，然而這畢竟意味著：所有人都汲取了已經理解的事物；缺乏印刷的參考書目、索引與期刊，這件事情本身可能就是終身任務，甚至在特定專業中也是一樣。但是，一旦能以阿拉伯文完整闡述屬於希臘及梵文背景的自然科學傳統，它們當中最精密的形式也能普遍受到公認；那麼，一套廣博且訓練有素的觀點確實就有可能存在。這些偉大的綜合體使個人研究得以進行，也容易許多，而不再事倍功半。因此，研究者可以繼續做出更創新的貢獻。[7]

---

epidemica: The Renaissance Tradition of Paradox (Princeton University Press, 1961)，呈現這種以「悖論」為樂的精神。

7 　正是基於這項理由，即使是像Ibn-Rustah (transl. Gaston Wiet), *Les Atours precieux* (Cairo, 1955) 這樣流行的著作，也為學術目的服務──儘管如此，這本著作並沒有區分自然事實與慣例事實；像是圓有三百六十度，或地球的中心在烏賈因

事後回溯，新的貢獻通常仍停留在幾乎微不足道的細節層次上。例如，在穆罕默德・花剌子密（Muḥammad al-Khwârazmî）編纂他的代數學綜合著作之後，就比較可能會發現該領域的缺陷在哪裡；但首先必須透過數學個案，才能夠察覺這些缺陷。其中，阿基米德提出的某項幾何學命題在未來則不可或缺，並成為豐碩成果的出發點。早在花剌子密的時代之後不久，人們就認為這項命題與方程式 $x^3+a=bx^3$ 的解題是一樣的；到了哈里發盛期末葉，在其他討論圓錐曲線的希臘幾何專著協助下，它早就在幾何上得到了證明。但可能有好幾種不同的證明方法，在接下來的那個世紀中，人們至少就發現兩種以上的解法。在這種研究過程中，解法一個接著一個出現，圓錐曲線在運用上的重要性，以及幾何學證明與代數學證明之間的關係，就變得更加清楚了。到了歐瑪爾・海亞姆的時代（西元 1123 年逝世。費茲傑羅曾經將他的詩作翻譯為英文），他自己仔細追溯上述問題的歷史，並提出一套清晰的術語、一組廣泛的技巧，用來處理一次、二次及三次方程式——但在更高的次方上，僅僅考量零星的方程式（就像後來允許無理方程式解〔irrational solution〕，但不接受負數解〔negative solution〕的希臘人）。歐瑪爾・海亞姆創建一套包含許多新解法、廣博又系統化的代數學研究；雖然即使僅就前三個次方而言，他仍然忽略相當數量的可能正整數解（positve solution）。然而，代數學正因以其新單一解（individual solution）和其綜合命題為基礎，才能夠持續獲得進展。

　　在化學方面，賈比爾（Jâbir）的全集在十一世紀發表之後，我們

（Ujjain），就像現代的政論家對待「歐洲」與「亞洲」的方式，彷彿它們只不過是自然地理上的單位一樣。

已經能追溯量化分析的開端，而不只是質化分析；但就我們所知，這門學科半途而廢，再也沒有人提及，直至十八世紀的西方。發展比較豐碩的成果，則是使蒸餾頭外蒸餾水氣冷凝的蒸餾器；這些似乎同時發生在十三世紀的伊斯蘭世界與西方。在光學方面，哈珊‧賓‧海沙姆（al-Hasan b. al-Haytham，約西元1039年逝世。他對於前面提到的方程式，早就提出一套解法）朝向了解光譜踏出重要的幾步——彩虹與人工彩虹的效果。伊本—海沙姆首創使用暗箱來做實驗。他出生於巴斯拉，曾為法蒂瑪朝的哈里發哈基姆做事；但有一次，他似乎讓他的統治者期待著能讓至為重要的尼羅河水流規律運作，然而他終究辦不到這件事，所以接著也就失勢了。至少在他晚年時，靠著抄寫手稿度日。伊本—海沙姆對於光學的一般性研究，成為那項科學的基礎文本，而且，拉丁文譯本也一直在西方流傳，一直使用到克卜勒（Kepler）的時代。

　　就天文學特別吸引現代學者的方面，穆斯林則偶有創新之舉：有人主張地球繞著本身的軸旋轉（用以說明天體每日的運轉，並據以簡化行星的運動）；當認定大氣獨立於這種運動之外，並仔細計算過應該會造成的風速之後，這種想法就遭到否定。甚至有人主張：地球繞著太陽運動。但是，只要預設圓型軌道，無論是觀察地球年度運行過程中的恆星位置變動，或一再改進對於行星運動的觀察，都無法支持後者這種理論；與後來哥白尼的理論非常相似，它其實只是想提出更美麗的系統性解析，而不是更精確地呈現事實，因而遭到否定。

　　這個時代最具吸引力的角色，則是花剌子模的阿布—雷罕‧比魯尼（Abû-l-Rayhân al-Bîrûnî，在世於西元973～1050年之後）——科學的「普世大師」。他的第一本重要著作（西元1000年完成，但陸續出

現增補修訂）就是《逝去世紀的痕跡》（*Remaining Traces of Bygone Ages*），是一件範圍廣泛的編年史研究，這部著作從數學觀點處理，但帶有一種歷史序列感，而且以更開闊的洞見來呈現穆斯林的歷史。他受到布哈拉的薩曼朝末代統治者的贊助，也很早就已經開始旅行，足跡遠至拉伊；但當他回到花剌子模，並以學者及外交官的身分，為最後幾位獨立自主的花剌子模國王服務，直到嘎茲納的瑪赫穆德攫取這塊土地。瑪赫穆德把他帶到嘎茲納，他在那裡擔任宮廷占星家；儘管他私底下似乎認為：嚴謹的占星術（也就是能預測實際事件的體系），其實不可能存在。他的學術著作獲得朝廷充分支持，但他未必總是投其所好：他有很長一段時間內，都拒絕使用波斯文來寫作，並堅持在學術著作上使用阿拉伯文（當然，他自己的語言是花剌子模文——屬於伊朗文而非波斯文）。據說，有人提供數量多到要用大象載運的銀幣，來交換他的在天文學方面的不朽鉅作，卻遭到了拒絕。到了某個時候，他總結自己撰寫的一百一十三本專著，再加上學者朋友冠上他的名義（或許利用他的寫作材料）所寫的一些書籍；他的專著包含寶石、藥物、數學問題以及物理學問題的研究。[8]

對於印度生活的概論（西元1030年完成），幾乎是他最受矚目的著作，他與瑪赫穆德遠征時進行的研究匯集成了這本著作。其中，他還特別加入一套幾乎是從人類學觀點寫成的梵文哲學體系研究（因為他學習過梵文）；換句話說，他的研究主要不是尋求體系中的真理，而是要理解印度人進行思考的基礎。他極為熟悉伊斯蘭文化

8　R. Ramsay Wright 翻譯了比魯尼的 *Elements of Astrology* (London, 1934)，但誤譯這位科學家就占星術上實際預測的可能性，而提出來措詞非常謹慎的聲明。

（Islamicate culture）的普世性：他發現，在面對印度思想世界的異質性（alienness）時，希臘傳統與伊斯蘭傳統（Islmaicate tradition）其實是同一回事；但他強調，與開放於古希臘人的地區相比較，伊斯蘭世界更加遼闊，他還在某種程度上以此為基礎，解釋某些範圍更廣且內容更詳盡的伊斯蘭（Islamicate）學問——尤其是地理學領域。他被視為優秀的穆斯林，但他仰慕著一位非常獨立的哲學家——伊本─扎卡利亞・拉齊（Ibn-Zakariyyâ' Râzî）。

哲學與靈性經驗的難題：伊本─西那

哈里發盛期結束，相較於探討比較實證性的科學，探討哲學中特別嚴謹的「哲學」層面，或許更為重要，通常都是在這個層面討論宇宙以及人類在其中所居地位的總體意義。因此，法拉比的偉大綜合思想也使人們更能清楚看到漏洞所在。但這個時代本身就出現新的問題。在這樣的時代裡，哲學層面上合乎秩序的社會，似乎不再是哈里發體制所具備的選項之一，且當具伊斯蘭法主義的伊斯蘭對所有人執行其規範時，就必須重新設想哲學的個人及社會任務，特別是此任務與流行的大眾宗教之間的關係。

在西元983年之後幾年，對此最令人感興趣的嘗試就是「精誠兄弟社」（Ikhwân al-Ṣafâ'）所做的嘗試。他們在巴斯拉組成男性聯誼會，或許在巴格達也有另組一個，致力於啟蒙，以及靈性上的自我淨化，並且在伊斯蘭世界的許多城鎮宣傳他們的想法，竭盡所能爭取人們認同真理與純淨，進而認同提昇社會層次之道。他們創作出一本理性主義哲學的科學百科全書，作為達成這項目的指南。這本百科全書

確實就是這個團體的唯一遺產，顯示出它與什葉派當中的內隱學派（Bâṭiniyyah）具有關聯性（如果哲學家阿布─蘇萊曼・希吉斯塔尼確實像我們聽聞的那樣，是其中一位弟兄，那麼，他們就沒有特別只堅持內在意義的途徑）。這本百科全書的宗旨就是：理應在全人類之間，代表神聖宇宙理性的伊瑪目體系（imâmate）；以及樂於在《古蘭經》與伊斯蘭法中發現隱藏的象徵意義。但相較於埃及的偉大伊斯瑪儀里派宣教士（他們政治上的領導地位受到同道兄弟或其中某些人所尊重），它的教導更明顯具有哲學色彩。它以實質上的獨立方式、且對任何教派組織都不預先承諾，呈現小宇宙回歸（microcosmic return）的神話（這套理論，新柏拉圖主義者〔neo-Platonist〕大致早已著手發展，但也伊斯蘭化了）：換句話說就是抱著一種想法：這個十分錯綜複雜的世界起源於終極太一（ultimate One），呈現在宇宙理性（cosmic Reason）之中，而且所有的複雜性重新恢復在身為小宇宙的人類身上，藉由淨化他們個人的推論能力，得以在知性的觀想中，重新提升至原初太一（original One）的境界。

　　精誠兄弟社提出令人振奮的願景，而在某種程度上，此一團體也代表了伊斯瑪儀里派的啟示，它顯然就是伊斯瑪儀里觀念論的新起點。他們無疑不只具備個人目標；他們還想藉由改革個人的生活，利用新的方式讓穆斯林社會潛移默化。他們這份努力的獨特之處，就是在每個地方的勤奮友人的小團體當中，相互啟蒙與支持的想法，這顯然並不堅持學說上的一致性。這套計畫似乎沒有顯著的成果。這本百科全書確實頗受歡迎，更持續流行到伊斯蘭文明（Islamicate civilization）之終，而使哲學文化的某個方面得以盛行。但它並沒有導致靈性或知性上更進一步的發展。它在知識方面的研究並不嚴謹，幾

乎看不出法拉比著作的痕跡；這些想法絕大多數都衍生自範圍廣泛的希臘文化學派，沒有進行嚴謹的整合，因此，人們沒有明確舉例說明所衍生的問題。

精誠兄弟社卻強調當時最偉大哲學家阿布—阿里‧伊本—西那（Abû-'Alî Ibn-Sînâ，拉丁文稱他為阿維森納〔Avicenna〕；在世於西元980～1037年）的著作所具備的影響力；在他們童年時，這位哲學家的著作就已經具有影響力了。伊本—西那確實是以法拉比為基礎（並且以他藉由法拉比而認識的亞里斯多德為基礎）。在這方面，他也發現在哈里發盛期之後，哲學無法說明政治、社會甚至是個人的真實，除非相較於法拉比（他選擇了通往亞里斯多德的指引），哲學能更加清楚地理解宗教——特別是伊斯蘭法，以及與其相關的宗教經驗。但他反對引起他家族熱衷的內隱學派之途，然而事實證明，他的著作能夠開啟偉大的新知識資源——但無法改變社會。

伊本—西那出生於布哈拉附近（出身什葉派的官員家族），他年輕時就在薩曼朝宮廷圖書館裡，學習他接觸到的一切事物。他告訴我們，他在十八歲時已經將圖書館的書籍全都翻閱完，並獲得了書本上的一切知識，至少在哲學的各門學科上。他在行醫方面已經頗有成就，他還強調為寬厚朝廷服務的重要性。但他不想前去嘎茲納，而當比魯尼與其他人受到瑪赫穆德任用時，伊本—西那便逃避蘇丹瑪赫穆德的請求，躲避到伊朗西部最遙遠的朝廷中。在那裡，他在幾位最成功的布伊朝末代統治者麾下擔任大臣，並與這位君主一起踏上征途。除此之外，他還騰出時間去編寫各式各樣的小論文，並針對他最喜愛的兩項領域中——醫學與形上學，編寫了兩本百科全書式著作。

法拉比早就想以理性詞彙來說明伊斯蘭的啟示及其律法，不過就

像拉齊一樣，他仍然不依賴作為知識力量的伊斯蘭。但時間一久，這種超然態度便顯得不切實際了。在他的形上學研究中，伊本—西那作為伊斯蘭哲學的先驅則會使他的研究，更緊密地與伊斯蘭傳統整合；由於他承認伊斯蘭法本身發展出來的重要地位，便耗費遠超過法拉比的工夫，不只證明「先知立法者必然存在」這項一般原則的正當性，還特別辯護穆罕默德所啟示的法規。他向大眾甚至是菁英階級詳細闡述，眾多伊斯蘭律法規則在社會上的用處——基於後面這一項的理解，對於由重要因素而衍生的細節，「哲學家」身為賢人絕對足以省卻這種繁瑣。由於他認為禮拜儀式應成為專注的戒律，所以加以辯護禮拜儀式的必要性，即使對於「哲學家」而言，也不能免除實踐禮拜儀式；但是，他發覺到酒精有益於人，也知道如何避免飲酒過量，所以允許自己喝酒——酒精對大眾造成的危險，正是先知之所以禁酒的原因。

　　但他也關注啟示的心理學。法拉比早就把預言能力歸於想像力，而相較於理性，理性主義哲學家並不認真看待它。伊本—西那則提出一套分析，其中先知的身分似乎就同時預設了理想「哲學家」的身分，甚至，比起仍停留在言說論證層次上的「頂尖」哲學家，還更能徹底接觸真理。他藉由敘述蘇非行者的密契經驗，得出這樣的推論，而且，無論如何，他必須與密契經驗融為一體。運用新柏拉圖學派體系的邏輯—理性，從中流衍出太一（the One），一直到有著複合存在（compound beings）的世界；他解釋，對於支配世界上所有事件、宇宙的活動智力（Active Intellect），靈魂得以持有即時直觀（immediate intuitions），而且比透過推論性論證所獲得的察知還更加直接。其實，證據就在於蘇非行者獲得某些洞見能力，他們的這些洞見超越了慣性

的前提假設，且不經邏輯推論與理性範疇，就獲得了公認的哲學觀點。想像力可以將這些直覺轉譯為形象，並由蘇非行者或先知以此種方式向他人呈現。先知就是最精通此道者。

在這套分析過程中，援引了伊本—西那的心理學，這套心理學與後來的蘇非行者們意氣相投。伊本—西那斷言，人類的心智並不像法拉比的認知那樣，只因為參與宇宙的活動智力就能夠變得明智；換句話說，藉由有效認可潛藏在所有短暫表象背後的理性一般概念（rational universal），而此一認可「現實化」每位個體身上的潛在智力。伊本—西那堅決主張：個體身上的既存智力，都是個別的獨立實體；它是非物質的，而且是理性、堅不可催，無論它的「現實化」有多不適當。他利用兩種方式佐證自己的想法。他引用自我暗示與催眠之類的現象，並在把它們詮釋為：顯現了靈魂對於自己主體與別人的直接行動，而不是像希臘文化傳統中，某些人會將它們視為無形靈魂的干預；他也史無前例地堅持運用一項原則——可以辨識的概念，必定對應著可以辨識的實體（entity）；隱含在希臘哲學傳統概念中的原則：「人類理性必然在宇宙的和諧中，找到他的相似物（analogue），並加以實現。」他憑藉這種實際的證據以及規範原則，確立靈魂獨立於身體之外，成為離開肉體的實體——這種觀點不僅迥異於亞里斯多德，更不同於普羅堤諾（Plotinus）。這項信念承認人類死後能繼續存在（以對抗永恆存在的活動智力裡的一般性「生存」），並允許在其他方面大致上具有亞里斯多德色彩的體系，能夠藉由將它靈性化的作法，來容納穆斯林的（以及柏拉圖式的）來世學說。但它也幫助性好觀想的蘇非行者更加能理解——他們本身的自我經驗仍然保有個別獨特的自我，但大致上已能超越具有時空限制的世界。

廣泛針對哲學體系中的每項相關論點重新詮釋，從思維作用（intellection）的程序，到存在的本質，都支持著這種觀點。這種重新詮釋著重在神的教義方面。神仍然被詮釋為一種純粹的存在（simple being），如同理性主義哲學所訴求的；然而那項存在被賦予的特徵，更符合人類實際的崇拜對象。仔細分析神的主要屬性就可看出：如果人們使用適當的邏輯區別，這些屬性都因為等同於神性的本質（作為必要的存在〔Necessary Being〕）而得以留存。這種分析甚至能夠指出：可以期待的是屬於宇宙理性、終極模質的神，不只是「察覺」到作為祂理性存在的普世本質（如同哲學家的普遍假設），甚至還知道特定的個體或事件──儘管「只在某個普遍的層面上」，就像如果有人知道所有天體的本質以及天體間的相合、相互作用的可能性，就絕對能夠「察覺」特定的日蝕或月蝕。伊本─西那就是在進行這種分析時發展出一套與本質相對、複雜的存在學說（wujûd）。在「事物的存在」與「事物存在的事實」之間，採用亞里斯多德的邏輯區分，並且指定一個本體論上的角色：存在就是附加在本質上的某件事物，藉由存在，人們得以決定它的本質。本體論角色的引進，明顯出現在一項衍生的區別中──必然的存在與僅僅可能的存在之間，對於伊本─西那而言，這項區別標示著神與創造之間的差異；因為，藉由區別神的存在與其他的存在，這類區分不只把神視為整體自然體系中的價值所在──如同亞里斯多德心目中的祂所代表的意義。

　　伊本─西那最令人印象深刻的成就，就是使亞里斯多德體系同時在理解及勸誡宗教經驗方面，都更有用處。但我認為，這似乎不是使它調適伊斯蘭的途徑，比較像是運用亞里斯多德在形上學方面的確實研究結果，以支持哲學傳統本身中人生觀的各個面向──其中的宗教

本質已經顯著於蘇格拉底與柏拉圖的學說，而較不相容於亞里斯多德的學說。精誠兄弟社所追隨的那種哲學家，由於並未充分理解亞里斯多德，因此未能全面完成研究，伊本—西那的研究則做得更加完整。在某種程度上，他藉由引述伊斯蘭所呈現的——亞伯拉罕先知傳統中的某些宗教價值，特別是它強調的超凡神性（divine transcendence），來達成這項任務。在這方面，他的體系是兩種人生觀傳統之間的真正綜合體，他認真參與這兩項傳統。但哲學上的人生觀傳統仍是首要的：他在合於規範的宇宙本質的理性和諧中續發現終極性（ultimacy），而不是在亞伯拉罕社群視為啟示的挑戰性歷史事件。因此，對他而言，穆罕默德的傳教活動主要仍為政治事件，在真正的「哲學家」眼中，他們幾乎沒有終極方向意義性；他則否認任何肉體復活的未來時刻——除了他為一般大眾所寫的著作，書中對於這種復活所抱持的信念，是一種「信仰」論點，亦即作為宗教信仰的論點。事實上，當人們將伊斯蘭設想為一套正當的政治與社會秩序時，也仍繼續訴諸他對伊斯蘭所做的大多數調適。

因此，在承認體制完備的宗教傳統時，伊本—西那在兩個層面上較法拉比還更進一步：藉由特別賦予伊斯蘭啟示某種更尊貴的角色；並藉由認可人與宇宙之間，在終極關係的意義上更具哲學性的空間，普遍表現出宗教傳統的特徵——包括哲學傳統裡較具宗教性的層面。因此，伊本—西那的哲學不同於法拉比的哲學，它成為觀想學派的起源，這個學派與蘇非主義密契經驗之間的結合，成為其首要的價值。蘇非主義對於無意識自我的研究，終究進而預設了伊本—西那的術語。[9]

9　後來的評論者，因此以蘇非主義的用語詮釋伊本—西那。仍然不完全清楚，在何

後來，伊本—西那成為爭論的焦點。最嚴格的逍遙學派成員，特別是偏向堅持法拉比學說的伊本—魯胥德，在邏輯學及形上學的問題上與他爭辯。[10] 然而不只是蘇非行者，就連後來許多涉足辯證神學爭議的人們，也都以伊本—西那的論點為基礎，來建立起自己的哲學，他也成為之後絕大部分伊斯蘭（Islamicate）理性觀想的起點。後來的蘇非行者對伊本—西那著作的態度，可以用一則純屬虛構的軼事加以總結：伊本—西那與一位偉大的蘇非行者相遇，進而促膝長談；當他們道別時，伊本—西那傳述這次談話：「我所知曉的一切，他都領會了。」而這位蘇非行者則傳述道：「我所領悟的一切，他都知曉了。」至於較傾向於密契主義的人們加諸在伊本—西那身上的構想，他本身能接受到何種程度，則並不明確。[11]

種程度上，能以伊本—西那自己的思想證明這種作法。Henry Corbin 在 *Avicenne et récit visiotinaire*, vol.i (Tehran, 1954) 中則堅持蘇非主義傳統。Anne-Marie Goichon 在 *Le récit de ayy ibn Yaq ân comments par textes d'Avicenne* (Paris, 1959) 中反駁他。至少在具爭議的歷史傳說的直接意義層次上，Goichon 似乎提出了較理想的論據，他因而得以堅持，可以明確理解為：當伊本—西那自己擴充闡述時，它嚴格停留在伊斯蘭哲學的亞里斯多德傳統之內。

10　S. M. Stern 從醫生（同時也是旅遊作家）阿布杜—拉提夫（'Abd-al-Laṭîf）身上舉了一個具有啟發性的例子，藉以說明哲學家們厭惡伊本—西那的程度：'A Collection of Treatises by 'Abd al-Latif al-Baghdadi', *Islamic Studies*, 1 (Karachi, 1962), 53－70.（同一項論點可見於同一份期刊，參見 D. M. Dunlop, 'Averroës (Ibn Rushd) on the Modality of Propositions', pp. 23－34。）

11　伊本—西那在某些邏輯學或形上學的關聯中曾提及「『mashriqiyyah』的智慧」，卻沒有加以清楚闡述，似乎是部分問題的關鍵所在。（這個詞有時候誤譯為「東方」哲學，彷彿伊本—西那也有這樣的想法，即希臘在某種意義上是「西方的」，

經學院的辯證神學：勝利與空洞

　　在中前期時代成形過程的幾個世代中，辯證神學作為一種觀想的方法，才終於逐漸臻於自給自足的完善狀態，也逐漸比較能贏得許多伊斯蘭法主義的宗教學者尊重。在它臻於完善之際，其與哲學形上學的關係，就成為它的重大問題。原來的神學理性主義學派，在順尼派成員當中，還有特別是十二伊瑪目什葉派成員當中，繼續有其代表性，甚至在伊斯蘭之外也有所進展：許多猶太教學者們聲稱自己信奉

而伊朗則是「東方的」；應該將這一點差異反映在哲學上。）問題的重點在於他對密契主義的態度。這個詞語受到廣泛的爭論：在呼羅珊或君迪夏布爾（Jundaysâbûr）、巴格達以外的意義上，這個詞是否應該指「東方」，或者是「啟蒙的」（illuminative）意思。就前者這種情形來說，它僅僅意指某種不同於逍遙學派的「實踐性或邏輯上的教導」；至於後者的情形，則可以指稱某種本體論（ontological）論點的神秘意涵，毋庸置疑，這種意涵無論如何都包含在這個範圍之內。參見：Carlo Nallino, 'Filosofia "orientale" od "illuminativa" d'Avicenna', *Rivista di Siudi Orientals*, 10 (1923 －25), 433 －67; Louis Gardct, La pensée religieuse d'Avicenne (Paris, 1951), p. 23，並參見：A. M. Goichon, *Le récit de Hayy ibn Yaqzân*，這兩本著作都引用了上述說法；以及 Henry Corbin, *Oeuvres philosophiques et mystiques de Shihabaddin Yahya Sohrawardi*, 1 (Tehran, and Paris, 1952), Prolégomènes。或許伊本－西那其實語帶雙關，而伊本－西那的門徒確實在「啟蒙的」這個意義上去理解這個詞語，並認為他想要提出一種密契主義的意涵；但這可能完全不是他的想法。

Henry Corbin 所喜好的、解釋為「東方」的譯法，只有當人們清楚記得「東方」這個詞在隱喻時，意謂著日出，而不是指人類的地理區塊，才具有正當性。稍後，如果蘇赫拉瓦爾迪（Suhravardî）承襲同樣的概念，並將它特別連結到伊朗，這僅僅是因為他認為伊朗的傳統（而不是某種普遍化的「東方」）剛好足以闡釋啟蒙的本質；這樣的偶然事實造成了這種結果。

一套本質上屬於理性主義學派的辯證神學。但更富創造性的努力，則是由阿胥阿里學派（與夏菲儀法學派相關聯）與瑪圖立迪學派（與哈那菲法學派相關）完成。漢巴里法學派與外顯學派（Zâhirî）以及（起初）瑪立基法學派的學者們，則傾向於袖手旁觀。[12]

　　然而，付出最多而使阿胥阿里派體系盛行於肥沃月彎，則是瑪立基法學派的法官，巴基蘭尼（al-Bâqillânî，西元1013年逝世）。他以極為清晰的方式，呈現出這個學派所接受的學說，像是原子創造論等。他之所以廣受歡迎，或許一部分的原因在於：他將論證大膽地適用於獨特的啟示性事件。關於這類事件的傳述，到底哪一種值得信

12　George Makdisi, 'Ash'arî and the Ash'arites in Islamic Religious History', *Studia Islamica*, 18 (1962) 還有接下來的幾個論點都指出：認為阿胥阿里主義在較早時代就已經成為「正統」（不管那是什麼意思）的常見看法，其立論基礎是中後期時代敘利亞與埃及一小群阿胥阿里學派作家的著作，但事實上，他們並未呈現出廣為人知的事實，卻只是想堅持這項命題，而他傑出且重要的文章有助於釐清：學者們依賴特定地方性順尼派阿拉伯傳統，以求在學術上理解何謂伊斯蘭、或什麼不是伊斯蘭的面貌；卻也因此誤導了他們。（我們也因此不太需要依賴像是Asad Ṭalas, *L'enseignement chez les Arabes: la madrasa nizamiyya et son histoire* [Paris, 1939]，這種充滿錯誤、不專業的研究成果。）

很可惜，儘管這種學術模式有助於指出其中的漏洞，Makdisi卻沒有完全讓自己不受影響。他似乎仍然接受傳統的伊斯蘭形象，這種形象認為伊斯蘭從一開始就是順尼派，並具有伊斯蘭法主義、它的傳統特別屬於聖訓傳統；他僅僅引進一項新論點，這種論點認為：在絕大多數聖訓主義的宗教學者中，阿胥阿里派的辯證神學並非長久以來都廣受人們接受——至少直到中後期時代的敘利亞與埃及（他沒有走得更遠），都是這種情形。他更嚴重誤解，反映在他以「傳統」一詞稱呼聖訓傳述的作法上，這種作法或許也強化了他的誤解。第一冊導論討論伊斯蘭研究用語的章節，就已經分析過這種「傳統主義」概念所帶來的困擾。

賴，阿胥阿里學派則發展出一套縝密的分析：例如，一項傳述必須流傳多廣，才能不需經過每個自稱為見證人的詳加檢驗，就廣為人們接受？事件本身的啟示性特質，一旦經過適當的證明，也還有待研究。巴基蘭尼特別聯想到明證性奇蹟的學說，他認為奇蹟實際上指出了先知本質的依據，但還是缺乏形上學的依據。

他特別強調，獨一無二的《古蘭經》具有特殊的重要性——穆斯林相信它的文學風格如此特別，因此，任何人都無法創造出足以相提並論的著作——作為穆罕默德奇蹟的主要明證。《古蘭經》有獨特的啟示性地位，這樣的地位不只在於它將遷徙途中所發生的事情一五一十地保留下來，人們也隨時都能讀取相關記載。他試著詳細分析它的風格，並藉以說明是什麼使作為具體現象的《古蘭經》，能在人類知識的範疇內令人信服。

但巴基蘭尼的著作，是以辯證神學傳統本身的爭論為導向，除了挑戰傳統以外的心智，其餘都不是他真正的關切所在。他的著作有時看似幼稚：他甚至堅決反駁阿胥阿里學派的對手——不寬容其他有相同立場的人，他似乎認為沒有正當理由就信仰的人，就不是真正的信徒；因此，不接受（阿胥阿里派的）辯證神學的人，甚至稱不上是真正的穆斯林。某些阿胥阿里學派成員試著提出爭辯的論點在於：正如同對於一項命題的正確證明方式，顯示那項命題本身的正確性，而對於一項命題的錯誤證明，就導致了那項命題本身的謬誤；因此，阿胥阿里學派認為，他們早就發覺、正統立場的正確證明方法本身，與人們承認它是最初立場的態度，兩者同等重要。他在兩聖域的伊瑪目——朱衛尼（Imâm-al-Ḥaramayn Juvaynî, 1028－1085 CE）的時代，普遍擱置華而不實的論據，並且使用比他的前輩更精妙的方式。他的目

的在於處理傳統內部的爭論，而他繼續提出原子式學說，以及所有與之相關的學說；但他的做法是以一種理性主義的哲學性精神為基礎。他的著作中沒有什麼無知的觀點。它不可避免地主宰了那個時代的阿胥阿里學派。然而，比起某些更早期的辯證神學家的著作，它可能並未徹底實現其任務。

朱衛尼專心投入的宗教問題，甚至以及他公開陳述的基本觀點，都是繼承而來的。他的父親是朱衛因（Juvayn）出身，後來成為呼羅珊尼夏普爾地區的夏菲儀法學派領導者；當他過世時，兒子繼承他在經學院的教職，儘管他當時只有十八歲——他顯然已經充分展現出非凡的天賦。他也跟隨一位阿胥阿里學派的老師學習。身為一開始就受人認可的學者，朱衛尼主要的工作是釐清他所屬的兩大傳統，具有的基本原則——夏菲儀派法學（他加以辯護並據以對抗其他法學派），還有阿胥阿里派伊斯蘭神學。但至少在神學方面，他的天賦讓他得以將自己繼承的任務發揮到近乎完善的境界。

同時，他還見證了聖訓主義者企圖全盤平息辯證神學爭論，最後致力於放手一搏。塞爾柱突勒—別克的大臣昆都里（al-Kundurî）下令，所有理性主義學派必須停止講授（其中也包含其他辯證神學派），因此迫使朱衛尼必須離鄉背井；但他在避難的麥加與麥地那，獲得極偉大的名聲——儘管他當時只有二十幾歲——他的追隨者因此稱呼他為「兩聖城的伊瑪目」。然而，當尼查姆—穆魯克擔任阿爾普—阿斯蘭蘇丹的大臣而掌權時，朱衛尼及其他辯證神學家毫不費力就再次獲得寵幸；只有在少數地方，特別是巴格達當地，聖訓主義者仍然強烈地對抗他們。

朱衛尼的辯證神學著作有兩項突出的特徵。如果對照朱衛尼的著

作與更早期的著作——例如，那些被人們歸納到阿胥阿里本人的著作，甚至是較晚近的篇章——人們會意外發現，每項論點的議論都已琢磨到極為縝密精細的程度。但這種精煉與精確，進而表現出第二項特徵：理解學家所堅持的形上學知識，以及邏輯學的知識水平。儘管他並未針對它們提出公開論述，不過，這些範疇在他著作裡都隨處可見。

例如，朱衛尼承認，按照理性主義的標準，舊阿胥阿里學派嘗試堅持神之全能的作法，無法令人滿意。他們的「獲取」教義就能用來反駁這種嘗試（「獲取」阿拉伯原文為「kasb」，這套學說認為：人類在道德上以善行或惡行換取善功或惡報，但神才是唯一的主宰），他們基於晦澀難懂的理由而駁斥阿胥阿里學派；一旦人們不再接受「只需陳述就能從發人深省的事實中推論出任何事物」，無論是否能認定它契合於一套和諧的體系；那麼這項論點就令人無法理解，代表不能認定這項論點已經獲得證明。朱衛尼承認這點，他的解決方法就是：試著定義純粹確定性與不受限制的自由意志之間，所謂的中道立場，其中，言語回應了聖訓主義者所堅持的主張，這種主張即為「只有神可以真的創造或完成任何事物」，而附加於那些要求的條件，基本上滿足理性主義學派的堅持，亦即：人們不能為他們無法避免的事物負責。

在他的著作中隱含的見解（像是他的獲取論），實質上往往只是回歸到更合乎常識性的早期辯證神學立場，亦即在聖訓主義虔信的興起、迫使其修正之前的、原來的理性主義學派立場。例如，在斷定神的屬性時（像是神的永恆性），朱衛尼堅持神確實具有這些屬性（如同聖訓主義者曾說過的話）——對於理性主義學派分子而言，這些屬

性不只是神的存在模式；然而，這些屬性也不以附加在神存在之上的任何事物為基礎：這兩種見解都殊途同歸（他寧願略帶歉意地承認，他在這方面偏離較早期的阿胥阿里學派）。在無法找到能用以支持它的適當語法時，朱衛尼甚至容許藉由隱喻來理解某些屬性；儘管比起理性主義學派，他較不會輕易這麼做。[13]

　　但實際上，對於理性主義學派的觀點，朱衛尼略有增補。如果人們就同一項論點比較朱衛尼與伊本—西那的學說，就會發現某種相當相似的關懷，這種關懷的目標是找到一種構想，既能夠界定值得敬拜的神，又不犧牲似乎有其必要的事物——對理性主義者而言——去界定祂的超越性。人們可以假設一種知性需求的順序：早期理性主義學派成員仍然刻意抱持《古蘭經》中征服世界的任務，就他們的知識需求來說，其敬拜的神並不需要更嚴格的定義，他們的要求僅僅在於：捍衛伊斯蘭一神論的本質要素；接著是聖訓主義者的知識需求，對他們而言，那套一神論的某些特徵更加細微，藉由堅持神的不可理解性，而充分確保神的超越性；還有更傾向於理性主義者的知識需求，它們要求一旦適當提出問題，一神信仰神聖意識的超越性必須能夠認同「理性主義者試著在宇宙中發現的終極理性和諧。在這種任務中，哲學家不可避免會提出當時所能運用的最複雜的標準」。朱衛尼對它們的關切，能以他對三詞式亞里斯多德邏輯三段論（syllogism）的興趣為例，儘管在實際操作上，他通常使用早已在辯證神學中成為慣例、

13　新版的《伊斯蘭百科全書》（*Encyclopaedia of Islam*）中刪去了關於朱衛尼審慎、不是很有洞察力但相當實用的短文，出自於 Helmut Klopper, *Das Dogma des Imân al-Ḥaratmain al-Djuwainî und sein Werk al-'Aqîdat an-Niẓâmîya* (Wiesbaden, 1958)，其中包含了後者的翻譯。

且更為方便的二詞論證形式，在這些論證中，某些邏輯處於模糊的狀態。[14] 他藉由引進抽象論證的嚴謹緒論，而建立起阿胥阿里學派專著後續所採用的形式。

我認為當它勝利的那一刻，在使它自己的傳統臻於完美，阿胥阿里派辯證神學幾乎看不到自己的目的：就是對非理性主義宣教神學（kerygmatic）立場的理性辯護，在這項目的中，人們認為對於人生與它的許諾的意涵，比起任何普世本質的一致性，關鍵的個別事件所能顯示的更多。例如，朱衛尼再也無法理解，為什麼應該像理性主義學派成員與早期的阿胥阿里學派那樣，給予「去善揚惡」這項學說特殊待遇，將它當成首要教義，跟神的獨一性與穆罕默德的先知本質平起平坐。對他們來說，它處理虔誠的人們在歷史上的許諾；但對朱衛尼來說，正如他那個時代的典型狀況，在法律規則當中，它只能居於次要地位，而涵蓋穆斯林在日常生活中對彼此應盡的提醒與告誡。人們開始採納一種觀點——不只是朱衛尼——那種觀點只能在伊斯蘭哲學或與之相等的事物中，獲得最完整也最自由的表述。精確地說，人們只能「聽聞」蘊含啟示價值的事件，無法從反覆出現的經驗中推論出其

14　他極少使用三段論形式本身，到了嘎扎里則利用它在邏輯上的效用（詳見 W. Montgomery Watt, *Muslim Intellectual: The Struggle and Achievement of al-Ghazâlî* [Edinburgh University Press, 1963]）。伊本—哈勒敦將較早時期的辯證神學稱為「舊式的」（old way），而相較於跟隨在中前期時代、稱之為「新式的」（new way）、中前期時代的辯證神學（如果辯證神學確實必須存在，朱衛尼偏好使辯證神學停留在相對不成熟的狀態，因為他不喜歡看到辯證神學削弱哲學的作用）。許多現代學者也追隨其理念。就目前我所知道的部分（因為有大批辯證神學著作佚失）、相關事件的分析，詳見 Louis Gardet and M.-M. Anawati, *Introduction à la théologie musulmane* (Paris, 1948), pp. 72－76。

中的啟示性，而仍然享有獨特的光榮。但即使是為先知本質提供的證明，也帶有理性主義精神的印記。

我們可以說，從聖訓主義者的時代之後，隨著他們對穆斯林政治責任的審慎觀點，伊斯蘭法主義的虔信的宣教神學式影響力，已經遭到限制，以有利於更大程度的儀式性「規範溯源」（paradigm-tracing）虔信：換句話說，穆斯林更傾向於將適當的伊斯蘭法生活模式，視作不朽、幾乎自然原始的宇宙，而加以清楚闡述，在穆斯林的論述中，《古蘭經》的訊息與它作為挑戰性事件的特質一樣，都是永恆不變的論據。這種氣氛可能會主張不受時間限制的理性主義觀點，但這項變動也曾有過更直接的理智上的動機。

在缺乏這種更一般性的歷史學說——也就是，缺乏一般性的形式，能藉以對有效論證作道德上的許諾，而不只是例示自然可能性事件的情形下——任何更明確適用於先知本質問題的圓滿方法，基本上都不可能存在。如果能夠找到這種方法，人們就會推測：無論如何都無法在農業層次（agrarianate-level）的社會裡，對它們有所預期。因此，強而有力的伊斯蘭思想「宣教神學風格」，明確賦予某個歷史事件終極價值，導致了社群主義，在其中，獨特的群體忠誠性鞏固了伊斯蘭法——足以讓《古蘭經》中記載的事件，比起《古蘭經》本身，在理智上甚至更加孤立；在《古蘭經》裡，這些事件以一系列啟示事件中的一個環節而出現。在此種脈絡下，任何有意義的一般性歷史事件學說都無法出現。換句話說，不存在任何理性分析模式，能與精細的哲學學說的本質相匹敵。因此，辯證神學愈是受到人們的理性論證，就愈是與哲學相競爭，它也就愈是受到此類競爭中的虛無所威脅。從此，在神學爭論中的所有偉大角色身上，人們都可以清楚看到朱衛尼

身上隱含的事物：在那些偉大角色確實認真看待辯證神學的程度上，它存在的形式就是修正哲學的結論，以便能把它的分析導入符合伊斯蘭社群的虔信。[15]

嘎扎里對觀想傳統的重新評價：辯證神學與哲學

唯有透過朱衛尼的門徒阿布—哈密德‧穆罕默德‧嘎扎里（Abû-Ḥâmid Muḥammad Ghazâlî, 1058─1111 CE），辯證神學才得以全面運用哲學的資源，並運用哲學本身的用語來回應它。但也正是由於嘎扎里追求真理的手段，辯證神學才遭受最為粗暴的貶謫。對嘎扎里而言，辯證神學上的危機，終於將個人與社會層次上的神學普遍帶往新的宗教途徑。

阿布—哈密德‧嘎扎里與他的兄弟阿赫瑪德（Aḥmad，幾乎同樣著名的蘇非行者）生於呼羅珊接近圖斯的一個村莊，並靠著他們的父親信託的少量遺產，資助他們一路深造──其父親的兄弟（或叔父）已經在城市中晉身為學者。兩兄弟都擁有傑出的才智，而阿布—哈密

---

15 某些人對於伊斯蘭文明（Islamicate civilization）的歷史，拋出下列提問形式：「究竟伊斯蘭哪裡出了差錯？」人們已經在知性歷史的層次上，提出兩種答案：穆斯林未能完全實現希臘遺產，或者容許希臘遺產過度壓抑他們自己更具體、也更具史學觀點的（宣教神學的）遺產。當然，在這裡我不打算贊同少數採取第二種觀點的人們；就像我對於任何其他傳統的問題不甚明瞭，也一樣不清楚伊斯蘭到底發生了什麼問題，我只是試著陳述浮現在眼前的問題。正如我們所看到的，嘎扎里提出解決這項危機的方法，儘管像所有解決方法那樣，這個方法也產生了它自己的問題，卻不能因此認為它是伊斯蘭文明（Islamicate civilization）知性上失敗的罪魁禍首。

德的竄升則特別迅速。在西元1091年，阿布—哈密德大約三十三歲時，年老的大臣尼查姆—穆魯克讓他擔任巴格達的尼查米經學院督學。他擔任法學與辯證神學教師時，甚至還在極具伊斯蘭法主義色彩分子之間頗負眾望。他的辯證神學創見本身，則更為敏銳。

但他個人後來不滿於自己極受歡迎的闡述。最後，他發現自己被接二連三的個人質疑危機擊垮了，而這項危機與尼查姆—穆魯克被暗殺後，嘎扎里的朋友們在巴格達所面臨的政治危機恰好同時，但幾乎不能歸因於後者。他突然辭掉自己在尼查米經學院的職位（西元1095年），逃離他的群眾，隱居大馬士革與耶路撒冷（他甚至不顧他的家族，僅以公共慈善產業供養他們）。幾年之後他才再次出現，並基於某種個人使命感而公開講道。對此，他主張一套修正過的伊斯蘭思想基礎並加以實踐，它比只是修飾得體的辯證神學更加根本。他的名聲響亮到足以使其意見充分契合於這個時代的潮流，進而舉足輕重，而儘管接下來的發展未必全都可歸因於他的著作，但還是能透過分析他的思想路線來加以理解。

嘎扎里寫了一本體系完整的小書《迷途指津》（*Al-Munqidh min al-ḍalâl*，英文書名為 *Deliverer from Error*），其中他綜述了在自己所屬時代中，對於每樣人生觀思維的重要傳統，他自己所採取的態度（在其他幾冊中有詳細說明）。[16] 這本著作的書寫形式，是對他一生的概述；但它不是平鋪直述的自傳。對於個人事務的伊斯蘭（Islamicate）緘默來說，這種私密的自傳體形式並不常見，而《迷途指津》實際上

16　William Montgomery Watt 將 *Al-Munqidh min al-dalâl* 譯 為：*The Faith and Practice of al-Ghazâlî* (London, 1953)；他的版本勝過之前的版本，然而有時候仍然有足夠的流暢度，但精確度不足。

就是處理私密的事務。嘎扎里本人指出,他覺得不太可能描述與其推論有關的所有生活細瑣。這本書確實描述他個人經驗中的某些關鍵時刻。但是,這種描述方式其實就是系統性的自傳,也就是以他自己生命中的事實生動地敘述信仰,而這類自傳在他各式著作中頻加駁斥的伊斯瑪儀里派當中則相當盛行。

這本著作的開場,呈現了人類處境本身在知性上的孤立無援。他描述自己如何在人生的早期就開始懷疑一切,不只懷疑任何宗教的教導,甚至懷疑任何可靠知識的一切可能性。他早就在某段時間內克服了這個問題,但後來在出現個人危機時,他卻懷疑自己正在教導的一切宗教知識是否可信;他只有做出放棄的道德決定,並透過蘇非主義的實踐,來為他的生命奠定新的基礎,他的心情才能得到平復。無論只是聖訓或法學的闡述者,或者同時也是辯證神學的闡述者,古典宗教學者們在討論適當的信仰時,似乎只將其視作(一旦正確地建立信仰)一種責任,好人接受它,惡人則是反對它。嘎扎里加以明確解釋,它不單只是選擇的問題;個人無法有意識地控制自己的疑問,而健全的思考就像健康的身體——是存在的一種狀態,而不是意志所付諸的行動。

尤其是在一種絕對疑問的狀態,處於這種狀態下,人們思考著自己到底能不能思考,而就人類的存在而言,這種狀態主要是一種精神疾病,而不僅僅是(它確實是)邏輯上的謬誤。如果任何人受到它的阻礙,而想要尋求療癒,就必須從神那裡接受充沛的生命力,而不是求助於三段論法。但即使沒有那麼極端但卻是強烈的疑問狀態,想要治癒就不能純粹靠知性的方法。當疑問和過失出現在宗教中,就必須將它們視為應當補救的弊病,而不只是應受譴責的罪惡。對各種可能

的知識之道的探索，其必要性不只是因為教育上的價值，更應該將其當成可能用來治癒過失的手段。因此原則上，對於單純作為知識奢侈品的辯證神學，從伊斯蘭法主義而提出的反對意見，便無法成立；問題在於，神學是否能治癒任何人的過失。嘎扎里正是在這項立論基礎上貶低神學。

嘎扎里仍持續扮演重要的辯證神學闡述者，但在《迷途指津》中，他最終對辯證神學採取一種態度，而這樣的態度，在最低限度上脫離了伊本—漢巴勒（Ibn-Ḥanbal，在相關脈絡中，嘎扎里實際上出於贊同而引用他的說法，並藉以提出某些論點）之類的聖訓主義者對於辯證神學的感受。他否定其本身可以導向任何積極的知識。對於仍有健全信仰的一般人而言，它毫無用處（這種人更應該受到保護，避免接觸它那引發疑問的立論）。只有對於那些質疑真理，更接受了必須加以矯正的過失者，辯證神學才能夠發揮用處。而且，即使作為改正過失的手段，它的功能還是會受到限制。它的功能就是藉由說明自己的立論基礎上無法立足，以駁斥各種多少有些微不足道的異端邪說。因此，它從異教徒所承認的任何推論開始著手，而無須質疑這種推論是否合理。但是，這種作法使它僅僅適合尚未將疑問推往真正哲學方向的質疑者；對於真正獨立自主的心靈而言，辯證神學毫無用處。因此，嘎扎里認為辯證神學是伊斯蘭當中一種必要、但並非值得推崇的指引（阿胥阿里就曾以某種類似觀點去看待神學，卻未曾得出如此重大結論）。

相比之下，嘎扎里容許哲學享有偉大的榮耀，甚至認可它具有基礎的角色。他抨擊哲學體系中至高無上的光輝——形上學，他堅稱這套體系中的形上學是謬誤的，並且會造成危險的誤導；所以讓人看不

清楚他賦予哲學的地位。但他是以對於哲學本身的忠誠之名，著手攻擊哲學的形上學。他堅決主張，那種論證本身容許哲學思想在自然領域中佔優勢，例如數學和天文學，然而如果人們轉而尋求超越心智與感官等自然領域的絕對真理，那種論證就變得毫無意義；哲學家在提出這項嘗試時，並未忠於他們自己的原則。（他精湛且持續受到爭論的著作《哲學家的矛盾》〔*Tahâfut al-falâsifah*，英文書名為*The Incoherence of the Philosophers*〕[17] 就致力於說明：哲學家在形上學層次上所使用的論據，缺乏哲學家在別的地方足以自豪、不容質疑又令人信服的力量；事實上，其他同等有效的論據，也可以導向其他立場，甚至導向正統的穆斯林立場，但它們無疑也未能證明後者。）因此，相對於許多伊斯蘭法主義者的態度，他在拒絕哲學的形上學的同時，也主張穆斯林應接受哲學式科學在其專屬領域中的發現；這些發現就是關於自然的知識。而且，他後來進而將哲學的一項基本原則，也就是「真理最終必定為人類個人的意識所能接觸並且驗證」的這項原則，適用到伊斯蘭傳統本身；然而，他當時並未因此將這個原則稱之為「哲學」。

但儘管如此，他對哲學的態度則是受到聖訓主義者的精神啟發。聖訓主義者是激進的功利主義者：一個人應該為了這個世界的神聖祝福與另一個世界的救贖，而關注正確的生活與信仰；他不該干涉與他

17　由 Sabih Ahmad Kamali 翻譯為英文（Pakistan Philosophical Congress Publication No. 3, Mohammad Ashraf Darr, Lahore, 1958）。其中大部分內容也譯為「伊本—魯胥德對嘎扎里著作的部分回應」，而《矛盾的矛盾》（*Tahâfut al-tahâfut*, 'The Incoherence of the Incoherence'），則是由 Simon Van den Bergh 翻譯（Unesco Collection of Great Works, and E. J. W. Gibb Memorial Series, London, 1954）。

無關的事，更應當只為了知識作為生活指引的用途而尋求知識，而不是出於愚蠢的好奇心。嘎扎里正好就是運用這種要素來定義哲學科學的範圍與價值：它們在有使用價值的情形下應該盡力發展，但不能只是因為哲學觀想的優美，就寬容那樣的觀想。而且，如果對於每個特定的個人而言，哲學帶來的危險高過它的功用時，就應該禁止這種人去學習它，以避免他在最重要時刻受到形上學的誘人幻想，因而誤入歧途，這項要點最為重要：就是對於宗教信念的糾正。因此，只應允許可勝任的學者沉浸在哲學及科學的書寫中。

在這樣的基礎上，由於認為宗教令人心滿意足、並具有至高重要性的一般人，無法適當理解哲學，人們因而宣告哲學的危險性，如此一來，就能為聖訓主義者的普羅大眾主義情懷申辯。不過，如同辯證神學的情形，在譴責聲中留下了一個例外，並為它找到一個指引。由於哲學必然會造成的後果，這個指引終究相當重要；正如同辯證神學不能破例，因為它意謂著常人之中的菁英地位：當然，不是那些在任何事務上都以宗教為基礎的菁英，而是在知識方面享有特權的少數群體。

隨著這兩種觀想形式都受到頗為嚴重的貶損，辯證神學與哲學之間的爭辯似乎告終了。但比起辯證神學研究者與一般人，嘎扎里的洞見更加遼闊。他的意圖是在這樣一個時代，也就是如他所述——從原始麥地那社群簡單的純粹，甚至從夏菲儀那個時代的學者們所抱持的、相對較高的道德標準，墮落而成的這樣一個時代裡，為有效的宗教生活建立起廣博的基礎。新的世紀需要新的宗教意識與信念。這種新的宗教生活需要新的知識基礎；因此，比起嘎扎里在《迷途指津》中所承認的，哲學將要扮演更重大的角色。他在著作中接著要求，在

那個基礎上建立起宗教教導與指引的新模式（當然，從嘎扎里的觀點來看，在這兩種情形中什麼才是新的，關鍵僅僅在於什麼樣的事物在更好的時代處於模糊的狀態，而在他的世代則必須清楚顯現出來。）

嘎扎里與伊斯瑪儀里派成員的爭執

《迷途指津》體現了嘎扎里為新生活提供知識基礎的關鍵論點。如果辯證神學提供正確的解答，卻立足於沒有價值的基礎；而如果哲學建立了有效的基礎，卻又不能對關鍵問題提出正確解答，那麼，就必須在辯護式或理性主義的知識分析之外，為哲學上的錯誤與終極疑問狀態之類的弊病，尋求補救手段。其實嘎扎里在《迷途指津》中曾建議了一套雙重解決方案。最終，他已經訴諸於蘇非主義。

但對於不幸的一般人，也就是失去其孩提時單純信仰的人，他則提出以人類的普世能力為基礎、通往歷史權威的思考過程。他透過反駁什葉派的立場，以引進這種觀點；更精確地說，是反駁那個時代的伊斯瑪儀里什葉派——當時正在發動他們的偉大革命，以對抗塞爾柱統領那一整套順尼派秩序所抱持的立場。

嘎扎里列舉他所屬時代的人生觀思維的主要傳統，《迷途指津》也致力於此，乍看之下可能令人吃驚：辯證神學、哲學（Falsafah）、蘇非主義，還有伊斯瑪儀里派尼查爾分支的學說；他向我們保證，真理必然顯現於這四種思想派別之中，否則就無處可尋。這之中的三個派別，現代人可能普遍統稱為神學、哲學（philosophy）與密契主義；但第四個派別則是單一教派所採取的單一信條——即使有人概論性地把它視為威權主義的象徵，好像在神學之外還有追尋真理的方法，人

們也會認為威權主義者垂手可得真理，像是漢巴里法學派。他一概忽略其他什葉派，甚至其他順尼派的立場，更不用說穆斯林以外的宗教傳統了。出現於嘎扎里許多著作中的伊斯瑪儀里派，被賦予顯著的地位，而人們則認為，這種地位肇因於他對威權主義的厭惡——或許更直接地攻擊威權主義具危險性，但他確實直接反對：在判斷法律論點時，勉強接受去遵照合格學者的作法。更令人信服的說法是人們已經將它視為：伊斯瑪儀里派起義的緊迫威脅所引起的反應。但是，與伊斯瑪儀里派教導的爭論太過密切，且過於反覆採用多種形式，而無法以純粹外在的形式說明。他反覆駁斥伊斯瑪儀里派成員，而我認為，這是因為他在他們的立場中，發現了某種具有說服力的論據——在與他自己列出的其他三個立場同等水平的層次上，具有說服力。

我認為，如果我們判定這四種思想的特徵在於：相互對比之下，它們構成生命走向的可能性的廣博體系，那麼就能更了解其中真相。其中的兩個派別代表通俗、公開的立場，求索者則具有完整的主動權，其他任何人都可以隨意跟隨求索者的思考過程。辯證神學之辯證論點的基礎，建立在歷史啟示的信念上；哲學的辯證論點則在下列基礎上：不受時間限制之自然狀態（norms of nature）。其他兩個學派則代表密傳、啟蒙的立場，其中可以理解的部分過程不只有依賴求索者本身，也不能隨心所欲地轉述。伊斯瑪儀里派成員訴諸具有特殊地位的歷史制度，像是伊瑪目的地位以及圍繞著他而建立的社群。就像研究辯證神學的人們，他們堅持一套宣教神學式的觀點，但那項觀點位於密傳而非公開的層面上。作為密契主義者，蘇非行者訴諸享有特權的個體，而不是僅具潛在普世性的覺知。換句話說，就像訴諸目前常態經驗的哲學家，而不是任何宣教神學意義上的事件；但同樣地，它

也立足於密傳的層面上。

這套體系（當然是我的體系，而不是嘎扎里的）的四個部分當中，每一個部分都看似由最佳的傳統範例所代表。（例如，我會認為，就這項目的而言，漢巴里法學派的出現——只要他們確實提出了任何論據——只是辯證神學的不嚴謹例子，而阿胥阿里派則會是更好的代表。）最後，嘎扎里並未採納四種立場中的任何一種，且排除其他立場。宣教神學與非宣教神學、外傳與密傳的派別，它們都各有其所。他從伊斯瑪儀里派思想採納了一些要素（當然，他沒有承認自己採納了那麼多要素！），這些要素有助於說明：如何以幾乎不可言傳的個人經驗為基礎，去驗證宣教神學的傳統；歷史上的啟示權威無須外在證據，就受到人們認可。這項觀點之中，有許多直接源自於致力反駁伊斯瑪儀里派的章節；他主張穆罕默德本人扮演永無過失的伊瑪目角色，但這項觀點也只落實在他所認定的蘇非行者角色上——他認為蘇非行者被派遣的職責是確認宣教神學及其歷史觀點的正當性，以及賦予宣教神學更適當的內在密契的角色。

當它發現其本身爭取大眾忠誠的企圖顯露敗相之際，什葉派被迫採取另外兩種姿態：首先是調和，主要的代表是十二伊瑪目派，他們往往試著採取立場上的些微偏差，來贏得順尼派成員的寬容；其次為反抗，特別是以伊斯瑪儀里派為代表。正是在採取後者這種姿態的情形下，什葉派的立場可能在知性方面變得最具挑戰性。在那個時候，伊斯瑪儀里派成員似乎已就「訓誨」（ta'lîm）這項純粹的什葉派學說，發展出特別有力的簡化形式：永無過失的伊瑪目本身獨特宗教權威之必要性。他們的領導者之一——哈珊・薩巴赫（Ḥasan-e Ṣabbâḥ）以細緻的手法，提出可以摘要如下的立場：對於絕對的真理，像是似為宗

教所需的那種真理而言，決定性的權威（伊瑪目）有其必要，因為若非如此，一個人經過論證而提出的意見，就跟別人的意見不相上下，而任一種都和單純的猜測差不多；這項命題本身，事實上就是能為我們提出的全部理由；因此，由於沒有任何理性證據能顯示誰是伊瑪目（只有證據證明人們需要他），身為伊瑪目的人終究必須毫不倚賴積極的外在證據來證明自己的地位，但卻僅僅明確指出邏輯上重要但通常僅是隱晦的必要性，而既然只有伊斯瑪儀里派的伊瑪目本身能提出這種毫無條件限制的主張，他藉由指出這件事實，因此成為自身的明證。[18]（其實，這等於是訴諸對於伊斯瑪儀里社群本身及其啟示性教導的許諾。當然，任何人所發現的並不是伊瑪目本人，而是他所授權的階層體制；而且，求索者將會發現的真理，不只是對邏輯難題的解答，更是以邏輯形式呈現的、存在的再許諾時刻。）

在某種程度上，嘎扎里是藉由指出其自我矛盾的既存要素，以反對這種支持「訓誨」威權主義的論據（他指出，就像辯證神學與哲學的例子，無法證明自己的論據，儘管它也不會遭到反證）；但反駁的主要理由，是對理性提出些許不同的詮釋。他同意理性能說明對於理性外權威的需求；但他（實質上）堅決主張，理性不只能建立需求，至少還認定這項需求何時獲得滿足：換句話說，它得以不藉由邏輯僵局來辨別真正的伊瑪目，而是藉由他身為教導者的積極性本質。他主張，在每個人自己生命中的伊瑪目就是先知本人，人們都會發現他的教導是有效的。當然，對權威的需求，來自於一般人對於靈性指引的

18　關於這項學說的分析，以及順尼派對於這個分析的回應，參見我的著作：*The Order of Assassitis: The Struggle of the Early Nizârî Ismâ'îlîs against the Islamic World* (The Hague, 1955)。

需求；而嘎扎里堅持，如果一個人嚴格遵從先知的建議與示例，他就會及時發現，他所面臨的靈性需求獲得滿足。透過這種方式，他得以辨認先知，就像他得以辨認能夠滿足醫療需求的醫生。事實上，穆罕默德人格本身的仁慈與關懷，如其在《古蘭經》與聖訓中通篇彰顯的，其實就證明了它自身。（這點會令人想起穆罕默德那與夏菲儀一樣廣博的先知本質意義，但在感覺上，比起夏菲儀所樹立的法律典範人物，又更接近效忠阿里後裔論者的英雄人格意義。）與這項個人經驗的訴求確有相關的是，在別的地方，對於穆斯林社群命運本身所提出的次要訴求，在歷史上，這個社群已在人類當中成為（看起來）具有支配地位的社群。

伊斯瑪儀里派否認有任何特定證明方法（例如，任何神蹟）能為人們指出真正的權威（嘎扎里則默認伊斯瑪儀里派是對的，有時更明確認同）其實是正確的；他們還更明確指出，作為拯救——因為它回應著無法在其他方面得到滿足的內在需求，而為人們發現的——歷史社群之領導者權威式的自我賦效（self-validation）。但不能單靠進退兩難的生存困境來辨認真理，而應藉由伊斯瑪儀里派論據所未考慮的累積性經驗，來加以辨認。嘎扎里的經驗同時在個人方面與歷史方面（也就是，從整體伊斯蘭社群的歷史衍生而來）指向的，就是每個人至少在某個程度上經歷的這種經驗；因此，如果任何人對自己完全誠實，且認真看待其本身的追尋，就能發現誰是必要的權威，再透過遵循他的教導就可以跟任何人一樣，在信仰上臻於健全。在疑問遽增時需要的是——來自神的治癒性恩典、個人的誠摯努力，還有早已獲致

真理者的警告與鼓勵。[19]

因此，整個穆斯林社群扮演著核心角色（就像伊斯瑪儀里社群對伊斯瑪儀里派成員所扮演的角色一樣）。它為那些沒有碰上疑問、因而不需要為自己多想什麼的成員們找到真理。它也為正有所追尋的那些人們，提供需要的激勵與指引。（或許對於一般社群所提出的這項訴求，使嘎扎里——還有許多後來受蘇非主義影響的學者們——在引用聖訓傳述時，比較不在意恰當的傳述鏈紀錄。扮演擔保者角色的是當下的社群，而不是瑪爾萬朝時代甚或麥地那時代的社群。）

透過這種方式，就得以維持聖訓主義者的普羅大眾主義精神，還有它的宣教神學觀點——因為，沒有哪一種特定宗教在本質上必然好過其他的宗教；而啟示與神聖社群變得不可或缺。但同時，哲學家們的基本原則，透過普世人類經驗而取得有效性，這些原則在菁英階級當中，也已心照不宣地獲得應有的認同。

但對於最有洞見的人而言，將會驗證先知出現的累積性經驗，這必須受限於一項要素，而在《迷途指津》當中，嘎扎里還沒有提到這項要素，因為，沒有必要在提出一般性論點時，為了滿足他最苛求的讀者以外的任何人，就事先指出它們，而後者這些人，則會從他對蘇

19　基督教神學家 Paul Tillich，在 *Dynamics of Faith*（New York, 1956）中，對信仰提出一種存在主義式的詮釋，而我認為，它有助於理解像嘎扎里那樣的人物所面臨、並且達成的事項。Tillich 的偉大功績在於「釐清了某種共通的混淆」，這種混淆導致某些宗教作家做出錯誤的評價。但他特別從現代觀點概述其基礎：「理性如何導致對終極信仰（ultimate faith）的需求產生，卻又等待宗教啟示去引領它更上一層」。儘管不能稱嘎扎里為現代所說的存在主義者，相較於比較粗略的解讀，Tillich 的分析則更能說明嘎扎里的立場（還有訓誨學派〔Ta'līmî〕的立場）；問題不在於在它自己的領域裡增補理性，而是應該在整體經驗中補充理性。

非主義與預言所要提出的說法自行察覺到它。這項要素就是：必要的累積性經驗，這大致上必須接觸到預言行為本身。為了明確驗證他們是不是先知，人們必須能以先知察知終極真理的方式來察知它，無論多麼地淺薄——正如一個人必須本身對醫術略懂一二，才能評論醫生。一個人必須知道它是什麼，不只是擁有關於真理的知識，還要像先知一樣直接認識它。否則，僅就其結論而言，累積性經驗所允許的，或許也只不過是較高等的辯證神學。人們需要更深入的通往真理之道，超越辯證神學、超越哲學，甚至超越那滿足理性所揭露之需求的、追尋權威的慣常行為。

它就存在於蘇非主義的經驗之中。當嘎扎里從他在巴格達的顯赫，逃到在耶路撒冷的退隱狀態中，他的目的，就是要更深入地探討蘇非之道。他沒有高深的密契主義經驗，但他有足夠的經驗說服自己，確實有一種不能簡化為亞里斯多德式三段論法的覺知，卻仍有其本身的信念；事實上，這就足以讓他同意，更先進蘇非行者的主張是值得信任的。

對他來說，這種作法的結果就是，蘇非行者對於先知訊息的認證基本上也是值得信任的。他也因此在蘇非主義的經驗中發現，伊斯瑪儀里派提出的挑戰，最終得到解決。正是透過哲學家們，特別是伊本—西那的心理學學說，蘇非主義的經驗才得以如此詮釋。嘎扎里不將預言詮釋為無可比擬的事件，而是以哲學家的用語，將預言詮釋為一種自然而特殊的覺知，而在穆罕默德身上只是展現出其最完美的形式。這種覺知同於蘇非行者所獲得的覺知，但層次上則高得多。因此，蘇非行者一看到完整的預言，就立刻加以認同。事實上，嘎扎里還更為深入詮釋。就像在蘇非行者當中，先知的覺知是以次要的形式

表現在他們身上，它甚至可能會在一般人的類似經驗中產生真誠的迴響。嘎扎里特別引用透過夢境得到的那種覺知；然而，嘎扎里（就像某些哲學家）並不像現代人那樣把覺知當成無意識的啟示力量，而是將它視為不可預見的外在事件——儘管或許實際差異並非如此重大。因此，儘管先知辭世甚久，預言的觸感總是存在於社群之中，且人們得以親近——就像對伊斯瑪儀里派成員與他們的伊瑪目而言。

因此，嘎扎里的任務在知識上的基礎，就是對蘇非主義的延伸理解。辯證神學被貶低到次要地位；且哲學最有價值的洞見，甚至是伊斯瑪儀里「訓誨」權威學說最有價值的洞見，都歸入重新評價後的蘇非主義，蘇非主義現在甚至成為伊斯蘭信仰律法層面的保衛者及詮釋者。

嘎扎里體認到蘇非主義的自由隨之而來的危險，並對它們提出警告——蘇非行者即使享有其所有的特殊恩典，也絕不能想像自己豁免於伊斯蘭法上的人類共同義務。這種內向的精神（bâṭin），絕對無法取代外在的法律與外顯意義（zâhir）。但蘇非行者的內隱精神是不可或缺的。如果沒有密契主義者持續對其終極真理的再體驗，伊斯蘭的信仰終究無法成立。他們不只知道關於先知權威的真理；他們更直接從其個人本身的內心加以理解。在每個世代，對願意聆聽的人而言，他們本身就可以擔任真理的見證者，不只見證個人可能在人生中一般偶然驗證的破碎片段，還能見證先知的整體訊息。因此，在支持作為實體的歷史性穆斯林社群，以及在指引個人生活上，蘇非行者都具有其關鍵角色。（這或許是嘎扎里如此堅持蘇非行者應遵守社群法律的理由之一——唯有如此，他們才能作為對其任務的見證人，進而服務社群。）

靈性傳道者與知識的層次

在嘎扎里時代形成的無懈可擊知識基礎，新宗教生活也應據此建構，他更必須提出教義與指引的新模式，以便其知識再評價的成果能付諸實踐。從很早的時期起，這點或許就已經是他的核心思想。

長久以來，嘎扎里就希望能成為穆斯林在宗教與靈性方面的指引。他對每一種意見毫不休止的探索，他獲致蘇非主義經驗的嘗試（這早在他晉身巴格達的尼查米經學院之前就開始了），反覆折磨著他的疑問，這一切似乎都不只是為了達成個人對宗教的信念，同時也給予其宗教領導權有效的基礎。在他從巴格達退隱之前，他早就談過要建立自己的獨立蘇非主義學說。但是，嘎扎里如此堅定地對知識方法感興趣，甚至遠遠超過對終極真理體系本身的興趣──它無論如何不太可能套用公眾所能理解的詞彙──這或許與他對傳教任務的認知更趨一致。他的一本著作，也就是光龕（Niche for Lights）學說，即使其中含有蘇非主義對宇宙的觀想，卻也主要致力於闡明，理解文字與象徵及學說的方法。（因此，將他的思想簡化為一套宇宙論上的結論，這樣的嘗試必定會本末倒置，也只會讓他看起來更自相矛盾。）他最驕傲的成就之一，就是判定一個人在什麼程度上，能像哲學家與伊斯瑪儀里派成員所習慣的，能從隱喻的意義上理解《古蘭經》中的形象；他還更天真地確信，他所採用的「規模尺度」的正當性無可否認，且在出現爭議時能夠解決絕大多數的問題。

在他退隱期間，他到許多地方旅行，但或許最後才在呼羅珊安頓下來；在這段期間內，對於自己能在伊斯蘭社群中扮演什麼角色，他的想法似乎已經成熟。他再也沒有回到伊斯蘭世界最顯赫的教師職

位，也就是他在巴格達的教席；或許因為伊斯瑪儀里派的起義方興未艾，他仍有遭到他們刺殺的危險；但或許也因為他對於本身傳教任務的觀念，不再適合如此突出、爭議且外放的生涯。嘎扎里似乎認為自己受到神的召喚，必須擔任復興者（mujaddid）的角色：穆斯林相信，真主會在伊斯蘭曆每個新世紀開始時派來的伊斯蘭信仰更新者。在西元1106年（伊斯蘭曆499年），他接受當時自己擔任大臣的、尼查姆─穆魯克的兒子召喚，再次公開講課。但他也在尼夏普爾講課，離他在非斯的家不遠，直到他的贊助人遭到刺殺為止。他的教導因為非常具有個人色彩又能對生命產生感受，所以對許多層面都造成影響，因而並不需要太費工夫去駁斥反對者。就算只是在家裡寫作，他所能發揮的影響力，也能與在外講學相比擬。[20]

20　Farid Jabre, *La notion de certitude selon Ghazali dans ses origines psychologiques et historiques* (Paris, 1958)，已經非常仔細地研究過嘎扎里的思想結構，就嘎扎里來說，他的著作可以當成更深入研究的最佳起始點。（相較於 W. Montgomery Watt 在 *Muslim Intellectual* 裡的論述〔見前註14〕，嘎扎里的論著更具洞察力，而 Watt 那本著作太簡要，不足以讓他補充說明他過分簡化的心理學：人們如何從他所採取的觀點，運用密切的資料分析，而堅持他們的想法。但是 Watt 的著作仍然非常有益。）Jabre 提供了一份可觀的參考書目。就 Jabre 的主要論點，似乎對我而言有其道理：嘎扎里確實徹底接受啟示的可信性，而他在尋求確定性時，不是為了支持這種確定性，而認可知識歷程的效力，而是靈魂的某種狀態，對於這種狀態，這種過程可能會、也可能不會有所貢獻。不過，我發現 Jabre 的印象不是非常人性化：他筆下的嘎扎里太過專心致志了。持續性的許諾，未必與存在強烈質疑的時期與氣氛不相容──受到質疑的，只是人們對其許諾的那套傳統的主題；就算一個人很早就得到某種結論，這也不會預先排除，他在自己的生命過程中，反覆重新發現那些結論的情形，而這樣的再發現可能造成關鍵的影響。如果嘎扎里作為醫生而以寫作治癒別人的疑問，如果他使自己的立場符合某種風格，以迎合他所

他的傑作就是《伊斯蘭知識的復甦》（*Iḥyâ 'ulûm al-dîn*，英文書名為 *Revival of the Religious Sciences*）（與《迷途指津》同樣都是以阿拉伯文撰寫）。在蘇非主義的啟發之下，它將整套伊斯蘭法全集詮釋為通往個人內在養生法的載體。他從倫理方面詮釋每一條伊斯蘭法規，並套上虔信的面向，因而使它可以成為內在淨化的起始點。伊斯蘭法的意涵，若有任何意義，則比起以往更為減弱。（嘎扎里明確地將政治生活託付給統領們，並且用波斯文為國王們撰寫一本出自伊朗傳統的手冊。）嘎扎里寫作時所設想的讀者，不是法官或市場監察員（muḥtasib），而是關切自己生活，或擔任他人靈性指引者的普通百姓。而手冊中所提出的某些建議，預設的對象則是，依其從事的不同行業，能在一天當中享有相當多閒暇的男性（而非女性）：特別是學者，但在必要時還包括書記或商人，甚至自營的工匠。只有能將其時間大量投入宗教的人，才能實現如嘎扎里詮釋下的完整伊斯蘭律法生活。

但無論如何，《復甦》一書都具有重要的社會意涵：正如嘎扎里在《迷途指津》中所指出的，有宗教信仰者所過的那種生活，可以成為一股普遍影響穆斯林生活形式的力量。因此，在宗教學者之外，《復甦》還間接影響非常多人。在《復甦》之中，他將社會分為三個階級：毫無疑問地相信宗教真理者；習得理由以支持其信仰者——特別就是宗教學者們（辯證神學研究者尤然）；還有直接經驗宗教真理者，也就是蘇非行者。這不只是知識的區分，更隱含道德功能的區分。因

在之處的讀者，就絕對不能太過注重所致教條立場的字面意義。關鍵的合理性，在什麼程度上，得以進入對歷史性啟示與一再重現之經驗的理解，或許 Jabre 未能充分評價它。我自己對嘎扎里的理解是從 Duncan B. MacDonald 的理解發展而來。

為每個階級都可以教導其所屬階級的人，也能為他們扮演範例。一般都認為，像先知本人一樣直接感知真理的蘇非行者們，可能跟嘎扎里一樣，承擔了將這個時代的宗教形式與靈性生活融合為一的任務。這表示，研究宗教的伊斯蘭法學者，都有責任盡其所能接受蘇非主義的啟發，並在大眾當中，廣為散佈宗教的內化精神，而不只是其外在信條。因此，作為對真理之申辯的蘇非主義經驗所享有的高度評價，確實有其效果，嘎扎里不太敢詳細指出它的效果，但他本人則為它提供了活生生的例子。

可能會有人懷疑，在個人關係如此重要，而地方層次上尤其如此的社會中，以這種觀點來作為社會建構並不實際。我認為，正如我們將在下一章提到的，在很大的程度上，在接下來的幾個世紀，它幾乎已成事實，但蘇非行者往往比較直接影響社會大眾，更勝於其對伊斯蘭法學者的影響。在這方面，嘎扎里的著作可以說提出了一套理論基礎，以支撐地方分治的政治秩序，而那套政治秩序，在某個程度上，則是源自其贊助者尼查姆—穆魯克的成就。

但是，這種建構預設著大致上具有階層體系結構的宗教生活，換句話說，它著眼於人們在穆斯林社群靈性傳教活動中所扮演的角色，也就是對有信仰者所作的分級。這種作法是根據一項古老原則，也就是，認為應該按其虔信程度，至少按其尊貴的程度，來將穆斯林分成不同等級的古老原則，這或許就能使其具有正當性。但是，以蘇非行者所能應用的特殊洞見為基礎，進而建立起來的階層體系，則進一步主張一項關鍵原則，這項原則可能會使早期的穆斯林大感驚恐。它主張，宗教知識本身必須分級列等。儘管一般人的信仰所具備的、完整且充分的有效性，受到小心翼翼的保衛，但許多重要、甚至在某種意

義上是社群所不可或缺的知識，他都不該接觸；甚至是應該小心地封存不讓他看到，以免因其誤解而誤入歧途。

《迷途指津》中就廣泛運用這項原則。因此，不該讓心智脆弱的人研究哲學家的著作，以免因對作者的尊敬而誤導他們，進而使他們與作者同樣產生信仰上的貧乏。但更重要的是，不該將蘇非行者所發現的祕密，告訴缺乏適當指引就貿然進入蘇非之道的那些人；他們必然只能接受蘇非行者所抱持的一般性見證，也就是，對於這項信仰之真實性的確信。有些人堅決主張，哈拉吉宣稱「我就是真理」（'anâ 'l-ḥaqq'），這種說法的錯誤之處，不是它的觀點本身，這種觀點其實代表了正當的蘇非主義的出神狀態（ḥâl），錯在於他在可能對一般人造成混淆時公開說出這句話，而嘎扎里也抱持這樣的看法；因此，必須懲罰哈拉吉，以免一般人認為瀆神是可受寬容的。

事實上，在「使用對特定閱聽大眾而言最具份量的任何論據」這項原則本身，嘎扎里就曾舉例說明，這種傾向在一般的言說層次上，可能意謂著什麼。例如，在《迷途指津》本身，他對他預期能以神蹟說服的人們說話時，偶爾會訴諸作為其先知本質之證據的、假定的先知神蹟，儘管對他來說，從其他段落看來這種「證明」顯然未必確實有用。因為，《迷途指津》是嘎扎里所理解的辯證神學著作——因此，它是一項指引，而不是一組資訊：它刻意使用標題上的阿拉伯文分詞「解放者」（deliverer），是因為這本書的用意就是透過任何適當的手段，將人們從錯誤之中解放出來，而不只是明確陳述真理。正如他所釐清的，要獲致確實的真理，不能只靠論證，還更有賴個人的成長。確實，在他論據的策略性細節中，嘎扎里甚少超越那一向吸引著愛好辯證議論者的實踐。但在更一般性地為「人們應該隱藏比較豐富的真

理，不讓所有不值得擁有它們的人發現，並表現出（實際上）單純的正統外觀，儘管自己內在抱持著更複雜的取向」這項原則背書時，他就是在為宗教的誠摯之中，寓意深遠卻模稜兩可地背書。隱藏原則並不是他發明的。伊斯瑪儀里派成員早就在這種意義上，系統性地詮釋一般性的什葉派隱藏信仰原則（taqiyyah），而這項原則，就是預警式地隱匿信仰；而哲學家，特別是蘇非行者，早就發展出嘎扎里在此所談論的、這項原則的實際形式。在他的寫作中，它作為宗教傳道者的基礎，進而得到普遍化及合法化。

最終，聖訓主義者得以在某些基本面向上保有他們的基本立場；哲學與蘇非主義，都在伊斯蘭法主義的觀點下，重新獲得評價。不過，阿胥阿里派辯證神學的引進，對於宗教學者已著手處理的那些事項來說，幾乎是瑣碎無關的。極端形式的菁英主義正被加諸到伊斯蘭普羅大眾主義之上。這帶來了嘎扎里幾乎不能設想的潛在後果。每個人的品味與需求，幾乎都能容身於這種新伊斯蘭法體系所能寬容的界限之內。它頂多是為隨著伊斯蘭的祝福而來、完整且多樣的、知性與靈性方面的發展，奠定其立論基礎。但它可能會導致離心放縱之道。因為它的成就代價就是犧牲共同且開放的意見與資訊交流，也就是，宗教學者要重新創造麥地那的個人日常生活時，在某種程度上得以依賴，而伊斯蘭法運動本身也在尋求神聖意志之際預設的那種交流。

然而，隨著國際伊斯蘭（Islamicate）社會秩序的建立，確保穆斯林社會的統一乃至於其紀律的新方法，已經儼然成形。城鎮私人自治組織倚賴著伊斯蘭法，但也有賴其他結構；而在這些結構當中（正如我們將在下文提到），包含了進而由下而上地支持大眾化的蘇非主義本身的那種組織所採取的形式，而事實證明，就其彈性而言，它適合

地方性組織私密且不受限定的多變特徵。接著，到了中前期時代成形階段之末，穆斯林已經能普遍接受嘎扎里所提出的這種模式。即使在他還在世時，人們似乎就已經普遍接受他的道德權威。而中前期時代在知識方面的開花結果，實際上，就始於他在辯證神學、哲學以及蘇非主義某些方面所表達的這種綜合知識命題。

蒙昧主義與密傳主義

　　穆穆斯林社群內部在「什葉派的世紀」就已經存在意見的自由，而這在農業時代的任何都市領土上，都極為罕見。但隨著與大多數穆斯林有著相同信仰、且承認同一批宗教學者之權威性的人們帶著其權威到來，就更強化了嘗試追求一致意見的誘惑。未熟悉找尋正確答案之道的那些人，自由自在地私下探求，而對於這種探求所產生成果心存懷疑的那些人，往往位居要職，而且，其職權就是避免公眾聽到危險的想法；不同意流行立場的那些人，會發現自己遭到迫害。這類情況以前發生過，就像在自由神義論者（Qadarî）與摩尼教徒遭受迫害，接著是聖訓主義者遭到（較不暴力的）迫害時所發生的一樣，但此後，隨著顯已轉變為穆斯林人口中信仰之實質統一的到來，這種傾向就變得稀鬆平常。

　　姑且不論其社會效用，因襲的壓力總是與我們同在。它具有崇高的起源。人生在世，與其他動物不同，對於未能看見事物之依賴，至少同等於所見事物的依賴：與動物溝通使用的信號不同，人類的言語本身就象徵了不存在於此的事物。人們為自己塑造的、象徵性的世界圖像，不是附帶好奇心，而是其個人導向的支柱。因此，每個地方的

人們都會擔心，有人強迫他們聆聽新的想法，而這些想法牴觸了迄今指引著他們生活的概念。即使他們反對這些想法，找到好理由來反對它們的過程，可能就是費力且麻煩的；但對大多數人而言，更糟的其實是其他人可能同意那些新想法可能是正確的——這使舊概念的擁護者孤立無援。如果想讓不受歡迎的想法自由傳播，就需要任何正好有權力加以鎮壓這些想法的人，所代表的高度的堅忍意志與社會秩序。

這在每個地方都能成立；但在屬於一神教信仰的社會中，對社群主義的訴求強化了思想狹隘的自然傾向。正如我們已經提到的，在一神教傳統中，道德神與在道德上具有決定性的一生等等，這類具有道德規範性的社群概念使它們完備；而且，在伊斯蘭，表現這個傾向的方式極為強烈，以至於宗教社群的法律，也就是伊斯蘭法，成為任何社會行動藉以完全正當化的唯一基礎。透過伊斯蘭法來保障社會道德，並藉以保障社會之存在本身的，正是宗教社群。但是，如果社會的安全與良好秩序有賴宗教社群的力量與一致性，那麼，任何其他事物，當然都應該在必要時為此犧牲。即使是對誠實但被誤導者的同情，也不能讓一個人免除不以自己違誤想法腐化社會的責任。基於所有現實上的目的，一神教宗教傳統的道德意識觀點普遍導向社群主義：尊崇對社群及其所承認之象徵（特別是它的信條）的忠誠，甚至犧牲其他價值。

在這種氣氛下，即使是頗具雅量又能耐得住衝動，而且為了保障自己在知識上之安全性而不開口威脅的人們，還是可能會成為迫害者。因為他們覺得有責任支持不容忍其他無法輕易承受威脅的人們。因此，採納一神教傳統的社會，面對任何膽敢為不受歡迎的想法發聲的人，而要給予他們自認正當的迫害找到宣洩出口的時候，都會異常

脆弱。穆斯林進而普遍接受這項觀點；因此，社群內部大多數的分歧與質疑，就不再那麼壓抑這種觀點——這就使其適用性不切實際。人們覺得，焚毀含有危險想法的書籍，並放逐甚或殺害編寫這些書籍或以此向別他人傳授的人，是合乎虔信的行為。

然而，每當某個團體在地方上佔有優勢之際，這項禁令所影響的那些人，在某個程度上就會繼續轉變，即使在有順尼派共識存在的圈子內部，也是一樣。在十一世紀的巴格達，漢巴里法學派成員仍然控制一般民眾；當時他們有辦法禁止他們所不贊同的人們公開講課，甚至比哈里發盛期末的情形還要嚴重。別處其他具有伊斯蘭律法傾向的人，相信了蘇丹突勒—別克嘗試壓迫阿胥阿里派辯證神學——在清真寺詛咒阿胥阿里學派，並迫害他們的領導者，像是朱衛尼的人物。漢巴里法學派的成員，甚至能夠迫使與他們同屬一派，並只是基於好奇而去聆聽別派教師講課的人們乖乖聽話。在巴格達，就有一位傑出的漢巴里法學派權威，私下前去聆聽理性主義學派的言談，但沒有接受他們的觀點，卻也被迫為這種行為公開懺悔（群眾暴力的威脅是免不了的）；他必須在敵對的漢巴里法學派教師面前羞辱自己，而另外那位漢巴里法學派教師能夠帶領群眾，反對膽敢前去聆聽敵對學派者的「創舉」。但漢巴里法學派成員不寬容的程度，也只稍微高過別人一點而已。在阿胥阿里學派一旦自居優勢而掌有權力時，他們也會樂於迫害別人。尼查姆—穆魯克在指摘巴格達漢巴里法學派的狹隘——這種狹隘，在傑出的阿胥阿里夏菲儀法學派成員試圖於巴格達公開講課時，演變成漢巴里法學派成員與某些支持阿胥阿里學派的夏菲儀法學派成員之間的騷亂時指出，在呼羅珊，實際上相互承認的哈那菲法學派與夏菲儀法學派，就聯手阻礙人們聆聽其他教師的授課。在巴格

達，由於漢巴里法學派成員普遍具有吸引力，這樣的吸引力更受到哈里發私下支持，人們不得不寬容他們；但對於哈里發支持的必要性，尼查姆—穆魯克顯然感到遺憾。在其他城市，其他傳統則有其影響力。據說，在花剌子模，理性主義學派的宗教學者，強大到能夠禁止非理性主義學派成員在城鎮裡過夜。

如果伊斯蘭法主義的宗教學者們當中，較為狂熱的那些人能夠稱心如意，那麼，任何穆斯林都將無法學習任何宗教學者所判定的宗教教化；或者更不客氣地說，除了最重要的實用技能，以及社群據以建立而無可挑剔的知識之外，人們會將對任何事情都一無所知的狀態當成一種德性，並堅持到底，就連編年史與純文學，人們也不太可能容忍。為人接受的知識範圍，相較於任何其他都市社會，或許都更為狹窄——甚至在基督教西方（以一神論的態度）自命為對抗危險想法的道德捍衛者與社會保護者的教會，也寬容神職人員（特別是在後來的幾個世紀）保有一批為數可觀而相對無用的知識，它們毫無避諱地源自於前基督教的異教傳統。但實際上，假使遵守某些規則，穆斯林幾乎就能自由地學習任何事物，而僅僅面臨遭受處罰的最低風險；整體而言，比起他們在西方的相對應者所面臨的風險遠低得多。將知識分級並隱藏的模式，使這種情形有存在的可能，而嘎扎里正是這種模式的倡議者。在哈里發盛期結束之後，對於不遵從官方宗教學者所許可狹窄範圍的所有思想家而言，它很快就成為一般性模式。換句話說，在伊斯蘭之內，知識傳統更具想像力的層面，往往轉為密傳。

密傳知識並未主張自己與普遍為人接受的普通開放性知識競爭，而是要加以補充。伊斯蘭法主義圈的外顯文化，得以保存伊斯蘭社群。在它外顯的文化中，普羅大眾主義、道德意識等信仰所要求的一

切平傭風格，都得以自由地發揮。能夠理解為確定的知識（'ilm）者，以實際情況為限，亦即：歷史上有文獻記載，而且每個人原則上都可以汲取的資料，才是有意義的知識。知識可以極端精闢且詳細，就像聖訓全集與其相關評論，它要求百科全書般的記憶力，以及敏銳的關鍵區分；它甚至可以極端地錯綜複雜，進而達到在學術微妙細節上吹毛求疵的程度，就像在伊斯蘭法學對假想案例的演練中，常常看到的情形。它甚至可以涉及廣泛的邏輯順序，預設非常抽象的前提，無論在願意接受辯證神學立論者當中，或在伊斯蘭法的範圍之內，都是如此；但這種前提必須平凡而明確，邏輯推論必須透過毫無模糊地帶的「是」或「否」而推進，且（當然）無論如何，它的結論必須基於社群嚴肅記載的歷史啟示文獻，受到社群認同並且立場一致。

同樣的口語形式，可能在不同的脈絡下具有不同意涵；而不同的形式，雖然表達的內容可能不同，卻也同樣有意味深長的洞見；或者一般而言，敏銳的優雅品味，相對於單純的資訊與用以判斷對錯的規則，而在人類的真理與智慧之中佔有一席之地。上述這類造成混淆的認知，其實沒有存在的空間。任何事物，只要沒有明確出現在陳述概念的模式中，都無須加以考量。即使是詩歌（正如我們已經提到的，它以嚴格受限的古典形式，在伊斯蘭法主義的圈子裡廣為接受）也被當成一系列事實的陳述——經評斷為適當或不適當——以便能評斷其陳述適當或不適當、對或錯的技術性形式。

相對地，密傳真理就是不公開的真理。每個耳聰目明且能熟記其見聞的人，原則上都能加以運用伊斯蘭法主義者的知識，而作為適宜的普羅大眾道德標準，密傳知識卻僅能透過啟蒙而來——透過導師與門徒之間的私人關係。只有符合特殊條件的人才能獲得啟蒙，因此絕

對不能漫無目的地洩漏祕密。原則上，未經啟蒙者，即使接觸密傳知識的著作，儘管他可能不求甚解就裝腔作勢地讀出它的文字，但他還是無法理解。一旦在此得到某個傳統的接受，每一種奧妙與謎題都能有容身之處。事實上，密傳知識未必比通俗知識有智慧，但通常都比較引人注目。

原則上，任何可以認定具有密傳性質的真理，就其本質而言，都是選擇性的：無論大師多麼努力想幫助資質不佳的門徒理解，他的努力必然都會徒勞無功——門徒必須具有適合接收真理的本質，否則真理就會從他身上消逝。但密傳知識的導師通常會奮力確保：如果一件著作落入錯誤的人手中，人們甚至無法理解其中大多的精闢論點——人們就會因此誤解這件著作；它們以這種方式寫成，書寫的技藝因此進一步強化自然所加諸的障礙。這不只是要避免迫害，也要避免對未經啟蒙的人造成不幸後果。公共知識與真理的領域，在不與公開傳播知識的教師競爭的情形下獲得承認，他們公開的學生受到公開導師本身的保護，而免於受到密傳知識荼毒。

人們現在認為，穆斯林發展出來的三種主要知識具有密傳性質：形上學與哲學家們的某些自然科學、什葉派分子對啟示的詮釋，以及蘇非行者的個人戒律，連同他們的洞見與觀想。人們甚至在更早的時候就在某種程度上認為，這些類型的知識全都具有密傳性質。但在中期時代的伊斯蘭世界，全面的密契論述更甚以往，我甚至認為，相較於這個時代的其他社會，更為普遍。許多知識在理解上有賴與生俱來的特殊能力——這種能力，舉例來說，像是優雅的音樂品味；就形上學甚或物理學來說，就是敏銳的判斷力；甚或是直覺般的洞察力，例如，就醫學或占星術而言——不過，這種知識可以視為開放知識，凡

是付出夠多時間與努力的人，都得以入門，或者至少不排除局外人。密傳知識不侷限於幾項領域中的特定類型，但許多知識相對之下容易接近，因此如果沒有進入伊斯蘭法主義所設定的界限之內，就會被認定為特許性質的密傳知識；藉由刻意讓密傳知識變得難以接近，進而使其受到保護。

　　科學與玄秘之間的現代對比，罕見於技術時代之前。除了大眾功利主義以外，冒險投機以及科學家的菁英主義本身，也導致了嚴肅的公共領域與科學領域之間的對比。密傳主義合乎科學、理解自然的作法，能追溯到非常久遠的年代，直至它與魔術技藝的古老相聯合。即使自軸心時代以來，人們至少早就一貫認為，某些哲學家的科學具有密傳性質；例如，化學研究在民眾的心目中，它通常是找尋人造黃金，還有魔術早就以象徵性的詞彙加以形塑，並被限制在社會大眾的目光之外；此外，恰巧就是最抽象的那種科學——也就是形上學——人們進而或多或少以密傳的方式傳授，以保護它免受心懷嫉妒的一神教傳統擁護者所害；至少在不受大多數穆斯林歡迎的立場，都小心翼翼偽裝起來的意義上，確實如此。到了伊斯蘭中前期時代，科學的「保密」可能分為兩個層次；在一種比較普遍的意義上，它們全都是不宜公開展示，亦即考量到撰寫相關書籍之際，往往在心理上有所保留，經學院那種公共機構也不公開講授這類書籍，而是由導師教給那些按照素質及可靠性篩選的私人門徒。因此，某些科學——特別是化學，還有顯然就是魔術的那種技藝——更是令人嫉妒地保有祕密，甚至相對而言，較不具密傳主義色彩的哲學家，也可能會因認為它們不道德（如果不是無效）而加以反對。但這兩者的祕密程度之間，其實並未劃分明確的界線，而投身於任一種哲學的人們，都能鑽研它最為冷僻

的密傳之道。

　　蘇非主義基本上較具限制性。（正是蘇非主義這項普遍的重要性，在賦予伊斯蘭文化〔Islamicate culture〕密傳調性時，恰好發揮了最大作用。）內在自我分析的知識，幾乎必然有賴於導師，他應當在這個危險的過程中提供指引，並避免生疏的新手過度評價他的成就。由於缺乏教會的制度掌控，這項過程必須以密傳的方式處理，而蘇非門徒（murîd）應被視為初學者，直到獲得其導師明確的授權，否則，他就不得將其所學知識傳授給他人。就這方面而言，密傳同樣有層次之別；神智學的宇宙論學說用以詮釋更深範圍的自我認知（self-perception），特別受到保密、不夠大膽的蘇非行者也往往反對它。但即使就內化的戒律而言，對熱切的蘇非行者來說，拒絕傳統蘇非主義一再重構的模式，並轉向蘇非主義內部那套更為深入的密傳主義，這種作法變得極為平常。

　　什葉派的密傳性並不分析或操控自然，也不求深化自己的覺察；什葉派的作法是改編歷史，並在歷史層面上呈現這個世界。正如我們已經提到的，這種改編是表現社會抗爭的方式：它屬於千年至福論；換句話說，它朝向應許的歷史事件，這些事件理應為受到壓迫的低下人等——或為他們當中堅持真正的信仰、且不完全依附於既存秩序的那些人反轉目前的歷史境況。如此一來，人們會以這種隱藏的期待為基礎，經常性地重新評價目前的歷史與社會情況。正是這種抗拒的立場，使它必然具有密傳特質——就像早期一神論傳統中千年至福運動所具有的傾向。一般的大眾，如果不是敵人，就是受敵人欺罔之人，也必然就是它所要對抗的對象。什葉派的隱藏信仰學說，亦即：謹慎地隱藏一個人真正信仰所在的作法，則回應了早期千年至福運動當中

持續存在的傾向；這種傾向，促使封閉且往往私密的選民團體成形。

　　當然，整體而言，什葉派甚至是賈俄法（Ja'farî）什葉派，未必都具有強烈的密傳性質；在什葉派當中，具有伊斯蘭法主義色彩的宗教學者，即使當他們將隱藏信仰原則納入其本身的法律體系中，或承認《古蘭經》裡某些對於伊瑪目的隱晦指涉，也可能都與任何順尼社群一樣通俗，更令人感到枯燥乏味。但是，如果認真看待效忠阿里後裔的精神，那麼，至少什葉派成員，或許還有某些順尼派成員，會要求一種啟蒙的氛圍；在這個氛圍中，告知真理的對象，就以合乎選民所要求之忠誠的人們為限。有一種持續存在的內在什葉模式，他們宣稱自己所教導的是：隱藏在十二伊瑪目派、甚或是伊斯瑪儀里派宗教學者外在信條背後的真正真理（例如，關於阿里在宇宙中的角色），而它甚至隱藏自己，不要被官方版本的什葉派發現。即使如此，所有賈俄法什葉派，就其承載穆罕默德家族及其效忠者遭受迫害的戲劇性苦難情感而言，確實也藉由隱藏信仰原則而至少採納了密傳性的外在形式。

　　這三種形式的密傳性，往往全都相互重疊，並且互相貫通。透過賈比爾的著作全集，某種什葉派歷史感不只找到通往煉金術之途，更發展占星術。而什葉派歷史上的戲劇性事件、更激進的哲學家的奧秘知識，都提供了術語及象徵物，至少是提供給蘇非行者。而且社會上的團體，某方面除了統領、權貴與宗教學者等既存體制之外（特別是新興的工匠行會，與城鎮裡其他依靠團結精神而維繫的團體），通常他們本身就是內隱而啟蒙的，它們至少也與更廣泛的密傳運動共享著同一套知識的某些環節。

　　但在同時，因此被賦予密傳地位的、想像性的社會與文化生活，

對於一般的局外人而言，變得相對難以接近。即使在伊斯蘭世界，也是如此：社會流動最重要的管道，通常是統領的軍事體制，或是宗教學者的伊斯蘭法體制——一切都是極度公開的。例如，周遊各地的蘇非行者，即使成為導師並有了自己的門徒，也只是靠著非常特殊的領袖魅力，而在社會中佔有高尚地位。主要的成功之道，就是平凡的外顯文化；各式各樣的密傳知識，在寫作或講授之際，經過精心構思，而採用觀察者無法察覺的方式，以求自我保護的作法，正是要對抗這種成功人士不表贊同的眼光。但對於後來嘗試評價伊斯蘭文化（Islamicate culture）的局外人來說，它作品當中那些最豐富的部分，仍是格外難以親近的。

只有在作為抵抗迫害的手段時，由這幾項文化因素所構成的密傳性，才會大致上受到採用。然而無論密傳的動機為何，就絕大部分而言，它確實成功地保衛人們，並且去對抗比較極端的伊斯蘭法主義者的蒙昧意識，如果固執己見的人想要消滅拒絕服從的人，密傳主義者的任務就會變得艱鉅；不像在西方那樣，只需要說服正在進行迫害的單一既存權威，他們卻必須說服相當數量的權威，而這當中的每一個權勢在譴責特定著作或作者時，都可能有所顧慮而猶豫不決。雖然單憑一位伊斯蘭法學家就能宣判其飭令（fatwà），但是，如果他的同儕反對、甚至是迴避這項判決時，第一個人的決定就不能被視為具有約束力。無論如何，一旦伊斯蘭法學家宣稱「殺死特定異議者的行為是合法的」，統領就必須自己做出決定：他是不是真的應該這麼做。如果有少數人在他的宮廷中偏袒那些遭受指控的對象，這些人就會提供實際的理由來支持從輕發落的作法。當一切異議的陳述被置於密傳形式，就承認了外顯教義公開受到接納的正確性（密傳知識核心只是用

來詮釋或補充外顯教義），因此很容易替異議者所受的質疑找到藉口。沒有人會否定官方的立場，問題僅在於：一個人說過什麼樣的話，是否確實會與這些立場相牴觸。但是，如果在寫作上含糊不清、艱澀難懂，就不可能排除合理懷疑並證明其罪行。

在整個伊斯蘭中期時代，個別的蘇非行者、哲學家與什葉派分子偶爾會遭到處決，有時候，處決的手段非常殘酷；但這類事件通常肇因於不時出現的、不利於被控告者的政治群體。而密傳文化的傑出代表人物，絕大多數都是壽終正寢。同時，屬於獨一神道德意識社群的伊斯蘭法主義保護者，則持續與他們能夠順利譴責、卻無法有效毀滅的深奧伊斯蘭世界文化，維持令人感到挫折的緊張關係。由於與上層文化妥協，所以威脅到伊斯蘭的完整性，這種威脅感持續存在於外界所有穆斯林的生活中。無論宗教學者在何處變得非常強大，上層伊斯蘭文化（Islamicate culture）生活都會受到質疑。[21]

21　Gustave von Grunebaum 在 'Parallelism, Convergence, and Influence in the Relations of Arab and Byzantine Philosophy, Literature, and Piety' (*Dumbarton Oaks Papers*, 18 [1964], 89－111) 一文中所使用的學術詞彙迥異於我在這裡所使用的詞彙。此外，von Grunebaum 還描述自由的人文主義思想與社群宗教回應，並且與同一時代發展相當類似的拜占庭相比較。

表3－1　穆斯林純文學家、科學家與哲學家，西元945～1111 年
Muslim Belles-Letterists, Scientists, Philosophers, and Theologians, 945－1111

年分 （西元）	人物及事件
950年	法拉比逝世：哲學形上學家，支持菁英主義態度，有著良好的希臘文化傳統基礎。
956年	瑪斯伍迪（al-Mas'ûdî）逝世：遊歷廣博又博學的作家，也是「哲學」歷史學家。
965年	穆塔納比逝世：最後一位偉大的古阿拉伯風格詩人，細膩精巧之詩意隱喻的典範。
約970年	精誠社的「文集」（Rasâ'il）完成，是「科學」與形上學知識的廣博彙編。
994年	塔努希逝世：風雅人士、具有儀禮風格的史學家兼朝臣。
1000年	穆嘎達希（al-Muqaddasî）逝世：精通文學的地理學家，四處旅行，並融合關於語言、種族與社會行為的資訊。
1008年	巴迪俄・扎曼・哈瑪丹尼逝世：被稱為「時代的奇才」，瑪嘎姆體韻文風格創立者，享有創作此類作品的天賦。
1013年	巴基蘭尼逝世：法學家、阿胥阿里派辯證神學家，曾將阿胥阿里派的辯證神學體系化。
1018年	陶希迪逝世：通俗化的哲學家、朝臣兼風雅人士。

年分 （西元）	人物及事件
約1020年	菲爾道希逝世：波斯史詩詩人。
1030年	伊本—米斯卡維希逝世：風雅人士、「哲學」道德主義者、道德說教式的史學家、哲學家。
1037年	伊本—西那逝世：哲學家兼大臣，綜合希臘文化與先知來源的知識，並將哲學立場套入伊斯蘭詞彙。
約1039年	伊本—海沙姆逝世：天文學家、光學家兼數學家，並在地理學領域受法蒂瑪朝哈里發哈基姆贊助。

表 3 − 2　穆斯林密傳菁英主義的類型
Types of Muslim Esoteric Elitism

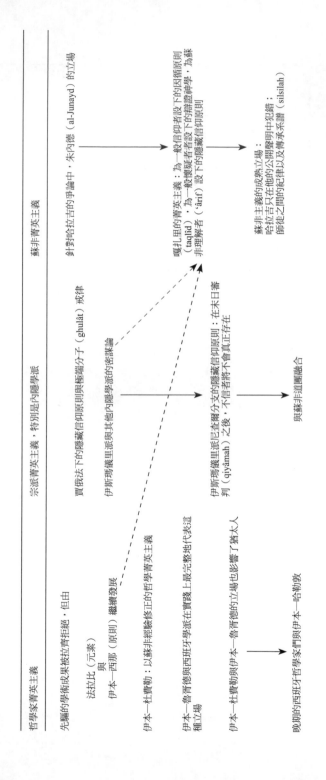

第四章

修道團體的蘇非主義

c. 945 – 1273 CE

知性生活轉換成為中期時代的形式時，蘇非主義正準備扮演重大角色，無論在社會或知性方面，都比它在哈里發盛期所佔據的地位還要重要。知性生活方面的新趨勢最終成果大部分表現在蘇非主義的脈絡之中，就像先前嘎扎里（Ghazâlî）曾經預示過的那樣。

密契主義的普及

　　蘇非密契主義在穆斯林生活中的重要性，是密契主義在歐亞非舊世界普遍流行的原因之一。如同我們所知，蘇非主義是充分發展的密契主義，但幾乎難以勾勒出——它在軸心時代之前，文化上的陶冶與實踐面貌（雖然在能夠追溯的最早宗教生活中，密契實踐早就是其中的一部分）。到了軸心時代結束時，在希臘、梵文甚至是中國的勢力範圍中，明顯可見的密契運動已經具有一定的影響力，在伊朗—閃族的圈子裡可能也是如此。然而，或許除了在印度之外，對於主要文化潮流而言，密契主義多半位居邊緣地帶，但當時他們所建立的傳統至今仍持續存在著。

　　後軸心時代的人們理所當然地認為：發展成熟的密契主義是大眾宗教的必備要素，而這種情形在當時非常普遍。如同我在第二冊就已經指出的蘇非主義的發展——與基督教徒、甚至是印度教徒之間崇高神愛的密契主義（high love mysticism），大致同時發生。甚至，密契主義的虔誠信仰在印度的發展，似乎和日益盛行的密契主義，有著相互關係；而且，密契主義不只侷限於那些出色的苦行者，更普及於大多數人口。然而對於密契主義所宣揚的神聖之愛，大多人其實只是一

知半解地跟隨這股潮流而已。在中國，宋代時密契主義的流行達到顛峰，相當於伊斯蘭世界的中世紀初期。在西歐，基督教密契主義更加廣為人們接受，知識上也更具影響力，一直到十六世紀都是如此；接著，現代技術化將它推入晦澀不明之地。密契主義最廣泛流行之處，是在印度文化遺產之地與伊斯蘭世界；在那裡，它同時作為流行信仰與上層文化創造力的既定背景，持續流行至十九世紀。

對於這個時期裡伊斯蘭世界的基督教密契主義，我們所知相對較少，而且，對於猶太教密契主義幾乎一無所知。但是，我們對猶太人的概況，卻略微知曉；大致上，其發展過程與伊斯蘭密契主義有密切關聯。猶太教同時起源於伊斯蘭及基督教世界，經過一些研究紀錄證實，猶太教主要來自西方基督教世界，但許多運動的起源地似乎都位於尼羅河至烏滸河間地區。從後軸心時代初期一直到伊斯蘭時期，猶太密契主義的焦點都放在所謂的「梅爾卡巴」（Merkabah）運動上，呈現出的描述形式是：一段前往神之寶座、令人敬畏的內在旅程，尤其是，神既威嚴又神奇。隨著卡巴拉（Kabbalah）運動在十三世紀時引進（基督教世界以西班牙與義大利為界），我們發現某種更接近成熟蘇非主義的概念。梅爾卡巴密契主義本身已經包含了許多存在於伊斯蘭密契主義背景之下的元素——譬如說，諾斯底信仰（Gnostic）的概念。但連同卡巴拉密契主義，梅爾卡巴傳統更加著重在個人對神的愛，重新獲得評價；雖然與伊斯蘭信仰相比，發起的時間較晚，但是隨之而來的，雖非全部、但有許多中期蘇非主義特色的元素，特別是哲學術語的運用；然而對照卡巴拉主義者及猶太哲學家兩者，卡巴拉主義者與《妥拉》（Torah）及猶太律法（Halakha）的關聯較密切，就像在蘇非行者及哲學家兩者之間，比起哲學家，蘇非行者與《古蘭

經》、伊斯蘭法的關係還要更近；此外，當時也逐漸形塑了大眾宗教生活的基礎；例如，一般的民間信仰。這個潮流對猶太族群的影響相對較晚，但卻在十六世紀的巴勒斯坦造成相當大的衝擊。這些發展有多少程度是受到伊斯蘭信仰的啟發，我們並不知道，但至少在某種程度上，它們表現出獨立自主的演進。[1]

某些學者嘗試去確立密契主義的興起、偉大帝國的瓦解，以及隨之而來的政治上的動盪不安，這三者之間的關聯；或者，更精確地說，他們認為密契主義興起，與文化菁英的政治權力地位遭到取代有關，當他們無法以外在行動滿足自己時，便轉而尋求內在的補償。在某種程度上，若考量到後軸心時代初期的大帝國瓦解之後，密契主義普遍較為強盛的情形，這樣的關聯性是成立的。但仍然完全不清楚：轉向密契主義的人們是否大部分是遭到取代的政治菁英的後代；在穆斯林之中，許多密契主義者具有工匠背景。直到技術時代先後在西方及各地興起，人們對密契主義所抱持的興趣才日漸衰退。無論是由於什麼樣的機緣才得以短暫主宰某處，一般而言，可輕易發現密契主義興起後日趨複雜，且與文明融合彼此相互關聯。然而比起其他傳統，某些傳統對密契主義表現出較強烈的抵抗力，例如猶太傳統；但整體而言，當愈來愈多的多數人口融入那源自於軸心時代的上層文化傳統（通常為具備地方特質與部族宗教之信仰），這些上層文化的傳統就越是受到外來、世界主義的影響，而且，密契主義也就益加趨向於興

1　Gershom Scholem 的鉅著：*Major Trend in Juweish Mysticism*（Jerusalem, 1941）大幅運用來自義大利與德國的手抄本為寫作基礎，而且除非有直接接觸——像是接觸來自西班牙的流亡者——幾乎不打算多談伊斯蘭世界中的猶太教。

盛。[2]

　　就在伊朗—閃族傳統中，密契主義可能在伊斯蘭問世之時，就已經根深柢固，儘管它還不具有支配的力量。在伊斯蘭世紀初期，密契主義得到新的生命力（就像伊朗—閃族虔信的其他面向），而到了中前期時，密契主義也準備好承擔任何對它有所請求的任務。

　　塞爾柱朝時，虔信的伊斯蘭信仰在蘇非主義的基礎上重新獲得審視，並且在其中獲取強大的動力。歷史上，穆斯林的虔誠信仰在哈里發盛期時，逐漸變得沒有那麼強烈。同時，蘇非主義那種較不具時間連續性的模式，愈來愈獲重視。正當國際社會逐漸成形，也是全新且廣受歡迎的蘇非主義成形的時代。早於大多數的宗教學者，許多民眾就已經接受蘇非導師（pîr）——也就是聖賢大師，作為他們在靈性事務上的指引者。

　　然後，像嘎扎里（西元1111年逝世）那樣的人物，精通於宗教學者在伊斯蘭法和辯證神學方面的教導，並且將它們與蘇非密契主義的智慧相互結合，促使宗教學者能夠接受蘇非主義。到了十二世紀，它已經是受人認可的宗教生活，甚至成為了宗教知識。因此，蘇非主義逐漸從一種非官方、非公開的信仰方式，轉而主宰宗教生活，不只在順尼派，甚至在某些什葉穆斯林當中也是如此。

　　從此刻起，伊斯蘭展露出兩種面向：其中之一，是具有伊斯蘭法主義、關懷外在、在社會上受到認可的行為，也是伊斯蘭法學者所認

2　就我所知，目前還沒有嚴謹的密契主義世界史，而這類的著作可以把數個傳統放到同一個脈絡之中；在這個脈絡底下，共同的狀況與相互之間的關聯，可以跟在地的分歧相互比較，藉以對密契主義與文明之間的總體關係，獲得慎重的見解。就我們對於世界史的一般要求來說，這個研究缺口是典型的狀況。

同與關懷的部分；另一個面向，則是具有密契傾向，關切內在、個體的私人生活，且受到蘇非導師的認同。同一位宗教領袖往往會同時身兼蘇非導師、伊斯蘭法學者，或至少同時非常認真地對待伊斯蘭信仰的這兩個面向；就像絕大多數的穆斯林大眾尊重蘇非行者及宗教學者，也同時從他們那裡獲得指引。然而，一直有人認為，真正的伊斯蘭信仰只有一個面向，而且不相信另一個面向存在，甚至斥之為虛妄。第三個虔信的潮流也從哈里發盛期就開始發展，那就是效忠阿里後裔的意識，以及其千年至福觀。有時候，在什葉派的伊斯蘭法宗教學者身上，密契主義會與伊斯蘭法主義相互融合；某些時候，當它的密傳概念具有啟示性，就會影響蘇非主義；每隔一段時間，它就會以積極的自主力量出現。但它幾乎從來沒有憑藉其本身獨立於伊斯蘭法之外的地位，就在社會層面上被賦予合法的力量，但就其作為持久的流行而言，也從來沒有其他信仰能夠與蘇非主義匹敵。

這個時期的蘇非主義不再只是具有密契傾向的穆斯林個人的虔信，首先發展出建立在門徒與導師關係上的複雜知識與習俗，接著，在西元1100年之後，一整套社會組織——也就是蘇非道團——與清真寺及受教規約束的宗教學者鼎立而存。從十世紀起，更嶄新、更複雜的蘇非主義模式，連同它本身具有的慣例大致底定，而從哈里發盛期開始，早期蘇非行者的經驗與教誨被當成信仰的基礎；藉由或多或少的正當推衍，建立了一套神智學（theosophic）思想及虔信活動的綜合體系。在十一世紀流行起來的，正是這一套信仰。在後續的發展過程中、中世紀初期密契主義興盛之際，不論是否為密契信仰，在這個新的體系裡，只要能圍繞著密契主義的任何一個特性作為核心信仰，每一種虔誠的奉獻皆能在當時找到一席之地。

密契主義者的人性拓展

　　蘇非主義那種主觀、不可言喻且極端個人的經驗，能夠成為社會生活的基礎，並且在歷史上具有決定性；而且，最私人且密傳的虔信形式竟會成為當時最盛行的信仰，一切看起來似乎相當矛盾。這在相當程度上是由於：密契主義的慣例及語言雖然遭到宣教神學信仰者貶低，卻能夠有效的約束宗教生活。古老的自然奧秘與個人派別，得以輕易轉換為一種信仰形式，不論這種形式如何的深奧難懂，都承認聖潔之人與神特別親近。早期宗教傳統中的聖人（甚至還有更一般的眾神祇）在此重新出現。知識分子會在密契主義的掩護下，重新獲得具有彈性的審視觀點，然而這種彈性遭到了宣教神學道德意識的否定。

　　但即使在宣教神學式信仰的特殊環境之外，密契主義本身也具有社會潛質。即使其偶發的密契經驗相當具有挑戰性，也可能是因為如此，一個人只須追求或甚至是討論它們，就會覺得自己充滿了靈性。但如果跨越靈性的阻礙，並成為有意識的文明，那麼即使再怎麼隱晦，其中也蘊涵著廣博的言外之意。在生活之中，因憤怒、慾望、疲憊，或僅僅是偏見的牽連等等所導致之扭曲，得以清除殆盡的當下，人們就會覺得，從實際現況而言，無論是以任何正當有效的標準來判斷，密契主義的確提供了最有效力的洞見。此時，若進一步將此洞見變得更加清晰易懂，即可進入日常密契主義的核心；這個狀態也同時是密契主義更為出神忘我的狀態所在（至少這個狀態揉合了歷史上所有密契主義傳統的經驗），不過這種經驗可能也會受到各種複雜且殷切的關注。儘管人們往往會說，這種經驗使人平心靜氣、具備廣泛的洞察力、甚或是直率地接受我們本來的樣子，然而這些特質完全不具

實證的知識；但它們帶來一種觀點，一種道德姿態，能夠藉以看到實證知識所具之意義。如果這樣的經驗具有權威，且能從歷史觀點來看密契主義的重要元素與日常生活之間的關聯，那麼，將無可預測其後果，並可能從此侵入人類活動領域；一旦認可了這些經驗的效力，它們將決定生命中的一切。

倘若人們對於跟他們本身相關聯的存在意識，更進一步地闡明並且淨化，那麼，他們與身旁人們的人際關係也將會有所轉變。就某些隱士而言，無論在任何宗教傳統中，他們所選擇的生活幾乎是全面避世，無論是無視任何轉瞬即逝的生命，或是更常見的──敏銳地感受到自己的渺小，以及無法真正助人的無能為力。若想要避世，最為持久的形式就是獨身生活，它能確保某種程度的社會孤立性。獨身生活對於追求靈性生活的人們，有著多樣的吸引力：首先，當社會對性行為設下過多的禁忌限制時，可以用來防備令人畏懼的性行為；另外，還有助於冷靜的「覺知」（recognition），因為過度的自負、任性，可能放鬆對性行為的警覺，而這些行為與不懈的自制、冷靜客觀的透徹狀態，可能相互排斥、矛盾。

許多蘇非行者離群索居，到了完全避世的地步，而成為隱士；其他並沒有走得這麼極致的人，則選擇獨身生活，如果不是把它當成普世的理想，至少也認為，這切合著他們在靈性上的需求。但隱士的孤立或單純的獨身生活，都沒有成為蘇非主義的常態，由於獨身生活通常伴隨著拒絕家庭義務，以及拒絕社群經濟生產的責任（通常意謂著乞討），所以如此一來，以事關社會秩序為念的人們，就會時常對獨身生活心生疑慮。伊斯蘭的傳統以壓倒性的力量反對它：有一條聖訓指出，穆罕默德曾說：他的社群裡沒有僧侶，其言外之意就是「獨身

生活不見容於伊斯蘭」。於是，雖然在穆斯林之間，無法排除獨身生活的傾向，但伊斯蘭宗教派系確保它僅僅屈居於次要角色；即使是採行獨身的蘇非行者，也往往對它感到愧疚。許多蘇非行者教導人們：理想上，任何完全的避世都應該只是暫時的戒律，而非永久狀態。

　　若非完全避世，則無論是否實踐獨身生活，密契主義者若想將本身經驗帶給其他人，最便利的方法就是傳道。然而某些人可能會由於無法助人抹除心中的陰暗，而陷於絕望，使自己也處於黑暗之中。更常見的是，那些想追尋清靜的人，由於冥想的成果，進而引導著他們對世人傳道；他們運用各種比喻，特別是地獄與天堂，來吸引聽眾的注意，時而單純地傳道，時而辯才無礙地提醒著自己與他人，在生與死的面前，日常的憂慮與熱忱多麼微不足道。不同的傳統朝著各自特有的關懷方式發展。例如，摩尼教以聖人為師，但他們拒絕大多數的世俗人類，將他們看成是悲憫與仁慈的對象，除非他們踏出關鍵的一步，成為摩尼教徒，否則無論如何都將萬劫不復地停滯於外在的黑暗之中；因此，聖人只能幫助本身就擁有信仰、朝著聖人的純淨而前進的人們。

　　蘇非行者已經繼承了聖訓主義者的普羅大眾主義式觀點，以及這種觀點對於眾生尊嚴、觀念的根深柢固的認知。確實，在他們之中，有些人以社會自覺的行動主義，來表達這個觀點。有些領導人從蘇非主義式的冥想開始著手，然後企圖改革政府及社會風俗，進而帶領好戰分子，隨著蘇非主義的虔信逐漸盛行，這種領導者的數量也隨之增加了。但更典型的蘇非行者則有著不同的觀點。或許正因為他們了解自己的弱點，所以當別人願意承認自己的弱點時，他們能夠寬容別人的那些弱點（這種寬容並不阻礙他們譴責權勢者的狂妄）。就像摩尼

教徒，他們試圖教導個人。但他們不是教派主義者（sectarian），在教義改革方面，並沒有超過他們改革制度的企圖心。

蘇非傳道與師徒關係（pîrî-murîdî）的戒律

許多蘇非行者不僅致力於把大量時間都投入於公開傳道，而當人們前來求助於他們時，更致力於幫助他們解決道德上的問題，並找出他們個人能夠實踐的最純淨生活。這麼做的過程中，這種蘇非行者有時在宗教歸屬上幾乎不加區分。因此，十三世紀末德里的尼查姆丁‧奧里亞（Niẓâmuddîn Awliyâ）如此偉大的導師，就為所有階級的穆斯林扮演聽其懺解的精神導師（father-confessor），甚至對某些非穆斯林也是一樣（他甚至在印度教的教導中，發現某些優點）；他強調要寬恕敵人，並且堅持在享用這個世界上的財富時，必須要有所節制（儘管不是他自己所實踐的禁慾主義），強調一個人在自己所承擔的工作上，要有負責任的表現（但他禁止人們受僱於政府，因為其中涉及了太多的貪污腐敗），並在追隨者墮入罪愆時，要求追隨者必須徹底懺悔；人們將他視為王國內僅次於蘇丹的權威，他更博得北印度各地蘇非導師的自願效忠、擁戴他。

這些無私傳道的導師逐漸贏得群眾的尊敬。具有敏銳感知力的人們，景仰他們那觸動人心的傳道，而他們以身作則、純潔的品德，更加令人敬重。他們生活在貧窮中（訂定戒律，明訂在日暮時，把一天做生意所賺來的錢或追隨者給予的任何捐獻，全部都貢獻出去），蔑視宮廷式的時尚之美，還有都市貿易者對財務盈利和社會利益的競爭，這些人具有摩尼教聖人曾經賦有的那種道德吸引力；至少他們個

人消極地實踐，滿足著伊朗—閃族一直以來想要對抗農業（agrarianate）社會生活中不公不義的純潔理想。而且，他們的純潔並不總是全然消極的。某些蘇非行者提出想法，試著實現穆斯林社會理念背後的真正精神。尤其是，他們延續了抗議的精神，使其永久存在下去；這種精神曾引導「虔誠主義反對派」的某些早期繼承者，公開要求哈里發謹記他們肩負的責任；有時候，比起與君主關係良好且謹言慎行的法律學者，他們具有更加迫切、顯著的積極行動力，譴責未能遵守這項理念的統治者。

然而整體而言，蘇非行者寬容人類弱點的虔信並未脫離一般的信念以及認知；迥異於摩尼教徒，凡是蘇非行者認為凡是與自己相關的、任何其他的宗教概念，他們至少都願意承認它們具有效力。在某種程度上，由於蘇非行者兼容並蓄的態度，人們往往用傳奇故事來表達他們對蘇非行者的敬仰。有洞見的人承認他們所享有的道德上的敬重，並且予以昇華；在更廣泛的圈子中，人們用較一般的形式來表述內心對蘇非行者的敬畏，所以他們以忍受苦難、施行奇蹟的故事來表達仰慕的心情。雖然蘇非行者並沒有在寫作中宣稱自己所施行的奇蹟，然而就像個不成文的規定，只要蘇非行者得到周圍人們的敬仰與稱頌，無論遠近，很快就會有人將之描述成各式各樣的奇蹟，並歸功於他們；然而，這些奇蹟從單純感知他人的心智狀態，到治療、心靈感應及念力，甚至還有一些富有想像力的神蹟，像是從德里飛到麥加進行夜間朝聖。蘇非行者接受這樣的傳說（就像他們接受其他民間信仰），就如同其他受人敬仰的蘇非先賢一般。

在所有蘇非行者當中，作為群眾的傳道者而最受到廣泛尊重的，就屬阿布杜—嘎迪爾・吉蘭尼（Abdulqâdir Gîlânî, 1077—1166 CE）。

他來自裡海南方吉蘭（Gîlân）的「sayyid」家族，聲稱是阿里後裔，而就像許多「sayyids」，當他還是小男孩時，人們就鼓勵他從事宗教研究（特別當他已經有過幻象經驗）。他年輕時，他的母親將他應得的遺產份額交給他（藉由縫在外套上的八十枚金幣），並將他送往巴格達，去接受進階宗教訓練。他跟著沙漠商隊一同上路，在旅途中發生了一件事，對後來的世代而言，這件事足以使他的聖潔成為典範；他的母親曾交代他絕對不能說謊。駱駝商隊碰上強盜，但吉蘭尼穿著簡陋，強盜幾乎沒有注意到他。然而，其中一個強盜隨意盤問他，問他身上有沒有任何錢，他於是坦承自己有八十枚金幣，儘管它們被藏很妥善。那名強盜對這樣的誠實感到震驚，於是就帶他去見強盜首領；吉蘭尼向他解釋：如果他在追尋宗教真理的啟程就說謊，他就不能期待自己在那項追尋上獲得太大成就（基於蘇非主義的態度，他認定真正的知識就是道德上的正直）。據說強盜首領當下轉念，金盆洗手，放棄了邪惡的生活──這是他贏得的第一名信眾。

在巴格達，吉蘭尼選擇一位糖水小販作為他的心靈導師，而他特別嚴格要求他的戒律。在完成學習時，他自己持續守戒；他常常整晚熬夜禮拜（通常養生法應該是指在午後的小睡）；在這樣的夜晚，他常常從頭到尾朗誦《古蘭經》（對非常虔誠的人來說，這是常見的作法）。或者，他會前去沙漠地區漫步。他繼續進行了漫長的心靈苦行；首先在呼濟斯坦（位於下美索不達米亞平原）的城鎮，然後回到巴格達，直到大約他四十歲的時候。那時，他已經聞名於巴格達，達成他所追尋的靈性上的成熟之後，並在他信仰的神聖指引下，著手教導人們。他獲贈了自己的經學院，在那裡教授所有標準宗教科目──《古蘭經》、聖訓，伊斯蘭法學等等。同時，他也結婚了。一直以來，他

都認為婚姻是追求靈性歷程中的阻礙，但如今他認為婚姻是一種社會責任，對此，穆罕默德已經以身作則，而且在大眾的心目中，婚姻對於一個男人來說，理所當然的事。他娶了四名妻子，在他漫長的生命裡，他總共有四十九個小孩；他的兒子當中，有四個成為像他那樣聞名的宗教學者。儘管他過著這種公共生活，他持續進行部分的苦行；因此，他通常按照為齋戒月制定的一整個月的禁食規則，在日間禁食一整年。

　　他的教誨以及特別是他的公開講道，在巴格達變得非常受歡迎。他的經學院很快就必須擴建，他還開始（在週五與週三的早上）在城外那座通常專用於開齋節會禮的禮拜廣場（muṣallà）講道，因為沒有其他夠寬敞的地方可以容納群眾。也有為他建造的特殊建築。巴格達的訪客認為，前來聽他講話十分重要。在晡禮之後，他會把伊斯蘭法與倫理問題做成飭令；有時候，他會為了探求飭令而遠赴他地。（他遵循漢巴里法學派，當時這個學派在巴格達非常流行，且一度給人的印象是伊斯蘭法的嚴厲、以及關切一般人的宗教良知）。信徒們將他視作他們的行善管道，他也從信徒那裡獲得大量金錢以及慈善基金；除了個人的施捨之外，他也在每天的昏禮之前，將麵包分給前來求援的任何窮人。

　　據說吉蘭尼讓許多人改信伊斯蘭，並使許多穆斯林罪人幡然悔悟。他藉由啟發生意人日常道德問題的方式，呈現自己的靈性教導；幾乎絲毫未沾染那可能會引起伊斯蘭法主義者不悅的思想。他所描述的完美近神者（walî, saint），是對神此世或來世所指派的任何任務感到滿意的謙卑者。他的一個兒子收錄他的某些佈道，並定下「真主的啟示」（Revelations of the Unseen）這個標題。其中一則佈道速寫十種

德性，這十種德性一旦根植於人心，就能通往完整的性靈。至少乍看之下，每種德性都非常簡單，每個人都能做得到（然而，伊斯蘭法並沒有要求其中任何一項德性）。但這之中，每一樣都是內省反思的德性，倘若能持續實踐，就能隨之感受到其中的意涵，並且獲得長久的指引。第一項就是不要以神起誓，無論真實或虛假：這一點可能會阻礙穆斯林（而且往往是投入的虔誠者）間十分常見的儀式，也就是在每個場合皆祈求神的庇佑，但就像吉蘭尼所說的，習慣的自制可使人們獲得尊嚴；這也會促使他更認真對待自己每一次提及神的時刻。第二項德性是，就算是開玩笑，也不能口出誑言；第三項，就是不要違背承諾。在這項德性戒律之下，其他德性顯得更加包羅萬象，不過仍然具有最起碼的具體內容：不要詛咒或傷害任何東西（提出這點是因為詛咒被認為是令神不悅的事物，而不詛咒被當成是虔誠的行為）；也不要祈禱或期望去傷害別人；附加於這點之上，不要指控任何人是宗教上的不信者；不要關切任何罪惡事物；不要對別人強加任何負擔，在這裡，吉蘭尼指出，如果這成為習慣，就能帶給一個人力量，足以履行穆斯林告誡他人行善及除惡的責任；不要從他人那兒期待任何東西；最後，專注於別人勝過自己的優點。如果有人依照這種方式生活，他的祕密思想與他的外在言行舉止，將會合而為一。

急於指控異議者為宗教上不信者的、伊斯蘭法主義的學者們，有時候也是非常受歡迎的講道者；但蘇非行者所能據以講道的廣博人性關懷，往往給予蘇非主義傳統特殊優勢。然而，為蘇非主義贏得領導地位的，不只是富有洞察力的講道本身，或是個人的身教，同時也是它所採取的制度。蘇非主義在這個時期的流行吸引力，以及他們在中世紀初期所扮演的社會角色能夠歷久不衰，都是建立在蘇非行者所採

取的特殊傳教形式——師徒關係（pîrî-murîdî），亦即導師與門徒之間的關係；同時也自然而自創造了規範，以及深入大眾的社會傳播管道。

密契主義的生活宣稱自己提供形式上最為純淨的自由：免於壓抑、免於偏見、免於受到任何習慣或規範本身的約束。自由，精確地說，如果是真實的自由，同時受到普世精神、作為自由之源的真理所指引。然而，倘若對蘇非主義只有淺薄的理解，而未能深入探索它們所期待的性靈成長，就無法通往真理中的自由，反而會引起放縱的激激情。控制一切的階級組織並不存在，也沒有某個教派去統治個別的穆斯林信仰者——他們承受世人期待，能夠親自直接來到神的面前。因此，避免自由淪落為放縱所必要的戒律，必然需要嚴格地套用在每個人身上。許多宗教都已經發展出師徒關係；在中世紀初期的蘇非主義中，它成為整套體系慣例。

對於蘇非之道的每位追尋者，人們都期待這些追尋者將自己交到導師（阿拉伯文稱之為 shaykh）手中，他應該不計任何代價去服從他，即使這意謂著違反伊斯蘭法。導師著手指導他在靈性上的進展，建議他冥想的模式，並且注意他人格之中可能阻礙他完整獲得真理的事物，且適當運用一些必要的戒律，避免修練陷入走火入魔的狀態。年輕人必須把他的靈魂救贖完全交到他的導師手中，因而有一條嚴謹的教義說，大師可以在神的面前為他的門徒說情。它的說法就像後來的耶穌會信徒的說法，門徒應該完全放棄自己的意願，他之於導師，宛如屍體之於洗屍體的人。只有當門徒足夠成熟並有自信時，才能離開他的導師；當這個時刻到來時，導師會授予他一件「khirqah」——一種特殊的斗蓬，作為貧窮的象徵，通常是破破爛爛且縫縫補補的樣

子，以表示他如今是位真正的蘇非行者。即使在這時候，每個門徒終其一生也仍透過忠誠的羈絆，依附於他的導師。

門徒們樂意傳播導師的名聲，原因在於這有助於提升他們自己的地位。才剛上路就因為過於艱難而放棄的那些人們，或許會讚揚導師具有的德性與權力過於高超，而使他們無法理解。導師成為小型社群的核心，也因此深化門徒對導師的敬重之心。而其他無法與靈性導師建立師徒關係的人們，只能在遠處觀望著。門徒以及可能成為門徒者的敬畏之心，強化了人們普遍對蘇非近神者的尊重，並賦予這種尊重實質的內涵。

制度化的大眾信仰 —— 蘇非主義：唸記（dhikr）儀式

到了十一世紀，一種受到群眾虔信支持的新宗教生活型態，就此誕生。因此，儘管哈里發盛期的蘇非主義重要人物仍然是這項新運動的完美英雄，但是一群閃耀的新人物已經嶄露頭角，因此這項運動整體改頭換面了。新的蘇非主義在中世紀初期的後半段最為興盛。宗教學者們原本對菁英階級所信仰的早期蘇非主義，心生疑慮，但到了十二世紀初期時，完全受到了說服，而接受一般大眾所追隨的蘇非主義，順應大眾需求的普羅大眾主義原則，並試著訓戒它。接著，大約在十二世紀後半葉，隨著宗教學者接受了蘇非主義，在蘇非兄弟會及道團正式建立之下，蘇非主義的重構大致底定完成（這些道團的發展在各地先後興起，就像設立經學院以及將辯證神學爭論整合到法學研究一樣，蘇非道團最早期似乎是在呼羅珊正式建立，然而很快就傳播到各地）。

新蘇非主義有兩項最顯著的特徵：正式的「道團」組織（這較快發展起來）；以及它專注於密契敬拜的儀式步驟，也就是唸記。

通常每個道團都各自有既定的冥想模式（事實上，這就是它通往神之「道路」的核心），以名為唸記的禮拜練習為中心。它原本只是對於神的內在「回想」，有固定的背誦內容，因而有時迥異於稱之為觀想（fikr）、更開放的冥想方式。如果將觀想稱為「冥想」、將唸記稱之為「祈願」，這種差異會立即浮現。唸記是透過吟頌文字或甚至是音節等其他方式，以維持專注力，並藉由這些形式來提醒虔誠信徒神的存在。有時候，使用的音節還伴隨著特殊的呼吸調節，以促成更加集注意力。這種作法立即成為成熟發展儀式的核心部分。

在尼羅河至烏滸河間地區，隨著蘇非主義的盛行，它被當作探索莊嚴內在宗教經驗的重要方式，教士階層體制的控制可能因為莊重的密契儀式所造成的敵對關係，在這個地區內消失，蘇非之道調整成不僅是一種宗教的目標。其中之一，是實現宗教上的忘我狀態。據推測，唸記源自於喚回游移注意力的方法，或許其背後還有著更大的自我覺醒計畫，和控制一般意識的功能。在某些圈子裡，它在這時候已經轉變成直接達到忘我境界的方法——所謂的忘我，就是無法抗拒的狂喜意識狀態，密契主義者一向認為這是偉大的恩典，有時也認為這是密契知識的重要基礎，但在這個時候，人們有時也認為狂喜本身即為目標。

人們發展出一套精細的技法，以達到期望的結果：小心翼翼地規定呼吸與姿勢，而唸記的慣用語句在發聲之際，必須在特定時刻專注著身體的特定部分。這項過程的模式與限制，形式上包含了對慣用語句發聲頻率或（在更進階的階段）感知頻率的規範：唸珠（從印度引

進，而這個時期的其他技術或許也來自於印度）則用來追蹤頻率；既然人們認定若缺乏真誠的道德感，背誦本身不會產生效果。門徒若將導師的形像化為理想人性之典範，並且視導師為神的代言人，他們有時候就可以藉由閉目背誦而記住具體內容。相關唸記的技法教冊裡，詳細描述了這項練習所帶來的預期心理過程：例如，在這項過程的某些階段，可以預期內心出現某些顏色的光，有時可達到相當高度的感官自我控制。當然，唸記的運用也預設實行者需高度的禁慾，而這可以使心靈能夠達到必要的專注。在許多支微末節上，這些技巧都可見於東方基督教徒，與某些印度教或佛教的印度傳統，或是其他地方同類的宗教實踐相類似，然而它們都可能無法像高階的印度教傳統，具有那樣極致的發展。

每位虔信者都必須按照導師的指示，持續進行私下的唸記背誦，但除此之外，所有人可能會在唸記集會中聚集，在這個集會裡，人們一同集體大聲吟唱慣用語句。所產生的立即效果，似乎經常就取決於催眠式的自我暗示。原則上，吟唱的刺激所引起的任何出神反應，都是個人自然產生的反應；可能會有人從圈子裡站起來，猛烈擺動、昏倒或尖叫；實際上，人們普遍接受所有在場者或多或少皆會表現出外顯的出神動作，而無論是否每個人都受到內在的驅使，一旦開始產生出神狀態，這種反應就像是一種心理認同。

在中期，許多道團的教冊採用蘇非道團的教規，更加詳盡地闡釋這種唸記背誦的方法。或許更重要的是相較之下，唸記比其他冥想的形式還更佔盡優勢，特別是群體唸記變成蘇非道團主義最顯著的活動。許多作家不再認為唸記及它所擁有的效果只是用來將自己的心準備好，以回應本身無法藉由任何方式而獲致「神的恩典」的一種手段

而已；在他們自己的寫作中似乎認為：經由人們主動積極去練習唸記，就可以使其體現心中渴望的世間萬物和諧的意識狀態。導師們持續堅持著所謂的「道」應當包含道德上的成長；事實上，沒有了「道」，即使狂喜的時刻可能降臨，也只會帶來某種挫敗感，也就是說，儘管在那裡有重要的事物等著被發掘，卻沒有能夠發現它的方法，但這就是人們真正追求的特別忘我時刻。人們往往因為追求出神忘我的密契主義，而忽略日常密契主義及其廣泛的道德戒律。最終，人們認為這種單純以刺激肉體的方式等同於以更苦行的方式來達成自我約束。不過，儘管特定唸記背誦的相對具體形式有其重要性，實際上，在蘇非道團主義中最受尊敬的蘇非行者們仍以唸記方式來維持專注力，但這種方式絕非為了達成其本身的需求，而是為了保留先賢蘇非大師的廣澤道德觀。[3]

　　非常多蘇非行者會在他們的唸記背誦聚會中使用音樂，特別是專業歌手的禮拜歌曲。這種音樂的作用是提高感知能力，並強化專注。然而「聆聽」（samâ‘）的使用，在宗教學者之間卻引起最多的疑問，這些學者認為這種音樂（無論如何都不受贊同的音樂）是相當令人質疑的靈性戒律手段；有時他們懷疑年輕小伙子的英俊容貌就像他們口中唱出的歌詞一樣，觸動了在場的聆聽者，所以某些更偏向伊斯蘭法主義的蘇非行者，會盡量避免去使用它。與此相反，某些人會同時認為它是蘇非行者的自由、神的美好等特殊象徵。音樂往往會引發出神

3　Louis Gardet 對於唸記之後續發展所做的分析非常敏銳，但或許有點胸襟狹窄；例如，他在與 G. L. Anawati 合著的 *Mystique musulmane*（Paris, 1961）的相關部分。參考 Edward Conze 在 *Buddhism, Its Essence and Development*（New York, 1951）摘要的佛教觀點，關於狂喜在人類內在發展中可能扮演的角色，有著不同的評價。

的運動，而這在波斯詩人賈拉盧丁・陸彌（Jalâluddin Rûmî，西元1273年過世）創立的毛拉維道團中，發展成高度形式化的迴旋舞（因此毛拉維道團也被稱為「舞動托缽行者」或「迴旋托缽行者」）。

唸記集會加入（有時是取代）禮拜的儀式。因此，在一般的清真寺以外，每個穆斯林社群現在都有各自的蘇非中心（khâniqâh；阿拉伯文為zâwiyah），蘇非大師住在其中。他們讓門徒居住在那裡，並且指導他們的門徒，舉辦固定的唸記集會（通常是為了相當廣大的會眾所舉辦），並招待流浪的蘇非行者，特別是屬於同一個道團的。在這些機構之中，某些發揮與歐洲修道院相同的功能，成為社會整合的基本中心。它們幾乎限定於男性，但在中世紀初期，偶爾也有女性蘇非中心。

除了固定的門徒以外，講道甚至是唸記的課程，也吸引許多與道團並沒有太多聯繫的外行人，他們遵守適合一般人、調整過的蘇非之道，期待蘇非之道能夠在日常生活的範圍中有所益處。逐漸地，有時一整個行業行會就與特定的道團與大師搭上關係。蘇非中心就是透過這樣的追隨者而得到資助。

在某種程度上，清真寺的禮拜從來都與政治權威有所關聯；它是國家宗教集會。從最開始的時候起，蘇非中心極度私密，即使受到統領的資助，它們也維持這種氛圍。然而當蘇非中心崇拜活動過於強調更加私密、個人的面向，卻也同時加強了穆斯林社會的政治性社會分裂（同時，正如我們即將看到，蘇非中心賦予這些形式合法性，並且給予靈性的支持）。隨著哈里發政權的衰退與國際秩序的興起，伊斯蘭法中的「天課」，本來是透過中央財庫資助伊斯蘭宗教活動的方式，如今被慈善產業基金取代；天課變成偶然的個人義務，仰賴它的宗教

組織變得很少，甚至是根本不存在。即使是清真寺，雖然得以獲得稅金的資助，卻也從慈善產業中獲利。但對於部分伊斯蘭學院與蘇非中心之類的組織，天課的資助相當重要，它們幾乎僅依賴這種資助而得以營運；對蘇非中心而言尤其如此，它利用這種方式去表達當時代的政治氛圍，即使只是在宗教的層面上。

修道團

　　唸記活動與其蘇非中心，因為依附於某個受到認可的道團，因而獲得公眾的信譽。道團（ṭarîqah，阿拉伯文的字面意義為「道」）是導師與門徒組織而成的鬆散團體，它們遵守定義明確、甚至是用上下階層關係加以控制的密契戒律之「道」，各有其儀式、領導以及捐獻。它們建立在大師與門徒之間的關係上，而這樣的關係，大約在上一個世紀時就已經形成。原則上，每一位熱切的年輕蘇非行者（作為門徒）都依附於既定的蘇非導師（稱為 pîr 或 shaykh），而這位大師本身是另一位更偉大的大師的門徒；而大師自己的訓練，則是藉由多位先賢大師的教導而逐漸養成，通常可以追溯到先知（一般大眾則加入道團，而取得俗世門徒的身分）。如此一來，藉由大師與門徒的關係，教師的傳承關係如同早先：穆罕默德奧秘的靈性生活之道給選定的同伴，接著一代傳一代，薪火相承。

　　這樣的傳承關係稱為傳承系譜（silsilah）；它等於是從原本的傳述鏈聖訓紀錄，轉而實踐於組織運作。每個主要的道團都將它專有的蘇非教義和實踐形式（特別是它的唸記），追溯到某些晚近的創立者；通常以他為名，而這位創立者又藉由他特殊的世系傳承關係，透過阿

巴斯朝興盛時期的一位或諸位偉大的蘇非行者，聯結到先知時代的某位大人物，通常是阿里。許多蘇非行者似乎樂於接受某種以效忠阿里後裔意識的密傳知識為基礎、發展而成的觀念，而最為特別的觀念就是阿里得到穆罕默德的祕密教導，而其他早期穆斯林無能獲得這種教導；但蘇非行者將這些祕密的教導視為自己的傳統。而藉由這種傳承，也給順尼派增添了一些效忠阿里後裔的密傳思想元素（這令效忠阿里後裔者感到困擾），有時還會予以解釋，將自身的教導追本溯源至先知預言。（有些人會補充，傳承系譜的運用，正好對應於聖訓家族，在早期藉以將自己的想法連結到先知的傳述鏈。然而，每一種虔信形式，如果從表面上看來，既不能等同於早期穆斯林的共同虔信，也不能等同於《古蘭經》，僅代表或多或少源自於第一位先賢所發展而成的成果。而引述這種似是而非真理的見證人，定下了這種傳承關係，或者更精確地說，誇大了這樣的關係。）

特定修道團體的所有追隨者，承先啟後地認為在某種程度上，創立者為自己靈性的領導或是（更常見地）軀體上的後裔，這些追隨者也就是他的哈里發（khalîfah，意指繼承者），負責管理其蘇非中心或墳墓。有時候，這種關係主要是儀式性的，能將其依循之蘇非主義追溯到當初創立之蘇非行者，追隨者會為了共同的追憶或靈性的復興，試著在開宗大師忌日時聚集在他的墳前。但有時候，中央權威的把持者，會非常緊密地控制所有認可該位宗師的其他蘇非導師；這關係到創立者地位的繼承，因為當中通常包括了支配可觀資助的權力；儘管大多數的大師拒絕將這樣的資金花費在個人或家族的奢侈品上，即使是慈善捐助也會有所選擇，其中還包括成為分配奉獻的管理人，而且依據個人追隨之導師，自然也決定了追隨者在同儕之間的地位。這樣

的考量，提升了偉大大師繼承人選的重要性。（而在某些狀況下，這些考量說明，為何在尋找適當人選之際，門徒們會希望由大師的兒子繼承；因為，在恐將撕裂任何人與團體派系關係的情形下，大師的兒子似乎最為中立而且順理成章，而這種情形即使是企圖培養密契之道的團體，也是如此。）

當大師逝世，卻沒有非常明確地指定繼承人，這種情形通常會導致修道團體的分裂，在道團之中，兩位領頭的門徒會相互瓜分門徒，並互相指責對方是叛道者。

作為道團中心的導師，不只指定能夠擔任其直接繼承人的人物，更常見的是，他們會指定好幾個繼承人，這些人有權按照自己的方法來統領工作；他們往往被派往某些城鎮，也就是蘇非導師還未曾佈法的地方，繼承者得以在導師授權下傳道，包括（在道德上及財務上）接觸大眾，並訓練在地的門徒。只要道團中心導師的權威受到人們認可，另一座城鎮的繼承者就不能自行指定下一位繼承者，至少不能在沒有獲得默示授權的前提下而自行指定，而且，除非他的導師允許，如果有另一座城鎮利用更豐厚的回報召喚他前去，他也不能隨移搬遷到那座城鎮。

在這種修道團體中，最著名、或者分佈最廣的就是嘎迪里道團（Qâdiriyyah），它將自己的傳承系譜追溯到阿布杜—嘎迪爾・吉蘭尼。 他自己似乎並未有意建立任何道團，或指定那種意義上的繼承人。但他確實曾將斗篷贈予許多門徒，以承認他們在心靈方面的成熟。在他死後，他其中一個兒子取代他在集會廳的地位，並以他的名義，成為聚集之資助的管理人。漸漸地，他的門徒及其徒子徒孫，都反過來倚賴他的權威以及其繼承人的權威，在他位於巴格達的墳墓，

透過密契主義的方式尋求導師的指引。利用這種方式，原本帶有個人魅力的領導地位，進而制度化了。

　　創立者的權威變得非常重要，而不是他的洞見。就這點而言，它所要感動的對象，不只是身體力行的密契主義者，而是心有不安的追求者，甚至是一般的社會大眾。

　　一個世紀以後撰寫完成的吉蘭尼標準傳記，使他成為實行神蹟的偉大人物，因而忽略他實際上的成就與教導，而支持想像中備受吹捧的形象，也讓一般人可以在其中尋求中介及慰藉的避難所。

蘇非主義的普世訴求

　　比起那些對於講道或唸記感興趣的人們，人數更加眾多的追隨者，先後接受了蘇非主義。特別是當蘇非導師逝世後，就成為當下流行信仰的中心，而這種情形必須與其他密契派別有所區隔。一般人並非不能尋求蘇非聖人的慰藉，他們所尋求的是蘇非聖賢人性的憐憫心，因為比起神遙不可及的獨一性，蘇非聖人似乎具有更為信任的同理心。如果聖人可以為他的門徒祝禱，那麼，他也可以為任何虔誠的追隨者祝禱。從經驗上來說，虔信者的希望預期可得到實現；即使實現的機會渺茫，在忘卻所有遺憾之際，總是會在腦海中浮現：虔信可換來微妙的成效，有時候只要高人顯聖，就可以施行神蹟。即使蘇非導師仍然在世，人們仍然奉導師們如國王般尊崇。不僅追隨者尋求導師的靈性啟蒙，就連一般的穆斯林也竭盡所能地尋求知名蘇非導師的靈性啟蒙，他們想藉由蘇非導師而得到神的恩寵。門徒的密契崇拜唸記集會不再是私密儀式，許多根本沒有密契信仰主義的普羅大眾，也

為了獲得無上的啟迪或是神的垂愛，而參加唸記的活動。

聖人死後，靈魂必定更能免於人身血肉的束縛；女人常到聖人的墳前求子，病人則祈求自己獲得醫治。著名導師的墳墓成為當地甚至國際朝聖行程的中心，任何虔誠的穆斯林來到附近，都不會忘記心懷尊敬地前往拜訪。在導師墓地舉行的聖人誕辰慶典，成為地方上主要的節慶，每位居民均會參與。這種情形，城鄉皆然，鄉下人民也期望能得到曾獲著名教團授予蘇非斗篷的隱士庇護，將他當作保護村莊的神靈，而且尊崇他的墳墓，並將他的墳墓視作神聖力量的所在地。

藉由這種深植人心的傳統，將訴求重新具體化、並且最終成為社會秩序的重要基礎。相較於其他文化背景的信仰，蘇非主義顯然略勝一籌，蘇非主義成功結合了「屬靈菁英主義」與「社會普羅大眾主義」，儘管在相當程度上，蘇非主義運用通俗化的手法，從唸誦開始，進而延伸到世俗迷信的層次。（相較於同樣實行菁英主義的哲學家、天文學家及物理學家，蘇非主義的成果相當驚人；雖然不太明顯，但在原則上，若想要讓當時的人們普遍接受某種自然科學，以當時的相關道德認知而言，接受無形經驗所形成的密契主義，相較之下顯得容易許多。）正如我們即將看到，蘇非主義為一些非凡之士提供自由寬廣的發展空間，同時也為伊斯蘭內部的大眾崇拜信仰提供了一個媒介。

伊斯蘭作為支配性宗教信仰之後，在一段很長的時間內，百姓的聖壇——透過這些聖潔之地，一般人能夠尋求日常生活與難關的神聖恩惠——大部分掌握在非穆斯林受保護者社群的手裡。（當然，清真寺不是這種意義上的聖壇，而更像是公共集會處所；它的性質較接近於廣場，而不是古代希臘人的神廟。）什葉派的虔信則在較早的時期，

就能以阿里後裔墳墓的形式，發展出數量有限的聖壇；在某些地區，例如敘利亞，穆斯林皈依者坦然地與仍是基督教徒的人們共享這種聖壇信仰，像是同時得到兩個傳統承認的、古代著名先知的墳墓。但只有靠著廣佈且普遍承認修習蘇非主義以及它的無數近神者，才有可能在每個地方，出於各種目的，創造伊斯蘭聖壇（或者將聖壇伊斯蘭化），人們能在這些聖壇中，出於日常的迫切需要而祈禱：女人為了孩子、男人為了穀物豐收而祈禱；也為了降雨、和平、愛情或療癒而請求賜福。

　　而這種大眾關懷是以順尼派伊斯蘭法主義為前提，經過合理準備與調整而形成，可解釋為何蘇非主義對所有階級具有如此強烈的吸引力。遠在嘎扎里之前，蘇非行者就已經盡力堅持：密契主義者應全面、甚至嚴格遵守伊斯蘭法規則。在十一世紀，阿胥阿里學派學者古薛里（al-Qushayrî，西元1074年逝世），就以分析與阿胥阿里學派辯證神學一致的密契狀態，更以這種方式消除伊斯蘭法主義者的疑慮，而聞名於世。一旦人們確信這套伊斯蘭法主義的架構能夠原封不動地被保留下來，並在此領域中獲得對等的尊重，宗教學者就願意去接納或至少默許這類論述。伊斯蘭法（與社會秩序尤其相關的部分）非常需要獲得這類外在社會的認可。

　　但蘇非主義通常為伊斯蘭法的申辯，並不仰賴精妙的辯證，或是嚴格的規則，而是建立在清楚的分工上。對此，他們提出的解釋是（或許借用一點伊斯瑪儀里派的教導），蘇非行者處理的是某種信仰與真理的內在面向，而對於這種信仰與真理，法律宗教學者關切的是外在面向（字面意義），然而兩者都完全有效，且均有必要性。宗教學者教授伊斯蘭法，也就是日常生活之「道」；蘇非行者教導修道方法，

也就是密契生活之「道」。宗教學者具有知識（îlm），透過聖訓傳述的傳承鍊，以外顯的方式，將重要的訊息在人與人之間相互傳遞；蘇非行者具有靈智（ma'rifah，同樣地，這是 îlm 的同義詞）；另一種不同的知識，不屬於傳述，而是屬於經驗，透過遵從傳承系譜而獲得，而傳承系譜就像傳述鏈一樣，也追溯到穆罕默德身上。但宗教學者注重穆罕默德的先知本質（nubuwwah），因為他們關切外在的法；蘇非行者注重穆罕默德的近神本質（wilâyah），因為他們關切的是內在的恩典。宗教學者教導伊斯蘭信仰，人類順從於神之偉大（jalâl），祂的偉大透過「tawḥîd」（宣告神的獨一性）而完美，這對蘇非行者而言相當重要，不過卻只是入門的第一步；蘇非行者教導人們通往神愛（'ishq）（對神之唯美〔jamâl〕的愛）的道路，而神之唯美則是因為「waḥdah」（神之獨一無二的體驗，或者甚至是與神結合）而完美。若不首先透過宗教學者之道而得到認可，沒有人可以嘗試蘇非之道，因為這兩者互為前提。

藉由順尼派承認多樣正當性的原則，如果別人遵行唸功，並遵守伊斯蘭法的主要內容（什葉伊斯蘭法主義者，原則上較不具普世性，並且在任何狀況下，都依附於自己特有的近神者及其伊瑪目個人，以他們作為自己的調停者，因此，它就較為無法接受蘇非主義），就沒有人能質疑他的伊斯蘭信仰。當接受了強調伊斯蘭法的蘇非主義的合理性（大約在十二世紀早期前後），各式各樣的蘇非主義都能得到庇護，而在接下來的幾個世紀，即使是那些與律法本質最為相異、疏離的形式，也都廣泛地得到默認。

在它們所發展的冥想與唸記的種類上，各個修道團體對個人密契經驗或單純苦行的強調，以及對伊斯蘭法或穆斯林政府的態度（某些

團體盡可能不想跟這其中任何一項牽扯上關係，而某些團體則具有非常嚴格的伊斯蘭法屬性）等等方面，彼此之間有相當大的差異。確實曾有人試著把遵守伊斯蘭法與較不接受伊斯蘭法的修道團體予以區別。然而，宏觀來看，以修道團體的形式加以組織，並透過傳承系譜而將其戒律追溯到受人尊敬的古人，若具備這樣的條件，就足以建立獲得公眾認可的蘇非群體；如此一來，例如，宗教學者譴責為異端的什葉派團體，也可以裝扮成蘇非道團，依遁不為外人道的私人信條，而得以生存下來（藉由這種偽裝，西元1256年時，當他們的國家毀滅之後，尼查爾伊斯瑪儀里派的殘餘還能尋求到慰藉）。只有少數的宗教學者仍然堅持對抗蘇非主義的狂潮。

作為國際社會秩序支柱的蘇非主義

在這樣的蘇非主義中，由伊斯蘭法提供的、經學院用具體形式協助維持的國際關係，在道德上獲得了強力支持。一開始，許多修道團體都是國際性團體，或至少一開始，在某種意義上服從位在道團總部（通常就在其創始者的墳墓所在地）的導師與蘇非中心。好幾個修道團體以這種方式形成與權威網絡連結的彈性，而權威網絡並不在乎當時的政治疆界，也隨時都能擴張到新的領域。

而且，蘇非行者自然會傾向於對地方性的差異保持寬容，而理所當然，伊斯蘭法宗教學者則傾向於不寬容的態度。宗教學者必須專注於外在服從的問題，遵從伊斯蘭法的規定，以為社會維持統一的法律與制度性架構。他們帶動著所有穆斯林人口都必須注意的中心文化傳統。與此相反，對蘇非行者而言，外在情況是次要的。特別是從中前

期時代開始，對他們當中許多人而言，即使是伊斯蘭與基督教等其他傳統之間的差異，基本上，它們的重要性也在其次；更不用說，穆罕默德社群內部社會習俗的各種差異，神核心的內在傾向才是重要的。因此，蘇非行者一直都容許日常生活中純粹是風俗習慣的每一種差異。他們當中，許多人在伊斯蘭境域的偏遠區域，身為貧窮的蘇非托缽行者（darvîsh；阿拉伯文為faqîr，意指行乞的聖潔之人）不斷漫遊，而學問高深的法官出行時，通常都會謹慎小心，還會因為本身的沉著而放慢腳步。蘇非行者對這個世界知之甚詳，並且他們也能藉由寬大的聖潔性格來緩衝宗教學者對一致性的嚴格要求。

最後，對於解決穆斯林之間的迫切政治問題，蘇非行者付出了貢獻。伊斯蘭法的正當性，以一種前提假設成它的普世基礎，這項前提預設：除了（無論在世界的任何地方，都是平等的）個體之間的關係以外，在法律上，別無其他重要事項。但實際上，在伊斯蘭世界中，就像在別的地方一樣，在地團體都對個人關係具有調節作用，這些團體像是城鎮居民、行會與一般民眾的結社，其中個人在團體裡的特殊身分，像是學徒、大師、委託人或名人等，就像其本身的穆斯林普世身分一樣重要。作為據以確保這些關係的合法性，進而能在道德上制衡其運作的基礎，所需要的，比單純力量所享有的權威更具普世性；這能將他與作為個人生活道德基礎的伊斯蘭連結。事實證明，如同伊斯蘭法，蘇非導師的靈性權威與他們所教導的倫理，能將一般人的認知與其所需的制度加以連結，而其連結方式則容許個體化身分同時存在個人與團體的特定關係。

當中期時代的青年團與工匠行會開始承擔維持社會秩序的較多責任時，蘇非主義的精神早已瀰漫於其中許多團體。有時候，它們可能

會接受某位特定導師或其修道團體的庇佑，有時候，它們會接納某個修道團體的道德規範模式或其他概念，並將其視為這些特定團體的一部分。比方說，特定手工業裡某個成員的生活，會形成一套總體道德模式，因此這種手工業技術只是其中一個面向；它必須向對此更有經驗的人逐漸學習而來。蘇非主義的原則正好允許這種過程，也允許大師與門徒之間、以及門徒之間，包含公認道德義務與權限的特殊個人關係。他們還允許特定團體基於慷慨與忠誠，而對總體世界所抱持的特有道德立場。宗教上的普世主義，甚至可以解決穆斯林與非穆斯林受保護者共享一個行會的問題。

蘇非主義的關係同時深化了地方上的道德資源，並以某種類似已經消失的舊哈里發政權官僚的普世方式，來將其與某個兄弟會系統結合。某些蘇非主義拒絕與任何統領的朝廷扯上關係，這種立場則有強調另類社會觀的作用。這種作法似乎是小心地隔絕朝廷，以將其影響減到最低。蘇非主義將伊斯蘭法當成統一性與秩序的原則，來加以實踐，其提供穆斯林在靈性層面上的統一性，比起哈里發政權的殘餘所提供的還要更加強烈。正如我們很快將會提到的，它們提供一幅世界圖像，其中在蘇非導師廣博的靈性層次關係之下——正因為這種難以察覺的層次關係，所以比想像中更為有效，統一整個伊斯蘭世界（甚至也統一不信者的土地）；它們甚至能夠以至高的蘇非行者——透過他未知的名字，人們感受到他的權威——取代哈里發本身。個別蘇非中心與聖人墳墓（信仰者可以前去獻身於神者的靈性指引與慰藉）作為包容性神聖秩序的一部分，這不只是特定修道團體所專有，更是世界各地神之選民所共有。

如此一來，就得以在共同的虔信模式下，團結整個穆斯林人口，

此種模式以豐富的多樣性而提供歸屬，不只供給嚴格意義上的密契主義者，也供給苦行者及那為以內隱觀想為主要志趣的人們；供給那些透過溫和友善的人格，而追尋著神的人們，而且至少還供給單純而迷信的村民，它們將自己以往披上基督教或印度教外衣的祖傳習俗，轉而獻給穆斯林的墳墓。確實，這樣的虔信往往能在穆斯林與不信者之間的鴻溝上，搭建橋樑。對於差異，蘇非行者不只在他們在世時的外在信仰儀式中保持寬容，當他們死後，他們的聖壇往往也吸引每位執著於靈性信仰者——即使所謂的蘇非行者墳墓，事實上不只是改名換姓的古老崇拜。許多伊斯蘭法主義的穆斯林，親眼見到神聖對抗帶來的嚴肅訊息，遭到完全的調和主義（mediationism）取代；又看到古典的靈性平等主義，遭到非常顯著的層次體制取代，確實憂心忡忡；但他們大多承認，它現在已經受到社群普遍接受，新秩序也已經得到公議（ijmâ‘）的認可，這些都能撫慰其良知。像他們那樣忠於穆斯林一致性的人，不能冒險反對這一點。

　　蘇非主義在人際之間與社會上的角色，受到由一個教導體系的解釋與指引，這種教導體系，超越單純的內在狀態分析，進而分析密契主義者在世上所扮演的角色。這類教導進而能強化蘇非行者的角色，並賦予某種程度上的合法性，永續存在必須具備這樣的合法性。在流行層次上，它們允許以約略的想像，來掌握密契主義者所發現的個人潛質。它們在學識層次的作用就是：同時將密契主義者與非密契主義者的期望，加以延伸並合理化。

蘇非主義的推論：小宇宙體系回歸的想像

密契經驗所帶來的自由自在感覺，如果要免於造成顛覆道德本質，進而成為單純的心情愉悅或狂野想像，就有賴於兩種輔助性的實踐。正如我們之前提過：它需要戒律，在解釋其無知時，初入門的門徒必須接受比他自己更有經驗者的嚴格控制。它也需要某種概念性分析：必須以能夠理解的方式，談論門徒的擔憂、阻礙或夢想，蘇非導師必須運用某些範疇與概念，來讓門徒的意識得以掌握其本身的狀況，至少是以最接近的方式掌握。如此一來，密契主義者就必須借助某種程度的觀想。正如一旦有了個人紀律，也就會以社會形式呈現，那麼，一旦有了觀想，它也很快就會在知識上表現出社會論辯的形式；首先見於心理學領域，接著擴散到所有與心理學相關的學習領域中——實際上，也就是進入了所有學習領域。正如社會化的個人可以繼續成為總體社會觀的基礎，社會化的觀想也能成為廣博知性生活的基礎。

對於他們的密契進展，蘇非主義者不能自滿於讓自己的分析只停留在直截了當的分析階段。他們的經驗需要一幅整體宇宙圖像，與人類共同的概念不一樣：特殊的密契主義經驗本身似乎就提倡這樣的圖像，而如果他們要讓這種圖像對生活轉化更具有意義，人們就更加迫切需要這幅圖像。因此，人們在心理分析中，很快就能增添心理本身所處宇宙體系（cosmos）的理論化論述。。

對於全面理解自己及宇宙所具意義的嘗試而言，關於特定象徵隱含意義的探討，似乎構成其主要的內容。因為，當一個人試著呈現終極宇宙體系以及道德上的洞見時，他就位居概念性言說的侷限；換句

話說，在邏輯序列議題所套用的辭彙中，嚴格而言，尚無定論之處（例如，宇宙的有限性或無限性，所有序列同時的因果決定性，任何評價的價值等）。在這裡，邏輯推論就會產生矛盾。因此，人們必須運用能引發新的關聯性、而非固定命題的象徵性圖像來說話（如果必須開口的話）；而套用所謂的神話詩歌形式（mythopoetic），最能充分完成這項任務，這樣的形式描繪著神話手法背後的真理，它以多種意義的意象表達出來，每位聽者都能以自己所處層次的理解，來掌握那悠關生命的真理。

所有終極生命方向的思考，都必須轉往未定的、喚起聯想的圖像。但那些仰賴明確知性解答的人，不論是藉由分析本質或斷定歷史，都可能會對這兩種的模稜兩可感到不舒服。反之，密契主義者的內在方向自然而然能與這類圖像意氣相投。對於外在行動或動力背後許多層次的意義，密契主義者都必須保持開放立場。「密契的」（mystical）這個詞最初的意思是：從外在文本或行動假定中，找到隱藏的意義，這點並非偶然；以內在方式穿透某人本身意識的過程，可以與穿透先前所獲概念的過程同時並進，以發現隱藏在其背後的內在意義。密契主義者總是會在經典章句象徵性的深化中，發現到能夠表達出「難以言喻事物」的主要媒介，這種媒介至少跟任何經歷這種程序的其他著作一樣開放。相對應地，在獨立的著作中：伊斯蘭法主義者，依其偏好而訴諸表面上至少清晰可見的歷史寫作形式，而哲學家則訴諸抽象的闡述，其中隱藏了終極的不確定性，而蘇非行者多半自然而然地訴諸神話詩式的表達形式。

《古蘭經》裡已有收載伊朗—閃族傳統豐富的密契主義人物遺產。穆罕默德似乎已經用那顯現在一神教傳統的形式，來構想其傳教

活動：一本天書，其篇章能夠作為經典而出現在人間，天使身為人與造物神之間的媒介，為了明定的傳教活動而派遣先知。這一切的元素，皆隱含了一個相當微妙的宇宙體系結構，這個《古蘭經》已經存在的結構，具有一種絃外之音，它指出一場宇宙體系大戲，比起乏味的伊斯蘭法主義評論者，在將一切縮減為神的個別仲裁行為時所願意承認的，還具有更高度的整合性及包容性。[4] 內隱學派的觀想，正好已經進一步發展出這類《古蘭經》元素。蘇非行者這時便運用基本上相似的象徵性神話（包括內隱學派者所提出的某些想法），以便在較不具教派性、且比內隱學派成員更為普世主義的基礎上，發展他們自己的詮釋。

蘇非行者發現，就像他們伊斯蘭之前及伊斯蘭時期的引導者曾經發現的，如果敏銳地貫通許多歷史上的宗教象徵意涵，則在個人與宇宙體系層次上，都同樣具有意義；而且，在所謂「小宇宙體系回歸的想像」中，有可能將它們統合為一，而訴諸這項想像，以將關於無意識的發現，適用到整體宇宙體系上——進而以人們對於宇宙體系所能獲取的理解，來自我啟示，這也同樣是可能的。某些古典蘇非行者曾經提及與神溝通的感覺，在其中，個體與宇宙的意義交匯，因而能普

4　根據 George Widengren, 'Muḥammad, the Apostle of God and His Ascension (King & Suri, V)', *Uppsala Universitet Årsskrift*, 1950 and 1955，這項模式當中有許多部分都來自於前一神教的傳統，它並且說明穆罕默德的傳說，特別是他升上天堂的事跡，其重要之處可以對應到早期希伯來文的材料。然而，使用這種文獻學的分析時必須謹記，只在它們得以滿足當下在伊斯蘭脈絡中所發揮功能的情形下，伊朗—閃族傳統才得以存續；很可惜，Widengren 過度從表面價值評價極端分子（Gulât），甚至是穆罕默德的傳述，而忽視了歷史的批判，因此，他所描述的宗教生活，看起來像是機械性地重複流傳下來的主題。

遍導向諾斯底形式的教誨，它將古代希臘及伊朗—閃族元素與適合伊斯蘭環境的新世界觀結合。在這項教導中，人類在宇宙體系裡的地位，以及近神者在人類當中的地位等特殊概念相互結合。蘇非主義的小宇宙體系回歸想像，經過好幾個世代的蘇非行者而建立起來，從哈里發盛期後半葉開始，一直要到在中前期時代，才臻至完備的形式。

　　人們長久以來相信，人類是「小宇宙體系」（microcosmos）的「具體而微世界」，其中最完整的成就則與「大宇宙體系」（macrocosmos）結合——也就是與宇宙的所有元素結合。因此，海中的水本身根本微不足道；空氣本身毫無意義地飄浮在山丘上。這些東西存在的目的，似乎只是為了能藉由知道並敬拜神、進而實現神的計畫而存在，像是提供血液裡的脈動或肺裡浮動的氣息等等；這種存在，就是人類。對於現代以前的心靈而言，理性的宇宙意謂著：存在其各部及其總體中的目的性；蘇非主義學說繼續推論，其中所有因素的目的、存在的理由就是人類，它們在人類身上結合，以求取最大利益。這就是人類在我們這個奇妙世界中的意義。任何想像，倘若試著說明宇宙體系如何透過個人的自我實現而實現，都可以稱為「小宇宙體系回歸的想像」；我們應當認為，那樣的自我實現，是在新的層次上朝向宇宙體系本源的回歸。這樣的想像逐漸得以在蘇非行者之間形成，並在伊本—阿拉比（Ibn-al-'Arabî, 1165—1240 CE）的著作中，達到其最完整的形式。

　　為什麼我們這個變動、不穩定的世界會變成這副模樣，小宇宙體系回歸的神話，則以神話的「解釋」所能套用的、隱喻、悖理的方式提出解釋；基於同樣的方式，它也能解釋為什麼靈魂總是祈求它現在所未能企及的事物。蘇非行者引用一項聖訓傳述——神說：「我是藏起來的寶物，我要人們發現我。」因此，祂創造了這個世界；祂將理性

注入存在之中，連帶著還有龐大的分化增生體——星星、行星、岩石與化學元素，藉以表達本來就存在於總體理性中的一切多樣潛質。接著，在所有這些增生體當中，祂還創造了一群複合體，在這些複合體當中，所有元素更完整地結合在一起：這群複合體，就是行星與動物；直到最後，祂創造了一種存在，其中所有變異均聚焦於上，在其中，每一種合乎理性的可能性都囊括在內：這種存在，就是人類。在他們反思性的意識裡（在其中，他們可以著手面對所有存在的事物，並追溯一切，直至其起源），這種存在最終能夠知曉一切的本源、能夠追尋神本身——能夠透過、超越一切展現神的本質的存在，奇妙地四處遍佈，進而發現祂，再回到他們現存的狀態上。他們甚至還能透過這種方式，而成為神的鏡子，反映神的屬性；在這面鏡子裡，祂可以看到自己的潛能展現出來。另一條更為人普遍接受的聖訓，顯然是以《創世紀》的章句為模型，它說道：「神以自己的形象創造亞當。」暗示著神性與人性之間的對應，而伊斯蘭法主義者就會難以解釋清楚這樣的對應關係。

因此，一切事物之所以被創造出來，目的都在使神的最終願景得以實現；所有事物，或者模糊不清地、或多或少有意朝著神的體現而前進；這一整套運動、所有動物、甚至特別是所有人類背後的祕密推動力量，就是神。所有的愛都是神愛，無論如何盲目地錯誤指向不值得的對象；所有的崇拜都是對神的敬拜，儘管它短視近利、過快地停留在單純的偶像上。[5]

---

5 Hans Jonas 在 'Immortality and the Modern Temper', *Harvard Theological Review* 55（1962）1－20 中，極具洞察力地指出：體現於小宇宙體系回歸神話中的概念當中，某些仍然對現代人具有意義。

如此才能使神所創造的萬物，能充分體現其個別的存在；即使是惡魔伊卜利斯（Iblîs）[6]，也是如此。根據一種（在十一世紀末發展完全）觀點，在一種非常特殊的意義上，伊卜利斯拒絕在創造亞當時向亞當行禮的原因（像《古蘭經》所傳述的），就是驕傲（如同《古蘭經》所說）。神命令所有天使對純粹的被造物行禮，並以放逐、貶謫到地獄的懲罰來威脅他們。但某些蘇非行者說，伊卜利斯對神的愛，顯然勝過其他天使的愛，而他面臨了進退兩難的悲劇。他若不是必須對某種較低等的事物行禮，進而讓神蒙羞，就是反抗神並接受處罰。但或許有人會進行另一種詮釋，認為神的命令提供了選擇：行禮並留在天堂裡，或拒絕命令，而被貶謫到地獄裡去──可以察覺到，神的完美虔信者只會做出一種選擇。他必須拒絕對純粹被造物行禮，即使結果是從神的面前遭到放逐，並接受神所指派的邪惡角色。最終，當他接受樂園裡的最高地位時，伊卜利斯獨有的堅定不移會得到報償。這類故事甚至將所有對於神的愛，提升到神藉由伊斯蘭法所發佈的命令；但它也顯示：即使是惡魔本身的工作，當他促使人們選擇低等的愛，而使神愛遭到拒絕，也間接帶來一種作用，亦即，它使一切創造物（包括惡魔），都會為了尋求前往神之普世性，而努力奮鬥。

作為宇宙體系軸心的至上者（quṭb）

但他們覺得，若想讓宇宙體系能有完整目的，就必須安置某種角色，這種角色超越我們一般所見之不完美的人──我們必須假設在某

---

*6　編註：即撒旦。

個地方存在著「完人」（perfect man），這種在宇宙體系中積累而成的人類角色，得以在他身上臻入完美境地。藉由知曉所有事物，而且完全了解神，進而實現人之本質（其顯著特徵即在理性），這樣的人必須存在。除了完美的蘇非近神者與其宗教團體之外，還有誰能滿足這項要求呢？因此，人們進而相信在蘇非導師當中，必然有人就是至上者，而扮演圍繞著整個宇宙旋轉的標竿或軸心——以亞里斯多德的術語來說，「完人」是塵世間所有存在的最終原因；所有的自然元素、甚至包括其他所有人，都是為了他的完美而存在。在任何特定的世代中，到底誰是那個時代的至上者，從來就無法確知；他掌握了全面的權威，但這是一項祕密。當然，穆罕默德是他那個時代的完人；但沒有了至上者，自然世界就根本無法存在，儘管他的傳教事業現在不再包括預言。

這種概念在更古老的伊朗—閃族及希臘理論化傳統中有其基礎，並深受什葉派為了信仰保衛者而存在（儘管可能隱藏起來）的無原罪伊瑪目概念而影響，但它也同時根植於現實的師徒關係上。低階的近神者所組成的龐大金字塔式階級秩序在神性上附隨於至上者，近神者位階有其高下之分，高位階近神者之下有次一位階的近神者，包括跟隨村莊蘇非導師學習蘇非主義的一般門徒。這個層次秩序中的每一個人，都與上一層次地位的人有著蘇非師徒的關係，且必須服從他；因此，對於那些地位在他之下的人，他便是導師。一般都認為，講道者阿布杜—嘎迪爾·吉蘭尼就是他那個時代的至上者。尼查姆丁·奧里亞就曾講述在某個晚上，有個聖人從吉蘭尼的敬拜活動上頭飛過，卻忘記行禮，這個聖人立刻就摔落到地上。

就虔誠信徒的想像而言，這種無形的階層秩序似乎有著太多不可

察知或是荒謬之處。階層秩序中位置較高的近神者，在某種程度上共享至上者本身在宇宙體系中的角色，以及隨之而來的尊嚴與權力。宇宙體系中的這種角色，包含證實了——如同目的論的「因」，而蘇非行者的想像，則以鮮明的動態詞彙，描述著它與世界之間的這種關係。據說，位階最高的近神者永遠——至少在靈性層面上——都在這個世界上穿梭移動，確保良好的秩序；我們甚至聽說，他們單憑肉身在一夜之間飛越世界。更偉大的近神者則肩負著促使在下階者臻於完美的義務。例如，我們曾聽說過一位重要的近神者夏姆斯・塔布里茲（Shams-e Tabrîz），也是詩人兼近神者賈拉盧丁・陸彌的朋友，在大馬士革吸引一位法蘭克青年，他註定要成為無形的近神者階層體系的成員，卻尚未明白自己的地位。（知道這位年輕人的）近神者讓他參與某種輕浮的行為（事實上就是賭博），過程中，這個年輕人發脾氣，並動手毆打近神者——在某些門徒到來、揭穿近神者的真正身分之後，他才深有感觸，並對他剛剛的所作所為感到惶恐；正因如此，他進而改信並回到西歐去，在那裡成為居於支配地位的內隱近神者。

　　但事實上，這一切浮夸的活動只不過是那位近神者在扮演其本身角色時，必然會產生的結果：也就是說，接近神的意識。就這項基本的任務而言，每位蘇非導師——甚至是每個門徒——都按照自己的程度而共同參與，不以階層秩序中最頂端的至上者為限。設想中的普世近神者階層秩序，對於尋求踏上密契之途的人們而言，是非常真實的。它描繪出某個人內在追尋必然具有的特徵。簡而言之，他們每個人都基於共同的服從，而與其他所有虔誠的穆斯林結合，其最先且最重要的步驟就是對自己的蘇非導師（及其所屬道團更偉大的導師）表示順從。享有一般政治意義上權力的哈里發或許不復存在，但真正的靈性

哈里發，也就是神最親近的代表仍然存在，比起任何外在的哈里發，他享有更多的基本影響力。

　　蘇非行者喜歡引述一段話，據說是穆罕默德在一場戰役之後說過的話；他說：人民現在正從小奮戰（jihâd）返回大奮戰——那就是對抗自己的情緒。這句話本來只不過是要指出道德生活的重要性，但所有蘇非行者都會同意：在「小」奮鬥中，唯一能藉以成功的基石，就是「大」奮鬥中的紀律；這因而無疑成為至上者與他的近神者們專屬的領域，他們隱然成為奮戰的指揮官——即使在並無外在有形戰爭的情形下。

　　圓滿實現小宇宙體系回歸想像的蘇非主義思想家伊本—阿拉比，就曾針對無形哈里發，也就是至上者所享有的權威，為我們提出一項用法學術語作成的法律分析。他說，至上者之所以是法學者，不是從他透過學習而獲得充分知識的一般意義，而是從他藉由熟悉靈性來源——也就是先知本人為了達成法律上的判斷，所引用的同一種靈性來源，進而獲取知識上的意義。至上者是真正的「哈里發」（繼承者）；但不是像先知那樣，直接扮演神的繼承者（儘管他只能闡述穆罕默德的啟示，而不是提出新的啟示）；因此，比起巴格達的任何哈里發——以及，比起哈里發在宗教學者當中，任命或擔保的任何法官或大法官，他的權威更為直接而切實，即使就知識與伊斯蘭法問題而言。他更像是什葉派的伊瑪目，但要界定其地位時，不必訴諸歷史上的爭議，也沒有必要以什葉派的立場，去否認穆罕默德的追隨者們。因此，就伊斯蘭社群在海內外各地拓展而言，內隱的至上者就是伊斯蘭社群的真正哈里發，但對於巴格達哈里發所扮演的角色，並不造成影響。至上者透過無形的層次秩序，也就是其他蘇非代理聖者（abdâl），

以及最終透過他那相對外顯的代表人，也就是蘇非導師們，來帶領群眾。[7] 統領通常會接受他們的祝福與警告——不只受到個人神聖地位的擔保，更是由所有穆斯林的靈性結構所擔保；在理念上，它甚至超越宗教學者的伊斯蘭法。

以這種態度來看待蘇非行者所扮演的角色，就得以解釋成熟的蘇非密契主義者，何以不是徒勞無功地成為近神者，甚至是絕大多數頭腦清醒的蘇非行者接受的說法——除了他們，還有絕大多數具有伊斯蘭法主義的宗教學者，也都能接受這種說法。在哈里發盛期，人們將先前總是歸諸於較早期先知的神蹟，完全歸於最偉大的先知——穆罕默德本人（《古蘭經》本身，從來都是無可仿效的最高的神蹟，自從《古蘭經》現世，一直都是特殊力量神蹟的力證）。但蘇非行者認為，這不是神所給予的隨興裝飾，用以提高祂的先知在易受其影響群眾中的地位。先知顯然曾是他那個時代的至上者——完美的蘇非行者，免受一切偶然且自我中心的侷限。正是因為宇宙體系中的這種位置，使他能夠進行那完成傳教事業的一切必要事項。對於完美的敬神者而言，與至上者的頭銜「quṭb」（意為標竿）同等重要的頭銜，則是「至高無上的捍衛者」（al-ghawth al-a'ẓam）。基於相同理由，其他任何偉大的蘇非行者，作為「近神者」（walî，用以指稱「聖人」的一般說法），也必定握有奇蹟般的事件。中前期時代的宗教學者終究接受這項主張的大部分內容，只有一點保留；就像阿胥阿里派的巴基蘭尼，他們小心翼翼地區分確證先知教導、且有著完全明證的先知神蹟

---

* 7　編註：蘇非主義中存在靈性層次體制，不同的近神者（或稱聖人）依其靈性成就分為不同層次。至上者位處最高層級，在至上者之下的近神者被稱為「代理聖者」（abdâl），協助他帶領社群，而代理聖者之下的層級則是更普遍的蘇非導師。

（mu'jizât），以及僅伴隨在某位近神者身上所發生的聖賢奇蹟（karâmât）。對於更加熱忱的蘇非行者而言，這項區分往往就像先知律法（Prophetic law）的文字本身一樣，僅僅居於次要。

　　蘇非主義因而成為實踐、理論與希望的龐大綜合體，每個階級都可以按照自己的程度、並基於自己的動機而共享。接著，這整套個人、社會與想像的複雜綜合體（不只是體現於其中的某些理論），成為整個伊斯蘭世界中，蘇非主義啟發並發展的哲學、文學創作成果的起點。

形上學的蘇非主義：獨一性教義

　　在中前期時代，各種知性傳統之間全面相互對抗之際，蘇非主義就像其他傳統一樣，基本上維持著自己的獨立知性身分。實際上，作為一項傳統，它變得更加自給自足；因為，來自其他傳統的元素更加全面地整合進來。蘇非行者逐漸超越心理分析與密契宇宙論，並進入形上學式的系統性論述。這是由訴諸理智的蘇非行者所完成，他們確實具有密契甚至是忘我經驗，卻似乎往往對哲學化活動最感興趣。

　　一旦蘇非行者著手擁護某種獨特的形上學，這套形上學就會在穆斯林之間，成為普遍最具影響力的觀想形式。正如蘇非主義為社會秩序提供靈性建構元素，並且（正如我們即將提到）為文學提供最尊貴的主題──所以蘇非主義，特別是其訴諸理性的新表達方式，相較於其他任何運動，都更能全面提供知性生活的線索。事實上，作為一種氛圍，每項真理都在其中小心翼翼地與接收者的靈性狀態契合，對它而言，沒有其他事物能與它如此協調。它的觀想建立在諾斯底式或新

柏拉圖式的世界觀上，這樣的世界觀已經受到許多哲學家的偏好，而且結合成整套順尼派知識構造當中極為核心的一部分——使蘇非主義密契經驗得以理解，並進而藉以理解伊斯蘭世界整體社會及知性生活（就什葉派知識構造而言，有時也是如此，因為蘇非行者們非常兼容並蓄）。古薛里、嘎扎里與其他人，已促使伊斯蘭法主義者在接受伊斯蘭法約束的條件下，能夠接受蘇非主義。真正的蘇非行者再也沒有否定這項條件，但是，一旦獲得一席之地，他們強大的創造力便讓他們在靈性層面，遠離了伊斯蘭法主義的學說。

　　論及密契主義與形上學兩者的矛盾組合（無論在某些脈絡下，這都已極為稀鬆平常）。密契主義者悠遊於神話想像之間，但任何推論性的分析，似乎都與密契經驗那無法形容的特性相互牴觸，它特別牴觸著密傳經驗，對密契主義者來說，這種經驗似乎就是他們對於真實廣博感知的來源。事實上，我們閱讀任何密契主義者所形成、或居於密契主義脈絡的形上學時，都必須謹記：它們將會帶有神話創作的傾向。蘇非主義形上學家所處理的問題，就是哲學形上學家所提出的問題，但他們是運用想像上更自由的方式來處理它們。（有時候，人們將他們的形上學當成「神智學」〔theosophy〕，而與侷限於假定「公設」等前提的形上學，有所區隔——或與建立在啟示、公設判斷上的神學區隔。但是否能在原則上劃出然二分的界線，則有疑慮；因為，任何形上學都要求——就像蘇非行者的要求——大量想像上的許諾，不管特定學派如何像哲學家一般，對自己的想像來源加以設限）。

　　可想而知，密契主義者對形上學者所要研究的課題，可以做出特殊貢獻。無論他們從個人參與或成見的角度向超然驅進，都能讓他們在某種程度上跳脫出任何嚴謹的哲學家的煩惱，也就是投入之前的無

意識狀態（unconscious precommittment），但他們所經歷的這種經驗，包括自我約束的道德戒律，以及對於意識的探求，對於任何較一般性的問題而言，確實足以開啟獨特的觀點。無法獲得保證的是，現實是完全取決於可再製的公眾觀察及統計上的度量，且絕大多數形上學家想要立基於其上（即使是所謂「超感知」〔extra-sensory〕現象，也具有充分的真實性，且不附屬在重複性的一般預期以及公眾分析底下）。擁有強烈紀律意識的密契主義者在面對真實中較難以預測的不同面向，則會更為敏銳。

　　無論如何，閱讀蘇非主義形上學家的著作時，都必須牢記兩種提醒：蘇非行者與哲學家們嘗試描述現實基礎的事物——當我們準備面臨宇宙道德及美學意義之際，均不可或缺。（絕不認為它最終可能毫無意義）。但哲學家試著運用的前提，僅僅限於看似將無可避免被人們同意的那些前提（特別是邏輯或數學的前提），而蘇非主義者往往會訴諸特殊經驗（即使它們與其他也訴諸這種經驗的蘇非行者相互牴觸），以支持他們的陳述。其次，一種對於最私密經驗活動過程的信賴，使蘇非行者普遍認為：沒有哪種特定的口語表述形式會是絕對、更促使其他論點可以直接藉由邏輯從而衍生而出；一般都認為，任何特定的口語表述形式，都指向真理在某個方面所投射的影像（人們往往也認為，只有在經驗活動的特定層次上才能觸及它）。它未必與相對的互補面向不相容，但口語表述形式在這些方面可能看似矛盾。人們不太可能將真正的密契主義者連結到任何終極事務的確切聲明，除非同時在另一種脈絡下，允許他主張與之相反的立場。[8]

8　Eugene T. Gendlin, *Experiencing and the Creation of Meaning*（Glencoe, Ill., 1962）指

事實上，密契主義者們特別關切某種知性問題，這使他們偏好某種形上學的表述形式：也就是一般所謂的「統一性」表述形式，它所回應的是「統一性」密契經驗。具有哲學傾向的密契主義者，基於他們察覺到的出神經驗，有迫切的理由，在理解上認為基本上一切的存在都具有同一本質，他們對此的迫切程度更甚於其他哲學家，原因就在於他們堅持主張我們在自身所發現的多樣性與變化，只不過是某種幻象而已。他們不只像科學家把一切事物都轉變為數學領域的力，也不像在辯證神學的爭論中，把一切事物都視為不斷更新的原子式時刻範疇，他們不會如此堅持幻象的概念，即使蘇非形上學者相當樂於利用這種概念。在他們堅信為觀察媒介的幸運經驗的基礎上（這個媒介就像外在的光對感官的影響那樣有效），他們發現必須在某種意義上，聲稱除了可辨認出神性的事物之外，沒有任何事物是真實的。當《古蘭經》指出：「除了祂的面容，所有事物都正在消逝」時，不只告訴了他們，除了完美的真實以外，事物都只是短暫存在；還暗示了我們曾絲毫以為事物恆常的認知中、影響深遠的虛假謊言。只有神的面容，也就是祂的本質，才不會屈服於這個謊言。

　　那麼，對蘇非行者而言，同樣傑出的形上學問題，就是要對這種經驗性觀察可能具有的意義加以分析：就「真實」與「神」之類的術語，在何種意義上，我們可以說除了神以外，沒有任何東西是真實

出，（從現代現象學的傳統的觀點來看）承認鮮活的概念化本身，與主觀經驗活動之間有著持續的互動，且若脫離那項經驗活動，而僵化成為相互排除的範疇之際，將會淪為謬誤，這樣的想法在某種程度上具有正當性。這種現代分析幫助我們評價：許多西方作家在知識上的主張，至少在兩三個世紀以來，西方作家出於過度的實證主義心態，採取他們缺乏嚴謹邏輯的說法。

的？有時候，學者將草率的辭彙適用到各種解答上，稱呼某位作者為「泛神論者」（pantheisit，因為他對「神」的定義，似乎包括大多數人會稱為「真實」的一切事物）或「一元論者」（monist，因為他似乎認為，所有存在的事物不論多麼複雜，都具有一種共同的神性實質）；但是，這樣的標籤對理解這些作者都毫無益處。必須承認的是，他們正試著尋求方法，以表達某種或許可稱之為「統一性」的固執洞見，而他們的問題就在於：表達這種洞見，而不與其他同樣以經驗為基礎、並具有同等效力的洞見相互衝突；例如，與「人類應在道德層面上負責」這樣的洞見不相互衝突；這項洞見，似乎抵觸到這則宣言——整體一切事物都在神的掌握中。

在嘎扎里之後的一個世紀左右，知識上最具影響力的人物就是兩位偉大的蘇非主義形上學家。他們在充斥著蘇非主義思想家的世代——十二世紀末，發展出兩種形式上對立的統一性學說，它們沒有獲得所有蘇非行者的接納，但在幾個世紀之間，它們發揮愈來愈強烈的影響力。號稱照明論學派大師（Shaykh al-Ishrâq）的胥哈卜丁・雅赫亞・蘇赫拉瓦爾迪（Shihâbuddîn Yaḥyà Suhravardî，西元1191年逝世），以相當直截了當的亞理斯多德主義作為序言，而在這樣的基礎上發展出一套哲學，那項基礎就是作為存在的唯一本質的神聖之光。伊本—阿拉比（西元1240年逝世）則順著總體本體論的方向，闡明作為小宇宙體系的「完人」這套蘇非主義想像。

他甚至異於嘎扎里，也與早期的聖訓主義者相異，這兩者都不具備歷史傾向。儘管對於世界史，他們都各有一套說詞，他們的宇宙基本上不受時間限制，就像他們的宗教一樣。對他們來說，偉大又具體的穆斯林國家早就從哲學中消失，就像他們完全消失在政治版圖上那

樣；他們的思想因為廣佈的仰慕者而普遍於各地，從摩洛哥到爪哇，遍佈在同樣傾向於忽略軍事政治等不可信賴的浮夸社會。但這些蘇非行者的思想，無論如何都屬於伊斯蘭的思想。就像哈里發盛期的虔信，它從《古蘭經》出發，並使先前沒有太多人探討的文獻所含有的潛在可能性，成為焦點所在。如果我們認為，《古蘭經》所提出的挑戰，終究召喚人們前去追尋「獨一性」（tawhîd），也就是（在思想上與生活中）確認神的獨一與祂的道德要求，於是可以理解：這種對於觀想心靈的挑戰，形式上表現為一種召喚，它確認了神創造的道德統一性，並理解作為宇宙體系統一性之整體，這套整體命令人類的生命與它保持和諧關係。至少對現代以前的心靈而言，在這樣的洞見中，歷史的變因成為次要考量，更多與之相關的案例與圖示，比它們本身還更加重要。不同於歷史的信念，在知性層面上，則喚起一種可以將一切加以連結成一統性的形上學的需求。蘇非行者認為他們的思考，就是深切探尋那些必然隱含在──一般穆斯林對於獨一性，也就是神之獨一性的事物。

而且，在《古蘭經》本身最具說服力的時刻，便能察覺這樣的心境。《古蘭經》裡最引人注目的篇章之一，就屬「光之經文」及其後續章節（第二十四章、三十五節之後）──在它一開頭的地方，就是神指引人類與神遺棄人類之間的寓意深長對比，但也同時隱含神性表現的一種詮釋，這種詮釋即能呈現總體真實的統一概念。這個篇章的開場措辭如下：

「阿拉是天上與地上的光；祂的光所具有的模樣，就像一座壁龕，裡面有一盞燈（玻璃裡的燈，宛如閃爍星星的玻璃），是由蒙受祝福的樹所點燃，蒙受祝福的橄欖樹既不屬於東方，也不屬於西方，即使

沒有火焰去碰觸它的油，似乎都在閃閃發光；光上加光。神依其意旨，將祂的光作為人們的指引。神賦予人的模樣；神無所不知。」

這些段落直接指涉「神之指引所提供的光」（從後面對比的段落，即談到包圍拒絕神之指引者的、「暗上加暗」來看，會特別清楚）。這裡的光，是神聖啟示的光。但以神本身作為光，來描述神的特性，這種作法是顯而易見的。而且，如果將這個篇章放到穆罕默德時代的文化環境，這件事實就具有份量。如果將這個段落與前後文接連閱讀，就能察覺到那盞用來象徵神之光的燈，事實上是荒漠裡修道院的光；退休僧侶因為他們的虔信而獲得讚賞。在這些僧侶所代表的一神教傳統中，將神當成光的描述方式，極為稀鬆平常，至少可以追溯到約翰福音。不管這些用語出現在哪裡，它都隱含對於神及其創造物之間關係的理解，比希伯來創世故事的表象所暗示的內涵還要深入。

確實，前面引用的章句，都可以在相對淺顯的層次上理解，像是描述啟示的層次。即使在這種層次上，每個字彙也都含有各自的意義：對於光耀與純潔、與任何偏狹或稍縱即逝之關係的疏離、以及對於完全安穩及可靠的完整印象，往往觸及細膩的明喻。然而，這樣的印象仍然是深奧的細膩敘述，它似乎不只是要描述神之話語的純潔與可靠；它似乎顯現出（就像在《古蘭經》中常見的）《古蘭經》本身常常暗示的深遠考量。然而確實，如果有人著手仔細研究這些章句，就很可能會發現神在天堂與人間之道的象徵或神祕影像。嚴謹提出論證的嘎扎里就試著說明：「光」一詞在語意學上的考量確認了這點。他堅持，相較於任何透過肉體觀看的行為，知性上的理解更能精確地承載這些詞彙在道德上的最終用法、及它們所暗示的言外之意；如此一來，相較於我們與物質性太陽的關係，「光」一詞更適用於我們與啟

示者「神」之間的關係。但他的論證過程也會使人臆測,在神作為啟示者、祂與我們之間的關係,以及祂作為創造者、祂與我們之間維持的關係,其實並沒有明確的區分。光的明喻同樣能隱含兩者。(畢竟,在前提假設上,我們無論如何只能透過祂自己的啟示,並以適合該啟示的用語,來理解神的存在本身。)

雅赫亞・蘇赫拉瓦爾迪:光的形上學

嘎扎里並沒有把他的分析進一步推展成為足以建立一套本體論的概論學說。但像他那樣的著作,在對知識好奇者之間,則具備能進一步發展形上學的方法;特別是雅赫亞・蘇赫拉瓦爾迪對於「光」這個概念的運用:促使所有事物生長,並朝向它生長的光。對蘇赫拉瓦爾迪來說,啟示的普遍化不只包含對於順從的人類所給予的神聖指示,更已包含宇宙間的所有神聖指引。(它的這項意義已經展現在《古蘭經》裡,它將神指引蜜蜂與螞蟻遵照其習慣的作法,描述為某種啟示)。換句話說,包括存在的每個層次上、人類道德意識的層次上,神著手介入,而將創造物導向祂自己的規範:在這種意義上,祂是所有事物生長方向的光。

但所有事物也同時藉由那同樣的光而成長。因為,就如此普遍傳布的啟示而言,它不可能與神對創造物的實際供養區分開來(至少在最高人類階層底下的任何階層,都是如此)。指引與供養都是神的創造性作為:在相對粗略的形式上,我們透過這些作為來感知外在影像,而在其特有的真實中,持續那項作為構成一切千變萬化事物的最終供養。無生命實體的無知只不過是潛質,光的真實性能夠加以照耀

並造出一切存在的事物。因此，一切事物都是單一神聖能源的表現，召喚著最無形純粹的光。

因此，它藉由小宇宙體系的觀念，也就是藉由「在意識中滿足創造目的」的人類，進而賦予事物意義，而蘇非行者認為，如果他們想要了解整體存在的意義，這個過程幾乎無可避免。人們以那項概念界定宇宙的目的，出自神在創造上的分化，以及在更高層次上，朝向神內在的獨一回歸，其目的終究相同：這就是光在完全覺知中的自我實現。人類的責任就是：允許自己內在的光全面照耀，進而與終極的光結合；否則，它就反而會遭到黑暗吞噬。

蘇赫拉瓦爾迪主張，他所呈現的智慧不過是遠古時代獨一性智慧在密契主義指引下的重述，這項智慧遭到亞里斯多德以來的諸位哲學家隱匿（先知們的一般追隨者當然也不可能知道）。他聲稱自己是柏拉圖的復興者，而與亞里斯多德相抗衡，甚至自稱是某個古代伊朗人（或許是與通俗的馬茲達教標準教義相抗衡的摩尼教密傳主義）的復興者。而對於柏拉圖傳統與伊朗密傳傳統，他則追溯到荷米斯文獻（Hermetic corpus）的荷米斯（Hermes，人們認為，這套希臘時代晚期的文集，充滿遠比柏拉圖或畢達哥拉斯〔Pythagoras〕還更加古老、神祕及象徵性的觀想）[9]。事實上，蘇赫拉瓦爾迪的思想，與新柏拉圖主義思想，以及重視希臘傳統中更具密傳屬性流派的其他人，有著許多共通之處。他們從他所著手、相同的統一性問題開始研究，而長久以來，任何關心這種問題的穆斯林，都能接觸到他們最主要的幾本著

---

* 9　編註：荷米斯文獻又稱「Hermetica」，是西元前三到二世紀的埃及—希臘文獻，大部分記錄了一位教師與學生的對話，那位教師據傳是希臘神荷米斯與古埃及神托特（Thoth）的合體，師生在對話之中討論神性、宇宙、心智和自然等議題。

作。但他的著作提出新的視野，以嶄新的整合關係重新詮釋他自己所引用的遺產。而不論新柏拉圖主義者與其他哲學家給予他多少指引，他也以嶄新且個人化的取向，面對先知傳統，特別是套上伊斯蘭形式的傳統。我相信，蘇赫拉瓦爾迪主要的回應對象，是體現在《古蘭經》中的生命挑戰。

他的體系緊密鋪陳──一切都足以支持他的獨特見解。他的獨一性形上學奠基在人們強烈主張的、對三種看似不同的闡明所做的鑑別：邏輯理性意識的闡明；任何常態本質的闡明（其特殊之處讓心靈得以理解事物）；以及實質的物理媒介──他詮釋為能量的光（特別是熱能），而他也將聲波之類看似相關的現象包含在內。如此一來，他便能將整個物理宇宙包含在其創見之中。他以許多心理學或物理學上的觀察，來支持他的理論體系，最終並依靠事物固有「崇高性」的訴求；例如，他理所當然地認為：較不崇高的事物，不能是比較崇高事物的成因。（而且，他認為只有崇高的靈魂能理解他；他在自己的書中列舉出學習上不可或缺的事物，其中柔性溫和的禁慾生活這一項，就包含了素食主義。）但他藉由對亞里斯多德的分析與範疇，提出尖銳的技術性重新評價，而將它論辯清楚（就像伊本─西那所理解的內涵）。

在亞里斯多德所界定的十種不可化約的「存在模式」中，他為其中五種下定義，而他加以定義的方式使其得以成為亞里斯多德「關係」模式的變體。總之：他以高度抽象的形式，重新定義了亞里斯多德的各種概念，如此一來，亞里斯多德設想的一般案例，就只能作為更具一般性範疇的特殊案例而出現──這些範疇的其他案例，則會出現在密契主義的超感官領域中。特別是，他藉由這種方式主張亞里斯多德

體系的「形式」，與柏拉圖思想的「理念」其實是同一回事：柏拉圖與亞里斯多德所指涉的是同一件事實的不同方面，事物的每個種類都有其某種本質上的真實，它既被超驗地考量（柏拉圖如是說），但又體現在各別事物身上（亞里斯多德如是說）——因為那項事物本身，本質上就是超驗的。

但我認為，亞里斯多德與柏拉圖之間的這種一致性，主要不是用來說明他們在哲學上的和諧關係；蘇赫拉瓦爾迪堅決主張亞里斯多德的體系，在位階上低於柏拉圖的體系（因而其通俗性更能為一般人受受），甚至有時候根本就是錯誤的。蘇赫拉瓦爾迪同時運用這兩位哲學家的想法，以導向亞里斯多德、柏拉圖都未曾呈現的某種本質感知，卻都與這兩者相互關聯。因為，他同時運用馬茲達教關於天使的古老教導，來詮釋這兩位哲學家：每個實體與每個人都有自己的指導天使，祂就是形式（form）且個人化的理想化存在，不只是形上學的抽象概念，而是表現於一切事物的個人化動態面向。馬茲達教的這項啟發具有真實性，且相當有助於達成他的目的。然而，其結果也不是馬茲達教式的。雖然他引用馬茲達教的天使，來代表他在一切存在物中感受到的有機生命力，他在仍具有希臘色彩的脈絡中運用它們：例如，較高階的天使代表新柏拉圖主義中的智性，也代表托勒密所設想的天體，並至少能看出與人們所知馬茲達教傳統的對比。儘管對於他所訴諸的那種馬茲達教傳統的特定流派，我們知之甚少，但可以理解的是，有時候他會隨性地使用馬茲達教的術語，幾乎作為修飾用途。這既不是哲學傳統的正當化理由，也不是觸動蘇赫拉瓦爾迪的、馬茲達教內隱教徒的忠誠，而是他自己身為穆斯林密契主義者的經驗。

可以感覺得到，這全都是蘇赫拉瓦爾迪獨有的精神，也屬於伊斯

蘭。他的末世論就表現出此一事實。《古蘭經》的難題並未以宣教神學的方式詮釋，而是透過恆常存在的自然狀態來詮釋，先知在此自然狀態中的角色僅止於扮演範例。不過，正如同亞伯拉罕傳統的情形，對於最後的審判，人們仍然有強烈的感受，而那樣的審判在詮釋上並未二元化地採用摩尼教的態度，而是採用伊斯蘭對總體神性權力的一貫訴求。

我認為，他正是藉由他的第三種闡明（有形的光本身），引介了《古蘭經》的難題。哲學傳統的理智性與形式性，特別抽象且不受時空限制。相較之下，在某種意義上，有形的光是具體的、甚至是偶然出現的。正是基於光本身的真實性，我們能在蘇赫拉瓦爾迪的思想中，感受到《古蘭經》本身的堅持。因此，蘇赫拉瓦爾迪結合一神論傳統的道德果斷性，基於這項性質，個人本身的生命時間也有其果斷性，以及對於自然整體的感覺，這種感覺表現在一套古老的學說上，其內容在於各物種之間的靈魂層級，以及它們之間的輪迴。蘇赫拉瓦爾迪認為，靈魂是一群具有不可逆轉之個體性的光（能源），它被困在黑暗（潛在物質）的身體；它們的第一個圈套使個體身陷有能力自我淨化的人類身體之中，所造成的負擔最小；但如果（在死亡時）它們尚未純潔到足以逃離黑暗並重返天堂的光，就註定要在重新降生於更低等的存在時，進入更黑暗的圈套。

對蘇赫拉瓦爾迪而言，哲學（即使是其中的形上學）也必須加以認真看待；它其實是靈魂的預備性學科，就像哲學家們所主張的，而不只是像嘎扎里所提出的「不過是一組有用的自然科學」。但它是為了最終超越他自己知識可及的事物而做準備——為了依靠密契經驗才可能存在的、統一性的洞見做準備。另一方面，如果密契經驗缺乏哲

學所具備的形上學理解支持，就可能會令人遺憾地，使觀想的密契主義者誤入歧途。這種看待哲學的態度永久成為密契哲學家「照明」學派（Ishrâqî）的特徵，而這些哲學家是在蘇赫拉瓦爾迪的基礎上建立起此一學派。

　　然而，像蘇赫拉瓦爾迪之類的著作，不能只停留在形上學。像他那種蘇非主義哲學，為個人的探索提供永不耗竭的管道。例如，雅赫亞・蘇赫拉瓦爾迪的鉅著《明光的智慧》（Ḥikmat al-Ishrâq, The Wisdom of Illumination），其中普遍性的蘇非主義主題，也就是光的獨特真實性，以及在光之中昇華的靈魂所扮演的關鍵角色，顯然就賦予這本著作統一性。它同時還帶領讀者神遊各種美妙的思想境界。我們可以在它的前半部，探索物理學中的一系列問題，而在其他部分則討論從逍遙學派（Peripatetic）的正統學說中奇異卻適當分歧出來的自然科學。他也以類似的方式分析一些抽象邏輯的論點，回應一般的哲學家與科學家（如果這兩種心境可以區分）。但所有這一切都是在為他著作中最主要、更嚴謹的密契主義部分做準備。我們在這本著作中，一方面可以發現宇宙體系的觀想——它涉及人間的存在、以及人間與天堂、時間本身的縝密關係。而另一方面，則是靈性發展的心理學。蘇赫拉瓦爾迪儘管未必在每項論點上都具有原創性，但至少也是敏銳且清新的。但這本著作最迷人之處或許在於：它從自己的許多細節中（其中有些似乎其實是為了所描繪宇宙體系遠景的優美而存在），建立寬廣的美學視野。在蘇赫拉瓦爾迪的洞察之下，由它的一切部分組成的整體世界，被視為奇妙的整體，其中個別的靈魂都扮演偉大且有意義的角色。他的主要著作具有戲劇性史詩的高度文學吸引力。

　　蘇赫拉瓦爾迪在三十幾歲時，就已經發表了他的成名代表作。他

是名在知性上很有自信的青年，急切想說服世界上的統治者接受他的意見，並四處遊歷，接受朝廷的贊助。他大約在三十歲時定居敘利亞的阿勒坡（當時人們稱他為蘇赫拉瓦爾迪・哈拉比〔Suhravardî Ḥalabî〕，阿勒坡人），他在那裡捲入一場伊斯蘭法主義信仰的復興運動，這項運動在某種程度上是由十字軍東征所引發。與蘇非主義敵對，或至少與觀想性蘇非主義敵對的伊斯蘭法學者，贏得阿勒坡統領之父薩拉丁（Saladin）的傾聽，而蘇赫拉瓦爾迪在三十六或三十八歲時，因為與伊斯瑪儀里派聯盟推翻順尼派統治的嫌疑，而遭到處死。

伊本—阿拉比：神愛的形上學

同一時代中，比雅赫亞・蘇赫拉瓦爾迪還更具廣泛的影響力，則是比他年輕的穆赫儀丁・伊本—阿拉比（Muḥyi-l-dîn Ibn-al-ʻArabî, 1165—1240 CE，通常稱為伊本—阿拉比），我們已經提過他身為蘇非主義的法律獨立性理論家。（他通常以「大導師」〔al-Shaykh al-Akbar〕之名聞名；就像許多穆斯林教師，人們因此以尊稱的頭銜稱呼他，而不是直呼他的名字）。蘇赫拉瓦爾迪具有高度系統性，最終也關切著宇宙體系的結構及其過程，他並且以同一種方式來理解一切，也就是將一切理解為神的光。穆赫儀丁・伊本—阿拉比也熱烈關切宇宙論層次上的獨一性形上學問題；但他至少也同樣關切著個人對宇宙體系獨一性的認知，所引發的問題。其成果就是——哲學教育與密契主義知識形成豐富、範圍廣泛的綜合體。

伊本—阿拉比在西班牙開始他的生涯。他尊崇其西班牙老師們（其中兩位是受人尊崇的女性蘇非行者）；但他發覺，西班牙的知識資

源過於偏狹，而柏柏爾人政府（在派系諸首倒臺之後）則對於密傳性質的觀想不懷好意。他踏上朝聖的路程，並在埃及、阿拉伯、敘利亞四處旅行，最終安頓在古代先知墓地位處的城市大馬士革，他自己的墳墓後來也成為吸引虔誠者的景點。他停留麥加的一段期間內，則寫就了（或至少開始寫作）眾多作品中最偉大的一件傑作——《麥加啟示錄》（*Futûhât Makkiyyah, Meccan Revelation*），他認為這件作品獲得神的啟示，儘管他並未宣稱自己具有技術上的先知本質。他的著作充滿暗喻，更故意造成讀者混淆，他所有的辭彙都拐彎抹角，使得人們無法以簡單明瞭的方式、有把握地解讀他的作品。（他堅持，只有拼湊整部《麥加啟示錄》片段敘述，才能理解他那套學說的真實內容。）不過，即使在他仍在世期間，它們也獲得高度的評價（就其門徒的口頭詮釋而言，但也包括成文著作的直接詮釋），在蘇非觀想的單一個別來源當中，它們更加成為其中最重要的一項來源。

比起雅赫亞・蘇赫拉瓦爾迪，伊本—阿拉比更加徹底地屬於他那個時代的前衛蘇非主義思想主流。他對應於烏滸河上花剌子模的納吉姆丁・庫布拉（Najmuddîn Kubrà，西元1220年逝世）的一位大門徒（庫布拉維道團〔Kubrawiyyah〕的創立者，身兼當地反抗蒙古運動的領導者），據說這位門徒使形上學的觀想普遍流行於蘇非行者之間。在須拉子，另一位與他同時代的人則發展出與他非常相似的「神愛辨證論」。但伊本—阿拉比發展出一套綜合學說，比任何人都還要透徹。

他樂意運用伊斯蘭世界中所知的每一種概念化模式：不只是早期蘇非神話詩的寫作，還包括阿胥阿里派與理性主義學派的辯證神學論證、伊斯瑪儀里派的內隱學派觀想，當然還有古老哲學遺產的不同分支，包括新柏拉圖主義那套講述神聖溢出的創世概念。伊本—阿拉比

具有非常廣泛的個人文化素養，這使他得以有效地參考這些思想。但他的學問主要屬於文學，而不是科學或史學。他從形上學的角度審視每項問題，並沒有認真看待實證科學。典型的狀況是他接受一種常見的觀點，認為哲學家的研究源自於荷米斯文獻的荷米斯（被視為與聖經中的族長以諾〔Enoch〕是同一個人——穆斯林稱他為先知伊德里斯〔Idrîs〕），就像伊斯蘭法主義的研究，應該源自於先知穆罕默德。他認為哲學家之間的相異點，代表他們對伊德里斯啟示的不同詮釋，就像伊斯蘭法主義的宗教學者之間的歧異，就代表了宗教學者對穆罕默德啟示的不同詮釋。

但是，伊本—阿拉比也仰賴著他自己的個人經驗與感受。就他而言，同樣典型的情形是，他藉由訴諸自己私人的經驗，據以對哲學形上學做成的綜合命題給正當化：他主張，他本人曾在幻象中與伊德里斯對話，從而有資格解決哲學家之間的爭論。我必須指出，只要這對他個人來說，是真正重要的觀想性問題，這樣的主張可能既誠實，也有意義；因為，他慣於在這種問題當中發現，允許各種立場的廣褒和諧狀態，事實上最終都受到——形式上屬夢與忘我狀態的——個人道德判斷的指引（至少在他的心理過程的某個階段）。伊本—阿拉比自己以稍微不同於哲學家的形式而承認，任何啟示（就像所有的道德行動）都出自於接收起啟示者的本質，而不是出自武斷的外在事件；他對啟示的描述，必須在這種觀點下加以解讀。

如果我們認為，伊本—阿拉比的思想有著單一的主題焦點，那必然就是小宇宙體系回歸想像的實現，它扮演著完整且系統性的形上學載體，同時承載宇宙體系與密契主義心理學。伊本—阿拉比特別因為這項神話裡所隱含的本體論而為人所知。他架構獨一性形上學問題的

方式，可以用「存在的獨一性」（waḥdat al-wujûd）這個詞彙概括，而這個詞，透過對密契之神愛的體驗，詮釋了神眾多的「美麗名字」，也就是祂屬性的表現，或可能的表現。每個名字都指涉神之本質當中的一項潛質，這些潛質的實現，透過神在愛中的自我具體化，進而構成存在。如此一來，神是多種屬性也是宇宙獨一，或者以明確的方式說，在不同方面上，獨一的真實同時既是獨一，也是多元。（當然，像是「獨一性」、「存在」、「神的屬性」，或許特別是「神愛」這樣的用語的意義，必然只能在伊本—阿拉比思想的總體脈絡下理解；不消說，一旦超出他自己的著作範圍，構成這套一般性學說的元素所呈現的事物，就沒有辦法將他的一般性學說簡化。）

正是在小宇宙體系的回歸中，真正的獨一性才得以實現。似乎對伊本—阿拉比而言，這樣的回歸只會在創造的時刻本身開始。至少在原始的慾望或「神愛」之中，個別的存在才會變得真實；神愛就是個人的潛質，對於神性真實（divine Actulity）喚起的愛所做出的忠誠回應，因為這些潛質就是神本身的展現。如此一來，一切存有（being）同時也都完全自決，因為它們仍在實現各項潛質的過程，不論它們對神的回應多麼完善皆然；而且，存有也只有在自我實現神愛之際，才能存在。神愛如此地普世，最終甚至因此毀滅了地獄——而無論如何，所謂的地獄，就是對於並未完整實現的潛質所抱持的、錯誤且（嚴格而言）深受侷限的觀點。（套用現代的用語，可以說，這種觀念說明了我們清醒的意志是其自身定義的前提、且迫切的事實，認定它能夠做出超然的選擇，這種選擇是在決定性的自然秩序之外的參考標準；同時，這種觀念提供了一種洞見，在其中，不管我們的選擇如何微不足道與盲目，都沒有任意偏離自然秩序，也並非毫無意義，卻應

視為對一定範圍的回應所做的探索，這些回應的潛在意義性無限且深遠。）因為，不管一個人熱愛什麼事物，由於他的存在本身，他從一開始就深愛著神；他那最為自我中心的熱情，只不過是錯置的虔信。

學者路易・馬行庸（Louis Massignon）已經指出，伊本—阿拉比所處理的，就是在哈里發盛期末遭到處死的蘇非行者哈拉吉的核心主題。哈拉吉同樣認為，人類的本質在宇宙體系中扮演某種角色，同時也是反映出神性本質的鏡子及神的屬性，而藉由這些屬性，人類本質得以在渴望與神愛中結合。但哈拉吉堅信，應該能夠戰勝一切分離的最終結合，與愛人者和被愛者不可避免的分離，兩者之間的對立被根本性的鴻溝分割開來。最終結合與人們所感受到的分離之間所存在的緊張關係，是人之所以為人的條件的重點所在，它最終不會在死亡面前消解。相對地，對於伊本—阿拉比而言，他已經將這樣的對比理解為邏輯上必然的關係——而且，乍看之下，它所預示的緊張關係似乎可以輕易化解。當然，在它自己的層次上，緊張關係仍然存在。但我認為，伊本—阿拉比確實更為堅持地在其他地方發掘宗教挑戰，其他地方指的是宇宙體系潛質的普遍性——他認為他在自己的廣博洞見中，已經實現的潛質。

這兩位密契主義者之間主要的差異在於，哈拉吉主要運用所謂詩意的神話時，伊本—阿拉比則運用了系統形上學。但更重要的是虔信態度上的差異。對伊本—阿拉比而言，在這樣的時代裡，當蘇非主義未必是無可預期且令人孤立的個人顛峰經驗，卻有著寬廣甚至是多樣的模式，幾乎為任何追求者帶來高度的期待，或許更有可能培養思索性的普世視野，而這樣的視野或許更具有美學而非道德的調性。

這種期待最清楚地表現在伊本—阿拉比關於「完人」，也就是至

上者的教導上。神的獨一性特別實現於至上者與神的合一，至上者使神的目的——自覺——得以實現，因為宇宙體系的整個複合體——神之一切名字的真實——就在至上者身上實現。每位先知都是「完人」，正如人們在沒有先知的時代裡，所看見的那些至上者一樣；「完人」的典型就是穆罕默德。每個人都應該奮力達成同樣的目標。透過「完人」實現的人神合一，神的獨一性就能夠為人理解，而多樣性的幻象似乎不屬於這份獨一性。在這樣的基礎上，即使是靈魂從神脫離出來的分離，也不是令人畏懼的隔閡，卻可能提供不同觀點。靈魂自己的呼喚則更加迫切：它要求應在全面的自覺與回應中實現自身。

就像蘇赫拉瓦爾迪一樣，伊本—阿拉比也使用「神光」這個概念，以作為總體意識的媒介；但也只是作為各種取向當中的一種。人們會認為，在他著作當中的某些地方，可以發現各種可能的合一途徑，一切都與他的核心洞見整合。對大多數的蘇非行者而言，他在「藉由愛而實現」方面所提及的合一問題的全面解答，將有最終的決定性。

因為伊本—阿拉比與他那個時代的蘇非形上學家，對許多人而言，伊斯蘭傳統實際上似乎已經變得無法辨認。正如在雅赫亞・蘇赫拉瓦爾迪身上，在伊本—阿拉比所描述的宗教裡，真正屬於《古蘭經》的元素似乎杳無蹤跡。反覆引述《古蘭經》的作法，似乎只是為了修飾外表。

事實上，在伊本—阿拉比的著作《智慧的核心》（*Bezels of Wisdom, Fuṣûṣ al-ḥikmah*）中，《古蘭經》的註釋不是按照章節順序編排，而是按照《古蘭經》裡提到各個先知的順序。在關於摩西的章節，對於《古蘭經》所記載摩西與法老之間的對話，伊本—阿拉比寫

上一段令人愉悅的註釋。當法老問摩西什麼是神，其實就是在測試他，因為法老也掌有密傳知識，儘管他將那些知識運用在不好的用途上；如果摩西的回應是，正確地說明神之本質（祂的所然〔whatness〕），官員們就會把他視為愚蠢之人；但當摩西在修辭上反過來使用對神之行動──作為創造之主──的說明來回應，法老則表示，摩西沒有正面回答；接著，當摩西藉由引述神的外在權力來為自己的立場申辯時（根據伊本—阿拉比的註釋），法老則聲稱自己代表了地上的外在權力，必然也源自於神的權力，藉以反對摩西的說法。伊本—阿拉比甚至在他的註釋裡使用了雙關語。他的敘述是對神的存在與祂的各種顯現之間的關係，所提出的精細分析，但這一切與《古蘭經》裡法老固執地拒絕榮耀造物神的故事精神，似乎都相去甚遠。

然而，就註釋方法而言，伊本—阿拉比非常精練。他接受嘎扎里所規定的、限制《古蘭經》及聖訓傳述之形上學式註釋的規則；他也樂於承認字面意義與阿拉伯語言慣用法的權威。但除此之外，他還了解了文本中「相似」且引人聯想的言外之意，他認為這是據以探究其隱義，亦即內在意義的基礎。事實上，我們可以主張，對於全能造物神（《古蘭經》文本裡顯而易見的主體）所統治的宇宙體系中，所存在的邪惡人類力量具有的言外之意，如果我們延伸得夠遠，伊本—阿拉比在這裡探討的這些兩難情況就會浮現。伊本—阿拉比之所以運用《古蘭經》的文本，也不必然只是出於對話的目的，而絲毫沒有更為世俗的目的，那就是藉此深入進行他的研究。整部《古蘭經》充滿了終極性（ultimacy）的氛圍，它隱晦難解的風格，使每段詩句都像在大聲疾呼，要在這種基調上提出更為深入的解釋。對他和蘇赫拉瓦爾迪來說，《古蘭經》的挑戰一樣真實。伊本—阿拉比不只在其積極參與

當代對話的意義上，是伊斯蘭傳統的一部分；他也投入於伊斯蘭創造性的啟程時刻。

就像蘇赫拉瓦爾迪所認知的，這是《古蘭經》所訴求的內隱面向；但伊本─阿拉比沒有那麼關切最後審判的最終性，這卻正是蘇赫拉瓦爾迪所關注的。他更急切地處理一神論傳統的兩個大主題：神的全能，以及先知本質的現象，也就是，帶來啟示之人所扮演的個人角色。大多數的穆斯林（與基督教傳統相反）堅持拒絕對於神之權力的任何限制，因為這種限制定義了神不能做什麼或必須盡的義務；同時也反對替神傳達啟示者，作為人類（並且普世地）所扮演的角色，所應受的限制；這種堅定觀念根植於《古蘭經》。就這兩點而言，伊本─阿拉比非常具有伊斯蘭特色，他的特色迥異於新柏拉圖主義者、摩尼教徒、或小宇宙體系回歸想像任何較早的代表人物。他的神之獨一性學說，沒有那麼導向神在道德或理性上的純粹性，而更導向於祂的全能與全效。顯而易見的邪惡，既不是不完美、也不是敵對者，甚至也不是自由所不可避免的後果，卻是神之大能的隱晦表現。他的人類先知本質學說──延伸以包含「完人」學說──對於他的思想而言，也同樣位處核心。

在《智慧的核心》關於耶穌的討論中，伊本─阿拉比的先知本質及「完人」學說，與一神教傳統較早的階段──也就是基督教──有其關聯。在那裡，他幾乎就要危險地接受道成肉身（incarnation）的基督人神「二性」說，即便他的立場具有說服力地立基於《古蘭經》的章句上。但是，舉例來說，對於耶穌施行醫治行為時所展現的神性，他所做的論斷，實際上堅持著耶穌作為人類所具有的人性本質（humanness）。他的重點不再讚揚耶穌的獨特，而是說明神性的存在

如何顯現在任何先知身上——事實上，先知就是成為神之啟示性代言者的任何人。藉由他對耶穌的分析，他協助說明，神聖成形的神之代言者，幾乎總是會出現——儘管在最完美的那位代言者，也就是穆罕默德到來之後，必須稱呼其他代言者為近神者，而不是先知。這些近神者的角色，就是引導既拯救他人也獲得拯救的社群，一如亞伯拉罕傳統過去的情形；儘管並不為人所見，也幾乎不為外在歷史所提及。

　　藉由小宇宙體系回歸想像與神愛的構成性力量，以解決合一問題時，伊本—阿拉比必然關切著，在靈魂與神性的密契關係當中，所浮現的一切問題，他特別關切「神愛」這個用語所隱含的關係。這個概念同時既是經驗性，也是理論性的。正如個別的人格在密契經驗中赤裸裸地展現並深化，它發現自己總是更強烈地回應著某個對象，這個對象似乎立即超越自我，同時也超越它的自我剝奪所導向的核心本身。特別是在出神忘我的經驗中，回應的強度只能藉由神愛來述說；但是，為了追求未來——它所追求的未來同時就是最真實的內在自我——而失去愈來愈多自我本質（selfhood）的自我，所給予的熱情之神愛，它的意義又是什麼？套用宇宙論的用語，神及其屬性之表現所給予的神愛，會帶有什麼意義呢？對於這樣的問題，伊本—阿拉比以神話、《古蘭經》之註釋、精細的形上學，以及最受愛戴的、每行均帶有形上學涵義的情詩寫下答案——伊本—阿拉比以他自己的註釋，來解釋這些詩篇。出於大量累積的闡述，或者出於在特定時刻切合於個別讀者的單獨一段話或一個印象，他的答案豐富地湧現，足以吸引世世代代的蘇非行者。[10]

10　就像雅赫亞‧蘇赫拉瓦爾迪的傳統一樣，伊本—阿拉比的蘇非傳統仍然存續，而

伊本—阿拉比的著作，不只解決了早就出現在蘇非行者經驗中的問題，也同時是更深入的質問的起始點。如果生命整體真的有著如此高度的宇宙體系之愛，生命中的一切都會具有令人激賞的重要性——而且，一切既得之道都會陷於疑義；就連蘇非主義之道也是如此。伊本—阿拉比對人類命運的感受，因此極為廣闊。這種感受能夠以相對私密的方式操作，以解釋密契經驗不可思議的衝擊；也能夠以更公開

　　且想要學習這套傳統，最好的方式是成為當代大師們的學徒，Titus Burckhard這位現代作家，曾向當中幾位大師學習，並將相關著作從法文翻譯為英文。很可惜，他否定歷史的觀點，認為它們根本無關緊要；不過，他並沒有怯於對本質上具有歷史屬性的特徵，做出立基薄弱的判斷。更多文獻學者已逐漸建立起種類各異的詮釋：Ignaz Goldziher在 *Richtungen der islamischen Koranauslegung*（Leyden, 1918）一書中，討論蘇非行者的章節；Tor Andrae在 *Die person Muhammeds in lehre und glauben seiner gemeinde*（Uppsala, 1917）中的幾個段落；特別還有H. S. Nyberg在 *Kleinere Schriften des in Ibn-al-ʿArabî*（Leydon, 1919）中，分析他的專門術語在他的神性形上學、宇宙體系與小宇宙體系中的作用，以及他所使用的概念的來源；以及 A. E. Affifi 的 *The Mystical Philosophy of Muḥyîd-din Ibnul-ʿArabi*（Cambridge University Press, 1939），說明伊本—阿拉比如何有效地發展出一套「泛神論」，其中，每項事物都是真實的自身，因此同時也是真正的神，但他有時在必然超越邏輯的形上學領域裡，對邏輯上的一貫性過於執著，而沒能理解真實情況。路易・馬行庸在 *La passion d' al-Ḥallâj, martyr mystique de l'Islam*（Paris, 1932）裡，有一些敏銳的觀察；Reynold Nocholson在 *The Idea of Personality in Ṣûfism*（Cambridge, 1923）說明，有時問題核心在於對其實質意義的詮釋。學術詮釋者中最為出色且細膩的是Henry Corbin, *L'imagination créatrice dans Ibn-ʿArabî*（Paris, 1958），然而，他是某種密契主義形式什葉派的護教者，而且就史實而言，他並不可靠。現代最為廣博的研究，包含在M. Asin-Palacios縝密的著作中，特別是在 *El Mistico murciano Abenarabi*, 3 vols.（Madrid, 1926－27）之中；他從友善的基督教觀點看待伊本—阿拉比。

的方式運用，來替那在其他層面看似人類未來的烏托邦希望辯護。我
們將會看到，中後期在關於正義或自由的議題上，往往與什葉派的千
年至福論結合，而也可以使形單影隻的個人，踏上自己無可預測的路
途。

作為詩歌的蘇非主義：賈拉盧丁・陸彌

　　儘管形上學普及，從蘇非主義的觀點來看，最受歡迎且最普遍的
文學呈現方式正是詩歌。除了伊本—阿拉比，某些阿拉伯詩人以一般
情詩為人熟悉的形式，創作出作品來表達神愛的蘇非經驗；而許多波
斯詩人也如法炮製。此外，一系列以波斯語寫作的詩人崛起，他們不
只表達某種密契經驗，更以詩歌的形式寫出蘇非主義看待生命的完整
視角，特別是以長篇敘事二行詩體（couplet，波斯文稱為 mas̱navî）寫
作，有時也稱為史詩。這些蘇非二行詩體中，最偉大的作品，就屬賈
拉盧丁・陸彌在西元1258年的後幾年間，在土耳其安那托利亞半島中
部的孔亞省所創作的《意解》詩集（*Mas̱navî-e Ma'navî, Poem of Inner
Meanings*）。（根據以簡單名稱稱呼尊者的習慣，他最為人所知的稱呼
是「我們的大師」〔Mawlânâ〕。）[11]

11　《意解》有 Reynold Nocholson 翻譯的英文散文版本，*The Mathnawī of Jalâluddin
Rûmî*, 8 vols,（London, 1925－40）（E. J. W. Gibb Memorial Series, n.s. vol. 4），它
的可讀性不太高，但相當精確。陸彌的各種韻文譯文版本，受到某種學說的抨
擊，這種學說認為，比起細微差異中的概念，詩作所帶來的影響更為值得仿效。
但以 Nocholson 的散文為例，足以說明在忽略字面意義考量的情形下，翻譯會是多
麼舉足輕重。

陸彌的家族從烏滸河附近的巴爾赫遷居到安那托利亞（也就是東羅馬〔Rûm〕的塞爾柱王國，他以此為名）；陸彌在此還有敘利亞度過蒙古人入侵的時期。他的父親曾是蘇非導師，儘管他在陸彌年輕時就去世，陸彌的老師們仍確保他受到良好的教育，不只在伊斯蘭法的誡命方面，在他父親的蘇非傳統方面，更是如此。他人生最大的啟發，是邂逅一位經歷不明的流浪蘇非導師——夏姆斯・塔布里茲（有人說他是阿拉穆特地區最後一位伊斯瑪儀里派伊瑪目的兒子），塔布里茲是個難以預測的人，他蔑視所有成規，宣揚著每個個體在其追尋神性過程中的自給自足。我們大半透過陸彌隸屬的道團的門徒——阿夫拉奇（Aflâkî）在兩個世代之後，所搜集到關於塔布里茲的奇事，得以一窺此人。在這些故事中，夏姆斯令人驚奇的力量，通常造成否認夏姆斯之崇高地位（或不承認任何人達到這種地位的可能性）者的毀滅或死亡；而幾乎沒有治癒或起死回生的事蹟。夏姆斯過著苦行生活，但他認為自己不受伊斯蘭法的拘束，即使是其中最神聖的論點。阿夫拉奇告訴我們，曾經有位很有靈性的門徒惹夏姆斯生氣，他接著發現自己耳聾了；即使在夏姆斯原諒他之後，他還是聽不到，而這個門徒的靈性生活持續停擺——直到有一天他公開宣稱：「除了真神，再也沒有其他神，而夏姆斯・塔布里茲是祂的先知。」人們因為這樣的褻瀆而掀起騷動，但夏姆斯救了這個門徒（他一吼叫，攻擊他的人當場死亡）；夏姆斯接著對他解釋：「我的名字是穆罕默德；你必須說穆罕默德，因為人們只認得精煉過的黃金。」陸彌基於他對於夏姆斯・塔布里茲的個人虔敬，他找到神愛的典範：在具體的層次上，參與對終極之美的自由應答，而在美麗中發現他的生命意義。

　　但同時，陸彌在詩歌方面的天賦與熱情的出神狀態（還有他的學

問），早已聚集一群仰慕者兼蘇非門徒，其中某些人，看到他們的導師將自己託付給名聲敗壞的陌生人，感到震驚或嫉妒。夏姆斯被驅趕走了——陸彌前去尋找他，並且最後成功勸他回來。但不只是他的門徒感到不滿；許多孔亞的鎮民也對夏姆斯輕蔑的態度非常憤怒。夏姆斯在孔亞與陸彌最後的相聚，以一場暴動告終，這場暴動中，人們殺死他與陸彌的一個兒子。陸彌終究在自己的門徒中找到夏姆斯的替代者，而偉大的《意解》詩集就是獻給他；有些門徒也輕蔑他或嫉妒他——但在導師令下，門徒們承認，他就是導師死後繼承其地位的哈里發；儘管門徒們希望陸彌存活下來的兒子（他自己也是蘇非門徒）繼位，在這個兒子拒絕之後，那位門徒才得以繼位。

在陸彌最愛的門徒死後，那個兒子終於成為繼承者，他證明自己是更稱職且有力的蘇非導師。正是他將陸彌的追隨者組織成常態性的修道團體，以陸彌的頭銜「我們的大師」而命名為毛拉維道團，或更普遍地（以突厥語的形式）稱為梅夫列維耶（Mevleviye）道團。在他們的唸記儀式中，道團成員吟唱陸彌的詩歌，當然也搭配著音樂。特別的是，這些儀式發展成迴旋舞的高度藝術形式（因此，在英文裡又將他們稱為「迴旋托缽行者」〔Whirling Dervish〕），儀式以團體進行，大半配合蘆笛吹奏的曲調。這種舞蹈可能導致出神狀態。對於那些將循環與奉獻的象徵為基礎、體現在舞蹈形式中，靈性成長並同時成熟的人們來說，這樣的忘我狀態具有高度的靈性意義。在歐斯曼帝國各城市較高階級中，道團漸漸地變得非常流行。

但是，對於以非凡詩歌與藝術為表象的修道團體而言，陸彌不是唯一的啟發者。凡是說波斯語的地方，就有人稱讚他的詩作，甚至連非密契主義者也稱讚他。他的某些詩篇——主要是他獻給夏姆斯·塔

布里茲以榮耀他的詩集——是以名為「rubâ'iyyât」的四行詩體形式寫成的簡短詞章。陸彌最重要的作品，就是他的詩集《意解》，這是以押韻的二行詩體寫成的長詩，他在詩中試著探討密契感知及渴求的每個面向，人們更將它稱為「波斯文的《古蘭經》」。它沒有太過深入探討由蘇赫拉瓦爾迪與伊本—阿拉比所發展的神智學觀想，而是以眾多的軼聞趣事，呈現絕大多數的基本觀點，使道團蘇非主義強而有力。

　　《意解》描述一連串的軼聞趣事（通常是人們所熟知的），穿插著更一般的道德教化，而且，在形式上與《古蘭經》裡許多段落非常相似。就像《古蘭經》，賦予這本詩集生命的，不只是選用優美詞藻，更是故事情節的轉折以及其所隱含具有挑戰性的意涵。有些故事至少是在敘事、道德以及形上學等三個層次上述說。最明顯的層次，就是單純敘事的層次——但這是從屬層次，有時甚至會導致除非事前就知道這個故事，否則就會難以理解的狀況。第二個層次通常是指道德上的教訓。在一個故事裡（第一章、第3721節以後），當一個異教徒在戰鬥中朝阿里臉上吐口水，阿里會放下他的劍；正如這個故事所述，其道德意義在於，真正的聖人不允許自私的忿怒成為行為動機。因此，當阿里察覺到，遭受冒犯的忿怒在他心裡湧上來時，他必須停止戰鬥；作為自然而受制於激情的人，阿里對那位震驚的異教徒解釋：「你朝我臉上吐口水，便激起我那具有血肉的靈魂，腐壞了我的良善。」那位異教徒因為看到了阿里自制的行為而改信。

　　但是，陸彌通常不會對於讓故事停留在第二層次而感到滿意。他也呈現了所謂的形上學層次，表達了生命的終極關係。因此，在故事的其他段落，阿里教導異教徒，人類靈魂在道德宇宙體系中的地位。人們接著發現，阿里並不是因為自我規訓才放棄戰鬥，而是一種象徵

性的姿態，說明並不是憤怒促使他起身戰鬥。在解釋他因完全順從神而衍生的內在態度時，阿里對他的對手說：「既然我是自由的，憤怒怎麼能束縛我呢？除了神性之外，我一無所有。來吧！」這個故事所譴責的不只是憤怒，而是任何不來自於神的回應，不論是「好的」或「壞的」。區分故事直接的道德意義與最終的教導，並非易事，因為人們會發現，直接的道德意義普遍都直接導向形上學的層次。因此，憤怒就是一個適當的例子，說明在神裡面，憤怒是一種應被超越的個體導向意識。但這個故事真正重要之處，在於它更大、更細緻的重要性，而這樣的重要性絕不能與乍看之下的意義混淆：憤怒之所以應該被超越，不是因為它是一種惡，而是因為它以個體為導向。

這些故事的形式反映出故事的涵義。陸彌並未明確區分他普遍的評論和角色在故事中的言論；他從未試圖向寫實主義靠攏。堅持要為人物的對話加上引號的現代譯者，會分不清阿里的言論和陸彌的評論。即使顯然就是故事中某個人物的話語，在詩中也可能說得比實際上還多，來呈現出一種特定的形上學狀態，而非一個明確的故事角色：因此原來還在對抗阿里的異教徒，突然開始向這位已得真理者探求真理本身（而不只是阿里行為的解釋；這甚至發生在這位異教徒稱阿里為「全知全能者」的對話之前，這對一個敵對的角色來說是相當不適當的態度；如果只在軼聞趣事的描述中，這個角色可能只會感到困惑；但若是為了呈現一個在無意識中追求真理者的內在關係，則非常適當）。

陸彌描繪了同樣地，正是這種亟欲指向形上學真實，超越故事的直接道德意義的意圖，得以解釋為什麼許多故事理所當然地交織著。幾乎每個主要的故事，都有另外好幾個故事來詮釋它；但通常不是以

《一千零一夜》這種故事裡的人物述說隨附的故事。相反地，在陸彌的著作中，附加的故事形成一套連續的註釋，更進一步啟發基本主題，否則，以心中牢記的替代主題補足。有時候第一個故事的結論會穿插在接下來某個故事中間（例如第二章、第3336節）；以這種情形來說，第一個故事的結論可能隱含與其餘部分相當不同的言外之意（但與第二個故事的氛圍一致）──如此一來，意想不到的觀點會投射在第一個故事上，使得故事更加完整，是因為與第二個故事之間有著隱密的連結，並以這種方式顯現出來。

　　對於困惑的讀者而言，試著找出線索到達貌似異國風情與未知的思想世界，將陸彌的故事簡化為單調疊句的作法，有其誘人之處：一切都是神──海洋是神，阿里是神，導師是神，酒是神，以及飲酒者也是神；一切真理的目的，就是只要知道這件事情。（還有，或多或少消極的穆斯林評論者，僅僅想把外觀上把人絆住的阻礙清除，並使讀者從他自己對文本的解釋出發，而唆使粗心的讀者接受這種簡化。）不管從當中的哪一種觀點來看，其中會有什麼樣的真理存在，都不會進而窮盡陸彌著作的意義。他的作品，是對著活生生的複雜個體敘說，並且在他複雜的人生過程中，一再地與他對質；而且這項歷程永遠不會真正的完成。陸彌的目的是，照亮他那個時代的伊斯蘭良知；而無論他對密契主義者的特定出神經驗評價再高，在它們進入道德意識之際，他的詩，是對生命之一切層面所提出的一種詮釋。如果要迅速地概括《意解》的訊息，或許可以說，它就是超越例行公事的召喚。人們發現，它所呈現的理想人類形象，與菲爾道西的《列王記》所呈現的形象之間，存在高度關聯，後者早就以捕捉中期大半個伊斯蘭世界之想像的形式，讚揚過伊朗英雄傳奇。陸彌也讚揚冒險犯難而

無畏的英雄，他信仰堅定且所向無敵；但他的英雄進行奮鬥的領域，不是普通的戰場，卻一方面是內在的靈魂，另一方面是整個宇宙體系。

因此，陸彌必須呈現靈性生活的無數面向；例如：蘇非導師與門徒的關係；至上者與整體自然，特別還有人類的關係；靈性菁英的見解與普通的大眾宗教教導的關係；心靈與情緒在靈性成長中的角色、原罪在靈性生活中的地位，以及更普遍來說，邪惡在人類內外的意義；如果一個人要認真面對超越自我的挑戰，諸如此類的一切問題就必然會出現。但如果陸彌將這些各式各樣的主題孤立並分類，他就沒有正視自己對於一切真實之統一所抱持的想法。無論將這種探究上的個別論點切成小塊的做法，對於我們的分析而言有多麼方便，它們既不能真正為人理解，也不能將它們當成一系列個別的教條而加以實踐。任何一項主題的意義，只有在能以所有其他詩作的意義來掌握時，才會完全清晰。

陸彌的詩作的總體模式，是由這項事實構成。它可以引人聯想與但丁的《神曲》對比。但丁的作品就像一座山，帶著既定、封閉的結構。在較低的斜坡上，你選擇任何一條路，它都會帶你到更高的地方；當你往上走，你就會愈來愈清楚這座山的整體形狀。最後在山頂上，你看到按照順序展示的全貌。但丁用最後一行詩句來概括整篇詩的核心要旨。相對地，陸彌的詩是流動的，就像一條河。他的詩歌結構開放，又能無限延伸。或早或晚，一切都會展現在你眼前——湍流與靜止的池塘，城鎮、農舍還有樹林；但如果你在它旁邊待得夠久，你從哪裡開始，又停在什麼地方，沒有什麼太大差別。或者，稍微改變一下觀看的角度，如果你站在河中的某個地點，遲早它的全貌就會

出現在你所在之處——浮在河面的每根樹枝，河流的每一滴水都會流過你的腳邊。讀者只要關注某項主題；但其他主題至少隱含在遣詞用字之中，（就像《古蘭經》裡也同樣常見的情形）由附註、絃外之音、註釋、完整插入的故事帶進來。陸彌因而從不允許在分析上孤立某個主題；詩的形式反映他對有機連續性的感知。西方的讀者可能會覺得，多餘的廢話將詩歌毫無限制地擴張，整首詩變得奇形怪狀。他必定寧願浸入水中，並且親身感受各種漣漪流過。

作為人類勝利的密契生活

陸彌的世代，緊接著在伊本—阿拉比那樣的偉大蘇非主義形上學家世代而來。陸彌並未嚴格遵從任何一位大師的體系，卻（就像當代的其他蘇非導師）接受他們關於合一性的觀想，當成蘇非主義的正當部分。它的作用是，證明蘇非的觀點比先前的世代更加廣泛；透過這種觀點所帶來的完整勝利效果，可以讓人們感受到蘇非主義就是大眾虔信的框架。在他的《意解》中，陸彌大力闡述他那個時代蘇非主義思想的多重面向及重要性。

在陸彌的《意解》中，有一種氛圍支配一切，在許多道團的蘇非主義中，它有著充分的代表性，但卻又與早期蘇非主義所呈現的氛圍相互牴觸；這種氛圍就在於，無限地頌揚人類的潛質，特別是至上者的權力與成就。像巴斯拉的哈珊（Ḥasan of Baṣrah）那樣不停啜泣的人，在陸彌的世界裡僅僅扮演次要的角色：偉大的近神者仍然可能是苦行者；但如果他哭泣，可能不是因為對於地獄的恐懼而使他有所感觸，而是因為他被束縛在地上，與神之間的距離遙遠。忘我的巴雅濟

德・比斯塔米（Bâyazîd Bisṭâmî）創造了如此光彩的言詞，以表達他對神的認同感，他的著作比起更清醒且謹慎的朱內德（Junayd，哈里發盛期蘇非主義教導的關鍵人物），更加符合陸彌作品的精神。

陸彌非常認真看待一種觀念，他認為，每個人在某種程度上，早已參與對於神的密契探尋（至少在朱內德的思想中，這種想法就已經隱約存在，但討論不多）；事實上，如果他完全抱持開放的態度，他可能讓這樣的暗示帶著他繼續走下去。人們認為，這樣的探尋不只召喚著最虔誠的人，甚至召喚著所有的受造物，即使他們在身陷墮落之際，錯把卑微生物的善，當成召喚他們的真善。《意解》的開頭描述著一幅圖像，這幅圖像為所有聆聽音樂的人們所熟知，對於通常使用蘆笛的蘇非音樂唸記來說，它又具有特殊意義。「請聽這蘆葦，它如何訴說故事，訴說著分離——說著。自從我與蘆葦床分離，我的哀鳴就使人們嗚咽。我想要一蕊花苞，讓斷裂撕開它，這樣，我才能綻放（以迎接那種）愛欲之痛：每項事物，倘若遠離其源頭，都會希望回到與它相聚的時刻。」所有聽到蘆笛憂傷曲調的人們都會有所共鳴，因為在他們內心深處，知道與神聖源頭分離的同一種悲愴，儘管許多人無知地將他們對音樂的樂趣，轉為比喚醒他們最深層的渴望還要更為低下的目標。但對於真正理解自己情況的人來說，蘆笛是甜美且苦澀的，因為充滿了一個人與自身的真實分離而產生對愛的熱切渴望所包含的甜美與苦澀。

但《意解》不只要求承認個人內心最深處的渴望，還要求主動的回應。一般人責罵瑪吉儂（Majnûn），因為在還有眾多閨女可以隨心選為情人之際，他竟然為了蕾拉（Laylâ）的愛而心煩意亂（第五章、第3286節以後）。不過，他不能消極地待在家裡，必須快點去沙漠中

走走。我們必須打破傳統。事實上，就拿那個異教徒來說，他對阿里吐口水，並使阿里釋出寬恕，他的寬恕又導致異教徒改信；如果靈魂已做好準備，即使是原罪，也可以是一種接近神的手段。（面對神的態度，甚至可能緣自於原罪所招致的懲罰：陸彌提到〔第二章、第3284節〕目盲地住在土裡的鼴鼠，某天出土行竊，結果因為竊盜受罰，而被鳥吃掉——當牠變身為鳥，牠就為自己現在能夠高飛越過土地，並唱著神的禮讚而感到欣喜。）

　　事實上，陸彌並不建議人們習於這樣的原罪；但是，就原罪本身來說，它不像所導致與神的分離的結果那麼糟。有人在一位先知面前自吹自擂（第二章、第3364節），神對他非常仁慈，因為他常常觸犯原罪，卻從來沒有受到懲罰。先知（知道這個人內心的想法）回答，這個人事實上受到最深重的懲罰：反覆觸犯原罪，已使他慣於原罪，因此，他現在屈於自己罪惡的願望，甚至無法對神有所欲求。無可原諒的原罪，就是幾乎毫無期待：沒有了需要，「神就不會將任何東西給予任何人」，就像祂沒有將視力賜給地下的鼴鼠。「……因此，你這有所求的傢伙，快點提昇你的需求，那慷慨之海（Sea of Bounty）會在愛的仁慈中澎湃著。」（第二章、第3274與3280節。）

　　從實際的角度來看，正是在日常密契主義的層次上，每個人都可以擁有高靈性的希望。儘管出神經驗的密契主義的地位，隨著蘇非導師名聲的散佈而提升，日常密契主義仍是根本所在。或許對於許多溫和派的內行人來說，這點還有特殊的重要性，他們並不偏好特殊密契經驗，但是會尋求蘇非導師，希望導師自然地指引他們探尋，而不只是單純的英雄崇拜。陸彌強調連續性，它在神祕生活的每個階段都有優勢，他不是只以自己的風格說明，還更加明確地強調。將表象與外

在事物排除到一邊去的組詩，在細微漸變的過程中，從最為表面地檢驗人的自我的作法，轉而進入最為忘我的時刻。陸彌將此過程比喻為水流：當它流得非常慢，就不太可能看到碎片浮在上面；當它流得更快，較輕的碎片會下沉，較大的樹枝與葉子分離，而使流水可得察見；當它流得再更快一點，表面生活的這種痕跡，就會消失在洪流之中。

一旦認知到這種靈性渴望的普遍性，附帶後果就是人們將會願意承認，所有宗教的企求，都包含著對神的真實崇敬，儘管會有誤導或扭曲——即使是崇拜偶像的宗教，也是一樣。穆斯林當中的符合伊斯蘭法的外顯敬拜，本身就是對神之完全內在崇敬的不當替代品；因此，以其他宗教之形式所進行的、甚且更為盲目的崇拜，也未必都是錯誤的。所有人類都或多或少有意識地，著手進行同一種探求。

但如果在某種意義上，所有人都是初入門的密契主義者，可以清楚知道，大多數人都還沒有走得太遠，也還必須倚賴更深入的前輩，帶他們朝著實際上可能想要前進的方向，或許只是向前行進一小步。完美的蘇非導師是一般人可藉以提升靈性的途徑——不只因為蘇非行者可以給予他們良好的建議，並日復一日地引導他們的靈性經驗，也因為蘇非導師為他人體現了靈性的探求。他的在場，對於他人的靈性探求具有的效力與成果而言，都是必要的：弱者的盲目探索，因強者的成就而獲得證立；而且，弱者可以藉由認同並服從他們的蘇非導師，接受他們的卓越成就，得以在某個層次上分受那樣的成功。

就像使異教徒感到驚訝的阿里導師喚醒靈魂，促使它展開真正的任務。陸彌講述（第二章、第3210節以下）易卜拉欣‧賓‧阿札姆（Ibrâhîm b. Adham）的故事，他是放棄王位而成為流浪蘇非行者的國

王，某天，他過去的朝臣看到他坐在海邊的破布上。這位朝臣暗自感到震驚，而伊本—阿札姆知道他的想法：他把善良的蘇非行者用來縫補斗篷的針丟到水中，命令它回來；於是，一群魚湧上來，每隻都帶著一根金針。他對朝臣解釋，他能夠顯現自己的靈性狀態，讓人清楚看見，就像從大果園拔下來的幾片樹葉，可以在城鎮裡展示。朝臣為自己的駑鈍懺悔，並呼喊著：「魚群認得導師，我們卻遙不可及：我們怨嗟自己沒有這種好運，牠們蒙受到祝福！」他帶著對神的渴望，心煩意亂地離開。導師成為普通人的試金石：一切取決於他怎麼回應導師的存在所提出的挑戰。

事實上，只有透過導師，人類才能來到真理面前——當然，最偉大的導師，就是穆罕默德（例見第一章、第1529節以下）。一切對神的真正順從（islâm），應當至少都是初步的密契主義覺醒；因此，當羅馬大使發現，儘管哈里發歐瑪爾享有廣大的權力，卻仍過著謙卑的生活，就當場皈依伊斯蘭，而對於歐瑪爾的例子（第一章、第1390節以後），陸彌詮釋為門徒對導師的內在真理的回應。就像效忠阿里後裔的密傳知識所教導的，在外顯的啟示背後，穆罕默德還隱藏了一則靈性訊息，只有阿里之類的少數人能夠習得——儘管這些少數人也包含所有主要的順尼派英雄，像是歐瑪爾。要受益於這項訊息，或至少間接受益，就必須求助於導師。

導師不只是其他人藉以來到神面前的途徑。作為完美的人類，他們是宇宙之所以創造的理由：他們不只是特別服從神的創造物，並且帶給祂喜悅，更是整個宇宙——包括其他人類在內——的形上學目標。一旦臻於完美，他們必然毫無原罪，因為，他們那業經轉化的本質與原罪（也就是與神分離）並不相容，且會將看似為原罪的事物，轉為

神聖。陸彌談到（第二章、第339節以後），一位導師被發現身在一間小酒館，手上拿著一個杯子——但看清楚後，發現杯子裡盛裝純蜂蜜；當導師宣稱自己感到痛苦，並要求別人給他一些酒當成藥品（這是允許的），人們發現所有的酒都變成了蜂蜜；即使想喝，導師也拿不到酒。實際上，只有自相牴觸，才會讓導師染上罪惡，這是檢驗原罪的試金石，適用於所有人類，因為一切阻礙人們提升到導師地位的事物，就是原罪，而導師就是提升到那種地位的手段。「正是因為導師不贊同，原罪才變得充滿罪惡。」陸彌說（第二章、第3351節），因此，在定義上，導師（如果出於真誠）的贊同，不可能沾上原罪。

　　陸彌堅持，重要的是，導師贏過世界上所有邪惡與原罪性而獲得的勝利，以及所有人藉由認可導師而分享那項勝利的可能性，但他並未否認邪惡與原罪性的存在。他使用許多故事來闡述原罪性的存在，並調和它與道德上勝利的氛圍。例如，他講過一個故事（第二章、第2604節以下），哈里發穆阿維亞有次從睡夢中醒來，直到瞥見有人靠在門後，他才發現自己如何醒來，而那個人只好承認自己是伊卜利斯（也就是撒旦）。伊卜利斯隨即解釋，他叫醒穆阿維亞，這樣他就不會錯過即將到來的晨禮。但穆阿維亞（Mu'âwiyah）不會因為伊卜利斯片面表現的德性就善罷干休，他還要求真正的解釋。惡魔——罪惡的原動力——為什麼會促使別人行善？在人的一生中，罪惡的原動力扮演了何種角色？伊卜利斯因此試著說明，他——伊卜利斯，不像傳聞中的那麼壞，因此他片面實施的善行並無不當。他的論據，實際上重新提出了各種論證，以說明原罪性在神的世界裡存在——特別是蘇非行者所提出的解釋。

　　這個故事裡的詩意魅力，似乎在陸彌敘述它們時的混亂之中，自

已絆了一跤。而人們發現，在這裡，就像在別的詩中，陸彌絕大多數的主題似乎至少都暗指其他一、兩行詩句。但如果有人認真地跟上每個故事的言外之意，讓自己不侷限於最直接淺顯的意思，而接受前後文所設定的氛圍指引，那麼，這些主題顯然就充分地前後相接。有時候，就像在穆阿維亞與伊卜利斯的這個故事裡，他們甚至建立起相當複雜的論據，儘管論據的形式，是由作為論述場景的戲劇情節決定，這種狀況絕對不能輕易忽略。

伊卜利斯首先指出，神所創造的一切，根本上都必然為善——反映了祂的唯美；但這種善所不可或缺的成分，就是權力，令人敬畏的權威，也就是神的偉大：它投射陰影（陸彌曾在他處提及），使光的閃耀更顯清楚。在所有的天使當中，伊卜利斯所扮演的角色，就是著迷於神的偉大，而不是祂仁慈的唯美——為罪孽深重的蔑視提供機會與動力，那樣的蔑視，將招致神以令人敬畏的權威回應之。然而，伊卜利斯不只是為神做這件事的僕人。「既然除了他棋盤上的棋局，沒有其他遊戲，而祂說：『下棋吧』，我還能怎麼辦？我走了既有的那一步，而使自己陷入悲傷之中。」隨著道團蘇非主義的成長，以及其所強調神的普世之愛，它有時以密契主義經驗的嚴格面向為代價，數量或多或少增加的業餘密契主義者當中，有些人受到伊卜利斯論據的言外之意誘惑——既然一切都來自於神，且就其本身而言為善，如果一個人的心轉向於神，所碰到的原罪就不可能太過重要。但穆阿維亞，這位強大的哈里發，不滿於這種冷漠的傾向。透過一般原則來考量惡的問題時，這似乎是邏輯上的必然結果，但它並未基於個人健全性來回答生命行動的經驗，而個人健全可讓選擇明確。穆阿維亞承認伊卜利斯的話具有抽象效力，但否認它適用於手上的具體狀況，且穆阿維

亞必須做出個人行動；因為，事實上由於伊卜利斯的誘惑，無數個體的心已經遭遇道德災難。

伊卜利斯接著精準地面對人類的決定。他宣稱自己（以及他所代表的衝動）不是原罪之因——他只是神的測試者：「神使我成為獅子與野狗的判準……真錢與偽幣的判準。」邪惡只存在於受到測試的客體之中——不在伊卜利斯之中，也不在創造伊卜利斯的神之中：因此，觸犯原罪的衝動，可以像是一面鏡子，善人的善就像惡人的惡一樣，都已然出現其中。但對於密契主義者而言，這種態度邀人前往的言外之意，可能意指著純粹的事物，因為，任何事物在根本上都是純粹的：「原罪」具體個別的運作，只在它反映人身上的邪惡資質的情形下，才會是罪惡的。對於伊卜利斯的出現，他所給的消極解釋，可能引導密契主義者倚賴他的內在德性，以將他的所有衝動轉向於善，而又不誤信它們；這可能是靈性驕傲的誘惑。穆阿維亞的回應是，訴諸於神，以保障自己免於撒旦的欺騙：即使是將所有事物的名稱教給天使的亞當也墮落了；人類的邏輯無力對抗欺瞞的心。那麼，最後，伊卜利斯抱怨，他被當成是人類自己所犯過錯的替罪羔羊——這種說法暗示著，人類沒有朝向原罪本身的客觀自然傾向，而原罪性，儘管確實一向都是威脅，也可以藉由出於單純意志的行為而加以排除。這個概念，可能會削弱一個人在——似乎使原罪不再成為問題的——恩典狀態中的靈性驕傲。但它邀請人們接受人類純粹的自我依賴。穆阿維亞由於自己的密契經驗，知道自己必須倚賴神的恩典，而不是自己的權力，他現在訴諸密契主義者的終極靈性要素，也就是，對內在感受的感知。據此，有效的提議，就是不管可能受到多少經驗的檢驗，都能令人心滿意足的提議，可以跟出於短暫自我意志（self-will）之有限觀

點所衍生的提議區分。（但正是為了避免任何人覺得自己受到邀約，進而將他的感覺當成自己的指引，針對這項論點，他又插入了一個法官的故事，他不為情感所動的特質本身，就足以讓他成為好法官；儘管有利害關係的當事人知道更多的事實，卻不能定下判斷。）真正的密契主義者的內在感受保護著他自己，而不會屈服於伊卜利斯所提出的誘惑。面對這最終的判準，伊卜利斯被迫承認自己在晨禮時間叫醒穆阿維亞的真正理由。如果穆阿維亞睡到晨禮之後，他就會在自己的失望之中深深嘆息；而伊卜利斯想要預先破壞這種等值於好幾次晨禮的嘆息。

在這個時刻，現在作為局勢主導者而開口說話的穆阿維亞，以相當不同的眼光看待原罪性。在密契主義的知識裡，神常偽裝為敵人出現，或至少偽裝成對手——能接觸到希伯來聖經的密契主義者，一向喜愛雅各與天使搏鬥的故事；在這樣的脈絡下，原罪性伴隨著神為了人類的靈魂而做的鬥爭，以及後者的抵抗。在此，原罪性幾乎可以成為人類偉大之處的作用，也就是一項真實且非常危險的副產品——人類比起任何動物，甚至比起天使，都還要更接近神的事實。穆阿維亞則更深入地主張，惡魔與神其實是在不同層次上玩著大致相同的遊戲。他告訴伊卜利斯，去找弱小一點的獵物：伊卜利斯是一隻蜘蛛，只該為蒼蠅編織羅網；他，穆阿維亞，不是蒼蠅，而是白隼；除了王者（也就是神），沒有誰偉大到能夠獵捕他。在成為這種獵人之獵物的過程裡，人類真正的勝利就在其中。

表 4—1　道團及其創立者的起源，西元 945〜1273 年
Filiation of the Tariqahs and Their Founders

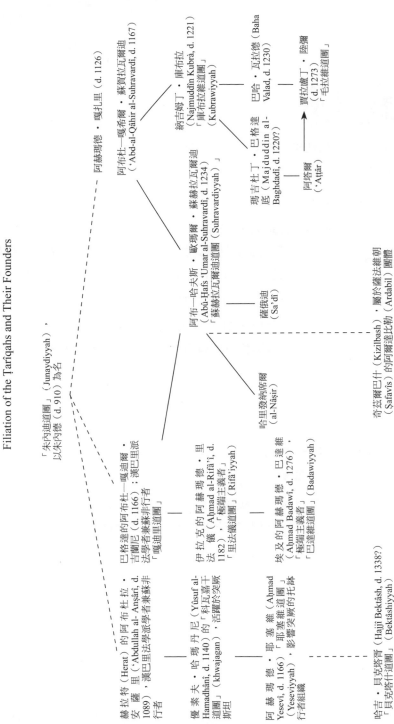

* 編註：d. 為卒年。

表4-2　中前期的蘇非行者，西元945～1273年
Ṣûfî of the Earlier Middle Period, 945－1273

年分 （西元）	人物及事件
興盛於 961年	尼法里（al-Niffarî）：「陶醉」流浪托缽行者，他寫了一篇著述，分析自己的忘我經驗。
十一世紀	蘇非主義在尼羅河至烏滸河間地區生根。
1021年	蘇拉米（al-Sulamî）逝世：溫和的蘇非行者；除了一本對《古蘭經》的蘇非註釋之以外（「首本」蘇非行者的註釋是由圖斯塔里〔al-Tustarî，西元896年逝世〕撰寫），他曾寫作「首本」蘇非行者的名冊。
1049年	阿布・薩俄迪・賓・阿比—凱爾（Abû-Sa'îd b. Abî-Khayr）逝世：具有影響力的傳道者，據傳為四行詩體的作家，有時被稱為「首位」使用波斯文寫作的蘇非行者詩人。
1072年	古薛里逝世：蘇非主義教條的「古典闡述者」。
約1075年	胡吉維里（Hujwîrî）逝世：他針對蘇非行者的生活與教條寫了一本系統性的專著，是「首本」用波斯文寫成的蘇非主義專著。
1089年	阿布杜拉・安薩里逝世：以波斯文寫作詩歌及散文、漢巴里派反辯證神學的蘇非主義作家，兼組織者。
1111年	穆罕默德・嘎扎里逝世：知識的組織者、蘇非主義與順尼派的調和者，他的著作對於後來的世代具有偉大的重要性。
1126年	阿赫瑪德・嘎扎里逝世：穆罕默德・嘎扎里的兄弟，受歡迎的蘇非導師，強調神愛。

年分 （西元）	人物及事件
十二世紀	蘇非主義普及於所有社會階層；蘇非「道團」開始出現。
1130年	薩那伊（al-Sanâ'î）逝世：「首位」偉大的蘇非（波斯）詩人。
1166年	阿布杜—嘎迪爾・吉蘭尼逝世：漢巴里反辯證神學、復興主義傳道者，嘎迪里道團因著他的教誨而成立。
1167年	阿布杜—嘎希爾・蘇赫拉瓦爾迪逝世：阿布—哈夫斯・歐瑪爾的叔叔，蘇赫拉瓦爾迪到團以之為名，重要導師。
1191年	雅赫亞・蘇赫拉瓦爾迪「瑪各圖勒」（al-Maqtûl）逝世：哲學家、宇宙論者，因犯異端之罪而遭處死，也是照明學派的創立者。
約1200年	阿塔爾逝世：重要的波斯蘇非寓言作家。
1221年	納吉姆丁・庫布拉逝世：阿布—嘎希爾・蘇赫拉瓦爾迪的門徒，庫布拉道團因著他的教誨而成立。
1235年	伊本—法利德（Ibn-al-Fâriḍ）逝世：以阿拉伯文寫作、最重要的蘇非詩人。
約1235年	阿布—哈大斯・歐瑪爾・蘇赫拉瓦爾迪逝世：阿布—嘎希爾・蘇赫拉瓦爾迪與阿布杜—嘎迪爾・吉蘭尼的門徒，哈里發納席爾與薩俄迪的導師。
1240年	伊本—阿拉比逝世：宇宙論者、最偉大的蘇非理論家之一，發展出照明學派的概念。
1273年	賈拉盧丁・陸彌逝世：四、五位最偉大、以波斯文寫作的作家之一，《意解》詩集的作者，毛拉維道團因著他的教誨而建立。

第五章

新順尼國際主義的勝利

1118 — 1258 CE

蘇非主義的全面靈性祝福，以及在高度知性教養的支持之下，在中前期，我們可以看到新順尼派文化綜合體的成長；它不再是哈里發盛期的調和產物。順尼派的立場本身，不再像是早期阿巴斯朝時那樣，大抵只是政治妥協的產物；什葉派知性生活之相對淺薄化，見證了目前主要的穆斯林人口當中，某種一致的傾向。更根本的是有一種國際精神，它包容語言與地區的廣泛差異，並歡迎來自任何地方的穆斯林（雖然在伊斯蘭法主義者企圖劃清異端的界限內，結果成效參半）。這樣的精神符合並反映在某種國際政治秩序上，例如約在西元1100年前形成並立足於統領的謀劃、以及城市內多種自治利益的紐帶之上。

在那個時代之後，還有更進一步形塑國際政權的試驗；但是，除非它們與具有新的國際性、蘇非主義傾向的新順尼主義契合，否則，似乎就會註定徒勞無功。單純以地方為本（locally oriented）的宗派主義運動，幾乎再也沒有出現。根基廣佈的什葉派異議者，不會遭到打壓；但經過尼查爾伊斯瑪儀里派密集的努力之後，任何活躍積極的什葉派運動都已於十二世紀告終（除了在葉門以外）。絕大多數的順尼派政權，都沒有任何強大的政治理念作為後盾。但在大多數地區，儘管統領之間相互敵對，政治生活仍然確實維持一定程度的連續，以及一定的包容性，其程度高過都會—農村的共生關係在地方上所要求的最低限度；或許部分原因就在於穆斯林社會為社會秩序持續帶來的壓力。

塞爾柱繼承者國

　　塞爾柱人的政權從來就不是高度中央集權的專制政體，它很早就到了無法回頭的地步；也就是在統領之間，國家資源高度挹注於私人利益，從而在面臨困境之際，沒有中央權威能夠聚積足夠的資源，以對統領普遍貫徹改革的意志。我們已經看到，國家權力如何多半分散於統領們的手中，在尼查姆—穆魯克死後所發生的鬥爭中，他們幾乎以領主的姿態現身。山加爾（Sanjar，在位於西元 1118～1157 年）是最後一位「偉大的塞爾柱人」，他主張自己對伊斯蘭世界中土數個塞爾柱領土的所有塞爾柱朝宗室，掌有某種控制權。

　　山加爾保有他在呼羅珊的權位，並耗盡大半生的時間，試著對其他任何地方建立起他至高無上的權勢。他派遣軍隊前往攻打古希斯坦（Quhistân）的尼查爾派，以及烏滸河北方眾多當地的統治者，這些統治者本應服從他，卻時常在他看似虛弱時，罔顧他的存在。他也必須鎮壓其他塞爾柱統領的獨立姿態。他最頑強的對手是花剌子模地區，也就是下烏滸河谷的統治者（就像在先前的朝代，慣例上仍稱這個地區的君王為花剌子模國王〔Khwârazmshâh〕）。創立當下朝代者，是塞爾柱人的僕役，他曾獲派為總督，但他的後代自命為獨立政權。山加爾打過最不祥的戰役，對手就是喀喇契丹（Kara-Khiṭay），這個政權以游牧為基礎，它的統治者接受中國文化，並控制烏滸河流域與中國西北邊的部分貿易路線。比起曾擊敗來自同一個方向的薩曼朝喀喇汗國葛邏祿突厥，它們的勢力似乎分佈得還更加遼闊：而且雖然——或許該說正因為——它們讓戰敗的地方統治者續留原位，僅僅加以粗略的監控，所以它們的勢力仍然相當堅強。到了西元 1141 年，它們已

經能夠在山加爾靠近撒馬爾干（Samarqand）的要塞打敗他，並成為整個烏滸河流域的領主。

但最直接地決定山加爾命運的因素，是他自己的烏古斯突厥部族（Oghuz Turkic tribe）所發動的叛變——組成那些部族的突厥人，仍維持著游牧生活，也逐漸不再於塞爾柱國家與軍隊中扮演任何角色。他們當中的一支部族，因為遭到服役於山加爾的專業傭兵部隊的稅吏逼迫，陷於絕望之中，因而群起抵抗；接著，他們越過當地總督，而直接懇求於身為全體突厥人首領的蘇丹本人。但有人說服山加爾嚴酷對待他們，並且拿他們來殺雞儆猴——這麼做或許是為了一勞永逸終結游牧民族獨立精神，這種精神隨著塞爾柱人的成就而在呼羅珊取得特權地位，卻必然總是給農耕地區的官僚帶來困擾。然而，開戰之後，烏古斯突厥擊敗山加爾的軍隊（西元1155年），俘虜山加爾，並在他的國家粉碎之際，軟禁他許多年——他們將他奉為首領，保護著他，以免他受到自己的「邪惡」顧問所害。突厥游牧人口從此永久進入了伊朗，人們因而必須認真看待他們。同時，烏古斯突厥所帶來的破壞性遷移，全面加深了崩壞；因為，在消滅了山加爾的軍隊之後，它們認為自己能隨心所欲、不受拘束地燒殺擄掠，並劫掠、毀滅了好幾座城市。

在這段時期內（一如往常地），伊朗與肥沃月彎的土地可以區分為兩個政治區域：東部與西部。山加爾沒落之後，在伊朗東部以及錫爾－烏滸河流域位居主宰地位的政權，是曾經與他發生衝突的花剌子模穆斯林政權。作為三角洲灌溉地，花剌子模物產豐饒，相對之下較為安全，免受周遭沙漠襲擊，而且，它就位在向北通往窩瓦河地區、也日益重要的貿易路線旁。在國內政治傳統和資產階級團結一致的情

況之下，它理所當然的自給自足。新的花剌子模國王似乎接受國家既有的運作方式以及頭銜，並與各城市維持良好關係。呼羅珊的重要性在於：它位在肥沃高原上的貿易路線交叉路口旁；但正因為如此，每當規模龐大的政府垮臺之際，它就會遭遇到瓦解的危機。花剌子模作為整個地區的政治中心，對於呼羅珊的北方地區而言是勁敵。花剌子模人與喀喇契丹的勢力（即主宰扎拉夫尚山谷及烏滸河谷間的霸主）和解，向其領主納貢，卻又為了自己的利益而在伊朗活動。他們在那裡與（在伊朗東緣取代嘎茲納朝的）古爾朝勢力共同馴服烏古斯突厥部族，並致力於恢復呼羅珊本身的繁榮。花剌子模人的國家（實質上）是薩曼朝的繼承人，但是在塞爾柱人統治之下、以及烏古斯突厥蹂躪期間，這個地區的官僚傳統已經削弱，而且未能完全復原。

伊朗西部與肥沃月彎的主要勢力，表面上是非阿拉伯的伊拉克地區的塞爾柱人，即阿爾普—阿斯蘭與穆罕默德・塔帕爾的直系後裔。事實上，在大約一個世紀內，這個地區的勢力由十或十一個主要朝代以及許多較小的朝代分割，它們大多都主張自己與塞爾柱權威具有某種關係。相較於全盛時期的塞爾柱人，這些朝代看起來微不足道，它們也不是主要的勢力，不過，它們不只是城市國家；因為它們握有潛藏的可觀資源。其中許多朝代控制的領土，雖然居住人口不夠密集，其面積等同於歐洲的瑞士，或是更遼闊的歐洲土地（即使扣除附屬的自治朝代）；他們可能支持具有實權的王室，而這些王室確實為詩人們提供了可觀的贊助。然而，由於地方上的統領似乎享有範圍可觀的自行裁決權限，所以即使是這些國家，它們對內的控制力也不夠牢固。王室所能獲得的資源，很大比例上用於毀滅性的戰爭上，包括國家之間的戰爭以及國家內部的戰爭。最多是由於統治者的人格，而使

幾個政府的行政效率各有不同。

　　這種情況是由統領—權貴體制及其墾地分配所引起。在這些國家，人們偏向於選擇的統治名號是大將領（atabeg），這個名號字面上的意義是突厥語的「父主」（father lord）。這個頭銜指稱那些名義上派往特定領地擔任駐軍，並且被任命為塞爾柱世系未成年王子的守衛；大將領（通常是突厥傭兵軍官）一度是年輕王子的家教兼攝政人；但在此時代的政治環境中，大將領自然而然成為了實際上的統治者。在統領統治的體制中，唯一具有實際效用的權力，就是戍守特定地點的軍事駐衛。由於處於規模相對較大的勢力水平，所以，統領體制必然會造成：以王子的名義統治領地的軍事首領，實際上卻是獨立自主。結果，大將領身為隱藏在王位背後的實權者，他們喜歡讓自己控制的未成年人繼承名義上的權威，而不是由成年塞爾柱王子繼承。不過，通常不是只有一個塞爾柱未成年王子，也不是只有一個大將領；除非有哪個統領明顯壓倒其他所有掌權者，在相互爭鬥的未成年王子（他們往往在成年之後存活不久）之間，就會存在許多繼承紛爭。最終，使用大將領這個頭銜的統治者，擺脫了他所守衛的塞爾柱王子——他們也可能從來就不是正當意義上的大將領——他們建立起自己的朝代，除了名義上的關係，幾乎與塞爾柱朝毫無關係。對應於大將領當權的方式，這些國家內部的政治狀態則為：朝代的權威只限於直接的軍事控制範圍，而若要迫使較弱小的統領繼續聽從命令，並同時對抗其他大將領的入侵，就必須持續施壓。

　　伊朗西部與肥沃月彎（即舊有專制帝國的中土）內的官僚控制，以及所有土地軍事化，已經到達了最大程度上的崩壞；大將領的國家就建立在這些土地上。正如我們所見，在伊朗東部，花剌子模國王統

治著掌控得宜的帝國（儘管間或有兄弟鬩牆的情形）。同時，在較為荒僻的中乾帶地區——包括廣闊的阿拉伯半島，甚至是伊朗東南部——其權力則更偏向於地方分治。港口則獨立自主，無論在統治它們的家族底下，保有本質上屬於共和（寡頭）體制的制度，或由海岸後方仍屬部族體制的領導人統治；儘管某些時候，一座城鎮可能支配好幾個其他城鎮。在內陸上，沙漠則由部族聯盟控制著。

即使在以農耕為主的葉門，像亞丁這樣的港口，往往也由地方的獨立政體統治；同時在內陸，數個相互傾軋的朝代割據了鄉間地區，其中，北方薩達（Sa'dá）的柴迪什葉派，通常掌控著強而有力的地位。傳統上，整個漢志地區是由麥加的眾「sharîf」（穆罕默德的後裔）家族當中的一個家族統治，它們共同服從埃及勢力，有時候則是服從敘利亞勢力的宗主權。然而，在西元1174年，一支來自敘利亞的突厥駐軍挾著從大將領系統衍生而來的制度，將葉門的許多地區（以及漢志地區）納入它的控制之下；在這個艾尤布朝代以及後來的繼任者拉蘇里朝（Rasûlids）的統治之下，葉門的夏菲儀法學派更加緊密融合於中土之道。

當然，尼查爾伊斯瑪儀里派憑恃著他們的民兵，在古希斯坦或其他地方實行自治。一如以往，埃及是高度中央集權的國家，直到西元1171年，都處於法蒂瑪朝的控制之下。

剛開始，許多塞爾柱親王以及那些在非阿拉伯的伊拉克地區繼承穆罕默德·塔帕爾的大將領，試著迫使其他幾處領地接受他們至高無上的地位，至少要在納貢的意義上承認他們的地位。但他們幾乎沒有穩固的實力。只要山加爾還活著，在伊斯法罕以及後來成為首都的庫德斯坦（Kurdistân）的哈瑪丹，繼位爭議都是由「大塞爾柱」化解，

儘管在當地軍隊為了相互爭戰而各盡其力之後，他才介入調停。在這個時期，塞爾柱朝主要的政策目標是讓巴格達的哈里發淪為附庸——在某種程度上，這是由於「身為哈里發政權的首席副官」，對塞爾柱人而言，只是象徵性的意義；他們罷黜並且放逐了不只一位哈里發。然而在西元1157年，山加爾之死同時也削減了原本就愈來愈衰弱的權力，在哈瑪丹的塞爾柱朝被迫放棄巴格達的圍城行動，並承認哈里發對美索不達米亞平原擁有獨立行使的權力。哈里發們可以靠著他們獨立的聲望，對抗已遭到削弱的統領；但統領只不過是其中一支較為突出的勢力。接著，從西元1161年起，在哈瑪丹，塞爾柱的王子受制於亞塞拜然的大將領，這位大將領在塞爾柱建立起自己在行省的勢力，其勢力強大到足以有效干預土生土長的大將領。最後一位塞爾柱王子試著在非阿拉伯的伊拉克地區建立起獨立的權威，他極為成功地抵抗著大將領，甚至還邀請花刺子模國王前來協助他的對抗行動；他在西元1194年的拉伊之役中遭到殺害，最後一個塞爾柱的主要族系滅絕了，亞塞拜然大將領的代理人暫時取代了這個地位。

除了非阿拉伯的伊拉克地區的塞爾柱朝、亞瑟拜然的大將領們，以及重起的哈里發以外，為數可觀的權威（就像在地圖上所能看出的）在伊朗西部與肥沃月彎地區興起，新興勢力所及範圍包括法爾斯地區、法爾斯東邊的奇爾曼、洛雷斯坦（Lûristân）、法爾斯北邊的山區、庫德斯坦、亞美尼亞、加濟拉地區的迪亞巴克爾（Diyâr Bakr）與摩蘇爾、大馬士革。甚至好幾個較為弱小（或者比較短暫）的朝代也都扮演著重要的軍事角色，例如在伊拉克的希拉（Ḥillah）阿拉伯世系。當然，這些主要朝代未必全都能安穩存在，它們的敵對世系更沉溺於兄弟鬩牆；但至少他們絕大多數都維持了幾個世代。阿勒坡以及

一段時間之內的大馬士革，一開始都擁有屬於自己的塞爾柱年幼親王。在奇爾曼，也由獨立的塞爾柱君主擔任統治者——通常受到他自己的大將領們控制。其他家族的統治者，未必全都採用**大將領**這個頭銜，但他們幾乎全部都具有突厥血統。

自從西元1041年，烏古斯突厥的塞爾柱浪潮將塞爾柱朝的一位表親帶往該處之後，奇爾曼的塞爾柱朝就一直都是獨立自主的，儘管它們被迫服從「大塞爾柱」的權力。奇爾曼位在南北貿易路線上，這條路線偶爾與法爾斯地區的須拉子處於競爭關係，而剛開始，那裡的統治者勢力強大到足以控制海港，甚至能夠控制歐曼的海岸。但是最終，同樣的軍事分裂接連發生，就像其他國家的情形一樣，並且，在一段重大失序的時期裡，曾經打敗山加爾的烏古斯突厥橫行該地，並在西元1186年將最後的塞爾柱朝統治者驅出奇爾曼，讓他們自己的首領就任他的權位。

由於須拉子在文學上的重要性，在法爾斯地區領土內的某些統治者，也享有附之而來的名聲。在此時期這個地域內的政治局勢，薩爾古里朝（Salghurid）足以堪稱為模範。薩爾古里家族是突厥遊牧部族的首領，曾經不只一次起義反抗非阿拉伯的伊拉克地區的塞爾柱人，而在西元1148年，薩爾古里家族攻佔了須拉子，並打敗那裡的塞爾柱親王的大將領；但沒多久，他們就被迫向哈姆丹朝貢。他們接受**大將領**的頭銜，以求與地位更低的統領區隔。但處於朝貢者的地位，未能保護他們免受反覆內戰之苦。西元1194年，在塞爾柱人沒落之後，他們轉而向勝利的花剌子模人朝貢。但直到西元1203年的八年間，兄弟之間為了大將領地位的鬥爭仍然繼續，而這樣的鬥爭，將法爾斯地區的經濟消耗殆盡。然而，這樣的軌跡路線仍然持續，貫穿蒙古征服時期。

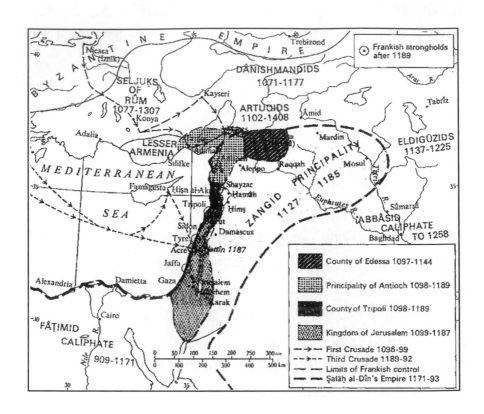

圖 5-1　十字軍時期的敘利亞與安那托利亞

十字軍與贊吉—艾尤布朝的中興

　　這個世紀的軍事體系所造成的最糟後果，就屬諸位蘇丹、大將領與統領之間持續不斷且自相殘殺的戰役，以及間歇發生的掠劫。而在保衛伊斯蘭境域、抵禦外敵時，卻戲劇化地顯露出軍隊手中握有的權力太過分散的缺陷。也正是在此種情形之下，這個體系的適應能力，以及其最終產生強大統領能力、凝聚戰鬥能力的潛質，最能顯現出來。

　　危機與反應主要發生在地中海岸邊的穆斯林區域，即位於西班牙、北非（Maghrib）東部、埃及與敘利亞等地。對伊斯蘭世界而言，中前期是活力與擴張的時代，但對西歐的拉丁化民族而言也是如此。雖然西歐人活動範圍的擴張，或多或少有其侷限，卻以迅速的經濟發展為其基礎；這樣的經濟發展，在地中海地區西部的北方內陸前所未見，這也一度產生相當大的勢力。在哈里發盛期，來自北非（Maghrib）與西班牙的穆斯林掠劫了地中海北邊沿岸所有地區，並頻繁佔領義大利與高盧的港口，在十一世紀時局勢逆轉了；穆斯林被驅逐出義大利，甚至也被驅逐出西西里以及西班牙北部，因而北非（Maghrib）海岸不但承受穆斯林侵擾，某些港口最終甚至遭到佔領。

　　十二世紀時，西方人的活動正值顛峰，在名為十字軍的遠征中，直搗北歐的軍事力量甚至延伸到敘利亞。因此對所有在更西邊的穆斯林民族帶來嚴重的威脅（主要出於意識形態上的理由）。十二世紀時的義大利和加泰隆尼亞等基督教城市，事際上依靠北方蓬勃發展的貿易中飽私囊，在地中海水路上幾乎獲得穆斯林以往所掌有的主宰地位。事實證明，西方人在海上享有永久的支配地位（或許部分的原因

在於：作為穆斯林腹地的黑色人種地區的開放，確實不比北歐的開放土地豐饒）；但到了十三世紀時，隨著穆斯林勢力復甦、沿著持久不懈的防線，他們在政治上的威脅性受到了阻擋。這樣的復甦無論在地中海東部或西部，都以最大效能運用新國際秩序的資源，以促成政治局勢的發展；在每件案例中，這股復甦賦予順尼宗教學者新的領導權，並有助於根除或壓制在地中海南岸沿線上的各式伊斯蘭運動，特別是什葉派與出走派。

相較於其他任何地方，敘利亞政治分裂的過程更加久遠：在十一世紀的最後十年，幾乎每座重要城鎮都有屬於自己的獨立統領，他們僅僅在名義上尊賽爾柱統治者為首，而賽爾柱王子的有效勢力範圍僅限於阿勒坡。統領們相互猜忌，但更加忌憚來自伊拉克或伊朗的任何外來干預。當拜占庭帝國的西方聯軍向他們席卷而來，他們幾乎提不出統一的防禦計畫；每位統領都堅守自己的城鎮，盼望暴風遲早會過去，卻沒料到基督教勢力的崛起會將他們盡數殲滅。一些最重要的城鎮一個接著一個淪陷。

從拜占庭帝國的觀點來看，對其既定目標，第一次十字軍東征有所貢獻：重新奪回所有曾經屬於基督教羅馬帝國的土地，更具體地說，這是近代塞爾柱人在西元1071年馬拉茲吉爾特戰役大捷之後，對突厥人逐漸佔領大半個安那托利亞的反擊。西歐民族對於在穆斯林的統治下重新取回聖地耶路撒冷的計畫，已迫不及待；近年來基督教徒土地落入穆斯林手中的情形，如今更激起他們的熱忱。利用這股熱忱，拜占庭人趁著西方人覺醒之初，重新收復安那托利亞大部分的土地；但他們將部分十字軍可自行攻克的敘利亞土地留給十字軍，讓他們以拜占庭附庸的身分佔領敘利亞。許多指揮官麾下的西方冒險者大

多是法蘭克人，他們非常樂意讓拜占庭接管安那托利亞，並將拜占庭賦予他們的入主權作為回報；但他們拒絕成為敘利亞附庸的提議，因為他們是為了自己而征戰。受惠於敘利亞統領們異常的分歧、義大利貿易城市海軍大力的支持，他們得以一路燒殺擄掠，直麾向敘利亞沿岸。西元1099年，勝利的狂喜讓他們盲目、任意地屠殺耶路撒冷的居民。

接下來的幾十年，他們建立起一系列的拉丁小公國，儘管異教徒甚至佔領了伊斯蘭最神聖的城市之一——耶路撒冷，長達一段時間內，穆斯林統領都無力反擊這些小公國。由於拒絕了拜占庭這個無可匹敵的強大中央領袖，十字軍並未建立起強盛的單一國家。但靠著義大利艦隊的協助，他們得以掌控敘利亞的所有港口。此外，他們在極北與南方控制著數量可觀的內陸土地。在北邊，他們沿著伊斯蘭世界與拜占庭之間舊有的邊界地區，佔領若干城市，在某種程度上與當地的亞美尼亞基督教團體合作，這些團體雖然對西方人心存疑慮，但遠不及他們不信任拜占庭的程度。在南邊，他們掌控著耶路撒冷，其名聲吸引源源不絕的傭兵擁向那兒，這些傭兵讓耶路撒冷的十字軍君王一度得以併吞敘利亞南部大半部領土，甚至取得向南通往紅海的出口。在大馬士革、阿勒坡與兩地間較小城鎮相互爭執的統領們只能處於守勢。

來自西方的移民（穆斯林稱之為「法蘭克人」〔Frank〕）試圖建立一套理想的西方封建體制。與此同時，伊斯蘭（Islamicate）生活很快就在文化方面將他們同化。當然，除了在軍事建築的領域以外，他們對當地的生活方式幾乎毫無貢獻。他們用來作為司法審判的決鬥（judicial duel）以及原始的醫學程度，讓穆斯林與當地的基督教徒感

到荒謬。少數西方人甚至學習古典的阿拉伯文。但這些西方移民確實享受到優渥的物質生活。長年定居此地的移民，他們的生活方式旋即就幾乎變成伊斯蘭（Islamicate）的生活方式，這使得來自歐洲的新移民感到驚訝。不過隨著新移民持續不斷地大量湧入，也避免了移民完全的同化與最終的皈依。

　　一直到了十二世紀中期，一些穆斯林開始克服眾多城市間統領眼光狹隘的爭執問題，凝聚視野、團結行動，對抗十字軍。藉由犧牲鄰近的穆斯林來擴張自己的勢力，對統領而言總是比較容易，畢竟在這個地區中，基本忠誠根本不存在，在一、兩場交戰中吞下敗仗的軍隊會被兼併、收編至新的軍隊。至於遭受侵略的非穆斯林，包括其士兵及整個特權階級，他們的生存正遭受到威脅；因此在存亡之際；他們的抵抗必然更加堅持不懈。

　　統領贊吉是塞爾柱人轄下突厥傭兵軍官的兒子，在塞爾柱大將領麾下快速晉升，直到西元1127年，他自己也在摩蘇爾受命擔任大將領。在穆斯林佔領的地區中，他成功在半島與敘利亞北方拓展自身勢力（並在西元1128年趁著當地戰線失守，佔領了阿勒坡），這讓他得以擴大集結物資以突襲十字軍的陣地，他也因此贏得宗教學者的贊同。西元1144年，他拿下十字軍國家四個主要首都中防備最脆弱的埃德薩（Edessa, Ruhà），然而他卻在西元1146年逝世。正如大將領家族典型的作法，他的兩個兒子隨即分別在摩蘇爾及阿勒坡自立為統領。摩蘇爾世系的統領籠統主張其身為大將領的領導權，但他全神貫注於取代法爾斯地區薩爾古里朝的想法，讓他脫離了與十字軍相互對峙的現實。阿勒坡的努爾丁（Nûr-al-dîn）則繼承了贊吉對抗十字軍聖戰的熱忱。

努爾丁是名熱切的戰士，至少對於成為新順尼派理想的模範統治者，他絕對抱持著相同的熱切。他沒有建立中央集權的政體，卻以突厥駐軍及都市領導階級之間的合作為基礎，建立起自己的勢力。他運用自己的資源建立各種類型的福利建築——清真寺、醫院、旅舍與經學院；他同時也運用這些資源收復遭到十字軍佔領的領土。當時根據順尼派的處境，允許他們進入廣闊的區域，儘管他抱持著寬容態度，他對超越界線的異端卻極為嚴厲，激烈的程度如同他對抗曾在伊斯蘭境域統治的基督教徒一般。他特別注重伊斯蘭法能夠全面落實，即使市民認為該法律所提供的保障遠比簡易律法更加不足，因而引起市民激烈抗議，他卻仍然強勢執行他的理念。因此，他獲得宗教學者的穩固支持，以及士兵忠心耿耿的尊敬。這樣的情勢助長他拿下敘利亞、大馬士革殘留的獨立穆斯林城市首領，同時也協助他在對峙耶路撒冷十字軍公國時，順利統整穆斯林敘利亞的資源。從西方人的觀點來看，耶路撒冷未能從家鄉獲取足夠的援助；但從穆斯林的角度來看，來自歐洲的額外協助持續不斷地傾注，不但使他們更加強盛，甚至超過原本的預期；特別是讓穆斯林的海軍勢力相形失色的義大利城市海軍。埃及什葉派法蒂瑪朝的資源處於最為匱乏的時期，遠不足以威脅敘利亞的順尼派或基督教的形勢，埃及如今成為敘利亞兩股勢力間爭奪的目標。西元1169年，努爾丁成功讓他自己的副將擔任年幼哈里發的大臣，並透過這種身分來控制埃及，藉以回報敘利亞人在軍事上的支持。藉由這種方式，他創造出強大的穆斯林組織，能從側翼包圍十字軍，左右戰局。

　　在埃及的潛在資源能完全做好準備之前，努爾丁就過世了（西元1174年）。此時此刻，當初建立國家的順尼派忠誠精神同時也成為滅

國的威脅，出於對努爾丁的忠誠，虔誠的敘利亞人支持他孱弱的兒子，反對他派駐在埃及的副將同時也是他最能幹的繼承人——薩拉丁·艾尤布（Ṣalâḥ-al-dîn Ayyûbid）。薩拉丁是個相當頑固的士兵，年輕時甚至稱得上迂腐，但他在贊吉的軍隊裡，忠心追隨自己的父兄。如今他證明了自己是延續努爾丁政策的最佳人選。儘管一開始有許多阻礙，但經過一段時間的努力，他成功攏絡了穆斯林敘利亞；特別是他並非突厥人而是庫德人的身分（起源於伊朗西部高原），屬於外來族裔而非軍隊主要族裔。薩拉丁有意讓埃及成為主要的運作基地，雖然他的能力還不足以拓展領土範圍，但他將國家狀態幾乎恢復至早期法蒂瑪朝的格局，並促進相同形式的貿易形態。他與數個遠方的穆斯林統治者維持謹慎的關係，特別是哈里發；但除了一些平民志願兵組織，他並未得到太多幫助。他也跟希臘及亞美尼亞基督教勢力達成一些友善的非正式協議，或許這些協議的效用就像他與穆斯林統治者間的聯繫一樣，幾乎毫無幫助。針對政治結構，他不像努爾丁有更多其他方面的基本改變，他也仍然訴諸部隊的戰士精神信仰以及都市領導者的順尼派理念，他在西元1187年佔領耶路撒冷（城內的人們得到赦免，他秉持的態度與十字軍形成對比），於是旋即將十字軍國家攻陷至僅存幾座海港城鎮的地步。

　　法蘭西國王與英格蘭國王的聯合遠征軍，跟隨著以日耳曼為主的遠征軍隊出征，儘管義大利城市的兵力支援挹注其中，但實際上也無力扭轉整個局面，縱然如此，遠征軍還是阻止了穆斯林進一步的成功進擊。由於麾下部隊資源不穩定，以及西方貴族間紛爭不斷，薩拉丁受到了牽制。衍生而來的戰事之所以為人們紀念，主要是因為這場戰事凸顯了薩拉丁與專橫的西方人物英格蘭國王理察（Richard）之間的

人格差異，對比出這兩個人在寬恕上的差別。即使是西方人，也會因為薩拉丁永垂不朽的騎士精神、信守諾言的浩然正氣，而尊敬他。儘管如此，西方人仍一再顯露出偏執的態度，並且背信棄義；尤其是當他們透過談判再次奪回阿克（Acre）時（聯合遠征的主要成就），儘管已經承諾可以贖回投降的駐軍，理察竟然屠殺駐軍，婦女與孩童無一倖免。

在他過世後（西元1193年），薩拉丁將他的勢力留給在重要城市擔任統領的兒子與兄弟們；但埃及的關鍵資源，首先由他的兄弟阿迪勒（al-'Âdil，西元1128年逝世）親自掌握，接著落到他兄弟的兒子卡米勒（al-Kâmil，西元1238年逝世）手上；他們兩位才幹出眾，善於統領家族中眾多的統領公國。直到西元1238年，萬眾一心的薩拉丁的艾尤布朝才完全衰敗。西元1250年，埃及改朝換代，約莫十年內，其他領地的形勢也如出一轍，皆由傭兵軍隊的首領們接手，為埃及一敘利亞國家重建一個新政體。[1]

十字軍的影響之一，就是至少提升了穆斯林地方自治的意識。有一個激烈的爭論是關於是否該兌現與異教徒承諾過的協議。薩拉丁認為這些協議是有合法上的效力，但某些宗教學者主張無效。（拉丁基督教徒的多數見解則認為不必遵守協議。）無論如何，拉丁人的出現鼓動了反抗受保護者的暴動，這些受保護者們心中相當不正當地──傾向與十字軍聯結起來。十字軍更重要的影響或許是中斷穆斯林在敘

1　所有關於薩拉丁的著作當中，最具洞見的一本作品，當然就屬 H. A. R. Gibb 的 'The Achievementof Saladin', *Bulletin of The John Rylands Library*, 35 (1952), 44－60，該文重刊於作者的另一本著作：*Studies on the Civilization of Islam* (Boston, 1962), pp. 89－107。

利亞以及整個黎凡特地區（Levant）的貿易活動。掌握敘利亞主要海港的控制權鞏固了義大利人的海上優勢。但西方貿易的活力在當地顯然沒有為整個地區建立起一體化的經濟。即使最後十字軍遭到驅逐後，敘利亞的海岸都市也沒有完全恢復榮景。

北非（Maghrib）政權的改革

在賽爾柱朝輝煌的成就下，更遠的西方地區正獨立發展其政治形態；長久以來獨立於阿巴斯政權之外，也幾乎沒有經歷過統一的地區性政權。不過，這裡的政治情勢也相去不遠，特別在法蒂瑪朝哈里發擊破伊巴迪出走派的勢力後，曾短暫征服該地區。在那裡，伊斯蘭同樣受到廣泛的擁戴，其程度勝過任何君主；那裡，每座城市都有相同的趨勢，便是在穆斯林社會關係的世界性網絡中扮演自治核心的角色。也正是在那裡，藉由他們團結的優勢，游牧部族（柏柏人）得以躍居統治的地位。宗教狂熱與部族勢力的結合確實成功樹立起一種國家組成的模式，儘管受到一些干擾以及其他的削弱，這種模式的整體結構仍耐持久存續下去。

不受阿巴斯帝國統治的地中海西部地區，在一定程度的距離外已體驗哈里發盛期在知性與精神上的重要發展。伊巴迪派在塔哈爾特（Tāhart）的統治確切促成出走派律法的發展，但其自由的精神使柏柏人的實際日常生活大致維持不變。伊德里斯朝（Idrîsids）更西邊的地區，則只有些許什葉派的痕跡，以及比起伊巴迪派統治時期更加原汁原味的柏柏部族生活。但到了十一世紀，伊斯蘭扎根甚深且積極向南傳播，甚至超越撒哈拉沙漠。伊斯蘭的存在成為最重要的精神力量。

伊本－亞辛（Ibn-Yâsîn）率領一批鬥志激昂的奉獻者，自行建立一座武裝堡壘（ribâṭ，聖戰前哨站），據守南邊遠至塞內加爾河流域，改變那裡居民的信仰或是以武力征服；他也說服（西元1056年）了拉姆圖納（Lamtûnah）的柏柏部族首領支持他改革的努力。這個運動的追隨者稱為穆拉比特（Murâbiṭ），意指堡壘中的奉獻者。他們實施清教徒式的統治方式，從遙遠的撒哈拉沙漠西部接著到整個北非（Maghrib）西部地區（以馬拉喀什〔Marrâkash〕為首都）。他們特別喜歡極其嚴謹的法學家，這些法學者們將瑪立基法學派作為法定的律法全面實施（至少在城鎮之中），此學派在地中海西部地區也成為最流行的派系。他們建立的國家以城市為基礎，但由周圍山區的部族軍事勢力扶助著他們的城市。它比北非（Maghrib）的任何地區都還要穩固，並支配著相對集中的資源。因此身在眾多城市國家統治者支配下的西班牙穆斯林，發現本身遭受來自西班牙北部的基督教徒勢力威脅時，貿易商與法學者們便急切召來穆拉比特，藉以擊退基督教徒；在穆拉比特成功戰勝基督教徒後，他們迫使眾多西班牙王公退位（西元1090年），並向穆拉比特的勢力投誠。

所以穆拉比特朝並不是以掠奪為業的統領公國，這個朝是建立在某種需求上：即北非（Maghrib）應該進入伊斯蘭中土的律法生活主流；基於穆斯林必須緊密團結以對抗基督教徒威脅的請求，拓展國家的勢力——如同贊吉在地中海東部地區。但是在尼羅河至烏滸河間地區本，新思潮正在發展。嘎扎里的著作試著調合日漸流行的蘇非主義與具有知性的伊斯蘭法主義。在穆拉比特朝的統治下，法學者們焚燒他的著作。經歷穆拉比特朝延續兩個世代的統治，使一開始的改革熱忱潮流衰弱許多之後（政府的軍事力量也隨之消散），同樣的著作激

發了新的改革者——伊本—圖瑪特（Ibn-Tûmart）。如今，無疑已在北非（Maghrib）享有世界主義化（cosmopolitanizing）影響力的瑪立基派法學者，他們微不足道的法律至上主義，在知識性上看似空泛，或許也早已無法跟隨著時代前進了。伊本—圖瑪特從事改革的熱忱，與伊本—亞辛如出一轍，他們都強調應該在細節上嚴格遵守道德誡命，儘管比起瑪立基法學派，他更偏好外顯學派，但他鼓勵更遼闊的知識洞察力。（他表現出哲學的特色，甚至是什葉派的影響。）退隱到摩洛哥山區後，他宣稱自己是末世引導者（Mahdî），並稱呼他的追隨者為真正的一神論者，也就是穆瓦希（Muwaḥḥids）。

伊本—圖瑪特在西元1130年過世，但在他自己的柏柏部族陣營——瑪斯穆達族（Maṣmûdah）裡廣受支持，更聚集了一個由傑出領導者組成的核心群體。他們的首領阿布杜—穆俄敏（'Abd-al-Mu'min）作為末世引導者的繼承人，組織一場對抗穆拉比特朝的精銳戰役。在二十多年的戰爭中（直到西元1147年），穆瓦希朝幾乎佔領穆拉比特朝的全部領土，穆瓦希戰役本身也加深了穆拉比特朝的弱點，那些弱點使部分的穆斯林西班牙向基督教勢力低頭。但隨著穆瓦希朝勝利，穆斯林在西班牙南部所保有的地區在兩到三個世代內得以受到保衛。穆瓦希朝甚至將他們的版圖影響力延伸至先前朝代不曾達到的地方，征服了北非（Maghrib）東邊的黎波里，就像他們在西班牙的作為，他們在當地終結了戰爭；當地穆斯林的弱點曾招致義大利與西西里的基督教徒武力侵犯，甚至是佔領。

柏柏人改革派政治勢力的模式因而重獲新生。穆瓦希朝的統治家族旋即證明他們在知識方面的廣泛興趣，並暗地鼓動意義重大的西班牙哲學運動；我們會再深入探討上述內容。然而，這個國家建立的基

礎一直都是各城市中嚴格遵守道德誡命的法學家（儘管伊本—圖瑪特
對瑪立基法學派懷有敵意）、較粗鄙的柏柏游牧部族民族之間的聯盟。
建築藝術穩固且活躍地蓬勃發展，但比起先前在西班牙或是現代的伊
朗，宮廷藝術與文學受到的鼓勵相對較少。即使在某種程度上支持哲
學與嚴肅藝術的活動，但仍發展出一項不信任世俗化影響的傳統，這
種影響會使人聯想到更東邊的伊斯蘭（Islamicate）文化；自此以後，
源自於伊斯蘭世界其他地區的想法一般而言都會遭到質疑。在西班
牙，這個政權雖不受上層階級喜愛，但至少獲得宗教學者的熱切支持。

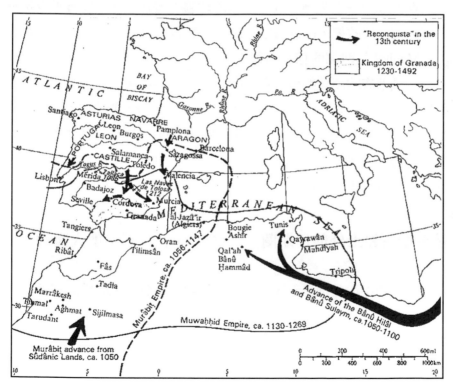

圖 5－2　穆拉比特朝和穆瓦希朝

十三世紀早期，這個朝代開始失去權勢。在西元1212年，穆瓦希朝在西班牙遭到基督教國王重創，於是他們旋即退出西班牙，基督教徒接著奪得哥多華（西元1236年）與塞維爾（西元1248年）。一個在山區的小穆斯林國家倖存於格拉納達（自西元1230年起），並向基督教徒進貢。穆瓦希朝的軍官四處建立獨立的政權，像是西元1236年在北非（Maghrib）中部的提里姆桑（Tilimsân）。最重要的措施由突尼斯與北非（Maghrib）東部的統治者提出——哈夫斯朝（Ḥafṣid）的阿布一扎卡里亞‧雅赫亞（Abû-Zakariyyâ' Yaḥyà），他譴責穆瓦希朝的統治者（西元1237年）偏離穆瓦希原本的教義；他在這個地區幾乎重新奪回強大的中央政權，卻無法鞏固自己的勢力。到了西元1269年，在北非（Maghrib）西部的穆瓦希朝已被馬林朝（Marînid）取代，這個起源於新興部族的朝代雖然打退了哈夫斯朝，卻無法使穆瓦希朝的偉大復興存續下去（儘管此朝暗自受到他們遺緒吸引）。無論如何，在穆拉比特朝與穆瓦希朝的保護下，北非（Maghrib）成為瑪立基法學派伊斯蘭的中心，並建立起自身在伊斯蘭上層文化傳統的全面性的變化。北非（Maghrib）仍然屬於穆斯林。

散佈既有領土外的伊斯蘭（Islamicate）文明：進入歐洲

儘管地中海盆地是新國際秩序的弱點，至少在此時造成穆斯林勢力暫時進入衰退期。但整體而言，作為一種信仰的伊斯蘭，甚至是穆斯林政體，在這個時期仍有大幅擴張。事實上，不論當下的政治局勢如何，社會制度的高度地方分治特性，能把握每次擴張的機會。總體來說，穆斯林社會以「後哈里發形式」（post-caliphal form）開始蓬勃

發展，並因此繁榮、盛行於一時。即使不受穆斯林統治，或穆斯林的統治遭到推翻之際，伊斯蘭往往也繼續成長茁壯，雖然它只能依靠自己慢慢發展。事實上，當無法在西班牙與西西里地區重新建立自己的政權時，穆斯林少數群體最後就會退出；但在許多其他地區，非穆斯林統治下的重要穆斯林群體，正是在這個時期開始出現──例如，在中國就是如此。簡言之，伊斯蘭世界發現它本身足以維持自己及其社會，而不必倚靠政府的援助；可能實現顯著擴張的能力如今發生了，雖然並非每一次擴張時都會併隨著政治霸權，但經常如此。

在麥地那與敘利亞哈里發統治之下，穆斯林政權開始擴張之後，將近三個世紀，穆斯林領土的邊界幾乎沒有變化；它的疆界雖然與哈里發勢力及其後繼者幾乎一致，然而也拓展至其他區域，特別是在西西里、裡海的南岸，以及阿富汗山區；卻也相當常見它的幅地縮小，像是在高盧與西班牙，最重要的是到了十世紀，各個地區全都抵擋著安那托利亞的拜占庭領土。反之，在西元945年之後的許多世紀，穆斯林政權的領域持續擴張，其中，宗教甚至是文明也都蓬勃發展，而且往往無須依賴任何先前就已存在的穆斯林國家；這樣的擴張過程，在某種意義上持續進行到我們的時代[2]。文化的擴張朝四面八方前進：

2　「伊斯蘭的擴張」（expansion of Islam）這個詞，最適用於這項後來的運動上。它有時候適用於阿拉伯人第一次的征服行動；但這些行動只在非常有限的意義上，構成「伊斯蘭的擴張」。當然，當時擴張的不是歷史上的整套伊斯蘭信仰（與文化），而是信仰的種子，當時，它還處在建立歷史身分認同的過程之中：它沒有能夠作為擴張根據地、先前的既存地區（漢志或貝都因阿拉伯地區都無法承擔這種角色）。無論如何，在進行征服的期間，所謂的「擴張」，是從它所控制的地區來說，而不是就人口而言（除了柏柏人這個主要的例外）。阿拉伯的**征服**（conquest）會是更好的稱呼，而伊斯蘭的「擴張」這個詞，應保留給後來規模更

向南跨越撒哈拉，進入非洲黑色人種地區；向南、向東進入印度洋地區，例如東非與印度馬拉巴爾（Malabar）的海岸沿線，以及馬來群島；往北進入黑海、裡海與鹹海北部的廣大地區，最遠東至中國。從十世紀起，以窩瓦河與卡馬河（Kama）的匯流處（接近後來的喀山〔Kazan〕）為中心的保加爾國（Bulghâr state），成為最活躍的伊斯蘭化中心之一。但是，穆斯林政權的擴張最主要的方向是進入南歐與印度北部的文明核心區域。我們將會在第四冊，用更多篇幅回顧大多數的擴張過程。但首先，我們必須先來探討伊斯蘭社會（Islamicate society）在這兩個關鍵地區的政治演變。

十一世紀結束之後，長久以來一直是拜占庭帝國與哈里發政體間之的天然邊界托魯斯山脈（Taurus），遭到塞爾柱軍隊突破之後，加上突厥的領導下，安那托利亞內部逐漸轉變為穆斯林。（安那托利亞海岸與整個巴爾幹半島逐漸受到同化，因此西西里以東仍保有希臘文化的地區，也都落入穆斯林政權手中）。同樣在十一世紀，印度北部的旁遮普遭到佔領（受到嘎茲納的瑪赫穆德統治）；十三世紀初的恆河平原也是如此，包括舊梵文明的主要地區。到了這個世紀末，印度各地幾乎或多或少都受到穆斯林的控制。在歐洲與印度這兩個地區，伊斯蘭文化（Islamicate culture）幾乎與它在尼羅河至烏滸河流域的故鄉一樣興盛。

在尼羅河至烏滸河間區域兩側——位於伊斯蘭世界與它最偉大的兩個對手社會之間的邊界地帶，顯然長期以來在情感歸屬與社會層面

大的運動。西方種族中心主義引用這個無法令人滿意的用語，它把一整套將伊斯蘭引進西班牙、義大利、法蘭西與義大利的運動，都視為擴張。

上清楚劃分出界線。在各情況中，各個社會之間土地直接相銜接之處，即所謂的有效邊界區域都相當狹小。各地區裡都居住著好戰尚武的民族，但各地區的邊界歷史都截然不同。

　　直到馬拉茲吉爾特之役（西元1070年），歐洲的邊界通常位於東托魯斯山與東北邊的山區。這個區域曾發生最著名的歷史仇恨——阿巴斯朝哈里發年復一年帶領遠征軍，前來征討最強大的異教徒君主拜占庭皇帝。此區域的聖戰肩負著偉大的聲譽，遠自呼羅珊的人們都跋涉前去參戰，有時候還散漫、無章法地結伙成群。兩邊的政府都承認邊界地區的特殊地位，並編制特殊軍隊對抗對方的掠劫，以防衛更加穩定的核心地帶——在情況允許時，也會進行掠劫。這些軍隊一部分是由當地居民組成，一部分是自願者，也有些冒險犯難的人們出於良好的目的而樂於入伍；還有一部分是各地號召而來的傭兵。雙方都招募突厥傭兵；在穆斯林這邊，他們來自烏滸河北部，當然絕大多數都是穆斯林；在基督教徒這邊，他們來自於黑海地區，而且也是基督教徒。以基督教徒軍隊而言，亞美尼亞的高地居民扮演至關重要的角色，他們從亞美尼亞北部延著山區往南部走。雙方都以希臘文與阿拉伯文寫作關於戰爭及英雄的浪漫史詩。在許多個世代的持續戰鬥之下，沒有任何一方長久持續取得進展，在這種情形之下，足以促使雙方產生相當類似的邊界文化；由於不太可能發生適應上的問題，因此個人或小型團隊可能在不滿情緒的醞釀下，選擇變節倒戈。

　　到了十一世紀，拜占庭這一方屈居下風。安那托利亞的主要地區屬於希臘文化，並遵從官方的迦克敦教會（Chalcedonian Church）；但不滿的情緒甚至會以宗教虔誠的形式顯現：儘管希臘教會統治集團試圖使他們臣服，邊界的亞美尼亞人仍固執堅守他們身為喬治亞基督教

徒所享有的宗教獨立地位；而且，異教的運動甚至在基督教徒內部也盛行起來。某段時期內，拜占庭似乎進行著土地所有權軍事化、政權軍國主義化，如同曾在伊斯蘭世界發展的情況。但如今，農業經濟似乎不只受到軍事上地方分權的損害，甚至也受到補救措施的破壞——即過度行使官僚權力，它所要求的收益比以往更多，以履行穩定增長的款項需求。在徵收更多稅捐可能會造成災難的情形之下，官僚們甚至計畫減少軍事開支，藉以箝制與它敵對的軍事勢力，同時平衡預算；因此，他們不只背棄了農民，也背棄了士兵。災難降臨至馬拉茲吉爾特，一旦主要的兵力遭到攻破，就再也無法回復舊邊界。亞美尼亞人喜歡建立獨立的小型國家，對拜占庭帝國視而不見；而且，邊界的許多居民（包括突厥）似乎都向穆斯林投誠了。

於是，新邊界地帶便在十二世紀開始發展。但事實證明，這只是穆斯林向前邁進的過渡地帶。拜占庭人一開始靠著十字軍的幫助，重新奪回海岸地區；但現在大部分由突厥組成的穆斯林仍然保有內陸地區。在這兩者之間，遠離海洋的高地內陸，希臘人保有城市，而穆斯林侵略者使鄉間愈來愈難以防守。穆斯林組成了幾個小型侵略國，這些國家的政治實力在於，它們有能力從穆斯林核心地帶吸引信仰戰士前來參加聖戰。對於想要改善命運，並使自己免於流離失所的穆斯林而言，安那托利亞是希望之地，對游牧民族而言更是如此。在新的邊界地帶，農業生產逐漸大幅縮減，而拜占庭政府效率變得低落。許多基督教徒農民仍然留在他們的土地上，教會階層則從動盪、無利可圖的地區撤離；城市逐漸變得孤立無援，因此與穆斯林侵略部隊達成協議的作法，變得有利可圖。

新的邊界地帶，從來沒有像最初的舊邊界那樣穩定下來，但也證

明這條界線變化莫測，沿著這條界線，突厥穆斯林的權力也逐漸茁壯。在任何特定時間、這條界線後面，比起遭到大量殺害的希臘基督教農民，無論游牧或定居的穆斯林突厥人口，都相當密集，並足以維持他們自己的身分認同。農民以及隨後的城鎮也逐漸受到吸引，進入它的文化軌跡。當界線向前推進，舊的地區同化了新的區域。十三世紀末，穆斯林已經擴展到海邊與許多港口，他們在那裡奪取船隻、出海掠奪——這種強行劃分邊界的海盜行為，在伊斯蘭世界與基督教世界之間不只發生過一次。然而一旦托魯斯山鄰接著基督教世界的主要邊界遭受破壞，敵方就能夠毫無阻礙地長驅直入；希臘領土上也發生過相似類似的社會狀況。十四世紀時，他們也渡過了愛琴海，接著跨越巴爾幹山脈，最後甚至渡過多瑙河。[3]

一旦安那托利亞所吸引的民間穆斯林核心人口，例如：商人、貿易商、行政人員與宗教人員，在數量上充足，就足以建立正統伊斯蘭政權。總部設立在孔亞（Konya，也就是 Iconium）的塞爾柱首領家族，對於半島上眾多的穆斯林團體保有名義上的領導地位。其中某些團體以「信仰戰士軍隊」為基礎，建立了強大的小型國家，它們足以睥睨塞爾柱權威；再者，孔亞的塞爾柱朝起初認為他們的利益主要在與其他家族競爭，亦即在肥沃月彎取得一席之地。但在西元1107年之後，塞爾柱帝國已經明確分裂成幾個小國家，當地的朝代便接受下列想法：以安那托利亞原有的穆斯林生活、與日俱增的資源，當作建立政權的基礎。某些在周圍的弱小穆斯林政權被征服了，孔亞因而成為

3　某些作者認為，穆斯林首次佔領巴爾幹地區的愛琴海沿岸土地的時刻非常重要，他們並且聲稱，這些穆斯林現在進入了「歐洲」。這種想法像是預設：人為劃定了「歐洲」的界線，僅僅是不合常理的想法。

東羅馬地區的蘇丹政權（sultanate of Rûm，安那托利亞曾是基督教帝國最富庶的地區）、具伊朗風格的權體中心。東羅馬的塞爾柱人是以政權的身分，與安那托利亞西邊的拜占庭人作戰，而非一群「信仰戰士」；他們在某種程度上拋棄了掠奪邊界的作法。西元1204年之後，當企圖前往耶路撒冷的十字軍部隊反過來攻下君士坦丁堡，並且佔領愛琴海的領土作為應許之地時，相較於佔領敵對的敘利亞，愛琴海的土地都更容易剝削、也更有利可圖，穆斯林們輕而易舉的從中獲利。他們奪取海岸邊的部分土地，足以使孔亞成為地中海—黑海貿易路線上的一站。

在孔亞，人們同時使用波斯語、希臘語以及突厥語，而伊斯蘭世界的藝術，如同在舊有領土上一般蓬勃發展著。東羅馬塞爾柱建築頗有名氣，但最讓孔亞聲名大噪的，還是詩人兼蘇非行者賈拉盧丁・陸彌，他的聖壇仍是城市中最重要的建築。即使是陸姆塞爾柱軍隊，也只在其他塞爾柱國家瓦解之際強盛一時；這個區域性的政權，強化它在舊伊斯蘭領土上的利益，與拜占庭人和解，並向東擴張它的勢力。但到了十三世紀中，它已經面臨困境。無論如何，絕大多數的穆斯林信仰戰士更願意跨過孔亞，前去建立在安那托利亞新設邊界上的藩屬政權。西元1243年，孔亞臣服於蒙古人，這個政權再也沒有重新獲得獨立地位或榮光。

進入印度

相較之下，比起歐洲的邊界，印度的邊界鮮為人知，然而就長期來看，進入印度的伊斯蘭（Islamicate）文明顯然更加重要。有很長一

段時間，邊界地帶就在喀布爾河（Kabul river）流域（因為，穆斯林從第八世紀起就統治的信地，被塔爾沙漠〔Thar desert〕隔絕，孤立無援）。在宗教及文化上各有歸屬的眾多印度公國，或多或少倚賴穆斯林勢力而存續著。這裡的敵人沒有拜占庭皇帝那般強大，而印度文化也獨樹一格，相較於地中海希臘文化地區，印度與伊朗─閃族傳統之間並無任何文化交流。這條邊界並不知名，也沒有太多戰士來到這裡。大部分的居民逐漸伊斯蘭化，開始接受這個思維活躍的文化率領這個地區。或許，這使薩曼朝（在十世紀後半葉）──派遣突厥駐軍進入瑪赫穆德統治下的地區──得以將穆斯林直接統治的政權擴展到山區邊緣，通過山口的關隘進而掌控西班牙平原。如此一來，一旦山區居民成為穆斯林，在組織良好的突厥軍隊領導下，便能以壓倒地方世仇的聖戰之名侵略平原區域。這裡沒有建立第二條邊界的必要。實際上，在印度境內每段時期的征戰，比起歐洲邊界地區的相對應時期的征戰，都提出發生也更加突然。

正如前面所述，第一支攻入平原的世系大獲全勝。與過去的侵略截然不同，靠著嘎茲納的瑪赫穆德的天賦才能，無疑讓這次進攻更加急遽、更具毀滅性；但至少旁遮普在歷史上對這種勢如破竹的世系開放態度，只要來自高地與北方的人們夠團結，也沒有理由繼續期待侵略希臘山區的行動是否仍有進展，畢竟該地區嚴峻的氣候及地勢跟之前佔領的領土差別不大。然而，旁遮普與印度其他地區間隔著綿延百哩的開闊平原，而不是像愛琴海的港灣，再加上兩側還包圍了沙漠與山區。或許，平原地帶並沒有特別的吸引力；無論如何，在這次征服之後的兩個世紀，穆斯林多半被困在旁遮普（除了出外掠奪以外），該地許多民眾也開始轉而信奉伊斯蘭。在印度河流域各處，都有為數

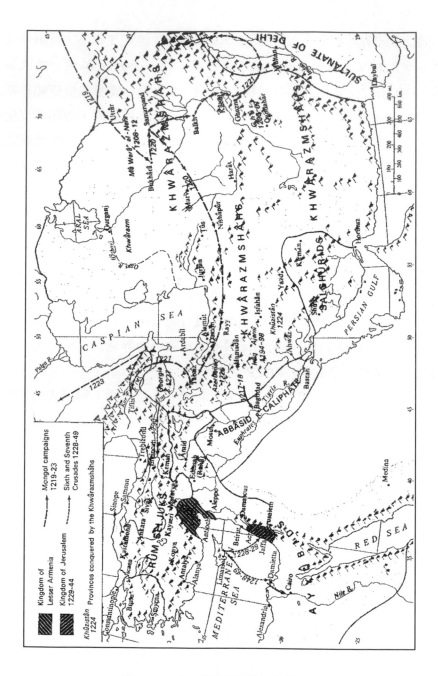

圖 5－3　十三世紀早期的伊斯蘭中土

可觀的佛教徒人口，尤其是那些似乎與控制印度教種姓制度的階級相對立的階級（或許像是商人階級）；佛教徒或許不會一直對穆斯林心生敵意，至少在信地，他們之中的某些人很快就轉變信仰了。

　　在北印度的其他地區，已經統治幾個世紀的氏族（之後統稱為拉吉普特人〔Râjpûts〕）持續相互殘殺，而他們的政治傳統大概逐漸更拘束於那使收益資源更難以有效發展的任務上。直到十二世紀末，在來自伊朗山區的古爾朝統治下，他們才萌生一股重新進入恆河平原的動力。然後再一次地，侵略進展的異常快速，而我們已經知道嘎茲納朝是如何在古爾朝的攻勢下，退回旁遮普的領地。西元1170年代，古爾朝統治者指派並鼓勵他的兄弟嘎茲納總督瑪赫穆德侵略印度。一開始，他劫掠已於穆勒坦（Multân）獨立存在一段時間的伊斯瑪儀里派，接著是印度諸國；但最後，藉由與一位印度統治者聯盟，他攻陷拉合爾（Lahore），接著取代嘎茲納朝最後一位君主，並於西元1191年初成功征服恆河平原；在這十年結束以內，他與他的部下們（大部皆是突厥傭兵）遠征至孟加拉西部地區。拉吉普特統治階級慘遭屠殺——或是殺害他們自己的女眷，並且以騎士之姿，在絕望的突圍中犧牲。

　　在西元1206年，古爾的穆罕默德（他同時成為唯一的統治者）遭到暗殺，也沒有任何古爾人出面掌控大局。他的部下為了掌控自己既有的領土而相互征戰，但佔領地仍掌握在穆斯林手中。前突厥傭兵古特卜丁・艾巴克（Quṭbuddîn Aybak）在拉合爾即位為蘇丹，也統治恆河平原，卻無法制訂任何政策，當他於西元1210年過世時，他在幾年前俘虜的奴隸伊勒圖米胥（Iltutmish）被解放後，即位為德里的蘇丹；正是由伊勒圖米胥才建立起蘇丹政權的秩序。蘇丹是組織緊密的突厥

軍官寡頭統治的首領，而這些軍官在形式上限制蘇丹的權力；他們就像埃及境內的傭兵政權的寡頭政治，他們拒絕與外人分享任何權力，特別是非突厥人，不論他們是否為穆斯林。[4] 就像埃及的傭兵君主們，曾有女性擔任他們的蘇丹：伊勒圖米胥認為他的兒子們無法勝任，因此提名他的女兒拉齊婭（Raziyyah），由於她曾輔佐父親一段時間，也確實證明自己有能力治國（甚至在馬背上指揮作戰）；但三年之後，不服女性統治的軍官們開始採用一連串計謀，成功將她剷除掉（西元1240年）。

這個政權不只意識到它的突厥身分，也意識到自己的穆斯林身分。但就像印度河流域的早期穆斯林政府，這個政權旋即讓異教徒臣服為受保護者，運用他們的多種能力。穆斯林特別在第一波侵略時，毀壞並掠劫了許多印度教神廟，最終印度這個地區的早期神廟幾乎沒有被保存下來。但即使在好幾個世紀之後，大部分的人口（不像旁遮普的人口）仍是印度教徒；除了孟加拉東部以外，在這個地區的低階人民，也有一些佛教徒後來成為穆斯林，而較上層的種姓仍是印度教徒。

不論在安那托利亞或旁遮普，抑或是恆河平原（或後來在巴爾幹半島）——都沒有存在任何盡力恢復非穆斯林政權的運動，即使在伊

4　人們通常將這個朝代稱為「傭兵朝代」，但與埃及的傭兵君主不同，這些突厥人並沒有建立一種慣例：選擇蘇丹的傭兵而非他的兒子；如果將艾巴克與後來的巴勒班（Balban），還有他的家族與伊勒圖米胥及其家族置於同一個群體下，它的名稱應該會是「阿爾巴里」（Albari）蘇丹，因為他們都是阿爾巴里突厥人。參見Ram Prasad Tripathi, *Some Aspects of Muslin Administration*, 2nd revised ed. (Allahabad, 1956)，這是一份記錄詳實的摘要。

斯蘭世界的中心遭到異教徒蒙古人蹂躪之際，也沒有任何改變。對於信仰基督教的農民而言，拜占庭帝國似乎沒有為他們帶來任何美好回憶；至於印度社會，因為受到種姓制度的高度分化，就算舊的統治階級消失，新統治者也很難輕鬆統一。正如我們即將看到，穆斯林填補了拉吉普特人的角色，但不同於原來的拉吉普特人，他們有自己的世界主義觀點；就此一方面而言，印度教社會只是地方現象，他們不願意屈尊為其中一員。在歐洲以及印度，伊斯蘭代表一種社會上可變通的虔信，就連最強勢的人也能接納部分教義；儘管他們可能在自己的社群中遭受阻礙無法晉升，但作為穆斯林，他們可以不受階級限制。一旦穆斯林勢力確立，領土持續受到穆斯林的統治，而即使對尚未信奉伊斯蘭的人而言，伊斯蘭（Islamicate）文明也愈來愈具支配性——到了現代，伊斯蘭（Islamicate）文化卻遭受到強烈質疑。

　　就像伊斯蘭世界本身，旁遮普—恆河平原與安那托利亞兩者在穆斯林征服前的時期內，中央政權皆經歷長期的衰頹。在這兩個地區內，穆斯林統治確立之時似乎都以都市的繁榮為其前提，而且在這兩個地區中，穆斯林與被統治者均參與了都市化的過程，都在自成一格的伊斯蘭（Islamicate）（例如伊朗—閃族）社會及文化模式主導之下進行。身為模範與專業知識來源的「舊伊斯蘭區域」（lands of old Islam），在近期伊斯蘭的區域裡有龐大的威望，就像是伊斯蘭為整個時代所出現的一切令人困擾的問題，提供相對明確的答案。

　　必須補充一點：每道前線上的戰士大多數（儘管不是全部）屬於順尼派，而在他們之中的其他宗教少數群體便不受歡迎。在歐洲與印度的伊斯蘭，具有主導優勢的通常是順尼派，當然也有例外。事實上，伊斯蘭在此時才開始擴張至所有地區內，順尼派才開始佔有優勢

地位。而且相較於印度與歐洲，在絕大多數的地區裡，順尼派的優勢更為全面。什葉派只在舊伊斯蘭的中土留下顯著的勢力。

哈里發納席爾、朝廷青年團與花剌子模國王

　　無論在伊斯蘭世界中土的東邊或西邊，絕大多數的塞爾柱繼承人國家都不認真看待基督教徒入侵地中海地區。而且，無論在東邊或西邊的塞爾柱繼承人，他們對於伊斯蘭本身的擴張，也絲毫不感興趣：這些新領土就只是成為廣闊、多元的伊斯蘭世界的一部分。塞爾柱末代朝沒落之後，在舊哈里發領土中的核心地帶，穆斯林的政治意識則上演著比較像是家務事的戲碼。

　　或許在十三世紀初哈里發本人的指導之下，才開始認真致力於尋找可以團結整體伊斯蘭世界的政治新理念。正如我們已經提過，即使是兼容並蓄的塞爾柱蘇丹政權，還是無法實現其理想，尤其是在伊斯蘭世界最為核心的地區，大將領體系使政治權威分崩離析的情況最為嚴重。在這些統治者中，即使在他們勢力最廣闊之際，其中一位統治者的主張都涉及個人且十分短暫，這位統治者即哈里發納席爾（al-Nâṣir），他嘗試為政治生活注入新元素，這項元素往往成為大將領普遍具備的個人領導能力，並促成大將領之間的合作，或至少是和平競爭，而不是一貫的敵對關係。

　　在這眾多領地上的統治者之間，哈里發們因其頭銜而具備的獨特權威，重拾了他們在巴格達的獨立地位，並得以推行具有相當一貫性的政策，以鞏固其對伊拉克之控制力。在哈里發納席爾統治下（西元1180～1225年），哈里發政府得以在伊拉克本身之外，增添相當數量

的領土，但很顯然，再也無法妄想重新掌握哈里發那舊有基礎中已消逝的權力。

納席爾在位四十五年，至少他起初也曾涉入當時的暴戾施政：他下令處死他的兩位首席大臣，並在巴格達公開展示他的敵人「塞爾柱末任蘇丹」的頭顱。但他也創立許多慈善產業基金，特別是為了窮人的福利而設立的基金。儘管他在財政上刻意節約（某些受過教育的社會大眾並不贊成這項政策，因為這似乎意謂著：對於詩人之類的贊助會較不慷慨），他也網羅一些優秀的顧問，其中某些人更是備受尊崇。因此，他有機會全面嘗試影響深遠的計畫，而且他認為這套計畫足以在新的基礎上統一穆斯林。他在統治初期就已經著手進行某些最具特徵的政策，似乎自始至終都持續發展他的計畫，雖然結果並不如預期，卻具有複雜多元的影響作用。

很可惜，當時歷史學家中最溫文儒雅的伊本—阿西爾（Ibn-al-Athîr）並未能察覺納席爾的天賦，一如他看不出薩拉丁的天賦。因此，我們必須以各種不同的跡象來重建整個情況。

納席爾的政策可以分為兩個層次，他藉由相對傳統的軍事手段，在鄰近領土上擴張直接受其統治的範圍；但同時，他也藉由意識形態，非常廣泛地擴張他在伊斯蘭世界的影響力。根據他的想法，哈里發政權扮演的應該不只是比驗證機關更重要的角色，還必須是迥異於日後伊斯蘭律法社會理論家所設想的理想哈里發角色。納席爾政策的這兩個層次關係極為密切，但我們可以分別加以檢視。

得利於最後塞爾柱朝統治者們的衰弱，納席爾終於在伊拉克甚至是加濟拉地區的部分土地上，鞏固了哈里發政權的勢力。他嚴格統治自己的領地，維護公共安全；但當然，他沒辦法恢復薩瓦德地區原先

具備的生產力。他也積極著手消滅塞爾柱的殘餘勢力，這些勢力長久以來瀰漫整個哈里發朝，而且一直是該地區最強盛的單一潛在勢力。他透過結盟來推行這項政策，首先，他與花剌子模國王塔乞失（Tekish，西元1172～1200年）結盟；哈里發協助他遠征伊朗西部地區，並因此消滅塞爾柱的末代朝（西元1194年）。後來，納席爾與塔乞失交惡，花剌子模國王主張自己對非阿拉伯的伊拉克地區享有統治權，顯然期待哈里發臣服於他，就像哈里發臣服於先前的塞爾柱人那樣。當塔乞失撤退之後，納席爾的軍隊便確保了呼羅珊甚至伊朗鄰近地區的臣服（西元1195年）。塔乞失回頭將哈里發勢力驅逐出伊朗，在其後來的征服地當中，只留給他呼濟斯坦。

當時採用蘇丹頭銜的花剌子模國王，顯然已證明自己能以更新穎也比較不受既得利益干擾的勢力，取代塞爾柱人。納席爾也背棄這股新勢力，並結合其他較弱小勢力，建構起新的聯盟體系。這個聯盟中最重要的角色就是亞塞拜然大將領，他能夠重新掌控非阿拉伯的伊拉克地區的哈瑪丹——並在他派駐該地的軍官們反叛之際（這些軍官並且試圖投向花剌子模的陣營），重新掌握局勢。

納席爾在外交上最偉大的成就在於：他甚至能夠將尼查爾伊斯瑪儀里派的國家首領整合到其聯盟之中。位於代拉曼（Daylamân）阿拉穆特的伊斯瑪儀里派伊瑪目政權，其年輕的繼承人在掌權之際，就決定成為順尼派的一分子，並結合人民，終結向來孤立伊斯瑪儀里派、又難以平息的敵意；但是，沒有順尼派統治者的合作，這根本不可能實現。對於那些不相信伊瑪目轉變的順尼派信徒，納席爾藉由壓制順尼派信徒的言論，來平息那些疑慮；即使就哈里發來說，這也不是一項容易的成就。伊斯瑪儀里派的信徒們，則默默服從其伊瑪目的這項

舉動，或許認為這是隱藏自身真正宗教信仰的藉口（儘管這位統治者本身絕對是誠摯的）。由於他一開始就在政治上跟花刺子模國王結盟，這位伊斯瑪儀里派統治者在長時間的拖延之後，才回應哈里發。他在物質上資助亞塞拜然大將領在非阿拉伯的伊拉克地區的戰爭——一次是參加聯合征戰，另一次是派遣刺客參與。

但相較於這位哈里發的征戰與聯盟，更重要的是他在青年團方面的嘗試。若要理解納席爾政策的意識型態層面，則納席爾友人歐瑪爾‧蘇赫拉瓦爾迪（'Umar Suhravardî）的著作就是最重要的史料。歐瑪爾‧蘇赫拉瓦爾迪（在世於西元1145～1234年）曾經創立蘇非道團，這個道團創立之後很快就變得赫赫有名，他也曾創作一本廣受歡迎的蘇非之道手冊《神智學者的神智知識》（'Awârif al-ma'ârif）。就他的蘇非主義來說，歐瑪爾‧蘇赫拉瓦爾迪是保守的人：他不相信當代前衛的觀想傾向。相對於當代的同鄉城鎮居民，蘇非主義形上學家雅赫亞‧蘇赫拉瓦爾迪，他非常強烈支持伊斯蘭法及其相關學科，並堅決反對哲學家或比較冒險的蘇非行者沉溺其中的觀想。不過，他對所有類型的蘇非行者都保持寬容；並且，就他自己來說，他一向節制——無論是他在蘇非主義的成就，或他對於願意遵循此道者的要求。

他認為蘇非主義是通往完美虔信之道，人們能據此完全享有他們先前只能遠觀的神聖之美。他提出一套藉由正確又健全的感知來達成此一目的之實用蘇非主義養生法：他鼓勵最認真的虔信者住在蘇非中心而不用賺取生活所需，採取比較接近內在靈性的作法，而不是整夜禮拜並整日工作（且比較不會想成為流浪的乞丐）。他讓靈性指導者來決定何時該過獨身生活，然而他說行乞的嘎蘭達里道團成員（Qalandars）普遍寬鬆看待伊斯蘭法，這些成員坦誠他們滿足於已經

能達成的較低階的靈性層次。同時，他始終都具備創新的寬廣視野，他似乎是納席爾政策上的最重要合作者；由於他的政治理念明確，他獲派進行重要的外交任務。

歐瑪爾·蘇赫拉瓦爾迪宣揚順尼派哈里發政權的重要性，是伊斯蘭法結構的基石。哈里發必須以身作則，成為伊斯蘭宗教與社會秩序的最終保障者，但相較於瑪瓦爾迪（al-Mâwardî）等理論家，蘇赫拉瓦爾迪並不認為哈里發可因此授權給強大的蘇丹，使其藉以有效鞏固其軍事勢力基礎。但他也無法期待哈里發政權能復興中央官僚體制的權力，而回到像往昔一樣的權力。他比較希望哈里發政權能夠克服：早在中期時代就已成為權力真正核心的多樣化分權體制。

哈里發身為由伊斯蘭法所創立之法律結構的首領，首先必須成為具法律詮釋者身分的宗教學者的表率。但他不能獨立於宗教學者群體之外，而成為他們的首領，並將他們視作僕役。而是必須自己成為宗教學者，並成為合乎宗教學者標準的宗教學者表率。事實上，納席爾努力成為活躍的聖訓教師，就像蘇赫拉瓦爾迪想強調的，他在使用某些聖訓傳述時，都將納席爾列於傳述鏈紀錄之末。納席爾本人也努力想取得巴格達公認的四個順尼法學派的合格法學者資格：哈那菲、夏菲儀、漢巴里與瑪立基。這樣的政策也出乎意料得以強調這四個法學派平等的正當性，並鼓勵它們互相承認彼此的效力。

哈里發政權不只是伊斯蘭法的核心，它也同時是蘇非之道的中心；這是因為蘇非主義其實是伊斯蘭法的一個分支：對於在社群裡具備最強大靈性能力者來說，它是合適的道路，但伊斯蘭法認可它，就如同認可較為簡易的道路。但納席爾身為蘇非之道首領的角色，較少透過純粹的蘇非主義形式表現，而是較常透過更直接涉及社會責任的

制度來表現——這種制度，就是青年團。我們已經提過，這些青年團如何成為城鎮裡較低階級的利益的最主要管道，而當它無法提供民兵支持城鎮自治之後，先前也闡釋過蘇非主義的教導及蘇非主義的關係如何日漸滲透到青年團裡。由亞伯拉罕開始的蘇非之道是為了大眾而創立，但對於一般大眾而言完整的蘇非之道過於困難，於是蘇赫拉瓦爾迪的教導則主張「青年團是蘇非之道的一部分」；因此，青年團也是伊斯蘭法之道不可或缺的要素之一，最終青年團也必須以哈里發為中心。但同樣，納席爾的政策因此不是從外部施加命令，而是他親自參與青年團，並在其內部取得領導權。

　　儘管青年團並沒有像巴格達的警察組織那樣，獲准享有主導地位，但它們有時候在其他城鎮可以獲得主導地位；然而他們的重要性足以讓期望控制他們的早期巴格達的權貴們，激發出加入他們的想法。這確實也是納席爾的期待之一：藉由在內部控制有時混亂的青年團，他就比較能確實控制巴格達這座城市。他自己在繼承哈里發地位後的兩年內，透過在青年團成員當中聲譽卓著的蘇非導師，而發起其中一個青年團；接著，他試圖鼓勵別人組織青年團——朝臣以及地位較低的重要人士。直到西元1207年，作為青年團創始人的二十五年之後，他才總算鞏固起自己已經逐漸取得的地位；他宣布自己是巴格達與每一處所有青年團的首領，任何不承認其首領地位的青年團，都會遭到查禁，不再承認它們是真正的青年團。就他鼓勵穆斯林之間的相互寬容來說，青年團的作法比宗教學者更進一步：由於身為伊斯蘭社群不可或缺的一部分，許多服從於他的青年團被要求承認彼此的正當性。我們可以取得一件納席爾時代完成的青年團相關著作，這本納席爾偏愛的一部作品反映了人們當時所採取的態度：各青年團之間不應

該相互爭吵；它們應該謹慎遵守伊斯蘭法的界限，而且（既然伊斯蘭是促使它們與其他伊斯蘭法制度團結一致的基礎）如果它們必須容納非穆斯林，那麼，這種作法只能建立在期待這些人很可能會皈依的理解上。[5] 事實上，納席爾仍在世之時，確實順利避免青年團與其他派系在巴格達暴力相向。

納席爾調解穆斯林的努力，超越了順尼宗教學者與青年團，更與什葉派和解。在伊斯瑪儀里派起義之後，許多仍忠於十二伊瑪目傳統的什葉派成員，迫切想在社會層面上尋求順尼派的認同。[6] 總之，蘇非行者特別願意接受效忠阿里後裔的觀念；例如，蘇赫拉瓦爾迪曾說亞當想傳播的是伊斯蘭法，而他的兒子塞斯（Seth）則是想傳播作為伊斯蘭法內在真理的蘇非之道──對於這兩位元老之間的關係，這種觀點最早出現在伊斯瑪儀里派成員之間，人們承認在穆罕默德與傳布穆罕默德伊斯蘭法內在意義的阿里之間，存在著特殊關係，而後來伊斯瑪儀里派成員則將這種關係投射到所有偉大先知身上。儘管蘇赫拉瓦爾迪的觀點具有強烈的順尼派色彩，但他與納席爾顯然與什葉派傳統和解，同時也和十二伊瑪目派調解（我們已經提到，納席爾如何能夠將伊斯瑪儀里什葉派這個整體，透過他們的伊瑪目，進而納入順尼

5　Deodaat Anne Breebart 的博士論文，'Developmnt and Structure of Turkish Futūwah Guilds', Princetpn Unniversity Ph. Dd. thesis, 1961，對我而言極有助益，但它顯然幾乎沒有表現出史學的洞察力。

6　十二世紀一本十二伊瑪目什葉派的作品，由阿布杜爾賈里勒‧拉齊（'Abduljalîl Râzî）撰述，並得到十二伊瑪目派地方領導者認可的《批判之書》（*Kitâb al-naq* ），有時會利用許多篇幅，向順尼派成員保證十二伊瑪目派跟他們的價值觀相同。

派團體）。事實上，在好幾個場合中，納席爾都展現出他對於效忠阿里後裔的強烈傾向，以及對阿里特有的尊敬；他還在傳說是第十二個伊瑪目消失之地的撒馬拉〔Sâmarrâ〕，建立了一座聖壇（甚至有人指控他是什葉派成員）。正是透過這樣的循環，效忠阿里後裔的想法才能普遍散佈在順尼派之中。

在哈里發政權，青年團（最後還包括賦予青年團合法性的蘇非主義概念）也繼伊斯蘭法、盛行的都市體制之後，成為第三個領導工具——即政治上的直接權力；在這個範圍中，哈里發曾經至高無上，如今卻如同其他範圍一樣分崩離析又缺乏向心力。其中，納席爾透過他自己對美索不達米亞平原的軍事控制，以及他那具有實際效力的聯盟網絡，展現他在統領階級當中的完整成員資格（如同他在宗教學者及青年團裡的身分）。然而無論其勢力多麼強大，或甚至不只是哈里發的抽象尊嚴，他都不只希望自己能成為地方勢力。他更宣稱，自己對於統領享有實際的領導權，透過上層階級的管道，他特別利用宮廷型式的青年團來達成此一目的。

納席爾促使其富裕追隨者所發起的青年團，在實踐所有運動時都能與下層階級的青年團共同交流（除了它的儀式以外）。青年團的成員訓練鴿子自己返家（納席爾為供給官方情報機關所用，而試圖控制這種訓練）；他們練習箭術與其他軍事競技，並在摔角之類更通俗的技能中相互競爭。至少就後者這類競技而言，每個階級都能參與。毫無疑問，在相當程度上，納席爾青年團的吸引力就在於：在哈里發本人的極力贊助下，儀式性地參與這種運動的榮耀。但對於宮廷青年團的創始人而言，相較於較低階級的青年團裡互助合作的目的，這種組織有更進一步的益處；青年團可以建立起更正式的贊助關係，可以透

過這樣的關係加以化解紛爭，個體能更加安穩確保個人地位，並對抗伊斯蘭世界中社會流動的強烈趨勢。即使在巴格達宮廷中，這或許也極為重要。對於納席爾的宮廷青年團拓展到其他朝廷的情形，這點或許發揮了影響力。

納席爾促請其他統治者參加他的青年團，藉此強化並延伸其結盟體系。在西元1207年以前，他正式宣告自己享有普遍性的領導權，他們的參與就已經開始了，並在那年之後擴散開來。作為大多數穆斯林統治者所屬的青年團領袖（除了與納席爾敵對，並對於其他所有人也構成威脅的強大統治者之外），納席爾積極扮演紛爭調解人的角色；而且，他最後還多多少少成功介入遙遠的敘利亞局勢。這基本上可以讓這些勢力之間產生更大的穩定性，納席爾最多也只是扮演邊緣角色。薩拉丁要求他派遣主力部隊協助對抗十字軍，他也清楚表明哈里發在那場對抗之中可以享有政治領導權，但納席爾只派出一小支部隊。納席爾在著手重建哈里發政權之際，顯然並不打算將其視為伊斯蘭世界的一般君主政體，但他的調解可能使各處的人們都能感受到它的存在；他甚至始終受到薩拉丁的尊敬。

納席爾逝世後，下個世代仍然延續他的政策。他的孫子穆斯坦席爾（在位於西元1226～1242年）仍在敘利亞進行派別間的調解；甚至稍後於十三世紀後半葉，阿巴斯朝贊助之下的青年團仍然在埃及傭兵朝廷中扮演一定的角色。在接下來幾個世紀的聯合青年團手冊中，也將納席爾當成青年團的偉大導師。

他的計畫似乎大部分仍屬於個人的努力，因為這項計畫告訴我們：認真的穆斯林如何構思去化解政治上的分歧，及其引發的軍事上的無政府狀態，這就是它的重要性所在。但我們不能只把它貶抑為不

切實際的空想。十二世紀初都市民兵自治體存在的可能性，隨著伊斯瑪儀里派的反叛而消失之後，任何進一步努力追求一套回應伊斯蘭世界需求作法的政治模式，都必須考量到統領的現實狀況、更獨立自主的都市人口，以及過於包羅萬象的伊斯蘭法。納席爾的努力過程確實曾考量過這些因素。它接受這個時代的地方分治組織，以及對個人資助、盟約關係的依賴。納席爾的繼承者們，確實沒有他的天賦，即使到了蒙古人入侵這個地區之後，決定性地改變了納席爾政策所預設的政治處境，此時他們雖然不能維持其中某些路線，但顯然並非完全不切實際。

然而，納席爾的外交策略幾乎已經失敗了，他的策略與花剌子模國王相比之下，形成強烈對比，只是浪漫的理想，而塔乞失的兒子穆罕默德（Muḥammad，在位於西元1200～1220年）尤其是納席爾首要的花剌子模敵人。穆罕默德利用在中國北邊的政治運動削弱喀喇契丹，擺脫束縛並控制烏滸河流域，接著，穆罕默德還運用他的軍力征服伊朗各地。他似乎夢想著恢復古代伊朗所謂的絕對王權，至少與塞爾柱人似乎完成的程度相當。事實上，相對於納席爾的多重統治者政策，這種復辟行動是唯一明顯可見的替代選擇。確實，納席爾還有他跟許多次要統治者之間建立的聯盟，是他最重要的敵人。穆罕默德甚至找到一個效忠阿里後裔的人，視作他計畫在巴格達扶植的哈里發權位敵對候選人；但反常的季節，使冬天提早來臨，他被迫延後競逐巴格達權位的活動（西元1217年）。後來甚至在納席爾死前，他的計畫還意外遭到終結。

對於納席爾構想中哈里發政權的前景，真正嚴重的打擊並非來自花剌子模人，而是來自歐亞草原。穆罕默德的恢弘體系儘管在好幾年

內極為壯闊，但是否能確實穩健茁壯，則仍令人懷疑。他並未提出對抗這個時期軍事上地方分治的任何作法，事實上，他似乎並不打算恢復大規模統治所必需的官僚基礎；他反而進一步逐漸削弱官僚體制。[7] 無論如何，在他與哈里發之間最後的決定性競爭開始之前，他的生涯就終止了。在花剌子模國王東邊的疆界，蒙古部族正在建立以游牧為基礎的廣大國家，而穆罕默德自傲地刻意侮辱他們，而在西元1220年，蒙古部族則史無前例地殘忍全面毀滅花剌子模，橫掃他的領土。

穆罕默德則袖手旁觀，毫無作為就逃逸無蹤。他的首都在沒有他的情況下仍試圖抵抗，卻徒勞無功。蒙古人橫跨伊朗，從旁遮普到亞塞拜然，不斷追捕他較為英勇的兒子賈拉盧丁（Jalâluddîn）。不論賈拉盧丁帶著他一小批軍隊前往何處，他只能透過自己堅強的軍事力量，自立為統領（那時蒙古人容許他苟延殘喘），但蒙古人就在這個時刻來臨，十年的時間內，賈拉盧丁的驕傲與魅力將混亂、掠劫與浪漫從一處帶往另一處去，直至他遭到殺害。[8]（他那批失去領導者的軍隊仍然自成一體，最遠游走到敘利亞，進行掠劫，或受僱於任何有興趣僱用他們的人。）當花剌子模朝終於結束時，伊朗北部也已經慘遭蹂躪。

布哈拉等城市，則是成堆的瓦礫與屍體。某些城市，例如圖斯，

---

7 Cf. V. Bartold, *Turkestan down to the Mongol Invasion*, 2nd ed. (London, 1952)，這本著作是探討其潛在因素的極佳研究。

8 他的秘書納薩維（Nasawî）以波斯文為他的冒險寫了一本令人欣喜的報導，這本著作已經譯為法文：*Vie de Jalal al-Din Manguberti*, 2 vls. (Paris, 1891).

再也沒有重建起來。其中包括許多有學問的大量難民,則逃亡至敘利亞與埃及、印度,甚至是伊斯瑪儀里派在古希斯坦的要塞;哈里發的新盟友們在當地寬宏地接待他們。巴格達的哈里發則免於劫難。不過接下來,中部穆斯林地區最主要的政治現實則是:身為異教徒的蒙古人崛起,而朝廷對於青年團的所有運作,最終都毫無意義。統領們或者議和、對抗,或者屈服,每支駐軍都只能自求多福。

蒙古之禍

伊斯蘭社會(Islamicate society)相對自由,較不受曾為其政治母體的政治框架約束,而地中海地區在西班牙、西西里與敘利亞廣大的穆斯林土地接受基督教徒的統治時,這種自由則受到十二世紀西方基督教運動的考驗;但伊斯蘭文化(Islamicate culture)最活躍的幾個核心,即為敘利亞與德里之間的所有土地,在十三世紀遭到蒙古人征服之際,則受到更嚴峻的考驗。

當農民的農耕活動無法找到可以建立或維持的地域、政治資源時,游牧民族社會就會蓬勃發展。我們都注意到,阿拉伯半島的游牧社會十分密切依賴都市周圍的土地,歐亞草原的游牧社會則規模更大,而其與農業社會的關係也更加複雜。整體而言,這片草原比阿拉伯半島水源更豐沛;草原上的游牧民族比較擅長運用馬匹,而非駱駝,或許這樣也比較能自給自足。不過,草原上的游牧民族,確實在從黑海北方到中國北方的領土,參與常態性的貿易,而這片領土十分仰賴耕作者與城鎮居民的物產;尤其是他們參與橫越歐亞草原中央的跨區貿易、途經中國到西方的各個終點站。使各種不同部族結構並

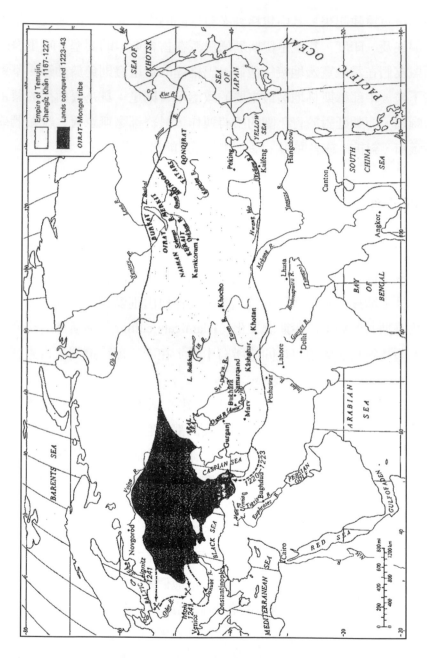

圖 5－4　十三世紀中葉的蒙古擴張

存，並藉以參與大規模冒險的因素，部分是因為游牧土地之間相互敵對的常態，但是對重要貿易路線也同樣具有直接或間接的影響。

　　就像阿拉伯半島的情形一樣，游牧部族群體會週期性地結合在單一的領導階層底下；藉由這種結合得以支配城鎮，並從城鎮，像是貿易路線旁的綠洲，隨著部族勒索貢品的不同程度，他們還能成長得更快。但隨著都市農業生活的擴散，他們自然愈來愈普遍，也愈來愈強大（阿提拉〔Attila〕與他的匈奴就是極端的例子）。從西元紀年開始之後的前幾個世紀起，中國政權的既定政策就是破壞這種形態——它往往是世界上最強大、也許是面對最多危險的政權；在它強大之際，它將自己的兵力，尤其還有它的協商能力，跨過更大部分的歐亞草原，最遠到達裡海（然而，當它變得弱小，這種游牧民族體制往往能將他們的影響力長期擴張到中國的北部地區）。自從征服錫爾—烏滸河流域，對於哈里發政權及其繼承人國家，情況也是相類似，控制游牧構造也合乎其利益，儘管它們採取較沒有組織的計畫。

　　在十二世紀，沒有任何中國政體能達到這種作用，更不用說任何穆斯林政體，以游牧為基礎的帝國，像是喀喇契丹，都無法因此繁榮強盛。不過這些國家，因為與後來在這整個地區扮演非常重要角色的都市人口接觸，而相對受到馴服。在十三世紀的前幾年，新的體制以草原北方森林極為偏遠邊境北方的蒙古部族為基礎，進而興起；它的領導權與農業文明（agrarianate civilization）之間，只有疏遠且不友善的接觸。到了西元1206年，成吉思汗就已經成為廣大蒙古部族群聚的首領，他在幾年之內，就支配了中國北部與中歐亞草原東部的許多地區；當花剌子模國王穆罕默德在西元1219年忽視他時，他已經掌握強大的兵力，控制都市文明的許多樞紐城市，並從中拉攏許多有能力的

人員。征服烏滸河流域地區不過是幾個月的事，過沒不久，整個伊朗都承認了他的影響力。到了西元1227年他逝世時，其他地區——特別是窩瓦河平原與俄羅斯的許多地方，都能感受到他的威力。帝國在他的兒子窩闊臺（Ögetey，在位於西元1221～1241年）統治之下，持續向外擴張，控制了中國北部的其餘地區，並全面橫掃東歐，最遠抵達日耳曼（當時，蒙古完全是自願撤兵）。

這股最新的草原勢力有三個與眾不同的特徵；第一，史無前例的活動範圍，因此，它在草原的相反兩端同時進行偉大遠征時，能夠持續受到中央的控制；第二，它征戰時的獨一無二的凶猛；以及它對都市生活的技術性資源能密集、有效的運用。這三個特點能相互聯結，全都取決於當時整體草原地區在世界中所處的歷史情勢。

在某種程度上，蒙古靠著成吉思汗的天賦與紀律，才能確實征服如此廣闊的範圍；但也可能是因為在過去一千多年間，都市的某種影響力甚至是控制力，已經匯集到包括中國、尼羅河至烏滸河間地區、以及歐洲等地的草原地區，因此對於遠方的土地與交通路線都已極為熟悉。即使在上葉尼塞（Yenisei）或貝加爾湖（Lake Baykal）南方河谷這樣遙遠的地方，在成吉思汗之前的幾個世紀，稱得上城鎮的聚落數量也增加了。其他替代的長途貿易路線顯然也更為人熟知。蒙古人並不是漫無目的地征服，而是熟悉了他們進入的每塊土地。草原上匯集城市各項發展的特徵，對於其他兩個特徵也具有關鍵性的影響力。

無所不在的城市生活媒介，有助於說明蒙古人的殘暴。整座城市的人口不分性別或年齡一次又一次地遭到屠殺，只有熟練的工匠得以存活並被遣送到別處；即使是農民也不例外，他們被迫走在軍隊前面，成為活生生的砲灰，阻擋弓箭並填滿護城河。隨著人們死亡，建

築物也遭到夷平，更明確地說，城市未必全都遭到蹂躪，但遲早（既然任何受到如此遭遇的人，一旦屈服之後都會反叛）大量人口都會遭受這樣的命運。來自中國、穆斯林與基督教徒地區的記載所累積而成的結果，確認了蒙古人因為毀滅而熱愛毀滅，而且一旦某個地區臣服之後，即使毀滅這個地區意謂著收益上的損失，蒙古人也往往無動於衷。儘管虐待農民，總體人口的流失並不會太大，但因為絕大多數的城鎮規模很小，所以無論如何，總是從鄉村補充人口。但相較於一般的戰爭，上層文化傳統的斷裂在某些事件中卻是異常嚴重。

　　無論如何，這種恐怖活動史無前例。這就是殘暴的主要目的，蒙古人在心理戰術方面極為熟練地運用這點，它也確保隨著蒙古人崛起才出現的威脅，造成廣大地區在經濟上的臣服情形。因此，殘暴算是一種深思熟慮的戰術，但它也展現了殘暴的情緒；確實，在某些狀況下，像是蒙古部族某位菁英成員偶然死亡，就會引發出這類暴怒的報復；人們還可能在其他情形下也有相同想法。隨著城市影響力的進展，城市的繁華再也無法讓一般游牧民族不知所措；他們自有生存其間的辦法，但也會厭惡城市生活，對於「城市騙徒」五味雜陳的期待，想必會瀰漫在游牧民族之間。因此至少在某種程度上，蒙古人的殘暴與溫文儒雅形成強烈對比，他們同時聘僱建造攻城器具的中國工程師，並要求維吾爾抄寫員（來自東西貿易路線的中段）完成詳實的記錄，而獲派前去管理臣服地區的行政官員，則會盡量挑選文化上迥異於其治理國的地方——派遣穆斯林與歐洲人到中國，或是讓中國人與圖博人前往伊朗。

　　窩闊臺死後，下一個偉大的中央統治者蒙哥（Mengü，在位於西元1251～1257年）曾發動兩次重要的遠征，以在幾個方位使世界帝

圖 5－5　伊斯蘭擴張至西元 1520 年

國更為完滿（他似乎認為，西歐就像印度一樣，沒那麼危急；他只是加以威脅）。其中有一次在忽必烈（Kubilay）率領下的遠征，就迫使中國南部投降。中國人的抵比任何其他人都還要頑強，但到了西元1279年，他們就被征服了，而進一步的遠征則從中國南方出發，像是前往爪哇與緬甸的遠征；日本是唯一抵禦成功的地區。而另一支遠征軍，則是在旭烈兀（Hülegü）的率領之下，前往征服烏滸河以南及以西的其餘土地；它的任務較於簡易。伊朗的統領們急著表現他們持續不斷的效忠。

在蒙古的順尼大使催促他們毀滅一個什葉派國家，即阿拉穆特的尼查爾伊斯瑪儀里派國，它的要塞四散在敘利亞山丘到古希斯坦（Quhistân）廢墟之間。伊斯瑪儀里派在政治上幾乎不再具有任何危險性，除了保障自己寶貴的自由，他們再也沒有作為；但他們無疑替具有獨立精神的村民們樹立了讓人嚮往的榜樣，甚至一直到十三世紀，他們甚至都還是歡迎不屬於伊斯瑪儀里派的學者與科學家前來，這件事實可能影響某些嚴格的宗教學者。（十二伊瑪目什葉派的哲學家納席魯丁・圖西〔Naṣîruddîn Tûsî〕就是這類學者之一，他的政治生涯肇始於犧牲他的伊斯瑪儀里派保護者，且以鼓動順尼巴格達的毀滅持續他的政治生涯，並擔任蒙古人的顧問、以伊拉克十二伊瑪目什葉派社群之保全與利益，讓自己的政治生涯達到顛峰。）旭烈兀逼迫統領們，且其大軍在數年之間——其間遇到相當多的困難——包圍並奪取大多數的伊斯瑪儀里派小型農村根據地。阿拉穆特在西元1256年協議投降，主要是管理不當所致，而非迫於必要，但蒙古人違反協議，伊斯瑪儀里派成員隨即遭到屠殺。

接著，蒙古人盛氣凌人，在西元1258年繼續朝向巴格達前進，哈

里發（孤立於德里與開羅之間的統領們）當時仍然想維持他獨立的尊嚴；一場戰役徹底毀滅了哈里發軍隊的榮耀，有城牆保護的城市淪陷，比起偏僻的伊斯瑪儀里派小型根據地，更是絲毫不費吹灰之力，就徹底遭到毀壞。自此以後，巴格達甚至再也沒有作為統領認證者的哈里發，但當時這暫時無關緊要；只要他們沒有遭到撤換，他們還是能驕傲地從異教徒的蒙古世界統治者手上，獲頒其職銜。

旭烈兀本應將蒙古人的優勢向西帶往地中海的土地去。在安那托利亞，東羅馬地區的塞爾柱朝代投降（且因此永久衰弱），但拜占庭本身從來就沒有受到嚴重的威脅。在敘利亞，蒙古人遇到擺出戰陣的傭兵君主，亦即當時直接以本身名義統治、晚期埃及艾尤布朝的傭兵君主。在傭兵政權的拜巴爾斯（Baybars）領導之下，西元1260年終於徹底擊敗了蒙古遠征軍，後來的交戰也重複出現相同的結果。不久之後，蒙古人隨即開始嘗試征服印度，他們有一段時間曾足以控制旁遮普，但德里的新穆斯林蘇丹帝國堅決抵抗，並將他們抵擋在印度其他地區之外。早在西元1237年到1238年之間，保加爾人的城市遭到催毀時，窩瓦河流域的穆斯林就已經被征服了。

西元1257年，窩闊臺逝世之後，好幾處蒙古領地就成為各自運作的獨立帝國，但他們大多數都在下個世代承認忽必烈家族在中國的領導權。蒙古人在每個帝國都以上層特權階級自居，就像阿拉伯人以往那樣；除了少數的蒙古人核心，他們還吸收早就降服的絕大多數突厥草原游牧民族──成為幾乎與他們同等的階級。蒙古人帶來他們的成吉思汗法典（Yasa）與阿拉伯人的傳統（sunnah）約略相似，這套規範是以舊游牧民族的傳統為基礎，但歸功於成吉思汗，他無疑還賦予了重要的規定與新的精神；它支配著他們彼此之間的關係。他們對所

有宗教都保持寬容，甚至資助其中絕大多數的宗教；但整體來說，他們認為自己比任何宗教都還要優越，但他們許多人都會帶著佛僧隨行，佛教也特別受到禮遇。他們進入的大多數地區在兩到三個世紀中，人們都將蒙古人的傳統當作所有政治權威的規範與基礎，並加以遵守，而且在某些地方持續得更久。然而，他們並沒有建立新的宗教，也沒有塑造新的文明。到了十三世紀末或十四世紀上半葉，阿爾泰山脈（Altai mountains）以西的整座蒙古帝國，都皈依了順尼伊斯蘭。

表5－1 順尼勝利的時代，西元1118～1258年
The Ages of Sunnî Triumph, 1118－1258

年分 （西元）	地區	歷史概況
1106～ 1143年	北非（Maghrib） 與西班牙	阿里·賓·優素夫·賓·塔胥芬（Alî b. Yûsuf b. Tâshfîn，及其家族直到1147年）嘗試維持穆拉比特政權對宗教學者的盲從，以對抗穆瓦希朝。
1117～ 1157年	伊朗東部 與河中區	最後的偉大塞爾柱人——山加爾統治呼羅珊；在他的時代，達到蘇非影響詩歌之前、波斯詩歌藝術的巔峰。
1117～ 1258年	伊拉克、高加索、伊朗西部	除非必須服從鄰近偶爾更強大的勢力，哈里發政權（以及其他較小的朝代）基本上維持獨立。
1126～ 1198年	北非（Maghrib） 與西班牙	伊本－魯胥德（又名阿威羅伊）在世期間，他是西班牙－摩洛哥亞里斯多德化哲學的領導人，並完成亞里斯多德思想的偉大評著。
1127～ 1173年	埃及與敘利亞	由塞爾柱將軍在摩蘇爾建立的贊吉朝，對抗十字軍並統一敘利亞，最終也統一埃及。
1130～ 1269年	北非（Maghrib） 與西班牙	在北非與西班牙進行改革的穆瓦希朝，取代了穆拉比特朝，並引進嘎扎里融合蘇非主義與宗教學者正統思想的概念，同時只要哲學維持在個人領域活動，就提供資助。
1143～ 1176年	埃及與敘利亞	阿勒坡的努爾丁嘗試在宗教學者的理念方面，整頓社會。

年分 （西元）	地區	歷史概況
1148～ 1215年	伊朗東部 與河中區	在阿富汗山區的古爾朝，控制伊朗與（在 1186年打敗嘎茲納政權後）旁遮普。
約1150年	伊拉克、高加 索、伊朗西部	薩那伊（Sanâ'î）逝世：蘇非波斯詩歌的創 始人。
1150～ 1220年	伊朗東部 與河中區	眾花剌子模國王，逐漸從河中地區的西北 部將領域擴張到大部分的伊朗地區，並消 滅塞爾柱小朝代的殘餘勢力。
1161～ 1186年	印度北部	嘎茲納朝時期，旁遮普的純印度朝代。
1165～ 1240年	北非 與西班牙	伊本－阿拉比在世期間：闡釋蘇非主義一 元論的領導人物，出生西班牙，後來遷往 並居住在埃及與敘利亞。
1169～ 1193年	埃及與敘利亞	艾尤布朝的薩拉丁將十字軍驅逐出耶路撒 冷（1187年，哈丁〔Ḥaṭṭîn〕之役）。
1171～ 1250年	埃及與敘利亞	位於敘利亞與埃及的艾尤布朝，憑藉尼查 姆－穆魯克與嘎扎里這類人物的努力，如 經學院、蘇非中心等，在埃及恢復順尼思 想。
1180～ 1225年	伊拉克、高加 索、伊朗西部	巴格達的哈里發納席爾在位期間，試圖透 過親自領導青年團具有騎士精神的秩序， 重新組織伊斯蘭。
約1185年	伊拉克、高加 索、伊朗西部	安瓦里（Anvarî）逝世：波斯文詩賦大師。

年分 （西元）	地區	歷史概況
1185年	北非 與西班牙	伊本—圖非勒逝世：伊本—魯胥德的老師之一。
1191年	埃及 與敘利亞	雅赫亞・蘇赫拉瓦爾迪逝世：照明學派蘇非主義觀想者，因犯異端之罪而遭殺害。
1193年	印度北部	來自旁遮普的古爾朝攻佔德里。
1199～ 1220年	伊朗東部 與河中區	花剌子模國王阿拉丁・穆罕默德（'Alâ'-al-dîn-Muḥammad）在位期間，野心勃勃，期望恢復足以與納席爾（al-Nâṣir）抗衡的偉大伊朗君主政體。
1203年	伊朗東部 與河中區	尼查米（Niẓamî）逝世：創作二行詩體史詩的波斯浪漫詩人。
1205～ 1287年	印度北部	傭兵君主在位期間，在古爾朝沒落後，這些德里的蘇丹統治了整個恆河河谷。
1220～ 1231年	伊朗東部 與河中區	第一次蒙古大掠劫，直到花剌子模王國在亞塞拜然的繼承人逝世，造成城市的大規模毀滅。大約整個歐亞地區的政治中心設置於蒙古的哈拉和林（Karakorum）。
1220～ 1369年	北非 與西班牙	蒙古時代：起初，蒙古人的掠劫瓦解了河中地區、伊朗等地的政治模式，並摧毀當地經濟；接著，他們所設置的異教徒政府，持續威脅埃及、安那托利亞與德里；蒙古人同時在穆斯林與非穆斯林地區開始伊斯蘭化，因此其活動成為當時整個伊斯蘭境域中，更廣大的擴張傾向的一部分。

年分 （西元）	地區	歷史概況
1224～ 1391年	歐亞大陸中部	在裡海與黑海北方的金帳汗國，蒙古人（以欽察為名）很快就皈依伊斯蘭。最後內部繼承紛爭不斷，直到1502年（俄羅斯人征服）。
1225年	北非 與西班牙	穆瓦希朝棄守穆斯林西班牙，很快縮減為位於格拉納達的納斯爾（Naṣrid）小國。
1227年	伊朗東部 與河中區	成吉思汗逝世：他的偉業帶來巨大的毀滅。
1227～ 1358年	伊朗東部 與河中區	河中地區的察合台汗國時期，約在1340年皈依伊斯蘭。
1228年 （～1535年）	北非 與西班牙	突尼西亞的哈夫斯朝時期，繼承穆瓦希朝，維持西班牙文化傳統。
1229年	伊拉克、高加索、伊朗西部	亞固特（Yâqût）逝世：以阿拉伯文寫作的權威地理學編輯者。
1231～ 1256年	伊拉克、高加索、伊朗西部	蒙古持續掠劫，也成為伊朗及阿拉伯地方統治者的主宰。其東側有德里蘇丹政權、埃及的艾尤布朝以及安那托利亞的塞爾柱人（1077～1300年）。
1250～ 1382年	蘇丹地區	巴赫里（Bahrî）傭兵政權，他們是埃及與敘利亞的軍事統治者，政治情勢雖然不定，但經濟繁榮。
1266～ 1287年	印度北部	巴勒班在位期間，他是突厥菁英主義在印度的最後維護者。

年分 （西元）	地區	歷史概況
1269年 （～1470年）	北非 與西班牙	（以瓦塔席朝〔Waâsids〕的形式持續到1550年）馬林朝在摩洛哥取代穆瓦希朝（從1195年起就在山丘地區統治），並於濟亞尼朝（Ziyârids）結束在阿爾及利亞的統治後，在該地取代之（1235～1393年）。

第六章

波斯文藝文化的綻放年代

c. 1111—1274 CE

到了中前期末，上層文化生活反映出當時權貴一統領體系下的社會秩序，但上層階級在政治領域分裂為多個派別，且缺乏形塑不朽傳統的中央君主朝廷——及其為數不少的小型朝廷，而廣泛的風尚則全都由這些朝廷支持。一切文化生活與藝術生活，都受到這種狀況的衝擊。中期時代的社會與文化的新綜合體，就是在這種庇蔭之下，發展出它最甜美的果實：波斯文——新的主導性文學語言所寫成的詩歌。波斯傳統本身即使到後來，也反映了其在諸多相互敵對的短命朝廷氛圍中的發展。

波斯語文的興起，不只對文學產生影響作用：它的功能也在於，對伊斯蘭世界內部帶來嶄新的整體文化導向。因此，阿拉伯文仍保有其作為宗教學科，甚至大多數自然科學與哲學學科主要語言的地位，而波斯文則成為伊斯蘭世界中愈來愈多區域使用的優雅的文化語言；並以其與日俱增的影響力跨進了學術領域。於是，這種過程成為其他語言提升至文學層次的主要模式。逐漸地，第三種「古典」語言突厥文出現了，它的文學立基於波斯傳統；它的地域涵蓋範圍幾乎跟波斯語文一樣廣泛，但在絕大多數地區，只有在為數有限的社會圈內會使用這種語言，若以作為主要文化載體而論，它根本就無法跟波斯文相提並論。而後來出現於穆斯林之間且更屬地方性的上層文化語言當中，絕大多數也同樣完全依賴波斯文，或就它在文學上的主要啟發而言，至少有部分是依賴它。我們可以更進一步地將這些以波斯語文承載，或反映出波斯語文所啟發的一切文化傳統，稱為「波斯的」（Persianate）。

當時，波斯文在廣大地區都鮮為人知：特別是伊拉克西邊、使用阿拉伯文的地區，以及這些領地南邊與西邊的穆斯林新領土。我們可

以基於某些目的劃分出「阿拉伯區」，以及北邊與東邊的「波斯區」。此「阿拉伯區」的主要界定基準是將全部與波斯相關的事物排除其外，而並不是由該處人們共同傳承而來的傳統來界定。這類忽視的結果只不過是將伊斯蘭世界的這一部分，與最具創造力又能啟發大多數穆斯林族群的潮流隔離。[1]（以歷史發展角度而言，伊斯蘭文明〔Islamicate civilization〕在中土地區可以區分為早期的「哈里發」時期與晚期的「波斯」時期；而其周圍地區則各有變化──北非〔Maghrib〕、黑色人種地區、南部海域、印度與北部地區。其中某些地區確實有深度參與波斯時期，而其他某些地區則確實沒有。但這種作法有過度簡化的危險。）

作為文學載體的波斯文及阿拉伯文

在哈里發盛期的帝國各處，各種穆斯林上層文化的語言─行政、學術，還有純文學──都使用阿拉伯文。統治階級中大多數人所使用的語言，也是阿拉伯語；但一般民眾在日常生活中仍舊使用他們較古

1　湯恩比（Toynbee）區分「阿拉伯」文明與「伊朗」文明時的構想，正是這種阿拉伯地區與波斯地區之間的對比。但他過度誇大敘利亞與埃及身為「阿拉伯」文明核心的孤立性。當地任何的利益都出現在波斯地區，而且（到目前為止，阿拉伯文為工具）許多實行於波斯區的利益，如果不是在更南或更西的地方，也都在敘利亞與埃及；例見：*A Study of History* (London and New York, 1934), vol. I, pp. 67－71。阿拉伯中心主義偶爾的偏見，會讓某些認同阿拉伯和伊斯蘭的人們，認為在最忠誠的中土裡，阿拉伯文的使用範圍及活力的衰退，就是伊斯蘭文化（Islamicate culture）的普遍沒落。

老的語言。原本在帝國西部絕大多數普遍使用閃語方言（因此與阿拉伯語有關）的地區，阿拉伯語已逐漸取代這些古老語言（包括含語〔Hamitic〕）。除了阿拉伯半島周邊的閃族地區，即使含族所在的埃及，也都約於哈里發盛期之際，接受改良式的阿拉伯語作為其日常生活語言。在北非（Maghrib）的城鎮與低地，拉丁語、或許還有當地的閃語（布匿語〔Punic〕）方言，也被阿拉伯語取代，而阿拉伯語也開始逐漸傳入柏柏人更鄉間的山區（含語語系）；在城市裡，即使是西班牙的拉丁語（或羅曼語〔Romance〕）方言，至少都會伴隨阿拉伯語，以雙語模式並用，不僅如此，在穆斯林之間，這些語言從來沒有跟阿拉伯語形成文化競爭關係。

然而在底格里斯河北部與東部的廣大高地，當地語言從來都沒有被阿拉伯語所取代。它頂多成為城市的第二語言。絕大多數市民都是伊朗人，而且就像我們所提到的最重要的伊朗語言，也就是巴勒維文有著源自薩珊帝國時代的文學傳統，（在阿拉伯化之後）甚至在巴格達的哈里發統治時期，仍享有某種尊崇。但是，由於它繁複的字母形式，以及它與祭司、貴族間的關連，因此在穆斯林中，以阿拉伯字母書寫的新波斯文都已經取代之；儘管人們仍廣泛地閱讀巴勒維文版的新文本，但以該語言作書寫的人仍侷限在數量銳減的馬茲達教徒；培養這種語言能力的穆斯林可能會懷疑，這對伊斯蘭來說根本無關緊要。當代文學的波斯文是現代化、簡化且套上文學形式的巴勒維文，與實際使用在更廣大的文化圈的伊朗文形成對比，並在中前期時代發展出自己的標準文學形式。在阿拉伯語文以外的無數種潛在文學媒介中，這是唯一在哈里發的土地上，有眾多廣泛的閱聽大眾，超越純粹地方性使用的層次，並與其對立的阿拉伯語文本身匹敵的一種語言。

這種穆斯林的波斯文首先用於詩歌作品——故精通該語言為其首要條件，也因如此，使用不屬於自己的語言寫作是最難以發揮的文學形式。到了十世紀的薩曼朝宮廷，它也用於散文著作——特別是為了那些識字卻仍認為異族的阿拉伯文太過困難的人們，從仍屬主導地位的阿拉伯原文所翻譯而來的譯本。很快地，波斯文幾乎完全取代舊巴勒維文，而成為新伊朗文化的媒介。但在波斯文學中，詩歌總具有其卓越地位；在某種程度上是因為，即使在蒙古人的時代之後，當阿拉伯文在伊朗人的土地上，幾乎所有其他方面都已失去它原來的普遍優勢地位時，某些形式的學術散文，仍舊普遍使用阿拉伯文來作討論。

在哈里發盛期新的穆斯林波斯文發展之初，仍受阿拉伯文的密切影響（當然，波斯文多少也受到巴勒維文的啟發）。人們期待詩人能夠同時以阿拉伯文及波斯文創作。詩歌與散文在許多方面都同時繼續大量使用波斯文。就如同阿拉伯文的情形，詩歌主要特別用於口語朗誦；人們也期待單獨一行詩句本身就能句句珠璣，就算從整首詩抽離出來，也是一樣。而且，就像阿拉伯文的情形，既然詩歌不是讓人在研究活動之中私下回應，而是用於公開朗誦之際的公開回應（例如，在統領的宮廷），那麼人們所讚賞的，不是嶄新且個人特有的主題，而是從原有主題所帶來預期之外變化的喜悅。同樣，就像在阿拉伯語文的傳統中，散文裡穿插著詩歌，通常也多到足以帶來音韻上的對比。而就主題的選取，以及它轉變為韻文（saj‘）的傾向而言，波斯散文在相當程度上同樣是跟隨著阿拉伯語文的腳步。

不過，波斯文學很快就走上其本身頗具獨特性的道路。例如，在詩歌中，是使用跟阿拉伯文同一套的術語來指稱格律；確實，波斯詩歌的新形式，似乎也與舊巴勒維韻文形式沒有什麼關聯，後者似乎建

立在（與英文相當類似的）重音與音節的勘酌上。就像阿拉伯文（還有拉丁文），新波斯韻文採取的模式，則以音節的長度為考量。不過，即使如此，在模式與音調上，波斯文的格律往往與阿拉伯文的格式有實質差異上的存在。就像我們已經提到的，既定的阿拉伯文「格律」，事實上往往是在單一名稱下包含數種相關格律的群體，且其中某些變體與其它格律有著顯著差異。即使當波斯人所使用的格律，在阿拉伯文中有著相同的名稱，那些格律的變體，往往也異於阿拉伯文較常使用的形式；而某些波斯文格律差異極大，人們因而為它們創出新的名稱。而且，格律的運用依循著另一種精神。阿拉伯文的格律與韻律（它通常只存在一些極簡單的規則）從原先自由、幾近印象主義的用法，現在則由真正穩固且規律的用法取代（它躍入耳中時並不真的需要規則）。格律往往在整篇作品中保有個別音節之間的固定關係，但並非絲毫不能改變，而且，根據西方人的期待來判斷，韻律往往也是同樣精確的——它甚至轉變為複雜的多音節形式。就像在阿拉伯文中，韻文的韻律節奏是依照音節長度而加以分析；在必不可少的創作規則中也運用許多相同的形式要素；但人們所關切的的考量點則是大相逕庭。

其中，最值得注意的是，就內容而言，波斯文詩歌比阿拉伯文詩歌更為多樣化。這件事實反映在波斯文中最受歡迎的形式種類上，它們絕大多數在阿拉伯文中比較罕見。只有單韻的詩賦（qaṣîdah），特別作為宮廷頌文的載體，在波斯文中維持著崇高地位，與單韻詩賦在阿拉伯文中，理論上所具有至高無上地位相似（儘管以廢棄營地開頭的古典主題系列早就消失）。波斯人比阿拉伯人還更講究韻文的小節形式，儘管阿拉伯人也受到西班牙人的影響。但他們畢竟發展出三個

絕佳類型。屬於單韻抒情短詩體且最接近詩賦的情詩（ghazal），通常都以愛情或酒為主題，且詩人一般會在結尾處署名（takhalluṣ）。與情詩相對的，是一種單韻的諷刺短詩形式，也就是四行詩體（rubâ'î），則具有印象主義式的效果。而艾德華‧費茲傑羅（Edward Fitzgerald）的《魯拜集》（*Rubaiyat*，正確的拼法應該是 rubâ'yyât，rubâ'î 的複數）則在英文韻文中留下印記。技術上來說，它對應於詩賦的前兩行，它們都有與第一行相同的內在韻律；但每半行詩都獨立成句——因此就等於是帶有「aaba」這種韻律模式的四行詩句。就像任何以其簡潔為主要訴求的詩體形式，四行詩體的作用源於單一美好形式的論點，且須嚴謹遵循著其文體的字句模式。

最後，波斯詩人在二行詩體（maṡnavî，一種押韻雙行詩體）當中，賦予自己罕見的自由，這種詩體可以無限延伸，而且，除了維持統一的韻律模式之外，幾乎沒有形式上的要求，因此顯然適於各種尊貴的敘事。相較於阿拉伯文的情形，這種敘事享有更加確定的獨立地位。在二行體詩的包裝下，波斯人將道德說教故事、漫長的傳奇小說、史詩規模的傳說與歷史故事都變成韻文；人們發現，波斯文裡相當於小說的文學作品，形式上都是二行詩體詩，而對於這樣的用途，阿拉伯文則比較可能使用於散文與簡單的韻文段落。事實上，通常各種類型的韻文都具有高度彈性，因此相較於阿拉伯文，波斯文中以賈希茲為代表的美好散文就發展較少。

不論就韻文模式或題材而言，波斯詩歌都比阿拉伯詩歌還更適合現代西方人的品味，甚至比較容易翻譯成西方語言。許多人不只嘗試翻譯像是賈拉盧丁‧陸彌作品等的軼趣詩，還包括更屬於抒情風格詩人（特別是哈非茲〔Ḥâfiẓ〕）的詩作，其創作材料就像同類型的阿拉

伯文作品一樣，本來就無法翻譯，也較少有人嘗試翻譯其作品，譯作也普遍較不成功。必須提及的是，任何翻譯都會忽略許多價值，許多翻譯也將類屬迥異的元素引進詩人的作品中——在措詞、格律、甚至韻律上都迥異於詩人本身的風格。這類譯作當中最負盛名的就屬費茲傑羅的《魯拜集》，它同時例示了危險與創造上的可能性。原詩是分立的簡短篇章，而詩集（dîwân）也就是詩人作品的集合中，則是按照字母順序排列，費茲傑羅的譯作則將它們按照某種順序排列，而不論這樣的排列順序如何鬆散，也都敘述著一個連續的故事——對作品本質的改變，或許更甚於自由排列的作法。如果這些譯本的目的在於使其文學性更加豐富，就像費茲傑羅譯本的目的那樣，那麼這種詩歌再創作就值得推薦。但是，作為用以理解原作者及其文化的研究譯作，則明顯功能不彰。至於較無創見的韻文翻譯，它們既不能促成好的新詩歌，也不像散文譯作那樣，能夠將作者的思想帶給人們。[2]

詩的意象：歌頌、傳奇與抒情

就像哈里發盛期的文學，詩歌用於公開朗誦，而不是（像最初時）私下誦唸；人們期待詩歌能像華美的服飾一樣為宮廷的生活帶來不同的色彩。其於波斯文所產生的結果與阿拉伯文學相當：強調形式的精

2　基於不同目的，而需要不同種類的翻譯，而且即使是學者，也可以借助各種不同的翻譯，這項原則經過了很長一段時間才被人們接受。同時，部分原因也在於，對於各不相同的目的而言，什麼才是合適的標準並不明確，翻譯的一般水準仍然不高——不論從任何標準加以判斷。關於提供歷史研究的翻譯，其最低標準見第一冊導論：關於翻譯的註腳。

的色彩。其於波斯文所產生的結果與阿拉伯文學相當：強調形式的精確及對實質內容的熟悉，因而對於處理既定形式與主題之精湛技藝的評價，不會受到任何預料外之脈絡的干涉——而且也能避免會違反共同公共禮儀的純粹個人偏好。（比較關切公共效益的蘇維埃藝術似乎也較為強調個人的精湛技巧。）當然，就像在阿拉伯文的情形，能夠超越這類限制的優秀波斯詩人，也真的能夠據此確立其詩歌的偉大特色。

頌詩是對贊助人相當直率的讚揚，且通常送給突然變得相當富裕的新貴。為獻給還在世的個人而精心製作的頌歌，會讓現代西方人感到不悅——特別是獻給那些財務狀況不錯且足以成為贊助者的人們，但令人質疑之處即在於那些人是否值得讚揚——部分原因在於，與它們更早期作品相比，這些頌詩更非專為形式上的禮節所作，即便是日常社會交往中的禮節（與慣用英文的人們相較，更是如此）。即使在散文裡，我們也不再需要將自己裝扮成最鮮為人知的謙卑僕人。而當波斯韻文詳細闡述這類禮節時，我們會感到不自在。

除頌詩以外，就多種波斯韻文而言——人們在大廳中公開朗誦這種韻文，其中儀式上的先後順序（儘管只是相對短暫展現軍事上的多樣性）就決定了各自的命運——那種正規的禮節成為精工細琢下所孕育而出的語言的起點。而在頌詩之中，這點卻最為明顯。它通常採用詩賦的形式，但內容為記載國王功績時，偶爾也會採用歌功頌德的編年體形式，其中二行詩形式較為人偏好。就像現代的廣告，頌詩是為了金錢而寫成的——為了特定統領用以優雅施恩於那些讚頌者的禮物；但與許多廣告不同，它寫作的目的不是誤導人們；因為每個利害關係人都知道，頌詩並不假裝自己是對個人及其功績的客觀報導；詩人因

為擁有令人聯想到偉大優雅形象的能力，而深受尊敬；如果這種能力可以跟讚頌對象——統領的實際狀況相連結，就再好不過了。精確地說，絕佳的頌詩確實可能會提升統領的名聲——這就是他付錢購買它的原因——部分是因為，他能持續吸引真正偉大的詩人，這些詩人同時企求品味與權力，或至少企求財富；部分也確實是因為，人們可能更喜歡虛構的輝煌，而不是可疑的真實。

在頌詩裡，就連禮貌性的對話通常也被視為至高無上。（這些慣例不可能是任何一個特定朝代及其傳統所特有——沒有任何一個朝代扎根這麼深——卻可以不受限定地移轉到當下掌權者的身上。）國王不只是某個城市的統治者，而是世界的統治者；他也總是能自強大的敵人手中贏取勝利。國王是燦爛光輝的太陽，無畏無懼的獅子；他必定會盡其所能地親自毀滅人們與動物。然而，他也是慷慨的——他所累積的戰利品不是儲藏在公庫，而是隨意分配（分給窮人，特別是分給士兵與朝臣，還有詩人），並且他也會進一步取得更多的戰利品。如果他也擁有同樣具此特質而備受尊崇的無數祖先，那就更好了。人們也同意，地位較低的人也能獲得與其地位相稱的恭維（詩人必須小心，過度稱讚朝臣會惹怒統治者，他不會容忍其臣僕被賦予過度的詩意榮耀，就像他也不會容忍在宮廷中為他們舉行不當的儀式）。基於這些慣例，詩人可以自由創造最細緻的奇想，其中語言的音韻，神奇地與其意涵中的言外之意結合。相較於情詩，也就是於常見主題當中的最重要對手，頌詩有一項很大的長處：為求在愛情方面的優雅表現，任何細節只要稍有違逆其所愛之人的個體性，任何人就都不該接觸（紳士不會談論他的女人），但在公共榮譽方面，詩人則可以引用主角生活中實際發生的事件，並同時增添趣味與變化。因此，人們會

認為真正偉大的頌詩歌者，同時也是最偉大的詩人。

　　最偉大的波斯頌詩詩人或許就屬塞爾柱朝蘇丹山加爾最喜愛的詩人——奧哈度丁‧安瓦里（Awḥadduddin Anvarî，約在西元1191年逝世）。他出身圖斯的經學院，據說他不只學習辯證神學，也學習邏輯學與數學，特別還有天文學。他在年輕時就從自己的學術研究轉行寫詩，以求取更豐厚的報酬。（傳記作者通常將這點寫成奇聞軼事，其細節匪夷所思，但筆調卻十分寫實：某天，他看見一個錦衣華服的人，騎著披掛華麗馬飾的馬匹，周圍圍繞著僕人，他問這個人從事什麼行業；知道他是詩人之後，他就以那個人的命運，跟像他自己這樣窮學者的命運比較，並在那個特別的夜晚寫了一首詩賦，隔天就拿著那首頌詩向山加爾自薦，而這首詩則為他在宮廷贏得永久的職位）。他選擇的職業確實帶給他金錢與名聲，還有對金錢與名聲之欲望隨之而來的紛爭與失望。然而，他並沒有忘記自己的學問，因為他在詩裡加入科學上的隱喻，外行人有時會覺得無法了解這些隱喻。在西元1185年，他的科學似乎讓他（還有其他天文學家）惹上麻煩：他曾詮釋行星之間某次罕見的會合，認為這預示了大風暴；但會合那天極其平靜，那一整年也都是平靜的一年。或許從山加爾過世開始，他就已經因為自己缺乏慷慨的資助者而自怨自艾好幾年；總之，他退隱到巴爾赫，拒絕再寫任何頌詩，並投入信仰。但即使在巴爾赫，他還是無法從所身陷的紛爭中脫身：據說有個敵人寫了一篇侮辱巴爾赫人的韻文，並歸咎於安瓦里，巴爾赫人因此將他遊街示眾備受羞辱，後來是因為他那些權貴友人的介入才得救。對於自己身為朝臣並寫作頌詩的各種謬誤與厚顏，安瓦里都極盡所能的去強詞奪理，而他所寫的一些頌詩，確實也未極力讚揚他的贊助者（或極力嘲笑贊助者的對手）；

對於烏古斯突厥打敗山加爾之後，在呼羅珊所造成的毀滅，他的動人輓歌讓他聲名大噪。不過，他主要還是靠著自己歌功頌德的頌詩而揚名。其中最有名的一首詩就說明，他如何能使最荒謬的陳述變得直接且流利。它的開頭是：「如果〔任何〕心與手可以是海與礦，那就會是〔這位〕偉大主宰的心與手。」──極盡寬宏之能事。另一行詩則說道：「你身處這個世界，卻比這個世界更偉大，就像文字隱藏著更加深刻的意義。在戰鬥的日子，因著你矛上的火焰，就連塵土亦為煙霧所包覆，希望的彎頭緩下，疲憊，而馬鐙因沾染死亡而沉重。」

　　與頌詩對立的則是諷敵詩。如果詩人決定跟他的敵人公開決裂──或許因為對他先前的讚揚，支付的金錢過少──他的言語粗野就沒有極限；因為，他不再受到宮廷成規的約束。他率直地以冒犯別人為目的。某些諷敵詩特別精於掩飾其尖酸刻薄，而優秀的詩人知道如何盡量利用人們公開歸咎於（無論對錯）其主角的任何缺陷，身為顯赫人物，忌妒的流言蜚語必然以他為主角。但光是將一個人的名字與大量的指控（不論有多麼難以置信）連結起來──就像在伊朗─地中海的生活常見的──就足以污損他的榮譽；而如果他最終無法對這些汙衊加以報復，這件事實本身就足以讓其身敗名裂。如此一來，諷敵詩展現了仇恨武器的強大，而如果始作俑者淪為自己所寫文字的標靶，他就會面臨恐怖刑罰的危險。好幾位天才詩人都曾因為受到幾袋黃金之邀而甘為一夜朗誦所用，最後則全遭嚴厲酷刑處死。

　　我們可以引述偉大頌詩歌者哈嘎尼（Khâqânî, 1106/7 — 1185 CE）的一首諷敵詩，他由於韻文的隱晦艱深而聞名，即使是波斯人，也會因為深奧且博學的引述而覺得難以理解。哈嘎尼極愛慕虛榮又生性好辯，他也對其詩歌自恃甚高，認為其地位遠高過任何在他之前的偉大

詩人著作。這位曾經指導哈嘎尼並把女兒嫁給他的詩人，曾以本身尖銳刺耳的詩，針對這種傾向，對他提出警告——這首詩指出，他的母親曾對他父親不忠。哈嘎尼因此對他的導師惡言相向。他繪聲繪影地指控他犯下每一種罪行，包括與男童發生性關係，還特別指控他是伊斯瑪儀里派異端（尼查爾伊斯瑪儀里派才在不久之前起義，尚未平復）。約在同時，哈嘎尼就永遠離開了他的家鄉。

頌詞詩歌（還有對立的作品）享有極高名聲，但傳奇詩歌至少也同樣受到歡迎。它在形式上往往屬於二行詩體韻文。戰鬥與愛情的故事，特別是講述已經死去多時，而且至少由於名聲而為閱聽大眾熟知的角色，但並沒有將韻文連結到當時的現實事件來加以點綴。它也像頌詩一樣保留宮廷禮儀的慣例，就連最為私密的經驗，也透過最光輝且非個人專有的形象而普遍化。所引用的歷史角色，大都來自伊斯蘭之前的伊朗民間故事——偶爾也來自伊斯蘭前的阿拉伯民間故事——而且，他們其實也都是虛構人物；它只需要遵守最廣泛的既定故事軸線（這種情形與古典時代的希臘非常相似）。但是，儘管這些故事具有相當的差異性，但對於角色所預設的態度，必須是宮廷生活所能接受。因此，男性英雄必須對自己的榮譽時時警惕，這是他藉以享有優先地位的權利，以對抗所有的攻擊；這項名譽或者可能會因為他自己的軟弱——如果他沒有讓挑戰者閉嘴，就放棄一場挑戰——或者，他因為他的女人所產生性別嫉妒的行為而為人詬病。因此，英雄不論在愛情或戰爭中的言行舉止，通常都必須合乎正統的方式；對於可能出現的道德問題或情感問題，個人的回應根本就不是問題所在。然而，就愛情而言，男性對於他不能在肉體上佔有，卻當成超越之美的體現而理想化、他也仍忠誠待之的女性昇華且屈從的愛，這項概念存在著重要的

替代選項。但在這些形式與論述慣例的限制內，偉大的詩人不只能夠表現其精湛技藝，還能展現他的敏銳與洞察力。

最偉大的傳奇故事詩人，就是亞塞拜然甘賈的尼查米（Niẓâmî of Ganjah, 1140/1 — 1202/3 CE），他生平似乎簡樸素淨又信仰堅定，而且也相當仁慈，他的詩作也具有引發讀者此種情感的能力。我們知道他尋求指引的那位蘇非導師。儘管他將自己較偉大的詩獻給好幾個在位統治的統領，但他迴避了頌詩。他最為人知的就是五首二行詩體長詩，人們後來將其統稱為「五重奏」，這五首詩也啟發後來的詩人，促使他們嘗試創作類似的二行詩體詩。在這五首詩中，有一首是說教式的，帶有蘇非主義的元素；但其他四首詩則呈現了其他詩人盛行的主題，其會受歡迎有部分是因為這是尼查米留下的典範。正是尼查米的處理手法，使這些主題在後來的波斯文學中，有其最為永續的內在意涵。

馬其頓的亞歷山大大帝（又名為歐洲人伊斯坎德‧陸彌〔Iskender Rûmî, the European〕）似乎已曾出現在菲爾道西史詩裡的伊朗統治者之列。尼查米更普遍著眼於故事本身的內在完整性，並據以重新敘述他的故事，但並沒有漏掉指向人類最終一般性所探求的絃外之音。或許就這種呈現亞歷山大的手法而言，最值得紀念的不是他更具歷史意義的功績，而是他為追求生命之水，而前往地球盡頭的傳奇探險——就像尼查米所呈現的，前往有著幾近超越宇宙的黑暗之地。

可愛的席琳（Shîrîn）與薩珊君主胡斯洛二世（Khusraw Parvîs）的故事已曾出現在菲爾道西的著作中；但尼查米再次強調傳奇故事的色彩。波斯畫家向來喜歡描繪胡斯洛初識席琳的場景——她在旅程中停留，在溪流中沐浴，而胡斯洛則在相反方向的旅程中剛好路過。對

於她的另一個愛人——法爾哈德（Farhâd）的故事，尼查米則充分利用這個故事的渲染力，故事中，為了要牽到她的手，法爾哈德背負的任務是，開闢出一條穿過巨大的比希斯頓山（Bihistûn，阿契美尼德朝將他們的銘文刻在這座山上）岩石的路；他忠實地靠著自己的勞力進行了好幾年，直到他快要完成時，胡斯洛派人傳達席琳已死的錯誤消息，他因而自殺。根據榮譽守則，這個故事不可能有其他結果；胡斯洛必須獲勝。但尼查米接下來也描繪了另一種愛情，在其中，真正得勝的戀人，拋棄了他的對象。瑪吉儂（Majnûn，意指「瘋人」）與他摯愛蕾拉（Laylà）的故事，是出自古老的阿拉伯民間故事；蕾拉的父親將她嫁給別人，但瑪吉儂拒絕放棄她，並在沙漠中瘋狂地遊走，只有野獸與他作伴。當她的丈夫死去，她立刻奔向他，但他已經瘋狂到不認得她了。尼查米告訴我們，他們最終在天堂結合。儘管尼查米所處理的主要不是蘇非主義的作品，就像他對這個主題的某些其他處理手法一樣，但它確實具有蘇非主義的痕跡。

尼查米二行詩體詩五重奏中的最後一首，同樣處理出自法爾道西著作的人物，薩珊君主巴赫拉姆・古爾（Bahrâm Gûr）是著名的獵人，因為與他所獵取的野獸一樣兇猛而聞名。然而，故事大半篇幅的走向，則轉向更脫離歷史的場景，由巴赫拉姆・古爾（因其畫像之美）所追求並贏得芳心的七名公主而轉述的故事構成；公主們代表世界的七個地區——在這裡，是指印度、中國、土耳其斯坦、斯拉夫、伊朗、陸姆（歐洲），還有北非（阿拉伯諸島與黑人非洲在清單上省略）——進而同時表達巴赫拉姆・古爾的榮耀，以及異國傳奇故事。

不過，離正式宮廷禮儀更遠的，是詩句所用的語言，它通常透過四行詩或短詩表達。在我們身處的領域，屬於私人情感，而不是公共

的榮譽。但在這裡，成規也是成立的，因為詩歌——只因作為聽眾朗誦的詩歌（shi'r）——不是真的專屬私人。在這樣的詩歌中，感受的調性可能極其細緻；而且，既然所有事物實際上都僅憑所使用的形象，要完全理解詩歌，就有賴賦予每種形象影響力。美麗的臉龐通常稱為滿月；挺拔的角色通常稱為柏樹；熱情且無望的愛，則在歌唱的夜鶯（鶲科鳴鳥）身上找到它的形象，在人們的幻想中，牠愛上難以靠近卻具有美艷超凡的多刺玫瑰。古代伊朗君王賈姆胥德（Jamshîd，就像菲爾道西所呈現的）擁有一只神奇的杯子，他能在杯子裡看到世界上發生的所有事；只要對這個杯子提一個典故，就能喚出從這整個故事所衍生出的許多絃外之音。（酒也是賈姆胥德發明的。）人們引用另一位古代伊朗君主法利敦（Farîdûn），以象徵長壽與財富；他年輕時，打敗了曾罷黜賈姆胥德的怪獸札哈克（Zaḥḥâk），為他報仇；但他年老時則把自己的王國分給三個兒子，其中兩個兒子殺害第三個，又遭到為他復仇的人殺害；因此，賈姆胥德鎮日凝視他兒子的三個骷髏頭，度過其晚年。人們認為，這些典故與明喻是理所當然的，重要的是，詩人能如何運用它們，他如何讓自己在引述的時候，能有助於建構靈巧表達情感的環節。情詩最常見的主題，自然就是愛（按照慣例，總是對於年輕男人或男孩的愛——本身為男性的詩人，就是那個愛人：提到愛女人則顯不夠莊重。）（也有女詩人，但很罕見。）但詩人自然也採用各種主題——最好的美酒，它的魅力甚至表達著哀傷；有位詩人還不只一次以令人難以忘懷的柔情，哀悼早逝的妻子或兒子。[3]

3　Helmuth Ritter 與 K. Rypka 已經在他們那個版本的尼查米所著的 *Haft Peykar* (Prague,

蘇非與世俗智慧：薩俄迪的簡潔文體

波斯詩歌，甚至還有波斯散文，後來日漸受到蘇非主義意象的影響。在我們所提過具有世俗情感傾向的詩歌中即可見一斑。不過，在不以表達成規或情感為目的，而企圖表達永續智慧的詩歌中，更是如此。在哈里發盛期政權倒臺後的幾個世代中，波斯文學根本沒有沾染太多的宗教關懷。舉例來說，這樣的宗教精神展現在菲爾道西身上，反映出一種簡單又普遍化的伊斯蘭：承認神的意志至高無上；這樣的情感幾乎已經無所分別，因此即使當他套用馬茲達教的術語時，也足以輕易地充分表達它。但在十二世紀以後，當中前期時代具有蘇非主義的社會已經完全成形，蘇非主義愈來愈成為眾多重要詩人的靈感。

他們以比較抒情的短詩格式，也就是情詩與四行詩體詩，來讚頌蘇非主義的虔信價值；他們有時候還會以較鬆散的二行詩體，長篇累牘地闡述蘇非主義理論與形上學。這類詩人並不代表任何既存的階層體制；他們的創造沒有成為具有紀念價值的宗教儀式，卻表達了個人的進取精神，並標誌著蘇非主義引導地方性大眾運動的應變特性。但這些詩人變得非常受歡迎，且至少在他們死後，往往也獲得蘇非近神者本人的嘉許；實際上對於這種詩歌，主要身為蘇非行者的人們，像是陸彌等，有時也付出了貢獻。（詩歌的卓越無疑多少也進而助長了蘇非主義的聲望）。

這些詩人學著以恩典與想像的偉大光輝來處理語言。蘇非主義的心境與啟發所具有的狂喜特徵，進入了詩的表現手法；他們發展出好

1934)，附上尼查米隱喻象徵的詳盡編目。

幾個慣用的形象——有時候借用自愛與酒等更世俗化的故事——並運用各種精妙的手法。在他們的韻文中，雨滴擁有個別的靈魂，以千種各有些微不同的方式，落入神的普世性海洋；對於帶有神聖之美的玫瑰，夜鶯反覆歌唱著牠的愛，卻沒有像飛蛾那樣，出於對於燭焰——神之大能的火焰，消耗一切卻又推動一切的熱情而放棄自己的生命。最終，幾乎不論每一位詩人選擇什麼樣的主題，往往都會借用這些富有創造力的形象，甚而將蘇非主義精神的某種言外之意，注入更平淡且世俗的主題。多種元素親近並且融合，或許就像它們在真實的心裡那樣地親近。最終（正如我們將提到），隨著像是哈非茲那種具有大師地位的詩人，已經很難從他作品的靈性因素中挑出世俗因素（或者更正確的說法是，這已無關緊要）。就蘇非行者固有的傾向：將每種世俗對象或熱情都視為反映著超驗真實，以及在神的多重創造之中無意識地追尋神愛，而蘇非主義思想的這種用法，卻有其正當性。某些詩，無論表面上的主題多麼粗俗，缺乏想像力的後世學者，也都已經將它們詮釋為純粹的宗教寓言；因此，即使認為出自歐瑪爾‧海亞姆手筆的諷刺韻文，後來某些學者的評註，還是刻板地援用任何稱得上是蘇非主義意象的事物，並否認有任何刺激感官的存在。

後來的波斯詩歌受到蘇非主義影響甚深，因此即使顯然是世俗的諷刺詩，也會模仿蘇非主義的態度。偶爾帶有一點沾染蘇非主義傾向的情感，這類情況人們都會認為理所當然。

在全心全意以蘇非主義格調寫作的詩人中，則屬法里度丁‧阿塔爾（Fariduddîn 'Aṭṭar，西元1190年逝世）最負盛名（除了讓他獲益良多的蘇非行者賈拉盧丁‧陸彌之外）。阿塔爾自己似乎並不是全職修行的蘇非行者，他的某些韻文似乎也不是專門獻給蘇非主義；但其

中許多作品，都致力讚揚蘇非行者，並榮耀他們的學說。阿塔爾最重要的著作，形式上屬於二行詩體，它講述一個主要故事，並綴飾著好幾個構成其著作核心的附屬故事。人們將別人所寫的許多作品都視為阿塔爾的創作，鑑別哪些創作出自於他的筆下，的確是個比較棘手的問題，但毫無疑問地，歸於他名下當中最偉大的那些作品，確實是他創作的。

或許其中最出名的作品，寓言般講述鳥兒們出發尋找偉大的神鳥希穆爾格（Sîmurgh，牠有一根羽毛掉在中國，就足以使那裡的所有畫家徒勞無功地奮力捕捉牠的美麗）；牠們一路上歷經許多千鈞一髮的冒險——象徵著人類精神在密契之道上的冒險；直到最後，只剩下其中三十隻鳥。靈魂或肉體上的消磨，都已經使牠們精疲力盡，牠們卻又在一面巨大的鏡子裡，看到了淨化的自己，同時也發現了希穆爾格；因為，原來希穆爾格就是他們自己的形象（sîmurgh 在波斯文的意思就是「三十隻鳥」）。

最受歡迎的波斯詩人，就屬法爾斯首府須拉子的穆斯里胡丁·薩俄迪（Muṣliḥuddîn Saʿdî, 1193－1292 CE）。阿拉伯地區與其他地方都有他的行旅足跡，或許還曾前往印度；但他約在西元1257年終於 回到須拉子，他在那裡寫作他最出名的兩本詩集：《薔薇園》（*Gulistân*）與《果園》（*Bûstân*）；書名的意思都是「花園」；兩本書都是故事集，這些故事都是花園裡甜美的花朵。《薔薇園》以簡單的散文述說高尚的故事，並用以韻文寫成的評論加以綴飾；《果園》將一切事物都套進二行詩體。這兩本書都屬於說教性質，薩俄迪預計以富有娛樂性的方式提出人生的教導。沒有什麼深奧或牽強的複雜情節能遮蔽它們優雅的清新風格。這些故事散集加上像是「論諸王」、「論慷慨」之類的

標題。然而，薩俄迪並沒有發展出在邏輯上無所闕漏的策略來詮釋生活：不論這些故事閱讀順序如何，讀者都能獲得書中想傳達的訊息。薩俄迪寫了其他許多詩歌，但這些簡單的作品集，最能讓他親近所有世代的讀者。

　　薩俄迪想在這些書中呈現一種圓滿的智慧，以指引這個世界上的生活。因此，他在每個層次上都提供建議；從最平常的機智，到終極的目的性。當他的理解趨於圓滿，就難免會套用蘇非主義的用語。所以，他講述一滴雨水，它落入海洋，在那樣的廣大無垠之中，發現自己根本微不足道，卻又被吸收到蚌殼裡，成為無瑕的珍珠。他也曾在更實用的層次上講述，亞伯拉罕發現某個客人是異教徒，便打算收回施予一夜的慷慨，卻遭到神的斥責，祂給予那名異教徒一生的給養。而正如他不贊同社群的相互排他主義，他拒絕依賴外在儀式，他也曾講述有位虔誠者，在前往朝聖的每一步上進行禮拜，接著惡魔誘惑他，使他誇大自己的虔信，但一項洞見拯救了他，使他免於落入地獄，他在那項洞見中看到，不管禮拜的次數再多，都不如善行來得卓越。

　　他舉一名虔誠者的故事來解釋什麼樣的善行才算數，這個故事也同樣具有蘇非主義的調性，而非伊斯蘭法，說是有個小偷在這名虔誠者的房子找不到可以偷的東西，他便將自己的睡覺用的鋪毯丟到這個小偷會經過的路上，如此一來他就不會空手而歸；他還用一位導師的故事來舉例，在這則故事裡，有個門徒告訴他，另一個同為門徒的人在公開場合酒醉，這位導師因此大加斥責，並要求他把已經睡著又跌落到水溝裡去的酒醉同儕背回家，共同承擔他的恥辱。薩俄迪樂意以奇蹟的故事來頌揚聖人的虔信，例如他曾經講述過，因為沒錢而被船

舶拒載的某個人，就用他的拜毯渡河。但是，認為慷慨只是幼稚行徑而不屑一顧的那種人，他也會為他們申辯：他一方面讚揚以自身為債務人作擔保，並於在債務人逃跑時，在牢裡待上幾年的聖人，他譴責大臣的慈悲，雖然那位大臣讓曾是盜匪成員的男孩免於一死，並在自己家裡將他扶養成人；因為，這個男孩在長大後即背棄他的恩人，並回歸其盜匪之途。薩俄迪的許多故事，目的都在彙整他自己以托缽行者的身分旅行時的冒險歷程。在他死後，人們將薩俄迪視為偉大的蘇非近神者，人們並稱他為「導師」（'the Shaykh'），卓越的長老級大師。

薩俄迪教導的訓誡和宣揚的智慧，並不假裝自己具有原創性。事實上，智慧很少是原創的。薩俄迪的目標，是以好的手法說舊的真理。他以令人難以忘懷的形象，講述每個人都已知道但卻得花上一生學習的真理。這些真理，顯然簡單明瞭，甚至顯而易見，而且即使是年輕人，在某種程度上也都明瞭，但隨著年紀逐漸增長並累積更多經驗，每個人仍在學習中，宛如他們原來對此一無所知。在古老的楔形文字中——就像在大多數其他的文獻裡——作者將這種智慧以難忘而且明確的形式寫入聰明錦囊裡，心靈可以在其中看到它自己最清晰的反映，一如鏡中影。希伯來文聖經裡就有這類優美的例子。人們稱它為「智慧文學」（wisdom literature），而即使對於最世故老練的人來說，這種文學也總是受歡迎。在整個伊朗—閃族傳統裡，薩俄迪是這方面所作的嘗試當中最受珍視的一位。

散文：波斯文及阿拉伯文中的平淡與華麗

波斯文學不只吸引波斯人與其他伊朗語系的人們，同時也吸引突

厥人，他們幾乎在中前期時代的每個地方，透過成為軍人與統領來獲取權力。不管是往東朝向印度，或是往西朝向歐洲與埃及，他們據以獲取政治權力的中心都在伊朗高原；當時他們的領導者已經能使用作為宮廷語言的波斯文，還將其傳播到他們所經過的絕大多數地方。因此，雖然阿拉伯文仍然是研究科學與宗教所使用的語言，但波斯文則普遍成為禮貌性往來與詩歌所用的語言。伊朗作家在這方面獲得充分機會；我們已經提到其中最偉大的一位——賈拉盧丁‧陸彌，他確實是在突厥統治安那托利亞（位於他伊朗出生地的遙遠西方）期間，創作他絕大多數的作品。還有一位偉大的波斯詩人，也就是德里的阿米爾‧胡斯洛（Amîr Khusraw），他遠在東方的印度家鄉獲得榮耀，並以當地的印度文創作實驗性的韻文，卻也使用波斯文來完成所有嚴謹的主題。

在這個時代，阿拉伯文仍然是主要的文學語言，但它愈來愈受侷限，只在高尚社交圈中用於純文學寫作；即使在肥沃月彎，某些統治者——特別是伊拉克的統治者，最終也偏好波斯文。這在某種程度上是因為阿拉伯文學已經產出很多作品，甚至多到因此不再有新的嘗試，但或許更因為它的社會地位受到貶損，使它幾乎沒有引進新的文類，甚至沒有處理舊文類的新手法。同樣地，儘管蘇非主義盛行在阿拉伯地區上，也無法到達那富涵詩意的境界。一位阿拉伯蘇非詩人——埃及的伊本—法利德（Ibn-al-Fâriḍ, 1181－1235 CE），因而創作一種出神忘我的獨特蘇非主義韻文而極富盛名；幾乎很少人能與之媲美。另一方面，就散文而言，仍有許多阿拉伯文的重要著作出現，部分原因在於，即使是在波斯區，宗教研究仍然使用該種語言；某些出自宗教研究圈的著作，則有資格被視為純文學著作。在某種意義上，

就連早期中世紀阿拉伯文學最偉大的著作——哈利里的《瑪嘎姆詩集》（Maqâmât）作品背景也是如此；因為，不論它的文學性如何突出，其主要目的都在於精妙運用文學與詞彙。

在伊斯蘭法主義的研究中，最偉大的任務就是在主要的幾個領域產出紮實的成果。許多幾乎同樣悠久的名字裡，我挑選出其中最值得注意的幾個。這個時期的《古蘭經》研究與文法學中，最重要的角色就屬瑪赫穆德‧扎瑪赫夏里（Maḥmud al-Zamakhsharî），他跟其他花剌子模人一樣都屬理性主義學派。他在麥加生活了好幾年，卻回到花剌子模度過大半人生。理性主義學派引用的《古蘭經》總是多過聖訓；因此，在塔巴里的作品之後，最偉大的《古蘭經》註釋正是由理性主義學派成員寫成，就不足為奇了。他非常精確分析文法與風格，並找出哲學上的言外之意（當然，還會另外以屬於全面擬人觀〔all anthropomorphisms〕的理性主義學派手法加以詮釋）。這份註釋確實廣受歡迎，之後也引來其對手創作出同樣受歡迎的註釋（由貝達維〔al-Bayḍâwî〕所寫），後者雖包含許多相同的內容，但加以調整或刪減，以迎合那些拒絕理性主義學派學說且偏好聖訓主義立場的人們。扎瑪赫夏里也寫了一本阿拉伯文法書，這本書因為清晰簡明而成為標準著作，他還出版詞典編纂學與相關主題的著作、俗語集，甚至還有幾本聖訓研究著作。與其花剌子模同胞畢魯尼一樣，他拒絕將波斯文用在學術研究，卻仍必須學習它，並教導初學這種語言的人們；他甚至還編纂了一本阿拉伯文—波斯文辭典。

當然，歷史領域則要求更創新的努力。在這個領域裡，大部分作者都是編年史學家，他們的主要寫作內容，無論是以阿拉伯文或波斯文寫作，都是關於朝代戰爭或特定城市中的男性與女性知識分子。一

如既往，他們的主要目的是娛樂與虔誠的薰陶，但某些人認為，他們的著作包含了政治家應該傾聽或防範的實例。因此，在編年史學家與講述傳奇故事的說書人之間，往往難以劃出清楚的界線。但毫無疑問，歷史學家至少會嘗試確認精準特定的真實地點，以及（以偉大祖先為榮）現存家族與過往人物的尊榮，透過那些人物的功績、他們的豐功偉業、或透過人們所講述關於他們的傳說，而進入在世者的視界；還有過去與現在世代所享有相對於古代偉人的尊榮。某些歷史學家則有自知之明，認為他們的任務在於「為人們形塑本身所處時空的洞察力」。

在這些歷史學者當中，儀茲丁・伊本—阿西爾（'Izz-al-dîn Ibn-al-Athîr）由於兩本（以阿拉伯文寫作的）主要著作的縝密與簡明，而顯得與眾不同，儘管對於薩拉丁與納席爾，他都帶有我們曾經提到過的偏見。他曾編纂一篇著作，詳細論述贊吉朝的加濟拉地區與摩蘇爾（Mosul），它在該類著作中確實是不朽作品。他也編纂了一部通史：較早期的斷代，主要是塔巴里歷史著作的摘要（對於特定事件有不同意見時，他選擇最誠摯而非最細緻的詮釋）；因此，它能年復一年不斷延續到伊本—阿西爾自己的時代。

這兩本著作之間寫作方式的對比，揭示了這兩個時代之間的對比。全神貫注於哈里發政權的塔巴里，當引用關於穆斯林的征服、內戰，或其他涉及全體穆斯林所關切事務的各種傳述文集時——這些文集往往反映部族或宗教派系的觀點——伊本—阿西爾都會同時引用檔案史料和各種地方性編年史，就像是他自己的贊吉朝編年史。身為學者，甚至透過家族關係，他都可以接觸檔案史料（以及參與者自己的個人說法）。他出生在加濟拉地區的一座小鎮，旅行一陣子後，定居

在摩蘇爾，成為一名非官方學者。他的兄弟們則更為活躍。他哥哥是鑽研《古蘭經》、聖訓與文法的學者，也幾乎和他一樣廣受尊崇；他在摩蘇爾時勉強接受了一個高層的財政職位；他退休之後還將自己的住家改裝為蘇非行者的旅舍。他的弟弟則寫了一篇有名的長篇著作，以散文風格為題，且在好幾個宮廷受僱起草相關文件（還在大馬士革當過一陣子大臣），最後落腳於摩蘇爾。在這樣的背景之下，讓伊本—阿西爾能夠接觸八卦與內線消息；但他也深入鑽研像他這類學者能在其中獲得高度尊敬的體制，還有這些學者所代表的事物。由於缺乏塔巴里的境界，他逐漸變得偏狹極端，有時也未能熟練地運用他的消息來源，以適當的手法呈現在他最喜愛的統治者們面前。4

在風格方面主要有兩種傾向，它們同樣都影響阿拉伯文及波斯文的文學。較為明顯的是文詞過度講究的精巧，甚至從賈希茲（Jâhiz）時代起就潛藏於阿拉伯文之中，但後來則發展得更為完整。當然，這

4　H. A. R. Gibb, 'Islamic Biographical Literiture', in *Historians of the Middle East*, ed Bernard Lewis an P. M. Holt (Oxford University Press), pp.54－58，指出歷史學家對於呈現在其文化承載者身上的伊斯蘭社群，持續不斷的關切，特別是在阿拉伯地區的聖訓學者之間、廣博而帶有傳記構想的歷史中，它的宗教文化達到顛峰；尤其是伊本—焦吉（Ibn-al-Jawzî, 1116—1200 CE）的《時間的鏡子》（Mir'ât al-Zamân）、夏姆斯丁・達哈比（Shams-al-dîn al-Dhahabî, 1274—1348 CE）的《伊斯蘭的歷史》（Ta'rîkh al-Islâm）等著作。本卷書包含了其他有助益的論文，例如，Claude Cahen 的 'The Historiography of the Seljuqid Period'（pp. 59－78）（突顯歷史寫作的本質，更甚於他自己的主張），Halil Inalcik 的 'The Rise of Ottoman Historiography'（pp. 152－67）， 以 及 Bernard Lewis 的 'The Use by Muslim Historians of Non-Muslim Sources'（pp. 180－91），儘管這卷書的品質與內容涵蓋範圍（以地中海東部的土地為中心）水準極為參差不齊。

種傾向，在韻文與散文方面都一樣強烈。它與蘇非主義的觀點同時或稍晚 進入波斯韻文傳統，比它進入阿拉伯韻文傳統還要晚一些，它也承載著追求詞藻精緻與概念明智的動力，這種動力（在最早期的波斯文學）隨著穆塔納比（al-Mutanabbî'）而在阿拉伯詩歌中達到高峰。每位作家都認為自己必須超越前輩們。薩曼朝宮廷詩人拉達基（Râdaqî）就能靈活運用明喻與隱喻：但後來卻遭到波斯評論家的批評，認為他過於直接、粗野，太過乏味而無法讓人耳目一新。在這個較早期階段，這種要求帶來的豐富創新詞藻、想像上的誇張比喻，導向精緻與魅力。在中期時代稍晚則有點走火入魔，往往造成過度文飾。

不過，特別當追求精緻而矯揉造作的動力影響了散文，而使西方讀者們感到困擾；而更做作的詩人，不論使用阿拉伯文或波斯文（但不是伊本—阿西爾那樣的學者），還幾乎開始修飾戰役記述中的每一個句子；例如，運用往往流於牽強的隱喻與明喻。在波斯文中，這種傾向甚至比阿拉伯文的情形更加嚴重，因為波斯人的品味最早就在這個時期開始成形。相較於阿拉伯文，整體波斯傳統缺乏輕薄短小的文章，而著重道德化與綴飾，就連它最為審慎的敘述，也是如此。然而，在中前期時代，這種寫作方式（假設讀得夠仔細，足可享受它隱含的意思）的要求還算寬鬆，它點綴文章卻沒有喧賓奪主。

這種作法跟這個時代的散文特性而使某些現代讀者會認為同樣 難以接受的綴飾，兩者之間則必須加以區分。運用誇張修辭的作法， 是既定的表現手法。正如我們已經提過的，文明禮節的形式往往要求人們應對有權勢的個人和應受尊崇的個別學者與藝術家，表現出誇張的遵從，即使他們沒有贊頌之意。有可能以最高層次先描述一個個體，接著描述另一個，而如果按其文義來看，這種作法其實自相矛 盾；誇

張的修辭自有其規則，當有時詳細區分時便會產生微妙的效果。然而誇張的修辭，似乎往往只是強調效果的手法，考量到這個時代大多數的資訊，都處在某種印象模糊且因人而異的狀態，因此它就不會太在意那無論如何都沒辦法達到的精確性。

至於奇聞軼事，除非其寫作目的就是要當成嚴謹傳記的一環，否則通常皆明顯誇飾。在現代小說中，我們會盡量減少藝術性必要的任何扭曲，且將幻想的扭曲——無論是怪誕奇談或大言不慚——留給小孩子的童話故事。在現代之前的文學中，奇聞軼事通常是專為成年人量身訂製的「童話故事」。即使是在字面意義上有真實性的故事，也可能藉由典故、藉由極端的事例來說明，而不是運用保守的陳述來提出論點。我們都聽說過一個故事，有個對具有生命的一切都極其溫柔的奴隸，他會讓青年團的弟兄等待，等到一群螞蟻離開桌布之後，才讓他們用餐，才不會因為太快將牠們扔到地上，而傷害牠們或讓牠們迷路。這個故事的寓意，不是每個人都該照著做，而是如果有人可以做到這種程度，其他人無論如何都能（比較上）在看似容易達成的程度上，對無助者表示體貼。我們也曾聽說另一個具相同寓意的故事，有個男人，當他發現自己新婚的妻子染上天花，為了避免她的尷尬，他便假裝自己眼睛有問題，接著還假裝自己瞎了，更一直假裝到她逝去為止。

即使是品味高尚的人們好幾個世代以來所尊敬的尼查姆—穆魯克，其討論政治的作品在描述治理的倫理學時，也使用極端的案例，而不是有待判斷的例子；因此，它所引用的例子，絕大多數都比現實的例子更吸引人。尼查姆—穆魯克是個有效率的行政官員，他也非常清楚公庫結餘與嚴守預算的重要性；但要強調「蘇丹不該將政府的所

有收入挪作個人花用」這條教訓，他主要是講述哈里發哈倫·拉胥德（Hârûn al-Rashîd）與他妻子朱貝姐（Zubaydah）的故事，而其實那個故事可能是虛構的（他在講述過程中刻意改寫歷史）。好幾個赤貧的穆斯林主張自己有權分享公庫，因為它屬於穆斯林，而不是屬於哈里發個人，因此受到他們斥責之後，拉胥德與朱貝姐就做了幾個相同的夢，在夢裡的最後審判中，穆罕默德撇過臉去，因為他們將穆斯林的公庫挪為己用，他們在驚恐中醒來；隔天，拉胥德宣布，任何（對於公庫）有所請求的人都要站出來，他還將大量金錢當成禮物與年金發放。朱貝姐則立刻捐獻財物——根據不知名歷史學家所做的記載，這就是她這輩子唯一一次的施捨——藉此擺脫她丈夫對她財務的控制。

　　至少在兩件事情上，不限於伊斯蘭世界，那個時代所認知的「莊重」，對某些現代讀者來說則看似粗鄙。儘管人們嘲笑毫無根據的浮夸，義正詞嚴聲稱自己的才能與德性，通常都沒有什麼好丟臉的（但就這種事情來說，節制是受人敬重的特質）。而儘管過度小心將女性排除在男性的目光之外，但即使是打扮得體的男性，談到性行為時就像談到吃一樣，毫不遲疑：如果在敘事上有必要性，人們描述兩者的方式都會同樣露骨。或許在某種程度上，原因也在於：在兩性隔離的社會中，男性的對話確實不需要考慮到有女性在場（當然，也有為數相當多顯然就是色情文學的作品，專門為挑起性慾而創作）。

文學中的內隱體裁

　　第二個主要傾向，雖然本質上較不明顯，但在社會上與知性上都更加重要。那種傾向就是以偽裝或間接的方式寫作，藉以隱藏許多論

點。嘎扎里明智指出，寫作的時候應該考慮到閱聽大眾的程度，且不對群眾透露可能會造成混淆的真理，而這種論點對文學所產生的影響，甚至比它對嘎扎里本身《迷途指津》的影響還更為細緻，書中他基於讀者偶然間提出的意見而進行推論，毫不掩飾，卻未必總是明確。就像我們已經提過的，對於哲學家、蘇非行者與效忠阿里後裔者而言，以某種方式對知識加以分級與隱藏，這種作法已成常態。以特定方式寫作，而使每位讀者未必當下明瞭一個人完整的意圖，進而使每位讀者都可以根據自己需求的程度而得到結論，這看起來不過是常識，特別是在以生命方向的問題方面。無論一個人有沒有明顯的內隱意識，都能適用這種方向。總之，這對文學風格具有密切的影響作用。這是所有嚴謹散文甚至韻文的特有傾向，因此，當閱讀任何著作時，在認定隱晦不明的陳述並未表達任何意義之前，都必須思索再三。

在蘇非主義已經具有影響力的地方特別如此。我就曾經提到，每當意圖產生文學效果時，就會存在誇大奇聞軼事的傾向。在某種程度上，關於一般文學上的道德說教故事，我所談及的也適用於講述古代先知與蘇非近神者的傳奇故事，這已經是例常文類之一。通常，傳奇故事表達熱切的流行信念。但有教養的閱聽大眾也會認真看待它們，這些人可以把它們貶損為浮夸的故事，跟其他類型的誇大沒有兩樣；因此，它們也能以另一種間接書寫的形式呈現，而具更加深奧的言外之意。在這樣的氛圍中，哲學家與蘇非主義形上學家們，隱密地寫作給入門者閱讀的作品，而就蘇非詩人賈拉盧丁·陸彌來說，相當明確的是：人們必須以內隱方式閱讀他的二行詩體詩。他引用（第二章、第3602節以後）一條聖訓傳述，這條聖訓說道：瑪麗亞與伊莉莎白在

她們兩人都懷有身孕時碰面，而耶穌與約翰則在她們的子宮內相互鞠躬；他接著指出《古蘭經》認為，瑪麗亞在懷孕時並沒有遇到任何人，這條聖訓所說的故事，也就不可能發生。提出一種自圓其說的答案（這兩個女人相互顯現她們的靈魂）之後，他大膽地指出，這種解釋頂多也是不相干的；真正重要的是故事的意義，就像在動物的寓言中，真正重要的不是動物有沒有可能說話，而是寓言呈現的寓意。他接著警告，如果駑鈍的讀者堅持按照字面意義來談論詩人的故事，這些故事在這種解讀方式之下，就會產生用以刻意誤導這類讀者的效果。他還提到，有一位文法教師使用「柴德打阿姆爾」（Zayd hit Amr）這種範例句型，而學童便問他為什麼柴德要打阿姆爾。當他嘗試解釋這些名字只是舉例卻失敗了，之後他就做出最適合這個學童的解釋：在阿拉伯文中，阿姆爾這個名字有個無聲字母；阿姆爾因為「偷了」那個不屬於他的字母而被打！

在當時，間接寫作或許比現在更容易。每個有能力閱讀的人都讀過大致相同的書，也共享知識上許多相同的預設。因此，新近加入知性對話的人，就能隨意將許多東西略而不談。而且，在出現印刷術之前，人們所能接觸的書籍更是稀少；當認真看待任何一本書時，就會非常仔細地閱讀它，甚至是加以背誦。絕大多數手稿的殘缺不全，進一步強化了仔細閱讀的必要，因為這種狀態使視線無法快速移動：在閱讀活動中可能有很大的比例是必須大聲地慢速朗讀，或至少以唇語輕讀。

總之，任何認真的學生對於任何重要書籍，都應該跟著解釋那本書的導師出聲閱讀——原則上，從作者本人傳下來的口述傳統為基礎。因此，當太過露骨又黑白分明的表述可能招致麻煩時，作者無論

如何都有理由不寫得太過清楚。我認為在他的歷史著作中，塔巴里已經刻意不將許多言外之意明文寫出，如果這種想法是正確的態度，那麼這種略帶暗示的編纂模式，很早就開始了。

這種間接風格的效果，在一種重要的文學類型中特別強烈，其中，內隱的取向特別適切。我所指的是所謂的「神話—虛幻」（mythic-visional）寫作：不同於科學，這種引人思索的作品主要是對於某種特定經驗所做的道德詮釋；但不同於比較不連續的華麗或抒情寫作，它企求著關於總體人生的完整觀點；甚至不同於最完整的虛構小說，並非藉由想像的事例，而是藉由對整體世界所做的直接描述來提出這種詮釋，儘管它的描述同時也是象徵性或如神話般的。在現代，由於我們在專業自然科學方面的重大成就，加上我們對小說家細緻的心理觀察感到著迷，因此對於這種文類的需求，比起以往都更低。對許多人來說，赫西俄德（Hesiod）與《創世紀》只不過是歷史的古玩。卑默（Boehme）與斯威登堡（Swedenborg）之類的作家不怎麼吸引我們，人們現在甚至也幾乎不會只為了抒情的愉悅而閱讀但丁。我們也幾乎不清楚，該從葉慈、德日進（Teilhard）或湯恩比那裡學到些什麼。但在伊斯蘭中期時代的散文中，某些屬於神話—虛幻文類的最重要作品容易遭到誤讀，因而受到人們誤解並低估。

這種寫作可能表達一種看待生命的英雄式觀點，就像在古老的史詩中，人們從不可測知的命運那裡，奪取終將消逝的顯赫地位；或者表達一種看待生命的一致觀點，其中個人生命的意義（meaning），回應著宇宙中的某種意涵（meaningfulness），就像在告白宗教的經典，特別還有在密契主義者的寫作當中所看到的。不管在哪種情形，所謂的典型象徵主義往往都會一再反覆出現。這種象徵主義的重點，如果

不是在無意識的普世人類形象層次上，至少也是在永續的一般傳統中受到選擇並保存，而且充分存在形式深切適宜的相互共鳴層次上。在任何特定神話寫作有其實效的情形下，它都可能運用這種相互共鳴交織而成，並根植於這類傳統中。

我們曾提過幾件伊斯蘭（Islamicate）神話—虛幻文類的作品：伊本—西那的象徵故事、雅赫亞‧蘇赫拉瓦爾迪與伊本—阿拉比的宇宙論敘述。某些煉金術文獻，或許還有某些占星術文獻，也可以歸為這種類型，就像許多比較具蘇非主義色彩的寫作。這是一種文學類型（廣義而言），但由於它是處理以生活為導向的問題，同時也是言說性的溝通工具；因此，某些神話故事，由一系列作者重新敘述，他們每個人都含蓄地將他自己對那個故事的詮釋——因此是對人類生命的詮釋——與其前輩所做的詮釋對照。例如，有些作家會從不同的著眼點，看待伊本—西那關於旅行者（靈魂）被放逐到西方（不受照明之物質性真實的日落王國）途中的故事。儘管問題在於我們無法確定伊本—西那本人真正的意思，但由於他的間接表達風格，因此真正的對話，確實就會從一篇神話對下一篇神話的描述中浮現。

但是，這種寫作傾向，要稱得上是間接且語帶隱晦，甚或坦率地具有內隱特性，就必須在其呈現於我們理解過程中的這些障礙，再增添其他障礙。首先，這種寫作總是預設一堆特殊的資訊，編輯必須在註腳裡將這些資訊告訴讀者——它們具有涉及這個時代的化學、天文學或心理學的教導，有的則是涉及採為主題的傳說。但就算吸收了這種資訊，還有一個更大的問題：要學會透過某本著作本身的觀點來閱讀它。如果把虛構作品當成傳記來閱讀，並從這主觀觀點來評價這本著作，人們就會完全忽略它的重點：讀者會抱怨許多重要資訊付之闕

如，而且，書裡還包含那麼多不重要的細節，而如果我們發現它所描述的那些人根本就不存在，就會把這一切斥為謊言。同樣，如果僅僅將它視作抒情的流露，或當成科學或形上學或者小說，人們可能就會誤解神話—虛幻寫作。

儘管但丁並不打算讓讀者以字面意義理解他作品中的地方化，不過，如果他確實了解太陽系其實是以太陽為中心，他就會認為這在某個程度上證明《神曲》中的〈天堂〉（Paradiso）是假的；因為對他來說，封閉又階層體系化的宇宙是其意義的關鍵所在。他試著將宇宙描述為有形的整體。他的歷史學及宇宙學，構成他對真實存在的人類與地方所做描述的核心，而不是空想抒情詩或虛構故事的背景。如果我們以後面這種方式來閱讀他的作品，就會導致意義變調，而他確實有理由對這種變調感到不悅。將它視為科學來閱讀，也同樣是錯誤的；他自己不打算這樣看待它，卻將它當成對於真實的一種詮釋，針對這種詮釋，他根據得以運用的最適切科學知識來加以設想。他的著作要求一種特殊形式的感知能力，其中它要求處理真實宇宙的主張得以充分發揮，卻是在神話層次上發揮，而在這個層次上，科學的元素並沒有像他所理解的那麼直接相關。在相對應的伊斯蘭（Islamicate）寫作中，這種洞察力甚至更加必要。

最後，即使在能夠克服這些閱讀障礙的情形下，似乎又浮現出更進一步的問題：對於世界上的這種洞見，一個人可以認真汲取多少？徹底鑑賞呈現在這種著作裡的觀點，就能將著作之外的讀者，帶進它試圖詮釋的生命及宇宙裡去；每本這樣的著作都預設讀者不會只想 看到著作本身，而是更想以某種洞見為視角來觀看他的一生，至少是短暫瞥視。隨意的閱讀不能做到這點。或許絕大多的人們所能期待的，

只不過是對著作本身外在的驚鴻一瞥。

　　很可惜，穆斯林註釋者對於克服這種阻礙普遍沒有太大助益。甚至他們自己也了解，他們通常不過是在解釋沒有學問的讀者會忽略的指涉，並相當刻板地處理主要概念。這種傾向未必表示他們的駑鈍；已經打算在寫作時刪去文學的次要細節的人們，就可能就會刻意採取這種作法；他們卻相信，若非在與導師的口頭來往，並以相關個人背景為基礎，就不會得到更嚴謹的理解。現代讀者的最新傾向就是：更樂於接受似是而非與隱晦不明的傾向，這或許有助於我們品味伊斯蘭（Islamicate）遺緒。同時，就間接風格一般而言，及專就神話—虛幻文類來說，這種傾向使內隱風格根深柢固，並為我們加深了伊斯蘭世界上層文化成就難以親近的特質。

孤立智者的哲學：伊本—圖非勒與西班牙人（Spaniards）

　　在嘎扎里或其後的那個世紀裡，思想生活最驚人的發展，就是蘇非主義的沉思與波斯文學的綻放，而比較一般性的知性活動則是在前一世紀的線索上穩定發展。這種知性生活，表現出統領軍事體制及伊斯蘭法在它們之外分別扮演的整合性角色成熟效果。

　　在順尼整體的脈絡下，伊斯蘭法主義的社會優先性一般被視為：在其他方面受統領治理之社會的自治基礎，哲學家則發現自己被整合成一套全面性傳統中的一環，在其中，對於穆斯林在伊斯蘭法上所扮演的整體社會角色，人們認為理所當然。循著法拉比已經開闢的路徑，他們通常會將它當作既定事實而接受，他們並且主張：對於通俗百姓而言，這是所能享有的最理想社會與信念。任何試圖改變社會的

潛在想法，似乎都會遭到拋棄，哲學家的目標則明確限定於滿足菁英階級的好奇心。甚至有人主張人類是社會性動物的亞里斯多德式觀念正好相反，認為「真正的哲學家」應該絕對極為自恃，甚至不需要有其他哲學家存在的社會。

在伊斯蘭法之外，嘎扎里同時賦予哲學與蘇非主義地位。他已經超越伊本—西那在哲學的架構中，同時為伊斯蘭法與蘇非主義找到共同一席之地的嘗試，畢竟，伊本—西那在其中斷定了——預示性且密契的——歷史與個人啟示經驗的有效性迥異於並遠遠超越始自本質的抽象論理所能達成的有效性。蘇非主義則藉由這種方式成為伊斯蘭整體的知識基石，而且在伊斯蘭（Islamicate）地區中土一直是如此。

北非（Maghrib）與西班牙的政治經驗比較不那麼斷斷續續，而且，順尼整體的發展，在那裡有著相當不同的形式，它更密切地以偉大朝代的宮廷為中心。當穆瓦希朝君主贊助更富有經驗的知識分子，以取代穆拉比特朝宗教學者的伊斯蘭法主義時，他們的作法首先是以嘎扎里的著作為基礎。但是，特別吸引伊本—圖瑪特的，似乎是他的阿胥阿里派辯證神學，甚至是他對於哲學的興趣，遠甚於其蘇非主義。接著，當穆瓦希政權足以形成具有相當耐久性的政治傳統，至少控制著北非（Maghrib）與西班牙都市網絡，身為新統治者友人兼高官的哲學家，便找到了極佳的有利位置。

哲學是與其他任何知識潮流同時來到西班牙的，因為當地的拉丁文化過往，幾乎沒有什麼可以傳承。在政權割據的時代，它特別是以實證科學的形式引介而來。在穆拉比特朝統治下，當地哲學傳統儘管受到朝廷的歧視，仍得以存續——但並非未感到某種孤立感。屬於這個時代的伊本—巴賈（Ibn-Bâjjah）藉以聞名的研究，就是在這個缺乏

哲學氣息、他也得知無法改善的社會裡，孤立哲學家所特有的養身法。

　　穆瓦希朝統治下第一位偉大的哲學家，伊本─圖非勒所留給我們的研究，就是更徹底發展那項主題。在他的哲學故事《亥以‧賓‧雅格贊》（Hayy b. Yaqzân）中，他著手解釋「照明論」（或者「東方」）哲學，伊本─西那認為這種哲學不同於一般公認的逍遙學派，卻未曾提出完整解釋。在他的前言中，他稱呼嘎扎里與伊本─西那為兩位導師──在某種程度上，嘎扎里就是這個朝代的庇護哲人，而伊本─西那則是採用伊斯蘭術語、最偉大的哲學闡述者。實際上，他為伊本─西那對《古蘭經》的詮釋辯護，並對抗嘎扎里。他同意嘎扎里，承認個人密契經驗（dhawq）的重要性，也就是直接又無法對他人講述的個人經驗，這種經驗在追尋真理的過程中，作為本質成分，而不同於任何言說性論證的可能成果（這等同於哲學）。這就是照明論哲學的基礎：理應能闡述蘇非主義密契經驗的那套哲學。但他將這種直接經驗保留給知識發展順序中幾個最高的層次，在其中，哲學言說性論證是主體，也是進入幾個最高階段之前理所當然的準備工作。

　　他在故事中講述一位年輕人（亥以‧賓‧雅格贊，意為「覺悟者之子的生命」），他的軀體得到與生俱來的滋養，而這種天賦又生於元素與氣質得以完美均衡的泥土。這個人獨自在島上長大（一開始由一位鹿媽媽照顧），逐漸學會照顧自己的生活，後來還學會伊斯蘭哲學意義上的沉思與哲思。他知道了自己作為理性存在而在宇宙之中所處的位置，並發展出一套敏銳的倫理學，其內容甚至包括素食主義；這套倫理學，不以任何社會關係為基礎，卻建立在他的自然地位上，居於自動（self-moving）、不變（changeless）的行星，以及與他相關的

無想（thinkingless）、情動（passion-moved）受造物之間。最後——藉由他完善的有機身體構造，進而達到哲學覺知的高峰，更進入忘我的沉思，這種沉思就是專屬於最完美本質——也就是他的本質——的那種覺知的延伸。我們所看見的是人類潛質的展現，它為密契經驗留下一席之地，甚至在超越具體的言說層次而追尋真理的過程中，賦予它重要的角色。但他堅決主張即使在形上學的論點上，他的英雄也得以說服自己接受絕對有效的真理——而其英雄的密契經驗，顯然就是指真理所必然立足於上的完善哲思。因此，我們作為人類的孤獨存在，全然基於哲學家的常在、以及永恆且理性的本質力量之運作——藉由天賦的潛力說明其本源的同一股力量，透過哲學的實踐，進而臻於完善。

　　但這一點在故事中，我們被帶領到另一座鄰近的島嶼，相對於自然哲學之島，它是先知啟示之島。事實上，在這個故事一開始時，我們已經聽說過另外那座島嶼，因為它指出，我們的英雄可能有一種出身——他在不對的時間生為某位女士之子，而這位女士將他放在盒子裡，漂流到海上。在人類脆弱之島上，身為受到歷史約束的亞當後裔，人類似乎只能透過其他人類而降生。這並不是具有哲學家本質的永恆世界，而是由於創造而生的世界，其中，人類這個物種應當在特定時刻源出於造物者的命令——且人類所能追求的最偉大真理，就是使其符合於秩序的先知啟示形象。在徒勞也確實危險地企圖讓島上人們看清身為人類的真正潛力之後，我們的英雄決定：他們無論如何最好繼續陷於自己的無知，否則，些許的真理之言，只會讓他們不守規矩。他回歸自己的島嶼，回歸自己蒙受祝福的命運。

　　真正的哲學家不能退隱到另一座島，但他也可以將伊本—圖非勒

所列舉出、穆瓦希朝社會中的英雄，當成他的範例。也就是說，他可以將自己孤立在他自己的哲學覺知中，並將其餘的人類交付純粹的啟示及註釋者，也不需要任何中道立場。因此，伊本—圖非勒斥責法拉比，因為他在隱藏哲學觀點（例如，關於來生的觀點）時不夠謹慎。更確切地說，他自己的故事本身或多或少就套用內隱形式：面對不同版本的英雄出生故事，讀者從一開始就被迫選擇自己要如何閱讀——尤其是，對於啟示之島以及它的前提預設，他要採取什麼態度。

伊本—魯胥德及哲學與宗教之間的區分

　　伊本—圖非勒的門徒——伊本—魯胥德（1126—1298 CE；拉丁人稱他為阿威羅伊〔Averroës〕）所提出的論斷最為完整：在朝代政權的保護下，哲學與伊斯蘭法應獨享它們之間的領域。伊本—魯胥德據此反對伊本—西那嘗試賦予蘇非主義經驗及先知本質哲學地位的許多作法；他回到更嚴謹的亞里斯多德主義上，這種思想讓他得以採取比較不妥協的立場，並反對在伊斯蘭上，增添任何純粹知性的莊嚴，不論是採取伊斯蘭法或蘇非主義的形式（但他確實允許將某些自然智慧天賦歸於先知）。這種改頭換面的亞里斯多德主義，也讓他能夠撤退到更狹窄的戰線（嘎扎里對於哲學的許多攻擊，都是針對伊本—西那的脆弱立場），藉以抵擋嘎扎里的攻擊。

　　伊本—魯胥德偏好藉由謹慎地更動某些主要範疇，來為自己的立場申辯。因此他主張，世界上所有具體特定的事物其實都源自於神，就像嘎扎里所說，這就是《古蘭經》所要求的，而且，這些事物都不是永恆的；但源起的概念或永恆的概念，都不適用在神與整個世界的

關係上。而且，他反對「神不只知曉普遍事物，也知道特殊事物」這項要求，他並且主張關於神的認知，這種知識都並未切題；祂的知識所屬類型，比兩者都更加廣博。換句話說，在真正的終極問題上，嘎扎里根本否定抽象論的適用基礎時，伊本—魯胥德偏好的說法是從有限經驗衍生而來，而與其他替代選項並不相干，適任的哲學家更應該在那個層次上，運用自成一類的用語。因此可以說，由於人們難以得知它們的意義，因此無法反駁它們的優點。

因此他可以否認，哲學的理性結論與啟示所呈現的單純形象之間，有任何不一致的情形存在，甚至就形上學而言也是一樣；但是，也只在他以這種方式看待這些形象，並因而遵從任何必要詮釋的情形下，才得以如此。因此，哲學家的完整論證性推論，作為單純接受伊斯蘭法及其相關概念之作法的精巧替代方案，而得以宣稱其有效性；但任何分析若使這種形象不再只是哲學性概念的武斷替代品，都必須加以拒絕。任何不符合真正論證性哲學的論辨（辯證神學），都只會讓人們誤認為自己正走向理性真理；它在人們還無法完全接受純粹理性，並淡化其對於啟示形象的信仰時就會引起爭議。

因此，他那個時代的穆瓦希朝政策就有其正當性：在據信有能力進行觀想的人們之間，宮廷隱密地培養哲學的觀想，但在公開場合，人們對知識性的沉思則頗有微詞。伊斯蘭哲學本身並不對大眾公開，而辯證神學與觀想性的蘇非主義，也根本不受寬容。穆瓦希朝那追訴所有偏離伊斯蘭法主義的蒙昧主義（包括受保護者的非穆斯林社群，在他們看似太過安穩之際），或許即將受到節制，但不會被徹底推翻。伊本—魯胥德自己就是偉大的法官，更身兼首席言論審查者。

這項哲學觀點具有充分的重要性，而幾乎與伊本—魯胥德的著作

同時得到猶太教的接納，但猶太人與他們那對應於伊斯蘭法的猶太律法，卻都未能掌控政府。總之對於猶太社群中的猶太律法，穆斯林統治者所賦予的角色，則是對應著伊斯蘭法在穆斯林之間的地位。而邁蒙尼德（Maimonides, Ibn-Maymûn, 1135—1204 CE）則成為有史以來最偉大的猶太思想大師之一，他與伊本—魯胥德一樣出生於哥多華，只是稍晚一些。他呈現出對於猶太信仰的哲學分析，一部分以希伯來文寫作，另一些則以阿拉伯文寫作（但接著以希伯來文字母寫作），這種分析具有廣泛的影響力，例如，它影響了托瑪斯‧阿奎納斯（Thomas Aquinas）後來對於基督教信仰的分析。那項分析就像伊本—魯胥德的分析，而不同於阿奎納斯的思想（也不同於許多西歐猶太人的思想，他們雖然以希伯來文寫作，但寫起東西來卻像西方人，而不像伊斯蘭〔Islamicate〕思想家），反對辯證神學，也就是反對為啟示服務的觀想；他堅持單純接受妥拉（Torah），還有為了那些無法提升到他所處高度的人們而作成的傳統評論。他相對也經常譴責「哲學家們」，因為他們犯下最優秀哲學家不會犯的錯，而且，他從不承認哲學家的角色，即使他們採取最傑出的哲學立場（例如，小心翼翼地不就宇宙的永恆性下判斷）。

在北非（Maghrib）與西班牙，形式上與穆瓦希朝相似的政治傳統，貫穿了整個十四世紀。北非（Maghrib）獨特的特徵，到那個時候就已經確立：建立在以柏柏部族為主的大型孤立城市，而在內陸並無較小的貿易城鎮；在仰賴柏柏人游牧勢力的朝代統治之下的阿拉伯上層文化；還有，或許作為結果，不尋常的社會保守主義，懷疑作為知識奢侈品的、任何偏離正統的個人立場。哲學傳統隨著這種社會模式與政治模式持續存在，它遠離其他知識潮流，且至少企圖與最為嚴謹

的瑪立基法學派代表人物，維持著友好關係（在這種友善關係中，後者少有禮尚往來）。蘇非主義的偉大發展確實來到地中海地區西部並就地繁榮發展，但（一如往常）比中土來得較晚；而且，只有藉由異常縱容並接受柏柏部族對於──由在世聖者甚至是世襲神聖家族（道堂者〔Marabouts〕）所具備的──有形虔信焦點的需求，它才獲得主導地位。

因此，西方透過中世紀盛期的西班牙而理解的伊斯蘭（Islamicate）文化形式，缺乏偉大核心傳統據以立基的知識中道立場。對於西方人而言，伊本─魯胥德（阿威羅伊）是阿拉伯哲學的主要代表，是偉大的亞里斯多德註釋作家。至於後來的伊斯蘭（Islamicate）哲學，則不是為了他們而存在的（或許除了間接得自後來一兩位能閱讀阿拉伯原文的西方思想家）。

這種情形造成某種直接結果：後來的伊斯蘭（Islamicate）哲學也不是為了任何現代西方歷史學家而存在。部分原因在於，在後來的作家盛行於西班牙之前──如果他們曾經盛行過──將著作譯為拉丁文的工作就已經停止了。這也是因為，後世出現許多更有創意、又具獨立傳統的哲學，不像在哈里發盛期那樣──也就是仍與其他知識潮流尖銳對立的哲學。從西班牙哲學的觀點來看，這等同於背叛真正的哲學。

哲學家的西班牙學派觀點，特別是伊本─魯胥德的著作所及的最深遠影響力，相較於伊斯蘭世界的情形，在西方更能為人所感：「信仰」與「理性」的概念，作為替代性的信念基礎，而成為「宗教」與「哲學」這兩個明確相互牴觸探究領域的特徵。每當出現大量據稱有其超自然來源的正統聲明時，「信仰」與「理性」之間就會產生某種

對立關係：你相信神聖文本，或你相信自己基於自然觀察而自行推論出來的東西嗎？但就其本身而言，這種對立只是表象。

　　由於它們依賴特定歷史時刻所做成的特定先知預言，諸亞伯拉罕宗教傳統以無比嚴謹的方式，設定了這樣的正統化文本（用以傳述先知的啟示）。到了穆罕默德的時代，十分常見的就是，對於創造者一神的信仰，與相信「經典即為神之啟示」的信念，兩者合而為一，而這種立場有時會出現在《古蘭經》中。正如我們已經注意到的，對理性主義學派而言，認為「信仰」與「對於見諸神聖文本之若干命題的信念」是同一回事，這樣的想法成為他們知性論觀點的基礎。在理性主義學派圈子裡活動的早期哲學家金迪（al-Kindî），就認為它相當合宜，因而以之取代在基督教哲學家間已成形的概念，那項概念，即「啟示的信條」是哲學真理的寓言，偶然透過可以「基於信仰」而接受的特殊途徑來到我們面前。但作為不同知識學科之基礎、後來才在「理性」與「信仰」之間劃出的完整區分，當時並尚未出現。著手亞伯拉罕神學家所做的同一件事時，哲學形上學家（頂多）手上握有的，只不過是更具論證性的方法。

　　哲學傳統與亞伯拉罕宗教傳統之間在這方面的對比，與理性及信仰或啟示之間的對比，就未必再有任何關聯。人們可以主張，從先知啟示出發進行論證的神學家，只不過是將哲學形上學家不理性地忽略的證據，納入理性的考量。儘管阿胥阿里學派修正了理性主義學派對於「信仰」的定義，保留理性主義學派的主張，而要求對啟示所生陳述的信念。不過，他們承認，他們所要求對於啟示的信仰，形式上是基於顯而易見的證據所做的正確論證——從歷史性證據出發，它就像其他各種證據一樣，必須小心翼翼地驗證；而他們指控其對手在提出

論證時，其依據不在證據，卻是他們自己一廂情願的想法——他們的熱情。當他們對比理性（aql）與口傳（naql）時，適切地說，他們所對比的，不是自然證據與超自然權威，而是主觀推測（「論證」）與（一種）客觀證據（所傳達的傳述）。在伊斯蘭法思維中，這種對比，可以適用在關於《古蘭經》詮釋與法學的論據，就像它適用在其他任何領域一樣；但如果兩個詞彙要適用在不同的探索領域，那麼，所有具有歷史性質的研究，包括文法與詩學，就都（相當貼切地）不是在「理性」而是在「傳達」的條件下進行，因為對後者而言，指涉著關於過往事件或慣例的任何證據，就包括啟示性事件的傳述在內。

因此，相較於「宗教」與「哲學」之間這項後來才出現的區分，人們可以主張，在生命方向思想方面，任何體系都同時立足於理性與信仰。因此也倚賴所傳達的傳述，而且並不排除理性的運用，甚至也不對它設下特殊限制；它其實也似乎暗指，人們對於將要加以論證的那種證據所做成的選擇，是以人們所信仰之事物視作基礎。換句話說，辯證神學研究者是基於他們相信具有啟示意義的歷史事件，而進行論證，但其他人——哲學家們——則可能是基於他們相信具有規範性的自然模式而進行論證。在那種情形下，每一方當事人都會運用因信仰而接受之事物的相關理由。但是，如果辯證神學研究者，對於他們因此與哲學家置於同一個層次而感到不滿，那麼，將自己的觀點奠基在抽象理性訴求的哲學家們，就根本不能接受這樣的對比。因此他們便會以心智的獨立運作（基於某種得以持續應用的本質），與對於特定文本（源自偶然也因此不能確知之事件）不加論證的屈從來相互對比。

法拉比藉由兩種方式，就哲學與亞伯拉罕宗教傳統之間舊有的調

和關係，塑造出穆斯林的版本：一方面藉由強調哲學的各種學科獨立於總體生命取向信念的自主性，另一方面藉由將哲學觀點保留給特殊的菁英階級。但對他來說，對於亞伯拉罕宗教傳統已經給予具體答案的同一問題，要理解它們，哲學形上學仍是比較優越的方法。伊本—魯胥德接著便從哲學家在獨立心智與盲目「信仰」之間所感受到的對比，有系統地推論出更實際的結論：他不只將等同於哲學思想的理性主義哲學，保留給知識分子的菁英階級，他更將力有未逮的大眾，侷限於視界有限的既定文本上，他們無疑是因為順從「基於信仰」而接受那種文本。而阿胥阿里學派的立場，也就是認為文本本身必須當成證據加以論證的立場，於是就被排除在外。「宗教」思考，也就是先知傳統中的思考，就會侷限在以伊斯蘭法文本——《古蘭經》與聖訓——為基礎所進行的單純法律演繹，而這些文本則是基於信仰所預設的。僅就處理法律（包括規定「關於神，人們可以陳述些什麼」的法律）而言，這種思想甚至已回答了哲學以外的其他各種問題。藉由這種方式，哲學與亞伯拉罕宗教傳統都將放棄某些主張；哲學很容易就會放棄大眾所應扮演、任何具有生命方向的角色，即使是間接的角色（這要留給「宗教」）；而亞伯拉罕宗教傳統則將放棄聲稱自己理解形上學真實本質的主張，這要留給哲學。

在伊斯蘭世界，密契主義壓倒一切的主張無法合乎此種二元論，而伊本—魯胥德的區分也頂多扮演輔助角色。但在西方，知性生活由將其權威奠基於啟示文本的高度組織化教會支配，則是以「阿威羅伊主義者」（Averroist）之名接受這樣的對比，但仍有重大差異：基督宗教神學在教會中具有關鍵地位，而神學之於教會，就如同伊斯蘭法之於宗教學者，但它沒有像辯證神學一樣被忽視，卻又取代了嚴格意義

上的伊斯蘭法文本研究，成為這項區分中的「宗教」層面。不過一般仍然認為，這項區分分離了真理的兩個領域，回應了種類大半不同的問題。它為生命方向思考兩大領域之間的區分（總之，因為亞伯拉罕宗教傳統與哲學傳統間緊張關係的結果已不言可喻），賦予明確的形式：哲學傳統基於涉及「自然」的「理性」而成為「哲學」；亞伯拉罕傳統則基於對權威「啟示」的「信仰」而成為「宗教」。阿威羅伊主義者明智地斷定，當它們出現衝突時，「理性」必須讓步。其他人則找出方法，據以否認任何衝突存在，卻接受兩種相異探索領域的權宜概念，但以各種不同的方式定義這些領域。

當現代西方學者已將這種區分回溯至適用於更早期時代以及其他文化，可想而知，它造成了扭曲與混淆；但這件事實並沒有阻止人們之後如此普遍認為它理所當然，因此，即使在現代阿拉伯文裡，「falasafah」（哲學）一詞在它與教義性的「宗教」思想之間，那項遭受混淆的對比當中，也並不指涉特定思想學派，而是普遍指涉哲學的思想──就像「philosophy」一詞在當今英文的情形一樣。

哲學與辯證神學的結合

在比較中央的穆斯林地區，特別是伊朗，最初致力於法學研究，以及聖訓主義者承認其用處之輔助研究的經學院，最終成為伊斯蘭法主義的中心，相較於北非（Maghrib）常見的情形，這些經學院所重新定位的路線更為寬廣。辯證神學、蘇非主義，甚至還有哲學因此贏得的權利（以承認某種有限地位及保持沉默的義務為代價），已經為所謂的「理性」（'aqlî）探討開啟繁榮之道，即使在經學院裡，它們也與

來自以前權威傳述的集合與節選（稱為 sam'î 或 naqlî，也就是「口傳」研究）並駕齊驅。人們未曾普遍接受當時的哲學，因此也不可能徹底加以靈活運用；然而，對辯證神學的抗拒消失了。因此，這類學者們的哲學傾向，強過蘇非主義傾向，他們卻未普遍成為拋頭露面的哲學家，而是在辯證神學層次上發展其思想；例如，將他們的思想包裝成：捍衛特定伊斯蘭法主義立場的冗長前言。

在朱衛尼與嘎扎里的時代之後，辯證神學變展現其新面貌。一度令聖訓主義者感到棘手的舊議題，像是自由意志與前定的對立，其後繼者愈來愈常以理性之名文飾它們，人們則傾向於同意，一切希臘學問的資源都與伊斯蘭知識相容，只迴避一些顯而易見的異端論點。到了法赫魯丁·拉齊（Fakhruddîn Râzî，西元 1210 年逝世）的時代，人們主要是以非常合乎哲學精神的方式，藉由對抽象探索之知識預設的精通熟悉，來看待辯證神學。伊斯蘭法主義的辯證神學研究者（mutakallim），仍然置身於哲學家之外，並反對哲學家最具特色的論點——例如世界的永恆性。但辯證神學家的論證宇宙則包含了整套哲學，連同其知識成熟精煉的特質。早期阿胥阿里派基於理性主義學派的立場而加以反對，在《古蘭經》的詮釋上則是穆斯林對抗穆斯林，整個討論主要仍侷限在神學教義的界限之內。因此，後來的阿胥阿里派則是基於哲學本身所設定的看似中性的人類立場，不論抱持世界主義的哲學家們是不是穆斯林，都加以反對他們。即使是這樣，聖訓主義者所設定的歷史式或普羅大眾主義式框架，還是聲稱自己享有優先地位，而且，只要當時的辯證神學，也就是對於應經由啟示而來之信條所作的申辯，仍然受到普遍推崇，它就會加以限制。

在這樣的脈絡下，即使是在原則上反對辯證神學限制的那些思想

家，也就是有意識的哲學家，也認為有可能將辯證神學的特殊問題彙編到其著作中。誰應該稱為哲學家，誰又該稱之為辯證神學家，則變得難以區分；因為他們都處理類似的問題，也往往得到類似的結論。

納席魯丁・圖西（1201－1274 CE）更具有哲學傾向，但他沒有回歸到研究西班牙哲學的孤立智者狀態；如果他有所退縮，那應該會是退回教派之分，進而認同什葉派（接著運用什葉派的特殊隱藏信仰原則）。到了十三世紀初期，尼查爾伊斯瑪儀里派運動幾乎造成政治上的停滯不前，但在知識方面並非如此。他以伊斯瑪儀里派成員的身分書寫並為他們寫作神學小冊子，這些小冊子使他們的最新立場正當化，並在後來好幾個世紀仍是官方標準立場。當伊斯瑪儀里派的殘餘勢力垮臺，他轉變為十二伊瑪目派成員，寫作十二伊瑪目派的小冊子，並靠著這項（無疑地）更加真誠的擁戴，獲得偉大聲望。

嘎扎里為了找到哲學研究的一席之地，並引介累積原則的蘇非主義，而在重新闡述順尼社群思想的過程中，剛好面臨尼澤爾伊斯瑪儀里派學說的出現，並容受它可觀的衝擊。圖西在十二伊瑪目派中，以及十二伊瑪目派在圖西的思想中，所扮演著的角色令人好奇，但或許也偶爾可相比擬。在他們的起義行動瓦解時，伊斯瑪儀里派成員最終轉而將其任務靈性化。他們在成員當中重新找到一位伊瑪目（西元1164 年），並曾嘗試過著復興靈性的生活，甚至身體力行：這樣的生命意謂著，透過伊瑪目而只將焦點放在超越性價值上，並且從這個觀點看待日常生活的一切事物。藉由這樣的努力，他們從早期伊斯瑪儀里派的教導與蘇非行者的著作尋得協助，他們的嘗試本質上跟這些人的努力是相似的。後來，在哈里發納席爾的時代，他們的伊瑪目（宣稱自己是順尼派成員，西元1210年）則拒絕接受這種立場，而伊斯瑪

儀里派成員必需發展出以隱遁伊瑪目為中心的靈性——幾乎像十二伊瑪目派的伊瑪目那樣隱遁著，因此，他們必然就朝蘇非主義模式靠得更近。圖西正是在這個時期跟他們一起生活。他協助他們完成什葉派與蘇非主義間實質調和的後半階段。

身為在西元1256年之後領頭（並在政治上享有特權）的十二伊瑪目什葉派成員，又在蒙古人攻下阿拉穆特城並屠殺十二伊瑪目派成員時，投靠勝利者，圖西進而使三套傳統連結在一起。他對十二伊瑪目派貢獻了大部分的政治影響力，而他帶著這份對十二伊瑪目派的擁戴，他同時也結合了對蘇非主義濃厚的興趣，以及對哲學的終極忠誠。對於這兩件事裡的任何一項，他在十二伊瑪目什葉派重要成員當中都是身先表率，儘管這類結合在伊斯瑪儀里派成員之間已屬常見；在他的時代之後，並追隨著他的帶領，這種結合在十二伊瑪目派成員之間變得稀鬆平常。

圖西並沒有拋棄辯證神學，卻採取了後來在十二伊瑪目派成員之間具有優勢的理性主義學派立場。但對他來說更重要的是：為伊本－西那所做的辯護。而他與伊本－西那絕大多數的主要評論者一樣，認為伊本－西那幾乎就是蘇非行者。就像伊本－圖非勒，他以直接為導師申辯的方式，面對嘎扎里對哲學家的挑戰——這種作法與伊本－魯胥德相反；相較於伊本－圖非勒，他比較普遍強調傳統宗教經驗的有效性，因此也強調宗教社群作為哲學家靈性之家的有效性，並以這種方式運用他的蘇非主義取向，進而支持其答辯。他的倫理學著作，就像自伊本－米斯卡維希（Ibn-Miskawayhi）之後的其他伊斯蘭（Islamicate）倫理學著作一樣，受到亞里斯多德以及隱含在其黃金比例中的範疇影響，具有強烈的哲學性質，卻也設想到通俗甚至是虔誠

的委託人。（在第四冊，我們將再次提到身兼自然哲學家及自然科學贊助者的圖西。）

不管是在赤裸裸的個人主義，或在矛盾的宗派主義中，哲學都以神祕的面紗保護自己：哲學家即使在更寬廣的層次上看見哲學洞見所能扮演的角色，卻也至少在一件事情上同意嘎扎里；那就是真正的哲學，就其本質而言，不是為了一般人而存在。伊本—魯胥德個人身為思想家，是一名忠誠的亞里斯多德主義者，而身為法官，則會將設法讓亞里斯多德斯過度盛行的宣傳，以危險的異端加以譴責。納席魯丁・圖西也沒有意願讓普通老百姓體驗哲學上真正的自由。

中前期的視覺藝術

伊斯蘭世界的視覺藝術，一直到哈里發盛期政權告終之後，才具有往後一千年間可資認定為伊斯蘭（Islamicate）的特徵。獨具伊斯 蘭（Islamicate）藝術的事物，則是到中前期的後半才發展成熟。就像文學與知性生活，在藝術中可以看見政治生活的支離破碎，甚至呈現出都市骨幹相對較高的自主性。

在告白宗教興起的幾個世紀中，透過地中海地區（它一度在每個地區幾乎都吸收著希臘文化的精神）而來自伊朗各民族的高等藝術，與異教希臘人理想化的自然主義決裂，更早找到方法來表達情感——當然，首當其衝者就是新近佔有優勢的宗教，那超越自然的渴求。例如在繪畫方面，古代希臘人物模鑄而成的肌肉組織，或者他們的袍子刻意隨興擺放，都遭到拋棄，而改採更明快的敘事方式，其中人物的簡單線條與活潑的色彩並不牴觸，卻使畫作敘述的故事更為清楚而直

接。在繪畫與馬賽克中，一種風格終究成形，我們將它連結到早期的拜占庭人；或許沒有那麼優美卻也沒有太大差異的事物，在拉丁歐洲也曾出現過，我們所知道的薩珊帝國伊朗描繪藝術，也表現出相似的精神。同時，像是埃及與敘利亞等許多地區，在人物尚未重要到佔據其核心的任何圖像藝術中，也存在著邁向強烈非自然主義風格的運動。在建築學中，嶄新的精神則表現在對圓頂結構（像是君士坦丁堡聖索菲亞大教堂）的喜愛，連同其人造內在空間之意涵，與古典柱狀神廟相對應，其中單純的長方形空間更易於成為連接自然空間的延伸。直到伊斯蘭時代來臨，逐漸累積成形的視覺藝術則發展出其本身的世界，這個世界本非寫實卻富於想像，更充滿了濃烈色彩與強烈敘事性的象徵主義。

　　穆斯林以最富有的藝術贊助者姿態出現，則更強化了這種傾向。在已與舊統治階級出現斷裂，而新富者所佔人口比例也更高的情形下，古代帝國風格便失去既有品味所享有的優勢。正如我們已經提及，工匠隨侍在側的穆斯林統治者於領地之間自由移動，埃及與敘利亞的當地風格，進而與加濟拉地區、伊拉克還有整個伊朗地區既有的風格融合。然而，強調律法的伊斯蘭，它的平等主義與肖像恐懼傾向，真誠對待普羅大眾主義的一神教遺緒，甚至進而淡化象徵性且有紀念意義的手法，在薩珊帝國時代的藝術更進一步地發展，甚至用在宗教圖像上。結果，首先是設計元素普遍更迭，同時某些象徵性形象風格也隨之消失，但也加入少數比較新近的主題（除非人們將清真寺的建築設計包含在內）。精確地說，清真寺具有將舊模式納入新佈局的需求：適用於禮拜的大型長方形區域；但除了藝術家擺脫連結舊神廟形式象徵的期待之外，它本身在美學上並無創見。哈里發盛期的藝

術，一般而言仍屬於騷動與流動，而且與問題搏鬥的時期，並非是許多關鍵性新結果產生的時期。

　　然而，這個時期的騷動，確實最後瀰漫到幾個裝飾形式及藝術主題。如此一來，比較容易辨認的伊斯蘭（Islamicate）視覺藝術類型便適時出現（在中土眾多人口成為穆斯林之後）。人們從來就無法談論單一的伊斯蘭（Islamicate）藝術風格，但人們可以在伊斯蘭（Islamicate）風格中找到著力點──就在常見的主題與造型問題之中。在中前期時代地方分治的國際藝術中，每個地區都發展出本身的風格；由於人們遷徙相當自由，因而技術的元素與藝術問題的解答，往往非常普遍為人們共享。工匠本身可以遷徙，或者他們在統領遷徙時被帶往新的領地，或者，他們有時被征服者帶著走，以協助綴飾其總部。無論西班牙到孟加拉間之間存在什麼樣的風格差異，但它們顯然都具有伊斯蘭（Islamicate）色彩。除了在技術上共同積累所產生的相互影響，以及可細微查知的結果之外，藝術的伊斯蘭（Islamicate）特徵極為有限。其中，即使是在建築上，首先就是廣泛使用書法，作為核心的裝飾主題。其他與此相關的特徵則較不普遍：經常性運用「總體」模式，在廣大平面上設計出對稱整合卻又複雜交織的元素；或者是在任何特定的表面外設計出複雜但又井然有序的對稱。最重要的「整體」模式，就是我們將在第四冊更進一步討論的阿拉伯式花紋（arabesque）。

　　在中前期時代，也就是這種伊斯蘭（Islamicate）藝術變得完全不受約束之際，它有時候會與後來未曾反覆出現的特殊傾向結合，但它在後來的傳統身上留下印記，朝向所謂「資產階級」藝術（接受統領階級以下富裕都市人口的贊助，且確實受其委託製作的藝術）發展的

傾向。正是這種藝術一度（西元1150～1300年？）至少在某些地區形成風尚。在時間上，它似乎緊接著所謂「軍事自主性」使地方都市民兵團體得以扮演相當角色的時期；它持續了一段期間，隨著統領與其駐軍取得更絕對性的權力，其他形式的敵意與日俱增，使得它最終也在蒙古時期消失，軍事權力接管在這個時期，即是對於上層文化的系統性贊助。

然而，即使是明顯屬於資產階級的贊助者之外，這個時期的藝術也表現出好幾項特徵，這些特徵讓它得以跟先前幾個時代的紀念性藝術分隔開來，無論是紋章藝術或神職人員採行的藝術，連同它們既存的宮廷或神廟傳統。例如，人像藝術在效果上具有不可妥協的敘事性——即使是當它偶爾包含屬於蘇非主義或其他類型的象徵時，也是如此。在這個時期的繪畫，正如我們在陶製品及在書籍插圖所看到的，人像變得制式化，跟他們的背景一樣；但他們往往非常鮮明地浮現，因為畢竟，其用意就是說故事。它們的姿勢精準無誤。但與出於類似文化遺產而為神職人員所用的某些拜占庭藝術，它們的目的不是以威嚴的樣貌，讓人留下深刻印象；即使在人們面對面地碰上某個人物，其目的也不在促使人們崇拜他，而是要指出某種個性。

相當常見到繪畫中充滿了幽默感。例如，有一份中世紀的手稿，其中導師在教導他的門徒時，擺著最不可能擺出的姿勢：他隨意又若有所思地靠在長枕頭上，而這個長枕頭懸在它的一角，像是施了魔法一樣地懸在空中；他用以閱讀的閱覽架，兩腳之中有一支懸空，並沒有放在它坐落的平台上；將要離開的門徒，滿懷疑惑地轉過身來。同一位畫家的另一幅繪畫顯示這些安排並非偶然，在另外這幅畫裡，沒有這麼極端地處裡枕頭與閱讀架，但其重點幾乎相通——但這次導師

與門徒則比較專注於自己手上的事。在其他畫作，例如動物的故事或人類的場景，一般而言，幽默則更加細微，且是透過幾近完成卻尚未完成的大膽線條來表現。哈利里某些手稿裡的插畫，就像哈利里本人一樣，充滿了城市人日常生活的樂趣。

清真寺建築以最直接的手法反映穆斯林社會秩序的發展。由於祭司階層付之闕如，長久以來，比起作為表象的神職人員，清真寺更能維持公民階級的存在。在哈里發盛期，它們在穆斯林群體所控制的城鎮中，基本上就是有其特定方位的大型庭院，兼為共同戒律的中心，同時也是穆斯林階級的公共資訊中心。然而，隨著城鎮中更多人成為穆斯林，建築上輔助性的精巧設計──成排的柱子，指出麥加朝拜方向的壁龕，諸如此類，往往進一步將大清真寺的空間區隔，這種作法暗示著：在那裡禮拜的穆斯林，對於他們自己所屬城鎮區塊的認同，更高過對整體城鎮政府的認同（我聽說這種情形最早出現在伊朗東部，還有在西班牙）。在十一世紀，清真寺的這種細節使其設計變得相對零散。直到很久以後，或許在蒙古人的時代以後，隨著更強大的中央權威興起，人們才將清真寺當成美學上的整體。

或許，相對於任何匿名團體組織所代表的穆斯林個人獨立感標誌，就在視覺藝術發展出獨特伊斯蘭（Islamicate）特徵之後，不久便出現了：藝術家會在作品上簽名落款。在像是詩歌與書法等備受尊崇的領域中，穆斯林總是想知道誰創作了哪件特定的作品；基本上，並沒有匿名這回事。但在哈里發盛期（精確地說，在許多藝術家還不是穆斯林的時候），署名相當罕見，無論是畫家、陶藝家或是建築師。

但在十二世紀，這類署名則變得極為常見。[5]

5　Oleg Grabar已經對這類議題完成初步研究，我曾參考這些研究（我與他當面交流）。

表6－1　至西元1291年的古典波斯純文學以及一些阿拉伯作家
The Classical Persian Belles-Lettrists to 1291, with a Few Arabic Writers*

年分 （西元）	人物
興盛於 930年代	魯達基（Rûdaqî）：薩曼朝詩人，以「新」（伊斯蘭）波斯語文的第一位重要詩人。
約974年	巴拉米（Bal'amî）逝世：薩曼朝大臣，將塔巴里的《歷史》譯為波斯文的譯者。
約980年	達基基（Daqîqî）逝世：薩曼朝詩人，同情瑣羅亞斯德教，開始寫作《列王記》，菲爾道西後來將它結合到自己的版本中。
約1020年	菲爾道西逝世：史詩《列王記》的撰寫者。
約1039年	溫蘇里（al-Unṣurî）逝世：瑪赫穆德朝廷的頌詩詩人，其「阿拉伯風格」詩歌具有強烈影響力。
1049年	阿布－薩義德・賓・阿布－哈伊爾（Abû-Sa'îd b. Abî'l-Khayr）逝世：「第一位」以波斯文寫作的蘇非詩人，也運用四行詩體創作。
1060年	納席爾・胡斯洛（Nâṣir-e Khusraw）逝世：伊斯瑪儀里派作家，創作詩賦、觀想性論文與旅行記述。
1092年	尼查姆—穆魯克逝世：塞爾柱朝大臣，著有統治者手冊《君主寶鑑》。
1122年	歐瑪爾・海亞姆逝世：數學家、天文學家、哲學家，兼為四行詩體詩歌作者。

* 阿拉伯人以米字號標註。

年分 （西元）	人物
約1150年	薩那伊（Sanâ'î）逝世：「第一位」偉大的蘇非詩人。
1144年	*扎瑪赫夏里逝世：理性主義學派註釋者。
1153年	*沙赫拉斯塔尼（al-Shahrastanî）逝世：異教研究者、辯證神學家。
1150年代	*伊德里西（al-Idrîsî）逝世：西西里羅傑二世（Roger II）朝廷的地理學家。
約1191年	安瓦里逝世：博學風格的頌詩詩人，也寫作諷刺詩。
約1200年	阿塔爾（'Attar）逝世：蘇非作家與寓言作家。
1203年	甘賈的尼查米逝世：傳奇詩「五重奏」的作者。
1229年	*亞古特（Yâqût）逝世：百科全書編纂人、權威的地理學編輯者。
1234年	*伊本－阿西爾逝世：歷史學家。
1235年	*伊本－法利德（Ibn-al-Fârid）逝世：蘇非詩人。
1273年	賈拉盧丁・陸彌逝世：二行詩體詩的蘇非主義創作者。
1274年	*伊本－薩義德（Ibn-Sa'îd）逝世：安達盧斯（Andalusian）詩人、風雅人士。
1282年	*伊本－哈利坎（Ibn-Khallikan）逝世：傳記字典編纂者。
1286年	貝達維（al-Baydawî）逝世：註釋家。
1289年	伊拉基（Iraqî）逝世：出神蘇非詩人，受伊本－阿拉比影響。
1292年	薩俄迪逝世：道德主義散文作家兼詩人。

表6－2　中前期的穆斯林哲學家與神學家，西元1111～1274年
Muslim Philosophers and Theologians in the Early Middle Period, 1111－1274 CE

年分 （西元）	人物
1111年	嘎扎里逝世：限縮哲學，同時調和蘇非主義與順尼主義。
1138年	伊本－巴賈逝世：安達盧斯的大臣兼物理哲學家，他對於靈魂與神性之間的結合深感興趣。
1185年	伊本－圖非勒逝世：安達盧斯的書記及醫師哲學家，寓言《亥以・賓・雅格贊》的作者，這本書是哲學顛峰的密契主義代表作。
1191年	雅赫亞・蘇賀拉瓦爾迪逝世：哲學家、宇宙學家，也是建立在伊本－西那思想基礎之上的照明學派創始人。
1198年	伊本—魯須德（阿威羅伊）逝世：他是安達盧斯的法官，也是醫師哲學家，抱持反對伊本－西那（阿維森納）及嘎扎里之強烈亞里斯多德主義立場。
1209年	法赫魯丁・拉齊逝世：反理性主義學派的辯證神學家，支持阿胥阿里派立場，同時也是教師兼傳道者，精通哲學。
1269年	伊本－薩卜因（Ibn-Sab'în）逝世：原為安達盧斯的亞里斯多德思想哲學家，後轉變為蘇非行者。
1274年	納席魯丁・圖西逝世：身兼哲學家、天文學家、十二伊馬目什葉派教義的編纂者，曾協助暗殺派及蒙古人。

第七章

伊斯蘭世界與
西方的文化模式化

對於西方的讀者而言，藉由比較同時期的西方制度，並且一併考量西方人發覺到可向穆斯林學習或模仿的事物，特別能夠闡明伊斯蘭（Islamicate）制度。這種比較能夠顯示出對於這兩個文化環境潛力的評價，同時也可以指出它們長期的演進方向，而這種比較方法可以幫助我們了解：為何在特定時刻，各種看似可能發生的事情沒有受到人們的重視。但是就我們這個議題的研究而言，很難從那些包括在比較行列中的明確文化信念，整理出適當的生態環境。或許甚至更難從特定文化群體中，釐清那些對於社會模式有所貢獻的文化信念──地方上的統治階級，像是埃及那樣相對精簡的民族；甚至像伊朗人那樣的整體語言共同體。不可避免，學者會嘗試進行多方的比較方式，彷彿這麼做可以釐清這類元素。或許進行這種比較的最重要功效，就是我們所能企求去提出替代性的觀點，藉以補充或糾正當下進行的多方面比較；這些研究通常缺乏深度，而且在某些方面，往往引起反感或是自鳴得意。

就西方與伊斯蘭世界之間的比較而言，特別是十二世紀與十三世紀中前期時，大約相當於西方的中世紀盛期，是第一個能夠帶來特別豐碩成果的期間；直到那個時代，西方整體來說都過於落後，而且難以跟其中任何一個主要文明中心比較。就這樣的比較而言，那個時代不只是第一個也是最適合比較的時代。而後來針對十六世紀所做的比較，比方說將有利於理解現代化的背景，但如果是為了闡明這兩種傳統，這個目的就會毫無價值，因為到了那個時代，西方已經進入農業時代相對罕見的主要全盛期之一，而伊斯蘭世界的地區正在經歷正常的歷史狀態。大約在西元 1600 年之後，歷史上農業生活的基本條件，開始在西方有所轉變，所在那個年代之後的比較，引進一些考量的因

素，而這些考量因素迥異於兩種文化間的任何直接比較。

十三世紀時的伊斯蘭世界與西方

自從告白宗教在羅馬及薩珊時代晚期興起，就社會生活最根本的條件而言，歐亞非舊世界未曾改變。各地的文明文化主要仍然由城市裡的特權階級承載，他們的生活最終依靠著鄉村絕大多數目不識丁的農民勞動。各地文化和知識上的創新，仍然是文化生活的次要面貌，而所有制度的主要目的都是在保存已經獲取的事物，而不是發展任何新事物。然而此時沒有傳承部族的口述傳說（像在城市時代以前），也不再維持特殊教士團體一開始就享有的特權（像在偉大的軸心時代興盛之前的城市時代），而是在小型少數群體之間，不僅藝術和工藝，生命方向的思考與科學思維也透過數量有限的古典文本，仍然在世世代代的個人學徒制中傳承。任何這類領域中可能採取的歷史措施，仍然無法避免以農業層次中的社會為前提。

然而在這些限制裡，許多只是略微根深柢固的限制到了十三世紀時，已經有所改變。在這些轉變中，穆斯林扮演了主要角色。許多改變是伊斯蘭本身的作用所造成的直接結果，而它的重大影響力不只涉及尼羅河、烏滸河之間的地區，而是包括了整個印度—地中海地區。許多改變是逐漸累積的過程所帶來的結果，其中與伊斯蘭相關聯的文化，只是眾多變化中的其中一項影響力。但即使在這裡，穆斯林的出現往往也帶來決定性的影響，而最顯而易見的改變，便來自於複雜城市生活的整體舊世界更進一步、日積月累的發展。相較於千年以前，到了西元1300年，文明交流的區域已經四處擴展。在黑色人種地區、

北歐、較古老的中國南方土地上，以及馬來西亞境內，城市興起了，它們不再進行長途貿易，卻把自己的產品加入貿易中，有時候甚至另外加入他們自己的理念。在歐亞草原心臟地帶，蒙古人自己正轉變成為佛教徒，並且踏上前往依賴中國商人和君主的淒慘道路；幾個世紀之後，他們將因此而沉淪。在印度洋流域，貿易不再只倚賴少數北方的市場，卻活躍於所有瀕海國家上。

同樣在這一千年間，歐亞非的文明開化區域中，人類的技能明顯提升了；首先是發明「希臘之火」，接著是槍砲，而且在所有海域上使用羅盤。紙張從中國散佈到所有地區，遠東地區的人們則運用印刷術，其他地方的人們對於印刷術的要素至少也略懂一二。在實用技術和藝術技巧、植物與動物的培殖、抽象科學知識等領域上，人們提出無數渺小的發明與發現；其中某些作為局部應用，某些則能夠普遍運用，而其中最壯觀的發明源自於中國，但是每個地區都被認為擁有某些發明；所有的一切（不論是在別處受到採用，或僅僅是加強地方的複雜性）都逐漸累積起來，提升了歐亞非舊世界各地人類資源的可利用性。確實在某種程度上，某些有益的新發明直接或間接地，促使文明交流範圍的擴張能夠實現，而這種擴展又轉而增加新發現的潛在資源。隨著每次千禧年的推移，歷史的腳步逐漸加快（人類是否**進步**，則是另外一個問題）；同樣在此處，伊斯蘭世界至少和其他任何社會共享著程度相當的整體發展。

在上一個千禧年，還有第三個變遷的領域，而相較於地理和技術上的累積，第三個領域較不容易察覺；這個領域就是哲學及宗教生活上的廣泛、深刻經驗。除了尼羅河和烏滸河之間地區，還包括所有主要的都市地區，都已經深刻汲取古典軸心時代的豐富創造、不可思議

地彼此區別開來，並且經常有人提出一千零一種可能的意涵。嘎扎里與伊本—阿拉比評價、整合伊朗—閃族生活傳統的偉業，同樣地，在其他地區則由印度的商羯羅（Shankara）及拉瑪努加（Râmânuja）、中國的朱熹、歐洲的米卡耶勒‧普塞洛斯（Michael Psellus）與托瑪斯‧阿奎納斯等人物帶領，而朝著不同方向邁進，他們大致上（就像世界史發展的情況）都是同時代的人。在密契生活的多元樣貌上，個人經歷的傳統成熟度至少和任何智力上的構想同樣重要，而且，體現這些傳統的制度（通常屬於修道院），這種成熟的過程同樣也發生在舊世界所有的主要地區。

在這個更寬廣且日益複雜的世界中，伊斯蘭世界逐漸佔據核心，幾乎也已經享有支配地位，而這種支配地位的本質一直遭受到誤解。某些當代西方作家特有的概念認為：在十六世紀之前的其他社會全都「與世隔絕」，例如像是伊斯蘭社會（Islamicate society），只是由於葡萄牙入侵印度洋之類的事件，才被帶入歷史的「主流」；這種想法當然非常荒謬，假如真的存在什麼「主流」，闖入其中的是葡萄牙人，而非穆斯林，因為穆斯林早就已經在那裡了。然而，西方作家之間也存在某種相反的概念，他們認為哈里發盛期的阿拉伯文化或伊斯蘭文化（Islamicate culture）是世界上最偉大的文化，而且在財富及學問方面，哥多華或巴格達是無與倫比的核心，這種想法幾乎也缺乏依據，同樣源自於「西方是世界歷史與文化主流」這類欠缺考慮的假設。相較於西方，在哈里發盛期的時代，當時西方仍然是個相當封閉的地方，伊斯蘭世界則看起來金碧輝煌；但對於它在世界上的相對位置，這類的比較卻隻字未提。哈里發的巴格達與東歐的君士坦丁堡、印度或中國的大都會相較，也只不過位居相對平等的地位。（中前期時代

西方更進一步發展之際，相比之下，伊斯蘭世界的輝煌不會引人側目，但絕大多數表面上的變化都是由於西方世界水平的變遷所造成，而不是由於伊斯蘭世界的發展所導致。）那麼，就整個世界而言，伊斯蘭世界著名的文化優越性不是絕對的（在中前期時代，如果能夠在某個地方找到經濟和文化上都有高度繁榮，那個地方一定是中國），只有和發展中的西方世界比較起來，才具有絕對的優勢。

不過在某些方面，伊斯蘭世界確實在歐亞非舊世界（Oikoumene）中相當傑出。因為在其他變遷過程中，歐亞非舊世界地區性的文字傳統本身的變化不易察覺。在軸心時代，三個偉大的文字傳統進入了印度—地中海區域，它們就是梵文傳統、伊朗—閃族傳統以及希臘傳統，它們彼此之間的關係相對緊密，但它們與第四個文字傳統「中文傳統」之間的關係，卻相當薄弱。同樣是由四個傳統組成高度文化的背景，但它們的模式現在已經三方面有所變動。首先，伊朗—閃族傳統更加龐大的身影赫然出現在伊斯蘭之下；在後軸心時代剛開始的幾個世紀，伊朗—閃族文學傳統似乎已經準備被淹沒在希臘化時代，甚至是印度化的浪潮之下。到了薩珊時代晚期，這些傳統已經宣稱自己享有完整自主性，而在伊斯蘭之下，伊朗—閃族遺產清楚建立在跟其他傳統平起平坐的地位上——或者不只是在平等的位階上；因為到了西元1300年，其他兩套遺緒至少在它們原來的核心地帶裡，都已經遭到伊斯蘭（Islamicate）形式的伊朗—閃族傳統淹沒。在那個時候，整個梵語文化中土都受到穆斯林統治，且在接下來的幾個世紀裡，即使是那個地區的獨立印度國家，也越來越熟悉如何在伊斯蘭世界（Islamicate world）裡獨立自主，至少在表面上，它們甚至也採用某些伊斯蘭模式（Islamicate pattern）。同樣在西元1300年，安那托利亞半

島也落入穆斯林的統治之下，在一個世紀內，巴爾幹半島的遭遇也是如此；在希臘文化的本土上，只有義大利南部和西西里沒有再次受到伊斯蘭的統治——而且無論如何，即使此刻西西里在北方征服者的統治之下，仍然保留了過往早期穆斯林、伊斯蘭環境（Islamicate surroundings）的深刻踪跡。簡而言之，在伊斯蘭的影響下，幾乎整個軸心時代的印度—地中海城市地區，連同更廣大的內陸地區，都已經或即將要在單一社會的保護之下聯結；儘管在地方上，希臘與梵語傳統維持一定的有限生命力——這種生命力在宗教上特別顯眼（在希臘文化統治的鼎盛時期，它與伊朗—閃族傳統在地方上所保持的生命力，兩者之間並沒有太大不同。）

但是，還有另外兩個事件輔助伊朗—閃族傳統躍升於主導地位：中國的影響力迅速崛起以及西方獨立趨於成熟。即使是在十六世紀的伊斯蘭勢力（Islamicate power）頂點，如果當大半個歐亞非舊世界就算不是穆斯林的，似乎也至少會成為伊斯蘭世界包圍的一系列孤立社會，然而即便如此，伊斯蘭在某種程度上無法滲透這兩個主要城市社會：遠東的中國地區及其鄰居，還有歐洲的西方（其中部分地區立足於希臘傳統）。但這些社會都沒有扮演它們曾在軸心時代扮演過的相同角色。當然，就像其他社會，遠東地區本身也已經進行擴張，而且其文字傳統的範圍，從黃河與長江沿岸相對來說較為狹小的地區，轉而支配日本到安南之間的廣大地區。但更重要的是，在唐宋時期（從七世紀開始），來自遠東地區的刺激，益加在歐亞非舊世界的其他地方留下影響力；我們已經提過，從伊斯蘭降下的那個時刻開始一直到蒙古征服的時代，中國藝術、尼羅河和烏滸河之間貿易的相對優勢（稍後，甚至還有某些政治上的衝擊）。然而，薩珊時代對於這項優勢

的見證，相當有限。

　　西方一開始並沒有那麼富庶或開墾，而且比起中國，一般而言，印度—地中海地區人民對它的想像也沒有那麼印象深刻。但它的興起，甚至代表了歐亞非舊世界在結構上更為重大的變遷。將西方宗教設想為接受拜占庭領導、使用拉丁文並且擁有教皇的獨立民族，這種作法如果適當，我們就會發覺西方傳統在新基礎的根本上，從羅馬西北方的地區興起，而不是在它西南邊希臘傳統的舊領土上。這件事本身了無新意——遍及大半個地球，某種程度上新進地區卻在修正它們文字傳統的起源「核心區文化」；因此，在更遙遠的印度，當恆河平原遭到穆斯林入侵之後，印度傳統以不同形式維持著獨立地位，就像希臘傳統在歐洲北部及西部的狀況一樣。但比起任何其他邊緣地區，西方發展出更加活躍的精簡版文化——實際上，它幾乎發揮了如同第五個中土的功能，是第五個核心地區，具備持續且綜合性的文化創新與文化輻射力。在八、九世紀建立起它顯而易見的獨立性之後（當然，總是以基督教化〔Christianized〕的希臘傳統文化信念為範圍），到了十二、十三世紀，它在經濟、政治甚至是文化上，影響力擴展到東邊的基督教世界，同時也在北邊的斯拉夫人及南邊的希臘人身上施加影響力。

　　遠東（Far Eastern）地區和西方傳統同樣抵禦著穆斯林的擴張——儘管兩者都從伊斯蘭世界學習到某些事物，但西方較具有本土意識，而且甚至在某些特殊事件中，表現出足夠強大的力量，從長期以來盛行伊斯蘭的領土上，把伊斯蘭勢力驅逐出去。因此，相較於一千年前有四個或多或少勢均力敵的核心區共存，可以說到了現在，最活躍的文化傳統之間發展出三方衝突，包括：整個舊印度—地中海地區的伊

斯蘭（Islamicate）、新近在海外發揮效力的遠東；還有從希臘傳統演變而來的新西方文化。衝突極少可以變得清楚明確，西方頂多在它跟外來者的關係上，以聯合政治力量而偶爾嘗試一起採取行動（像是十字軍）；日本人及安南人（Annameses）抵抗著中國帝國（Chinese Empire）[1]。在廣闊的中央地區，穆斯林為了情感上團結一致，他們甚至更少採取一致行動，但還是可以追蹤實際的衝突過程。在蒙古人的首都哈拉和林（Karakorum），三個團體的代表全部都到場了，並且相互較勁，而且即使有一段時間內，圖博人或俄羅斯人似乎在社會權勢或文化影響力上，塑造了次要但獨立的資源；但很快就證明他們的影響力轉瞬即逝，或者至少是限於非常狹小的範圍。剛開始的時候，在三種文化之中，西方文化綜合體無疑是最弱小的那一個，但是它逐漸成長茁壯，直到十六世紀，它與其他兩種文化在完全平等的水平上相互競爭。

西元1300年，西方好比是競爭中的一匹黑馬──如果不是這樣，就表示根本不存在競爭，或者至少沒有正在進行有意識的競爭；任何這類的競賽所預設的目標是世界性的主導權，人們很少刻意追求它們，即使在宗教信仰的層次上也是如此；同樣不明確的是世界主導權──是否像我剛剛提到的文化衝突，是必然或甚至可能是無意間造成的結果；或在十七、十八世紀的革新改變所有這類衝突的基礎以前，由任何歷史作用力所造成的結果。以拉丁文為語言工具的歐洲半島西部一帶構成了西方，這一帶領土非常有限，而且也因為地處偏僻，它跟其他文化的接觸受到限制；它只和基督教世界的東方先前的

---

* 1　編註：此處意指1911年以前中國的歷代朝。

導師及穆斯林有過密切接觸。在這些限制的範圍之內，西方依靠著自己而表現良好；從都市生活的觀點來看，西方的許多土地都是新近開放的邊界土地，它的許多知識資源都是由希臘文（與希伯來文）或稍晚的阿拉伯文中所組成，西方汲取或翻譯了這兩者的知識內涵。不過，在中世紀興盛時期的西方，上層文化及經濟生活的各種面向蓬勃發展，這種興盛可以與中前期當代伊斯蘭世界相比擬，而且甚至由於西方文化發展的起點為最低點，更令人驚訝。歐亞非舊世界歷史上的第一次，在文化高度化與原創性的自主豐足中，偉大的新興地區文化能夠與舊核心地帶並駕齊驅，而不只是舊文化中心地帶的次要延伸地區。

　　然而儘管如此，如果單就地理層面來看，西方文化所涵蓋的範圍仍然比伊斯蘭世界小許多。十字軍最後一次東征戰役失敗之後，就算商人與傳教士在蒙古帝國時期仍三不五時長途跋涉東行交流（如同絕大多數來自其他地區的人們），但西方文化仍侷限在它自己的狹小半島範圍內，所以認識哲學家托瑪斯・阿奎納斯的人們僅限於西班牙到匈牙利、西西里至挪威一帶；但是相較之下，西起西班牙，東至蘇門答臘，南起史瓦西里海岸，北至窩瓦河上的喀山範圍一帶的人們都知曉哲學家伊本—阿拉比。即使晚至十六世紀，伊斯蘭世界的中心地位和它的緜延無際至少仍然確保了一件事：它在西元1300年時就開始取得的顯著卓越地位。與其他任何主要文化中心地區相比，伊斯蘭的文化中心與歐亞非舊世界所有主要地區都有直接且積極的接觸，而且它接觸的範圍不只是相鄰的中土，還包括某些更邊緣的地區；在政治上，伊斯蘭變得具有支配性，甚至在文化上也是如此。即使伊斯蘭的工業發展低於中國人，穆斯林在塑造文化交流、甚至是整個歐亞非舊

世界的政治生活，都比任何其他團體具有更廣泛的影響力。然而，不只是穆斯林心臟地帶在地理上的核心位置讓他們置身於這種傑出地位，而是穆斯林在文化上及社會上的動員力、他們的世界主義，使他們能夠完整利用自己的核心位置；伊斯蘭文化（Islamicate culture）在以農業環境為主的歐亞非舊世界社會中，肩負起全面性的主導地位。它將保有這個角色，在歐亞非舊世界裡逐漸變得更具支配力，直到歐亞非舊世界的歷史形勢──在西方人的手裡完全改頭換面。

世界史中最令人感興趣的研究主題之一就是西方力量及成長的源頭。伊斯蘭（Islamicate）力量與它源源不絕的活力的源頭，幾乎會導致重大的世界史問題，但是同樣也會引起人們的興趣。在這兩種社會發展近乎匹敵的時期作相互評比，有助於說明這兩個社會的力量在何種程度上歸因於他們各自獨有的文化結構，以及在何種程度上歸因於他們人民自覺到的所有處境。

作為宗教生活框架的伊斯蘭與基督宗教

伊斯蘭文化（Islamicate culture）的迷人之處，及其制度的許多潛力，大都源自伊斯蘭的宗教期望，這是在中前期時代之前就已發展出來的獨特結構。顯然，在某些圈子裡已具優勢的浪漫想法，即「伊斯蘭是『沙漠的一神教』」，源自於貝督因人對於天空和土地的廣闊無垠、壓倒一切的變幻無常，充滿敬畏的讚嘆。伊斯蘭從都市宗教的漫長傳統衍生而來，並且與那個傳統的任何變化形式一樣，以城市為導向。就像其他宗教團體，許多思想單純的人們實踐著伊斯蘭，而且對於這些人來說，伊斯蘭可能顯得非常質樸。即使在伊斯蘭最複雜深奧

的時候，它通常就像其他前現代宗教傳統一樣，在宗教崇拜與神話之中，保有一些原始文化的特徵。但是由於伊斯蘭相對來說較有高度文化，所以在這些傳統之中顯得十分出色，而且也擺脫了自然崇拜中那些古老又錯綜複雜的難解事物。

就目前各種宗教架構而言，伊斯蘭的宗教信仰才稱得上是名符其實簡單的宗教結構。它的主要制度特別扼要、直接，主要的禮拜儀式平淡得近乎樸質無華；隨著幾乎非常明顯的自然直覺，靈性經驗面臨了重要挑戰。這份簡單樸質並不是自然樸素的「原始」（在前文字社會和其他受地域限制的體制下，也很難發現所謂的簡單樸實的宗教），而是透過幾項具說服力且廣博的觀點，並融合所有多樣化的經驗後而孕育出這專一且成熟度高的文化修養；在認知能力發展尚未成熟的時期，所有延續至今但無法切入現行核心的要點，以及任何無關聯性的想法都被摒棄了；相對來說，我們也可以將這種伊斯蘭的城市風格詮釋為無根基的城市風格，也就是說它可以自然地將任何特定的地域與它本地之間的關聯性分離開來。這可以追溯到伊斯蘭的商業傾向，又反過來在社會中強化創造這種商業傾向的世界主義。它使伊斯蘭在追求社會與文化勢力之際所享有的優勢，當然同時也帶來缺陷。但優勢與缺陷、強項與弱點，對於農業社會發展上的高度進化階段而言，都是其特色。

簡潔明瞭且重要的伊斯蘭宣言，其實就是都市總體風格的一種展現。它主要不是表現在這個傳統的任何一項特徵上，卻表現在它的整體結構中：也就是說，在不同層次傳統間的相互關連中，構成了伊斯蘭整體。在任何一個宗教傳統中所能尋找到的每一道痕跡，也幾乎能在其他任何傳統中的某個角落見到，如果不是在主流之中，就是在它

某種長久存在的變化形式中；特別是當這些傳統已經在眾多居民中接收到高度發展。社會良知與內在修養、合乎嚴苛道德的苦行與異教崇拜的奢華、強調超越性的與內在性，因而得以共存。但這些多樣化的經驗與洞見應該套用何種形式，其中哪一個又該得到最偉大的聲譽；那些在社群中立場相對中立的人們將會鼓勵哪種習氣，哪種立場又最多只能獲得寬容，在傳統之間意見相左。正是由於如此，不同元素的相互關聯與從屬關係，形成了宗教傳統的構造，並賦予它作為實體而特有的效果。在歷史的洪流中，內部持續不斷的融合，因而推陳出新的真知灼見與可能性，使得這類的關聯有所改變；然而在很大程度上，即使是在巨大差異的情況之下，對於最初的創造性事件及後續對話的共同承諾即將展開之際，也會確保這種結構化（structuring）的強烈連續性。

　　既然基督教與伊斯蘭具有共同的根源，甚至有許多共同象徵，包含在這兩項宗教傳統的共同元素彼此交織而成的反差，激盪出這兩種宗教脈絡中所蘊含的多樣性。尤其是比較伊斯蘭及基督教之中的結構化，可以推論出結論：在伊斯蘭中，一直是以個人道德上的責任感至上。但這種比較頂多只是常見的誤解。用任何方式去評價終極定位的模式，似乎都意謂著用另一種終極標準──或者用未達到終極的標準──去判斷某個終極標準。因此，從另一套傳統觀點來看待任何一個宗教傳統（這是最平常的程序），必然將會在另一個傳統的強項中，展現出這個傳統的弱點。倘若用異於兩者的標準去判斷這兩者（有時候則嘗試作出回應），風險就會是失去那些最為獨特的特點，也因為如此，而與人類的任何常規顯得格格不入。不過幸好，人類的生命不能劃分成滴水不漏的密室。撇開像色盲這類明顯的生理缺陷不談，一

個人若能親身體驗到各項事物，那其他人在某種程度上也應當能有相同的體驗。因為不同文化框架內彼此擁有相互理解的關聯性，而使得那道最終的屏障不復存在——至少，這類文化框架間的關聯迄今仍是敞開的，並廣納其內部各式的特點。因此，所謂的現象學研究——如同兩種傳統中可相互參照的要素在形塑構造上的比較——至少能從中獲得真正理解的機會，並且在最大限度上，防範研究者受到油然而生的「原始關懷」（precommitment）的影響。[2]

　　儘管在基督教傳統內部具有各式各樣宗教信仰的不同教派或團體，但有一項核心宗旨無論如何都能掌握基督徒的想像，對他們來說，這項宗旨總是一再出現，特別在保羅與約翰的著作中：**它要求個人對墮落世界裡的救贖之愛坦然接受**。在分屬不同效忠信仰、蘇非道團的穆斯林之間，也興起了同樣廣泛的多樣化宗教信仰，而且在最複雜的情況下，他們的核心主旨也一直保留著操縱力量；每當人們認真對待《古蘭經》，就會對於「**個人在自然世界的道德秩序上應肩負起的責任**」有所要求。

　　這些宗旨已經展現在截然不同的宇宙論中。基督教徒認為這個世界之始隨著亞當的墮落而敗壞，從那個時候開始，只要世人們回應神的恩典，慈愛的神以無比堅韌和耐心把世人從罪惡中拯救出來並寬恕他們。在神的跟前，世人們只需要用愛去回應，便可從墮落中獲得救贖及全新的自我，因而祂藉由承受苦難的大愛所成就的完美生命，在

2　這並不是說，人們實際上完全不需要這樣的「原始關懷」。關於基督教、西方主義（Westernistic）以及其他高層次「原始關懷」，這三者在必然性和實際創造性的價值上，特別是在伊斯蘭研究裡，可參閱《伊斯蘭文明》（*The Venture of Islam*）第一卷前言中討論史學方法的章節：「學術中的原始關懷」。

世人面前將祂自身完整地彰顯出來。穆斯林把亞當視為神在這個世界上的專屬代理人；當亞當誤入歧途之際，他轉而向神尋求指引，也獲得了指引，他並未把汙點傳給他的後裔，仍然是他們的模範。從那時候起，神透過先知對於總體生活模式的一系列召喚，而持續給予指導；最後，祂透過一本完美典籍，明確顯現祂超然的、至高無上的獨一性；如果人們讓這本書提醒他們：倘若除了自己以外，他們一無所有，他們將會變成什麼樣子，於是這些人就會轉向祂，而祂的指引將會使他們可以過著正確生活，並用正義來統治世界。對基督教徒來說，基督被釘死在十字架上並且復活，是歷史的核心事件，對於願意接受這些影響力的人們，對於神所賜愛的感受，這個事件最具關鍵性的喚醒作用，並且引導人類用同樣的精神去回應其他人。對於穆斯林來說，歷史的核心事件是《古蘭經》的降下與教導；對於願意接受《古蘭經》影響的人們，這個事件極為關鍵，喚醒人們去感受神的莊嚴以及自己的處境，更引導人們去反思並順從它的規範。

對基督教徒而言，當人們由於愛的回應而得到了解救，並透過神的自由精神等內在力量而奉行一切時，他們就超越了法規、社會生活所推行的必需品；「登山寶訓」提供了某種標準，得以判斷一個人是不是真正的活著。對穆斯林而言，人類的法律與習俗重新朝向普世正義而定位；神的教誨提醒了人類要摒棄他們漫不經心的陋習，並在祂所創造的現世中扮演祂的代理人；為了社會公義所做的奮鬥，奮戰（jihâd）提供了一種標準，得以判斷一個人是否真正活著。對基督教徒而言，最受尊崇的宗教經驗就是接受救贖的恩典，這意謂著重生、內在轉化的過程。對穆斯林而言，最受尊崇的宗教經驗就是接受先知的洞見，這意謂著磨練、集中他的注意力、關注內在的歷程。透過救

贖團契、聖事的專門團體以及教會，基督教徒將他們的經驗傳承於這個世界，讓世人得到救贖，但是他們不屬於這個世界；正常來說，他們之中有些人被授予聖職，以持續傳揚基督奉獻犧牲的精神，並將神的關愛帶給所有世人。穆斯林在整體社會中分享他們人生在世（原則上）所有事物的經驗，像是溫瑪這類的思想是以先知們的真知灼見作為規範，並建構出同質性的團體情誼，他們在每日禮拜之際於其內心共同見證這類情誼，並於每年麥加朝聖之際再次深刻烙印在他們的心中。

藉由追求其中一種諸如此類的人生真諦，是無法直接與人的深切體悟相比，而每種詮釋都促使人們深入探索獨特的地帶。面對現實中的嚴峻險惡，信仰基督教的作家從苦難與死亡中體驗到不同層次的意涵。眾所皆知，基督教徒還沒有解決苦難的邏輯問題——也就是，沒有在顯而易見的準則層次上解決；確實，正是因為他們探索得太過深入，所以無法滿足於隨便敷衍了事的答案。不可否認，成熟基督教徒的特色就是他生命中的喜樂。穆斯林作家們接納當世之中堅定的目的，多次向自覺承擔神聖責任的人們喊話——家庭裡的父親，城市裡的法官或偉大社群的預言家。同樣眾所皆知的是，穆斯林在面對那些與真誠自由意志相關的爭辯上，仍無法從過去的常規中尋求邏輯問題的解決之道。不過，人性尊嚴一向被視作是成熟穆斯林的特色。

相較於基督教傳統，伊斯蘭傳統似乎與舊伊朗—閃族先知傳統的中心路線較為接近，特別是當這套傳統顯現在希伯來先知身上，連同他們強調人類道德上的直接責任。有些人認為，古典希臘戲劇中的悲劇著墨於罪惡的複雜性，並點出最能詮釋人類的生命中的根本難題；由於伊斯蘭傳統把這類問題擱置一旁，因而使得伊斯蘭傳統似乎欠缺

基督教傳統中的深度內涵。其他人則抱持懷疑的態度，認為人們會因為過度關注這類灰暗、悲慘或晦澀的問題，而誘使他們直接忽視眼前的事物。他們可能會認為，伊斯蘭傳統蘊含更為陽剛、均衡的特質，甚至可以作為深入探究其內部豐富意涵的完美起點。他們可能會同意《古蘭經》裡那些對於穆斯林的描述：避免使用激進手段的中道社群。

兩種文化模式中的永續宗教信念

社會的主要規範，絕對不能與多重標準交錯而成的多重現實，以及在其文化生活上具有實效的期待相混淆。如果以人們用來滿足日常活動需求的象徵性細節上出現明顯差異，或以上層文化裡具有主導性、進而體現在文學、以及更正式的法律事件與社會交際——特別是特權階級的社會交際——等方面的標準來判斷，則不同民族之間其實沒有太大差別。從其實踐者所能享有且得以計算的利益來看，任何永續的文化模式，都可能有其意義。因此，對於任何特定的主要社會，因為種種無法變更的文化特徵，使其無法採行實踐上的各種不同替代方式，這樣的說法是否成立頗有爭議（儘管人們往往這麼說）。長期而言，如果特定社會不能依循我們認為似乎更有利的路線發展，這種情形通常都要以當時該社會成員實際上所能選擇的作法來加以解釋：可以預期的是人們將會發現，事實上，就總體情況而言，在特定的任何世代裡，必定是認為它可以帶來充分利益的人數都不夠多，而沒有嘗試的機會。不論是否屬於宗教層次，人們只要鑑往知來就能透過傳統所賦予的立場來實踐。因此在歷史中即可發現，特定群體的利益與特定期間的問題，都藉此獲得緩解。

不過，在特權階級當中的上層文化層次上，是由最具聲望的宗教職位制訂那些規範，則具有無處不在且不朽的作用。它們強調具有想像力的個人因經歷危機而提出新的行動方式時，必須謹記的理想；它們為社會上野心勃勃的團體提供指引，這些指引能運用於那些團體試圖採用特權階級之道時；畢竟，這些規範才能授予其合法性。在其他事物不變的情形下，人們普遍認為合法的權力或權威，其概念、實踐與立場，在當下的表現或成就一時衰退之際，仍然經得起時間的考驗；因為，每個人都期待別人會支持它們，因此，相較於短期的弱點，這種立場的長期作用還是比較能指引它。掌權的狗也會為人服從：只要人們承認他是合法的統治者，就連傻瓜也會暫時得到人們的服從。因此，在文化上具主導性並犧牲其他文化形式，而將其文化形式合法化的規範，只要還存在支持這些規範的傳統，就會具有無所不在的影響力。兩個文化之間的整體比較，像是本章這樣的比較，必然會呈現更多這種得以察覺且持久存在的恆常事物。

　　塑造社會氛圍，並非終極信念所屬範疇的常態，而是同時屬於其他領域，像是藝術、知識及社會—法律的範疇。在中期時代的伊斯蘭世界，伊斯蘭宗教傳統在道德上直截了當的吸引力，是在社會層次上由判定社會組織合法的所謂「契約性」（contractualistic）模式來補強。我們可以將整體社會勢力的整套「統領—權貴」系統納入這項更抽象的原則。這種模式與所謂的西方「團體主義」（corporativism）之間的尖銳對比，就像伊斯蘭本身與基督教的對比一樣地尖銳。在這兩種情形中，社會組織規範都不能直接從當時的宗教信仰衍生；反之亦然。不過它們並非毫無關聯。關於社會組織規範與宗教取向之間的關係，在伊斯蘭世界與西方各自表現的風格本身，就是這兩個社會之間可資

對比之處。

就我們時代的伊斯蘭而言，生命方向規範與社會規範直接協調。社會規範與宗教規範似乎都來自於「伊朗—閃族」中土裡同一種永續的處境，而且，伊斯蘭所採取的發展路線接著強化了相對應的社會期待。總之，「伊朗—閃族」文化中的一神教自治社群傾向，必然使社會投向人們認定具有宗教性質的形式，除非宗教遭到全面孤立及抵制。不過事實證明，伊斯蘭與來自中期時代伊朗—閃族中土、另一套迥異的社會形勢及標準，具有一致性。因此，伊斯蘭契約性（Islamicate contractualism）絕對不能視為伊斯蘭的產物，而應當視為：這種傾向大多都是呼應伊斯蘭道德意識的傾向，但如果失去伊斯蘭的支持，它或許就無法實現。

至於基督教，其宗教理念的社會模式與基本動力之間，則沒有那麼密切地相互依賴。在基督教傳統形成其內部靈性及知識基礎的多種社會中，西方顯然其中一員，而其他社會則迥異於西方社會的組織。總之，早期基督教沒有像伊斯蘭那樣，賦與社會考量這類主導性；因此，即使從宗教層面來看，如果每個地區都產生一種適合自己的基督教社會形式，這種情形都是更能令人接受的。同時，西方的社會期待模式，至少與基督教對這個世界所抱持的態度一致——也就是說，一般意義的基督教，而不是在某種意義上限於西方模式的基督教。我們可能更進一步說，如果不參考我們已經說明的、基督教徒持續存在的挑戰，根本不可能完全了解它們。因此，在伊斯蘭世界與西方，我們都能鑑別文化上的恆常事物，但是在追根究柢的良知層次上，我們更能透過它們來檢視這兩個傳統之間的對比，而這些一貫性可能廣泛延伸而跨越文化的諸多面向，並表現在高度抽象的層次上。

我們之所以做這種比較，目的之一是要反制輕率的評價，如果無法將這種評價一概排除這種評價。因此，我們必須牢記某些事情，同時將它們視為這兩個社會的前提預設。我們必須以可資建立共同模式（個別地區會發展出這種共同模式的變體形式）的一切共同需求或信念為背景，來進行我們的對比。就這方面說言，問題不只是共同的農業基礎，而且還包括帶有進展中歷史面向的共同動態狀況。

　　除了可能在最低限度上，將任何農耕土地與任何以都市為基礎的政府區分開來的最普遍界線之外，顯然並不存在能適用於所有農業層次社會的社會組織規範。不過，有一種普遍傾向，其本身就附有規範，且若能完全發揮，就可以在廣大領域裡判定合法性：也就是，使一切事物都從屬於大規模區域性官僚體系的傾向。這種傾向，至少可以追溯到軸心時代末期或即將結束時，在每個中土興起的偉大帝國。在它享有優勢之處，至少還有來自帝國政府中心——城市受其管理——官僚體系所施予的監督，這種組織管制著農耕關係，它甚至得以將其規範強加於工匠公會或修道院，甚至由上而下指派統治者。這是專制主義理念藉和平與平等正義之名的組織面向，以求對抗強者的暴政。在早期後軸心時代諸帝國沒落之後，這種模式在拜占庭與中國社會，以明顯不同的形式支配著社會組織的許多區塊。

　　然而，區域性官僚體系，儘管在某種程度上普世存在，但就其總體社會實效而言，卻通常受限於同等強大的各種社會期待替代模式。在西方與信奉印度教的印度地區，任何朝向地域性官僚支配的傾向，都會受到根深柢固的派系意識體系的強力約束。分別位於伊斯蘭世界核心地帶兩側的那兩個富裕農業地區，其共同之處不只在於對形象的明顯崇敬（穆斯林稱為偶像崇拜），而且其社會組織雖然較不明顯，

但也大致上可相比擬。在這兩個社會中，從拉吉普特邦與封建制度的時代起，就有無數社會實體維持或發展其本身的（種姓，或團體與莊園的）法律與習俗，它們之間的整合，也主要不是憑藉任何公認的權威，而是透過相互義務錯綜複雜的階層體制體系，其中每個社會單元都保有不可剝奪的自主性。

西方的互助性與伊斯蘭（Islamicate）契約性

隨著哈里發盛期沒落，大多數曾在伊斯蘭世界掌有權勢的官僚權力都消失了，但取而代之的並不是派系意識體系，而是使伊斯蘭世界在幾種主要社會類型當中具有獨特性的整體（或聯合）合法化模式：我們將稱之為「單一的契約性」（unitary contractualism）。我們將藉此標題從形式上更抽象地考量，我們在關於社會秩序章節中比較實質分析的、伊斯蘭社會的開放結構。如果跟西方所謂的「階層體制團體主義」（hierarchical corporatism）對比，它的意涵就會更清楚。中前期時代的伊斯蘭（Islamicate）模式或西方模式，都還沒有完整地發揮——它們還在成型階段：社會組織最有創意的一步，就朝著那個方向邁進。換句話說，在那個時代，這些模式正處於顛峰，而這所謂的顛峰，不是就它們形式上的聲譽而言，而是就其在歷史上的生命力而言。

「契約性」與「團體主義」之間的對比，在某些方面會令人想到社會（society；Gemeinschaft）與社群（community；Gesellschaft）之間常見的對比。尤其是當「契約性」暗示著藉由成就以獲取身分地位，而不是透過分配。相較於絕大多數目不識丁甚或是農村生活，這

裡所描述的「契約性」與「團體主義」，都以社群為導向：兩者都在形式化地客觀界定的社群中，受到形式化的客觀規範拘束，且在此二者之中，契約原則都扮演著重要角色。不過在這兩者之間，伊斯蘭（Islamicate）契約性的許多特徵顯示：它更強烈地強調一種合法化理由，其中個人的成就至關重要，關係也主要是依照契約而非習俗來加以確定。但在歷史上，即使是伊斯蘭（Islamicate）模式，也從來沒有擺脫農業層次社會的預設；它從來沒有朝著與現代技術化社會已有關聯、以客觀成就為取向的評價推展。社會與社群基於分配與成就獲取的身分地位、基於習俗與理性算計做成的決定，這些事物之間的對比一直都是程度上的問題；即使朝著這些方向大幅變動，其最終結果似乎總是以新的形式，保有分配、習俗與個人社會等等要素，並在新的歷史條件下呈現表面上看似（以廣為流傳但造成誤導的方式，套用另一套用語來說）「傳統」而非「理性」的本質。因此，相較於特殊職能的運作，「理性」並沒有那麼重要。

在西方，終極的社會合法性與權威，並非授予個人關係，也不授予任何特定的權力結構，而是授予**自主的團體職位**與其持有人。換句話說，合法的權威主要分配給具君王身分、附庸身分、主教身分、自治市市民身分、選舉人身分、公會成員身分之類的地位；既定的權利與責任本來就合法屬於這些職位（基於習俗或規章），原則上不經授權、也不受任何其他職位的干預的情形下，自然就有其合法性；而且，考量到它們預設了既存社會實體；這些實體有其會員資格與領土地域的限制，它們本身是自治的，而且擔當職位的人，將在這些實體中履行該職位應承擔的責任。這些社會實體是團體性的：王國、自治市、教區、公爵領地。每個地方都有這類自治的公共職位，特別有其

儀式性的功能，但也有其他功能，並且通常都具有原始形式：例如，穆斯林法官、村莊首領、大臣等形式。西方特別之處在於，這類職位能推動整套社會合法性觀念。那麼，**只要能夠符合於既定整體社會體制內部的相互階層關係**，人們就會覺得這些職位承載著權力，換句話說，它們的建構與運作將依照封建土地制、教會權力或莊園特權的既定規則；這些規則，進而同時約束上位者與下位者，或許更預設一套由相互承認的個體權利或責任所構成的封閉體系，這套體系在教皇與皇帝的領導之下，將教皇的整體基督教世界結為一體。

西方團體主義的特徵，就是它的合法主義。對於每個職位，都存在著事先預定的「合法的」擁有人，而在合法主義者眼裡，任何其他人都是「不合法的」；不論他在位多久，又多麼穩固地居於這項職位。如果一位君主根據適用於那個職位的既定規則而取得權力，他就是「合法」的君主，然而他可能會不適任於君主的職位——當他是未成年人，或者精神失常；否則的話，他就是「篡位者」——不論這位統治者是否明智或受大眾擁戴。甚至，普通人的兒子們也按照出身，依循這個體系的規則，而分為「婚生」與「非婚生」；儘管他自己可能在照顧他們時不分軒輊。精確地說，主張自己應獲得特定職位的人們，對於他們之中哪個才是真正「合法」的繼承人，衍生了許多爭議，但似乎從來沒有人質疑其中某個人才是真正具有「合法」地位，其餘都不具備合法身分。乍看之下，這似乎是西方人特有的不合邏輯的反常現象，但人們會發現這種處理方式，是以一種較為溫和的形式普遍地存在社會上。但西方人將它推展到邏輯的極端——而穆斯林幾乎是全面性地將它一概排除。

在觀察社會關係的方法中，互助性是令人敬佩的一種方式，透過

典雅的制定方式，而且在實踐時具有相當程度的實際效用。有人拿它與哥德式大教堂比較，這種教堂的形式，同樣也是在中世紀盛期發展出來。在政府與哥德大教堂藝術裡的這兩種「互助性」傾向，以及這個時期其他幾種藝術與知識作品，似乎反映了關於形式的共同適應度。以比較一般性的用語，重新陳述我們對階層體系團體主義的描述，則可以說，明確提出這個時代規範的那些人，似乎發現模式中令人滿意的秩序，亦即在封閉且有其既定構造的整體中，按照階層體制的相互關係所安排的既定自主單元模式。作家將寓言詩歌甚至學術著作套進這種形式，而為人帶來相同感受的事物，這能追溯到人們對於作為模範學科的論證幾何學、以及用以容納思想（即使其內容不太合乎邏輯演繹）形式的三段論法，所給予的敬意。

基督宗教思想堅決主張，在靈性層面具有重要性的歷史事件，在一連串的神的安排中，具有奇蹟般的獨特神聖地位，而且可以與一般的歷史區隔開來。這種觀點回應了聖禮組織與教會所扮演的救贖、超自然角色。相較於其他基督教徒，西方人甚至更強調自治團體的團結互助、教會階層體制，以及從亞當時代之後歷史的階層體制。

凡在需要適應度時，特別是在刻意要求有效性與合法性時，有一種獨特的風格、審美感就會發揮作用：在藝術、神學、政府，禮儀，甚至在科學中。如果並非總是在實質上具顯著作用，它至少決定了建立合法性的形式。這種審美風格對於實踐發揮了充分效用，進而影響人們不會刻意提出的合法要求的相關活動；因為，某些類型的期待，可能會互相包容，進而相互增強。因而，至少幾十年內，在歐洲西北部某些地區的公眾期待方面，可以在範圍廣泛的活動中形成一種相對同質的風格（「哥德盛期」〔High Gothic〕風格）。在許多方面，這種

風格已經醞釀並發展了好幾個世紀；它的元素至少還有充分的吸引力，足可在後來很長的一段時間內，彩繪了一大塊西方文化；但人們可能會認為，這種是中世紀盛期時，西方特有的風格。

上述所概略的比較中，有關西方的方面，（我希望）呈現讀者對西方已知的實質內容，至於伊斯蘭（Islamicate）方面，則必須以這本的鋪陳為前提。一開始，我們會大略描述其整體符合「哥德盛期」的特徵，而我們對西方這方面的概述，則會在這過程中逐步積累而成。接著，我們將繼續描述宗教秩序及社會秩序的特徵，特別是透過總體風格來加以描述。

在伊斯蘭世界，進而構成對應風格的元素，似乎不像在法國北部的盛期哥德那般，成為如此鮮明的焦點，但仍然存在獨特的風格，某種程度上在更早之前也已就緒，大部分持續存在於後來的時期，且特別具有中前期時代的特徵，但（就像在西方）它們從未成為主流。對於社會領域中的伊斯蘭（Islamicate）「契約性」，視覺藝術上最適宜的類比，無疑就是阿拉伯式圖案風格的模式，包括在塞爾柱人統治下臻至成熟、並且大致上與哥德大教堂同時期的幾何與花草交錯圖形，以及阿拉伯式圖案本身；以對應於我們就西方所使用的準則，說明這種總體風格，理想秩序感需要的是由平等且可移轉的單元所組成的模式，這些單元，在得以滲入眾多階層且普世延伸的領域中，滿足單一的一套固定標準。無限重複的阿拉伯式圖案韻律，其中某種大膽而明顯的模式，重複出現在起初僅是勉強可見的更細緻模式上，而回應這種形式的意義，就像散文中的瑪鉻麥體與各種不同韻文，特別是具有象徵意義的二行詩體。大致相同的感覺，可以追溯到人們給予歷史知識的榮耀，以及聖訓傳述鏈與蘇非行者傳承系譜的熱情。在西方廣為

人們接受的幾何學，從一組最簡單的前提開始，一層一層地藉由導向明確結論的特定推論而發展，在自給自足的狀態下結束論證。相比之下，在某個層次上連同其餘傳述一起記錄、確認，得以無限擴張的歷史傳述大全，使生命現實看似混亂的多種情況，整理成能夠管理的秩序，而不在意義的範圍或深度中，對它施加武斷的限制。

所有能夠承擔責任的個體，都有責任在自然世界中，共同並協同地維持道德標準，而這種責任在伊斯蘭宗教上的意義，與從這種伊斯蘭式風格感發展出來的導向，可能從一開始就不是毫無關聯。但特別在哈里發盛期政體沒落之後，在順尼穆斯林當中，伊斯蘭的這種基本層面才變得最為明顯。它在辯證神學爭論中獲得證明，而且因為道團蘇非主義的普遍擴散，以及憑藉其本身能力而將靈性真理帶給每個人的獨立蘇非導師傳承系譜，深化到更內在的層次上。

正是在伊斯蘭法主義與這段期間在此基礎上所發展的蘇非主義、兩者之間長存的平衡關係之上，伊斯蘭才得以吸引各有不同性情的人們，而不犧牲其平等主義及道德主義。人們可以主張為了維持教會及階層體系，基督教徒在某種程度上同時犧牲了先知的洞見與密契經驗的自由。換句話說，既然先知大多被重新詮釋為基督的報信者，在直接面對舊預言的主題時，基督教徒受到限制，其密契經驗的獨立成長也同時受到限制，這些密契經驗必須侷限於基督教會的聖禮教規之內。[3] 相對之下，即使就特定教派或伊斯蘭宗教機構的地方團體群集

3　Henry Corbin已經在好幾本著作中強調過這種對比，包括他的 *Histoire de la philosophie islamique* (Paris, 1964)。在學術風氣不考究的圈子裡，也曾有人暗示這點，像是 Aldoous Huxley 在 *Grey Eminence* (New York and London, 1941) 一書，以及他的另一本著作：Huxley 在 *Grey Eminence* (New York and London, 1941) 所暗示的。

來說，穆斯林除了武斷且暫時強加的權威之外，並沒有單一的組織化權威。為求得善感的人們所要求的細緻，他們並不藉助教會各種不同的循循善誘方式，而是逐一按其能力，直接深化個人的涵養為訴求。伊斯蘭學者與蘇非行者進而默默相互寬容。不過，對於一套統一既定規範的堅持，如此強而有力，使得伊斯蘭宗教學者不同於佛教僧侶或婆羅門，他們受到竭力促成社群一致性的強大壓力，因此無法自由發展出獨立的標準。宗教上相對應的發展，使這個時期能發展出契約性理解下的社會秩序，而這樣的發展表現出同一套整體風格。一如宗教，社會秩序表面上的簡潔也有賴社會層面上相當程度的修養，才能具有實效；這並不表示它是原始的。

　　統領─權貴體系中所體現的伊斯蘭社會（Islamicate society）秩序特徵，似乎就是（相對於西方的正統主義〔legitimism〕）所謂的「機會論」（occasionalism），它帶給人們的印象是「每項事物都是偶然間應運而生」，一旦它們在當時的功能消失，既定的地位與優先性幾乎就微不足道。這種現象在制度上的表現，就是以任何既定身分為代價，來高舉個人自由的一般性傾向。當然，就像在藝術領域中，這種原則與精巧得以容納任何實質內涵的表面形式性，也未必不相容。如果西方的正統主義有時導致明顯的荒謬，這套伊斯蘭（Islamicate）「機會論」，就可以簡化為專制的暴力統治。不過，穆斯林持續堅決主張特定職位的候選人，至少在理論上必須具備擔任這個職位的資格──不同於西方的國王，遭到罷黜的哈里發，會因為其失去理智而失去實

───────────

這類作家採取某種個人立場，不是所有人公認的這種立場。但是，這是基督教的特殊結構產生的問題，它也需要特殊的解決方法（無論成功與否），這種看法則比較廣為接受。

際資格。總之，這種原則使伊斯蘭世界得以將其強大而寬廣的生命力推向成功──它不只征服，更保有征服的絕大多數地區。同樣，這時的狂暴行為也自有其道。

相對於西方階層體系式的團體主義，我所謂的伊斯蘭世界「單一的契約性」意謂著「終極的合法性，不在自主的團體性職位，卻在**平等主義式的契約責任**」。換句話說，合法權威之歸屬，是城鎮裡的統領、禮拜中的伊瑪目、前線的信仰戰士、家庭內的丈夫等等角色，依其個人承擔之責任所採取的行動。據此，以個人責任形式定義公共責任的那種模型，就是巧妙的伊斯蘭律法原則，它或者將所有社會職能歸結為宗教義務（farḍ 'aynî），也就是每個個體所承擔的責任，或者歸結為社群義務（farḍ kifâyah），也就是只有應當發揮這項職能的那些人所承擔的責任──雖然直到確實發揮其職能為止，任何人都還是無形中承擔著這種責任。因此，公共責任作為個人責任的特殊事例，就像任何其他責任一樣，都適用同一種規則。如果履行這種責任的人在其工作過程中達成任何共識，這種共識在伊斯蘭法中的地位，就等同於個人締結的任何契約。（我們可以在這類繼承上的安排，以及拉胥德〔al-Rashîd〕在分割哈里發政權時所試圖完成的安排上發現實例。）

從相對應的西方公共團體職位原則來看，個人契約原則位在另一個方向的極端上。人們可能會說，在諸偉大文化中，最常見的就是某些具有特殊身分者可以採取某些行動，或財產之類的東西係歸屬於某個社會實體，像是國家，但一般通常認為這種地位其實就是更具包容性的道德法則，適用於這種人身上時所產生的特例。薩珊朝的王族身分似乎就是這樣，其中王室的榮耀（khvarnah），作為超自然的光環，使王室與其他人分離，但只有在人們認為他如神一般而適於統治的情

形下，才會如此。西方人傾向藉由強調某個職位既定的自主性，將公共行動的特殊地位推到極致；在這個極端上，私領域與公領域、家規與公法之間存在不可跨越的鴻溝，因此其結論將會是「國家及其規範，並不從屬於私人行為所適用的倫理考量」。反之，穆斯林的原則根本否定任何足以採行公共行動的特殊身分，它強調平等主義及道德主義的考量，進而排除所有團體身分，並將所有行動都歸屬於應自行承擔責任的個體。

從這方面來看，將這些活動稱為「私人行為」並不正確，因為，穆斯林否定社會活動裡「公─私」之間的對立命題，而西方人卻將它們推往極端。當然，我在這裡所談到的，只限於非常簡要的面向，其範圍也相當有限。在中前期時代，這種對比都沒有在兩方面完全開展。而且，在某些方面，西方與伊斯蘭世界之間的差異，已縮小到僅有偶然的差異。

在這兩種情形之下，人們可以將官僚體系專制統治消失時的情形，稱為公共職位的私人佔有。在穆斯林當中，某種自己有其規範的公共領域，其意義並未消失。例如，哈里發的職位作為賦予其他統治者合法性的認證機關，仍然是官僚體系公共秩序意義的迴響，而這種組織，則是哈里發盛期所保有的制度；從這種中央集權的角度來看，統領的權利以及墾地持有人的權利，就是私人手中的公共權利。總之，人們總是切合實際地認為，基於公共的理由，國王至少必須保護自己的安全，即使他選擇的方法與其特有的倫理規範相抵觸。不過，在與其他人的直接關係中，一般認為，墾地持有人與統領是兩個個別的人──這項事實影響了他們藉以提高收益的方法、他們與官員的關係，甚至是其職位的繼承方式。

在西方人將權威下放給各種自治職位的作法，其危險在於消除了公私之間的區分本身，這種區分從更早的時代繼承而來，熱心的法律人更試著在新的條件下，賦予其更廣泛的作用。例如，封建關係在某個時期本來可以用高度契約性的觀點加以詮釋。但最具特色的傾向就是將下放職位的作法以及整套封建體制，在團體意義上加以重新詮釋，因此，具有自治性的是職位本身，而不是個人。如此一來，基於對伊斯蘭世界而言全然陌生的原則，擔任耶路撒冷國王的權力是可以買賣的。那麼，儘管在某些方面不切實際，但我們進行對比所採取的這兩項原則，就能闡明在這時期的這兩個社會中，格外具有構成意義的某些態度。

伊斯蘭世界中這類職位的個人責任，要以平等主義的基礎加以理解：原則上，合乎條件的人都可以擔當它們，只要他們成為穆斯林，而不論他們之前的所作所為；嚴格依照理論而言，不能繼承這類職位。在伊斯蘭法與習俗中，都存在不平等的現象。在某些不太重要的案例中，穆罕默德的後裔得到特殊身分——他們不能接受某些救濟，但有權獲得所有穆斯林的專屬捐贈，人們也期待他們彼此嫁娶。隨著更加分裂的結果發生，眾多軍事團體樂於盡量將自己打造成封閉的特權團體。但這樣的社會壓力，迫使這種封閉團體開放或崩壞，從長遠遠看來，社會上沒有任何其他人口，會認真地承認他們賦予其本身的合法性。

畢竟，這些個人責任，即使不是精確意義上的契約，也都帶有契約性質。伊斯蘭法設想許多關係具有契約性質，但這個時代的氛圍更超越了伊斯蘭法。某個權威的獨立地位，無論是否因為對於個人領袖魅力的訴求，或法律或習俗上明確的訴求而合法化，人們對它的理

解，都認為它是經由相互同意而確立，並預設了某個人與他人之間的相互義務。[4] 在相對私人的層次上，這種相互義務有時候等於就是個人贊助關係——這種關係類型在這種社會中扮演著某種主要角色。它有時則會被納入法律上的完整契約，特別是當人們不將婚姻視為授予分配性地位的聖禮，卻視為如果未能令人滿意即可解除的契約，這種想法在公共層次上成為主流觀點。

即使就哈里發而言，順尼派的理論也認為，由社群的關鍵人物，或由其中最尊貴者（也就是在位的哈里發）所指定的下一任哈里發，也要受到忠誓（bay'ah）的認可，而所謂忠誓，就表示接受的舉措，一般由重要人物代表整個社群。換句話說，僅僅是在狀況發生時服從既定統治者還不夠，個別穆斯林必須明確承擔他在關係當中的一方當事人地位。（什葉派理論認為，這項指定源自神的作為，也仍然要求信徒個人對伊瑪目表示他們接受；這就是「不認識他那個時代的伊瑪目就死去的人，就是以不信者的身分死去」，這條聖訓的部分意旨所在——順尼派也能接受這條傳述）。統領得到他的士兵們以及大半個社群（由其權貴代表）認同，蘇非導師得到追尋其靈性指引者的認可，其模式也是一樣；這種安排，一向都屬於締約類型之一，它必須分別與每個新承擔權威的人重新建立，也只能對分別已接受他的人們具有約束力。（西方學者經常都會徒勞地想將這種關係歸到西方的合法性範疇中，並遭受挫折。忠誓類似西方的忠誠誓言，但無論在形式或功能上都大不相同。）

4　J. Schacht, 'Notes sûr la sociologie du droit musulman', Reveu africaine, vol. 96, nos. 432—433 (1952)，這本書很清楚地說明，締約精神如何充斥在伊斯蘭法，甚至充斥在其他各種穆斯林法律中。

因此，這些職位的責任就能在**整套單一的既定法律規範下履行**，而且，只要穆斯林的人數多到某個最低限度就能**普遍適用**，另外，至少蘇非行者會補充指出：根據利害關係人的靈性，在明顯且刻板的層次上，以及在更深的層次上，它都具有意義。儘管在實踐上，伊斯蘭法不只因學派而異，還會因政體而異，但不同觀點之間的持續交流，則使法學派之間愈來愈接近，而且，人們也承受著一種有意識的壓力，而企求避免任何確實強烈的分歧。整個伊斯蘭世界的法律標準逐漸演進，也大致上趨於共通，至少在某些方面，伊斯蘭世界中法律一致性實現的程度，就像以往曾在前現代社會實現的情形一樣，但卻史無前例地普遍傳播。凡是穆斯林人數達到一定數量，伊斯蘭法就得以適用，並不依賴領地的建立甚或是任何官方人員的持續在任，它唯一依賴的卻是在接受它的穆斯林當中，有人至少對其抱持最低限度的讚頌，進而樂觀其成。在新的穆斯林社群裡，如果它一開始並未能適當地實施，則來自其他任何穆斯林領土的每位伊斯蘭法學家，也都願意促使其臻於完美，以免倒退回純粹地方性的習慣法。這個系統不需制定任何新法律就得以延伸，進而最終包含全體人類。

社群道德意識與法律上的互助性體系之比較

　　伊斯蘭中期時代的契約性，或許是從尼羅河至烏滸河間地區中，具有重商傾向的社群傳統發展而來，而且從我們的觀點來看，它也可以視為這種傳統的顛峰。在知性層次上，對於我們曾經分析過、伊斯蘭法主義圈子裡的道德意識、普羅大眾主義、實事求是的傾向，重商傾向顯然是有利於在制度層次，以及單一的契約性。總之，實際情況

如下：隨著那套傳統中最極端的普羅大眾主義與道德意識傾向，在伊斯蘭法主義的伊斯蘭中強而有力的具體成形，一神論宗教團體不再是從屬的社會形式，而是成為表述社會合法性的主要形式。儘管並不徹底，但宗教社群幾乎得到解放，不再依賴農業生活為基礎的政體；所以，社群法律是建立在社群的預設而非任何領地政體的預設，且具有永續的優先性，它更助長一切獨具合法性的事物。它沒有獲得徹底的解放：政體中實權者的人手上掌有的最後核可仍是關鍵所在。但政體的角色就像城市上層文化一直以來的情形，受到大幅度的限制，尤其是在法律的基礎領域中。

然而，這類現象之所以可能存在，是因為一神教傳統至少就社會中有效用的範疇而言，成為單一的社群聯盟。伊斯蘭世界核心地帶其他一神教社群常見的現象，就是分別都在法律上變得像伊斯蘭社群本身一樣自給自足——由於它們進行著在伊斯蘭到來之前就已經開始的演進。但是，由於缺乏伊斯蘭社群在這個地區的壓倒性主導地位，主教或拉比在法律上的自主性，必定仍是次要的。壓倒帝國官僚體系的，則是伊斯蘭社群的普世性。若缺乏伊斯蘭強大的吸引力，以及它對於個人責任的召喚，就算有尼羅河至烏滸河間地區的有利條件，伊斯蘭（Islamicate）契約性模式也難以成功。

西方階層體系的團體主義，以及伊斯蘭（Islamicate）單一的契約性，這兩種合法模式所帶來的某些後果，從此處概述的總體準則看來，未必都能立即明顯可見。精確地說，西方與伊斯蘭（Islamicate）的實踐，相較於它們之間的對比所顯示出來的情況，往往都較為相似；其間的差異，並非每一項都能歸因於這種具體的特定對比。不過，每一種模式，不但有助於某些種類的社會關係，更對其他種類社

會關係的發展造成限制。這些結果通常就像加強了相同傾向、起因於每種文化核心地區的生態背景，首現展現出合法的模式。但是，至少在次要的細節上，這套合法模式本身可能在邏輯上引起某些後果，而如果沒有這套模式，那些後果或許未必會發生。

對於法治的要求，相對於專制恣意的統治，在伊斯蘭世界中則具有道德意識的特色，而對比於具同樣要求的西方形式特色。正如常見的情形，每個體系都朝著相反的極端前進。幾乎都能在所有法律體系中發現某種形式性，尤其是與宗教儀式聯結的那些體系。在西方演進的程度上，則以專業程序認可這些審判，有時候是由法院的榮譽來審判，而當這些專業程序為不受歡迎的立場辯護時，法院卻更常成為他們的恥辱。（某些西方人似乎混淆了法律中的形式模式，與法律中原有的客觀性與可預測性，並訴諸帶有形式傾向的羅馬法律遺產，彷彿唯有其完全具備「法律」的身分；但他們公開譴責即使是西方人也同樣承認的形式性與自由主義。）對某些人來說，伊斯蘭法似乎在相反的方面被人擴大解釋。法律屬於自然領域，人們身處其中，應該強調道德價值，甚至更應該進而排除其他最為現實的考量，但在這方面，伊斯蘭法或許比絕大多數的法律體系更進一步。在它的契約法中，往往（原則上）偏重當事人的實際意圖，甚至偏重文字形式；或許在瑪爾萬朝時代，人們堅持應由活著的證人擔任任何書面契約擔保者的立場，在某種程度上，是作為確保首重意圖的手段，如此才得以保有其生命力。更普遍地說，即使當有人似乎願意聲明拋棄自己的權利，但堅持公正的傾向仍然存在。

法律上的次要制度，則根據各自的法律模式塑造而成。人們期待，西方的辯護者支持其中一方的辯論，並對抗爭論中的其他所有參

與者，往往以他的專業知識為基礎，盡力運用一切論據，即使是道德上有瑕疵的論據。這種立場似乎在道德上沒有道理，但在每個特定案例中，它確保人們不會忽視個案的特殊情況。穆斯林大法官或許與西方的辯護者一樣關切實際情形的模稜兩可之處，但是人們期待，如果在這種情形之中，有決定性的道德問題出現，穆斯林大法官會公正地指出它們，並解決它們——他給予建議的對象應該是法官，而不是利害相關的任一方當事人。原則上，他不該知道誰是哪一方的當事人。西方見證法律上擬制的興盛發展——特別是團體的擬制，在其中，人們接受團體作為與人同等的法律實體，因此在這種職位明確屬於團體的情形下，行使其職位自然被賦予的權利。伊斯蘭法所鼓勵的這種法律擬制（特別是在商業中使用的「計謀」〔hîlah〕），不適用於法律的內容本身，而只是偶然的適用於法律；其功能屬規範性，用以保障現實可能基於機會與善意而追求的標準。

現代西方人往往將穆斯林法的道德意識視為重大缺陷。就此而言，在它對個人責任的堅持中，它否定任何與私法對立的獨立公法領域，他們認為沒有任何手段能將公共現實合法化，進而加以馴服。由於它毫無條件限制的普世性（至少在前現代時期，這種特性可歸因於任何嚴謹的道德典範），合乎道德意識的法律相對嚴格，且無法適應時空變動的條件。最後，在拋棄某些方面（絕非全部）的形式時，它未能保有一項技術，無論這項技術運用上的巧拙，往往都能在西方有效保障個人權利，免受輿論或國家權力侵害，而且不論那些侵害多麼立意良善。

然而，正是因為同樣的伊斯蘭法，穆斯林那不問出身背景、跨越地理及政治疆界的廣泛社會流動才得以存在，且以其自有的方式（以

及其附帶的內在詮釋自由）確保範圍廣泛的個人自由。法律方面若缺乏高度的穩定性，就無法保障這種社會流動。實際上，這種穩定性持續受到一項事實的威脅，亦即任何地方的一切穆斯林法律，未必都是伊斯蘭法；但伊斯蘭法成功維持其核心地位，並靠著審慎承認伊斯蘭世界各地法學家後來訂定的飭令，並在變動的條件下維持相當的一貫性。因此，由於法律的相對穩定性對其詮釋者授予的獨立地位，宗教學者與蘇非行者都得以在其領域掌握政治權力——儘管其範圍一直都出奇廣泛，但卻也未必毫無實質效果。

在現代，這兩種法律模式都必須修正。對於法律概念在社會現實中的意義，西方形式概念後來甚至基於社會學上的考量而讓位，在面對國家的組織化權力，以及體制超越個人的要求時，穆斯林道德意識也被迫撤退。

西方的形式性法律，無疑適用於屬於團體主義的西方；一個人的身分取決於他在個體與總體社會各種中介團體中所享有的地位。作為這種團體的成員（自治市、莊園或教會），他享有依照特定團體的情況而從歷史方面界定的特殊自由；他不像倫敦的自治市民那般，享有那麼多身為人、甚或是身為英格蘭人的權利。儘管試圖引述宛如普世適用法典的古代羅馬法，這種派系意識的權利，其實並不能基於普世原則來加以界定，而是取決於促成其出現的歷史事件，像是城市憲章的頒布等。用以詮釋這種權利的形式概念愈強大，當原來的權力關係改變之後，他們就愈能免受干涉。穆斯林的道德意識法律也同樣適用伊斯蘭（Islamicate）契約性，至少基本上使人有所歸屬的身分被排擠到邊緣，而具有決定性的關係，則是契約與個人贊助的關係。對於穆斯林而言，重要的不是具體特定的自由，而是以他身為自由穆斯林身

分為基礎的更普世的自由。在每個地方都總是能適用的原則，最能保障這種地位，而不需依賴先前即存的盟約或特殊歷史關聯。[5]

公民及個人角色中契約與形式身分之間的對比-

由於團體中自治的職位，在西方世界的體系中至為關鍵，因此其職位的繼承也同樣一直帶有形式色彩。在西方，誰應該接下某個自行接續的（也就是，非經指派而取得的）職位，這項問題應由專屬於這個職位、且與一般法律同樣具有形式性的規則來決定。某些職位是世襲制；對此，通常應適用單線式的固定繼承規則，因此只要有嬰兒出生在利害相關的家庭中，人們就能計算出他在什麼狀況下得以繼承：長子繼承規則通常適用，這些規則是在中世紀盛期訂定，不只涵蓋諸子之間繼承王位的問題，也考量到任何偶發狀況。其他職位則經由票選；在這種情形下，投票由同儕執行，也就是一群固定的選民團體享有投票權，而投票權又必須以固定的方式行使方屬有效。因此，即使並非世襲，繼承也有其形式且固定的因素。（必須注意一點：同儕的投票迥異於現代群眾的投票程序，後者與伊斯蘭〔Islamicate〕名譽競賽〔prestige contest〕或許有一些相似性）。在中世紀興盛時期，規則尚未發展完備的過程中，兩種繼承方式之間的爭議也仍然持續發生，但爭論兩造的訴求通常都屬於合法的訴求：也就是說，並非主張他們

5　伊斯蘭法的立論基礎是一項原則，亦即：應在前提預設上將自由視為人類的自然條件，而不會毫無理由地遭到侵犯，David de Santillana 清楚呈現出這一點。詳見其著作 'Law and Society' in the *Legacy of Islam*, ed, *Thomas Arnod and Alfred Guillaume* (Oxford University Press, 1931), pp.283—310。

的候選人必然是最佳候選人，卻主張他是合法的候選人，而不論敵對的候選人本身是否傑出，也都只是個篡位者。

西方人已經太習慣這種繼位方式，他們因而期待非經指派而取得的其他職位，也能找到類似的特徵。長子確實最適合接替父親的職位，對於這件事實，即使是學者，往往也以長子繼承制加以解讀。某種尊重長兄的作法，幾乎普世存在；在西方，這件事情經過強化而成為規則，但儘管伊斯蘭世界也存在這種強烈的感覺，但並未得到任何正式的承認。更複雜地情況是某些西方人試著找到另一種穩定繼承的方法，像是論資排輩，這種作法有時候更符合事實。有時候，他們會將透過叛變而取得權力的候選人貼上「篡位者」的標籤，因此，他們會抱怨（因為這種「規則」的例外情況多到令人難堪），穆斯林的繼承缺乏規律，也未能遵守前提預設上能消除繼位爭議的既定規則。但在伊斯蘭世界，透過單線繼承或同儕投票的形式繼承，最多也只是罕見的情況，不是因為穆斯林比較不願意將社會運作理性化，而是因為契約精神對於繼位所要求的合法性意涵並不相同。關於繼承，還留待選擇甚至是協商決定：對於形式性的西方穩定繼承關係，我們可以提出相反觀點：契約性的伊斯蘭世界透過競爭而決定的繼承，其中個人責任將由最好的人選承擔。

在前任者的指定，已為競逐繼承先發制人的情形，未必牴觸這項原則；這就像是已經被課予義務的人，同樣也被賦予另一項義務，而且必須確保其責任是由更適任的人來履行。當然，如果前任者沒有事先干預，則競爭的結果將取決於協議會名人公認為影響整體社會的代表人物。透過競爭而繼承的重點所在，就是根據目前的現實，以調整各種團體的利益——這只能透過相當的協調來完成。那麼，如果有形

式上的契約成立，當然是在最後階段，形式上只是橡皮圖章。諮詢應當消弭武裝競爭，但倘若並非如此，人們則似乎會認為武裝競爭是一場災難，他們並不覺得社會程序已確實崩解。

這種作法帶來一種偶然但重要的結果，就是它徹底排除了（總體而言）完全不適任的人選。候選人至少合乎最低限度的條件，這甚至是法律上的要求；至少在宗教的脈絡下，人們偶爾才會堅決主張，候選人必須合乎必須由重要人物公開正式檢驗的水準。人們長期接受幼童、女人或肢體不便者在位，是罕見的情形（儘管並非史無前例），除非他另有強大的監護者；因為，由於政治上的統治者主要就是統領，也就是軍事指揮官，而女性根本不合乎從軍的條件，也因此失去統治的資格。在其他作為的領域中，類似的考量也會是優先的考量。

伊斯蘭的普世性原則在諮詢過程中大行其道。人們所承認的重要人物，絕大多數早已晉身於負有重大個人責任的地位，且與眾多人們有著相互的義務關係；因此，對於哪種既定身分在伊斯蘭世界各處為人接受，且在伊斯蘭盛行之處即可適用，則存在一套大半通用的考量。既然做成決定的必要基礎不是這種算術上的多數，而是更實質性的共識，那麼，在包容與排除之間，並無法劃出精確的界線，因為不必進行投票。由於沒有固定的選民，對某些局外人而言，伊斯蘭（Islamicate）名譽競賽看似神秘。但它的主要機制（「帶動潮流」機制），運用在由群眾投票決定結果的許多競爭當中。在伊斯蘭世界，並未出現正常期間尚未屆滿時，競爭就提前結束的定期投票，因此，除非有人訴諸於武力，或求助於統領，否則競爭必定會花費一些時間。

即使是在家庭法的層次上，我們也在西方發現，身分的意義是固

定、自主,並以形式上的方式定義。當然,在家庭當中,任何種類的職位都是世襲的,家庭成員的身分必須以能夠適用世襲原則的方式加以定義。在這樣的情形之下,已經要求將男人的主要性伴侶提升為他唯一合乎體統的妻子,從而將她的孩子們提升為唯一繼承人,而排除其他孩子性伴侶生孕的孩子。正如我們已經提及,伊斯蘭法從這裡轉向相反的極端,將男人所有自由的性伴侶放在同一個階層上,她們的孩子也是,並透過契約來規範她們的地位,且不賦予其中任何人不可剝奪的身分,像是不得提出離婚姻要求的家庭主婦所能享有的那種身分。(就像同儕的投票,「單偶」婚姻也一樣,從現代國際模式來看,在某些方面,舊西方模式的影響作用甚至比伊斯蘭〔Islamicate〕模式還更加深遠。)

但伊斯蘭(Islamicate)婚姻模式與西方婚姻模式之間的對比,超越了能從「妻子在伊斯蘭法與教會法上相對地位」推論得來的論點。在穆斯林與西方人的上層階級家庭之間,這項明顯對比,是後宮體系的隔離奴隸家眷、西方以妻子為中心的家眷,這兩者之間的對比。每個社會中的丈夫與父親都居於主導地位,在理論上,甚至是享有最後決定權的獨裁角色,而且在每個社會中,妻子事實上往往統治著丈夫。但人們對於規範的預期之間的差異,確實在實踐上出現差別。

在西方,「合法的」妻子持續存在;她是丈夫客人的女主人,而且,如果他有其他性伴侶,身為「情婦」,她們必須各有不同的住所,因為她不能容忍她們進入她的支配領域。家眷的隨從至少是自由的僕人,且在封建宮廷中,他們本身往往享有高等身分。農民則受制於土地,就像奴隸一樣,並承受來自他們法律上主人最粗俗的侮辱,但在家眷中,奴役實際上已經滅絕。因此,即使在家庭生活中,階層體系

原則也具有優勢：越靠近頂端，階級越高，而即使是底層奴隸般的大眾，也受到他們自己的既定規則支配。

在伊斯蘭世界，平等主義原則確實可以在某種程度上說明相反的情況。富裕的人如果不是生在富貴家庭，就會喜歡自己身邊只圍繞著一種人，而這種人的從屬地位值得信賴：那就是奴隸；而在各種階級混雜的社會，他們的妻子也不能宣稱自己之所以不可褻玩，是由於她們在階層體系中屬於疏離的階級，事實上卻是藉由嚴格隔離女性的作法，而保有這樣的特性。如果有一位以上的性伴侶，她們全都同屬共享丈夫的家眷，沒有任何一個是女主人，除了她自己的朋友以外，然而這些朋友，可能來自她所選擇的任何社會階層。農民在法律上是自由人，通常事實上也是，而在富裕的家庭，人們偏好奴隸而非自由的僕人，但奴隸的待遇未必較差，而且還能逐步得到解放。我們或許會說，伊斯蘭世界之所以存在進口的奴隸（與在家庭內繁衍的農奴對比），部分原因在於：富裕的穆斯林城市較為接近當時還能捕獲俘虜的歐亞非舊世界邊陲地區；但主要的原因則是：在農業時代中，合乎平等主義且具有社會流動性的社會，似乎會要求將隨時可能升上高層的那些人，從這種階級中解放出來。

在西方及伊斯蘭世界，社會體系大部分與眾多專斷且毀滅性的軍事行動產生關聯。這兩種社會中，對軍事勢力影響作用所產生的限制，在很多方面都不相同。在西方，軍隊根植於土地，其行動日漸定型化，甚至理想化。男爵可以沉迷於持續不斷的零星戰事與違紀行為，在一系列日益加深的爭執中，不斷騷擾農民與城鎮居民，而規定應於週末暫停地方上敵對關係的規則，也不太可能獲得緩解。但是，要在單一首領領導之下，真正集結大量軍隊，以進行普遍又全面性的

屠殺，則力有未逮；要將權力集中在一個人手中，由朝代通婚甚至是繼承權買賣所調節的穩定繼承關係，與赤裸裸的政治及軍事技能一樣重要。統治者的影響力通常僅止於狹小地區的世襲領地，並無法擴張至太遠。在十四世紀，當勃根地公爵得以將那麼多反覆無常的軍力集結起來，進而連同全部人口而摧毀整座列日城（Liège），進入樹林追擊少數逃過火災的人們，循著他們的足跡直到盡數將其殺光，這已經是新時代來臨的象徵了。即使是那位公爵，也發現自己受到習俗的約束，因此他奪取王位的企圖最終遭受挫敗。

相比之下，在伊斯蘭世界中，軍隊是城市居民，且幾乎不受地方規定的約束。軍隊的流動比地方上的任何社會流動都更加強烈，軍人能晉升到最高的社會巔峰，且可能遠征西方。地方軍官似乎因此受到某種節制，所以軍隊當中的私人爭論並不會立即衍生戰事；在地方上普遍和平的時代，最大的威脅只是盜匪。（但在偏遠地區，游牧民族首領可能扮演強盜大亨的角色）。但是，像勃根地公爵那種外來勢力的猛烈入侵，幾乎稀鬆平常，城市的掠劫與屠殺愈來愈容易發生——且在中後期時代，從蒙古人的時代起，就變得相當常見。

兩種社會在宗教生活與知識生活方面的差異，與政治權威角色上的差異，存在著互補關係。在西方，貴族一度是政治上的統治者，而且是所有社會生活的焦點所在，而教士則是他的兄弟或表兄弟。學術生活多半受到教會的引導，它循著與世俗體制既平行又交錯的路線高度組織化。在這個階層體系脈絡下，每項知識問題都以類似方式轉變成形式上的異端邪說問題，也就是制度性忠誠的問題；在某個與伊斯蘭世界大異其趣的層面上，異端邪說可能也是生死交關的問題，即使在伊斯蘭世界已經正式提出那些問題的情形下，也是如此。然而，與

此同時，在這種按階層劃分的體系中，哲學傳統則扮演了比較主要的角色，哲學較具抽象規範性的傳統構成了正式宗教教育的核心。其原因部分在於，拉丁領土普遍持續訴諸希臘傳統，以尋求上層文化的啟發，但是教育模式之所以持續存在，在某種程度上也因為其適合教會較為封閉又固定的結構，我們可以透過與伊斯馬儀派非常相似的態度，用宇宙的階層體系觀點，來證明階層體系式的社會結構。密傳研究確實存在，但它們扮演相對邊緣的角色。當密契主義者埃克哈特（Eckhart）因為太過自由地與一般人談論細緻的事物而遭到譴責時，他的罪名便是違反常識，而不是建立隱晦的學說。當然，像煉金術那樣的科目，人們確實直接將它當成密傳學科。

在伊斯蘭世界，宗教學者與統領彼此疏遠。即使經塾內的學問已經體制化，但宗教學者本身還是普遍具有獨立性。在伊斯蘭世界與西方的正式教育大都致力於規範性學科，而不是經驗性學科。但最受尊重的穆斯林教育，卻更以明確的文化規範為取向。這與亞伯拉罕傳統的歷史社群經驗相符，但也確實反映了宗教學者們據以維持他們共同紀律的基礎，亦即藉由共同的法律規範，而不是任何共同的命令網絡。西方世界的學習順序，從三學科（trivium）[6]開始（主要是語言規範的研究），並直接進展到四學科（quadrivium[7]，主要是數學研究），其內容往往涉及像是天文學與音樂等自然學科，而不是歷史研究；法律與神學得以作為特殊專業而延續，以及核心學門中不可或缺的醫學。相較之下，經塾最主要則是強調對每個人均屬重要的事物──儀

---

* 6　譯註：指邏輯學、文法學、修辭學。

* 7　譯註：指音樂學、幾何學、算數學、天文學。

式、法律、神學，所有本質上屬於歷史性質的學科。文學批評之類的問題是次要的，數學與邏輯則最不受重視。醫學與天文學的學習，則主要獨立於經塾之外，蘇非行者受到統領宮廷的贊助，因此其哲學與心理學是在另一個中心研習，也就是蘇非中心。這些更具菁英氣息的學習中心，往往都具有系統性的密傳特性。

許久之後，一位法國外交官兼學者在歐斯曼帝國內旅行之際發現：比起在西方與穆斯林地位相當的那些人，穆斯林的態度較為和善且理性，他對此印象深刻；即使是動物，也受到相對人道的待遇。[8] 改革自己同胞的欲望，或許影響了這位學者。總之，按照絕大多數的標準，在中前期時代顯而易見：在知識生活及日常安全感方面，我們必須認定伊斯蘭（Islamicate）社會比西方更加溫文爾雅。但它也更受恣意干預甚至是災難的侵擾。

歷史活動的資源

一般認為，人類的卓越成就一方面在於沉思，在於能盡量察知現實，還有在廣闊宇宙間以及自我內在的意義；另一方面則在於行動，亦即，基於對所生結果的理性期待，而不是對習慣或習俗的理性期待，來自由開創各種嶄新的事件。正如我們已經了解，我們的世界事實上就處在這樣的持續變遷中，因此，如果沒有最敏銳的行動，真正實在的沉思就不可能發生，一如若沒有最高等的沉思，真正自由的行動也不可能發生。倘若如此，兩種卓越形式之間的區分就會變得像是

8　我指的是著名的 *Turkish Letters de Busbecq*, tr. by E. S. Foster (Oxford, 1927).

隨意決定。不過,現代西方人在回溯時至少已經發現,西方遺產的精巧之處,在於它賦予人類創新與活動最大的空間,而他們往往也願意對別人在沉思方面的傑出成就給予讚譽。同時,在偉大的前現代遺產當中,伊斯蘭似乎也可以說是最積極的行動派。即使膚淺的觀察者主張「伊斯蘭必然會讓人們命定般地接受按照神旨發生的一切事物」,他們還是會強調穆斯林的自豪與狂熱,特別就其令人難以接受的、全神貫注於聖戰之上的表現方面。因此,這兩個社會起而行的傾向則是眾所周知。但在各個社會之中,促成人類自由行動的途徑又會是什麼呢?

相較於西方的情形,伊斯蘭世界在某方面的自由則更為靈活。伊斯蘭較為寬容——主要不是就接受其他宗教團體的意願而言(伊斯蘭在這方面表現得比基督教更好,但即使如此,按照非一神論的標準,它一樣不寬容),而是個人層次上的寬容。伊斯蘭(Islamicate)社會,相較於西方,會更易於寬容第歐根尼(Diogenes)和他的木桶。在西方社會裡,他必須表明自己具有某種相當的身分,不單只是個人身分,而是身為某個教團或團體成員的身分;如果他主張自己正在進行道德傳教任務,他就會受到教會階層體制審判權的管轄;如果他在公開場合裸露,他就會受到教會權威的責罰。在伊斯蘭(Islamicate)社會裡(除了不願意改信的受保護者以外),他只有一種法律地位,就是身為穆斯林的法律地位;實際上,他還必須遵循市場管制者,亦即市場監察員(muḥtasib)的規範;但倘若他宣稱自己正在進行道德傳教任務,他就極可能會被當成瘋狂的蘇非導師,而得以自由自在,除了他本身所選擇導師的權威之外,不受任何權威的干預。(當然,身為受保護者,他與自己所屬社群的權威之間,可能會遇到更大的問

題。）這一整套西方模式，是為了維護更嚴密的社會連貫性而建立，但它不利於社會流動——不利於地理上的社會流動，因為最重要的職位固定在特定地點；不利於個人的創新，因為公會的體制會加以阻撓。一如在伊斯蘭世界中確實能有發展，但透過體系與非體系的發展同樣不相上下。

一些重要的自由都是基於個人與整體社會之間直接面對面的關係。但它使人們可能接觸某些危險，而在西方，面對這種危險，團體的權利提供了更加穩固的緩衝。即使是伊斯蘭世界中相對自由的個別冒險家，也會明智地與某些公認的團體結合——某些道團的蘇非行者、經塾的宗教學者以及行業的商人；或者在較不尊貴但同樣受到保障的層次上，像是兄弟會的成員，或某個城鎮區塊的乞丐或竊盜。這類團體的成員資格大多是自行規範，實施的管制也可能非常鬆散。但這類團體對抗統領恣意干預的力量，也相對較為薄弱。計畫著手新事業類型的人們——例如，投資新型態的計畫——可能會陷入困境，而難以在任何足以抵抗暴君干預的協力團體中佔有一席之地。人們可能也確實曾著手進行這類活動，而且未因公會多疑的嚴厲規範而窒礙難行；但他們可能也確實曾因稅捐負擔過重而歇業，甚或是每逢令人矚目的繁榮前景時，就會遭到短視近利的統領掠奪。

然而在伊斯蘭世界，人們仍然可以在可合理預見的框架內、在相對寬廣的範圍裡、在一定的農業層次（agrarianate-level）社會現況中自行選擇，普遍享有個人自由；即使是做出迥異於其他多數人的選擇。這種自由對於更進一步的活動自由而言，不可或缺、極為重要——具歷史意義的活動自由，倡議新概念並教導它們的自由，建議並協助執行社會生活的新政策及新模式的自由，還有更普遍地刻意著

手修正生活條件的自由。但在實現方面，除了單純的個人自由以外，還必須在社會層次上建立替個人創新所設置的適當管道。這種管道的本質因其合法模式而迥異，其差異甚至超越純粹的個人層次。

在中世紀興盛時期的西方，從人類發展自我意識與自我決定的觀點來看，最令人感興趣的景象之一，就是當十字軍似乎日漸衰敗時，教宗對於如何面對伊斯蘭的存在而向整個基督教世界徵詢意見。認真的人們提出回應，而在慣例性的勸誡當中，也存在相對有遠見的計畫，包括以更有效對抗伊斯蘭的行動為名義，來改革教會本身。這類計畫大多較無成效，不過，它們的意圖與成果都是嚴肅的，因為這種面對歷史問題的態度，並不是在孤立的狀態下出現，而是以西方模式為基礎。在教會的大規模會議裡，階層體系上為數有限的教職自主承擔者共聚一堂，針對爭議問題加以討論並進行投票，而這種議會，就形成了一種諮詢模式，但它具有更普遍的精神；如果每種特定的體制都各有自治規則，就表示它的體制曾一度成形，所以也可以被重新形塑，而且應當確保一切事物在其管轄之下運行無礙的人，正是主教、教宗、國王與皇帝，而利害相關的個人則期待善意的建議能帶給他們好處。

中國在世界上最強大且最具理性考量的官僚體系國家脈絡下，關於公共問題的私人請願書慣例，其高度發展更甚於西方，也更具成效。至於伊斯蘭世界，就比較不容易找到這類創新改革的管道。哈里發政權崩解之後，就沒有可資期待去進行改革的中央體制，倘若允許統領著手嚴謹的制度性創新，則會破壞穆斯林契約性所倚賴的、跨越伊斯蘭世界而存在的單一模式。當馬立克國王向他的廷臣徵詢建言，他想要求並且獲得的建議，不是解決特定制度性問題的計畫，而是一

般性的智慧珠璣，用以指引他作為專制君主的行為，而且這種智慧可以不經修改就適用於任何統治者。那些發展出自給自足伊斯蘭法（它幾乎沒有留下什麼空間，讓哈里發得以創新）的人們，其主要意圖似乎就是盡量限縮自由政治活動的領域——專注於貿易的安全，而不是任何一種貴族政治冒險活動。總之，在宮廷中個人的身分歸屬無法確保，而是取決每個人與統治者之間的個人關係，另外，對既得利益總會造成威脅的重要改革運動，如果得不到統治者個人的支持，終將造成難以預期的結果，若統治者不支持，敵對者就會煽動統治者，不費吹灰之力就能將改革者消滅。

中期時代，伊斯蘭精神確實仍然要求社會活動，表現在反覆且多面向改革伊斯蘭法主義的推動力上。其範圍幾乎難以察覺，從信仰復興運動傳道者的說教（他們攻擊所有階級的態度與道德標準，最明目張膽時還曾同時攻擊統領本身），到改革者的全面起義——他們試圖實現末世引導者（mahdî）的企求，因為當人間充斥著不公不義的行為，他將全面伸張正義。伊本－圖瑪特的一生同時表現出這兩個極端。儘管這類改革運動沒辦法召喚千禧年的到來，但它們還是朝向實現伊斯蘭法及其所保障制度的獨立性與實效性持續邁進。在後來幾個世紀的伊斯蘭世界裡，特殊類型的改革計畫變得更加重要，但是，軍事活動以及普遍性的起義，也持續為改革者提供理想，對他們而言，這是他們能夠接近的最狂熱、積極的程度，而且能反覆實現。

選擇恰好可相比擬的角色來凸顯兩個社會之間的對比，並不容易，因為在這兩套環境底下，一個人藉以獲致影響地位的生涯，都各自預設了徹底不同的步驟。但是，歐瑪爾・蘇赫拉瓦爾迪（'Umar Suhravardî）與克勒窩的聖伯納（Bernard of Clairvaux）都有密契傾

向，也是保守的虔信者，而且，他們身為靈性顧問的地位，被捲入當時的主要政治活動中，扮演了具有影響力、儘管未必總是成功的角色；他們都面臨農業（agrarianate）生活長期受到侵害，特別是因為中央官僚體制權威消失後，而產生無數不受約束的軍事勢力；這兩位人物也都代表一神教的良知對於這種情形的回應。神所進行的調停，在西方由精巧的規範與特殊的法庭來實施，這並非聖伯納的創見，但他有助於使事情變得更有效率；它可以跟蘇赫拉瓦爾迪有所貢獻的、青年團所企圖進行的規訓，以及統領藉由親自參與其中而實施的控制，相互比較。每種作法都能獲得利害關係人的最強烈支持，不過，其獲得支持的方式，既合乎社會秩序，也合乎兩個社會所發展出來的形式意涵。神所要求的停戰會喚起教會的階層體制保障特殊的節日以及公民的身分。青年團的改革，則能透過個人承擔責任義務的網絡，來喚起穆斯林在伊斯蘭法上的責任。每種途徑都有一些成就，但不足以成為適當的解決方案。

雖然我已經盡量比較過這兩個社會在上層文化方面的抽象建構模式，但我們還是必須謹記，這種建構模式和歷史實際進程的關聯性還是相當有限。對於人為刻意淹沒的歷史橫斷面，人們可以架構出許多措辭，來指稱似乎潛藏在許多特定文化面向下的普遍形式性預設，而對於這樣的事實，絕對不能擴大解釋。人們的心智未必各有不同素質。協調性源自於一項事實，也就是在每個文化傳統的綜合體中，幾種特殊的文化必須緊密配合與相互協調。在任何特定時刻，在眾多捉摸不定的傾向，以及自主卻又相互依賴發展的多種文化傳統，像是藝術、文化或政治方面等傳統之間，至少都必須存在某種暫時性的均衡關係。而且，這種對於和諧一致的需求，具體表現在關鍵上層文化圈

中具有優勢的人類理想形象上；因為，每一個這類的形象，必然就是總體人類的表現。但對於可能回應於這種形象與均衡關係的需求，無須視為囊括了「潛藏在」特定文化及歷史事實下的「因果」歷程，它卻可能反過來有助於形塑它們。

　　這種模式的抽象概念各有用途，而且它們可以引導人們，將歷史的發展視為某個社會的上層文化思維表面上預設的封閉概念中的「合理結果」。因此，整體文明（在上層文化的層次上），就形成了具有集體的期待模式，而這種模式更形塑它在社會及歷史方面的潛在意義，而能與特殊民族團體（及其俗民文化）類比；儘管追溯這種模式的嘗試，就算僅僅追溯到單純的民族層次上，一般來說也都並不成熟。文明歷史的這種概念主義式詮釋，與某些哲學家及文獻學家意氣相投，因為，它似乎讓他們得以僅僅透過深化自己對於手邊文本的洞見，來看待整個歷史進程。但是，對於由下而上地支持這整套構想及一般歷史進程的利益、在所有層次的運作，它們都未能加以掌握；尤其是同樣都沒有在所有階級層次上，去考慮上層文化構想與人類活動潛藏動機之間的差異。因此，它們很少允許通常會隨著全新機會開啟之際會而來的快速文化變遷，尤其是它們會讓人們刻意重新回溯西方過去受人讚譽的特徵，期望現代事物各種具有發展前景的概念性特徵，諸如形式上屬於法律、科學、美學形式等；透過這種方式，某些作家創作出西方天賦（Occidental genius）這個誇張的概念，並扭曲西方及其他遺產與現代性到來之間的關係。[9]

9　對於「伊斯蘭（Islamicate）文化源自於封閉概念圈」這種想法，最明確傑出的詮釋，就屬 Gustave von Grunebaum 的詮釋，他的許多書籍與文章均有詳述，它們全都值得一讀。毫不意外地，他最多只闡述了我（在第一冊的前言）所謂的西方觀

伊斯蘭（Islamicate）對西方的影響

　　在中世紀興盛時期，伊斯蘭世界與西方之間的文化交流極為片面。在為數有限的情形中，穆斯林從西方人身上學到一些東西；例如，敘利亞十字軍的堡壘建築技藝（但就相同的技藝而言，十字軍也從穆斯林身上學習）。但總體而言，穆斯林幾乎無法從西方人身上找

念或觀點，它通常就以這種方式設想西方文化。在他的 'Parallelism, Convergence, and Influence in the Relations of Arab and Byzantine Philosophy, Literature, and Piety', *Dumbarton Oaks Papers*, 18 (1964), 89—111 中，特別在結尾的部分，可以明確發現在他的分析裡，伊斯蘭世界（與拜占庭）構成上的前提假設，至少一部分是藉由對比（找出伊斯蘭所缺乏的事物），從他一度（以西方式的態度）歸屬於西方與現代性的某些相反構成性前提假設，消極地衍生而來。這種方法幾乎就在事前確認，諸「東方」文化，由於缺乏他認定為西方獨有之事物，結果會是本質上相似的，但也正因為它們的共通事物而相互分離——也就是，在他看來，因為對完整性的教條式主張，而使它們相互分離，而這點也壓抑它們，使它們無法瞥見西方型態，或（應稱為）受西方啟發的、理性上開放的人文主義。相對地，他所認定的、西方的構成性前提假定，對於最屬人性所特有的事物則是核心所在。例如，他將這些前提假定稱為「人在文藝復興期間所養成的、面對世界的態度」；在這裡，「人」不能指涉生物上的物種類型（就像「人有三十二顆牙齒」這種說法），甚至也不能集體指涉人類（像是「人類的一統性」這種說法所指的人），而是（就像在西方文獻中常見的）只在指稱長存的神祕存在時，在文法上才有意義，「人」本身在連續的歷史時期中，經歷一系列關鍵的經驗，並等同於西方式神話的主要角色，就是「西方人」，而人們認為，它最終展開的文化痕跡，就是最高境界，而任何人類都還未能達成這個境界。

這一切都預設了每個文化傳統中的有機固定性，它表現在個人化的理想人類形象，只在某個時期將其天生潛質展開。關於傳統中的這種決定性的侷限，以及在發展性 文化痕跡的基礎上，比較西方與伊斯蘭國家之發展的困難，見第一冊前言論歷史學 方法的章節。

到他們認為值得學習的事物，但在中前期時代之前，他們就已經從更遙遠的中國學到許多技術，甚至偶爾還學到比較抽象的觀念。相比之下，西方人從伊斯蘭世界汲取各式各樣的文化實踐與觀念，而且在吸取文化的過程中，對於他們自己的文化發展有影響深遠的重要性。當然，這主要是因為伊斯蘭（Islamicate）文化能力的優越性，至少在這個時期的初期是如此。因此，這樣的對比會因為伊斯蘭世界在歐亞非舊世界結構上的優越地位而遭到誇大。對伊斯蘭世界而言，與西方之間的接觸不是最重要的事，而且相比之下，穆斯林密切接觸的東歐、信奉印度教的印度地區，甚或是與其他任何眾多地區的接觸，顯然並比較重要，甚至更加重要。對西方人來說，東歐地區與伊斯蘭世界是唯一可以接觸到的異國社會，而對整體伊斯蘭世界而言，穆斯林在西西里與西班牙的西方前哨站較不重要，它們卻是逼近在前的龐大西方敵人。

穆斯林的出現產生了雙重影響：他們的存在既是思想的來源，也產生挑戰。首先，一般普遍接受其特定的文化實踐。他們有時直接採用這些文化實踐，就像阿布—巴克爾・拉齊的著作翻譯為拉丁文，並運用在醫療上的情形。有時候則是較間接地採納這些文化，即透過所謂「激發性傳播」（stimulus diffusion）而接受。在這個時期之初，從更遠東之處引進伊斯蘭世界地中海地區的伊斯蘭（Islamicate）水車，人們對它的描述似乎說明了：這個時代末期的西方水車何以具有那種外型；但是，由於穆斯林使用的水車支臂是水平軸，在西方則是垂直軸，顯然水車的構造傳遞的是基本概念，而不是具體特定的水車複雜建造方法。伊斯蘭文化對西方的許多影響，在某種程度上也都屬於這種間接類型。

實際上，文化細節的傳播有各種不同的限制。在新社會中無法適用的物件，不論在舊世界中多麼有效率又實用，都不會受到採納。儘管駱駝運輸非常有效率，卻沒有被西方接受，部分原因在於氣候，但部分原因也在於，即使在最南方的地區，重要位置也被牛隻佔滿了，而改變並不會帶來足夠的利益。確實被人們接受的事物，也可能經過改造，甚至在直接接觸的情形之下，人們會立即效法這種作法。即使承襲了技術細節，往往也必須反思和適應，以便符合於新社會的技術層面。如同我們所看到，如果哥德式拱頂是從相應於伊斯蘭（Islamictae）建築中的拱頂而展現出來，無論如何，它在大教堂中的運用方式以及建築上的細節，都會與它們在清真寺的樣貌極不相同；拱頂會產生全新的樣貌與意義。

　　若論及完全屬於美學或知性上的層次，講究的選擇與重新思考甚至更為重要。因此，就大多數的情形而言，西方對於伊斯蘭（Islamicate）創作素材的模仿與接納，大都僅限於已根植於西方共有傳統的事物，至少在早期的水平如此。因此，吟遊詩人的浪漫詩歌傳統，似乎是直接相應於立基伊斯蘭西班牙稍早之前的傳統；但它最終回到很久以前就在拉丁文中得到一定迴響的舊希臘傳統，並似乎也從西班牙與高盧地方上共通的冒險故事潮流，獲得可直接運用的形式。儘管這套傳統的某些元素或許可以追溯到古阿拉伯文學主題，甚至可以追溯到阿拉伯穆斯林的地方性著作，但顯然其中大多數與西方意境與風格相契合。[10] 這種文化的本質是只從外部汲取已略微涉獵的事

10　S.M. Stern 已經說明，冒險故事式韻文在西班牙與高盧（無論在穆斯林或基督教徒當中）的發展過程中，甚至很可能還特別受到阿拉伯特色的介入，但他並沒有證明這件事。

物，有時候從當地的發展，很難去解決伊斯蘭（Islamicate）對西方的影響力。（此文化有助於在現代西方推行某種想法，除了原本屬於希臘的觀點或許有些微進展之外，伊斯蘭〔Islamicate〕知性文化毫無貢獻。）[11]

或許，與具體的技術性方法、資料林西方人向穆斯林學習（或從伊斯蘭文化〔Islamicate culture〕中的猶太人）的書籍數量同樣重要的，就是史實中他們與伊斯蘭世界的對峙。西方人從伊斯蘭世界得到的許多書籍，他們也可以從希臘人那兒取得──後來也確實如此；然而，無法從希臘傳統中獲取的那些洞見，卻總是普遍受到西方人忽略。或許最重要的是激發想像力、迎接西方人足智多謀的挑戰，以及西方人日漸蓬勃發展的經濟繁榮、隨之而來漸趨提升的文化水平，發現自己遭到某個社會的蔑視及約束，而這個社會與他們之間並沒有任何明顯的共同觀念，卻顯然在文化上和政治上更為優越，至少在初期時如此。穆斯林對西方構成挑戰，例如像是長久以來受人尊重、後來遭到征服且幾乎受到鄙視的拜占庭希臘人，而這些希臘人無法正面挑戰穆斯林人。

由於十字軍東征而在敘利亞發生的遠距離接觸，似乎沒有在直接借用文化方面，對西方造成太大影響；但十字軍發動的這一事實，本身就顯示出穆斯林所形成的極大激勵，而十字軍東征的這段過程──

11　H. A. R. Gibb 在 'The Influence of Islamic Culture on Medieval Europe', *Bulletin of the John Rylands Library*, 38 (1955), 82─98 中提出一項嘗試性研究，這項研究試圖說明，在前現代時期中，儘管受到外來的重大影響，上層文化傳統如何還能維持其自身的天賦。他僅僅談到傳播，而沒有考量外來文化及其挑戰的出現本身更具脈絡性的影響作用。

他們偉大的共同努力——相較於他們能勉強從敘利亞軍隊那裡借用的，或許還教給西方人更多的涵養。教宗權勢在政治上的崇高聲望，主要是因為它在這些戰爭中的領導地位。在西西里當地，西方人統治上層文化的穆斯林與希臘臣民，西方人事實上也獲益良多；但是對西方文化及政治生活最嚴重的衝擊，或許就是由島上的拉丁統治者所造成的，特別是腓特烈二世（Frederick II）；當地拉丁統治者的穩固官僚制度，在西方獨一無二——由於當地居住高度的文化水準，還有他們與穆斯林、希臘人關係密切而必需，又反而使腓特烈二世得以扮演其他拉丁君主的侵擾者與啟發者等獨特角色。穆斯林—西方關係的第三個中心在西班牙半島，當地對於伊斯蘭（Islamicate）之道的模仿與適應正處於高峰，它們就從此處開始持續散佈到整個歐洲；因此，或許此處比其他地方更重要的特點在於：穆斯林學問的驚人聲響，他們說服西方人著手研究阿拉伯文著作，而這些著作他們本來可以毫無困難地利用原來的希臘文來加以研究，但到了西元1204年，拉丁人已經在將要發掘希臘文著作的希臘語系國家暢行無阻了。

雖然穆斯林對於西方最重要的影響，似乎是他們激發了西方人的想像力，然而，確實已發生的特定文化採借（cultural adoption）仍然在西方的發展中具關鍵性。即使是希臘人，也會翻譯阿拉伯文及波斯文著作，因為在中國人這方面，它們是這個時代最重要的語言。其中最重要的文化採借或許就是「借用技術」；工藝與製造方法、商業上的組織方法，甚至是政治上的方法（在西西里），以及農業技術，都可以相當直接的採納。總體而言，伊斯蘭世界在科技方面比絕大多數西方地區都更加進步，尤其是中世紀初期開端時；然而，到了十二世紀及十三世紀，這兩個社會成長到約略相同的水準，因此，新的發展

究竟是哪個社會先出現，有時候並不明確。在某些領域中，像是火藥用途是逐漸演進而成；或許相對應的發明是隨著技術水準而同時在兩個地區就緒，因而約略同時、獨立地發展。不過，由於針對這些事項，西方的歷史紀錄較為完整，新發明往往也略早在當地得到確證；某些複雜的蒸餾器與羅盤等運用，或許就是這種情況。但在其他許多情形，各種物品的製造與運用，例如酒精，我們至今仍然沿用從阿拉伯語衍生的名稱，究竟是西方或伊斯蘭首先創作並加以運用，則不言可喻。隨意挑選衍生自阿拉伯文的英文字彙，可以列出部分的清單，就顯示出西方從屬地位的廣大範疇（但有些文字是從波斯文或希臘文轉譯成為阿拉伯文的）：器官（organ）、檸檬（lemon）、紫花苜蓿（alfalfa）、番紅花（saffron）、糖（sugar）、糖漿（syrup）、麝香（musk）、棉布（muslin）、壁龕（alcove）、吉他（guitar）、魯特琴（lute）、汞合金（amalgam）、蒸餾器（alemic）、煉金術（alchemy）、鹼（alkali）、蘇打（soda）、代數學（algebra）、曆書（almanac）、天頂（zenith）、天底（nadir）、關稅（tariff）、海軍上將（admiral）、將軍（check-mate）。

當時在某種程度上獲得發展的所有領域中，，特別是自然科學的範疇中的數學、天文學、醫學與化學，西方人坦承他們從阿拉伯文的著作中受惠良多；在中世紀興盛時期的大部分時間，他們渴望翻譯這些阿拉伯著作，這些著作對他們的科學發展有所貢獻。在這段過程中，披著阿拉伯外衣的古典希臘教科書（托勒密的天文學大成「Almagest」，在拉丁文中還保留阿拉伯冠詞al-）以及眾多穆斯林作者，除了伊本—西那（「阿威森納」）與拉齊（「拉齊斯」〔Rhazes〕），還有許多較為次要的角色，都成為人們司空見慣的拉丁權威。在穆斯

林天文台編纂的天文圖則成為權威著作。（我們仍然沿用許多星球的阿拉伯文名稱。）只有在十二世紀初期就已經問世的那些書籍經過翻譯，因為到了那個時候，將文本翻譯為拉丁文的工作中斷了，最晚近的著作還沒知名到會引起翻譯家的注意。約莫在那段時期之後，後來的西方就必須獨力重新探索伊斯蘭世界。

當然，這不是阿拉伯人「保存」他們自己的文化之際，又同時把這份遺產「帶回西方」的問題，而是因為：拉丁西方在創建希臘科學文集方面，幾乎沒有扮演任何角色，甚至在羅馬強權的顛峰時期，也是如此。而相較之下，許多科學文集源自於穆斯林的領土，就這點來說，西方人更不能被稱之為它的繼承人。當科學遺產終於被帶往西北方的新領土——在地中海東部與尼羅河至烏滸河間地區時，這份科學遺產並未在它誕生的故鄉中絕跡（像某些西方人事先已假設的）；至少在一開始，西方的科學成就並未高於伊斯蘭世界，而在中世紀興盛時期之後，它或許有一陣子還衰退到低於伊斯蘭世界的水準。不過，西方人確實是稱職的學者，到了中世紀興盛時期的末期，他們僅靠自己的力量就能延續傳統，而不必進一步參考阿拉伯文與波斯文著作；儘管有一陣子，拉丁文科學著作有些許停滯，但這套傳統持續存在，且在稍後影響了十七世紀偉大的科學變遷。

在西方，一如在伊斯蘭世界，哲學形上學問題長期在社會吸引了比較系統性的注意。因此，初期一些最重要的文本，也都是透過阿拉伯文而來；翻譯促成了偉大的亞里斯多德的思想復興。但早在帝國時代，亞里斯多德與柏拉圖的傳統就相當穩固地扎了根，但主要都是透過二手著作，因此，來自阿拉伯文的影響，並沒有帶來什麼完全新穎的事物。人們運用新的著作，來進行在引進這些著作之前就已經開始

的對話，因此，伊本—魯胥德（阿威羅伊）在伊斯蘭世界中的地位，以任何可稱之為神學觀想的一切事物為代價，讓哲學家的個人智慧可以運用於詮釋在社會中至高無上的伊斯蘭法，因此提高了哲學的地位；基督教世界在「阿威羅伊主義」（Averroism）的名義下，他所提出的看法則證明極端激進的理性主義哲學、基督教神學本身之間的調和。翻譯阿拉伯文的工作所產生的最重要影響，就是將西方的思維提升到更高層次的教養上。因此，無論特定文本顯而易見的傳遞過程如何，伊斯蘭世界的存在，儘管就文化傳播而言已經帶來重大的影響，但伊斯蘭世界的涵養為思想所帶來的挑戰，其影響甚至更為重大。如果特定文本沒有陌生到完全無法理解——亦即考量到伊斯蘭世界遺產與西方遺產之間，含有大致相同的基礎——他們會在情感上接觸到一個確實充滿深具涵養文本的社會，而相較於此種事實，西方人看到的是哪些特定文本，或許相對而言就比較不重要。

　　乍看之下，亞伯拉罕傳統與密契主義的領域似乎根本沒有受到伊斯蘭的影響。嘎扎里（西方人稱為「阿爾嘎澤勒」〔Algazel〕）之所以聞名，是因為他對哲學形上學的闡述，而不是因為他從伊斯蘭的立場對它做出的駁斥。或許並沒有人同樣具有這類宗教經驗。對伊斯蘭有充分嚴肅的認知、又可想像這種影響的西方人，非常罕見；絕大多數書寫伊斯蘭的西方人，重複著怪誕的錯誤資訊，其目的僅僅在於：鼓勵有信仰的人去對抗他們應視作為無可救藥的不理性敵人。但在形上學的層次，某些人或許已經有所接觸。有人曾經主張，某些基督教密契主義者，特別是西班牙的雷蒙・陸爾（Raymond Lull，西元1235～1315年），身為對伊斯蘭確實略知一二的罕見人物之一，或許已從他們的穆斯林同行那兒學到一些東西，進而習得伊本—魯胥德之

後的穆斯林形上學；但即使他們自己真的察覺到這件事，也很少會承認這個事實。陸爾的思想就以大膽與寬廣的觀點為特徵，而不像是他必定認識的伊本—阿拉比那般難以親近；尤其透過喬丹諾·布魯諾（Giordano Bruno），對於晚近許多充滿想像力、作為現代時期先聲的熱情之人，陸爾是一種啟發。

伊斯蘭（Islamicate）主題、手法進入美學文化的領域，相較於它在技術與知識領域的情形，則比較難以追溯其根源。人們直接翻譯某些散文小說，但是，藝術畢竟已將它所滋養的事物加以轉化。專家們曾經追溯過，在建築學及西方所謂的「次要」藝術中，眾多的次要主題是在哪個時間點從伊斯蘭世界引進。精心製作的樂器得到伊斯蘭（Islamicate）典範的強力推動，而正如我們已經提過的，即使是詩歌，吟遊詩人在中世紀顛峰時期的創作，或許也運用了舊阿拉伯傳統。構成許多最佳散文基礎的通俗故事與虔誠傳說，都在某種程度上受到伊斯蘭（Islamicate）文化原型的滋養。有人就曾經認為，但丁創作的某些題材表現出明顯類似於伊斯蘭世界的某些主題——尤其是穆罕默德升上天堂描述中的某些段落——當時利用來自西班牙的翻譯，可以在義大利尋找到那些材料。但因此同樣地，但丁的詩歌或西方美學文化的核心，一般而言都沒有真正受到外來細節的影響。或許在這個領域中，伊斯蘭世界的存在最重要的影響，就是它對想像力的挑戰。

到了中前期末期，在伊斯蘭世界的生活中，西方成為一股重要力量。西方在地中海東部進行征服的努力，大都已遭到回擊，而且他們早已被限制在地中海西部，在直布羅陀海峽稍微偏北的界線，跨過海洋的努力已經宣告失敗。西方在兩個世紀內都沒有再向前邁進。但西

方文化進而獨立於伊斯蘭世界資源之外，而且在涵養上，能夠與伊斯蘭（Islamicate）文化並列其驅。義大利與西班牙的西方人保有他們在中前期時代取得的地中海航線及商業主導權，因此，他們在地中海西部抵禦了伊斯蘭的擴張，而伊斯蘭四處擴張正表現出它的特徵，而且在其他地方也看得到這種表現方式，或許還加強了其社會秩序的特質。12

---

12 對於伊斯蘭帶給西方的影響，最容易理解的相關研究，就是 *The Legacy of Islam*, ed. Thomas Arnold and Athur Guilliame (Oxford Uiversity Press, 1931)。所謂的「遺緒」（legacy），不是留給現代穆斯林，而是留給西方，以前還被貿然認定為垂死伊斯蘭世界的繼承人。並非所有篇章都與這個主題有關，但有許多相關章節。其中，寫得最好的研究就是 H. A. R. Gibb 的 'Literature'（pp.180－208），他對於追溯西方文學裡能發現到的影響力，表現得相當出色。關於視覺藝術的那一章，即Thomas Arnold, 'Islamic Art and Its Influence on Painting in Europe', pp.151－154，也有所助益，但是，對於「影響」真正的意義，它的辯別則較不明確，H. G. Farmer 所寫的 'Music'（pp.356－375）一章也有所幫助。關於自然科學的研究，像是Max Meyerhof, 'Sceince and Medicine'（pp.311－355），都蒙受一種誤解之害，這種誤解認為整個伊斯蘭科學，基本上都得以追溯到拉丁文著作；這意謂著，他們將某些關於西方選擇性（selectiviy）的嚴肅問題棄而不顧，但就確實已談到的議題而言，他們表現得很好。

重要詞彙與人物表

　　此處列舉的詞彙是本書內文中時常出現的專有名詞。其他在內文中出現的詞彙之定義和解釋，包括地理名稱，可以根據索引查詢。

akhî	弟兄；年輕男性，於十四世紀的安那托利亞，抱持青年團（見條目「futuwwah」理想的年輕人所建立社群的成員；他們通常屬於都市工匠階級。
'Alid	阿里的後裔；先知表弟兼女婿、阿里（Alî）的後裔；什葉派相信，某些阿里後裔應成為伊瑪目（見條目「imâm」）。阿里的第一個妻子是法蒂瑪（Fâṭimah），先知的女兒，她為阿里生下的後裔（先知僅存的後裔）特別稱為法蒂瑪家族（Fâṭimid）。她的兒子、哈珊（Ḥasan）的後裔往往稱為「sharîf」；她的兒子、胡笙（Ḥusayn）的後裔則往往稱為「sayyid」。
'âlim	複數形為「'ulamâ'」，指受過教育的人；特別指那些專精於伊斯蘭法學和宗教研究的學者。
Allâh	阿拉；（穆斯林和基督教徒信仰的）獨一神的阿拉伯文名稱。

amîr	又作「emir」，將領或軍事領袖；阿巴斯朝的古典時期之後，有許多自立門戶的將領也沿用這個頭銜，有時也用來指統治者的家族成員。「amîr al-mu'minîn」意思是信仰者的領導人，是哈里發的專用頭銜，「amîr al-umarâ'」意思是最高統帥，即大將軍、總司令，用來指「哈里發盛期」晚期興起的軍事統治者。
'arif	知道真理的人（「諾斯底〔gnostic〕」）；蘇非行者（見條目「Ṣufî」）用這個詞彙指稱他們自己，以凸顯他們的密契知識（覺識〔ma'rifah〕）與宗教學者的知識（見條目「'ilm」）的不同。
'asabiyyah	按照伊本—哈勒頓的用法，指稱部族團結精神，它使人數相對較少而心態堅定的游牧者，得以征服人數眾多卻已然衰弱的城市定居者。
'askerî	軍士；歐斯曼帝國軍事軍事統治階級成員，包括該階級成員的妻子與孩子。
atabeg	又作「lâlâ」，大將領（或稱大首領）；突厥人的頭銜，指稱未成年統治者的監護人，特別是外派擔任總督的年輕兒子；其中某些人頂著這個頭銜而建立起獨立朝代。
awliyâ'	參見條目「walî」。
awqâf	參見條目「waqf」。

a'yân	單數形為「'ayn」，尊貴的人；在中期與晚近時期，指具有名聲與影響力的城鎮權貴；在後來的歐斯曼帝國時期，則指公認掌有政治權力的人。
baqâ'	與世界同在，生存；對蘇非行者（見條目「Ṣufî」）而言，它與「fanâ'」（見條目「fanâ'」）是語意對立的用詞，兩者都指稱個人在蘇非主義的路途上前進之際的意識狀態。
bâṭin	內在意義，即文本內在、隱藏或密傳的意義；因此，內隱學派（Bâṭinî、Bâṭiniyyah）即指懷有這種概念的團體。這些團體當中，絕大多數都屬於什葉派，特別是伊斯瑪儀里派。
dâ'î	宣教士、宣傳家；特別是什葉派運動的宣傳家，或指伊斯瑪儀里派高等宗教官員。
Dâr al-Islâm	伊斯蘭境域；即受穆斯林統治的土地，後來則指稱有穆斯林組織存在的任何土地，無論是否受到穆斯林的統治。它是戰爭之域（Dâr al-Ḥarb）的反義詞。
dervish	參見條目「Ṣufî」。
dhikr	又作「zikr」，唸記；蘇非行者（見條目「Ṣufî」）用以促使人們銘記著神的活動，通常是反覆誦唸的套語，往往還有更複雜的禮拜儀式。

dhimmî	又作「zimmî」，受保護者；在穆斯林統治的領土上，信奉受伊斯蘭寬容之宗教的人們，這種保護稱為「dhimmah」。
dihqân	伊朗舊貴族；哈里發朝興盛時期伊朗地主仕紳階級之一。
dîwân	又作「dîvân」，公共財務登記；或指某個政府部門、審議會，或是它們的主管官員；也可指詩人的詩集。
emir	參見條目「amîr」。
fakir	參見條目「Ṣufî」。
Falsafah	哲學；包含了自然科學和倫理學，在伊斯蘭社會（Islamicate society）裡，以希臘哲學傳統為基礎來詮釋的學問。
fanâ'	蘇非行者（見條目「Ṣufî」）的用語，指個人意識的無我狀態。
faqîh	參見條目「fiqh」。
faqîr	參見條目「Ṣufî」。
fidâ'î	奉獻生命致力追求理想者；特別是暗殺派敵人的尼查爾伊斯瑪儀里派成員。

fiqh	伊斯蘭法學；闡釋說明伊斯蘭法（見條目「Sharî'ah」）的體系或學門，也指該學門產出的規則整體。闡述法學的人是伊斯蘭法學家（faqîh，複數形為「fuqahâ'」）。
futuwwah	青年團；好幾個世紀來所發展，都市階級年輕男性所組成的人合性質團體，在十二世紀之後，它保持某些理念並採取某些行動，有入門、祭禮，宣誓效忠領導者等等正式儀式。
ghâzî	為信仰奮戰（參見條目「jihâd」）的戰士；有時也指有組織的的先鋒部隊。
ḥabûs	參見條目「waqf」。
ḥadîth	又作「ḥadîs」，複數形為「aḥâdîth」，聖訓；指關於先知言行的記錄，或指這些記錄的集成。有時會因為歷經一位位的記錄人傳承，而被翻譯成「傳統」（tradition），但傳統這個詞是指難以溯及源頭而傳承下來的群體知識，與「ḥadîth」一字意義不符。
ḥajj	朝聖；伊斯蘭曆每年的最後一個月，即「朝聖月」（Dhû-l-Ḥijjah，也音譯作「都爾黑哲月」），是穆斯林到麥加朝聖的時間，在各種條件許可的情況下，每位穆斯林一生中至少要朝聖一次。

Ḥanafî	哈那菲法學派；順尼法學派（見條目「madhhab」）之一，以開宗學者阿布—哈尼法（Abû-Ḥanîfah, 699—767 CE）為名。
Ḥanbalî	漢巴里法學派；順尼法學派（見條目「madhhab」）之一，以開宗學者阿赫瑪德·伊本—漢巴勒（Aḥmad b. Ḥanbal, 780—855 CE）為名。
harem	突厥語對禁止男客進入之住家區域的稱呼（出自阿拉伯語的「ḥarem」，又作「ḥarîm」），延伸指稱住在那裡的女性；在印度稱為「zanânah」，等同於義大利語的「seraglio」。
ijâzah	授業證書；一種認證，用以證明某人徹底理解特定書籍，且獲准教授該本著作；原則上，係由書籍作者或本身曾獲頒授業證書者授予。
ijtihâd	理性思考判斷；為建立伊斯蘭律法（見條目「Sharî'ah」）針對特定議題之裁判，所進行的個人探索，由理性思考判斷學者（mujtahid），即有資格進行此種探索的人所為。順尼派長久以來認為，只有針對公認權威尚未作成決定的議題，才能允許理性思考判斷；針對已由公認權威作成決定的議題，他們則主張因循原則（見條目「taqlîd」），即應遵從個人所屬法學派（見條目「madhhab」）的通說見解觀點。絕大多數的什葉派成員，則允許他們的偉大學者們探求完整的理性思考判斷。

‘ilm	學問；特別指關於聖訓（見條目「ḥadîth」）、法學（參見條目「fiqh」）的宗教知識，在現代阿拉伯文中此字意為「科學」。什葉派中認為伊瑪目（參見條目「imâm」）具備一種特別的非公開知識，並稱之為「‘ilm」。
imâm	伊瑪目；帶領大眾禮拜的人，或指穆斯林社群的領袖。什葉派認為即使遭到伊斯蘭社群抵制，阿里和他的子嗣仍是最合適的社群領導者，因為他們作為穆罕默德的繼承人，有著精神象徵的功能。在順尼派裡，任何偉大的學者（見條目「‘âlim」），尤其是法學派（見條目「madhhab」）的奠基者都稱為伊瑪目。
iqṭâ‘	墾地；政府以土地或其收益對個人所做的分派或授予；有時作為軍人服役的薪餉而授予，偶爾引人誤解地譯為封地（fief）。
Jamâ‘î-Sunnîs	參見條目「Sunnîs」。
jâmi‘	參見條目「mosque」。
Janissary	土耳其文作yeñi cheri，蘇丹禁衛軍；歐斯曼步兵軍團成員，這個軍團一度由受俘獲或徵召而來、並改信伊斯蘭的年輕基督教徒組成。

jihâd	奮戰；根據伊斯蘭法（見條目「Sharî'ah」）而發起的對不信者的戰爭，關於發動這類戰爭的必要條件各界有不同的見解；也用來指個人對抗自身俗世欲望的奮鬥。
kalâm	辯證神學；以穆斯林的神學、宇宙觀假設為根基的討論，有時候，也可以稱作「經院神學」（scholastic theology）。
kazi	參見條目「qâḍî」。
khân	汗；突厥人的頭銜，原本指國家的統治者，也用以指稱行旅商人客棧。
khâniqâh	又作「khângâh」，蘇非中心；供蘇非行者（見條目「Ṣufî」）活動所用的建築，人們在這裡奉行唸記（見條目「dhikr」），一位或數位導師住在這裡，接待正在旅行途中的蘇非行者，並教導他們的門徒。這個詞語形式源自於波斯語，同義詞為「tekke」（源自阿拉伯文「takyah」），主要用於突厥語；「zâwiyah」（阿拉伯文）以及「ribâ」（阿拉伯文）也用於指稱前線碉堡。
kuttâb	又作「maktab」，古蘭經學校；供人學習朗誦古蘭經的初等學校，有時也教授閱讀與書寫。

lâlâ	參見條目「atabeg」。
madhhab	複數形為「madhâhib」，法學派；由伊斯蘭法學（見條目「fiqh」）構成的一套系統，或是泛指所有既存的宗教群體所遵循的系統，特別用來指稱順尼派最終認可的四大法學派，而什葉派和出走派則擁有各自的法學派。有時也會翻譯作「教派」（sect）、「學派」（school）、「儀派」（rite）。
madrasah	經學院；宗教學者的學校，特別指教授法學（見條目「fiqh」）的學校，其建築形式一般而言如同受有特殊捐助的清真寺，往往附有宿舍。
maktab	參見條目「kuttâb」。
Mâlikî	瑪立基法學派；順尼法學派（見條目「madhhab」）之一，以開宗學者瑪立克‧賓‧阿納斯（Mâlik b. Anas, 715 — 795 CE）為名的一派。
masjid	參見條目「mosque」。
maṣnavî	阿拉伯文作「mathnawî」，二行詩體；波斯文與相關文學中的一種長詩，幾乎涵蓋任何主題，其韻律為 aa bb cc dd ee，以此類推，有時稱為「史詩體」。

mosque	清真寺；阿拉伯文拼寫作「masjid」，指任何穆斯林用來進行集體禮拜的場域。而進行星期五聚眾禮拜的清真寺稱作「jâmî'」，即大清真寺。
mujtahid	參見條目「ijtihâd」。
murîd	蘇非導師（見條目「pîr」）的門徒。
naṣṣ	直接任命（由前任指定的繼任者）；尤其和什葉派裡伊瑪目的傳位觀點有關，繼承人被授予獨有的知識與學問權力。
pîr	蘇非導師；在密契的靈修道路上引導門徒的人。
qâḍî	又作「kazi」，（伊斯蘭）法官；執行伊斯蘭法（見條目「Sharî'ah」）的法官。
qânûn	世俗法；伊斯蘭法（見條目「Sharî'ah」）以外的法律，有時係由政府頒布。
sayyid	參見條目「'Alîd」。
sepoy	參見條目「sipâhî」。
Shâfi'î	夏菲儀法學派；順尼法學派（見條目「madhhab」）之一，以開宗學者夏菲儀（al-Shâfi'î, 767—820 CE）為名的一派。

shaikh	參見條目「shaykh」。
Sharî'ah	又作「Shar'」，伊斯蘭法；引導穆斯林生活的整體規範，形式涵括法律、倫理和禮儀等，有時也譯為「神聖律法」（Sacred Law or Canon Law）。以法源為基礎，透過法學學科（見條目「fiqh」）產出伊斯蘭法的規範。在順尼派裡，一般是以《古蘭經》、聖訓（見條目「ḥadîth」）、公議（ijmâ'）和類比（qiyâs）為法源。什葉則是以推論（'aql）代替類比，把公議解釋為伊瑪目（見條目「imâm」）們共同意見。
sharîf	見條目「'Alîd」。
shaykh	字面意義為「長老」；可指部族首領（並延伸指稱某些微型政體的首領）、任何宗教領袖。特指獨立的蘇非行者（見條目「Ṣufî」），他們有資格在蘇非之道方面領導渴望精進者；就這個意義而言，波斯語則以導師（pîr）稱呼，他的門徒則稱門徒（murîd）。
Shî'ah	什葉（阿里的追隨者）；一般指穆斯林之中擁護阿里及其後裔的社群領導權的人，不論其權力是否為多數人所認同，或指任何持此立場的派系。「Shî'î」是它的形容詞，或作名詞，指什葉派的擁護者；「Shî'ism」（tashayyu'）則指稱什葉派的立場或學説。什葉派中最知名的團體是柴迪派（Zaydîs）、伊斯瑪儀里派（Ismâ'îlîs）、七伊瑪目派（Seveners）以及十二伊瑪目派（Twelvers）。

silsilah	傳承系譜；蘇非導師（見條目「shaykh」）（真實或假定的）序列，通常往後延伸到穆罕默德，透過這些導師，特定蘇非主義「修會」的教導始得以流傳。
sipâhî	士兵；用以稱呼多種軍隊的士兵，特別是歐斯曼帝國的騎兵，在印度往往也拼寫為「sepoy」。
Ṣufî	蘇非；蘇非主義（Ṣûfism，阿拉伯文作「taṣawwuf」）的倡導者，蘇非是伊斯蘭中根基於密契或靈性經驗最常見的稱呼。阿拉伯文的「faqîr」（fakir）及波斯文的「darvîsh」（dervish），兩者都意指「窮人」，也用以指稱蘇非行者，暗指他們貧窮或流浪的生活。
Sunnîs	順尼；較貼切的解釋是「追隨先知傳統和社群的人」（ahl al-sunnah wa-l-jamâ'ah），在本書中多採用「順尼派」（Jamâ'i-Sunnîs）一詞。相較於出走派（Khârijîs）或什葉派（參見條目「Shî'î」），順尼是穆斯林中的多數，他們認同全體第一代穆斯林與歷史社群的領導正當性。「Sunnî」作形容詞時指順尼派立場，當作名詞則指該立場的擁護者，而「Sunnism」有時指「正統」（Orthodoxy）。「順尼」一詞通常侷限於「順尼群體」的立場，排除如理性主義學派、卡拉密派（Karrâmîs）或是其他未能得到認可的團體。在較早期的穆斯林著作中，有時「順尼」只限定於作者本身的派系立場。

sulṭân	蘇丹；意指統治權威的來源，在中前期，用於指稱事實上統治者，往往是獨立於哈里發之外而掌有權力的軍事人員，後來成為穆斯林通常用以指稱主權者的用詞。
sunnah	被接受的傳統或習俗慣例；尤指從和穆罕默德相關的傳統，在聖訓（見條目「ḥadîth」）中具體化。
taqlîd	參見條目「ijtihâd」。
ṭarîqah	道團；意為「密契之道」，特別指蘇非行者（見條目「Ṣufî」）的「兄弟會」或「修道團體」；有其傳承系譜及共同唸記儀式（見條目「dikhr」）的蘇非行者團體。
tekke	參見條目「khâniqâh」。
'ulamâ'	參見條目「'âlim」。
Ummah	宗教社群；特定先知的追隨者們，尤指追隨穆罕默德的穆斯林形成的社群。
uṣûl al-fiqh	法理學；參見條目「Sharî'ah」。
vizier	「wazîr」（見條目「wazîr」）英文化的拼寫法。

walî	複數形為「awliyâ」，神的朋友；聖人的一種，通常是或據稱是蘇非行者（見條目「Ṣufî」），人們拜訪他的墳墓，以求祝福。同時也是未成年人、女性或身心障礙者在法律上的監護人。
waqf	複數形為「awqâf」，福利產業；出於虔誠而以某種收入所做的捐贈（或「基金」），其收入性質通常是租金或土地收益，用以維持清真寺、醫院等等；在北非（Maghrib）稱為「ḥabûs」。有時候，這種捐贈的主要目的，是為特定人的後裔提供附負擔且不得扣押的收入。
wazîr	英文化的拼寫法為「vizier」，大臣；官員的一種，統治者將其統治領域的行政事務授權給他（如同「部長」）；往往由好幾個人同時擔任，相互分工。
zanânah	參見條目「harem」。
zâwiyah	參見條目「khâniqâh」。
zikr	參見條目「dhikr」。
zimmî	參見條目「dhimmî」。

地圖重要詞彙

圖 1－1　法蒂瑪朝的時代
Greatest extent of the Fâṭimid caliphate
法蒂瑪哈里發政權的最大範圍

MEDITERRANEAN SEA 地中海

BLACK SEA 黑海

RED SEA 紅海

Tagus R. 太加斯河

Rhone R. 隆河

Po R. 波河

Danube R. 多瑙河

Prut R. 普魯特河

Nile R. 尼羅河

Tigris R. 底格里斯河

Euphrates R. 幼發拉底河

FÂṬIMD CALIPHATE 法蒂瑪哈里發
政權

UMMAYYAD CALIPHATE 伍麥亞哈
里發政權

GERMAN EMPIRE 日耳曼帝國

BYZANTINE EMPIRE 拜占庭帝國

SHADDÂDIDS 夏達德朝

HAMDÂNIDS 哈姆丹朝

BÛYIDS 布伊朝

QARMA　IANS 嘎爾瑪提派

LEON 雷昂

NAVARRE 納瓦拉

FRANCE 法蘭西

BARCELONA 巴塞隆納

BURGUND 勃艮第

VENICE 威尼斯

HUNGARY 匈牙利

CROATS 克羅埃西亞人

SERBS 塞爾維亞人

BULGARS 保加利亞人

KHAZARS 可薩人

GEORGIA 喬治亞

ARMENIA 亞美尼亞

Fâs 非斯

Cordova 哥多華

al-Jazâ'ir 阿爾及爾

Tunis 突尼斯

Qayrawân 蓋拉萬

Mahdîyah 馬赫迪亞

Tripoli 的黎波里

Palermo 巴勒摩

Barqah 巴爾嘎

Alexandria 亞歷山卓

Cairo 開羅

Jerusalem 耶路撒冷

Damascus 大馬士革

Baghdad 巴格達

Medina 麥地那

Mecca 麥加

圖1-2　西地中海地區

Major trade routes 主要貿易路線

Dâr al-Islâm 伊斯蘭境域

ATLANTIC OCEAN 大西洋

BAY OF BISCAY 比斯開灣

MEDITERRANEAN SEA 地中海

ADRIATIC SEA 亞得里亞海

Minho R. 米紐河

Douro R. 斗羅河

Guadiana R. 瓜地亞納河

Guadelqivir R. 瓜達幾維河

Ebro R. 厄波羅河

Garonne R. 加龍河

Rhine R. 萊茵河

Rhone R. 隆河

ANDALUSI 安達盧斯

AL-MAGHRIB AL-AQSA 北非西部

AL-MAGHRIB AL-AWSAT 北非中部

IFRIQÎYAH 伊夫里奇亞

FAZZÂN 法尚

SIQILIYAH 西奇里雅

TRIPOLITANIA 的黎波里塔尼亞

BARGAH 巴爾嘎

BALEARIC IS. 巴利亞利群島

CORSICA 科西嘉島

SARDINIA 撒丁尼亞島

MALTA 馬爾他

JERBA IS. 傑爾巴島

Paris 巴黎

Tours 圖爾

Bordeaux 波爾多

Toulouse 土魯斯

Pamplona 潘普洛納

Leon 雷昂

Santiago 聖地亞哥

Zamora 薩莫拉

Lisbon 里斯本

Toledo 托雷多

Mérida 梅里達

Badajoz 巴達霍斯

Cordova 哥多華

Seville 塞維爾

Granada 格拉納達

Malaga 馬拉加

Ceuta 休達

Tangiers 丹吉爾

Fâs 非斯

Meknes 梅克內斯

Marrâkesh 馬拉喀什

Sijilmasa 斯吉勒瑪薩

Tilimsân 提里姆桑

Tâhart 塔哈特

al-Jazâ'ir (Algiers) 阿爾及爾

Bougie 貝賈亞

Biskra 比斯克拉

Tunis 突尼斯

Qayrawân 蓋拉萬

Mahdîyah 馬赫迪亞

Tripoli 的黎波里

Ghadames 古達米斯

Murzuq 邁爾祖格

Lyon 里昂

Marseilles 馬賽

Narbonne 納博訥

Barcelona 巴塞隆納

Saragossa 薩拉戈薩

Valencia 瓦倫西亞

Denia 德尼亞

Murcia 莫夕亞

Palma 帕爾馬

Venice 威尼斯

Genoa 熱那亞熱那亞

Pisa 比薩比薩

Rome 羅馬

Bari 巴里

Naples 那不勒斯

Palermo 巴勒摩

Syracuse 敘拉古

圖 1－3　薩曼朝、布伊朝與喀喇汗國

SÂMÂNIDS 薩曼朝

BÛYIDS 布伊朝

Lands under Shî‘î control 什葉派領地

Minor local dynasties 較小的地方朝代

Empire of Sultan Maḥmûd of Ghazna,
嘎茲納的蘇丹瑪赫穆德帝國

BLACK SEA 黑海

MEDITERRANEAN SEA 地中海

CASPIAN SEA 裡海

ARAL SEA 鹹海

RED SEA 紅海

PERSIAN GULF 波斯灣

Danube R. 多瑙河

Don R. 頓河

Volga R. 窩瓦河

Oxus R.(Özboy) 烏滸河

Jaxartes R.(Syr) 錫爾河

Kur R. 庫拉河

Arus R. 阿拉斯河

Nile R. 尼羅河

Euphrates R. 幼發拉底河

Tigris R. 底格里斯河

Oxus R.(Amu) 烏滸河（阿姆河）

Indus R. 印度河

FÂṬIMID CALIPHATE 法蒂瑪哈里
發政權

ḤAMDÂNIDS 哈姆丹哈里發政權

BÛYIDS 布伊朝

QARMAṬIANS 嘎爾瑪提派

SÂMÂNIDS 薩曼朝

GHUZZ-TURKMÂNS 烏古斯突厥

QARÂ KHÂNIDS(ILEK KHÂNIDS)
喀喇汗國

MARWÂNIDS 瑪爾萬朝

UQAYLIDS 烏蓋勒朝

SHADDÂDIDS 夏達德朝

YAZÎDIDS 雅濟德朝

SHARVÂN SHÂHS 夏爾萬朝

MUSÂFIRIDS 穆薩菲爾朝

RAWWÂDIDS 拉瓦德朝

BAWANDIDS 巴萬德朝

MAZYADIDS 瑪茲亞德朝

ZIYÂRIDS 濟雅爾朝

Rayy 拉伊

Aleppo 阿勒坡

Damascus 大馬士革

Alexandria 亞歷山卓

Jerusalem 耶路撒冷

Cairo 開羅

Medina 麥地那

Bâb al-Abwâb (Darband) 達爾班德

Kâth 卡斯

Gurganj (Jurjâniyah) 古爾干

Talas 塔拉斯

Utrâr 烏特拉爾

Isfijâb (Sayrâm) 賽拉姆

Bukhârâ 布哈拉

Samarqand 撒瑪爾干

Baykand 拜坎德

Tirmidh 提爾米德

Balkh 巴爾赫

Marv 木鹿

Tûs 圖斯

Nîshâpûr 尼夏普爾

Kâbul 喀布爾

Ghazna 嘎茲納

Harât 赫拉特

Bust 布斯特

Zarang 扎蘭季

Kirmân 奇爾曼

Multan 穆勒坦

Jurjân 朱爾將

Isfahân 伊斯法罕

Hamadhân 哈瑪丹

Mosul 摩蘇爾

Baghdad 巴格達

Ahwâz 阿赫瓦茲

Başrah 巴斯拉

Shîrâz 須拉子

Sîrâf 錫拉夫

al-Ḥasa 哈沙

圖 1-4　嘎茲納朝與塞爾柱帝國

Non-Seljuk Turkish states 非賽爾柱的突厥政權

Major Nizârî centers 主要的尼查爾派中心

Lands under Shî'î control 什葉派控制地區

Westernmost limits of Seljuk power, ca.1243 塞爾柱勢力最西邊的界線

Seljuk frontiers 塞爾柱前線

Seljuk apanage states 塞爾柱侯國

First Crusade 第一次十字軍東征路線

BLACK SEA 黑海

MEDITERRANEAN SEA 地中海

CASPIAN SEA 裡海

ARAL SEA 鹹海

RED SEA 紅海

PERSIAN GULF 波斯灣

Danube R. 多瑙河

Don R. 頓河

Volga R. 窩瓦河

Oxus Özboy 烏滸河

Jaxartes R. (Syr) 錫爾河

Kur R. 庫拉河

Arus R. 阿拉斯河

Nile R. 尼羅河

Euphrates R. 幼發拉底河

Tigris R. 底格里斯河

Oxus R .(Amu) 阿姆河

Indus R. 印度河

WESTERN GREAT SELJUḲS 西大賽爾柱

EASTERN GREAT SELJUḲS 東大賽爾柱

QARÂ KHITÂY 喀喇契丹

WESTERN QARÂ-KHÂNIDS 西喀喇汗國

GHAZNAVIDS 嘎茲納朝

CILICIA 奇里乞亞

FAṬIMID CALIPHATE 法蒂瑪哈里發政權

QARMAṬIANS 嘎爾瑪提派

DÂNISHMANDIDS 達尼胥曼德朝

ARTUOIDS 阿圖歐朝

ZANGIDS 贊吉朝

ELDIGUZIDS 伊爾迪古茲朝

SALGHÛRIDS 薩勒古爾朝

KHWÂRAZM-SHÂHS 花剌子王國

RÛM 東羅馬

SYRIA 敘利亞

IRAQ 伊拉克

KIRMÂN 奇爾曼

Myriokephalon 密列奧塞法隆戰役

Malazgirt 馬拉茲吉爾特戰役

Dandânqân 丹旦坎戰役

Qaṭvân 嘎特萬戰役

Constantinople 君士坦丁堡

Nicaea (Iznik) 尼西亞

Sinope 錫諾普

Adalia 安塔利亞

Alâiye 阿拉尼亞

Konya 孔亞

Kayseri 開塞利

Sivas 錫瓦斯

Trebizond 特拉布宗

Edessa (Ruhâ) 埃德薩

Aleppo 阿勒坡

Antioch 安提阿

Maşyaf 邁斯亞夫

Damascus 大馬士革

Jerusalem 耶路撒冷

Alexandria 亞歷山卓

Cairo 開羅

Medina 麥地那

Mosul 摩蘇爾

Tabrîz 塔布里茲

Ardabîl 阿爾達比勒

Alamût 阿拉穆特

Qazvin 加茲溫

Başrah 巴斯拉

Ahwâz 阿赫瓦茲

Hamadhân 哈瑪丹

Işfahân 伊斯法罕

Shîrâz 須拉子

Rayy 拉伊

Jurjân 朱爾將

Tûs 圖斯

Nîshâpûr 尼夏普爾

Kirmân 奇爾曼

Ḥasa 哈沙

Gurganj 古爾干

Jand 將德

Utrâr 烏特拉爾

Isfijâb (Sayrâm) 賽拉姆

Bukhârâ 布哈拉

Samarqand 撒瑪爾干

Balkh 巴爾赫

Kâbul 喀布爾

Ghazna 嘎茲納

Bust 布斯特

Qandahâr 坎大哈

Multan 穆勒坦

圖 2－1　歐亞非乾旱帶到南部海域

ATLANTIC OCEAN 大西洋

ARABIAN SEA 阿拉伯海

INDIAN OCEAN 印度洋

JAVA SEA 爪哇海	Volga R. 窩瓦河
SOUTH CHINA SEA 南海	Ural R. 烏拉河
BAY OF BENGAL 孟加拉灣	Syr-Dar'ya R. 錫爾河
NORTH SEA 北海	Amu-Dar'ya (Oxus) R. 烏滸河
BLACK SEA 黑海	Irtysh R. 額爾齊斯河
ARAL SEA 鹹海	L. Balkhash 巴爾喀什湖
MEDITERRANEAN SEA 地中海	Ili R. 伊犁河
CASPIAN SEA 裡海	Ob R. 鄂畢河
RED SEA 紅海	Selenga R. 色楞格河
PERSIAN GULF 波斯灣	Yenisey R. 葉尼塞河
Elbe R. 易北河	Amur R. 黑龍江
Rhine R. 萊茵河	Kerulen R. 克魯倫河
Rhone R. 隆河	Hwang Ho 黃河
Dnieper R. 聶伯河	Yangtze R. 長江
Don R. 頓河	Mekong R. 湄公河
Prut R. 普魯特河	Irrawady R. 伊洛瓦底江
Danube R. 多瑙河	Ganges R. 恆河
Niger R. 尼日河	Tarim R. 塔里木河
L. Chad 查德湖	Euphrates R. 幼發拉底河
Congo R. 剛果河	Tigris R. 底格里斯河
Zambezi R. 尚比西河	Nile R. 尼羅河
L. Victoria 維多利亞湖	Seville 塞維爾
L. Tanganyika 坦干依喀湖	Lisbon 里斯本
L. Nyasa 尼亞薩湖	Toledo 托雷多

Marseilles 馬賽	Tunis 突尼斯
Barcelona 巴塞隆納	Qayrawân 蓋拉萬
Genoa 熱那亞	Kiev 基輔
Venice 威尼斯	Tripoli 的黎波里
Pisa 比薩	Barqah 巴爾嘎
Naples 拿坡里	Alexandria 亞歷山卓
Palermo 巴勒摩	Awjîlah 奧吉拉
Cordova 哥多華	Kufra 庫夫拉
Tangiers 丹吉爾	al-Fâshir 法希爾
Fâs 非斯	Dongola 棟古拉
Marâkesh 馬拉喀什	Massawa 馬薩瓦
Sijilmasa 西吉爾馬薩	Sennar 森納爾
Ghana 迦納	Sofala 索法拉
Mali 馬利	Kilwa 基爾瓦
Timbuctu 廷巴克圖	Zanzibar 尚西巴
Gao 加奧	Mogadishu 摩加迪休
Wagadugu 瓦加杜古	Mombasa 蒙巴薩
Kano 卡諾	Cairo 開羅
Kukawa 庫卡瓦	Aksum 阿克蘇姆
Takedda 塔克達	Tripoli 的黎波里
Bilma 比爾馬	Mecca 麥加
Murzuq 邁爾祖格	Jiddah 吉達
Tilimsan 提里姆桑	Medina 麥地那
al-Jazâ'ir (Algiers) 阿爾及爾	Constantinople 君士坦丁堡

Itil 伊提勒

Aleppo 阿勒坡

Damascus 大馬士革

Tyre 泰爾

Jerusalem 耶路撒冷

Acre 阿克

Kufah 庫法

Aden 亞丁

Socotra 索科特拉島

Trebizond 特拉布宗

Ardabîl 阿爾達比勒

Mosul 摩蘇爾

Sâmarrâ 撒馬拉

Baghdad 巴格達

Rayy 拉伊

Musqat 馬斯喀特

Umân 歐曼

Sîrâf 錫拉夫

Baṣrah 巴斯拉

Ahwâz 阿赫瓦茲

Isfahân 伊斯法罕

Hamadhân 哈瑪丹

Hormuz 霍姆茲

Sîrjân 錫爾將

Shîrâz 須拉子

Bulghar 保加爾

Kâth 卡斯

Gurganj 古爾干

Bukhârâ 布哈拉

Jurjân 朱爾將

Marv 木鹿

Nîshâpûr 尼夏普爾

Harât 赫拉特

Balkh 巴爾赫

Shâsh 夏須

Kâshghar 喀什

Sâmârqand 撒馬爾干

Lahore 拉合爾

Balasaghun 八剌沙袞

Peking 北京

Khocho 高昌

Yarkand 莎車

Khotan 和田

Multan 穆勒坦

Manṣûrah 曼蘇拉

Delhi 德里

Cambay 坎貝

Calicut 科澤科德

Madras 馬德拉斯

Tajore 坦賈武爾

Kulam Mali 庫蘭馬利

Bori 博里

Tamralip 坦拉里普

Zaytun 剌桐（泉州）

Canton 廣州

Kalah Bor 吉隆坡

Panduranga 潘杜蘭加

圖 5－1　十字軍時期的敘利亞與安那托利亞

Frankish strongholds 法蘭克根據地

County of Edessa 埃德薩郡

Principality of Antioch 安提阿侯國

County of Tripoli 的黎波里郡

Kingdom of Jerusalem 耶路撒冷王國

First Crusade 第一次十字軍東征路線

Third Crusade 第三次十字軍東征路線

Limits of Frankish control 法蘭克勢力界線

Ṣalāḥ al-Dîn's Empire 薩拉丁帝國

MEDITERRANEAN SEA 地中海

Aras R. 阿拉斯河

Tigris R. 底格里斯河

Euphrates R. 幼發拉底河

Nile R. 尼羅河

BYZANTINE EMPIRE 拜占庭帝國

SELJUKS OF RÛM 東羅馬塞爾柱人

DÂNISHMANDIDS 達尼胥曼德朝

ELDIGÜZIDS 伊爾迪古茲朝

ABBÂSID CALIPHATE 阿巴斯哈里發政權

ZANGID PRINCIPALITY 贊吉侯國

ARTUQIDS 阿圖歐朝

LESSER ARMENIA 小亞美尼亞

FÂṬIMID CALIPHATE 法蒂瑪哈里發政權

Cairo 開羅

Alexandria 亞歷山卓

Damietta 杜姆亞特

Gaza 加薩

Jaffa 雅法

Acre 阿克

Tyre 泰爾

Sidon 西頓

Tripoli 的黎波里

Famagusta 法馬古斯塔

Adalia 安塔利亞

Nicaea (Iznik) 尼西亞

Konya 孔亞

Kayseri 開塞利

Trebizond 特拉布宗

Damietta 杜姆亞特

Gaza 加薩

Jaffa 雅法

Acre 阿克

Tyre 泰爾

Sidon 西頓

Tripoli 的黎波里

Famagusta 法馬古斯塔

Adalia 安塔利亞

Nicaea (Iznik) 尼西亞

Konya 孔亞

Kayseri 開塞利

Trebizond 特拉布宗

Âmid 迪亞巴克爾

Mardin 馬爾丁

Aleppo 阿勒坡

Raqqah 拉嘎

Tabrîz 塔布里茲

Mosul 摩蘇爾

Sâmarrâ 撒馬拉

Shayzar 夏伊扎爾

Ḥamâh 哈馬

Ḥimṣ 霍姆斯

Damascus 大馬士革

Hattîn 1187 哈丁

Sılifke 錫利夫凱

Ḥiṣn al-Akrâd 庫德堡

Beirut 貝魯特

Baghdad 巴格達

Jerusalem 耶路撒冷

Bethlehem 伯利恆

Karak 卡拉克

圖 5－2　穆拉比特朝和穆瓦希希朝

"Reconquista" in the 13th century 十三世紀的收復失地運動

Kingdom of Granada 格拉納達王國

ATLANTIC OCEAN 大西洋

MEDITERRANEAN SEA 地中海

ADRIATIC SEA 亞得里亞海

BAY OF BISCAY 比斯開灣

Po R. 波河

Garonne R. 加隆河

Rhône R. 隆河

Rhine R. 萊茵河

Tagus R. 太加斯河

Advance of the Bânû Hilâl and Bânû Sulaym 希拉勒部族與蘇萊姆部族推進

Muwaḥḥid Empire 穆瓦希德帝國

Murâbiṭ advance from Sûdânic Lands 穆拉比特從蘇丹地區推進

Murâbiṭ Empire 穆拉比特帝國

Las Navas de Tolosa 納瓦斯托羅薩戰役

Zallaca 薩拉卡戰役

ASTURIAS 阿斯圖里亞斯

NAVARRE 納瓦拉

ARAGON 亞拉岡

LEON 雷昂

PORTUGAL 葡萄牙

CASTILLE 卡斯提爾

Santiago 聖地亞哥

Leon 雷昂

Burgos 布哥斯

Salamanca 薩拉曼卡

Toledo 托雷多

Lisbon 里斯本

Merida 梅里達

Badajoz 巴達霍斯

Seville 塞維爾

Tangiers 丹吉爾

Ribâṭ 拉巴特

Marrâkesh 馬拉喀什

Tinmal 廷馬勒

Tarudant 塔魯丹特

Aghmat 阿各馬特

Sijilmasa 西吉爾馬薩

Tadla 塔德拉

Fâs 非斯

Cordova 哥多華

Tilimsân 提里姆桑

Oran 瓦赫蘭

Murcia 莫夕亞

Granada 格拉納達

Pamplona 潘普洛納

Saragossa薩拉戈薩

Valencia瓦倫西亞

Barcelona巴塞隆納

al-Jazâ'ir (Algiers) 阿爾及爾

Bougie比賈亞

'Ashîr阿須爾

Tunis突尼斯

Qayrawân蓋拉萬

Mahdîyah馬赫迪亞

Tripoli的黎波里

圖5－3　十三世紀早期的伊斯蘭中土

Kingdom of Lesser Armenia小亞美尼亞王國

Kingdom of Jerusalem耶路撒冷王國

Mongol campaigns蒙古戰役

Sixth and Seventh Crusades第六與第七次十字軍東征

Provinces conquered by the Khwârazmshâhs被花剌子模王國征服的省份

MEDITERRANEAN SEA地中海

RED SEA紅海

CASPIAN SEA裡海

ARAL SEA鹹海

PERSIAN GULF波斯灣

Nile R.尼羅河

Kur R.庫拉河

Euphrates R.幼發拉底河

Tigris R.底格里斯河

Oxus R. (Özboy)烏滸河

Arus R.阿拉斯河

Indus R.印度河

RUM SELJUKS東羅馬塞爾柱

ABBÂSID CALIPHATE阿巴斯哈里發政權

AYYÛBIDS艾尤布朝

KHWÂRAZMSHÂHS花剌子模王國

SALGHURIDS薩勒古爾朝

SULTÂNATE OF DELHI德里蘇丹朝

Khwârazm花剌子模

Georgia喬治亞

Azerbaijan亞塞拜然

Khûzistân胡濟斯坦

Mâ Warâ' al-Nahr河中區

Ghûr古爾

Medina 麥地那

Cairo 開羅

Alexandria 亞歷山卓

Damietta 杜姆亞特

Jaffa 雅法

Jerusalem 耶路撒冷

Acre 阿克

Beirut 貝魯特

Limassol 利馬索爾

Constantinople 君士坦丁堡

Brusa 布爾薩

Smyrna 士麥那

Konya 孔亞

Antalya 安塔利亞

Alanya 阿拉尼亞

Nicaea 尼西亞

Kastamonu 卡斯塔莫努

Ankara 安卡拉

Kayseri 開塞利

Sinope 錫諾普

Samsun 薩姆松

Sivas 錫瓦斯

Malatya 馬拉蒂亞

Antioch 安提阿

Aleppo 阿勒坡

Damascus 大馬士革

Kemah 凱馬赫

Âmid 迪亞巴克爾

Edessah (Rahâ) 埃德薩

Mosul 摩蘇爾

Trebizond 特拉布宗

Erzincan 埃爾津詹

Tiflis 提比里斯

Tabrîz 塔布里茲

Baghdad 巴格達

Ardabîl 阿爾達比勒

Alamût 阿拉穆特

Qazvîn 加茲溫

Rayy 拉伊

Hamadân 哈瑪丹

Irâq 伊拉克

Ajamî 阿雅米

Başrah 巴斯拉

Ahwâz 阿赫瓦茲

Işfahân 伊斯法罕

Shîrâz 須拉子

Yazd 亞茲德

Kirmân 奇爾曼

Jurjân 朱爾將

Tûs 圖斯

Nîshâpûr 尼夏普爾

Gurganj 古爾干

Bukhârâ 布哈拉

Marv 木鹿

Utrâr 烏特拉爾

Bukhârâ 布哈拉

Samarqand 撒瑪爾干

Balkh 巴爾赫

Kâbul 喀布爾

Ghazna 嘎茲納

Harât 赫拉特

Qandahâr 坎大哈

Multan 穆勒坦

Hormuz 霍姆茲

圖5－4　十三世紀中葉的蒙古擴張

Empire of Temujin, Changîz Khân 鐵木真（成吉思汗）帝國

Lands conquered 征服領土

Mongol tribe 蒙古部族

BARENTS SEA 巴倫支海

SEA OF OKHOTSK 鄂霍次克海

SEA OF JAPAN 日本海

PACIFIC OCEAN 太平洋

YELLOW SEA 黃海

SOUTH CHINA SEA 南海

BAY OF BENGAL 孟加拉灣

ARABIAN SEA 阿拉伯海

GULF OF ADEN 亞丁灣

RED SEA 紅海

MEDITERRANEAN SEA 地中海

BLACK SEA 黑海

PERSIAN GULF 波斯灣

BAITIC SEA 波羅的海

CASPIAN SEA 裡海

ARAL SEA 鹹海

Ob R. 鄂畢河

Volga R. 窩瓦河

Oder R. 奧得河

Danube R. 多瑙河

Yenisey R. 葉尼塞河

Lena R. 勒拿河

Amur R. 黑龍江

Kur R. 庫拉河

Selenga R. 色楞格河

Orkhon R. 鄂爾渾河

Onon R. 鄂嫩河

Kerulen R. 克魯倫河

Hwang Ho 黃河

Yangtze R. 長江

Mekong R. 湄公河

Brahmaputra R. (Tsangpo) 布拉馬普
特拉河

Ganges R. 恆河

Ili R. 伊犁河

Tarim R. 塔里木河

Syr-Dar'ya R. 錫爾河

Indus R. 印度河

Euphrates R. 幼發拉底河

Tigris R. 底格里斯河

Nile R. 尼羅河

Oxus R. (Amu-Dar'ya) 烏滸河

L. Van 凡湖

L. Urmia 爾米亞湖

L. Balkhash 巴爾喀什湖

L. Baikal 貝加爾湖

BURYAT 布里亞特部族

OIRAT 瓦剌部族

NAIMAN 乃蠻部族

KERAIT 克烈部族

MERKIT 蔑兒乞部族

MONGOLS 蒙古族

TATARS 韃靼族

Leignitz 1241 李格尼茨戰役

Mohi 1241 蒂薩河戰役

Moscow 莫斯科

Kiev 基輔

Bulghar 保加爾

Old Sarây 舊薩萊

Cairo 開羅

Venice 威尼斯

Novgorod 諾夫哥羅德

Constantinople 君士坦丁堡

Baghdad 巴格達

Gurganj 古爾干

Marv 木鹿

Peshawar 白沙瓦

Lahore 拉合爾

Delhi 德里

Bukhârâ 布哈拉

Samarqand 撒瑪爾干

Kâshghar 喀什

Khotan 和田

Khocho 高昌

Karakorum 哈拉和林

Peking 北京

Kaifeng 開封

Hangchow 杭州

Canton 廣州

Angkor 吳哥

Lhasa 拉薩

圖 5－5　伊斯蘭擴張至西元 1520 年

Islamized regions 伊斯蘭化地區

Lands under Mongol control 蒙古統治地區

Kingdom of Lesser Armenia 小亞美尼亞王國

ATLANTIC OCEAN 大西洋

ARABIAN SEA 阿拉伯海

INDIAN OCEAN 印度洋

JAVA SEA 爪哇海

SOUTH CHINA SEA 南海

BAY OF BENGAL 孟加拉灣

NORTH SEA 北海

BLACK SEA 黑海

ARAL SEA 鹹海

MEDITERRANEAN SEA 地中海

CASPIAN SEA 裡海

RED SEA 紅海

PERSIAN GULF 波斯灣

Elbe R. 易北河

Rhine R. 萊茵河

Rhone R. 隆河

Dnieper R. 聶伯河

Don R. 頓河

Prut R. 普魯特河

Danube R. 多瑙河

Niger R. 尼日河

L. Chad 查德湖

Congo R. 剛果河

Zambezi R. 尚比西河

L. Victoria 維多利亞湖

L. Tanganyika 坦干依喀湖

L. Nyasa 尼亞薩湖

Volga R. 窩瓦河

Ural R. 烏拉河

Syr-Dar'ya R. 錫爾河

Amu-Dar'ya R. 烏滸河

Irtysh R. 額爾齊斯河

L. Balkhash 巴爾喀什湖

Ili R. 伊犁河

Ob R. 鄂畢河

Selenga R. 色楞格河

Yenisey R. 葉尼塞河

Amur R. 黑龍江

Kerulen R. 克魯倫河

Hwang Ho 黃河

Yangtze R. 長江

Mekong R. 湄公河

Irrawady R. 伊洛瓦底江

Ganges R. 恆河

Tarim R. 塔里木河

Euphrates R. 幼發拉底河

Nile R. 尼羅河

Tigris 底格里斯河

"Reconquista" 「收復失地運動」

索引

六劃

十七劃

十八劃

十九劃

歷史，

世界史

伊斯蘭文明
中期伊斯蘭的擴張 中卷第三冊

作者	馬歇爾·哈濟生（Marshall G. S. Hodgson）
譯者	高慧玲／戴以專
發行人	王春申
總編輯	李進文
編輯指導	林明昌
封面設計	吳郁婷
校對	徐　平
營業經理	陳英哲
業務組長	高玉龍
行銷企劃	葉宜如
出版發行	臺灣商務印書館股份有限公司
地址	23141 新北市新店區民權路108-3號5樓
電話	(02) 8667-3712 傳真：(02) 8667-3709
讀者服務專線	0800056196
郵撥	0000165-1
E-mail	ecptw@cptw.com.tw
網路書店網址	www.cptw.com.tw
臉書	facebook.com.tw/ecptw
部落格	blog.yam.com/ecptw

局版北市業字第 993 號

初版一刷：2016 年 01 月

初版二刷：2018 年 08 月

定價：新台幣1500元（套書上下冊不分售）

THE VENTURE OF ISLAM, VOLUME 2: The Expansion of Islam in the Middle Periods

Licensed by The University of Chicago Press, Chicago, Illinois, U.S.A.

© 1974 by The University of Chicago. All rights reserved.

Arranged through Big Apple Agency, Inc.

Traditional Chinese edition copyright:

2016 THE COMMERCIAL PRESS, LTD.

伊斯蘭文明 : 中期伊斯蘭的擴張

馬歇爾.哈濟生（Marshall. G. S.

Hodgson）著；高慧玲等譯

初版一刷. -- 新北市：臺灣商務出版發行

2016.01

　　面 ： 公分. --（歷史・世界史：6）

譯自：The Venture of Islam: The Expansion

of Islam in the Middle Periods

ISBN 978-957-05-3026-1

1.文明史　2.古代史　3.阿拉伯

735.9

104022623